FRACTURAS EN LA GOBERNABILIDAD DEMOCRATICA

Fracturas en la
gobernabilidad democrática

Editores:
Raúl Urzúa & Felipe Agüero
Centro de Análisis de Políticas Públicas
Universidad de Chile

Registro Propiedad Intelectual
Inscripción Nº 106.452
I.S.B.N.: 956-19-0274-5
Noviembre 1998

Impreso en los Talleres de
Andros Productora Gráfica
Santa Elena 1955 - Santiago

FRACTURAS EN LA GOBERNABILIDAD DEMOCRATICA

Raúl Urzúa & Felipe Agüero
(Editores)

CENTRO DE ANÁLISIS DE POLÍTICAS PÚBLICAS
UNIVERSIDAD DE CHILE

Agradecimientos

Los trabajos reunidos en este volumen fueron preparados para cuatro seminarios realizados en 1996 en Bogotá, Buenos Aires, Lima y Santiago en el marco del proyecto «Democratic Governance: Regional Perspectives Within the Americas», preparado y coordinado por Felipe Agüero, profesor de Ohio State University. El proyecto contó con el generoso apoyo de la Fundación Ford (Santiago) y el Centro Norte-Sur de la Universidad de Miami El primer seminario –"Problemas de la Gobernabilidad Democrática: el Caso Peruano"– se realizó entre el 5 y 7 de junio en el Instituto de Estudios Peruanos, Lima, dirigido por su directora Cecilia Blondet. El segundo –"Fallas en la Transición Democrática en Colombia"– tuvo lugar en el Instituto de Estudios Políticos y Relaciones Internacionales (IEPRI) de la Universidad Nacional de Colombia los días 19 y 20 de junio bajo la coordinación de Gonzalo Sánchez y Francisco Gutiérrez. El tercer seminario –"La Democracia en Argentina: Evolución Reciente y Perspectivas"– se realizó en el Instituto de Investigaciones Gino Germani de la Universidad de Buenos Aires, dirigido por su director Enrique Oteiza, los días 11 y 12 de julio. El último seminario –"Gobernabilidad Democrática: Perspectivas Regionales"– se reunió los días 25 y 26 de julio en la Universidad de Chile, organizado por Raúl Urzúa, Director del Centro de Análisis de Políticas Públicas de esa casa de estudios. Este último seminario debatió el caso de Chile y acogió la discusión comparada de los cuatro casos.

Los trabajos se beneficiaron de los comentarios hechos por comentaristas en los respectivos seminarios y la participación del público presente, además de la revisión realizada por un comité editorial anónimo con vistas a esta publicación. Agradecemos la gestión organizadora de los coordinadores en cada país, así como los comentarios anónimos y públicos que generosamente se ofrecieron a estos trabajos. Finalmente, nuestro reconocimiento al apoyo obtenido de la Fundación Ford y el Centro Norte-Sur, sin el cual este volumen no habría sido posible.

Agradecimientos

Los trabajos reunidos en este volumen fueron presentados en [illegible] en Bogotá, Buenos Aires, Lima y Santiago [illegible] del proyecto "Democracia [illegible]" [illegible] Woodrow Wilson [illegible] America [illegible] [illegible]. El [illegible] Acuña [illegible] de [illegible] Peruano del [illegible] por el Instituto de Estudios Peruanos [illegible] su directora, Cecilia Blondet. [illegible] en [illegible] Colombia [illegible] en el Instituto de Estudios Políticos y Relaciones Internacionales [illegible] de la Universidad Nacional de Colombia [illegible] bajo la coordinación de Gonzalo Sánchez [illegible]. El tercer seminario [illegible] Argentina [illegible] y [illegible] Guemaut de la Universidad de Buenos Aires [illegible] Enrique [illegible] y [illegible] de [illegible] [illegible] 25 y 26 de [illegible] de Chile, [illegible] por [illegible] del Centro de [illegible] de Política [illegible] de [illegible]. Este último [illegible] rada de los cuatro [illegible].

Los [illegible] los buenos [illegible] en los respectivos seminarios, y la participación del [illegible] actores de la [illegible] realizada [illegible] [illegible] [illegible] de los [illegible] así como los comentarios [illegible] y públicos [illegible] ofrecieron [illegible] [illegible] apoyo [illegible] de la Fundación Ford y el [illegible] en [illegible] no hubiera sido posible.

Indice

Introducción

Controversias en la democratización: Durabilidad, consolidación o fracturas

Felipe Agüero*
Raúl Urzúa**

Han transcurrido ya veinte años desde que América Latina comenzara a sumarse a la "tercera ola" de la democratización. Países que habían sufrido la implantación de regímenes militares en la década de los sesenta y setenta iniciaron, a partir de 1978, con Ecuador y Perú, los procesos de transición a la democracia. Hacia comienzos de los noventa se sumaban a este proceso los casos más tardíos –Chile y Paraguay–. Brasil y el resto del Cono Sur, así como los países centroamericanos, habían hecho su parte entretanto, y hasta México realizaba elecciones parlamentarias competitivas con triunfo de la oposición.

La democratización sin duda acarreó cambios notables. Las fuerzas armadas pasaron a ocupar un lugar menos destacado en la política de sus países, y la represión y el temor dejaron de ser mecanismos habituales de la política oficial. La competencia y el pluralismo reemplazó el monopolio político de los agentes autoritarios, y la alternancia en el poder ocurrió pacíficamente entre adversarios históricos, como peronistas y radicales en Argentina, o entre sandinistas y su oposición en Nicaragua. Elementos de responsabilidad política de los gobiernos cobraron mayor peso, al punto de que sus presidentes, como en Brasil y Venezuela, se verían forzados a abandonar sus cargos cuando enfrentaron cargos irrefutables de corrupción o ilegalidad, fortaleciéndose así los mecanismos institucionales y constitucionales.

* Associate Professor International Studies and Political Science, University of Miami.
Senior Research Associate in The North-South Center.
** Profesor Titular de Sociología y Director del Centro de Análisis de Políticas Públicas, Universidad de Chile.

Los procesos de democratización fueron acompañados de otros dos grandes procesos de cambio. Uno, el de reformas estructurales a la economía, llevó al abandono de las estrategias de crecimiento hacia adentro que con fuerte apoyo estatal dominaron las políticas públicas durante la mayor parte de este siglo. En su reemplazo se pusieron en marcha procesos de crecimiento hacia afuera, basados en la apertura a los mercados internacionales, la privatización de entes productivos y financieros, la consiguiente reducción del papel del estado en la economía y el énfasis en el mercado como mecanismo de asignación de recursos. Sólo en el caso de Chile fueron estos cambios impulsados durante el período autoritario. En los otros países, las reformas debieron ser impulsadas durante el difícil curso inicial de la democratización, luego del fracaso de los regímenes militares. Aunque el grado de implantación de las reformas es diferente en los diversos casos, la tendencia a su profundización es más o menos visible en todos ellos.

El otro gran proceso de cambio ocurrió en el contexto de las relaciones internacionales, tanto a nivel global como regional. El término de la guerra fría distendió el rígido alineamiento que se exigía de los países, y alivió las demandas que sobre América Latina se cernían en este sentido desde la potencia hegemónica. En buena medida estos cambios llevaron a debilitar la orientación ideológica de guerra fría en el plano doméstico, con el efecto de socavar la justificación intervencionista de las fuerzas armadas. En el plano regional, alentados por los cambios de régimen político y las reformas económicas, los países latinoamericanos fortalecieron orientaciones de cooperación política –por ejemplo, la defensa de la democracia– y de integración económica, respondiendo al notable incremento del comercio intrarregional.

Sin duda, los cambios en el contexto internacional favorecieron la democratización. Más controvertido ha sido, en cambio, el efecto de las transformaciones en la economía. Cuando éstas fueron conducidas exitosamente, la estabilización de las economías y su recuperación desde los magros años de la década perdida otorgaron legitimidad a los nuevos gobiernos democráticos. No obstante, los efectos sociales disgregadores y el incremento de las desigualdades, así como el debilitamiento del papel regulador del estado y de su carácter de interlocutor de la sociedad civil, son, para muchos, variables que entorpecen el fortalecimiento de la institucionalidad democrática.

En efecto, pese a la era de relativa estabilidad política de que goza la región –en términos de la ausencia, salvo contadas excepciones, de golpes o intentos de golpe militar– la evaluación del progreso realizado en gobernabilidad democrática es objeto de controversia o de análisis con resultados ambiguos. Los analistas se dividen en el juicio que se hace de los progresos (o de la falta de ellos) o vacilan sin arribar a conclusiones claras. Hay, de una parte, quienes destacan los notables éxitos alcanzados, así como la duradera estabilidad, sin precedente, de la democracia en todo el continente. Señalan que esta estabilidad es aún más notable porque se ha dado en medio de difíciles reformas en la economía, con gran costo social. Pero hay también quienes ponen el énfasis en el carácter incompleto de la democratización, o en su falta de raigambre social, o su establecimiento desigual en las diversas esferas de la sociedad y la política. Basta una rápida mirada a la literatura para constatar la diversidad de calificativos que se aplican a nuestras nuevas democracias.

El debate entre posiciones diversas es, sin duda, saludable, y su existencia no debiera ser motivo de sorpresa. Pero sí llama la atención que se llegue a conclusiones tan distintas sobre los avances de la democratización en base a la misma información y desde perspectivas, en apariencia al menos, comunes. Ello es seguramente reflejo de debilidades en los conceptos utilizados en el análisis.

Conviene, entonces, indagar brevemente sobre los factores que inciden sobre esta diversidad de posturas en la evaluación de los logros de las nuevas democracias.[1] Un primer factor, creemos, es el ángulo desde el que se hace el análisis, o el actor en que se centra, o la dimensión que se escoge. Los cientistas sociales por lo general se especializan en el estudio de determinadas instituciones o actores, y esta especialización influye en la diversidad de apreciaciones. Estudios enfocados desde la perspectiva del movimiento laboral, organizaciones femeninas o las fuerzas armadas llegarán a conclusiones diferentes en distintos países que si la democratización se enfoca desde el ángulo de los partidos políticos o las instituciones electorales. Otro factor es la comparación intertemporal al interior de un solo caso, en que se contrastan situaciones más o menos extremas. Los elementos positivos de la democracia en El Salvador después de los acuerdos de paz, por ejemplo, resaltan mucho más que los de la democracia en Brasil en los primeros años de la Nueva República, en buena medida debido a que el contraste con el período anterior es bastante diferente en cada caso.

Un tercer factor es la manera como se entiende, en estos procesos, la relación entre economía y política. Para algunos la democracia ha mostrado una vitalidad sorprendente pues ha debido desenvolverse en medio de un período de profundas transformaciones económicas que ha afectado a importantes sectores e intereses bien organizados. Para otros, más relevante es el efecto negativo que sobre el buen gobierno ejercen el debilitamiento del estado, las desigualdades socioeconómicas y los resultados socialmente disgregadores que resultan de la primacía del mercado en un contexto de globalización. También se ha criticado el efecto perjudicial que sobre la institucionalidad democrática ha ejercido el estilo tecnocrático y excluyente de formulación e implementación de políticas de ajuste estructural.

Un cuarto factor que ha influido en el tipo de evaluación que aparece en estudios sobre las democracias es el peso analítico otorgado a las transiciones, especialmente a la modalidad de transición. Los estudios iniciales de democratización especificaron distintas modalidades de transición a las que se les asignó valor predictivo en relación al tipo de régimen post-autoritario resultante. Estas modalidades se distinguían, por ejemplo, de acuerdo a las condiciones iniciales, los factores facilitantes, los actores principales, la existencia de pactos o negociación, el papel de la movilización social, y varios otros elementos empleados para caracterizar la transición. Según las diferentes modalidades, los regímenes post-autoritarios evolucionarían con mayor o menor libertad frente al legado autoritario y dispondrían de mayor o menor capacidad para desprenderse de esos u otros constreñimientos. Muchas veces, entonces, los regímenes resultantes se han evaluado de acuerdo a las predicciones de los modelos de transición, con poca flexibilidad para tomar nota de cambios ocurridos en procesos posteriores, para mejor o peor.

Otros enfoques han restado importancia al efecto específico de las transiciones, en favor de factores que las preceden, factores históricos de más larga data, o bien, de elementos que aparecen con posterioridad a las transiciones. Por lo general, quienes enfatizan el papel del pasado –el legado autoritario o rasgos reemergentes de las democracias anteriores al autoritarismo—realizan una evaluación más bien negativa del presente democrático. En esta perspectiva, las nuevas democracias sufren de muchas trabas largamente acumuladas, y que se expresan, por ejemplo, en prácticas clientelistas. De otra parte, quienes asignan un papel más preponderante a los factores post-transición, e.g. dinámicas colectivas que surgen como resultado del carácter específico de las nuevas instituciones adoptadas, tienen una visión bastante más positiva y optimista de los nuevos regímenes. Con estas nuevas instituciones y dinámicas, se indica, las democracias han podido ir desprendiéndose de las ataduras del pasado.

Como se habrá hecho evidente al lector, diferencias de apreciación, que permean las distinciones anteriores, dependen en buena medida del concepto de democracia que se emplee. La distinción entre el significado procedimental o sustantivo del concepto de democracia es ya casi un lugar común en la literatura sobre democratización. Esta distinción, también referida como las versiones minimalista o maximalista del concepto, sin duda afecta el análisis de las democracias existentes. La apreciación será ciertamente más generosa cuando se utiliza la versión minimalista.

Pero el problema se hace más complejo en el uso analítico de estos conceptos. En primer lugar, es frecuente que se utilicen versiones diversas en el mismo análisis, o que éste carezca por completo de una definición explícita de la noción de democracia utilizada. En segundo lugar, el uso estrecho de la versión procedimental, separada por completo de una visión sustantiva, tiende a ignorar el efecto negativo que las desigualdades socioeconómicas ejercen sobre los aspectos procedimentales. No es difícil verificar el impacto que estas desigualdades, especialmente en la forma extrema en que se presentan en América Latina, tienen sobre los supuestos de igualdad ciudadana, frente a la política y la ley, que fundamentan la concepción procedimental.

El uso de la versión procedimental es justificada en términos analíticos pues permite separar la democracia, como resultado, de los factores que contribuyen a explicar su implantación. Pero con frecuencia no se asume en profundidad el bagaje sustantivo que también acarrea esta versión, al menos en la forma como la plantea Robert Dahl.[2] La literatura a menudo dice inspirarse de un modo indiferenciado en la obra de Dahl o de Schumpeter[3] para justificar su inclinación procedimental, sin reparar en las diferencias entre uno y otro autor. Mientras éste enfatiza la competencia de elites, aquél subraya las garantías institucionales que dan soporte a la participación y competencia de los ciudadanos. En este sentido, el concepto de Dahl es bastante más exigente que lo que se lo hace aparecer. Aquellas garantías institucionales apuntan en verdad a la realización del principio de igualdad ciudadana, y convoca, por lo tanto, un complejo edificio de normas, procedimientos e instituciones. Pero con frecuencia la literatura desconoce estos aspectos sustantivos contenidos en la definición procedimental, y se satisface con una apreciación minimalista de ella. De este modo, se pierde de vista el rigor del concepto de democracia a la hora de embarcarse en el estudio de las democracias realmente existentes. Este ha sido, precisamente, el problema en el uso del concepto de consolidación de la democracia.

Los enfoques de consolidación proliferaron una vez que terminaron las transiciones y la preocupación recayó sobre las posibilidades de mejorar las democracias imperfectamente establecidas y de garantizar su estabilidad. Los mejores aportes en esta dirección destacaron los problemas del legado autoritario y sus "dominios reservados", las condiciones de estructuración de los diversos regímenes que componen la democracia, y los requerimientos actitudinales, constitucionales y de comportamiento político.[4] Estos trabajos fueron de gran utilidad en proveer estándares con los cuales contrastar las democracias existentes y en destacar los aspectos frágiles, contradictorios e incompletos de los nuevos regímenes. Sin embargo, este enfoque fue perdiendo atractivo como resultado de la perdurabilidad y estabilidad –la consolidación– de situaciones que distaban de reflejar los elementos de un concepto riguroso de democracia.[5] Por otra parte, se criticó el uso muchas veces teleológico del concepto de consolidación, y su excesivo énfasis en los aspectos institucional-formales en desmedro de una adecuada percepción de la brecha real entre esas instituciones y las normas informales que a menudo las niegan.[6]

Al final, los usos menos felices del concepto de consolidación reflejaron un apresuramiento del analista por encontrar elementos de estabilidad, escamoteando la necesidad de dejar establecido, primero, el grado en que la realidad que se evaluaba correspondía a qué concepto de democracia, explícito o no. En la práctica, el uso del término consolidación para definir las democracias post-transición conlleva una apreciación de que el carácter democrático de los regímenes ha dejado de ser problemático. Dejando fuera de dudas ese carácter, queda por determinar sólo si esas democracias plenamente establecidas están consolidadas o no. Esto es lo que al final ha quitado utilidad, atractivo y relevancia al concepto.[7]

La discusión anterior sobre las diferentes apreciaciones que sobre la democracia se hacen en América Latina tiene, en último término, impacto sobre la forma en que se constituye la agenda de investigación de las ciencias sociales en esta área. Contra la orientación que sugiere hacer de la notable durabilidad de los arreglos democráticos presentes la principal "variable dependiente" para los estudios de ciencia social,[8] creemos más fructífero abordar el estudio de las nuevas democracias desde la óptica de sus principales fracturas. Esta óptica se aparta del enfoque de consolidación pues parte del supuesto de que nuestros regímenes se asientan en numerosos rasgos que hacen problemático su carácter plenamente democrático. Si bien, como afirmamos al comienzo, los progresos son notables en términos de competencia y pluralismo, los problemas son también notables en las insuficiencias "liberales" de los regímenes, en el modo como reconfiguran la participación y representatividad, en el control de la fuerza y la violencia, y muchos otros.[9]

La óptica de fracturas, que en otra parte hemos llamado *fault lines*,[10] utiliza la metáfora de fallas geológicas para sugerir la fricción de "placas tectónicas" que presionan en diferentes direcciones y que cruzan los arreglos democráticos a diferentes niveles de profundidad. Estas "placas" o niveles confrontan, por ejemplo, la formalidad legal con la falta de su imperio real, una brecha por la que se cuelan las prácticas de corrupción y clientelismo, y hasta los mismos arrebatos reñidos con el espíritu constitucional que demasiado a menudo despliegan representantes electos, especialmente en la presidencia. O grandes edificios jurídico-institucionales con peso real, a veces, en las relaciones estatales horizontales pero con escasa penetración vertical, dejando fuera de acceso a grandes sectores de la población y el territorio, y abriendo rendijas por las que se filtran violaciones más o menos sistemáticas de los derechos individuales. El escenario de placas o niveles da cuenta también, por ejemplo, de la brecha entre el funcionamiento de las instituciones representativas nacionales y la disgregación en la organización de intereses en la sociedad civil, o el retraimiento participativo, ocasionado por factores atribuidos a las transformaciones estructurales en la economía, o la globalización, u otros factores cuyo papel deberá ser materia de investigación. Este enfoque también permite visualizar las fisuras que oponen el afán de universalización de normas y procedimientos en la esfera pública, parte de la reforma del estado, con las tendencias al excepcionalismo y las nuevas formas de autonomía que caracterizan la fuerza armada del estado.

En fin, ésta es, en general, la perspectiva con que los trabajos reunidos en este volumen abordan los problemas de participación, ciudadanía, y cultura cívica, los temas de partidos, gobiernos y representación, las políticas públicas y la rearticulación de lo público y privado, la gobernabilidad, la justicia y la corrupción.

La primera parte de este libro incluye trabajos que abordan la problemática brevemente reseñada en las páginas anteriores desde una perspectiva general, aunque con referencias y el apoyo de la experiencia de situaciones nacionales. Los agrupados en la segunda parte analizan tanto en general como en relación a un caso particular, el concepto de corrupción. Por último, en la tercera parte se analizan problemas de la representación y participación en democracia en tres países: Argentina, Colombia y Perú. Los puntos centrales del debate sostenido en el Seminario Internacional sobre Gobernabilidad Democrática: Perspectivas Regionales, realizado en Santiago de Chile los días 25 y 26 de julio de 1996, sistematizados y analizados brevemente por Manuel Antonio Garretón, cierran el presente libro.

El primero de los textos, **Gobernabilidad y Políticas Públicas**, cuyo autor es Luciano Tomassini, plantea el tema de la gobernabilidad de la democracia a partir de una concepción de ésta que no la limita a sus aspectos puramente procedimentales, pero que no por eso desdeña la importancia que ellos tienen. La gobernabilidad es entendida por el autor como "capacidad de gobernar efectivamente en forma estable o la viabilidad misma del gobierno."

Así entendida, la gobernabilidad pasa a estar directamente ligada con el éxito o fracaso de un gobierno en compatibilizar los factores económicos, sociales y políticos de los cuales depende la satisfacción de un espectro mayoritario de demandas. La aceptación de ese punto de partida lleva al autor a explicitar dos consecuencias. La primera es la inadecuación de enfoques y perspectivas teóricas desarrolladas en otros contextos y con otros propósitos para definir y explicar la gobernabilidad. Por lo mismo, su recomendación metodológica es abordar el problema a partir del análisis empírico de los cambios concretos ocurridos en la economía, la sociedad y la política y de la forma como ellos se interrelacionan.

La segunda consecuencia es que la gobernabilidad de la democracia va a depender sobre todo de la capacidad de los gobiernos democráticos de construir una agenda pública que refleje y responda a las demandas ciudadanas y de formular y poner en práctica políticas públicas que efectivamente satisfagan o contribuyan a la satisfacción de esas demandas. En otras palabras, para este autor la gobernabilidad de la democracia depende de la efectividad de las políticas públicas.

Dentro de la misma perspectiva amplia sobre la gobernabilidad de la democracia, el trabajo de Varas **La Democratización en América Latina: Una Responsabilidad Ciudadana** da énfasis a la dinámica democratizadora, concibiendo la democracia no sólo como un estado de funcionamiento de los sistemas políticos, sino que como "un proceso continuo, permanentemente dinamizado por la constante necesidad de extender e institucionalizar los derechos ciudadanos frente a poderes absolutos existentes o emergentes". El concepto central en torno al cual se articula toda la discusión es el de ciudadanía. El proceso democratizador pasa a ser sinónimo de la expansión de los derechos ciudadanos, primero en el orden político, pero después hacia áreas económicas y sociales en constante expansión a consecuencias del desarrollo económico y la diferenciación social. Asumiendo como "principio fuerte" (Dahl) la igualdad, ese proceso incluye necesariamente la movilización social y hace que el aumento del poder ciudadano pase a ser un componente del mismo. En otras palabras, la democratización y la gobernabilidad democrática requieren de un proceso constante de reforzamiento y expansión de la ciudadanía social.[11]

Como señala Varas, la lucha por la ciudadanía social se ha hecho más necesaria como pilar de la gobernabilidad democrática, a raíz de las nuevas formas de exclusión introducidas en la región por el progreso tecnológico y la globalización económica. Ellas se ven agravadas por la implantación en nuestro continente de políticas liberales de mercado y apertura al exterior. De allí que el mayor control ciudadano sobre las decisiones del estado y las tecnoburocracias, mediante una fiscalización más efectiva y el aumento del poder ciudadano, sean, en esas circunstancias, dos herramientas fundamentales de democratización y legitimación de las instituciones democráticas.

El capítulo escrito por Raúl Urzúa agrega un tercer elemento al análisis de la gobernabilidad: el de la legitimidad de las instituciones políticas. Para él, legitimidad de origen y de ejercicio, participación social y efectividad de las políticas son tres condiciones que hacen posible la gobernabilidad a largo plazo del régimen democrático. El análisis empírico de indicadores de esas tres condiciones lo lleva a matizar el temor de una falta de apoyo a la democracia y a concluir que aun cuando hay síntomas de desafección y desinterés por la política, algunos de los cuales parecerían haberse agravado con el tiempo, ellos no corresponderían a una pérdida de legitimidad de la democracia, sino a cambios en la cultura cívica. Algunos de ellos provendrían de la redefinición experimentada por las funciones del estado en una sociedad abierta al mercado e inmersa en la sociedad global, redefinición que se resume en la apuesta en el mercado como regulador de la economía y en la asignación al estado de velar por la mantención de los equilibrios macroeconómicos. Esa redefinición estaría llevando a un mayor individualismo en las relaciones y a la emergencia de una nueva pauta de relaciones ciudadano-sistema político en la que el estado no es percibido como motor del desarrollo social e individual. La consecuencia práctica de esa redefinición sería el desinterés por la política y la desvalorización de las instituciones políticas, pero no, salvo grupos minoritarios, el rechazo de la democracia representativa como forma de gobierno.

Al contrario, otros de los cambios en la cultura cívica tendrían su origen en el rechazo de esa pauta. Más que un desinterés en la política se estaría expresando, por acción o abstención, la demanda por una nueva forma de hacer política, modificando los órganos de representación y participación ciudadana, pero también por una agenda pública más cercana a las inquietudes ciudadanas y un mayor control ciudadano sobre los resultados de las acciones estatales.

En su artículo **Democracia y Nueva Articulación entre lo Público y lo Privado**, Pepi Patrón hace un análisis conceptual del problema de los "espacios públicos" y sus relaciones con el papel de las mujeres en tanto actores sociales, con especial referencia al caso peruano. La discusión se articula en torno a las propuestas de Hanna Arendt y Jürgen Habermas, las que son examinadas y criticadas desde la perspectiva de género; a su juicio, el intento por entender el papel de las mujeres como actores sociales en Perú obliga a desafiar distinciones que llevan a "privatizar" los problemas de las mujeres, sacándolas del ámbito de la discusión pública.

La segunda parte del libro trata de la corrupción en cuanto factor de ilegitimidad de los gobiernos y, en casos extremos, del régimen democrático. Los factores discutidos en la primera parte contribuyen a dar o mantener la legitimidad de las instituciones y, en definitiva, del régimen democrático. En esta segunda se parte del supuesto de que esa legitimidad se pierde y la democracia puede llegar a ser ingobernable cuando la mayoría de la ciudadanía percibe que los miembros de las instituciones políticas y de la administración pública anteponen sus intereses individuales al bien público, en otras palabras, cuando se sospecha o comprueba que ha existido corrupción.

Sin embargo, como muestran Underkuffler, en su ponencia **El Concepto de Corrupción**, y Bates y Ruiz-Tagle en relación al caso chileno, no es fácil definir con precisión cuando nos enfrentamos a un caso de corrupción, ya que en ella se entremezclan perspectivas jurídicas y morales con ideas populares acerca de la misma.

Más allá de las dificultades para definir los casos concretos de corrupción y, por lo mismo, del uso y abuso político que se pueda hacer de la imputación de corrupción, ella pone de manifiesto, como nos recuerda Underkuffler, la debilidad de "un tejido de valores sociales que sostenga la sociedad" y atenta contra dos principios básicos de todo régimen democrático: el uso de procedimientos públicos para tomar decisiones y la igualdad de todas las personas ante la ley. En otras palabras, atenta contra la democracia tanto desde el ángulo de la representación como desde el de la participación. Por difícil que sea definirla empíricamente, ella ha pasado a ser un motivo principal de inquietud en América Latina y no puede ser ignorada al examinar las amenazas a la gobernabilidad democrática.

Los otros dos trabajos incluidos en esta segunda parte llegan a la conclusión de que la corrupción no es una amenaza actual a la gobernabilidad de la democracia en Chile. Para Bates (**¿Qué es Corrupción?**) aunque hay signos inquietantes, la corrupción no se habría enquistado permanentemente en el aparato estatal y político chileno. Elaborando ese mismo punto, Ruiz-Tagle (**Incorruptibles y Corruptos**), después de un breve recorrido histórico de los intentos por establecer políticamente códigos morales, constata que las acusaciones de corrupción han sido históricamente armas utilizadas en la lucha política, principal pero no exclusivamente, por quienes se han opuesto a las ideas democráticas y libertarias. Sin perjuicio de eso, examina el caso de acusación de corrupción funcionaria de un Ministro de la Corte Suprema, mostrando que el análisis interdisciplinario, en el cual se combinan perspectivas jurídicas, éticas y políticas, entre otras, permite llegar a definir cuando, en un contexto histórico concreto, nos encontramos frente a conductas corruptas y cuando se trata sólo de acusaciones que forman parte de la lucha política.

Como ya dijimos, la tercera parte incluye contribuciones al tema que, sin desdeñar las consideraciones generales, se centran en el análisis de amenazas a la gobernabilidad de la democracia en situaciones nacionales específicas. Más que pretender un diagnóstico sistemático de la gobernabilidad de la democracia en cada uno de los países a que se hace referencia, los trabajos incluidos en esta parte abordan algunos de los problemas que están en este momento en el tapete de la discusión académica y política en esos países. Al mismo tiempo, ellos ilustran y permiten precisar la perspectiva amplia para el estudio de la gobernabilidad de la democracia que hemos adoptado en nuestro estudio. Son esas precisiones y concretizaciones las que nos interesa destacar en estos comentarios introductorios.

Los cuatro documentos sobre Argentina tienen en común la preocupación por la relación entre democracia y cultura cívica. En el primero de ellos, **¿Cómo Estabilizar una Democracia Entrecortada?**, Hugo Quiroga se pregunta cómo construir un orden democrático estable y legítimo en un país, Argentina, con una historia de regímenes democráticos de corta duración y, entre 1930 y 1983, caracterizado por el pretorianismo, la escasa competencia entre partidos y la rotación del poder entre civiles y militares. Su respuesta apunta a la combinación de tres grandes componentes: el respeto por los procedimientos democráticos, la eficacia de las políticas públicas y los cambios en la cultura cívica argentina. En su diagnóstico, el gobierno argentino actual habría debilitado la institucionalización de los procesos democráticos, aumentado la corrupción y provocado la crisis de la justicia, todo lo que tendría consecuencias negativas para la legitimidad de la clase dirigente. El juicio es menos severo en relación a la eficacia de las políticas, reconociendo el autor que Menem ha tenido más éxito que su antecesor Alfonsín en las transformaciones de la economía, pero afirmando al mismo tiempo el aumento de las desigualdades y el deterioro del nivel de vida de la población. Finalmente, constata un cambio en la cultura cívica caracterizada por rasgos contradictorios: valoración de la democracia por sobre la dictadura, pero, al mismo tiempo, temor a la desestabilización económica y el desorden social, unido a desconfianza en las instituciones del estado.

La ambigüedad es también el signo característico del sistema político y la cultura cívica actual de Argentina, a los ojos de Novaro y Palermo, tal como lo describen en su contribución a este libro (**Gobierno, Parlamento y Partidos en la Argentina de Menem**). A juicio de estos autores, Menem no sólo ha logrado éxitos económicos sino que también, conscientemente o no, al cerrar la brecha entre el liberalismo y el populismo peronista ha creado condiciones para la estabilidad política y el reforzamiento de las instituciones democráticas. Sin embargo, la crisis que ha azotado a Argentina ha servido de justificación a formas discrecionales de gobierno, toleradas por una cultura cívica que "prioriza la decisión sobre la deliberación, la eficacia sobre el respeto de los derechos, el éxito sobre la probidad moral".

Esa ambigüedad ha llevado a que O'Donnell haya incluido a la Argentina dentro de las democracias delegativas. Novaro y Palermo cuestionan esa inclusión. También lo hace Enrique Peruzzoti en su contribución a este volumen (**La Naturaleza de la Nueva Democracia Argentina. Revisando el Modelo de Democracia Delegativa**). Sin negar tendencias delegativas en parte del sistema político argentino, especialmente en el manejo de la crisis, este autor sostiene que, paralelamente, se habría producido un alejamiento del populismo y un serio esfuerzo constitucionalizante de la democracia argentina.

En suma, esos tres autores sostienen un cauto optimismo respecto a la consolidación de un régimen democrático y la gobernabilidad en el largo plazo de la democracia argentina. Sin caer en un pesimismo extremo, por su parte, Isidoro Cheresky

(**Poder Presidencial Limitado y Oposición Activa como requisitos de la Democracia**), discutiendo la situación argentina hasta 1996, parte reconociendo que el único poder político legítimo en este momento en Argentina es el que ha obtenido su consagración electoral, sin perjuicio de que ello coincida con menor participación política, debilitamiento de los partidos políticos en provecho de liderazgos personalizados, predominio de la imagen mediática de los candidatos por sobre la promesa política, etc. La preocupación del autor es que en ese contexto parecía estarse constituyendo un sistema hegemónico que podría perpetuarse. Esa posibilidad tendría raíces antiguas en la tradición populista argentina, pero recibiría un nuevo impulso al buscar su legitimación en la necesidad de la emergencia económica y en el uso del temor a volver a caer en la crisis económica. Los electores votarían por la estabilidad, aun cuando estén reticentes o descontentos con el gobierno. La misma emergencia económica ha llevado a un consenso "blando" que se refiere no sólo al régimen democrático sino también a la política económica y a su manejo por los expertos. El pacto de Olivos y la reforma de la Constitución en 1994 vinieron a institucionalizar la hegemonía presidencial. Por otro lado, el bipartidismo se debilita al desaparecer los conflictos sociales y ser reemplazados por la lucha por mantener o lograr el poder, sin que unos u otros pretendan romper el consenso "blando". En ese escenario, el justicialismo tiene ventajas sobre la oposición. Esta necesita volver a movilizar una ciudadanía desmotivada y pasiva, tarea difícil pero no imposible, como de hecho ha mostrado la evolución de la política argentina desde 1996 hasta ahora.

Los problemas de la gobernabilidad democrática en Colombia son abordados por Marco Palacios, Eduardo Pizarro Leongómez, Francisco Gutiérrez Sanin y Gómez Albarello.

El primero de esos autores (**La Gobernabilidad en Colombia**), presenta los antecedentes históricos centrales que contribuyen a comprender y poner en perspectiva los problemas actuales de gobernabilidad en ese país.

Por su parte, la ponencia de Eduardo Pizarro Leongómez, **La Crisis de los Partidos y los Partidos en Crisis**, tiene como eje de reflexión las consecuencias políticas de una crisis partidista que se manifestaría primeramente en una fragmentación extrema de todos los partidos y de los movimientos de más reciente creación. Esa fragmentación partidaria habría llevado a que la gobernabilidad no esté asegurada por el hecho de que un mismo partido tenga el Poder Ejecutivo y la mayoría en el Congreso, ya que los partidos no tienen capacidad de imponer un comportamiento disciplinado por parte de sus militantes. Por lo mismo, el Ejecutivo se ve obligado a negociar con los parlamentarios individualmente, lo que, a su vez, estimula aún más la fragmentación partidaria. Por otro lado, su fragmentación afectaría seriamente la capacidad de los partidos para representar intereses colectivos, convirtiéndolos en canales para la agregación clientelística de intereses locales y haciendo a sus miembros fácilmente corruptibles. Esa crisis de los partidos estaría llevando a una pérdida de confianza en la política democrática y a poner las esperanzas en dirigentes apolíticos.

La contribución de Francisco Gutiérrez Sanin, titulada **Dilemas y Paradojas de la Transición Participativa (1991-1996)**, retoma la relación entre crisis partidista y clientelismo al intentar dar respuesta a la pregunta de por qué no aumentan los niveles de participación en una sociedad cuya Constitución de 1991 y, al menos retóricamente, una parte importante de la elite política e intelectual está embarcada en un esfuerzo colectivo para pasar de una "democracia apenas representativa" a otra "participativa".

Lo que el autor se propone explicar es la relación entre la institucionalización de la participación en y a consecuencia de la Constitución de 1991, y su pérdida de sustancia. Vista desde una perspectiva general, la explicación es buscada acudiendo a consecuencias no previstas ni anticipadas de las reformas mismas.

Más concretamente, la participación, que se buscaba como arma contra el clientelismo, habría terminado derrotada por nuevas formas de este último. El fraccionalismo interno de los partidos y la baja participación electoral, en parte derivada del clientelismo, habrían llevado a un mercado en el cual la oferta de votos supera a la demanda, introduciendo un sesgo a favor de los escalones inferiores de los partidos, en donde se pueden negociar mejores acuerdos. Este sesgo habría creado una "implosión" de la política y el aislamiento y la vulnerabilidad crecientes de las elites políticas, obligadas a reacomodar su relación con los escalones inferiores de las redes clientelistas. Por su lado, los líderes locales habrían aprovechado su nueva posición de poder para maximizar sus ganancias en las negociaciones con las elites. Sin embargo, el fraccionalismo, la desideologización y la existencia de un mercado con más oferta que demanda de votos habrían debilitado las antiguas lealtades y reemplazado la relación asimétrica del clientelismo clásico por un intercambio generalizado de favores, en el cual no están ausentes ni el chantaje ni las asimetrías, pero que es fuertemente inestable.

El segundo punto tratado por Francisco Gutiérrez Sanin es el de los ciclos de la participación. Dicho en una frase, a juicio del autor la disminución sistemática de la protesta social y la movilización en Colombia se debería a la repetición permanente de un ciclo que define como de: aparición de una forma nueva de movilización, real o supuesta colonización armada de esa forma, elevamiento radical de los costos de la movilización. Las consecuencias de ese ciclo serían el refuerzo del voluntariado vecinal clásico, menos amenazante, pero también la generalización de la violencia descentralizada, la que llegaría hasta las acciones vecinales más inocuas. Frente a esos costos, la oferta de canales de participación encontraría pocos candidatos a utilizarlos.

A partir del análisis anterior el autor se hace tres preguntas. La primera es por qué, a pesar de todo, la democracia colombiana sigue existiendo. Su respuesta, tentativa, es que la estabilidad estructural a nivel macro se mantiene "exportando" desorden social hacia abajo, pero que ese proceso puede estar llegando a su límite. La segunda es por qué permanecen diversas modalidades de acción colectiva altamente costosas. Sin aventurar una respuesta, sugiere que ella puede encontrarse en un apego a valores democráticos, lo que haría necesario seguir investigando la cultura política colombiana. La tercera pregunta es quién puede redireccionar la transición. Esta pregunta queda sin respuesta.

Gabriel Gómez Albarello, en su ponencia **Justicia y Democracia en Colombia** aborda el problema desde la perspectiva de la independencia y los cambios del sistema judicial. Respecto al primer tema –la independencia del Poder Judicial– la conclusión del autor es que los cambios introducidos por la Constitución de 1991 son ambiguos: la Fiscalía General creada por la Constitución de 1991 es independiente, pero los fiscales no lo serían; la disposición constitucional que exige nombrar a los jueces por concurso se habría cumplido sólo a medias, lo que, unido a su bajo prestigio social, tendría un impacto negativo sobre la autoridad de los fallos judiciales; el acceso a la justicia sigue limitado y continúa la convivencia de formas estatales y contraestatales de administración de justicia.

Los resultados ambiguos de esas modificaciones constitucionales en materia de justicia habrían ido acompañados de dos cambios profundos y de gran importancia desde la perspectiva de la democratización y la gobernabilidad democrática. Ellos son la acción de tutela y el rol político que está jugando la Corte Constitucional. La primera (análoga al derecho de protección chileno) se habría convertido en "una suerte de carta de ciudadanía, como democracia pero también como Estado de Derecho, que se hace valer en diversos espacios sociales, como la fábrica, la provisión de servicios públicos o de seguridad social, el sistema financiero, la escuela, la familia e, incluso, las cárceles".

En cuanto al rol político de la Corte Constitucional, ella se habría convertido en el nuevo poder real del sistema político colombiano, jugando en él un papel democratizador importante. Sin embargo, el autor es pesimista en cuanto a la posibilidad de seguir apostando a una democratización desde arriba en una sociedad que ve al derecho como un recurso estratégico más que como procedimiento y regulación impuesta a todas las partes en pugna y donde, además, la justicia ha sido tradicionalmente débil en la protección de los derechos ciudadanos.

La crisis de los partidos, la pérdida del interés ciudadano en la política y las consiguientes dificultades para la democracia vuelven a aparecer como tema en las aportaciones de Sinesio López y Romeo Grompone sobre la situación peruana.

El primero de ellos, en su ponencia **Mediaciones Políticas, Democracia e Interés Público en el Perú** de los 90, desarrolla la tesis de que la crisis de los partidos ha dado lugar a formas de representación plebiscitarias, es decir, a una relación directa entre los políticos y los ciudadanos, así como a nuevas mediaciones políticas: los independientes, los poderes fácticos y los medios de comunicación social, lo que ha llevado a reemplazar la democracia por lo que el autor llama la "democradura plebiscitaria", en cuyo vértice se encuentra Fujimori. Por crisis de los partidos el autor entiende la ruptura de sus vínculos políticos, sociales, culturales, institucionales y afectivos con los ciudadanos, las organizaciones sociales y los grupos y las clases sociales.

En esa ruptura habrían influido el cambio en el proceso de modenización debido al agotamiento del modelo substitutivo de importaciones, la violencia política de los años 80 y 90, la fragmentación de la sociedad civil y el debilitamiento de las tradiciones cívicas, además del incremento de la exclusión y de la desorganización interna de los partidos. El paso de la democracia a la "democradura plebiscitaria" habría sido facilitado por la construcción de un discurso políticamente exitoso por parte del "fujimorismo", en el cual se contrapone la decisión individual, rápida y eficaz, a las deliberaciones colectivas, el pragmatismo a la ideología, la relación directa a la representativa y la eficacia a la democracia.

La conclusión a que llega Sinesio López es que Perú no está bajo un régimen democrático de gobierno. Para decirlo en sus palabras, "La "democradura es un régimen político que pertenece al género no-democrático– y a la familia autoritaria de ese género".

El diagnóstico de Romeo Grompone en su ponencia **Fujimori, Orden y Comunicación Política** es menos drástico, pero no más optimista. Fujimori habría pretendido establecer un nuevo orden económico, social y cultural y un nuevo estilo de comunicación política en el cual se busca combinar la racionalidad instrumental del mercado con criterios redistributivos. Al mismo tiempo, habría utilizado hábilmente la comunicación personal con los ciudadanos mediante la inauguración de obras y visitas a las comunidades, y el uso de los medios de comunicación para proyectar su imagen de líder nacional que es internacionalmente reconocido y fija la agenda política nacional.

Ese estilo político habría empezado a resquebrajarse a partir de 1997, por el fracaso en imponer una cultura política que reflejara y se adecuara al neoliberalismo económico. Fujimori se encontraría ahora presionado por quienes desean profundizar la economía de mercado, pero también por la evaluación de los sectores de menores ingresos acerca de la medida en que ha dado satisfacción a sus demandas. Perú habría llegado a una etapa en la cual la profundización de las reformas exige la separación de la economía y la política, introduciendo criterios de eficacia no expuestos a los avatares de un liderazgo. La presencia de Fujimori sería un obstáculo a la consolidación institucional de los cambios que él mismo ha iniciado. Al mismo tiempo, no puede ignorar a los grupos más pobres y menos organizados de la sociedad. En ese escenario de tensiones y presiones contradictorias, que abre una nueva etapa pluralista, la respuesta del régimen puede ser exacerbar sus rasgos autoritarios y "la plasmación de nuevas amenazas y transgresiones al ya precario marco institucional".

La discusión de los documentos anteriores en el seminario internacional sobre Gobernabilidad Democrática: Perspectivas Regionales, permitió especificar algunas de las temáticas que inspiraron el proyecto de cuyos resultados da cuenta este libro, así como identificar otras, también de carácter general. Entre las primeras se encuentran las discusiones acerca de los conceptos de democracia, consolidación democrática y crisis de la política, a la relación entre ciudadanía, participación, representación y descentralización y, por último, al tratamiento empírico del tema de las instituciones. A nivel más general, se hizo necesario examinar las dimensiones teóricas y metodológicas que tiene el análisis de las fracturas en la gobernabilidad democrática. El debate sobre esos puntos fue dirigido por Manuel Antonio Garretón y sintetizado en el capítulo de **Conclusiones**, del cual el profesor Garretón es también autor.

NOTAS

1 Para un análisis más detallado ver Felipe Agüero y Jeffrey Stark, **Fault Lines of Democratic Governance in Post-Transition Latin America** (Miami: University of Miami, North-South Center Press, 1998).

2 Robert A. Dahl, **Polyarchy: Participation and Opposition.** New Haven: Yale University Press, 1971, y **Democracy and its Critics**. New Haven and London: Yale University Press, 1989.

3 Joseph A. Schumpeter, **Capitalismo, Socialismo y Democracia** (Barcelona: Orbis, 1988).

4 Ver J. Samuel Valenzuela, "Democratic Consolidation in Post-Transitional Settings: Notion, Process, and Facilitating Conditions." en **Issues in Democratic Consolidation: the New South American Democracies in Comparative Perspective**, eds. Scott Mainwaring, Guillermo O'Donnell and J. Samuel Valenzuela. Notre Dame: University of Notre Dame Press, 1992; Manuel Antonio Garretón, "Redemocratization in Chile", **Journal of Democracy 6**, 1995; Philippe C. Schmitter, "The Consolidation of Political Democracies: Processes, Rhythms, Sequences and Types." en **Transitions to Democracy: Comparative Perspectives from Southern Europe, Latin America and Eastern Europe**, ed. Geoffrey Pridham. Aldershot: Dartmouth Publishing Company, 1995; y Juan Linz y Alfred Stepan, Problems of Democratic Transition and Consolidation: Southern Europe, South America, and Post-Communist Europe. Baltimore and London: The Johns Hopkins University Press, 1996.

5 Frances Hagopian, "After Regime Change: Authoritarian Legacies, Political Representation, and the Democratic Future of South America." World Politics 45 (3), 1993; Ben Ross Schneider, "Democratic Consolidations: Some Broad Comparisons and Sweeping Arguments." Latin American Research Review 30 (2), 1995.

6 Guillermo O'Donnell, "Illusions about Consolidation". **Journal of Democracy 7**, 1996.

7 Para una excelente presentación de las diferentes posturas en la materia, ver Andreas Schedler, "What is Democratic Consolidation?", **Journal of Democracy 9** (2) 1998.

8 Karen L. Remmer, "New Theoretical Perspectives on Democratization." Comparative Politics October 1995.

9 Ver el excelente trabajo de Larry Diamond, "Democracy in Latin America: Degrees, Illusions, and Directions for Consolidation." en **Beyond Sovereignty: Collectively Defending Democracy in the Americas**, ed. Tom Farer. Baltimore and London: The Johns Hopkins University Press, 1996.

10 Agüero y Stark, *op. cit.*

11 Dahrendorf, Ralph, 1994, "The Changing Quality of Citizenship", pp. 10-19, en Bert Van Steenbergen (editor), **The Conditions of Citizenship**, London: Sage Publications; Fraser, Nancy y Linda Gordon, 1994, " Civil Citizenship against Social Citizenship", pp. 90-107, en Van Steenbergen (editor), *op. cit.*; Roberts, B.R., 1996, " The Social Context of Citizenship in Latin America", **International Journal of Urban and Regional Research**, Vol. 20, Nº 1, pp. 38-65.

I.

DEMOCRACIA Y DEMOCRATIZACION

Gobernabilidad y políticas públicas

Luciano Tomassini*

Estas reflexiones se basan en una triple experiencia. La de que, a diferencia del pasado, cuando se atribuían rasgos canónicos a la democracia y se hablaba de su ruptura, de sus paréntesis autoritarios, y de su recuperación y consolidación, hoy día ese concepto aparece tan inseparable del de gobernabilidad como la sensatez de la locura en Michel Foucault, de manera que hoy tienden a analizarse en conjunto. La de que el problema de la gobernabilidad no es exclusivamente político, sino que obedece también a factores económicos, sociales, tecnológicos e internacionales estrechamente entremezclados, como es de esperar en el contexto de sociedades complejas crecientemente globalizadas. Y la de que, a causa de ese desdibujamiento entre la regla y la excepción, así como de la intervención de muy diversos factores en este fenómeno, es más realista explicarlo a la luz de la práctica, es decir, en función de las amenazas reales que ha experimentado la gobernabilidad de los países durante los últimos años, que empleando conceptos académicos preestablecidos.

Estas conclusiones se derivan de la percepción de que las profundas lecciones dejadas por los turbulentos decenios de 1970 y 1980, particularmente a los países latinoamericanos, apuntan, tal vez por primera vez durante todo el período de posguerra, a comprender la indisoluble vinculación que existe entre el crecimiento económico, la equidad social y la democracia, tres objetivos que se habían buscado en forma separada, de tal manera que los avances logrados en una dirección en desmedro de otros comprometían la gobernabilidad global de las instituciones democráticas.

Dos publicaciones recientes coinciden, en términos generales, con esta apreciación, al proponer que las condiciones econó-

* Cientista Político y Profesor Titular Universidad de Chile, Secretario Ejecutivo Centro de Análisis de Políticas Públicas, Universidad de Chile.

micas e institucionales de la gobernabilidad de la democracia radican en (1) la prosperidad y el crecimiento con moderada inflación /o el desempeño económico; (2) una desigualdad en descenso / o la capacidad de los gobiernos para manejar los graves problemas de la pobreza y la desigualdad, y (3) el grado de apoyo popular y de legitimidad ganados por los regímenes democráticos / o la existencia de instituciones parlamentarias, tres factores a los cuales uno de estos dos ensayos agrega "un clima internacional favorable".[1]

1. La gobernabilidad: un problema contemporáneo

La gobernabilidad como problema y como idea ha tomado estado público en los últimos años. Desde fines de los años 80 en América Latina y en otras partes del mundo estamos asistiendo al triunfo del mercado sobre la planificación, de la sociedad sobre el estado, y de la democracia sobre el autoritarismo. Paradojalmente, cuando a raíz de las duras lecciones dejadas por ese decenio parecíamos haber aprendido los códigos necesarios para manejar esos procesos –el mercado, la sociedad, la democracia– asistimos al surgimiento de un reguero de amenazas a la gobernabilidad de las instituciones políticas. ¿Cómo se resuelve esta contradicción?

La gobernabilidad constituye un concepto nuevo o, tal vez, una idea antigua que por no haberse usado durante largo tiempo reaparece con el aura de novedad de todo lo olvidado. Cuando el mundo estaba dividido entre democracias y socialismos al interior de los países pertenecientes a cada uno de estos bloques reinaba una estabilidad impuesta por cada potencia rectora. Esto es lo que ocurrió en la relación entre América Latina y los Estados Unidos. El fin de esa división suprimió la garantía –externa– de estabilidad de los sistemas. El idioma inglés, de donde muchos suponen que está extraído este concepto, sólo contiene la palabra *governance*[2], que se refiere al buen gobierno. Los usos empíricos de este vocablo hoy día indican que éste significa algo menos que eso: la capacidad de gobernar efectivamente en forma estable o la viabilidad misma del gobierno. Naturalmente, si además éste es bueno, se fortalecen estas condiciones.

En este análisis del fenómeno de la gobernabilidad y de su dependencia con respecto a las políticas públicas que en cada etapa pone en juego el gobierno para atender las demandas de la sociedad o la ciudadanía no se utilizarán necesariamente categorías acuñadas para otras circunstancias por las ciencias sociales sino que se empleará un enfoque inductivo o empírico, que permita definirlo de la misma manera en que la sociedad o la gente percibe actualmente este fenómeno, es decir, en la forma en que lo emplean los dirigentes políticos, los diversos sectores sociales y los medios de comunicación. El hecho de que este vocablo no se haya incorporado al diccionario en forma generalmente admitida, aconseja buscar el sentido que se le asigna en el discurso político, en el diálogo público y en la calle. En este análisis atribuiré, pues, al concepto de gobernabilidad el sentido que le dan los actores involucrados en dicho proceso, los partidos políticos, y el propio gobierno, frente a las situaciones específicas en que se ha planteado este problema[3].

Sin embargo, en la próxima sección, haciendo una excepción que procura confirmar este criterio, se intentará identificar –y relativizar– las principales corrientes teóricas que podrían contribuir a comprender el problema de la gobernabilidad desde distintas perspectivas.

2. Elementos conceptuales para la definición del fenómeno

Se sostiene aquí que la gobernabilidad no puede explicarse suficientemente a la luz de conceptos teóricos unilaterales o preestablecidos, como la capacidad del sistema político para negociar coaliciones estables o la del sistema económico para seguir las señales del mercado, la presencia de actores políticos fuertes o la solidez de las instituciones públicas, sino más bien en función de la habilidad del gobierno y de los distintos sectores sociales para combinar adecuadamente en un período dado tres grandes aspiraciones que han calado profundamente en la cultura cívica de esta época: un crecimiento económico dinámico basado en el mercado, márgenes satisfactorios de equidad, igualdad de oportunidades y protección social, y grados crecientes de participación ciudadana en las decisiones políticas.

Se trata de una interpretación del fenómeno de la gobernabilidad, sus causas y sus amenazas, enteramente pragmática, que no depende de la validez de ninguna construcción teórica, aunque sí de la postulación de cuáles son las grandes aspiraciones de las sociedades contemporáneas. Esta es una postulación menos riesgosa, pues parece existir amplio consenso en torno a la prioridad pública de los tres objetivos anteriormente señalados, y porque incluso, si a la luz de otros análisis los objetivos de las sociedades fueran diferentes, la gobernabilidad de la democracia continuaría dependiendo de su capacidad para compatibilizarlos más allá de las coaliciones gobernantes, de los actores sociales dominantes o de la eficacia de las instituciones. Todas las interpretaciones teóricas posibles acerca de en qué consiste la gobernabilidad de la democracia suponen una determinada visión de la política, del gobierno y, en última instancia, de la naturaleza humana. La definición más pragmática que aquí se propone se limita a suponer la existencia de ciertas demandas sociales prioritarias que es necesario compatibilizar en un momento dado y a vincular la gobernabilidad con la capacidad del gobierno para hacerlo.

Dentro de una perspectiva liberal, la calidad de un sistema político es evaluada de acuerdo con la capacidad de sus instituciones y políticas para lograr que el número de personas beneficiadas sea mayor que el de las perjudicadas, considerando sus preferencias individuales, de acuerdo con el principio de Pareto. El papel del gobierno –y su capacidad para asegurar la gobernabilidad de las instituciones políticas– depende de su habilidad para convertir las demandas individuales en acción colectiva –o en políticas públicas– construyendo coaliciones que satisfagan al mayor número de ciudadanos posible. Esa capacidad, a su vez, depende de tres condiciones consideradas por esta visión como exógenas al gobierno o, por lo menos, no susceptibles de ser alteradas por éste en el corto y mediano plazo: las reglas que encuadran este proceso, el espectro de las demandas planteadas por los distintos actores sociales, y la forma en que las capacidades o los recursos políticos están distribuidos entre ellos (Easton, 1953; Dourns, 1957 y 1967; Taylor, 1995; Becker y Stigler, 1967; Axelrod, 1984; Coase, 1994).

Desde un punto de vista social, término que se podría utilizar después de la transformación de los sistemas y las ideologías socialistas, la visión liberal o de mercado –aplicada a la cosa política– es reemplazada por una visión estructural o colectiva. En esta visión acerca del gobierno, una vez más, se entremezclan las variables económicas y políticas (J. Strachey, 1956; A. Schonfield, 1965; Barrington More, 1966; J.K. Galbraith, 1967; N. Poulantzas, 1968 y R. Milliband, 1969). Un común denominador a las distintas vertientes en que se divide esta visión consiste en que la estructura de poder prevaleciente en una sociedad y en una etapa dada genera un espectro de actores sociales premunidos de la capacidad de conducir esa sociedad o gobernarla. Ese elenco de actores relevantes cambia con el tiempo: los analistas de este fenómeno señalan la preponderancia adquirida durante el período central del siglo XX por el sector empresarial, los trabajadores sindicalizados y la burocracia estatal, así como la declinación de los pequeños empresarios, el campesinado y los trabajadores informales, en tanto que no registran suficientemente la evolución de los trabajadores culturales y, sobre todo, de algunos sectores vinculados indirecta –pero estrechamente– con el estado, como los políticos, los militares o los jueces.

Es interesante señalar, en una tradición de suyo heterogénea como la que he señalado, el temprano rechazo de Raymond Aron a la oposición entre socialismo y capitalismo y su convicción de que se trata de "dos modalidades del mismo género"[4], así como el puente tendido anteriormente por Joseph Schumpeter entre ambos sistemas, pese a centrar sus reflexiones en el potencial revolucionario de la estructura empresarial capitalista, por estimar que "las estructuras, los modelos y las actitudes sociales son monedas que no se intercambian fácilmente y que, una vez asociadas, persisten a veces durante siglos; (por eso) casi siempre encontramos que la conducta colectiva real difiere en mayor o menor medida de las que deberían observarse si tratásemos de inferirlas de las formas dominantes del proceso productivo" (Schumpeter, 1942).

De esta manera, y tomando prestados una vez más conceptos elaborados antes de que adquiriera notoriedad el problema de la gobernabilidad, es posible apreciar que, apelando a esas tradiciones, sería posible explicar el funcionamiento del proceso político y de la acción gubernativa tanto desde un ángulo liberal –o de mercado– como desde una perspectiva social o colectiva en que la negociación entre los intereses particulares entre individuos y grupos cede paso a la intervención de un reducido repertorio de actores sociales dotados de influencia en función de la estructura de poder imperante en una sociedad determinada.

En América Latina esta aproximación ha tenido expresiones muy influyentes, que tuvieron el mérito de ser coherentes con la tradicional estructura de clases de los países de la región, y que se apoyan en la visión de analistas extrarregionales, entre los cuales hay quienes destacan por haber tenido una mirada a la vez penetrante y cercana de esas realidades (Touraine, 1984 y 1993). De acuerdo con estas visiones, los actores sociales dominantes son definidos por la matriz sociopolítica que predomina en cada etapa, la cual, a su vez, es forjada por la alianza de clases prevaleciente en dicho período. Uno de los exponentes y críticos a la vez de esas perspectivas denuncia la crisis del modelo social y político en que ella se basó, caracterizado por una estrecha correlación entre el estado, el sistema de representación centrado en los partidos políticos y la base social, "con autonomía entre cada uno de ellos y con el predominio de uno u otro sobre los restantes". Dentro de esta trilogía, el estado asumía un papel rector en la economía, y era el artífice de los compromisos politicosociales que la respaldaban. La clave de dicha estructura, así como la fuente de los grados de legitimidad y de estabilidad que tuvo, fueron las ideologías prevalecientes en esa época. Sin embargo, incluso en visiones revisionistas como ésta, se continúa rescatando el importante papel de aquellas matrices sociopolíticas, al reivindicarse la existencia de una estrecha relación histórica entre el estado, los partidos políticos y la sociedad civil, que "permite hablar de una matriz de constitución de los sujetos-actores sociales propia de cada sociedad a partir de la cual es posible el análisis de su realidad". Aquí, junto con reconocerse la tendencia hacia una creciente indeterminación de los sistemas sociales y políticos en los países latinoamericanos, se replantea la posibilidad de volver a implementar proyectos históricos que presidan las transformaciones societales "y las orienten en el sentido de determinadas opciones, es decir, de la vigencia de proyectos políticos que no sean la mera reproducción de tendencias objetivas".[5]

Entre las categorías tomadas de las corrientes liberales y de las corrientes sociales hay una zona intermedia, que rechaza tanto las explicaciones del proceso de gobierno basadas en la negociación entre los intereses de los ciudadanos o agrupaciones que integran el sistema político como aquellas que lo hacen en función del papel que desempeñan unos actores colectivos a los cuales la estructura política ha conferido la capacidad influenciar la sociedad, una zona en donde algunas escuelas destacan el papel de las instituciones mientras que otros privilegian el rol de la cultura cívica (G.A. Almond y S. Verba, 1963 y 1989; H. Hyman, 1959; A.Inkeles y D. H. Smith, 1974; N. Pye y S. Verba, 1965; M. Ryan, 1989; S. Barnes, 1986; D. Bell, 1973 y 1976, y R. Inglehart, 1977 y 1990) y otras el papel de las instituciones (J.G. March y H. A. Simons, 1958; J.G. March, 1988; G. Sunstein, 1990; T.R. Burns y H. Flam, 1987; G.J. March, Weber y Rockman, 1993; R.K. Weaber y B.A. Rockman, eds., 1993 y G.J. March y J.J. Olsen, 1995). En ambas vertientes se supone que la acción del gobierno en parte es orientada y en parte constreñida por un conjunto de valores, pautas, organizaciones, roles y reglas que han llegado a ser compartidas por la mayor parte de los miembros de una sociedad determinada a través de los procesos de comunicación, socialización y articulación de intereses que se cuentan entre las principales funciones del sistema político. Mientras que el concepto de cultura cívica radica esas prácticas en la sociedad, el enfoque institucional lo hace en las organizaciones que ésta posee, lo cual, si bien focaliza el análisis, podría reducir un poco el *locus* o la esfera en que ejerce su influencia el conjunto de valores y prácticas que condicionan la acción del gobierno.

Como ya he advertido, los conceptos empleados por cada una de estas tres grandes corrientes para describir el proceso de gobierno no fueron elaborados para explicar el fenómeno de la gobernabilidad, sus condiciones y sus amenazas, pero representan un amplio espectro de las ideas de las cuales se podría echar mano para proponer una explicación teórica de ella. Sin embargo, a mi juicio, son insuficientes.

3. Hacia una definición basada en la experiencia

En estas notas se parte de la comprobación de que el problema de la gobernabilidad –y el propio término– comienza a plantearse cada vez con mayor frecuencia en diversos círculos a partir de los años 80. Si esto es así, rastrear el uso del término en otros períodos o utilizar conceptos elaborados para explicar el funcionamiento de las instituciones democráticas cuando el problema de su gobernabilidad no se planteaba en forma pública y generalizada, equivaldría a apoyarse en la cartografía de los viejos geógrafos o las imaginerías de antiguos astrólogos a comprender el derecho del mar o del espacio exterior, recientemente elaborados. A ello debe agregarse que la gobernabilidad es una situación que sólo se pone de manifiesto cuando surgen problemas, como de hecho ha ocurrido en estos años, por lo que sus amenazas reales constituyen la mejor pista para definir el fenómeno.

Comparando las causas de los problemas de gobernabilidad que han experimentado muchos países de diversas regiones del mundo en los últimos años, se llega a la conclusión de que un común denominador –o por lo menos un fenómeno algunos de cuyos elementos constitutivos están presentes en todos esos casos– radica en el desequilibrio entre los resultados obtenidos por el gobierno en materia de crecimiento económico basado en el mercado, por una parte, equidad y protección social, por la otra, y una mayor participación en el proceso democrático.[6] Como se ha puesto de manifiesto frente a la irrupción de amenazas a la gobernabilidad de las instituciones democráticas en los últimos años, este fenómeno debe ser definido en términos del éxito o fracaso de un gobierno dado en compatibilizar los factores económicos, sociales y políticos de los cuales depende la satisfacción de un espectro mayoritario de las demandas ciudadanas.

Esto último no excluye la necesidad de focalizar la evaluación de la gobernabilidad de un país en el comportamiento del estado, el gobierno y la política. Esto es así porque la política representa la actividad específicamente orientada al gobierno de la sociedad, esto es, a administrar y resolver una parte importante de los intereses sociales a través de sus decisiones y políticas. Esos intereses, de la más diversa naturaleza, se convierten en demandas políticas por el solo hecho de ser articulados por el sistema político y de llegar a constituir requerimientos dirigidos al gobierno, ya sea directamente o a través de los mecanismos de intermediación establecidos para ello. Tradicionalmente, el análisis del sistema político se ha centrado en las funciones de comunicación, socialización, articulación y representación de intereses, ya sea con estas u otras denominaciones. Pero un supuesto de este análisis consiste en que esta focalización en la política y el estado no se reduce a sus instituciones sino que comprende toda su actuación, esto es, sus políticas. Otro supuesto se refiere a que la política se desarrolla normalmente cuando la estructura, los valores y los intereses de la sociedad permanecen estables y en cambio enfrenta desafíos, o entra en crisis, cuando esos elementos –que constituyen la cultura cívica– cambian sustancialmente.

Esta obvia interpretación tiene por objeto explicar la necesidad de agrupar las demandas formuladas por la sociedad al gobierno en una época de cambio, como la nuestra, en algunas categorías que, por una parte, permitan mostrar la variedad de esas presiones mientras que, por la otra, las agrupe en unos pocos frentes relativamente coherentes. Habiendo propuesto que esta época se caracteriza por la tendencia al triunfo del mercado sobre la planificación, de la sociedad sobre el estado y de la participación sobre la autoridad, alinearé en estos tres frentes las nuevas demandas sociales que están poniendo a prueba la gobernabilidad de los sistemas democráticos y a la luz de las cuales este fenómeno puede ser descrito de acuerdo con las actuales realidades.

La economía

Durante los años 1980 se produce en varias regiones del mundo un agotamiento de un modelo que había imperado durante más de medio siglo por razones en parte comunes en parte diferentes. Las dificultades que experimentan las democracias industriales, en diversos grados, para mantener y profundizar el estado de bienestar, dificultades que dieron lugar a los gobiernos de Ronald Reagan y Margaret Thatcher la imposibilidad de continuar el modelo de sustitución de importaciones promovido por el estado, la apelación al endeudamiento externo durante los años 1970 y la crisis del pago de la deuda a partir de 1982, en el caso de América Latina, y la caída de los sistemas socialistas en la Unión Soviética y Europa del Este, con la consiguiente búsqueda del mercado y de la democracia, explican buena parte de las presiones ejercidas sobre la gobernabilidad de esta última durante estos años.

La experiencia de cada uno de estos tres grupos de países a este respecto ha sido diferente, así como la de cada país dentro de cada uno de esos grupos, dándose con menor intensidad y en forma no generalizada en los países de Europa Occidental. Si, a pesar de esas diferencias, quisiese buscarse en todos esos casos un común denominador, éste radicaría en una crisis del estado o, más exactamente, en la crisis de un modelo económico-social en que éste jugó un papel central. Los rasgos comunes entre las experiencias de América Latina y la de esas otras regiones son menores que sus diferencias específicas, pese a lo cual su mera existencia, proviniendo de situaciones tan diversas, subraya la importancia de esos comunes denominadores. Como última observación referente al conjunto de estos casos podría señalarse que Europa, tal vez con esa sabiduría política que proporciona el tiempo, ha sido la región que ha enfrentado con más moderación el choque entre el estado y el mercado, como lo demuestra el hecho de que gran parte de los países miembros de la Unión Europea en la actualidad tengan gobiernos socialdemócratas o en que participa este sector, la orientación que adquirió la reestructuración de la política italiana, y la fuerte reacción de la organización sindical alemana en favor de la mantención de los pactos sociales amenazados con las políticas fiscales aplicadas por el gobierno de Kohl durante los últimos años.

La situación, además, ha sido diferente según el tránsito de una economía de bienestar a una economía de mercado se haya dado en gobiernos autoritarios o en sistemas democráticos. En ambos casos la gran cuestión consistía en si sería posible mantener o reanudar el crecimiento en forma compatible con un mínimo de protección social, pero mientras que en los primeros esta última podría postergarse en los segundos se planteaba la interrogante acerca de su capacidad para graduar la atención a las demandas sociales y garantizar el crecimiento. En el caso de América Latina los márgenes de protección social ya conquistados eran tan débiles que, frente a estos cambios, se tornaba extremadamente problemática la compatibilización entre crecimiento y equidad. En efecto, la capacidad de las nuevas democracias para llevar a cabo programas de estabilización y reformas estructurales orientadas al fortalecimiento del mercado chocaba con las expectativas económicas y las presiones sociales que esas mismas reformas generan. Sin embargo, "las nuevas democracias no parecen haber sido menos capaces de imponer disciplina económica en tiempos difíciles", aunque sí han mostrado tener más capacidad para asegurar una mayor igualdad de oportunidades a sus sociedades.[7] (B. Stalling y R. Kaufmann, editores, 1989; A. Przeworski, 1991; C. Haggar y R. Kaufmann, 1992 y C. Bradford, editor, 1994; Ch. Lindblom, 1977 y 1990; D. Schmidtz, 1991, y Ch. Colclough y J. Manor, 1991).

La estrategia de industrialización basada en la sustitución de importaciones fue impuesta a los países latinoamericanos por el prolongado ciclo recesivo y la desarticulación de los intercambios internacionales provocados por la gran depresión de los años 30 y por la guerra. La contracción de los ingresos provenientes de sus tradicionales exportaciones de productos primarios impidió a esos países continuar importando los bienes de consumo y de capital requeridos para satisfacer las necesidades de sus grupos de mayores ingresos y continuar su incipiente desarrollo. La industrialización sustitutiva emergió así como la única alternativa viable –racionalizada después por la CEPAL– pero, tratándose de una industria infantil y por lo tanto no competitiva, no era factible sin la protección arancelaria y el estímulo de créditos supervisados, exenciones tributarias y tipos de cambios diferenciales que podía proporcionar el estado. En un comienzo, mientras surtían efecto esas políticas, en muchos países de la región el estado creó directamente su parque industrial básico. La doble promesa de dicha estrategia consistió en comprimir el coeficiente de importaciones desarrollando una producción industrial propia que, eventualmente, debería llegar a ser competitiva. De hecho, lo que sustituyó fueron las tradicionales importaciones de bienes de consumo por las de aquellos bienes de capital o intermedios requeridos para sustentar su desarrollo industrial, aún muy reciente y carente de un sector productivo de bienes de capital, el cual, cuando se abrieron con fuerza los mercados internacionales durante el prolongado período de bonanza que siguió a la posguerra, no logró capacitarse para competir significativamente en ellos.

Esto, unido al aumento de los precios del petróleo en 1973, indujo a los países de la región a recurrir al endeudamiento externo, hecho posible debido al renacimiento de los mercados internacionales de capital como consecuencia del reciclaje de los excedentes petroleros y de las políticas reactivadores que los gobiernos de algunos países industriales debieron poner en práctica para enfrentar una sucesión de ciclos recesivos. Entre 1973 y 1982 la deuda externa acumulada por América Latina se multiplicó por diez, con un aumento espectacular de la participación de los financiamientos de origen privado, y ese último año el servicio de la deuda se tornó imposible.

Las consiguientes políticas de ajuste tuvieron por objeto reducir el gasto público, equilibrar los presupuestos, bajar las tasas de inflación y generar algunos excedentes para contribuir –junto con un recortado flujo de créditos otorgados por los bancos acreedores a instancias del FMI– al servicio de la deuda. Si bien en esa emergencia estas políticas fueron necesarias, ellas se tradujeron en una severa contracción económica y en un violento retroceso social, expresado en que a fines de los años 1980 el ingreso per cápita había retrocedido en la región al que exhibía en 1977. Sin embargo, incluso la nueva sabiduría convencional que inspiraba estas políticas estaba consciente de que éstas sólo servían para "poner la casa en orden", pero no para reanudar el crecimiento. Para ello, hacia fines de dicho decenio se comenzó a poner en práctica en diversos países y con diferentes ritmos un conjunto de reformas estructurales, que ponían énfasis en la disciplina fiscal y el control del gasto público, en el mejoramiento de los sistemas impositivos, en la liberalización de los sistemas financieros, en un menor manejo del tipo de cambio, en la apertura de los regímenes comerciales, el estímulo a la inversión extranjera directa, la privatización de empresas públicas, la desregulación de la actividad económica y la reducción del tamaño del estado.

Mucho se ha discutido en estos años acerca de los orígenes, los resultados, el sentido y los riesgos de estas reformas. Como suele ocurrir cuando está en juego el reemplazo de un modelo por otro, aunque el cambio sea impuesto por la circunstancias, por lo general estos debates tuvieron un fuerte sesgo ideológico. Durante un tiempo se atribuyó la inspiración de estas medidas al llamado Consenso de Washington, una especie de alianza non sancta establecida entre el Fondo Monetario Internacional, el Banco Mundial y el Departamento del Tesoro, pero con cierta base en la experiencia se ha sostenido que ello no es plausible, por cuanto estas políticas fueron emprendidas en distintas épocas y en forma entusiasta por gobiernos que tenían una base política tan diferente como el nacionalista sistema político mexicano, el populista partido justicialista en la Argentina, un gobierno con larga tradición socialdemócrata en Venezuela y otro encabezado por un dirigente democratacristiano en Chile (E.V. Iglesias, 1982; L. Tomassini, 1983). Los resultados están a la vista: recuperación de los necesarios equilibrios económicos, aumento de la apertura y la competitividad internacional de las economías y el inicio de un moderado pero promisorio proceso de crecimiento con reestructuración productiva. El sentido general de las reformas también está claro y apunta a la recuperación de la confianza en los mecanismos del mercado. Pero más claros aún están los riesgos, basados en el cortoplacismo de las reformas de mercado, la incertidumbre que crean y la volatilidad de los movimientos financieros, muy importantes dentro del modelo, como se vio en México y se presiente en otros países.

Las ciencias sociales, en general, no han contribuido mucho a entender este fenómeno al lamentar, sin fundamentarlo, que "el centro de gravitación se desplace hacia la economía" (N. Lechner, 1995), así como la importancia otorgada a conceptos económicos en el discurso político, olvidando que por decenios éste olvidó a la economía, y alentó desbordes macroeconómicos, regímenes populistas y procesos inflacionarios que plantearon serias amenazas a la gobernabilidad de la democracia.

Los impactos políticos de este proceso han sido gigantescos y, desde luego, incalculablemente mayores que los de los acontecimientos propiamente políticos producidos durante estos últimos años. Entre esos impactos se cuentan el efecto de estas transformaciones sobre la participación relativa en la economía del estado y de la inversión pública, por un lado, y del mercado y del sector privado, por el otro; sobre la estructura productiva, el mercado laboral y las oportunidades de educación, de ingreso y de trabajo; sobre la mayor capacidad relativa de información y de presión de grupos desfavorecidos, como la mujer, los microempresarios o los trabajadores informales; sobre el acceso de sectores crecientes de la sociedad a los medios de comunicación, y su gradual distanciamiento de las instancias tradicionales de mediación política, como los partidos, y en un interés más intenso y diversificado en múltiples grupos ciudadanos por la atención de problemas específicos que parecen alejarse cada vez más de los temas centrales del discurso político.

Así, por ejemplo, a mediados de 1994 México lo estaba haciendo bien desde el punto de vista de todos los indicadores económicos, había ingresado –por esa razón– al Tratado de Libre Comercio de América del Norte, y su Presidente Carlos Salinas de Gortari era un modelo, preparándose para encabezar la Organización Mundial de Comercio cuando terminara su mandato. Seis meses más tarde sus bullentes mercados financieros veían emigrar los capitales extranjeros que los habían privilegiado en los últimos años, su economía se estancaba, su población perdía un 30% de su poder de compra y cerca de un millón de trabajadores perdía sus empleos, mientras Salinas debía retirarse como un virtual exiliado. En ese caso, como en algunos otros, "las eternas verdades del capitalismo triunfante –crecimiento, pleno empleo, estabilidad financiera y salarios reales en aumento– parecían estarse desvaneciendo justamente cuando sus enemigos también se desvanecían" ¿En qué había fallado la receta que comenzaba a producir esos resultados?[8] La receta del mercado había chocado con los límites de la tolerancia de la sociedad mexicana y la inviabilidad de la mantención de su sistema político, generando reacciones representadas por Chiapas y el debilitamiento del PRI, respectivamente.

La sociedad

La mención, por vía ilustrativa, de algunos de los impactos políticos, directos o indirectos, de la nueva estrategia económica nos introduce en el segundo de los tres factores de cuya equilibrada atención depende hoy la gobernabilidad de los países: el que he denominado el triunfo de la sociedad sobre el estado. Se trata, por cierto, de un triunfo relativo, aunque no pírrico, y en todo caso considerable en comparación con el pasado. Varias tendencias contribuyen a promover un nuevo equilibrio entre ambos elementos.

La primera se refiere al proceso de globalización iniciado a mediados de los años 1960 como consecuencia de la transnacionalización de la producción, que comenzó con la división del ciclo productivo y la localización de las distintas funciones de las grandes empresas en diferentes países de acuerdo con las ventajas comparativas existentes en ellos, y que luego avanzó hacia una distribución mundial de las actividades vinculadas con el conocimiento, la producción, las finanzas, la investigación y el desarrollo, el diseño industrial, la comercialización, la información, las comunicaciones, la publicidad, el diseño organizacional, las formas de gestión, las estructuras urbanas, los mercados de trabajo, las pautas de consumo, los modos de emplear el tiempo libre y las formas de vida personal. Estos procesos han abierto la puerta a la globalización de los valores, las preferencias, las demandas, las formas de organización, las actitudes y los comportamientos del público en casi todas las naciones del mundo. La globalización ha dejado de ser un fenómeno exclusivamente económico, para abarcar todas las esferas de la vida social y personal, y ni siquiera está confinado a las relaciones internacionales pues penetra hasta lo más profundo del tejido de las diversas sociedades nacionales (L. Tomassini,

1983, 1991 y 1995; R.B. Reich, 1991; CEPII, 1996; L. Thurow, 1996; R.Z. Lawrence, 1996 y K. Ohmae, 1995).

La segunda tendencia que explica la competencia de la sociedad con el estado es la emergencia de una nueva base sociotecnológica mucho más difusa que la del pasado. Schumpeter definía una revolución tecnológica como la emergencia de un nuevo paradigma y su difusión a todo lo largo y lo ancho de la sociedad y de la economía. Un paradigma tecnológico, según los analistas inspirados en él, constituye una constelación o trayectoria de innovaciones y procesos que tiene un tronco central del cual pueden derivarse innumerables ramificaciones productivas, sociales y organizativas. Ese elemento central debe ser abundante, barato, flexible y susceptible de usos múltiples. Ello ocurrió con el carbón y el acero durante la primera revolución industrial, con el petróleo y sus derivados –como el motor de combustión interna, los transportes y la industria petroquímica– a partir de la segunda mitad del siglo pasado, y ahora está dado por la microelectrónica, la informática y las comunicaciones, es decir, por el conocimiento. El nuevo paradigma ha alterado la competitividad de los sectores productivos que durante un siglo fueron líderes y ha promovido al primer plano a otros, como las industrias de la información y las comunicaciones, de la publicidad, de las finanzas, la biotecnología y la construcción de nuevos materiales, al mismo tiempo que ha afectado la posición competitiva de las grandes potencias industriales en importantes sectores. Las nuevas tecnologías han alterado profundamente los conocimientos de la gente, la estructura de las profesiones y del mercado de trabajo, la organización de la empresa, la oficina, del hogar y del mercado, y mantiene en estado de sitio a los gobiernos, los parlamentos y los partidos políticos.

Una de las tendencias más poderosas en el mundo actual, en tercer lugar, consiste en la revalorización de la sociedad civil en comparación con el estado. Habiendo sido un concepto central en las distintas vertientes de la filosofía política a lo largo de la edad moderna, tendió a eclipsarse durante el proceso de apropiación de la sociedad por el estado, que duró cien años. La sociedad civil no existió en el mundo feudal, organizado en torno a una cadena de autoridades y lealtades personales, y generadora de grandes exclusiones. Su creación se debe al surgimiento de nuevos actores, ajenos a la sociedad medieval, vinculados al comercio, la banca, la burguesía y las ciudades, las cuales se sacuden la antigua tutela señorial y se dan un gobierno propio, que poco a poco, y no sin accidentes, llegaría a ser representativo. El fortalecimiento del estado industrial, militar y burocrático que se consolidó en el escenario europeo durante la segunda mitad del siglo pasado consumó el movimiento opuesto, el encuadramiento de la sociedad por el estado, a través de múltiples instituciones que van desde los sistemas de bienestar social de Bismarck hasta los proyectos urbanos de Haussmann, enmarcando la ciudadanía, al decir de Weber, dentro de la "jaula de hierro" de la burocracia. Nuestro tiempo se caracteriza por una recuperación de este concepto, y por la búsqueda de grados crecientes de participación y asertividad de la sociedad civil, cuya reacción no necesariamente conformista ha provocado la mayor parte de las crisis de gobernabilidad frente a las reformas económicas orientadas al mercado en Europa y América Latina, y el derrumbe de los sistemas socialistas en la ex-Unión Soviética y en Europa del Este por su progresivo descontento con ese sistema.

En cuarto lugar, como ha dicho Druker, vivimos en una "sociedad de organizaciones". Tres razones explican esta tendencia. El principal factor de cambio en el mundo de hoy es el conocimiento y las organizaciones tienen, precisamente, el objetivo de articularlo y aplicarlo en forma sistemática y productiva a la solución de problemas específicos, siendo ellas mismas una parte esencial del paradigma tecnológico emergente. Además, la tendencia hacia el fortalecimiento de la sociedad civil determina que ésta tome en sus manos un número cada vez mayor de tareas de interés común que antes eran exclusivamente atendidas por servicios públicos, creando organizaciones para manejar esos múltiples intereses específicos. Por último, se trata de un mundo en donde, mientras la sociedad, las instituciones públicas, las comunidades y la propia familia representan fuerzas conservadoras, las organizaciones, por ser creadas para obtener determinados resultados, generalmente constituyen una fuerza de cambio. En una "sociedad de organizaciones" la pretensión del estado de ser la organización social por excelencia, de carácter monopólico, se encuentra crecientemente cuestionada. Por ende, la gobernabilidad depende menos que antes de la articulación interna, la eficiencia o los recursos de poder de que disponga el aparato del estado, y más de que éste logre mantener una relación satisfactoria con las diversas organizaciones económicas y sociales, formales o informales, en sus respectivas esferas de intereses.

En quinto lugar, en las sociedades menos desarrolladas, las mismas fuerzas que en el mundo de hoy hacen proliferar las organizaciones crean, por debajo de ellas, múltiples diferenciaciones, nichos o fracturas de intereses, cultura, educación, ingreso, oportunidades, inserción laboral o sociológica, o de capacidad e iniciativa. Las dicotomías tradicionales en nuestras sociedades, entre el campo y la ciudad, empleados y trabajadores industriales dentro de esta última, o asalariados y marginales entre los trabajadores, han cedido paso a una trama social, no más justa, pero sí más tamizada y más dinámica. La tesis central de este análisis es que el aumento y dispersión de las demandas provenientes de sociedades civiles más fuertes y diversificadas, que tienden a desbordar a un estado o a un gobierno diseñado para manejar sociedades más estructuradas y más simples, es la principal fuente de amenazas a su gobernabilidad, y que esta situación no requiere sólo poner al día el diálogo político en el mismo nivel institucional en que hoy se desarrolla, sino hacerlo descender hasta la gente a través de un flujo oportuno y eficiente de políticas públicas adecuadas para resolver los problemas planteados en esas sociedades.

La política

El tercer factor que incide en la gobernabilidad consiste en la afirmación de la ciudadanía frente a la autoridad. La política ha sido siempre un reflejo del contexto en que se desarrolla. No es de extrañar que, si éste se transforma, se modifiquen las bases tradicionales del quehacer político, comenzando por las formas tradicionales de representación, elemento central de la teoría democrática. Dichas formas se ven seriamente amenazadas en unas sociedades caracterizadas por crecientes cuotas de información y de conocimiento que tienden a sobrepasar los mecanismos clásicos de intermediación política. Tanto las perplejidades de los dirigentes políticos como los factores que explican la desafección de la ciudadanía señalan por dónde pasan las alteraciones mencionadas.

(1) Han cambiado los referentes tradicionales de la actividad política: la nación, el estado, las clases sociales y las ideologías, sin ser reemplazados por otros.
(2) Existe una fuerte presión para intensificar la participación de las comunidades y la gente en las decisiones y en la vida política sin que hayan surgido canales adecuados para ello.
(3) Hay una crisis o desvalorización de las instituciones políticas, comenzando por el estado y algunos de sus órganos, los parlamentos y la administración de justicia.
(4) Se observa una crisis más clara en los partidos políticos, llegando a señalarse que hay un solo país latinoamericano en donde funciona –o ha vuelto a funcionar– normalmente un sistema de partidos.

(5) Se advierte un vacío de ideas y valores tanto en el diálogo como en el juego político, y un excesivo peso de la lucha por el poder, que pareciera ser el objeto central de la política, lo que adelgaza la frontera que la separa de la corrupción.
(6) Hay un rechazo a la absolutización de las ideologías.
(7) En su lugar se afirman nuevos temas y nuevos actores.
(8) Hay una crisis del estado burocrático y una sentida necesidad de vincularlo a la sociedad civil.
(9) Por todas estas razones se han confundido las fuentes de la legitimidad.
(10) Se ha transformado el concepto de la representación según la teoría clásica, tornándose menos colectiva y más difusa, menos mediatizada y más directa, menos indiscutible o de menor intensidad, sin que tampoco hay cristalizado en la práctica un concepto nuevo.

El centro de la actual pugna por reequilibrar el papel de la autoridad con el de la ciudadanía está en el concepto y la práctica de la representación. La teoría liberal, base de la democracia representativa, también ha sido cuestionada por estas nuevas sensibilidades. Dentro de ese marco, los ciudadanos ejercían sus derechos en los actos electorales y, entre unos y otros, delegaban el manejo del sistema político a los representantes que habían elegido. La complejidad, el dinamismo y la volatilidad de la vida moderna –en gran medida fruto del proceso de globalización– han determinado que el concepto de la representación, así entendida, sea insuficiente. En un mundo como este la soberanía popular, enfatizada después que la soberanía nacional, que sólo se ejercía en las urnas, tiende a ser reemplazada por el concepto y la práctica de la participación social. (B. Barber, 1984; P. Seligman, 1992; A. Etzioni, 1992; L.S. Rothemberg, 1992).

El sistema representativo clásico constituía una democracia mediatizada. Hoy día los intermediarios o representantes de los ciudadanos, sean los parlamentos, los partidos políticos, sus cúpulas o sus operadores, no monopolizan la articulación y expresión de los intereses ciudadanos como lo hacían antes, debido a que en una sociedad más diversa, más asertiva e informada, la gente tiene visiones propias sobre los asuntos de interés público y aspira a intervenir de alguna manera en su definición y en su manejo.

Entre los diversos canales de socialización, información y creación de opinión pública, los medios de comunicación tienen un papel muy importante, que se agiganta día a día. La opinión pública obtiene de los medios sus informaciones, sus puntos de referencia y sus posiciones, mientras que éstos y los comunicadores asumen de hecho una parte creciente de las tareas que estaban reservadas a los políticos. Por eso éstos están crecientemente preocupados por los medios. Los partidos no sólo ya no tienen la exclusividad en la configuración de los programas que interesan a la ciudadanía sino tampoco en la elección de sus candidatos: surge una contraposición entre la opinión pública y los partidos políticos. Tanto las limitaciones de acceso y de tiempo que enfrentan los dirigentes ante los medios de comunicación como la abundancia de los mensajes que éstos difunden constriñen la proyección de los políticos. Los medios también acotan el margen de acción del poder ejecutivo en la medida en que tienen una influencia determinante en la confección de la agenda pública y, por ende, de los programas gubernativos.

La influencia de los medios o, mejor dicho, de una cultura de la información y las comunicaciones, desborda la política e influye en la configuración de la visión del mundo en la que ésta se encuadra, y a la que me referiré en la sección siguiente. La reacción adversa al impacto de los medios y de las comunicaciones alerta contra peligros reales de este fenómeno pero niega el fundamento sociotecnológico de la cultura actual. "A golpe de zapping se puede navegar entre vistas y vistas, dispuestas lado a lado, como los productos de un supermercado", entre las cuales nos pasea la publicidad, el cable, el internet. Los medios alientan, para bien o para mal, una cultura de la información, de la diversidad, de lo fragmentario y transitorio, de la volatilidad y de la multiplicación de las opciones, ¿cómo responde a ella la representación política?[9]

Los sistemas representativos basados en procesos electorales y en la competencia entre candidatos designados por los partidos, dentro de marcos formales previsibles, da lugar a otros basados en la expresión de las posiciones de un público más informado, activo y fragmentado; en la necesidad de reflejar los intereses propios de esa diversidad de situaciones; en la mayor gravitación de las organizaciones sociales y locales, y en el debilitamiento del liderazgo político de carácter formal o tradicional frente a la proliferación de los líderes de opinión, en una sociedad que ya no cree que "todo es política". Estas fuentes de representación se cruzan con la influencia de los "poderes fácticos", cuyo peso en una sociedad moderna hace aparecer como un cuento de hadas el papel de los antiguos grupos de presión, sean aquellos el establecimiento militar, la empresa, las finanzas, el crimen organizado o los propios medios de comunicación.

Un estudio sobre la situación en América Latina (Graciela Rümer y Asociados, 1995), preparado para una reunión de dirigentes políticos de toda la región celebrada en Marbella, Chile, señala que en todos los países analizados más de las dos terceras partes de los ciudadanos consultados se manifiestan poco o nada interesados en la política nacional y, por consiguiente, alejados de los partidos políticos. "El descontento con la diligencia de los partidos políticos –dice dicho informe– es un fenómeno extendido que se manifiesta en el aumento del voto en blanco, el abstencionismo electoral, el decrecimiento de las identidades partidarias y el desinterés por las campañas electorales, marcando una tendencia que expresa una creciente desafección política general del ciudadano y el predominio de conductas individualistas por sobre el sentido de pertenencia política".

En el informe se critica la exagerada orientación al poder de los partidos, su carácter cupular y cerrado, su verticalidad y, por consiguiente, su clientelismo. Los partidos se habrían convertido en mecanismos de reproducción del sistema o de las elites tradicionales. Las organizaciones sociales, así como las comunidades regionales y locales, se estarían alejando de ellos. Esto es particularmente cierto de la juventud, que no aprecia la política, y que está atravesada por la contradicción entre el pasotismo, la banalidad y el exitismo, por una parte, y una rebelde independencia, creatividad personal y búsqueda de un mayor número de opciones. Todo ello está cuestionando la capacidad de las organizaciones políticas para articular los intereses sociales, servir de mediadores entre la sociedad civil y el sistema político, y convertir las demandas sociales en alternativas de política. Por otra parte, las va transformando en organizaciones cerradas o autistas, cuyo discurso tiene por referente a sus propios miembros y que se van alejando de la sociedad y la ciudadanía.

Este carácter cupular o cerrado, unido a las oportunidades que el mercado brinda al gobierno y la política para intervenir en la gestión o privatización de empresas o servicios públicos, en concesiones o subcontrataciones, permisos y licencias, operaciones económicas externas o programas de cooperación internacional, en que están comprometidas ingentes sumas de dinero, los coloca frente al peligro de la corrupción, que destruyó un sistema político que estaba funcionando hacía 50 años en Italia, hizo que los socialistas perdieran el poder en España, y estuvo detrás de la caída, el exilio o el veto político de varios prestigiosos gobernantes latinoamericanos.

Esta última observación da la oportunidad de replantear la hipótesis central de este ensayo: las reformas económicas orientadas al mercado, la configuración de sociedades más diferenciadas y complejas, y la diversificación de los intereses de la ciudadanía –o de la gente– conjuntamente con su tendencia a intervenir más en los asuntos públicos, multiplican y diversifican las demandas dirigidas al estado y al gobierno. Este fenómeno ocurre contra el telón de fondo de un estado organizado hace largo tiempo para presidir sociedades más simples y más estructuradas, y al cual la cultura cívica y la circunstancias de la época conferían fuerte preponderancia en su relación con estas últimas, en un período en que tanto la estructura del estado como sus relaciones con la ciudadanía habían sido diseñadas para que éste pudiera ejercer un amplio margen de control sobre la economía, la sociedad y la política. El hecho de que existiera un básico consenso en torno a que estas últimas tenían que responder a algún modelo –capitalista o socialista, liberal o autoritario, desarrollista o revolucionario– legitimó esta situación. El contraste entre ésta y las demandas o los cambios generados en los frentes económico, político y social ya señalados, y la necesidad que esto plantea en una democracia de que el estado haga ajustes en su diseño, en sus políticas y en sus relaciones con dichos sectores, es lo que, en momentos críticos, genera amenazas a la gobernabilidad de los países.

Lo que diferencia las crisis que enfrentaban en el pasado los gobiernos y los sistemas políticos de la percepción que hoy se tiene acerca de su gobernabilidad es lo novedoso de las demandas que hoy tiene que enfrentar el estado, su multiplicidad y su carácter contradictorio o conflictivo, y la mayor agresividad o asertividad de los sectores sociales que las plantean. Naturalmente, siempre hubo conflictos de carácter económico-social, pero durante el largo período anterior el estado se basó en un discurso explícito o implícito –el desarrollo– que permitía irlos resolviendo o postergando dentro del sistema, o tratar de superarlos fuera de él de una manera alternativa o revolucionaria. Lo que hace menos gobernable al estado y la política, considerados como representantes, articuladores y responsables de satisfacer estos diversos conjuntos de demandas, es la ruptura de todos los consensos en que se basó aquella situación. (J. Andagh, 1983; E.J. Dione, 1992; J. Rauch, 1995; D. Held, 1993, y J.M. Maravall, 1995).

4. Ruptura y transformación de los consensos

Conceptualmente, esto puede ser explicado en función de los cambios que durante los últimos veinticinco años ha experimentado en los países occidentales la cultura cívica de sus sociedades, o tal vez simplemente su cultura. Quisiera hacer aquí una digresión sobre este tema recordando que, muchas veces, las digresiones son más útiles que el propio discurso para entender un problema.

Diversas corrientes de pensamiento durante los últimos dos siglos han utilizado este concepto para explicar la estructura social y el comportamiento político. Uno de los intentos más antiguos en tal sentido se centró en la elección de indicadores objetivos capaces de definir una cultura política en términos de los valores y normas aceptados por una sociedad dada (Durkheim). Otras aproximaciones sociopsicológicas explicaron las orientaciones del comportamiento individual y, a través de él, la estructura social, en función de determinados valores o pautas de comportamiento que distinguirían una sociedad tradicional de una sociedad moderna (T. Parsons, 1949 y 1951). Una tercera corriente intentó reconstruir la cultura política de una sociedad a través de un camino heurístico, procurando explicar las instituciones y comportamientos sociales en función de su mayor o menor aproximación a determinados tipos ideales, como un gobierno autoritario, carismático o racional, una sociedad jerárquica o competitiva, o bien materialista o cualitativa (Weber, Bell o Inglehart).

El supuesto central del concepto de cultura cívica, tal como fue retomado –y posteriormente abandonado– en la evolución de la ciencia política durante el período de posguerra, consiste en que los comportamientos políticos y sociales giran en torno a un conjunto de valores, preferencias y pautas consensualmente aceptadas. El desarrollo de esta tradición, y su inserción en las corrientes de posguerra, adolecieron de la falla fundamental de que, para ser coherentes con los propósitos y orientaciones que las circunstancias históricas impusieron a la disciplina, el concepto de cultura cívica debía ser vaciado de su carga de valores. Esas circunstancias estaban asociadas, por una parte, con las exigencias de la guerra fría y, en el campo occidental, con su compromiso con el incremento del bienestar material y con el arbitraje del mercado. Esa mutilación era, por una parte, absolutamente contradictoria con el concepto mismo de cultura. Por la otra, la pretensión de que la cultura cívica era una realidad neutral y de que sus elementos valóricos debían ser tratados como una "caja negra", de hecho sirvió para ocultar que en realidad este análisis era funcional a un proyecto encaminado a la difusión y expansión transnacional de las sociedades industriales, mediante la implantación de sistemas políticos, económicos y sociales hechos a su imagen y semejanza.

Los principales arquitectos de ese concepto (G.A. Almond y S. Verba, 1963) afirmaron que éste apuntaba a la particular configuración de actitudes, sentimientos, informaciones, habilidades e inclinaciones que posee la sociedad en un momento dado con respecto a sus objetivos y a la forma de organizar el sistema político, concebido como un instrumento para lograrlos. Tratando de analizar esas variables desde un punto de vista comparativo, con base en encuestas realizadas en cinco países, propusieron tres tipos ideales, a saber, una cultura tradicional o parroquial, un tipo de cultura racional y emprendedora, y una cultura participativa o ciudadana. Las cinco encuestas demostraron que solamente Gran Bretaña, y en menor medida en los Estados Unidos, la cultura política presentaba las características atribuidas a estos dos últimos modelos.

El primer ataque a esta línea de análisis provino, probablemente, de Ronald Inglehart, quien, con el auspicio de la Comunidad Europea, realizó un estudio a fines de los años sesenta en seis naciones diferentes, registrando cambios profundos en el comportamiento ciudadano, en su apoyo a los partidos y a las instituciones políticas, y en sus preferencias o valores. Entre estos cambios se anotaron la declinación de las lealtades de clase en la afiliación a los partidos, una creciente preferencia por la participación ciudadana *vis à vis* la militancia partidista y la obediencia a las cúpulas, la creciente importancia asignada a los estilos de vida y oportunidades de consumo de bienes materiales y culturales en la política contemporánea, la aparición de nuevos actores como la juventud y la mujer, y una desvalorización de las ideologías frente a un creciente interés por la libertad de elegir y por la calidad de la vida. Inglehart identificó esas tendencias con el nacimiento de una cultura política de carácter postmaterialista que, más tarde, comenzaría también a ser explicada bajo el concepto de la postmodernidad. Sus conclusiones se incorporaron a un estudio en gran escala realizado por la OCDE (Interfutures, 1970). Estos cambios se han desarrollado por lo menos en tres direcciones.

"Los valores del público occidental han estado cambiando desde un énfasis abrumador en el bienestar material y la seguridad física hacia un mayor énfasis en la calidad de la vida. Las causas y las implicaciones de este cambio son complejas, pero su explicación básica puede ser formulada en forma simple, y consiste en que la gente tiende a preocuparse más por sus necesidades inmediatas que por aquello que parece más remoto o menos amenazador. Actualmente una proporción sin precedentes de la población del mundo occidental ha sido educada bajo excepcionales condiciones de seguridad económica" (R. Inglehart, 1977). Esto, unido a la desaparición del temor físico proveniente de la guerra fría, han estimulado el interés por los aspectos cualitativos de la vida política y social.

Al mismo tiempo, "una proporción creciente del público en esas sociedades ha pasado a tener un interés y una comprensión suficiente acerca de la política nacional e internacional como para participar en forma más amplia en el proceso de adopción de decisiones en todo los niveles" (ídem). El aumento del deseo y de las oportunidades de participación política se desarrolla conjuntamente con el fortalecimiento de la sociedad civil, contribuyendo ambos a incrementar la capacidad ciudadana para organizarse colectivamente en la prosecución de intereses específicos, y para manejar problemas de interés público.

Por otro lado, como señala otro autor, "vivimos en una época en que la experiencia privada de poder descubrir una identidad personal, un destino que cumplir, ha llegado a constituir una fuerza política subversiva de grandes proporciones" (Roszak). Algunos han confundido este nuevo *ethos* de la identidad personal con el tradicional individualismo característico de la edad moderna. No distinguen entre los nuevos impulsos hacia el crecimiento personal, por una parte, y la orientación capitalista hacia la ventaja individual y la acumulación materialista. Lo que es subversivo, según otro, "no es un proyecto centrado en la reflexión sobre el sujeto sino es que el *ethos* del crecimiento personal resume las grandes transiciones sociales de la última etapa de la modernidad en su conjunto: un pujante cuestionamiento de las instituciones, la liberación de las relaciones sociales frente a los sistemas abstractos, y la consiguiente interpenetración entre (lo público y lo privado) y lo local y lo global" (A. Giddens, 1990 y 1991; ver también Ch. Lasch, 1979, y A. Bloom, 1987). Se podría distinguir así un cambio de énfasis en la cultura cívica entre una política del logro y una política de la vida y entre una sociedad cuantitativa y una sociedad cualitativa.

Es cierto que en las actuales sociedades la llamada cultura de la vida coexiste con la de la competencia y el logro. Es propio de todos los procesos culturales, a diferencia de una ideología, una doctrina o un programa, estar atravesados por corrientes y contracorrientes. El choque entre las tendencias económicas, sociales y políticas contribuye a dividir las aguas. (Ch. Lindblom, 1977 y 1990). Qué representa cada una de estas dos culturas, dentro de esta terminología, depende del punto de vista que se adopte. Si este punto de vista es el de la tradición, el peso o la centralidad de una visión social, la cultura del logro sería la corriente central de nuestro tiempo, caracterizado por el triunfo del mercado. Si adoptamos el ángulo de las tendencias emergentes, con base en la capacidad de persuasión que debe poseer una contracorriente para abrirse paso y al potencial expansivo que demuestra, esta contracorriente sería hoy la dominante. Salvo en sus períodos más reaccionarios, la historia generalmente es hecha por "lo nuevo", que acaba por dar su impronta al próximo futuro.

Los elementos individualistas, competitivos, orientados al logro y al consumo de una cultura cívica que, con las diferencias que exhibe de sociedad en sociedad, se basa en la expansión de la confianza de la gente en el mercado y en la tendencia a actuar dentro de sus reglas para obtener sus beneficios, están presentes con mayor o menor fuerza en cada caso. Aparentemente están menos presentes en los países europeos, más maduros, que en algunos países latinoamericanos, cuyas mayorías han accedido a un capitalismo de vitrina –pero que aún no lo han sobrepasado–. Sin embargo, la extensión de la voluntad de optar –de elegir– a amplios sectores que antes tenían muy pocas opciones de vida, de información, de educación o de trabajo, y la búsqueda de una identidad y un lugar en la sociedad de sectores tan amplios como la mujer, los jóvenes, el mundo cultural o religioso, los defensores de la comunidad o de la ecología, indicaría que la cultura del logro está enraízada en los segmentos más afluentes y oficiales de la sociedad, mientras que la otra crece en sus mayorías. De las reflexiones anteriores –principalmente aquellas contenidas en la sección precedente– surge que la mayor parte de las amenazas a la gobernabilidad de la democracia en América Latina no han provenido de los poderosos enclaves competitivos radicados en la economía, la política o incluso en el gobierno, sino de sensibilidades políticas particulares, más básicas o cualitativas. Pero una digresión no autoriza para ampliar el análisis de esta contradicción.

Lo que sí importa subrayar es que un común denominador a ambas corrientes es el rechazo de la idea que dominó a la modernidad madura en los países industrializados, y el proceso de modernización en los países en desarrollo, según la cual la sociedad debía ser estructurada de acuerdo con un modelo generalmente administrado por el estado. La confianza en el predominio de un modelo, en el control y en la uniformidad como fuerzas modeladoras de la convivencia cívica y de los diversos actores sociales –la fe en la salvación por la sociedad o por el estado– ha sido reemplazada por la convicción de que es posible construir la identidad personal y colectiva, así como trazar y rediseñar el mapa de cada sociedad, y por la preferencia por la libertad, la diferencia, y la capacidad de optar de las personas. Ese repliegue es menos nítido en América Latina que en los países europeos, y no se manifiesta en el mismo grado en todos los países, en algunos de los cuales vuelven a perfilarse antiguas diferencias o confrontaciones ideológicas. Sin embargo, en términos generales, ese cambio de sensibilidad, que equivale a un cambio de época, es la última fuente de las amenazas a la gobernabilidad de unas instituciones políticas que aún reflejan los valores y estructuras de otra etapa. Pero detenerse en este cambio de época, que ha sido caracterizada como postmaterialista, postindustrial, postcapitalista, postestructuralista, postnacional o postmoderna, equivaldría a hacer un detour dentro de una digresión. (J.F. Lyotard, 1986; G. Vattimo, 1985; R. Rorty, 1989; S.K. White, 1991; C. Geertz, 1994; W.T. Anderson, editor, 1995; J.J. Brunner, 1994 y J. Larraín, 1996).

5. El papel de las políticas públicas

Los cambios reseñados en la tercera sección de este documento, y el trasfondo al cual se refiere la sección precedente, generan choques o ajustes entre las macropolíticas del gobierno y las microdemandas de la ciudadanía. Sin embargo, son éstas las que, aunque de manera parcial e imperfecta, configuran día a día la agenda pública, esto es, el espectro de preocupaciones y demandas que el estado debería reflejar en cada etapa convirtiéndolas en una agenda gubernamental. La gobernabilidad radica en la capacidad del gobierno para manejar satisfactoriamente esa agenda ciudadana sin llegar a situaciones críticas.

El contenido de la agenda pública en cada período es así el espejo de los factores esbozados más arriba y se convierte así en el elemento clave para analizar la gobernabilidad. Pero la agenda pública es un hecho político que, al igual que todos los fenómenos históricos, rara vez se presenta meridianamente clara, sino que suele tener una considerable dosis de ambigüedad. Por eso su contenido debe ser permanentemente interpretado o reconstruido. Para subrayar que la existencia de una agenda clara es algo excepcional, se podría señalar que esta situación estuvo cerca de darse cuando los barones ingleses arrancaron por escrito al rey la Carta Magna en 1212, o cuando en la noche del 4 de agosto de 1789 la autoconvocada Asamblea Nacional de Francia abolió todos los privilegios que habían configurado el antiguo régimen y sentó las bases de un sistema político representativo del pueblo soberano. Por lo tanto, el elemento clave para apreciar el fenómeno de la gobernabilidad en cada etapa no es tanto el contenido cuanto la forma en que se construye la agenda pública, es decir, a partir de qué ésta es configurada.

En general en el mediano plazo, especialmente en una democracia, la agenda pública es construida por la sociedad. Sus demandas deben buscarse en las declaraciones de las autoridades que la representan, en las organizaciones políticas y sociales a través de las cuales aquélla hace valer sus intereses, en los actores económicos y sociales relevantes que –especialmente en las sociedades actuales– pueden ser muy diversos, en las comunidades regionales o locales, y en los medios de comunicación. Esta enumeración, meramente ejemplificadora, podría considerarse inclusive ingenua. Porque ¿quiénes son esas autoridades, organizaciones o actores, y a quiénes sirven los mensajes de los medios? Sin embargo, todo intento de subordinar la definición de las fuentes de la agenda pública a conceptos construidos en el plano intelectual, introduce el peligro de mediatizar esas fuentes, privilegiar artificialmente algunas, y de supeditarlas a proyectos políticos o visiones ideológicas. Siempre es mejor identificar las fuentes a las que hay que acudir para reconstruir la agenda pública a través de una aproximación empírica, que seleccionadas intelectualmente, excluyendo algunas. Esto es particularmente debido a los avances, no perfectos, de los métodos de sondeo de opinión. Con todo, como generalmente los contenidos que surjan de la apelación a esas fuentes no son exhaustivos, e incluso son contradictorios, es necesario que el análisis tenga presente ciertas realidades que están en el fondo de la actividad política, social y ciudadana, que están reseñados en los tres frentes de cambios, de demandas y de ajuste que he sugerido, y en su trasfondo, la cultura cívica emergente.

Se han privilegiado aquí la transformación de la cultura cívica y sus principales tendencias, el aumento de la voluntad y las oportunidades de participación en los procesos decisorios, y la primacía del sujeto frente a las estructuras entre los rasgos centrales del tejido político que hoy día está en la base de la construcción de la agenda pública, tanto a nivel mundial como en nuestros países. Junto con proponer estas tendencias prioritarias, se formula la hipótesis de que ellas están configurando una trama político-social en que el estado está perdiendo peso relativo frente a la sociedad y al mercado, las instituciones frente a los actores, y en que éstos son más numerosos, diversificados y asertivos que en el pasado, con la probable excepción de las organizaciones sindicales y sociales de base.

Ese nuevo tejido social está caracterizado por cuotas mayores de complejidad, pluralismo, flexibilidad y propensión al cambio que en el pasado. Las relaciones entre el estado y el gobierno, su base económico-social, y los sistemas de representación simbólica y política de la sociedad son aún fundamentales, pero también más variadas, finas y estrechas que antes. Pero, por lo mismo, esas relaciones ya no se encuentran tan fuertemente basadas en unas estructuras de clase, pautas de movilidad social, alianzas de intereses, campos de conflicto y formas de representación de aquellos intereses, por lo demás exageradamente simples, fuertes, rígidos y dicotómicos, como los que prevalecían en los años 50 y 60.

Evaluar la gobernabilidad desde el punto de vista de la forma como se construye y maneja la agenda pública, e interpretarla o reconstruirla a partir del estado actual de aquellas relaciones económicas, sociales y políticas, sigue siendo necesario. Hacerlo exclusivamente desde el punto de vista del *public choice* y de las relaciones de mercado –desde un punto de vista racional, utilitarista y competitivo– como hoy está en boga, sería reduccionista y engañoso. Pero también sería inconducente a un análisis correcto, y no menos engañoso, analizar la trama económico-social, el espectro de actores que intervienen en ella, y sus intereses desde el ángulo de categorías que privilegiaban la construcción colectiva del sujeto, propias de otra época, que no reflejan la situación actual. Adoptar esta última posición equivaldría simplemente a no ser moderno, y la primera, a serlo en forma parcial y muy sesgada. La existencia de mecanismos reales adecuados de construcción de la agenda pública es la principal condición para que un gobierno impulse políticas correctas.

La historia reciente muestra sin excepción que los países tienden a seguir una secuencia entre (1) el desarrollo de las profundas transformaciones económico-sociales, (2) el surgimiento de una nueva agenda pública, (3) el diseño de un nuevo conjunto de políticas públicas orientadas a manejar esas transformaciones y (4) la introducción de cambios en el sistema político, (5) la adecuación del estado a la formulación y aplicación de esas políticas.

La experiencia también indica que los dos últimos elementos son los que suelen ser más dificultosos, más lentos, y tal vez hasta relativamente postergables. Aunque esto parezca desafiar tanto la lógica como los principios democráticos, el hecho es que normalmente las transformaciones económicas y sociales seguirán su curso aunque el sistema político y el estado no se adapten a ellas, pero que en cambio se necesitará de todas maneras la construcción de una nueva agenda pública y la formulación de un nuevo espectro de políticas. Naturalmente, si los dos últimos eslabones faltaran o se retrasan, van independientemente, la renovación de la agenda y de las políticas públicas se hará mucho más difícil.

Como el rezago de los sistemas políticos frente a las nuevas realidades es un hecho histórico en el mundo contemporáneo, podría decirse que vivimos una época en que *la política* está jugando en contra de *las políticas*. En otras palabras, desde el punto de vista de la realidad y de la ciudadanía, estas últimas han pasado a ganar considerablemente más importancia e interés que el tradicional juego político. Aunque estas reflexiones han sido hechas desde una perspectiva más amplia, cabe ilustrar esta afirmación destacando que, en el campo de la ciencia política, los análisis y la literatura más destacados durante los últimos diez o veinte años se apartan de los temas clásicos –regímenes políticos, sistemas electorales, partidos y grupos de presión– para focalizar en los problemas específicos de la sociedad y de la economía, y en las políticas necesarias para resolverlos[10].

En tal sentido, de los cinco eslabones de la secuencia propuesta más arriba, las políticas públicas surgen como el engranaje más relevante para promover y encauzar las demandas y transformaciones económico-sociales. Surge también como la principal fuente de presión para promover renovación de la actividad pública y la reforma del estado. Ellas cumplen este papel en cinco planos:

(a) Desde un punto de vista estratégico, relacionado con la definición del rumbo de las transformaciones anteriormente mencionadas, las políticas contribuyen a definir los temas que deben configurar la agenda pública en que éstas se reflejan, marcan las condiciones dentro de las cuales es posible desarrollar esas transformaciones, fijan los márgenes de maniobra de la sociedad a este respecto y revelan los grados de consenso o disenso que ésta muestra frente a aquellos temas.
(b) Desde un punto de vista institucional, las negociaciones, formulación y aplicación de las políticas muestran la configuración del poder en un momento y una sociedad determinada, particularmente tratándose de las estructuras, funciones, procedimientos y dinámica que caracterizan o condicionan la acción del estado.
(c) Desde un punto de vista político, ellas tienen la virtud, por

esencia, de provocar el alineamiento de las posiciones y fuerzas que integran dicho espectro, sus grados de convergencia o de antagonismo, y sus posibilidades de conflicto o de alianzas.

(d) Desde el punto de vista de la sociedad civil, las políticas públicas en parte reflejan –y en parte determinan– los grados de diálogo que es posible desarrollar entre la sociedad y el gobierno, actúan como catalizador para la integración de intereses, y dan un contenido o signo real al concepto de representación.

(e) Desde un punto de vista valórico, las políticas públicas constituyen el instrumento social más apto –casi el único– para enfrentar a la comunidad y a las personas con sus verdaderos intereses, opciones y valores, focalizando en alternativas respecto de situaciones específicas, y no sólo en la competencia política global.

Sin embargo, en nuestras latitudes, con importantes excepciones, el tema de las políticas públicas ha sido relativamente poco analizado. Esto es particularmente cierto en el mundo académico. Sin embargo, la parte más visible, comunicacional y protagónica del comportamiento de la clase política también tiende a girar en torno al juego clásico de la confrontación por unas ideas poco perfiladas, por el poder o el electorado. La preocupación por las políticas públicas, sus alternativas, su contenido y sus posibles consecuencias, es principalmente de la incumbencia de los poderes ejecutivo y legislativo, y de sus cuadros asesores y directivos. Estos no pueden operar en un vacío. En la medida en que la clase política no dedique su mejor esfuerzo a la negociación y el diseño de políticas correctas su desempeño, en estrecho diálogo no sólo con los sectores económicos sino también con la sociedad civil, se aleja de la ciudadanía.

NOTAS

1 "Las Condiciones Económicas e Institucionales de la Durabilidad de las Democracias", por Adam Przeworski, Michael Alvarez, José Antonio Cheibub y Fernando Limongi; y "La Democracia en Brasil y en el Cono Sur: Exitos y Problemas" por Scott Mainwaring, Buenos Aires, Agora: **Cuadernos de Estudios Políticos**, Invierno de 1996, págs. 67 y sgtes. y 136 y siguientes., respectivamente.

2 El concepto *governability* fue usado, sin embargo, en **The Crisis of Democracy: Report on the Gobernability of Democracy to the Trilateral Commission**, redactado por Michael J. Crozier, Samuel P. Huntington y Joji Watanuki, New York University Press, 1975. En la práctica el informe no utiliza el concepto más allá de su título, y frecuentemente se refiere a él como a la "normal operación de los sistemas democráticos" (pág. 8).

3 Este enfoque, de alguna manera, fue usado por L. Tomassini en Estado, Gobernabilidad y Desarrollo, Washington DC, Banco Interamericano de Desarrollo (BID), 1993, así como también por Arturo Israel en **The Changing rol of the State: Institutional Dimensions**, Washington DC, Banco Mundial, 1990; Edmundo Jarquín, "Gobernabilidad y Desarrollo: Estado de la Discusión", Washington DC, (BID), 1992; Edgardo Boeninger, "La Gobernabilidad: un Concepto Multidimensional", en L. Tomassini (editor), **¿Qué espera la Sociedad del Gobierno?**, Universidad de Chile, 1994, y por Joan Prats Catalá, "El Nuevo Juego y sus Reglas: Construyendo la Nueva Institucionalidad en la América Latina de los 90", Barcelona ESADE, 1996.

4 R. Aron, 1967, **The Industrial Society**, Nueva York, Praeger, 1962, pág. 50.

5 Manuel Antonio Garretón, **Hacia una Nueva Era Política, Estudio sobre las Democratizaciones**, Santiago, Fondo de Cultura Económica, 1985, págs. 181-183 y 192.

6 El libro de Enrique V. Iglesias, Reflexiones sobre el Desarrollo Económico: Hacia un Nuevo Consenso Latinoamericano, Washington DC, BID, 1992, aunque constituye un análisis de las estrategias de desarrollo ensayadas por los países latinoamericanos desde fines de los años 80, probablemente constituye la reflexión que mejor contribuye a entender lo que en la práctica es la gobernabilidad en América Latina, tal vez porque fue elaborado, precisamente, en un momento en que la reanudación del desarrollo y el fortalecimiento de la democracia en la región se comenzaban a ver amenazados.

7 L.C. Bresser Pereira, J.M. Maravall y A. Przeworski, **Las Reformas Económicas en las Nuevas Democracias: Un Enfoque Social Demócrata**. Madrid, Alianza Universidad, 1995, pág. 12.

8 L. Thurow, 1996, **The Future of Capitalism**, New York, Morrow.

9 J.J. Brunner, 1983, Televisión ¿Negocio o Cultura?, Santiago, La Segunda, 19 de julio de 1996. Ver M. Bernan, **All That is Solid Melts into the Air: The Experience of Modernity**, N. York, Simon and Schuster. También B.H. Bogdikian, 1992 (4a edición), **The Media Monopoly**, N. York Bacon Press y E. Falls, **Breaking the News**, New York, Time Boods, 1995.

10 Ver R.B. Reich (editor), **The Power of Public Ideas**, Harvard University Press, 1988; D. 2do., **Democracy and Complexity**, Pennsylvania State University Press, 1992; C. Lasch, **The Revolt of the Elites**, Norton, 1995; Rauch, **Demorclerosis**, Time Books, 1994; R.J. Sammuelson, **The Good Life and its Discontents**, Times Books, 1995, y E. Lahera (editor), 1993, **Cómo Mejorar la Gestión Pública**, Santiago, CIEPLAN, FLACSO, FORO 90.

BIBLIOGRAFIA

Aguilar Camín, H., (1988), **Después del Milagro**, México, Cal y Arena, para el caso de México.

Almond, G.A. y Verba, S., (1964), **The Civic Culture**, Princeton U.P.

Almond, G.A. y Verba, S., (1989), **The Civic Culture Revisited**, Boston, Litte, Brown.

Anderson, W.T., (editor), (1995), **The Truth About The Truth**, New York, Putnam.

Ardogh, J. (1983), **France in The 1980 s**, New York, Penguin.

Aron, R., (1967), **The Industrial Society**, New York, Praeger.

Axelrod, R.M., (1984), **The Evolution of Cooperation**, New York, Basic Books.

Barnes, S., (1986), **Politics and Culture**, Ann Arbor.

Becker, G.S. y Stingler G.V., (1977), "De Gustibus non est Disputandum", **American Economic Rewiew**, 67: 76-90.

Bell, D., (1973), **The Coming of Post Industrial Society**, New York, Basic Books.

Bell, D., **The Cultural Contradictions of Capitalism**, New York, Basic Books.

Bernan, M., **All That is Solid Melts into the Air: The Experience of Modernity**, New York, Simon and Schuster.

Boeninger, E., (1994), **La Gobernabilidad: un Concepto Multidimensional.**

Bogdikian, B.H., (1992), (4a edición), **The Media Monopoly**, New York, Bacon Press.

Bloom, A., (1987), **The Closing of The American Mind**, New York, Touchstone.

Bresser Pereira, L.C. (editor), (1991), **Populismo Económico**, Sao Paulo, Nobel.

Bresser Pereira, L.C., Maravall, J.M. y Przeworski, A., (1995), **Las Reformas Económicas en las Nuevas Democracias: Un Enfoque Social Demócrata**, Madrid, Alianza Universidad.

Brunner, J.J., (1994), **Bienvenidos a la Modernidad**, Santiago, Planeta.

Brunner, J.J. (1983), **Televisión, ¿Negocio o Cultura?**, Santiago, Chile.

Castañeda, J., (1993), **Utopy Unarmed: The Latin American Left After the Cold War**, Nueva York, Alfred Knopf.

Coase, R.H., (1994), **Essays on Economics and Economists**, University of Chicago Press.

Coklough, Ch. y Manor, J., (1991), **States or Markels**, Oxford, Clarendon Press.

Crozier, M.J., Huntington, S.P. y Watanuki, J., (1975), **The Crisis of Democracy: Report on the Gobernability of Democracy to the Triletareal Commission**, New York, University Press.

Dawns, A., (1957), **An Economic Theory of Democracy**, New York, Harper Row.

Decons, (1967), **Inside Beaurocracy**, Boston: Little, Brown.

Dione Jr. E.J., (1993), Why Americans Hate Politics, New York, Touchstone.

Easton, D., (1953), **The Political System**, New York, Alfred Knoft.

Easton, D., (1965), **A System Analisis of Politics Life**, New York, Wiley and Son.

Fanelli, J. y Frenkil, R., (1990), **Políticas de Estabilización y Gobierno en Argentina**, Buenos Aires, Thesis.

Falls, E., (1995), **Breaking the News**, New York, Time Boods.

Galbraith, J.K., (1967), **The New Industrial State**, Houghton Mifflin Co.

Giddens, A., (1991), **Modernity and Self Identity**, Stanford, University Press.

Giddens, A., (1992), **The Consequences of Modernity**, Stanford, University Press.

Greetz, C., (1994), **Conocimiento Local**, Barcelona, Paidós.

Held, D., (1993), **Prospects for Democracy**, Stanford, University Press.

Hyman, H. (1959), **Political Socialization**, New York, Free Press.

Iglesias, E.V., (1992), **Reflexiones sobre el Desarrollo Económico: Hacia un Nuevo Consenso Latinoamericano**, Washington DC, Banco Interamericano de Desarrollo.

Inglehart, R., (1990), **Culture Shift in Advanced Industrial Society**, Princeton University Press.

Inkels, A. y Smith, D.H., (1974), **Becoming Modern: Individual Change in Six Developed Countries**, Londeres, Heinemann.

Israel, A., (1990), **The Changing rol of the State: Institutional Dimensions**, Washington DC, Banco Mundial.

Jarquín, E., (1992), **Gobernabilidad y Desarrollo: Estado de la Discusión**, Washington DC, Banco Interamericano de Desarrollo.

Kent Weaver, R. y Rockman B.A., (editores), (1993), **Do Institutions Matter?**, Washington D.C., The Brookings Institution.

Lahera, E. (editor), (1993), **Cómo Mejorar la Gestión Pública**, Santiago, CIEPLAN, FLACSCO, FORO 90.

Larraín Ibáñez, J. (1996), **Modernidad, Razón e Identidad en América Latina**, Santiago, Editorial Andrés Bello.

Lasch, Ch., (1995), **The Revolts of The Elites**, New York, Norton.

Lasch, Ch., (1979), **The Culture of Narcissism**, New York, Norton.

Lechner, N., (1995), **Las Transformaciones de la Política**, North-South Center.

Lindblom, Ch., (1977), **Politics and Markets**, New York, Basis Books.

Lindblom, Ch., (1990), **Inquiry and Change**, Yale UP.

Lyotard, J.F., (1986), **La Condición Postmoderna**, Madrid, Cátedra.

March, J.G. y Simons, H.A., (1958), **Organizations**, New York: Wiley.

March, J.G., (1988), **Decision and Organizations**, Oxford: Basil Blackwell.

March, J.G. y Olsen, J.J., (1995), **Democratic Governance**, New York, The Free Press.

Milliband, R. (1969), **El Estado en la Sociedad Capitalista**, México, Siglo XXI.

Moore, B., (1966), **Social Origins of Dictatorship and Democracy**, Boston, Beacon Press.

Navasall, J.M., (1995), **Los Resultados de la Democracia**, Madrid, Alianza Editorial.

Poulantzas, N., (1968), **Pouvoir Politique et Classes Sociales**, Presses Universitaire de France.

Prats, J., (1996), **El Nuevo Juego y Sus Reglas: Construyendo la Nueva Institucionalidad en la América Latina de los 90**, Barcelona ESADE.

Przeworski, A., Alvarez, M., Cheibub, A. y Limongi, F. (1996), **Las Condiciones Económicas e Institucionales de la Durabilidad de las Democracias**, Cuadernos de Estudios Políticos, Págs. 67 y sgtes., Buenos Aires, Agora.

Rauch, J., (1994), **Demosclerosis**, New York, Times Books.

Reich, R., (1988), **The Power of Public Ideas**, Harvard University Press.

Rodríguez Elizondo, J., (1995), **Crisis y Renovación de las Izquierdas: de la Revolución Cubana a Chiapas, Pasando por el Caso Chileno**, Santiago, Editorial Andrés Bello.

Rothemberg, L.S., (1992), **Linking Citizens to Government**, Cambridge.

Rorty, R., (1989), **Contingency, Irony, and Solidarity**, Cambridge.

Ryan, M., (1989), **Politics and Culture: Working Hypothesis for a Post Revolutionary Society**, Johns Hopkins.

Sammuelson, R.J., (1995), **The Good Society and its Discontents**, Times Books.

Schumpeter, J., (1942), **Capitalism, Socialism and Democracy**, New York, Harper & Row.

Schmidtz, D., (1991), **The Limits of Government**, Westview Press.

Scott, M., (1996), **La Democracia en Brasil y en el Cono Sur: Exitos y Problemas**, Cuadernos de Estudios Políticos, págs. 136 y sgtes., Buenos Aires, Agora.

Shonfield, A., (1965), **Modern Capitalism**, Oxford.

Sunstein, C., (1990), **After The Rights Revolution**, Cambridge, Ma., Harvard University Press.

Taylor, M., (1975), **The Theory of Collective Choice**, en F.I. Greenstein y N.W. Polsby, eds., Handbook of Political Science.

Tomassini, L. (1993), **Estado, Gobernabilidad y Desarrollo**, Washington DC, Banco Interamericano de Desarrollo.

Tomassini, L. (1994), **¿Qué Espera la Sociedad del Gobierno?**, Universidad de Chile.

Touraine, A., (1984), **El Regreso del Actor**, Buenos Aires, EUDEBA.

Touraine, A., (1993), **Crítica de la Modernidad**, Madrid, Temas de Hoy.

Thurow, L., (1995), **The Future of Capitalism**, Nueva York, Morrow.

Vattimo, G., (1985, **El Fin de la Modernidad**, Barcelona, Guedisa.

Weaber, R.K. y B.A. Rockman, (1993), **Do Institutions Matter?**, The Brookings Institution.

White, S.K., (1991), **Political Theory and Modernity**, Cambridge.

Zolo, D., (1992), **Democracy in a Complex Society**, Pennsylvania State.

Democracia y nueva articulación entre privado y público. El problema de los "espacios públicos"

Pepi Patrón*

Introducción

La distinción conceptual entre lo privado y lo público es tan antigua como la democracia griega. Allí donde, hace veinticinco siglos, los límites estaban bastante claros, nos enfrentamos hoy día con una relación compleja, multívoca e incluso tensa, en la que se puede hablar tanto de una "privatización de los servicios públicos" cuanto de una "politización de lo privado".

En cuanto a lo primero, a la privatización de los servicios públicos, se trataría de un asunto que amerita una evaluación en los estrictos términos de eficiencia económica. Ello no resulta tan evidente cuando, en el Perú, dicho proceso se consagra bajo el eslogan de "participación ciudadana". La ciudadanía vuelve a ser, en el más puro estilo del siglo XVIII, sinónimo de propiedad privada; en este caso, de compra de acciones. "Participación ciudadana" es participación en el mercado y es la condición de propietario de acciones, lo que implica que el ciudadano sea tratado con respeto (según afirmaba la propaganda). Lejos estamos, por ende, de un asunto puramente económico.

En cuanto a lo segundo, a la politización de lo privado, se trata de un proceso que puede ser visto desde múltiples perspectivas. Por un lado, como invasión de la vida privada, "colonización del mundo de la vida" (en jerga de Habermas), de parte de la racionalidad propia del "sistema", es decir de la administración burocrática o del mercado. Esta "invasión" pue-

* Doctora en Filosofía, Profesora Universidad Católica del Perú.

de llegar a extremos tan curiosos como la reciente discusión (pública), en nuestro país, entre algunos sectores de la Iglesia y el Estado sobre los Manuales de Educación Sexual en las escuelas, es decir, sobre los límites de la educación sexual de los niños; en dicha discusión está en juego lo que puede considerarse o no como "sexualmente correcto" (terreno ciertamente privado).

Desde otra perspectiva, este mismo proceso puede verse como una ruptura de los límites de lo privado en el sentido de la presencia de actores hasta hace poco tiempo condenados a la "oscuridad" de la vida doméstica, es decir de las mujeres. Muchos de los problemas tradicionalmente considerados privados han dejado de serlo. Uno de los hitos más significativos en este proceso fue la creación en 1988 de la Comisaría de Mujeres, que implica que el maltrato y la violencia en el hogar, tradicionalmente contra la mujer, deja de ser un problema "doméstico" y pasa a ser un problema de interés público que incluso amerita sanción social. Otro caso muy ilustrativo de este proceso es el hecho de que algo tan "privado" como tomar un vaso de leche en el desayuno se convierte en un problema social, encarado por organizaciones sociales y pasa a ser, en algún momento, cuestión de la agenda política de algunos gobiernos municipales. En estos casos se trata casi de una disolución de la distinción privado/público.

El desplazamiento de los límites entre lo privado y lo público parece ser un problema central para las democracias contemporáneas. No se trata sólo de redefinirlos, sino de tratar de comprender la nueva articulación que se plantea entre una y otra esfera, pues según muchos teóricos contemporáneos lo propio de los movimientos sociales, de la presencia de nuevos actores o de los grandes cambios sociales es desplazar las fronteras entre privado y público, convertir en asuntos de interés general lo que hasta entonces se podía considerar como particular o privado.[1]

En relación con esta nueva articulación o "nuevo entramado"[2] entre lo privado y lo público resulta fundamental plantear la pregunta por la existencia y la naturaleza de "espacios" o "esferas públicas" en los que se discuten y encaran problemas hasta entonces considerados privados, en los que se genera una opinión pública capaz de influir en la agenda política nacional y que funcionan como ámbitos mediadores entre la sociedad civil y el Estado.

En el caso del Perú, esta pregunta es particularmente relevante en lo que se refiere, por ejemplo, a muchos de los intentos recientes por entender el papel de las mujeres en tanto actores sociales de primera importancia en la vida del país. El problema de la relación entre movimientos y organizaciones sociales, por un lado, y participación política, por el otro, surge con una importancia decisiva en el caso de las organizaciones sociales, de corte muy local, lideradas por mujeres. La importancia que se le otorga en estos análisis a la creación y existencia de espacios o esferas abiertas de acción e interacción de mujeres entre sí (y eventualmente, con los hombres) es decisiva.

En momentos en que un cierto sentido común, tanto internacional como nacional, parece querer extender su partida de defunción a la vida política institucionalizada (en términos de los viejos mecanismos de intermediación y representación que son los partidos políticos) y reducir significativamente el rol del Estado en el mundo contemporáneo; en que las encuestas reemplazan o pretenden reemplazar a la opinión pública, el marketing televisivo a los programas de gobierno, y la administración eficaz al buen gobierno; en momentos como los que vivimos, abordar y repensar la actividad política de los hombres sobre la base de un concepto enriquecido y actualizado de espacios públicos, como espacios de posibles disensos y consensos, de acuerdos que permiten la acción concertada, me parece de una importancia teórica y práctica fundamental.

Dicha noción permite, a mi juicio, pensar la política, justamente, como forma básica de la actividad ciudadana en regímenes democráticos (con lo cual discutiremos en su momento las implicancias de este concepto en la perspectiva de una democracia participativa) y no como patrimonio de la sociedad política (p.e. la vida institucionalizada de los partidos), de las diversas instancias de poder o directamente del Estado. Si dejamos de pensar la política en los términos estrictamente modernos de lucha por el poder, de lucha por conquistar el Estado, y la entendemos de manera amplia como una actividad inherente a los hombres y mujeres en general y a nuestra condición de ciudadanos(as) en particular, descubriremos que la noción de "esfera pública" o de "espacio público" puede resultar sumamente enriquecedora.

El recurso a este marco conceptual no está exento de problemas. El origen histórico de dichos conceptos nos remite al mundo griego, en el que la separación entre lo privado y lo público era tajante: el **oikos**, el hogar, era el ámbito de lo doméstico, de la administración doméstica, de lo privado; la **polis**, la ciudad-estado, era el ámbito de lo público, del interés común, de la relación entre iguales. No existe, por otra parte, vocablo alguno en el griego de la época que podamos traducir por "sociedad". La desigualdad era propia al mundo privado: las mujeres, los esclavos, los niños, eran parte de este universo privado en el que las jerarquías eran claras. Las mujeres (como los esclavos o los extranjeros) no eran ciudadanas, es decir, no "salían" al espacio público, a relacionarse con otros (otras) iguales a ellas. La vida privada está sometida al régimen de la necesidad y esa es su función propia: la satisfacción de necesidades, sean éstas de alimentación, vestido, vivienda o reproducción. Es en la polis donde se es libre, donde los ciudadanos iguales entre sí se relacionan en términos horizontales, no jerarquizados.

Como es fácil de suponer, las voces feministas no han tardado en cuestionar la pertinencia de un marco conceptual cuyo origen está inscrito en una tradición —el sistema patriarcal— que condenaba a las mujeres a la oscuridad y al silencio, a la "no visibilidad" y a ser parte excluida de una comunidad de seres libre e iguales. Se ha dicho y escrito mucho sobre el hecho de que esta diferenciación (que es oposición) entre privado y público no hace sino perpetuar una división del trabajo entre mujeres y hombres, que se ha asumido como "natural", haciendo de la esfera pública una esfera esencialmente masculina.

Creo que, y es parte de lo que quiero mostrar en este texto, el emplear tales conceptos no implica, en ningún caso, perpetuar divisiones y tradiciones discutibles y cuestionadas con razón. Pese a que muchos de los autores que se han ocupado del tema a nivel teórico y conceptual no necesariamente han planteado el problema de la mujer y de la discriminación femenina del ámbito de "lo público" —y tal es, por ejemplo el caso de H. Arendt y también de J. Habermas, por lo menos inicialmente— creo, justamente que a partir de estas categorías —y de las paradojas que ellas pueden implicar o poner de manifiesto— se puede repensar el actuar político de manera tal que desde ellas mismas se pueda dar cuenta —de manera constructiva— de la ausencia de "voces" femeninas.

Las dificultades de acceso de las mujeres y de las voces femeninas al sistema político (aquí entendido en sentido restringido de ámbito de poder y toma de decisiones) puedan tal vez comprenderse un poco más a partir de la inexistencia de espacios (realmente) públicos en los que los problemas que normalmente encaran las mujeres en una sociedad como la peruana dejen de ser estrictamente femeninos y su conviertan en asuntos de interés común. Es en este horizonte que pienso que una determinada conceptualización de lo "público" permitirá entender las restricciones y limitaciones del actuar de las mujeres en su complejo tránsito por lo privado, lo "social" y lo "público" en el sentido que quiero darle aquí, a partir de los autores mencionados, de "espacios públicos" (abiertos) de formación de opinión, acuerdos y consensos que hacen posible la acción común/concertada y que influencian, cuestionan o modifican la agenda política (lo común por excelencia). De allí que este concepto resulte central en cualquier discusión sobre gobernabilidad democrática en un país como el Perú.

En lo que sigue desarrollamos una presentación y discusión de dos de las más importantes perspectivas contemporáneas sobre la noción de espacio público. Se trata de las propuestas teóricas de Hannah Arendt y de Jürgen Habermas. Ambas resultan fundamentales en el trabajo de la filosofía política y las ciencias sociales contemporáneas. Pese a sus diferencias, las dos propuestas implican una perspectiva participativa de la democracia y otorgan una importancia particular a la existencia de espacios de interacción ciudadana, diferenciados de las instituciones de poder y de administración estatal. Recurrimos a modo de ejemplo al caso de las organizaciones sociales lideradas por mujeres en tanto nos permite ilustrar las dificultades de mediación entre lo social y lo político cuando dichos espacios no están articulados. Desarrollaremos brevemente, en la parte final, algunos de los aportes y críticas que, desde la literatura de género, se han efectuado a las perspectivas teóricas que aquí se discuten.

1. La diferenciación arendtiana entre lo social y lo político. La relación entre acción política y espacio público

Pensar la acción política humana en la especificidad que le es propia, distinguiéndola de otras formas de actividad, es tal vez el propósito más importante de la obra de Hannah Arendt. Así, la autora distingue, analíticamente, tres formas diferenciadas de la vida activa de los hombres, la labor (*labor*), el trabajo (*work*) y la acción (*action*), que corresponden a tres condiciones (de allí el título de su libro **La Condición Humana**) básicas de la vida de los hombres: la vida misma, el hecho de tener un mundo y la pluralidad que somos. Así como a la necesidad de mantenernos en vida le corresponde la "labor" y a la condición de "mundanidad" le corresponde el "trabajo", la pluralidad humana es la condición fundamental que nos permite hablar de acción política. Somos los hombres los que vivimos en este mundo, que interactuamos y nos comunicamos, y ello entre y con otros hombres.

El actuar humano exige la presencia de los otros, "otros" que tienen el doble carácter de la igualdad y la distinción: "Si los hombres no fueran iguales, no podrían entenderse ni planear y prever para el futuro las necesidades de los que llegarán después. Si los hombres no fueran distintos, es decir, cada ser humano diferenciado de cualquier otro que exista, haya existido o existirá, no necesitarían ni el discurso ni la acción para entenderse."[3]

Estas tres actividades y sus correspondientes condiciones están íntima y directamente vinculadas con la condición más general de la existencia humana: nacer y morir, natalidad y mortalidad. La labor asegura la supervivencia individual y la de la especie; su fin es la vida misma. El trabajo y su producto artificial hecho por el hombre, concede una medida de permanencia y durabilidad a la futilidad de la vida mortal y al efímero carácter del tiempo humano. La acción, en la medida en que ella se compromete a establecer, preservar y/o transformar los cuerpos políticos, crea la condición para el recuerdo, vale decir, para la historia. Es la acción así entendida la que mantiene la más estrecha relación con la natalidad, en tanto es la capacidad de empezar algo nuevo, de comenzar (como el recién nacido), es decir, de *actuar*.

Esta capacidad específicamente humana —actuar políticamente— depende por entero de la constante presencia de los demás. La acción presupone e instaura un mundo común, de intereses comunes y un **espacio público** de aparición y de discurso. La pluralidad humana supone (y se realiza en) el lenguaje, pues sólo la acción revela al animal político y hablante que es el hombre. Es el actuar lo que permite la revelación, "el descubrimiento del agente en el discurso y la acción"[4]. "Con palabra y acto nos insertamos en el mundo humano y esta inserción es como un segundo nacimiento"[5].

A través del actuar concertado en el lenguaje, los hombres instauran espacios comunes, espacios públicos, que a su vez son la condición de posibilidad de la acción y el discurso, de los disensos argumentados y de los consensos. "Dondequiera que las personas se junten a establecer un suelo común y busquen tomar la iniciativa para incorporarse, con palabras y hechos, en los eventos que tienen lugar a su alrededor, ellas han creado una esfera pública, un forum para la acción que es en sí mismo un resultado de la acción"[6]. La esfera pública (o el espacio público) sería algo así como la condición de posibilidad de la acción común y, a la vez su fin, en tanto es aquello que se logra y se quiere preservar. En este sentido se considera que la concepción arendtiana de espacio público no es topográfica ni institucional. A este respecto Charles Taylor, en su propia definición de espacio público, lo considera como algo que "trasciende los espacios tópicos" o que constituye "un espacio común metatópico"[7]. Los espacios de acción común existen en tanto haya ciudadanos actuando.

Esta suerte de circularidad entre espacios públicos y acción común guarda una muy estrecha relación con el problema de la fragilidad del actuar humano y de los espacios que lo hacen posible. A diferencia de la contundencia de los productos fabricados por el hombre, los "resultados" de la acción humana son muy frágiles: la acción común sólo existe en tanto los actores actúan.

Lo "público", tratando de precisar más este concepto en su relación con la acción política y en su eventual diferencia respecto de lo privado y lo social, nos remite a dos fenómenos estrechamente relacionados. En primer lugar significa que todo lo que aparece en público puede verlo y oírlo todo el mundo, pueden verlo y oírlo todos, "publicidad" en este sentido[8]. Aquello que aparece, aquello que ven y oyen otros al igual que nosotros, "constituye la realidad". "La presencia de otros que ven lo que vemos y oyen lo que oímos nos asegura de la realidad del mundo y de nosotros mismos"[9], afirma H. Arendt. Ello permite que la realidad sea efectivamente una realidad común. Y tengo serias dudas sobre si tal realidad común existe en nuestro país.

En segundo lugar, público significa "este propio mundo en cuanto es común a todos nosotros y diferenciado de nuestro lugar poseído privadamente en él"[10]. Este mundo común (podríamos preguntarnos si el mundo común que instaura la Constitución peruana lo es efectivamente) está ciertamente relacionado con los objetos fabricados por las manos del hombre (el *homo faber*), así como con los asuntos de quienes habitan juntos en el mundo también hecho por el hombre. Vivir juntos significa, entonces, que un mundo de cosas está entre quienes lo tienen en común, así como la mesa está en el medio entre los que juegan. "El mundo como todo aquello que está en el medio, une y separa a los hombres al mismo tiempo; en tanto espacio público nos agrupa y nos separa"[11].

De esta manera, lo público en tanto **espacio de aparición** y **mundo en común**, es correlativo con esta pluralidad que somos y que nos permite interactuar, discutir y actuar en vistas a intereses y fines comunes. Es ello lo que nos permite ser una comunidad. Comunidad que, según venimos de decir, no sólo no excluye la pluralidad que somos, sino que de alguna manera se basa en ella. Comunidad que, me parece por todo lo dicho, los peruanos no somos. Es importante señalar aquí que la crítica liberal contemporánea a la idea de comunidad implica una noción de la misma en términos de *comunidad política* (la o una comunidad política) que se define como "una asociación o sociedad cuya unidad reside en una concepción o doctrina integral (*comprehensive*) del bien".[12] Trataremos de aclarar más adelante cuánto la concepción arendtiana de intereses comunes o de fines comunes —elementos constitutivos de lo "público"— es compatible o no con la pluralidad de formas de vida y de concepciones del bien que caracteriza a las sociedades contemporáneas; o si su concepción de lo público como lo común no es restrictiva respecto de dicha pluralidad. Este problema está directamente vinculado con la manera en que Arendt entiende la dimensión de "lo social" y su relación con lo público y/o lo político.

La realidad de la esfera pública reside en (y está garantizada por) la simultánea presencia de múltiples y diferentes perspectivas y aspectos en los que se presenta el mundo común. No significa esto afirmar que el mundo sea diferente para cada uno según su perspectiva individual; de ser éste el caso, dejaría de ser mundo común en el cual y del cual podemos hablar. Ser vistos y ser oídos deriva su sentido del hecho de que todos ven y oyen lo mismo, pero desde una posición diferente. El mundo común sería algo así como la suma (total) de aspectos que se presentan a una multitud de espectadores. "Sólo donde las cosas pueden verse por muchos en una variedad de aspectos y sin cambiar su identidad, de manera que quienes se agrupan a su alrededor sepan que ven lo mismo en total diversidad, sólo allí aparece auténtica y verdaderamente la realidad mundana"[13].

Destruir el espacio público de aparición de la diversidad y de la pluralidad que somos, supone e implica la destrucción del mundo común, precedida por lo general por la destrucción de los muchos y diversos aspectos en los que éste se presenta a la pluralidad humana. "El fin del mundo común llega cuando se ve bajo un solo aspecto y cuando se le permite presentarse únicamente bajo una perspectiva"[14]. Allí donde se pierde el mundo común, el espacio público, por muy precarios que sean, desaparece la pluralidad humana. Desaparece el espacio público como **condición** y **fin** de la acción y del discurso, de la revelación de los actores en el hablar y en el actuar. Desaparece la esfera de interés común que es el ámbito propio de la política. Cuando ello sucede las personas se comportan como si fuesen miembros de una familia en el sentido de una unidad orgánica, donde cada uno multiplica y prolonga –sin diferir– la perspectiva del otro. Se perdería totalmente la pluralidad, en el sentido de otras voces u otras maneras de ver lo mismo (por muy frágil que sea eso "mismo"). Eso es precisamente lo que ocurre, dramáticamente, en los regímenes totalitarios, en los que bajo un régimen de terror, el comportamiento esperado reemplaza o sustituye a la capacidad humana de actuar.

No obstante, sin necesidad de remitirnos al totalitarismo como caso histórico extremo, es legítimo preguntarse aquí cuánto una realidad como la peruana definida por desigualdades extremas, con un régimen democrático caracterizado por su precariedad institucional, no implican la ausencia de esta pluralidad de voces (en particular de las "voces" femeninas) y de consensos que permiten acción concertada, que es lo propio de los espacios públicos.

Para intentar responder a esta interrogante y a partir de la distinción señalada entre lo privado y lo público (**oikos** y **polis**), se puede introducir un tercer concepto que se impone con creciente importancia desde los tiempos modernos: se trata de "lo social". Lo privado es del ámbito de la necesidad, donde se resuelven y satisfacen las necesidades de la vida, es lo doméstico; lo público se reclama del ámbito de la libertad, de los intereses comunes, de la acción y del discurso. El espacio público es el espacio propio de la acción política. La emergencia, el surgimiento, de lo social significa, históricamente, la emergencia de la administración del hogar, de la satisfacción de necesidades, a la esfera de lo público (fenómeno sin duda vinculado al surgimiento del mercado). Es cierto que Arendt no se plantea como un tema de reflexión el que al ámbito doméstico, de la necesidad y la reproducción de la vida, haya sido siempre estrictamente femenino y que ese hecho haya significado la "invisibilidad" de la mujer, condenada a ser "expulsada de la historia al reino de la naturaleza, de la luz de lo público al interior de la casa, del efecto civilizador de la cultura a la repetitiva carga de la crianza y la reproducción"[15]. No creo, sin embargo, como muchas críticas feministas radicales sugieren, que sostener una distinción conceptual entre privado, social y público implique una apología de dichas condiciones o de las desigualdades que definen el ámbito privado, doméstico, occidental. Si bien es cierto que en la obra de H. Arendt no hay una preocupación explícita por la desigualdad o discriminación "de género", una de las hipótesis que quiero desarrollar aquí es que sus distinciones conceptuales sí contienen un potencial crítico importante respecto de los problemas de género, y ello desde la perspectiva de una relación conflictiva entre lo privado, lo social y lo político[16]. Autoras como Mary O'Brien ven a Arendt como representante típica de un pensamiento "male-stream", pues no cuestiona esta distinción privado-público que es un principio central al pensamiento patriarcal[17]. Quisiera, en lo que sigue, argumentar que la noción arendtiana de lo público en su relación conflictiva con lo social, por el contrario, nos permitirá obtener algunas pautas críticas para entender la fragilidad del espacio público en un país como el Perú.

Arendt caracteriza la "sociedad" desde su presencia en la Edad Moderna como esa instancia "curiosamente híbrida donde los intereses privados adquieren significado público"[18]. Ella constituye la organización pública del propio proceso de la vida. En la sociedad se establecen vínculos de mutua dependencia en beneficio de la vida, del sobrevivir. Remitiéndose a la distinción arendtiana, Habermas afirma que el surgimiento de la moderna sociedad significa que "la actividad económica privada ha de orientarse de acuerdo con un tráfico mercantil sometido a directivas y supervisiones de carácter público; las condiciones económicas bajo las que ahora se realizan están emplazadas fuera de los confines del propio hogar; por primera vez son de interés general"[19].

Es cierto que Arendt ofrece un recuento crítico del surgimiento de la esfera social en los inicios del mundo moderno; crítico en el sentido de las consecuencias que dicha esfera implica para la existencia y preservación de los espacios públicos del actuar político y para la propia naturaleza de lo "privado". Y es cierto también que dicha negatividad plantea problemas importantes para una aproximación a la relación entre lo social y lo político en el mundo contemporáneo. Sin embargo, creo que se trata de una distinción que permite percibir la complejidad de dicha relación, como trataré de mostrar en lo que sigue. Para el caso específico de la ausencia o precariedad de las "voces femeninas" en el espacio público, el diagnóstico arendtiano de lo social como una esfera sometida a las necesidades de la vida resulta sumamente fructífero. Es importante señalar que en las precisiones conceptuales que señalábamos al inicio de este parágrafo, la vida misma aparecía como condición de la labor —actividad ligada a la reproducción de la propia vida— y no como condición humana a la que responde la actividad política. Esta, en su especificidad, responde a la condición humana que es la pluralidad, vale decir, al hecho fundamental de que somos iguales y distintos. Dejemos, por el momento, abierta la pregunta siguiente: ¿hasta qué punto organizaciones sociales destinadas a satisfacer necesidades básicas o a compensar carencias vitales, pueden convertirse en espacios de interacción que den lugar a un actuar concertado, político, no sometido a la inmediatez de las necesidades vitales? Creo que resulta claro que encontramos aquí una pista conceptual interesante para dar cuenta de las dificultades de relación social-político inherentes al Perú.

Ello no obstante, la concepción de Arendt sobre lo social no está exenta de problemas. Dice al respecto Seyla Benhabib que en este proceso de diferenciación institucional en las sociedades modernas entre la muy estrecha esfera política, por un lado, y el mercado y la familia por el otro; es decir, en la "irrupción" de los asuntos económicos que devienen asuntos de interés público; Arendt ve "la oclusión de lo político por lo social y la transformación del espacio público de la política en un seudoespacio de interacción en el cual los individuos no "actúan" más, sino que se "comportan meramente" como productores, consumidores y pobladores urbanos"[20]. Enfrentaríamos aquí una concepción de lo social que se plantea casi en oposición a la actividad política. Veamos algunos problemas que surgen de esta oposición y que resultan decisivos para la comprensión del espacio público en realidades como la nuestra.

En la perspectiva arendtiana de la esfera social, es decisivo que la sociedad excluya la posibilidad de la acción. La sociedad espera de cada uno de sus miembros —desde la particularidad de su género, clase, profesión, etc.— una cierta clase de conducta. Esta, la conducta, reemplaza a la acción, si entendemos ésta —entre otros rasgos mencionados— como la posibilidad de iniciar algo nuevo, incluso lo inesperado, de manera concertada con otros hombres. La "burocracia" es para Arendt la forma "social" de gobierno por excelencia, pues es en el fondo el "Gobierno de Nadie": es el dominio de un sistema de oficinas, en el cual "ningún hombre, ni uno ni los mejores, ni la minoría ni la mayoría, asume las responsabilidades"[21].

La "sociedad" tiende a "normalizar" a sus miembros, a "excluir el logro sobresaliente o la acción espontánea"; socialmente, los hombres "se comportan, no actúan con respecto a los demás"[22]. Es importante subrayar la radical diferencia que se plantea aquí entre lo social así entendido y el espacio público, en la dimensión **agonística**[23] que Arendt le otorga en algunos textos y que ha sido objeto de grandes críticas. En su relación con el viejo modelo de la **polis** esta dimensión agonística de la esfera pública la constituye como el ámbito donde puede manifestarse la individualidad, como el lugar de la competencia, de la diferencia a través de la acción (¿heroica?) y el discurso. La acción sobresaliente y el discurso persuasivo tienen aquí su lugar.

Por su parte, y por contraste, en la "sociedad" la acción tiene "cada vez menos oportunidad de remontar la marea del comportamiento y los acontecimientos perderán cada vez más su significado, es decir, su capacidad para iluminar el tiempo histórico"[24]. Este triunfo de la social implica que el progreso de la humanidad se impone por encima de los diversos logros de los hombres[25]. Históricamente esto se ha manifestado como el surgimiento moderno de "naciones-estado" en las cuales "el *Estado* (es decir la moderna asociación territorial obligatoria) asume las funciones de la reproducción material, o "housekeeping", mientras que la vida colectiva, en la forma de la *nación*, toma la estructura y las formas de conducta de una familia superhumana".[26]

Expresado en estos términos, podemos entender que el triunfo de lo social significa, en términos históricos y sistemáticos, una gran amenaza para la acción política y la eventual desaparición de límites estables entre lo privado y lo público. Incluso se podría llegar a hablar de la eventual desaparición de ambos. Lo privado pasa a ser sinónimo de intimidad y prácticamente queda reducido a ello. Esta distinción no significa que Arendt esté postulando la inmutabilidad de la esfera privada o justificando, por ejemplo, la inmutable presencia oprimida de las mujeres en ella. Es cierto que Arendt no lleva a cabo una crítica explícita de la situación de la mujer a partir de esta dicotomía privado/público. Sin embargo, coincido plenamente con la lectura de Hansen quien afirma que el análisis arendtiano de la tensión privado, social y público "está pensado para iluminar un complejo de actitudes y prácticas y no esferas fijas ocupadas eternamente por determinadas categorías sociales de individuos".[27] Si, en contraste con la esfera de lo social, el espacio de la acción política es concebido como el espacio competitivo en el que los ciudadanos —iguales entre sí— se enfrentan por reconocimiento y aclamación, parecemos estar más cerca de la **polis** griega que de las plurales y complejas sociedades contemporáneas. Se ha acusado mucho a la filosofía política de Hannah Arendt de proponer como modelo una visión romántica de la **polis** griega, que no toma en cuenta los mecanismos de exclusión que la hacían posible (mujeres, esclavos, extranjeros) y poco vinculada con la realidad de la vida social y política actual.

Sin embargo, en esta concepción de lo público ligada al viejo ideal de la polis griega, encontramos una noción del actuar político directamente vinculada a una idea de libertad que nos permitirá precisar el ideal de participación ciudadana que anima la filosofía política de H. Arendt y que está al origen de la corriente "comunitarista" contemporánea que se enfrenta con versiones contemporáneas del liberalismo. De allí que se le considere como representante de la tradición de "virtud cívica" o "virtud republicana" asociada a la idea de ciudadanos activos, libremente comprometidos, determinando colectivamente su destino común. "La razón de ser de la política es la libertad"[28], dice Arendt y ello a través de la acción y el discurso. El ámbito propio de la acción —el espacio público— en tanto espacio de aparición y mundo en común, es el ámbito en que la libertad se hace una realidad mundana (y no un problema del libre arbitrio de una voluntad subjetiva), libertad tangible en palabras que pueden ser escuchadas, en hechos que pueden ser vistos y en eventos sobre los cuales podemos hablar, que podemos recordar y contar en historias, hasta poder incorporarlos en ese gran libro de cuentos que sería la historia humana (llena de héroes y discursos, de hechos humanos)[29]. Concebir el espacio de la acción política como el espacio de la auténtica libertad humana, nos enfrenta con una noción "positiva" de libertad, no sólo en el sentido genérico de libertad "para", sino en un sentido muy específico de libertad para actuar políticamente.

Es cierto que aquí H. Arendt es profundamente crítica de la noción moderna de libertad, que es correlativa al surgimiento de la esfera de lo social y que hace de la libertad un fenómeno de la subjetividad individual, de la vida privada o de la intimidad. En el origen mismo de la filosofía política moderna (pensemos en los casos ejemplares de Hobbes o Locke) la libertad política se transforma en una suerte de "liberación" *de* la política. La libertad política será la libertad individual frente al Estado, o libertad económica, o libertad de creencias y de opinión, más no libertad para actuar políticamente. El Estado tiene como papel fundamental el dar a los ciudadanos la seguridad y las garantías suficientes para poder vivir en paz y para el ejercicio de una libertad que se ubica prioritariamente fuera del ámbito de lo político. Constatamos en los textos fundadores de la modernidad[30] que la virtud del Estado no reside en la libertad política que él estaría en medida de posibilitar a los ciudadanos, sino en el grado de **seguridad,** es decir de estabilidad, que puede ofrecer a los miembros de la sociedad. El **Leviathan** de Hobbes quiere garantizar la paz social y la preservación de la vida, mediante un pacto o contrato que al crear el Estado y la ley restringe nuestro derecho natural que es pura libertad. Spinoza afirma en el **Tratado Político**: "la libertad o fortaleza de ánimo es una virtud privada, mientras que la virtud de un Estado es su seguridad"[31].

No somos libres, entonces, en nuestro actuar político, entre y con otros hombres, iguales y diferentes a nosotros. Somos libres como individuos gracias a la seguridad que el Estado puede ofrecernos, en función de la estabilidad de sus leyes y de la solidez de sus instituciones. Asistimos a una curiosa y paradójica separación de libertad y política: "menos hay política, más hay libertad", reza el credo del liberalismo clásico. Según Arendt, el liberalismo tiene una enorme responsabilidad en la desaparición de la idea de libertad del ámbito de lo político, pues la política pasa a ser definida como el ámbito destinado al cuidado de la vida y el respeto y protección de los intereses privados. Pero vida, necesidades e intereses privados nos remiten a la esfera de lo social, de lo económico, esfera en la que el problema de una administración eficaz y correcta, en nombre de una racionalidad técnica transparente a ella misma, sustituye la especificidad de la instancia política como tal. ¿No es acaso típicamente moderno el medir la extensión de la libertad en una comunidad política dada en relación con la amplitud del espacio que ella deja abierto (libre) para actividades no políticas en sentido estricto, como la libertad de empresa, de enseñanza, de creencias, religiosa, etc.?[32]

Así, la referencia arendtiana a la **polis** griega y al "ideal de ciudadanía integral"[33] y participativa que ésta implica, se convierte en una instancia normativa a partir de la cual se pueden evaluar las posibilidades y criticar las carencias de la vida política contemporánea desde sus orígenes en la modernidad. Dado el recuento crítico que hace Arendt del surgimiento de las sociedades modernas, pareceríamos asistir, desde un punto de vista tanto sistemático (conceptual) como histórico, a una visión básicamente negativa de "lo social", que implicaría, en efecto, algo así como la derrota del actuar político y de sus espacios propios, generando una extraña yuxtaposición entre privado, social y público.

Sin embargo, y son muchas las críticas que se han hecho a Arendt en esta perspectiva, espacio público no es sólo espacio de acción libre, en el sentido en que venimos de describir, que podría implicar acción estrictamente individual, libre y competitiva (la dimensión **agonística** que subraya y critica, entre otros, S. Benhabib y estrictamente masculina como no han dejado de observar muchas escritoras feministas). Hemos señalado anteriormente que es a través del actuar concertado en lenguaje que los hombres instauran estos espacios "públicos". Estos son fundamentalmente, entonces, espacios de **acción concertada.** A esta "dimensión" de la concepción arendtiana de espacio público S. Benhabib la llama la "perspectiva asociativa del espacio público"[34], o espacios asociativos. A partir de esta idea de acción concertada, podemos plantear un vínculo más fluido entre el ámbito de la necesidad y el de la acción libre y común, es decir, entre lo social y lo político. Incluso nos permite apreciar esa "yuxtaposición" que mencionamos como sumamente esclarecedora para el Perú.

Es, según nuestra autora, en estos espacios públicos de acción basada en consensos donde se genera el verdadero poder político. En una de sus distinciones más polémicas, que enfrenta a casi toda la tradición de la filosofía y la ciencia políticas occidentales, Arendt define el poder no sólo como capacidad de dominación o de coerción de unos hombres por otros, sino como la "capacidad humana no sólo de actuar, sino de actuar concertadamente"[35]. Allí donde la acción está vinculada al hecho de comenzar algo nuevo, de tener iniciativa, el poder está vinculado a la idea de acuerdo, de consenso: "la acción tiene un designio político y el poder no es otra cosa que la expresión pública de la acción"[36]. Así como la acción se distingue de la labor y de la fabricación; por el acuerdo, el poder se distingue de la dominación y de la violencia que se define en términos de una racionalidad estrictamente instrumental. Ciudadanos actuando sobre la base de intereses comunes, en vistas a fines comunes, que se ponen de acuerdo a través de la palabra, estos son los elementos que configuran lo propio —además de los rasgos ya señalados— de la concepción arendtiana de "espacio público" y de acción política que éste implica. Lo público no se define, entonces, por el contenido sustantivo de los asuntos que pueden ser de interés común —es decir, que se excluyan necesariamente asuntos relativos a los problemas sociales o al trabajo[37]— sino por el tipo de **procedimiento**[38] que lo define: se trata de ponerse de acuerdo, sobre la base de un intercambio de opiniones, mediante el discurso y la persuasión, permitiendo la acción colectiva concertada. "Diversas locaciones topográficas devienen espacios públicos en tanto se convierten en lugares de poder, de acción común coordinada a través del discurso y la persuasión".[39]

No comparto la opinión de Arato y Cohen cuando afirman que Arendt trata de "confinar" o "desterrar" (*banish*) la esfera de lo social, para poder desarrollar una propuesta normativa articulada en torno al concepto de esfera o espacio público[40]. En un Conversatorio realizado en Toronto, en 1972, acerca de su trabajo y con su presencia, Arendt responde a algunas críticas importantes sobre esta distinción entre lo social y la esfera pública. No se trata de que en los espacios públicos **no** se discutan cuestiones sociales; "en todos los tiempos las gentes que viven juntas tienen asuntos que pertenecen al ámbito de lo público –'cosas que son dignas de ser discutidas en público'. Cuáles *son* dichos asuntos en algún *momento* histórico es probablemente *completamente* diferente", dice Arendt[41]. Lo que cuenta es que son asuntos que pueden ser susceptibles de debate público. Sobre lo que no hay diferencia de opinión, sobre lo que no hay necesidad de intercambio, no hay necesidad de ponerse de acuerdo. La mayor parte de problemas sociales pueden ser resueltos "desde arriba", con criterios administrativos y en muchos casos no es necesario que estén sujetos al debate público. Sin embargo, estos mismos "problemas sociales" tienen un "doble rostro": p.e. el problema de viviendas adecuadas para la población es una cuestión social; pero si dichas viviendas implican o no una cuestión de integración racial, es, *ciertamente* dice Arendt, un problema político. Podríamos perfectamente parafrasearla y decir que en el Perú, en el momento histórico actual, el problema del vaso de leche o de los comedores populares podrían ser administrativamente resueltos, desde arriba, pero todos sabemos que no es ni ha sido el caso. Los ciudadanos, o específicamente, las ciudadanas, han hecho de estos problemas asuntos de interés colectivo, de debate, de consenso y de acción común. Han generado espacios donde encararlos y resolverlos.

Si existen espacios públicos en tanto haya hombres y mujeres poniéndose de acuerdo y actuando, es importante subrayar que la fragilidad de los mismos en el caso de mujeres resolviendo problemas de alimentación puede estar perfectamente vinculada a la naturaleza de los asuntos que unen a las mujeres en las organizaciones de supervivencia. La propia vida y sus urgencias marcan la precariedad de dichos espacios.

Ahora bien, esta diferenciación entre lo social y lo político, entre el espacio público de acción como ejercicio de una auténtica libertad y la esfera de lo social como ámbito sometido a las necesidades de la vida, ¿cuánto puede arrojar luces sobre los problemas de un país como el Perú y su compleja dinámica entre lo social y lo político? ¿Dada la urgencia y premura de los problemas sociales en nuestro país —que conduce incluso a priorizar en la actualidad el "programa social" o a hablar de "gasto social"— estaríamos hablando de una casi supresión del actuar político o de la inexistencia de espacios públicos de acción libre, dado el sometimiento de la acción a las urgencias (sociales) de la vida y de los requerimientos de la esfera económica?

Surgen de esta perspectiva conceptual tres problemas importantes que nos permiten abordar el problema de la fragilidad de los espacios públicos en un país como el Perú a la vez que su decisiva importancia:

1. Es difícil en el mundo contemporáneo plantear una escisión clara entre lo social y lo político, tratando de preservar conceptualmente algo así como la pureza de la acción política en su dinámica libre, plural (en el doble sentido de

igualdad y diferencia), no sometida ni a la necesidad ni a la racionalidad de la administración.

2. Queda abierto el problema de **la relación de mediación** entre lo social y lo político, que espacios públicos surgidos de la sola dinámica social parecen no poder satisfacer. Dada la crisis contemporánea de los partidos políticos, resulta muy difícil plantear el vínculo entre movimientos sociales y la sociedad política en los términos tradicionales de representación e intermediación. El rol mediador de la esfera pública puede ser una pista interesante para repensar dicho vínculo.
3. Sin embargo, los límites de los espacios que generan las organizaciones sociales en su actividad parecen mostrar esta tensión, que la teoría política de Arendt desarrolla, entre actividad sometida al imperio de la necesidad y acción concertada en vista a fines comunes no sólo marcados por la urgencia de la vida.

Podríamos por ejemplo considerar, que respecto de las organizaciones sociales en que las mujeres despliegan su actividad, su condición de urgencia, de organizaciones de supervivencia, las hacen no sólo muy precarias, sino que difícilmente se constituyen en espacios públicos en el complejo y múltiple sentido en que venimos de definir lo público. Parecerían más bien algo así como "espacios públicos privatizados", femenina-mente privatizados. De allí su dificultad en pasar a ser problemas "comunes" en sentido fuerte, parte de la agenda política.

En el marco conceptual que venimos de examinar quedan, sin embargo, pendientes dos problemas importantes que son fundamentales para aclarar nuestra noción de espacios públicos: el de la opinión pública que se forma en dichos espacios y el de la institucionalización (tanto social como política) de los mismos. Pasemos a ver en lo que sigue si la concepción habermasiana de lo público nos acerca a una idea más compleja de la esfera pública.

2. Jürgen Habermas: un modelo discursivo-procedimental del espacio público

Como ya indicamos, el recuento histórico que hace Habermas del surgimiento de la esfera pública "burguesa-liberal" en el siglo XVIII y principios del XIX, retoma algunas distinciones arendtianas, tales como el surgimiento de la esfera de "lo social" y la distinción entre techne y praxis (esta última bajo la forma de una compleja teoría de la racionalidad). Sin embargo, a diferencia de Arendt, este autor vincula su concepto de espacio público justamente al ámbito de lo social, es decir a aquella esfera que, en la obra de la primera, puede ser la gran amenaza para la existencia de un espacio realmente "público". Incluso hay quienes piensan que esta diferencia es una respuesta explícita al concepto anterior: "deliberadamente Habermas construye su modelo de la esfera pública en la posición estructural que Arendt consideraba la negación misma de la vida pública, en el ámbito intermediario (...) entre la esfera privada y el estado, que ella llamaba 'sociedad'. Pese a que admite que la inspiración ideológica del modelo griego continúa en nuestro propio tiempo, Habermas cuestiona consistentemente su relevancia institucional".[42] En el caso de Habermas, el concepto de espacio público está directamente vinculado al ámbito de la sociedad civil; es más, el surgimiento de la esfera o de las esferas públicas sólo es posible históricamente con el surgimiento de la sociedad civil. Para nuestro autor es claro que no se puede demostrar la existencia de una esfera pública, separada de la esfera privada, hasta el siglo XVIII.[43]

Así describe Habermas el momento central de dicha historia: "en tanto es un dominio privado, la sociedad, que ha llegado a confrontar al Estado, está por un lado claramente diferenciada del poder público; por otro lado, la sociedad deviene un asunto de interés público en virtud de que con el alza de la economía de mercado, la reproducción de la vida se extiende más allá de los confines del poder doméstico privado. La *esfera pública burguesa* puede ser entendida como la esfera de las personas privadas reunidas para formar un público"[44]. Las esferas del trabajo y del intercambio de mercancías, como ya vimos anteriormente, devienen asuntos públicamente relevantes. La satisfacción de necesidades se convierte en un problema "público" (social) y encontramos aquí el viejo vínculo hegeliano entre el mercado, la sociedad civil y, con Habermas, la constitución de espacios públicos.

Sin embargo, no es en tanto agentes del mercado que los miembros de la sociedad constituyen la esfera pública. Sin entrar en los detalles de la minuciosa descripción histórica que hace el autor del surgimiento del espacio público, podemos retomar los elementos básicos de su definición: por esfera pública se entiende un dominio de nuestra vida social en el que puede formarse algo así como la opinión pública; el acceso a la esfera pública está abierto, en principio, a todos los ciudadanos en tanto tales: no actúan como gentes de negocios, ni como profesionales conduciendo sus asuntos privados. Los ciudadanos actúan como un público cuando tratan con materias de interés general sin estar sujetos a coerción; por lo tanto, con la garantía de que puedan asociarse y unirse libremente y expresar y hacer públicas (*publicize*) sus opiniones libremente. En su origen histórico, el 'principio' del espacio público es el discurso público crítico. Se habla de una esfera pública política, a diferencia de una esfera pública literaria, p.e., cuando las discusiones públicas conciernen a objetos vinculados con la práctica del Estado[45].

Lo propio de la esfera pública en sentido político, entonces, es que en ella ciudadanos no sometidos a coerción ninguna, tratan discursivamente de asuntos de interés general y vinculados con la práctica del Estado. De allí que el espacio público pueda ser concebido como una instancia de mediación entre la sociedad y el Estado: "A la esfera pública como una esfera que media entre el Estado y la sociedad, una esfera en la cual se forma el público entendido como el vehículo de la opinión pública, le corresponde el principio de la publicidad (...). La opinión pública, en sentido propio, sólo puede formarse si existe un público que se compromete en una discusión racional."[46] El espacio público es, así, espacio del ejercicio de una racionalidad crítico-discursiva, capaz de generar consensos, la misma que dentro de la teoría actual de Habermas es una forma particular –entre otras– de racionalidad.

En el contexto del debate filosófico contemporáneo, en momentos en que el discurso postmoderno se aboca al elogio del disenso y a proclamar la muerte de la razón occidental y moderna, la obra de Habermas es, al mismo tiempo, una crítica y una defensa de la modernidad. El llamado "filósofo del consenso" piensa que la razón moderna es la que ha hecho posible la razón como ejercicio crítico, incluso respecto de ella misma. La sociedad moderna, tal es la convicción de Habermas, contiene aún un proyecto de racionalidad normativa que hace posible cuestionar y criticar su propia situación actual. Y ese será precisamente el caso del concepto, nacido como ya vimos en el siglo XVIII, de "espacio público". Su distancia respecto del pesimismo de los más importantes representantes de la Teoría Crítica de la Escuela de Frankfurt —de cuya tradición, sin embargo, nunca deja de reclamarse— lo lleva (de distintas maneras desde sus obras tempranas) a tratar de comprender la racionalidad humana como siendo irreductible a su sola dimensión instrumental. Es instrumental, es decir, es racionalidad de medios a fines, pero es también mucho más que eso.

Según S. Benhabib[47], la defensa de la modernidad a la luz del principio de la participación pública ha sido un aspecto esencial de toda la obra de Habermas. El surgimiento de una esfera pública autónoma de razonamiento político y de discusión es también central al proyecto moderno. Además de la diferenciación social y de la creación de esferas de valores independientes, la modernidad trae consigo una triple posibilidad:

1. En el ámbito de las instituciones *sociales*, la generación consensual de normas generales de acción a través del discurso práctico se pone en primer plano.
2. En el ámbito de formación de la *personalidad*, el desarrollo de las identidades individuales deviene en gran medida dependiente de las actitudes reflexivas y críticas de los individuos.
3. En el ámbito de la *tradición*, ésta pierde su legitimidad sólo porque trae la autoridad del pasado. Su validez depende de la apropiación que de ella haga el mundo contemporáneo.

No es difícil sospechar algunas de las dificultades que esta concepción del proyecto moderno implica para el Perú, o tal vez debería decir las dificultades que tiene el Perú para ser un país moderno en sentido estricto, en relación con las características mencionadas. Nos interesa, sin embargo, por el momento, desarrollar algunas de las distinciones conceptuales habermasianas que nos permitirán abordar la especificidad de su comprensión del "espacio público", que ya se anuncia en la primera de las características "modernas" señaladas.

A nivel propiamente sociológico del análisis de la sociedad moderna (y contemporánea), Habermas propone un concepto de "sociedad" en dos niveles: ella es, por un lado, "mundo de la vida" y, por el otro, "sistema" diferenciado de complejidad creciente. El "mundo de la vida" constituye el trasfondo implícito de saber consensual en el que se inscriben los diferentes tipos de acción. En virtud de la estructura comunicativa de la racionalidad, el mundo de la vida, aun no siendo tematizable en cuanto tal, se hace accesible a los actores a través de las situaciones concretas de discusión y argumentación. Pero la sociedad es además "sistema", es decir que las acciones humanas son coordinadas no sólo a través del entendimiento mutuo, sino también a través de contextos funcionales no lingüísticos. Por sistema Habermas se refiere a todos los modos en que se coordinan entre sí las acciones de los individuos a través del "entrelazado funcional de consecuencias inintencionadas, mientras que cada acción es determinada por cálculos hechos en interés propio y tendientes a maximizar la utilidad". Las principales redes de contextos de acción sistemáticamente integrados son el mercado y el Estado, coordinados a través de los mecanismos instrumentales que son el poder y el dinero, y que en las sociedades modernas no sólo alcanzan una cada vez más grande autonomía, sino que invaden, "colonizan", en la terminología habermasiana[48], el mundo de la vida.

Es importante subrayar que la distinción entre sistema y mundo de la vida no es paralela a la distinción entre público y privado[49]. El mundo de la vida se caracteriza por contextos de acción comunicativamente integrados: los agentes actúan sobre la base de alguna forma de consenso intersubjetivo implícito o explícito acerca de normas, valores y fines, consenso que se predica en términos de habla y de interpretación lingüística. Son ejemplos de estas acciones las relaciones entre miembros de la familia, amigos y vecinos, aunque también el debate y la participación democráticos en el espacio público político. Tanto la esfera privada como la pública están comunicativamente articuladas. "Aunque pertenece al mundo de la vida, la esfera de la acción política y la formación de la opinión es *pública* por excelencia"[50].

Lo que me interesa destacar, luego de estas precisiones conceptuales, es que la noción habermasiana de espacio público está directamente vinculada al ámbito del discurso práctico. El espacio público viene a existir cuando quiera y donde quiera todos aquellos afectados por normas (generales) sociales y políticas de acción se involucran en un discurso práctico evaluando su validez. El diálogo ciudadano al interior del espacio público se juzga de acuerdo a los criterios del "discurso práctico"[51], en su diferencia respecto del discurso teórico, por ejemplo. El discurso práctico apunta a lograr un consenso racionalmente motivado sobre las normas sociales. El mundo social encarna objetivamente pretensiones normativas expresadas en el discurso práctico, pero este discurso a su vez anima o transforma la vigencia de las normas. Cuando la rectitud normativa de una norma social es o ha sido cuestionada, los actores sociales tienen frente a sí tres alternativas: pueden tornarse hacia la acción instrumental, pueden interrumpir toda discusión y seguir cada quién por su lado o pueden continuar interactuando prácticamente entrando en una discusión crítica sobre la validez de la norma en cuestión. Esta última alternativa es la propia del discurso práctico.[52]

¿Cuáles son los criterios específicos que definen el discurso práctico? Habermas articula estos criterios en su propuesta de una "ética discursiva"[53], que podemos, siguiendo a J. Cohen, desarrollar en su doble dimensión: por un lado las condiciones de posibilidad que hacen posible un consenso racional, por otro lado, los contenidos posibles (a nivel formal) de tales acuerdos. En términos éticos (que no desarrollaremos aquí), Habermas propone el principio D (por Discurso), según el cual: "sólo pueden pretender validez aquellas normas que puedan obtener el asentimiento de todos los implicados en cuanto participantes de un discurso práctico" y que complementa con el famoso principio U (de universal), según el cual "en el caso de normas válidas, los resultados y efectos secundarios que se sigan de su acatamiento general para la satisfacción de los intereses de cada individuo, deben poder ser aceptados por todos sin presión alguna".

En cuanto a las condiciones que hacen posible tal asentimiento, en orden a que todos los afectados tengan una efectiva igualdad de oportunidades para asumir un rol en el diálogo, tiene que haber —de parte de todos— un mutuo y recíproco reconocimiento, sin coerción, en tanto sujetos racionales autónomos cuyas pretensiones serán admitidas si es que se basa en argumentos válidos. Dicho brevemente, siguiendo a Cohen, los principios procedimentales que subyacen a la posibilidad de lograr un consenso racional sobre la validez de las normas implican: *simetría, reciprocidad* y *reflexividad*. S. Benhabib resume estos principios procedimentales como una norma de comunicación que se puede llamar *reciprocidad igualitaria*.[54] En última instancia, según la vieja fórmula habermasiana, se trata del principio normativo de un "diálogo libre y sin restricciones entre individuos racionales".

En cuanto al contenido posible (siempre a nivel formal) de los consensos obtenidos a nivel del discurso práctico, la idea principal de Habermas es que las normas en torno a las cuales se obtiene acuerdo "deben articular intereses generalizables", según decíamos al citar el principio de universalización. Esta idea de intereses generalizables, como eventualmente opuestos a lo particular, a las necesidades privadas o a los valores específicos, dará lugar a algunas importantes críticas desde la perspectiva de género sobre las que nos ocuparemos ulteriormente.

Volvemos así a encontrarnos con nociones, ya desarrolladas en Arendt desde otra perspectiva, como reconocimiento (igualdad y diferencia), lenguaje, intereses generales. Es cierto que en la obra reciente de Habermas todos estos principios y conceptos se articulan en torno a una propuesta de ética discursiva, que pretende encontrar los principios válidos de la argumentación moral, en vistas a su universalización en la vieja línea de la moralidad kantiana. Sin embargo, y este es precisamente el tema que aquí nos interesa, estos elementos constitutivos de su propuesta son también considerados, por el propio Habermas y otros autores, como los principios de una teoría de la legitimación democrática, que ofrece una alternativa a las teorías tradicionales y neocontractuales. Según J. Cohen, la ética discursiva de Habermas funciona mejor como una "ética política, es decir, como una teoría de legitimación y derechos básicos"[55] para regímenes democráticos contemporáneos.

El problema del espacio público resulta así ser un problema crucial para la democracia: ¿cuáles son las condiciones sociales para un debate racional-crítico acerca de asuntos públicos, conducido por personas privadas dispuestas a que los argumentos y no las identidades, los estatus o las tradiciones determinen las decisiones?[56]. El texto al que hacíamos alusión anteriormente, **Historia y Crítica de la opinión pública. La transformación estructural de la vida pública**, tiene un mensaje más bien aporético: la historia del espacio público y de la opinión pública que en él se articula es más un declinar que un transformarse. El público que razona en una esfera, en principio abierta a todos los ciudadanos, se transforma, en las sociedades contemporáneas, en un "público que consume"[57]. Los ciudadanos se convierten en clientes. Según el diagnóstico histórico de Habermas, "el mundo modelado por los 'medios' es sólo en apariencia esfera pública". Con la pérdida de la noción de interés general y con el surgimiento de una orientación al consumo, los miembros de la esfera pública pierden su terreno común.[58] En realidad, la historia de la transformación de la esfera pública es la historia de su desintegración. Una de las razones claves para esta desintegración o degeneración es la eventual desaparición de un interés general "del tipo que puede constituirse en el criterio al que se refiere la opinión pública"[59]. Ciertamente, las presuposiciones sociales que hacían posible una esfera pública constituida por individuos privados, han desaparecido. Esto va acompañado de un debilitamiento de la esfera íntima, privada, que es la familia, pues sus funciones se ven cada vez más "socializadas" (aquí el diagnóstico de Habermas coincide directamente con el de Arendt).

Para las democracias de los estados de bienestar contemporáneas el diagnóstico, que resulta relevante para nosotros, es el siguiente: las necesidades grupales, sociales, que no pueden esperar satisfacción por el lado del mercado "autorregulado", tienden hacia la regulación estatal; la esfera pública, que debe ahora mediatizar tales demandas, deviene un campo para la competencia entre intereses en la más cruda forma de confrontación de fuerzas; las leyes que se originan bajo "la presión de las calles" difícilmente pueden continuar siendo entendidas en términos de un consenso conseguido por las personas privadas en la discusión pública: ellas corresponden, de manera más o menos clara, a compromisos entre intereses particulares en conflicto; son las organizaciones sociales las que se relacionan con el Estado en la esfera política pública, sea a través de la mediación de los partidos o directamente en relación con la administración; con el mutuo "ensamblamiento" (fusión) de los dominios público y privado, no sólo las agencias políticas asumen ciertas funciones en la esfera del intercambio de mercancías y del trabajo social, también los poderes societales asumen funciones políticas. Esto conduce, en palabras de Habermas, a una "refeudalización" de la esfera pública y a la fusión entre sociedad (civil) y Estado.

En las sociedades contemporáneas, la esfera pública política está caracterizada por un debilitamiento de sus funciones críticas. Sin embargo, Habermas considera que las democracias de masas constituidas como Estados de bienestar social, en lo que a su autointerpretación normativa se refiere, pueden pretenderse en continuidad con el Estado liberal constitucional, sólo en la medida en que seriamente traten de vivir en conformidad con el mandato de una esfera pública que cumpla funciones políticas[60].

Ahora bien, ¿cómo entender la posibilidad de un espacio público político en las sociedades contemporáneas, marcadas por la pluralidad de intereses, por la diversidad y, en el caso del Perú, incluso por la fragmentación? Según Habermas, su propuesta de una teoría basada en la acción comunicativa pretende dar una respuesta a este problema. Justamente, su carácter procedimental (formal) le permite ese nivel de generalidad (en realidad deberíamos decir universalidad) que la hace compatible con la diversidad propia de las sociedades contemporáneas. Sólo si el debate en la esfera pública se restringe a aquellas normas que puedan expresar un interés general, es decir al criterio del 'discurso práctico', estaremos hablando de espacio público en sentido estricto. Se trata de lograr la formación *discursiva* de la opinión y de la voluntad, de solidaridades intersubjetivamente configuradas y no del "consenso de corazones" del que habló alguna vez J.J. Rousseau.

Es por ello que Habermas, desde este marco conceptual, considera que el "espacio público político" sigue siendo apropiado como concepto nuclear (en realidad dice "quintessential concept"[61]) que denota todas aquellas condiciones bajo las cuales puede llegar a existir una formación discursiva de la opinión y la voluntad en un público compuesto por los ciudadanos de un Estado. Por ello resulta adecuado como el concepto fundamental de una teoría de la democracia cuyo propósito es normativo. A partir de la noción de espacio público enfrentamos así una concepción de la democracia centrada en el discurso, es decir, la idea de una democracia "deliberativa".

Es cierto, sin embargo, que tiene que poder demostrarse, por un lado, que las cuestiones sociales susceptibles de generar conflictos están abiertas a una "regulación racional", esto es, a una "regulación en el interés común de todas las partes afectadas[62] y, por otro lado, que comprometerse en discusiones y negociaciones públicas es el medio adecuado para una formación racional de la voluntad. Esto supone que las normas del "discurso práctico" implican, en términos de la democracia, la institucionalización de prácticas de un debate público racional. De esta manera, para Habermas, se pueden vincular las consideraciones normativas con cuestiones "sociológicas empíricas". El "espacio público" aparece como el concepto que permite tender el puente entre el interés egoísta propio de sociedades de economía de mercado y orientaciones al bien común, entre el "cliente y el ciudadano".

Estamos hablando entonces de espacios públicos como instancias que permiten la participación ciudadana en términos discursivos, como ámbitos que hacen posible un debate racional sobre cuestiones de interés general y que permitan la transformación de opiniones personales –a través de la deliberación– en una genuina opinión pública. Una democracia deliberativa así concebida es, entonces, una democracia participativa. Evidentemente, a nivel del aparato político del Estado, el Parlamento es el marco que institucionaliza el debate, la mediación de los conflictos entre intereses encontrados y el logro de consensos (penosamente difícil de constatar en el Perú actual). No obstante, aquí no se trata de las instituciones de la sociedad política. Se trata de espacios que surgen *en* y *desde* la propia sociedad civil, que se constituyen en instancias de mediación entre la sociedad y el Estado. Para Habermas es claro que la apertura de las oportunidades formales para participar e involucrarse en procesos de toma de decisiones puede implicar la intensificación de un "particularismo generalizado", vale decir, de la afirmación de intereses siempre parciales, locales, muy específicos y particulares, que son el argumento privilegiado que sustenta la necesidad de la democracia elitista. Resulta interesante señalar que este podría ser el caso de los espacios abiertos por la actividad femenina en las organizaciones de supervivencia. La manera de evitar este riesgo sería el concebir la "soberanía" del pueblo, en términos procedimentales siempre, como incluyendo las condiciones esenciales que hacen posible que los procesos de comunicación pública tomen la forma del discurso[63].

Esta soberanía convertida en una corriente comunicativa se realiza como discursos públicos que develan tópicos de relevancia para toda la sociedad, interpretan valores, contribuyen a la resolución de problemas, generan buenas razones y desvirtúan las malas. Es obvio que estas opiniones se transformarán en decisiones en manos de las instituciones pertinentes. "Los discursos no gobiernan", afirma nuestro autor. Ellos generan un poder comunicativo que no puede tomar el lugar de la administración; sólo influencian en ella y esta influencia tiene que ver con el otorgar o denegar legitimidad a las instituciones en cuestión.

De esta manera, si el espacio público político no es lugar de aclamación, de propaganda, de clientelas, sino de "generación comunicativa de poder legítimo"[64], sobre la base de los criterios procedimentales expuestos, se trata entonces del lugar privilegiado de formación de la opinión pública, entendida no como la suma de opiniones individuales "expresadas" en una encuesta de opinión, sino, a decir de Taylor, como resultado de la reflexión, que surge de la discusión y que refleja consensos activamente producidos[65]. Lo propio de la esfera pública política es su capacidad de "influenciar" en las decisiones de las instituciones pertinentes: la opinión que se articula en estos espacios (una vez más, metatópicos) "debería ser escuchada por aquellos en el poder"[66]. La esfera pública es así un "locus" en el cual son elaboradas visiones racionales que "deberían" guiar a los gobiernos. Ello resulta, por cierto, difícil en momentos en que la esfera pública está dominada por medios de comunicación que no necesariamente significan participación o deliberación ciudadanas[67].

Taylor pone de manifiesto otros problemas que amenazan la existencia del espacio público como espacio de debate sobre asuntos de interés común: la hipercentralización y la burocratización de las sociedades de masas contemporáneas ponen en riesgo la posibilidad de constituir tales espacios. De allí que el autor proponga "una multiplicidad de esferas públicas 'anidadas' (*nested)* unas en otras"[68]. Otro obstáculo serio para su constitución tiene que ver con grietas en la comunidad política. Estas pueden surgir por diversas razones: guerra de clases, exclusión de algunos grupos, obvia en sociedades caracterizadas por el multiculturalismo, lo que genera la existencia de fragmentación política, obvia también en países como el Perú.

Para este autor el riesgo mayor es el de la fragmentación, pues nos enfrentamos con gentes cada vez menos capaces de configurar propósitos comunes y perseguirlos. La fragmentación, siguiendo a Taylor, aparece cuando las personas se ven cada vez más en una perspectiva atomizada y menos vinculadas a sus conciudadanos en proyectos comunes y en lealtades. "Se pueden sentir vinculados en algunos proyectos con otros, pero tienden a ser agrupaciones parciales y no la sociedad total:

una comunidad local, una minoría étnica, los adherentes a alguna religión o ideología, los promotores de algún interés específico."[69] Una sociedad fragmentada es, para este autor, una sociedad en la que sus miembros encuentran grandes dificultades para identificarse con su sociedad política como con una comunidad. Surge de aquí un círculo vicioso: más impotente se siente el ciudadano, más se reconoce en una lógica de atomización, menos participa y así sucesivamente. "El gobierno se percibe como impenetrable, los gobernados como impotentes". La consecuencia de ello es la no participación y la inacción.

En el caso del Perú, y en el ejemplo específico de las organizaciones de supervivencia lideradas por mujeres, esta parecería ser la situación, como una ilustración de las dificultades del "paso" de lo social a lo político en democracias frágiles como la nuestra. La fragmentación de intereses hace difícil el tránsito al "interés general". Este filósofo canadiense termina su reflexión sobre el espacio público refiriéndose a los regímenes liberales fuera del núcleo del occidente desarrollado y las formas "espacios públicos" que en ellos eventualmente se generan diciendo: "Algunas sin duda nos sorprenderán. Debemos estar alertas a nuevas formas potenciales que pueden abrir canales para la decisión democrática"[70].

3. Algunos aportes críticos desde la perspectiva de género

En nuestra exposición de la propuesta teórica de H. Arendt ya hicimos alusión a algunas de las críticas que, desde una perspectiva feminista, se hacen a su obra. En el caso de Habermas, el problema es tal vez más complejo, pues su obra es considerada por muchas autoras feministas como "el mejor modelo" para repensar viejas dicotomías (privado/público, por ejemplo) o para construir una "concepción de la razón normativa" que permita incorporar la perspectiva de género en la teoría misma[71]. No pretendo en lo que sigue intentar responder a preguntas del tipo "¿en qué proporción y en qué aspectos clarifica y/o mistifica la teoría crítica de Habermas las bases de la dominación masculina y la subordinación femenina en las sociedades modernas?"[72]. Es decir, no pretendo examinar la teoría habermasiana desde la teoría feminista. Sin embargo sí quiero señalar algunas carencias importantes que pueden ser relevantes en esta discusión del concepto de espacio público y su relevancia para las debilidades de nuestro régimen democrático.

Un primer punto a mencionar es el de la tan mentada división entre lo privado y lo público. Es cierto que la dicotomía privado/público en Habermas no es tematizada en la perspectiva de las relaciones de poder que se dan o se pueden dar al interior del ámbito familiar/doméstico/privado. La literatura sobre el tema ya ha puesto de manifiesto de manera muy clara cómo la separación privado/público en términos de género ha significado expulsar a la mujer de la luz de lo público al interior de lo doméstico. "La esfera pública, la esfera de la justicia, se mueve en la historicidad, mientras la esfera privada, aquella del cuidado y la intimidad, permanece idéntica y atemporal. (...) mientras el ego masculino celebra su pasaje de la naturaleza a la cultura, del conflicto al consenso, las mujeres permanecen en un universo atemporal, condenadas a repetir los ciclos de la vida."[73] Desde esta perspectiva las mujeres no se han incorporado a los espacios públicos históricamente existentes, dado su confinamiento a esta esfera doméstica ahistórica y "oscura".

Creo que si bien es cierto que Habermas no tematiza explícitamente este problema, aunque sí lo discute, el hecho de concebir la familia como una estructura social comunicativamente articulada puede dar pistas para un tratamiento distinto del ámbito de lo privado. Sobre este tema la posición de Carole Pateman es particularmente sugerente, pues según ella el asunto no se resuelve simplemente haciendo de lo privado público, o "elevando" a las mujeres al estatuto de ciudadanas. A su juicio, "el feminismo puede apuntar más allá de concepciones y prácticas prevalecientes de ciudadanía a nuevas formas de solidaridad y comunidad que estén basadas en la interrelación del individuo con la vida colectiva o de lo personal con la vida política, en lugar de su separación y oposición"[74]. Esta afirmación supone que desde la perspectiva femenina se puede desarrollar "otra" noción y experiencia de la ciudadanía, esto es de la política, con lo cual se sugiere una especificidad femenina que en muchos casos se aborda bajo la dicotomía que viene a continuación.

Un segundo punto a mencionar es el que se desarrolla bajo la oposición racionalidad/afectividad. La racionalidad habermasiana, según algunas autoras, tiene una pretensión de imparcialidad que excluye los afectos, las pasiones y los deseos, todos éstos atributos clásicamente femeninos. Pese a que se trata de una racionalidad dialógica, comunicativa, que en principio "tiene mucho que ofrecer a una ética feminista (...) conserva el compromiso con la imparcialidad y reproduce en su teoría de la comunicación una oposición entre razón y deseo"[75]. En esta perspectiva la razón dialógica debiera implicar una razón contextualizada, que no suponga estas oposiciones y que no pretenda una universalidad "imparcial".

Un trabajo precursor en la discusión sobre el problema de "lo" universal y su relación con una especificidad de "lo" femenino es el de Carol Gilligan, **In a different voice** (1982), libro resultado de una investigación empírica sobre el desarrollo de las categorías morales de las mujeres, en su diferencia respecto de una moral masculina, que la autora define como una ética de la justicia, a diferencia de la ética femenina que sería una "ética del cuidado" (*care*). Las mujeres, sin voz propia en una sociedad patriarcal, desarrollan un sentido ético distinto con estas características:[76] 1. un pensamiento contextual, en lugar de un pensamiento guiado por principios; 2. deberes morales positivos en lugar de deberes meramente negativos; 3. una preocupación por las necesidades corporales y emocionales, en lugar de la insistencia en la autonomía; 4. una valoración positiva de los sentimientos morales en vez de la satinización de las inclinaciones y los afectos. La ética femenina del cuidado, con tales características, implica rasgos asimétricos, se cuida de quienes —todavía o ya no— tienen posibilidades de ser efectivamente iguales y libres (niños todavía no capaces de discurso, enfermos, ancianos, inválidos, etc.).

Mucho se ha criticado a Gilligan su pretensión de establecer una suerte de "universal femenino", tomando en cuenta que se trata de una "voz" que es resultado cultural de los oficios y la marginación de la mujer en las sociedades patriarcales. Se le ha objetado que su investigación estaba basada en preguntas sobre el aborto, que obviamente implican respuestas femeninas cargadas de sentimiento y de contextualidad. Otra sería la historia si se preguntara sobre el servicio militar: el resultado sería probablemente el opuesto, los hombres de volverían contextuales y sentimentales y las mujeres hablarían tal vez de normas y principios.

En todo caso, más allá de las críticas o de la discusión sobre un universal femenino, y de la posibilidad de algo así como un "feminismo maternalista" que tome como modelo de ciudadanía "la" conducta materna[77] lo cierto es que existe una pluralidad de voces en la que lo genérico no se puede obviar más. En esta perspectiva, hay autoras que proponen como alternativa a la pretensión universalista habermasiana un "universalismo interactivo" que toma en cuenta la pluralidad y la diferencia, pero que apunta —como una suerte de ideal regulativo kantiano— a puntos de vista morales y transformaciones políticas que puedan producir un punto de vista aceptable para todos. No se trata de un consenso ideal, sino del resultado de luchas de seres concretos y encarnados por su autonomía. El universalismo interactivo toma la diferencia como el punto de partida de la reflexión y de la acción. Es decir, una universalidad sensible a lo contextual y a lo relacional. Dejamos esto aquí porque se trata de una propuesta que consideramos interesante y enriquecedora que sería materia de largas discusiones. En todo caso pone de manifiesto algunos límites importantes de la obra de Habermas.

Un último punto problemático a desarrollar es aquel del "interés general": si según los criterios del discurso práctico, aquello que debe ser materia de discusión, acuerdos y consensos, son los "intereses generales", la pregunta que surge es: ¿cómo saber cuáles son generales antes de la discusión?, ¿cómo se pueden fijar esos límites de antemano? Justamente, propio de los movimientos sociales, de la presencia de nuevos actores o de los grandes cambios sociales es convertir *en* asuntos de interés general lo que hasta entonces se había considerado particular, privado o no susceptible de discusión pública. Este punto es particularmente importante desde la perspectiva de género. En la tradición del pensamiento político occidental, y según Benhabib hasta nuestros días, estas distinciones entre lo general y lo particular han servido para confinar a las mujeres, los asuntos de reproducción, de trabajo doméstico, de crianza y cuidado al ámbito "privado", es decir, no de "interés general". Estas cuestiones han sido consideradas asuntos de la "vida buena" (lo que en jerga filosófica liberal significa asuntos de opción de vida individual), de valores subjetivos, de intereses no generalizables. Han permanecido como asuntos prerreflexivos e inaccesibles al espacio público político.

Justamente parte de la tarea desde una perspectiva de género es desafiar este tipo de distinciones en la medida en que "privatizan" los problemas de las mujeres y los sacan del ámbito de la discusión pública. Ya hemos hecho alusión al hito que significó en el Perú la creación de una Comisaría de Mujeres, donde problemas hasta ese momento confinados al ámbito de lo doméstico/privado adquirían una dimensión pública totalmente nueva. De allí que sea, incluso procedimentalmente, muy difícil poder predeterminar cuáles sean los asuntos de interés general[78], dignos de "entrar" en espacios públicos de discusión y consenso, sin tomar en cuenta los eventuales conflictos (en este caso de género) que allí se esconden. No se trata, tampoco, de pretender hacer de la teoría cuestión de intereses particulares, pero sí de notar las posibles ambigüedades implícitas en algunos de los conceptos habermasianos que venimos de revisar.

En todo caso el debate teórico está abierto, pero la importancia de los "espacios públicos" en el desarrollo y fortalecimiento de democracias precarias como la peruana nos parece un dato fundamental de nuestra vida contemporánea.

NOTAS

1 Cf. Seyla Benhabib, "Models of Public Space. Hannah Arendt, the liberal tradition and Jürgen Habermas" en **Habermas and the Public Sphere**, Cambridge, Massachusetts and London: The MIT Press, 1992, Ed. by Craig Calhoun, pp. 73-98.

2 Retomo la expresión de Norbert Lechner en "Las Transformaciones de la Política", ponencia presentada en la Conferencia **Fault Lines of Democratic Governance in the Americas**, organizada por el North-South Center, Miami 4-6 de mayo de 1995.

3 Hannah Arendt, **La Condición Humana**, Barcelona: Seix Barral, 1974, p. 233.

4 *Ibidem.*

5 *Ibid.*, p. 235.

6 Philip Hansen, **Hannah Arendt. Politics, History and Citizenship**, California, Stanford University Press 1993, p. 65.

7 Charles Taylor, "Liberal Politics and the Public Sphere" en **Philosophical Arguments**, Cambridge, Massachusetts, London, England: Harvard University Press, 1995, pp. 264 a 270.

8 Obviamente, esta idea de "publicidad" no tiene relación alguna con la contemporánea idea de publicidad como propaganda. Cf. la distinción y precisión conceptual en las diversas lenguas modernas en Habermas, **Historia y Crítica de la Opinión Pública. La transformación estructural de la vida pública** (Barcelona: Gustavo Gili Ed. 1981).

9 *Ibid.*, p. 74.

10 *Ibid.*, pp. 76-77.

11 *Ibid.*, p. 77.

12 Este tema está ampliamente tratado en el actual debate "comunitarismo-liberalismo", en cuyos detalles no resulta pertinente entrar ahora. Sin embargo, es importante mencionar que el más reciente libro de J. Rawls, **Political Liberalism** (New York: Columbia University Press 1993), en el cual se responde a muchas de las críticas comunitaristas que insisten en el pluralismo inherente a las sociedades contemporáneas, insiste en esta importante diferencia entre sociedad (civil) y comunidad (política).

13 *Ibid.*, p. 83.

14 *Ibid.*, p. 84.

15 Seyla Benhabib, "The Generalized and the Concrete Other. The Kohlberg-Gilligan Controversy and Moral Theory" in **Situating the Self. Gender, Community and Postmodernism in Contemporary Ethics**. New York: Routledge 1992, p. 157.

16 Esta es una de las tesis que sostiene Philip Hansen en su notable libro sobre H. Arendt: **Hannah Arendt. Politics, History and Citizenship**, California: Stanford University Press, 1993. En particular, pp. 80 a 88.

17 Mary O'Brien, **The Politics of Reproduction**, London: Routledge and Kegan Paul, 1981, p. 100.

18 Arendt, *ibid.*, p. 55.

19 Habermas, **Historia y Crítica de la Opinión Pública. La transformación estructural de la vida pública**, Barcelona: Ed. Gustavo Gili, 1981, p. 57.

20 Seyla Benhabib, "Models of Public Space. Hannah Arendt, the Liberal Tradition and Jürgen Habermas" en **Habermas and the Public**

Sphere, Cambridge, Massachusetts and London, England: The MIT Press, 1992, Ed. by Craig Calhoun, p. 75.

21 Hannah Arendt, **Sobre la violencia**, México: Ed. Joaquín Mortiz 1970, p. 37. Interesante anticipación del problema de "accountability" tan en boga hoy día.

22 *Ibid*. pp. 62-63.

23 Retomo el término de Seyla Benhabib, *ibid*., pp. 73-80.

24 Arendt, **La Condición Humana**, *op. cit*., pp. 65-66.

25 *Ibid*., p. 72.

26 Jean Cohen y Andrew Arato, **Civil Society and Political Theory**, Cambridge, Massachusetts and London, England: The MIT Press, 1992, p. 181.

27 Hansen, *op. cit*., p. 85. Pese a ser muy crítica, la lectura de C. Pateman también pone de manifiesto el potencial crítico de la obra de Arendt en relación con este tema. Cf. "Feminist Critiques of the Public/ Private Dichotomy" en **Public and Private in Social Life**, Benn and Gauss Eds., London and Canberra: Croom Helm 1983, pp. 281-303.

28 H. Arendt, "What is freedom" en **Between Past and Future**, *op. cit*. p. 146.

29 *Ibid*., pp. 154-155.

30 Cf. *El Leviathan* de T. Hobbes, **Dos tratados sobre el gobierno civil** de J. Locke, **Tratado Político** de B. Spinoza.

31 Spinoza, *op. cit*., II. § 6.

32 Arendt, *ibid*., p. 149.

33 P. Hansen, *ibid*., p. 50.

34 Seyla Benhabib, *ibid*., p. 77.

35 Arendt, H., **Sobre la violencia**, México: Ed. Joaquín Mortiz, 1970, p. 41.

36 Paul Ricoeur, "Pouvoir et violence" en **Ontologie et Politique: Hannah Arendt**, Paris: Editions Tierce 1989, p. 147.

37 Cómo piensan algunos autores críticos de Arendt, cf. Seyla Benhabib, *op cit*., p. 80, o Mary McCarthy, "On Hannah Arendt" en **Hannah Arendt: The Recovery of the Public World**, New York: St. Martin's Press, 1979, ed. by Melvyn Hill, pp. 315-316.

38 Aunque uno de los ejes centrales del debate liberalismo-comunitarismo tiene que ver con la importancia que los primeros otorgan a la idea de la "neutralidad procedimental" de la democracia liberal, me parece pertinente retomar esta expresión que se encuentra en diversas caracterizaciones de la concepción arendtiana de espacio público: es el caso de Benhabib, de Taylor, en los textos ya mencionados, y de Peter Fuss en "Hannah Arendt's conception of political community" en **Hannah Arendt: The Recovery of the Public World"**, p. 173. Volveremos sobre la importancia de lo "procedimental" a propósito de J. Habermas y su concepción de la esfera pública.

39 Seyla Benhabib, *ibid*., p. 78.

40 Jean Cohen y Andrew Arato, *ibid*., pp. 178 y ss.

41 Arendt, **Hannah Arendt: The Recovery of the Public World**. *op. cit*., p. 316.

42 J. Cohen y A. Arato, *op. cit*., p. 221.

43 J. Habermas, **Historia y crítica de la opinión pública. La transformación estructural de la vida pública**. Barcelona: Ed. Gustavo Gili, 1981. También, "The Public Sphere" en **J. Habermas, On Society and**

Politics. A reader. Ed. by Steven Seidman, Boston: Beacon Press 1989.

44 Jürgen Habermas, "Public Sphere" en *op. cit.*, p. 233.

45 Cf. *ibid.*, p. 231.

46 *Ibidem*, pp. 231-232.

47 Seyla Benhabib, "Models of Public Sphere" en *op. cit.*, pp. 104 y ss.

48 Habermas, **Teoría de la acción comunicativa**, Vol. II, p. 469 y ss. No entramos aquí, por razones de espacio, en la distinción habermasiana de los distintos tipos de racionalidad que se desarrollan en esta obra.

49 Cf. Seyla Benhabib y Drucilla Cornell, "Más allá de la política de género" en **Teoría feminista y Teoría crítica**, Valencia: Edicions Alfons el Magnànim, 1990. pp. 9-28, p. 17. Este tema constituye el sujeto de una interesante discusión entre Habermas y Benhabib.

50 *Ibidem*.

51 Seyla Benhabib, "Models of public sphere" en *op. cit.*, p. 105.

52 Seguimos aquí la exposición de Cohen y Arato en el Capítulo 8 de **Civil Society and Political Theory**, *op. cit.*, pp. 345-421.

53 Cf. Habermas, "Etica Discursiva: Notas sobre un programa de fundamentación" en **Conciencia moral y acción comunicativa**, Barcelona: Ed. Península, 1985.

54 Benhabib, *ibid.*, p. 105.

55 Cohen, Jean, "Discourse Ethics and Civil Society" en **Universalism vs. Communitarianism. Contemporary Debates in Ethics**, Ed. by D.Rasmussen, Cambridge, Massachusetts, London, England: MIT Presss 1990. Estos mismos propósitos los desarrolla la autora en **Civil Society and Political Theory,** *op. cit.*

56 Craig Calhoun, "Introduction: Habermas and the Public Sphere" en **Habermas and the Public Sphere,** *op. cit.*, p. 1.

57 Seyla Benhabib, *ibid.*, p. 88.

58 C. Calhoun, *ibid.*, p. 25.

59 J. Habermas, "Further Reflections on the Public Sphere" en **Habermas and the Public Sphere**, *op. cit.*, p. 441.

60 *Ibidem*.

61 *Ibid.*, p. 446.

62 *Ibid.*, p. 447.

63 *Ibid.*, p. 451.

64 *Ibid.*, p. 452.

65 Cf. Charles Taylor, "Liberal Politics and Public Sphere" en **Philosophical Arguments**, Cambridge, Massachusetts and London, England: Harvard University Press, 1995, pp. 257-287. Deliberadamente tomamos como fuente para complementar esta perspectiva habermasiana, a un autor que viene de una tradición distinta: la "comunitarista", que tiene sus orígenes precisamente en la obra de Arendt. Ello nos permite subrayar la convergencia de dos perspectivas contemporáneas diversas que, pese a diferir en otros temas y principios conceptuales, confluyen en cuanto a la importancia de los espacios públicos como ámbitos privilegiados de la participación ciudadana en una concepción no elitista de la democracia. El comunitarismo difiere del "procedimentalismo" habermasiano en cuanto, en lo que a nuestro tema se refiere, a lo que puede o no puede ser discutido en dichos espacios. Para unos, los comunitaristas, los asuntos de la "vida buena", de concepciones particulares del bien, no pueden ser excluidos de la comunicación pública. Para otros, como Habermas, en vistas a lograr criterios universales del discurso práctico, los asuntos particu-

lares deben dar paso a asuntos de interés general. Existen otras posiciones claras en este debate, como las expuestas en el último libro de J. Rawls, tal vez el más importante de los representantes de un liberalismo renovado (bajo la forma conceptual de un neocontractualismo), **Political Liberalism** (New York: Columbia University Press 1993), quien afirma que la "razón pública" en los "foros públicos", es aquella de la sociedad política (no de la sociedad civil) y que se limita a asuntos relativos a "cuestiones constitucionales esenciales" y "cuestiones de justicia básica" (pp. 213-254).

66 Taylor, *ibid*., p. 264.

67 Sobre el tema hay un gran debate en curso e incluso la propuesta de Fishkin de una "democracia televisiva deliberativa". Nos ocuparemos del tema en un trabajo posterior.

68 Taylor, *ibid*., p. 280.

69 *Ibid*., p. 282.

70 *Ibid*., p. 287.

71 Es el caso de S. Benhabib, D. Cornell e Iris Marion Young, entre otras.

72 Nancy Fraser, "¿Qué tiene de crítica la teoría crítica?" en **Teoría Feminista y Teoría Crítica**, *op. cit*., pp. 49-88, p. 50.

73 Seyla Benhabib, "The generalized and the Concrete Other" en Situating the Self. Gender, Community and Postmodernism in contemporary Ethics, en *op. cit*., pp. 148-177, p. 157.

74 Pateman, *op. cit*., p. 299.

75 Iris Marion Young, "Imparcialidad y lo Cívico Público" en **Teoría Feminista y Teoría Crítica**, *op. cit*., p. 106.

76 Sigo aquí la exposición de Angelika Krebs, "La ética feminista. Una crítica de la racionalidad discursiva" en **Areté**, Revista de Filosofía, Vol. VI, Nº. 2, 1994, Lima: PUCP, pp. 253-272.

77 Cf. Mary Dietz: "Context is All: Feminism and Theories of Citizenship" en Chantal Mouffe (ed.) **Dimensios of Radical Democracy**, London, New York: Verso 1992, pp. 63-85.

78 En vista de las dificultades que plantea esta noción de interés general, Cohen y Arato proponen trabajar con la noción de "identidad común": "el descubrimiento de intereses generalizables en la discusión implica algo previo, esto es, que a pesar de nuestras diferencias, hayamos descubierto, reafirmado o creado algo en común que corresponde a una identidad social general", *op. cit*., pp. 367-368.

La democratización en América Latina: Una responsabilidad ciudadana*

Augusto Varas**

Introducción

La lucha por la democratización en América Latina debe enfrentar tres desafíos fundamentales en forma simultánea. Por una parte, tiene que resolver los conflictos generados por el choque entre las tendencias históricas que llevan a sus sociedades hacia la modernidad y la resistencia que le oponen tradiciones y relaciones políticas y culturales premodernas. Segundo, debe establecer –en algunos casos por primera vez– las reglas mínimas del juego democrático y –en otros– restablecer las instituciones democráticas destruidas por gobiernos de facto, enfrentando en este proceso poderosas estructuras y grupos de poder oligárquicos o autoritarios. Y, en tercer término, debe generar acuerdos amplios en torno a urgentes reformas institucionales políticas y económicas capaces de adaptar las instituciones democráticas existentes ante las demandas de la globalización.

El fin de la guerra fría y una cierta desconfianza postmoderna frente a propuestas sistémicas exige, además, que todo esto deba realizarse con una relativa falta de visiones y programas democratizadores más globales que permitan tanto el desarrollo como la eficiente administración de nuevas instituciones democráticas[1].

Considerando este conjunto de dificultades, así como la gran variedad de otros obstáculos históricos y económicos, los

* Las ideas y opiniones contenidas en este documento son de responsabilidad exclusiva del autor y no representan necesariamente aquellas de la Fundación Ford.

** Asesor de Programa Gobernabilidad Democrática Fundación Ford, Región Andina y Cono Sur.

esfuerzos por recuperar los regímenes y tradiciones democráticas en la región han sido exitosos. La década democratizadora de los noventa contrasta con las décadas autoritarias de los setenta y ochenta, y muestra el potencial democratizador existente actualmente en la región. Sin embargo, la suma de estos desafíos y la relativa ausencia de nuevas perspectivas e ideas-fuerza capaces de orientar la profundización democrática están limitando las posibilidades de los sistemas políticos latinoamericanos en un momento crucial de su desarrollo. Aun cuando en la mayoría de los países de la región se respetan las reglas mínimas del juego democrático, la ciudadanía y la participación ciudadana han quedado inmovilizadas por visiones procedimentales de la democracia[2]. Los ciudadanos y la propia noción de ciudadanía han quedado atrapados y absorbidos por el mercado, lo cual conspira contra la posible emergencia de nuevos horizontes democráticos. Estos sólo podrán ser ampliados por los propios ciudadanos interesados.

En este trabajo, en primer lugar, definiré la dinámica democratizadora a partir de la nuevamente estratégica noción de ciudadanía[3]. En segundo lugar, exploraré las demandas de una crecientemente heterogénea masa de ciudadanos por una participación más amplia, la cual se explicaría a partir de la nueva organización de la producción liderada por los avances tecnológicos. Finalmente, resumiré la actual situación en algunos países latinoamericanos y exploraré algunas nuevas perspectivas de la democratización en la región.

1. Una conceptualización de democracia

Los procesos democráticos se definen por ser fundamentalmente procesos complejos y de resultados inacabados e inciertos[4]. La actual "inadecuación de los conceptos con los que estamos equipados para tratar estos problemas"[5] dificulta aún más la tarea analítica. Para avanzar en la obtención de herramientas apropiadas, es posible conceptualizar el evolutivo proceso de la democratización en América Latina desde la perspectiva del desarrollo de la noción de ciudadanía y de los derechos ciudadanos. Para ello será necesario analizar teóricamente la dinámica relación entre democracia y democratización.

a) Democracia y democratización[6]

Varias limitaciones conceptuales inhiben tanto el estudio como el desarrollo de nuevas visiones democratizadoras. Una de ellas han sido las definiciones procedimentales de la democracia que la consideran "solamente como una forma política de gobierno"[7]. Esta definición en un *sentido restringido*[8], como un conjunto de reglas y procedimientos de funcionamiento, enfrenta tres grandes problemas. Primero, las democracias actuales son más que la suma de reglas de funcionamiento. Schmitter y Karl han mostrado que éstas no sólo consisten en "un conjunto único y simple de instituciones"[9]. Las condiciones socioeconómicas, las estructuras y prácticas estatales, son ingredientes igualmente decisivos de un sistema democrático. Así, al clásico listado de las características básicas de las poliarquías definidas por Dahl, ellos incluyen otras dos grandes condiciones adicionales: la ausencia de presiones internas y externas sobre los representantes electos.

Otra limitación analítica de las definiciones procedimentales de la democracia es su tendencia a explicar el desarrollo democrático desde fuera de la política, asociando directa o indirectamente su evolución a variables estructurales.

Finalmente, existe lo que se podría llamar el sesgo teleológico en el análisis de la democracia. Este se caracteriza por definir la democracia como un proceso continuo de instalación gradual y perfeccionamiento progresivo de las normas mínimas de funcionamiento democrático, el que, a través de una serie de etapas, conduce a un estado de gracia democrática final. Desde una perspectiva procedimental, el quiebre de las democracias, las transiciones democráticas y la consolidación de las democracias aparecen como tres etapas de un continuum que va desde la ausencia de reglas mínimas de funcionamiento democrático hasta una democracia complemente terminada. Respecto de este sesgo finalista, Robert Dahl reconoce que "en el mundo real, ningún sistema cumple plenamente con los criterios propios de un proceso democrático. En el mejor de los casos, todo sistema político puede alcanzar una aproximación a un proceso plenamente democrático. Mi impresión es que cualquier aproximación se quedará corta en alcanzar tales criterios. Y continúa indicando que "por supuesto debemos rechazar la visión complaciente que afirma que las ideas democráticas han finalmente alcanzado el mayor nivel de logro posible con las instituciones de la poliarquía en el estado-nación"[10]. Esta perspectiva es compartida por latinoamericanistas como Samuel Valenzuela, quien critica la "tendencia, en las discusiones sobre la consolidación democrática, de empujar la concepción de la democracia hacia un sistema institucional comprehensivo, bien estructurado e ideal, que difícilmente puede ser alcanzado. En democracias largamente establecidas, raramente se encuentran todos los atributos idealmente asociados a tales regímenes."[11]. Esta visión teleológica de la democracia se refuerza al limitar la consolidación democrática a la existencia y estabilidad de las reglas mínimas de funcionamiento democrático. Así, el desarrollo democrático queda reducido al funcionamiento de condiciones mínimas preestablecidas. Sin embargo, tal como lo indican varios autores, los desarrollos democráticos estarían lejos de estar finiquitados, aun en las democracias más desarrolladas[12].

De esta forma, se podría afirmar que la democracia no es solamente un estado de funcionamiento de los sistemas políticos, sino que fundamentalmente *es un proceso continuo, permanentemente dinamizado por la constante necesidad de extender e institucionalizar los derechos ciudadanos frente a poderes absolutos existentes o emergentes.* En consecuencia, las democratizaciones deben enfrentar tanto el problema de los viejos poderes absolutos que resisten su erradicación, así como confrontar nuevas formas absolutistas de poder.

b) Democracia representativa y ciudadanía

Desde esta perspectiva, la democracia ha sido un proceso histórico de cambio político que por su naturaleza no tiene fin y en el cual los desarrollos democráticos previos han condicionado y creado nuevos horizontes históricos para las próximas fases democratizadoras. Tal como lo indica Norberto Bobbio, "las diversas formas de gobierno no constituyen únicamente distintas formas de organizar la vida política de un grupo social, sino también son estadios o momentos diferentes y sucesivos –generalmente uno concatenado con otro, uno derivado completamente del desarrollo de otro– del proceso histórico."[13] El elemento dinámico en este largo proceso de democratizaciones ha sido la permanente expansión social y conceptual de la ciudadanía y la materialización de un creciente número y calidad de derechos ciudadanos como protección frente a los poderes absolutos o refractarios al control social[14].

La centralidad del concepto de ciudadanía fue subrayado hace medio siglo por T.H. Marshall en su clase inaugural en la London School of Economics[15]. En esa ocasión, Marshall amplió el concepto aristotélico de ciudadanía –plena participación en la comunidad (condición básica de la felicidad ciudadana[16])–, indicando que "los derechos civiles proporcionan poderes legales cuyo uso ha sido drásticamente limitado por prejuicios de clase y falta de oportunidades económicas"[17].

Finalizando el siglo XX, la confianza de Marshall en que la ciudadanía podría alcanzar crecientes niveles de igualdad contrasta fuertemente con las actuales condiciones socioeconómicas de una vasta población mundial. Si bien su análisis ha recibido críticas[18], la afirmación de que los derechos ciudadanos podrían "alterar los patrones de desigualdad social" aún podría mantenerse. La existencia de nuevos derechos y la expansión de la ciudadanía han sido instrumentales en las sociedades industriales modernas, y en menor medida en América Latina, en superar desigualdades adscriptivas. El crecimiento y desarrollo de las clases medias a nivel mundial y con menos fuerza en la región latinoamericana, es una evidencia en favor de esa anticipación. De hecho, la información empírica muestra que la democracia liberal estructurada en torno a las libertades civiles es la forma de organizar el poder público que mejor garantiza y protege los derechos humanos[19].

Siendo la expansión de la ciudadanía el elemento dinámico de los procesos democratizadores, éstos tienen forma y contenido. El contenido substantivo de la democracia ha sido y es la libertad como valor supremo. Este se expresa en las luchas sociales contra las diversas formas de concentración y centralización del poder en manos de minorías religiosas, ideológicas, burocráticas, empresariales o militares. Para mantener y proteger tales logros, los procesos democratizadores son el producto de esfuerzos de largo aliento para la puesta en práctica de reglas mínimas de funcionamiento democrático. Desde esta perspectiva, la democracia también es una metodología, un conjunto de procedimientos, aptos para organizar la sociedad[20].

Aproximaciones unilaterales a los procesos democratizadores limitan drásticamente su análisis. Las recientes elaboraciones de Alain Touraine sobre la democracia muestran cómo ésta es una combinación interdependiente e indisociable de respeto por los derechos humanos y civiles y de representación ciudadana. Desde esta perspectiva, la democracia es más que un proyecto político, también tiene una importante dimensión ética. En palabras de Touraine, "La democracia es la subordinación de la organización social, y del poder político en particular, a un objetivo que no es social sino moral: la liberación de cada uno"[21]. Por ello, caracterizar la democracia a partir de uno solo de sus componentes imposibilitaría su adecuado estudio.

La democracia es, entonces, un proceso histórico de combinación de reglas institucionalizadas –los mínimos o irreductibles democráticos–, con un contenido ético substantivo, tal es la libertad como valor supremo. En este proceso, la expansión de la ciudadanía es el elemento clave para entender tanto los procesos democratizadores específicos y las distancias entre éstos y las reglas universalistas mínimas de funcionamiento democrático.

c) Ciudadanía y diferenciación social

La democracia es más que un conjunto de reglas procedimentales. Ha sido y es la lucha de los ciudadanos contra los poderes absolutos –y sus herederos contemporáneos–, por mayores espacios y grados de libertad y respeto a la diversidad[22]. Esta capacidad de asegurar libertades sociales, políticas y económicas a un cada vez mayor número de ciudadanos, demuestra el potencial de la democracia para absorber y poner en práctica un amplio conjunto de derechos, tal como ellos han emergido en el tiempo, bajo cambiantes condiciones económicas y sociales. Desde esta perspectiva, el concepto de ciudadanía permite analizar de mejor forma la dinámica social democratizadora y las acciones colectivas que la permiten.

El concepto de ciudadanía ayuda a capturar la dinámica social en la medida que los derechos ciudadanos se expanden *pari passu* el desarrollo económico y la diferenciación social. De acuerdo a Laclau & Mouffe, las nuevas luchas democratizadoras estarían siendo activadas por "el desplazamiento del imaginario igualitarista, constituido en torno al discurso democrático-liberal, hacia nuevas áreas de la vida social". Desplazándose desde el orden político hacia otras áreas económicas y sociales, el discurso democrático y el imaginario igualitarista que lo sustenta confrontan viejas y nuevas relaciones de dominación. "Interpelados como iguales en su condición de consumidores, grupos cada vez más numerosos se ven forzados a rechazar las desigualdades reales que continúan existiendo". A su vez, este desplazamiento devela nuevas desigualdades. Desde esta perspectiva, la multiplicidad de antagonismos y demandas igualitarias pueden encontrar su articulación en un discurso unificado, que –respetando el máximo de autonomía de cada confrontación– constituye el centro de una nueva revolución democrática[23]. El proceso democratizador "tiene que ser extendido y aplicado por doquier. La tarea es asegurar que no quede ningún grupo excluido en razón de sus peculiaridades y posición, y que la ciudadanía sea extendida a todos por igual"[24].

Desde una perspectiva conceptual muy diferente y con una propuesta menos radical, Robert Dahl afirma como central para la democracia, más allá de las reglas mínimas de funcionamiento democrático, que él mismo sistematizó, lo que llama *el principio fuerte de la igualdad*. Este, fundamentalmente apunta a "la reducción de las remediables causas de fuertes desigualdades políticas"[25]. Esta es una operación que abre nuevos horizontes a las democratizaciones y expande la noción de ciudadanía más allá de su tradicional entorno político.

En la medida que en las democracias liberales representativas, "la autonomía privada de los ciudadanos con derechos iguales sólo puede ser garantizada al ritmo de su propia movilización sociopolítica"[26], esta ampliación de la noción de ciudadanía ayuda a comprender las acciones colectivas en la medida que "da cuenta de las diversas luchas que distintos grupos, movimientos y clases han iniciado contra formas específicas de discriminación, estratificación social y opresión política"[27]. Así, la democratización, la ciudadanía y los movimientos sociales son indivisibles. Estos últimos son fundamentales para darle sustento a la demanda y defensa de mayores grados de libertad para los sectores sociales excluidos[28]. Consecuentemente, el incrementar el poder ciudadano –de individuos y grupos sociales organizados– sería crucial para hacer efectivos los viejos y nuevos derechos civiles[29] y abrir nuevos espacios a la diversidad, dándole sustento a los propios procesos democratizadores.

Desde esta perspectiva, el concepto de ciudadanía no debe ser confundido con la fácilmente manipulable noción de opinión pública[30]. Esta falsa transmutación es especialmente peligrosa para los procesos democratizadores en sociedades en las cuales la fragmentación social generada por políticas de liberalización económica radical prevalecen por sobre los principios de comunidad y solidaridad. En este contexto, el actor social colectivo –transformador potencial de su entorno objetivo[31]– se transforma de ciudadano en mónada social. En este proceso, la propia noción de ciudadanía y comunidad terminan erosionadas.

d) Democracia, cultura cívica y desarrollo económico

Esta compleja relación no es nueva. En la década de los años cuarenta, T.H. Marshall insistía que "en el siglo veinte, la ciudadanía y el sistema de clases capitalista han estado en guerra"[32]. Cuarenta años más tarde, desde una línea de pensamiento diferente, se vuelve a cuestionar el impacto positivo y contribución de los factores no-políticos, tales como el desarrollo económico, sobre la democratización. Así, Ralph Dahrendorff reconoce que "la experiencia de las décadas recientes muestra que fue equivocado creer que la riqueza de unos pocos se derramaría o filtraría hacia bajo con el tiempo. *El filtro es impenetrable* o puede hacerse gracias a una clase privilegiada que defiende sus posiciones y no permite que las bases de sus privilegios sean modificadas". Insistiendo en que es necesario vincular los procesos democratizadores a factores políticos como la ciudadanía, señala que "los derechos civiles son parte de un reconocimiento que permite a la gente tomar parte en el proceso económico moderno"[33].

Sin embargo, las visiones procedimentales de la democracia tienden a asociar la democratización a factores no políticos o estructurales, tales como los niveles de desarrollo económico u otros. A pesar de la abultada literatura al respecto, los intentos por establecer explicaciones causales o probabilísticas a partir de la asociación entre democracia y un amplio conjunto de variables independientes o intervinientes, aun no han proporcionado conclusiones convincentes[34]. De la misma forma, las estimaciones del impacto positivo de la democracia sobre los niveles de desarrollo económico no han sido concluyentes[35]. Cada uno de los conjuntos de explicaciones establecidos entre, por ejemplo, democracia y cultura cívica[36], distribución del ingreso[37], desarrollo económico u otros factores estructurales han sido posteriormente cuestionados con nuevas evidencias empíricas, las que hasta el momento no han proporcionado respuestas válidas para explicar los diversos niveles de democratización[38].

Estudios del impacto de los logros económicos gubernamentales sobre la democracia han llevado, igualmente, a conclusiones poco definitivas[39]. En contraste con afirmaciones previas, se ha demostrado que "los pobres logros económicos podrían llevar a una baja de confianza en los gobiernos democráticos, pero no a debilitar el apoyo a la democracia[40]. Por su parte, Lipset y otros han indicado que la relación entre crecimiento económico y democratización no tiene una correlación curvilínea, sino que adquiere forma de "N". Aun cuando los niveles de desarrollo económico y los logros en la conducción económica gubernamental son factores de importancia en el análisis de los procesos de democratización, éstos no son los únicos, ni los más pertinentes[41].

Un análisis más fino de la relación entre factores económicos y democracia es proporcionado por Albert Hirschman, quien trabaja estas relaciones con un enfoque de "on-and-off" o de "desenganche". De acuerdo a éste, en algunos períodos las instituciones políticas se "desenganchan" o autonomizan de las determinaciones económicas, lo que les permitiría a éstas tener una vida política independiente[42].

Las dificultades para asociar claramente los factores económicos y sus variables intervinientes con la democratización han sido parcialmente explicadas por el uso de factores no políticos en un marco en el cual la democracia es definida fundamentalmente desde una perspectiva procedimental. De esta forma, los permanentes procesos de acomodación de las estructuras políticas, sociales y económicas al cambiante juego de los factores nacionales e internacionales de poder –rasgo esencial de la política–, usualmente tienden a perderse.

En la medida que ninguna sociedad podría afirmar que su proceso democratizador ha sido logrado, es fundamental tratar de entender de mejor forma los factores que están operando realmente detrás de éste. En este contexto, el papel central lo juegan la lucha por la expansión de los derechos ciudadanos existentes y la protección de los emergentes. Todo ello en un contexto de cambios radicales en la organización social de la producción. Parafraseando el argumento de Dahrendorff, se podría decir que permitir a la gente tomar parte en el proceso económico moderno es fundamental para hacer realidad sus derechos políticos y sociales.

2. Ciudadanía y revolución tecnológica

Una efectiva titularidad y habilitación de derechos económicos, en el sentido de Dahrendorf, presenta aún mayores desafíos. En la medida que la expansión de la ciudadanía está siendo afectada en la postguerra fría por los efectos de la nueva revolución tecnológica, ésta les exige a las democracias contemporáneas reformar sus instituciones para adaptarlas a las nuevas condiciones internacionales y sus demandas. El actual período de crecimiento económico a nivel mundial se caracteriza por "el cambio de un orden industrial a uno postindustrial centrado en la dinámica tecnológica, particularmente en las tecnologías asociadas a la revolución de la microelectrónica; por la emergencia de temas ...que son el producto directo de nuevas tecnologías o de la mayor interdependencia mundial...; por la reducida capacidad de los estados de proporcionar soluciones satisfactorias a los principales temas de sus agendas políticas...; [y] por subsistemas que han adquirido gran coherencia y efectividad, generando de esta forma tendencias hacia la descentralización... Finalmente, están las retroalimentaciones de las consecuencias de todo lo anterior sobre las destrezas y orientaciones de los adultos del mundo... que tienen que enfrentar con nuevos temas de interdependencia el ajustarse a las nuevas tecnologías del orden postindustrial"[43].

Así, el progreso tecnológico –el nuevo organizador a nivel mundial– y la globalización económica están afectando los desarrollos democráticos en cuatro diferentes niveles. Primero, al aumentar y diversificar el número de ciudadanos potencialmente habilitables, los derechos para estos nuevos ciudadanos tienen que ser definidos, aceptados e implementados. Segundo, la globalización erosiona la legitimidad de los gobiernos centrales al debilitar el sistema estatal central producto de las descentralizaciones efectivas. Tercero, el acceso a los nuevos centros de dinamismo económico es cada vez más difícil para los sectores más pobres de la sociedad. Y, finalmente, los nuevos desarrollos tecnológicos ayudan a crear y consolidar nuevos poderes absolutos.

a) Derechos ciudadanos y nuevas tecnologías

La mayor diversificación social, esto es, la emergencia de nuevos roles y funciones sociales, está creando las condiciones para un aumento de la demanda de derechos ciudadanos. Tal como se ha indicado, "la transformación del orden industrial en su sucesor postindustrial implica una transición desde la dependencia en acciones centradas en las destrezas, en las cuales los trabajadores usaban sus cerebros para coordinar sus cuerpos, hacia una dependencia en las destrezas intelectuales, en las cuales ellos usan sus cerebros para coordinar observaciones, conceptos y regularidades"[44]. El ejemplo más destacado al respecto ha sido la demanda por la plena integración de la mujer en sus respectivas sociedades y, en particular, en el mercado de trabajo en condiciones igualitarias a las de los hombres[45], tal como ha quedado evidenciado en septiembre de 1995, durante la *IV Conferencia Mundial sobre la Mujer* en Beijing. El masivo uso de las nuevas tecnologías en la producción ha desmanualizado, desconcretizado y redefinido la demografía de los mercados de trabajo. Ha disminuido la dependencia en el uso intensivo de la fuerza en la industria, servicios y los sectores más dinámicos de la economía. En este contexto, "se constata una demanda social más general relacionada con el nuevo estatus de la mujer y su incorporación al trabajo, lo que da lugar a que una serie de funciones y tareas que antes realizaban las mujeres ahora adquieran una proyección organizativa diferente. La evidencia empírica disponible demuestra que durante la década de los años ochenta el mayor volumen de nuevos empleos en los sectores no agrícolas han sido ocupados por mujeres"[46]. Estos nuevos puestos se concentran fundamentalmente en el sector servicios. Sin embargo, las mujeres no acceden a los trabajos de mejor calidad que se crean en este período, aun contando con igual calificación que sus contrapartes masculinas. Este fenómeno muestra la importancia de los obstáculos socioculturales e institucionales que enfrenta la plena ciudadanía de la mujer[47].

Esta diversidad en expansión, producto de desarrollos tecnológicos y de la creciente necesidad por destrezas individuales más sofisticadas, ha generado una nueva demanda social por una plena integración ciudadana. La apropiación del capital social por estas capas emergentes permitiría acceder y ejecutar esos nuevos trabajos[48]. Esta apropiación e integración social sólo puede ser *garantizada* por la formalización de nuevos derechos en el marco de una noción ampliada de ciudadanía. Sin embargo, estas tendencias chocan con estructuras económicas, sociales y políticas refractarias a tales cambios.

Junto al aumento de la diferenciación social, situaciones de desigualdad social anteriormente no visibilizadas adquieren mayor transparencia. Sin embargo, la codificación de nuevos derechos y mecanismos para ponerlos en práctica se desarrollan a un ritmo más lento que la diferenciación social. En este contexto, el período de postguerra fría se caracterizaría por el inicio de un nuevo ciclo de luchas sociales para lograr el respeto de los derechos tradicionales amenazados y por la definición y puesta en práctica de los nuevos. Este proceso está forzando, en un contexto de grandes vacíos legales, la modernización de las democracias representativas. El caso de la igualdad de género es, una vez más, un buen ejemplo para mostrar cómo los sectores emergentes tienen que confrontar grupos y estructuras de poder tradicionales para lograr una plena ciudadana[49]. Por estas razones, la propia noción de ciudadanía tiende ampliarse *pari passu* la creciente diferenciación social con su rica gama de nuevos roles y derechos.

b) La legitimidad del estado

Los cambios tecnológicos y la globalización están asociados a una demanda por mayor "autonomía política y autogobierno, (a) una aspiración global por más democracia" y "a un nuevo criterio de legitimidad política y relocalización de la autoridad que (evoluciona) en dos direcciones: 'arriba', hacia las organizaciones transnacionales, y 'abajo', hacia los grupos subnacionales"[50]. Las actuales tendencias hacia la descentralización y las políticas públicas que le corresponden están estrechamente relacionadas a este fenómeno. Esta "bifurcación" de la autoridad hace más difícil a los estados de la postguerra fría crear condiciones institucionales que permitan una plena participación ciudadana en estas sociedades reestructuradas.

Esto es aún más complejo en países en desarrollo, los cuales junto con construir instituciones democráticas representativas deben reformar sus estructuras institucionales al mismo tiempo que los gobiernos centrales pierden sus prerrogativas tradicionales[51]. En estas sociedades, por una parte, los derechos sociales, políticos y civiles no han sido plenamente institucionalizados, tal como es posible observar en algunos países del hemisferio que aún no alcanzan la plena modernidad[52]. Por la otra, en medio de un profundo proceso de reestructuración económica, a través del cual el mercado sustituye al *estado movilizador*[53], sus instituciones políticas y sociales son incapaces de asimilar y proteger los nuevos derechos de una ciudadanía en expansión. Esto se ve agravado por la persistencia de las vulnerabilidades de determinados sectores sociales, los que enfrentan crecientes niveles de marginalización y, en medio de una crisis de representación, no pueden protegerse de la constitución de nuevos centros de poder cuya influencia tiende a quedar al margen de los mecanismos institucionales de regulación política y social.

Esta crisis de las democracias contemporáneas también se expresa en una pérdida de centralidad de lo público como espacio legítimo para la resolución de problemas societales. Por una parte, la actual bifurcación de la autoridad ha erosionado al estado en cuanto espacio político en el cual la ciudadanía ha sido tradicionalmente consagrada y fortalecida. Por la otra, nuevas formas de gobierno transnacional y mundial, así como autoridades subnacionales, no están plenamente desarrolladas o aun no son capaces de jugar sus nuevos roles y reemplazar las funciones estatales, proporcionando ciudadanía a los sectores marginados y emergentes. Así, la demanda social por más democracia, corporizada en la creciente masa de marginados, no encuentra respuestas apropiadas a nivel estatal, generando reacciones políticas anómicas o radicales antisistema. En suma, las demandas sociales por más democracia y plena ciudadanía se dirigen a gobiernos centrales que no pueden proporcionar los bienes y servicios –simbólicos y materiales– demandados o hacer respetar los derechos políticos y sociales prometidos en el imaginario igualitarista.

c) Exclusión

De igual forma, la globalización, el nuevo y expansivo rol del mercado y la redefinición y reducción del papel movilizador del estado han debilitado a los gobiernos centrales. A esto se le suma el que las actuales instituciones políticas y espacios públicos no son capaces de responder frente a la demanda por una ciudadanía ampliada. Así, el consumo se ha convertido en una sesgada expresión de plena ciudadanía y de participación ciudadana. No obstante, tanto los mercados como la economía global son incapaces de integrar plenamente al goce de sus beneficios al conjunto de la ciudadanía. Por el contrario, producto de las transformaciones estructurales en curso se ha creado una exclusión estructural de amplios contingentes sociales[54]. De acuerdo a Dahl, la *inclusividad*, condición básica para una *democracia real*, difícilmente puede conciliarse con los mercados en las actuales condiciones del capitalismo. Lo cual plantea dos preguntas claves. La primera, ¿cómo podrán los ciudadanos ser políticamente iguales? Y, la segunda, quizás más crucial aún, ¿podrá sobrevivir la democracia?[55]

La mayoría de las sociedades en desarrollo están tratando de responder a las demandas por una mayor integración ciudadana a partir de respuestas que depositan su confianza en el mercado. Esto es, promoviendo una "ciudadanía económica" a través del consumo. Sin embargo, en la medida que estas economías no pueden asumir tal papel integrador y cumplir las promesas igualitaristas, la crisis de legitimidad del estado se profundiza. De acuerdo a las Naciones Unidas, un tercio de la fuerza de trabajo no tiene un trabajo productivo; un quinto sufre hambruna; un cuarto carece de agua potable; un tercio vive en la extrema pobreza; y el quintil más pobre recibe el 1,4 por ciento del producto, mientras el quintil más rico recibe el 84,7 por ciento[56]. Estas cifras –que se repiten con diferentes intensidades al interior de los países latinoamericanos– son elocuentes en mostrar cómo la actual organización de la producción basada en el uso intensivo de la tecnología excluye de los beneficios del desarrollo económico y social –y, en consecuencia, de la participación política– a aquellos con un capital cultural más precario. Así, estas infraclases quedan definitivamente fuera del tejido social con el cual se organiza el actual desarrollo económico[57].

Esta contradicción entre fuerzas centrífugas, que amplían la exclusión social, y fuerzas centrípetas, que demandan una participación plena en la sociedad, puede generar situaciones críticas. Como resultados negativos podrían hipotetizarse fórmulas autoritarias, *democraduras*, reacciones neofascistas como las observadas en Europa, o bien reacciones conservadoras antimodernas apoyadas por ideologías fundamentalistas religiosas o seculares[58]. Sin embargo, esta situación también crea un contexto más apto para el desarrollo de nuevos movimientos sociales y propuestas profundizadoras de las actuales democracias en la región[59].

d) Nuevos poderes absolutos

La democracia representativa tanto en los países en desarrollo como en los industrializados está siendo desafiada por la emergencia de nuevos centros de poder cuya influencia *de facto* tiende a quedar al margen de los mecanismos institucionales de regulación política y social. Tal como el perfil de la ciudadanía ha cambiado producto del impacto de los desarrollos tecnológicos, las estructuras y formas de poder han variado consecuencialmente. El control y uso de los desarrollos tecnológicos tienden a concentrar poder fuera del posible control de las instituciones representativas, desafiando la moderna y democrática concepción de ciudadanía. En una era de expansión de nuevas tecnologías aplicadas a la comunicación y globalización, tal como la participación arriesga a ser empíricamente reemplazada por el consumo, la noción de ciudadanía tiende a ser suplantada conceptualmente por la de opinión pública. A su vez, consumidores y opinión pública enfrentan el desafío de tecnoburocracias privadas y estatales: los medios de comunicación y entretenimiento masivos que están modelando los desarrollos culturales; la publicidad que domina las opciones de consumo; la propaganda política que organiza las opciones políticas; y las tecnoburocracias estatales que controlan la coacción y amenazan penetrar la vida privada[60].

El dominio de las comunicaciones por parte de grandes corporaciones mundiales sometidas a la racionalidad económica de mercado[61], cuestiona las posibilidades de una dinámica democratizadora continua[62]. En la medida que las funciones tradicionales de representación y deliberación de los partidos políticos se han visto disminuidas y la representación se ha vuelto más diversificada y fragmentada, la vida política ha adquirido connotaciones más plebiscitarias[63]. En este contexto, las corporaciones dueñas de medios de comunicación han comenzado a cambiar la naturaleza de la política en las sociedades de postguerra fría. Las recientes megafusiones entre éstas están definiendo nuevos desafíos a la capacidad ciudadana de fiscalizar y responsabilizar tales entes, así como de defender los derechos civiles[64].

Aun cuando las instituciones democráticas han ejercido cierto control sobre los poderes tradicionales, estos nuevos poderes absolutos –o poderes fácticos– no tienen las mismas posibilidades de ser sujetos de control en comparación con sus antecesores. Frente a ellos, las regulaciones nacionales son en la actualidad insuficientes o difícilmente aplicables para proteger los derechos ciudadanos[65]. Más aún, la participación o intervención de la ciudadanía organizada en el proceso de toma de decisiones de estos entes es en la actualidad poco realista. Por su parte, existe el riesgo de que los nuevos poderes absolutos puedan controlar la vida pública y privada al contar con una opinión pública manipulada. Por estas razones, es posible afirmar que las vulnerabilidades sociales –existentes y potenciales– se han incrementado en este nuevo contexto.

En suma, la política en las sociedades desarrolladas o en desarrollo se caracteriza por antiguas y nuevas demandas por derechos ciudadanos, las que se asocian a los nuevos desarrollos tecnológicos y a la cada vez más definitiva desruralización. Al mismo tiempo, los nuevos poderes absolutos –difícilmente fiscalizables y responsabilizables– se afirman a expensas de la fuerza y efectividad de los espacios y estructuras políticas democráticas. De esta forma, el conflicto en torno a la ciudadanía emerge como tema central al interior de las tensiones observadas en las actuales democratizaciones tanto en América Latina, así como en los países industrializados[66].

3. La democratización latinoamericana: una responsabilidad ciudadana

La persistencia de debilidades institucionales y obstáculos para modernizar las instituciones democráticas representativas ha motivado el escepticismo de algunos autores sobre su futuro.

Las críticas al presidencialismo de Linz y Valenzuela[67], junto a otras respecto del parlamentarismo, ilustran este desencanto democrático[68], al mismo tiempo que han identificado una serie de problemas que aquejan a las democracias: una baja tendencial en la participación electoral, especialmente en los grupos etáreos más jóvenes; bajos niveles de asociacionismo sindical; un deterioro de la imagen de los políticos e interés ciudadano en asuntos públicos; un deterioro del papel de los parlamentos y poderes judiciales; y la limitada extensión y baja intensidad de las identificaciones partidarias, con la consecuente inestabilidad de las preferencias partidarias[69]. Igualmente, se han destacado dilemas intrínsecos a los sistemas democráticos, tales como la oligarquización, individualismo, ciclos de políticas públicas, autonomías funcionales e institucionales, interdependencias y soberanías limitadas, junto a limitaciones extrínsecas, tales como las complejas identidades nacionales, rigideces económicas, sobrecargas políticas y desgobierno social, corrupción y amenazas a la seguridad exterior y al orden interno[70].

La abrumadora variedad y complejidad de las situaciones de las cuales dependen las actuales democracias latinoamericanas[71], ha llevado a sombrías predicciones sobre su futuro. Whitehead señala que "a lo menos, en el futuro cercano, lo común será una forma provisional e insatisfactoria de norma constitucional, una 'democracia por ausencia'"[72]. El bajo compromiso democrático del sector privado[73] y la reaparición de la política confrontacional, tal como se puede observar con diversas intensidades en Venezuela, Chiapas, o las provincias argentinas, parecieran avalar este diagnóstico y proyectan dudas sobre el futuro democrático de algunos países. En otros, limitaciones estructurales básicas también parecieran condicionar la factibilidad democrática[74]. Democracias por ausencia, delegativas[75], incompletas[76], incoherentes[77] o regímenes híbridos[78], han sido algunas de las calificaciones que han ameritado los actuales sistemas políticos en América Latina.

Además de los problemas inherentes a todas las democracias, Latinoamérica debe enfrentar los problemas heredados de su propio pasado. Tal como lo señala O'Donnell, los políticos y ciudadanos de las NDI (neodemocracias inexpertas) podrían reconocer los dilemas intrínsecos que asuelan a las DLE (democracias liberales establecidas) y comenzar a experimentar con nuevas formas organizativas"[79]. Más aún, esta experimentación debe considerar las tres principales tareas pendientes en la región: la introducción de la modernidad, superando la persistencia de tradiciones y relaciones premodernas; la introducción o reinstalación de los mínimos democráticos en contextos oligárquicos o autoritarios; y la implementación de reformas que permitan acomodar las actuales estructuras e instituciones a las demandas de la globalización. La combinación de estas tareas en un solo e intrincado proceso revela, a lo menos, dos grandes conjuntos de problemas: cómo legitimar las instituciones de la democracia representativa y cómo desarrollar y respetar los derechos ciudadanos.

El estado, espacio en el cual se han organizado y distribuido los bienes y servicios públicos en América Latina, sufre una severa crisis, profundizada por la drástica implantación de políticas liberales de mercado y apertura al exterior[80]. Estas transformaciones fueron introducidas por dictaduras militares o gobiernos autoritarios. En algunos casos, gobiernos democráticamente electos con un bajo nivel de competencia política y participación ciudadana en la toma de decisiones, encabezaron este proceso. Tal concentración de poder ha sido el resultado de una opción equivocada, inspirada en la idea de que ésta daría una mayor eficacia político-económica a los gobiernos para enfrentar de mejor forma las crisis asociadas a las transformaciones estructurales[81]. Estos han sido los casos de Chile durante la dictadura militar, México bajo el dominio del PRI, Perú después del autogolpe de Fujimori en 1992 y Argentina durante el gobierno democrático de Menem, el que contó con una mayoría absoluta en el Congreso hasta perder el quórum calificado en el Senado en 1995. Por su parte, las presidencias han concentrado el poder y descansado en tecnoburocracias especializadas, las que debido a su creciente autonomización, aun después de los períodos transicionales, se escapan a las fórmulas de responsabilización y fiscalización existentes. Esta concentración del poder en las presidencias ha tenido como resultado parlamentos y partidos políticos débiles[82].

Si bien tanto el presidencialismo como los sistemas parlamentarios enfrentan el problema central de cómo desarrollar y mantener coaliciones políticas estructuradas en torno a acuerdos substantivos, capaces de proporcionar estabilidad a sus respectivos países[83], son los regímenes hiperpresidencialistas los que profundizan esta crisis dado que éstos son "una deseable fuente de poder favoritista" y no "estimulan la formación de coaliciones entre partidos y grupos (para) encontrar un consenso mayoritario"[84]. En el caso de los parlamentos latinoamericanos, éstos han sido crecientemente marginalizados de la toma de decisiones dada la reducción, *de jure* o *de facto*, de sus prerrogativas institucionales, así como por su escasa capacidad de desarrollar y fortalecer coaliciones.

Esta crisis ha afectado la credibilidad de las instituciones democráticas representativas. Ello se manifiesta en los "bajos niveles de confianza pública en el congreso...el desequilibrio de poderes entre los presidentes de la región andina y sus parlamentos...la gran insatisfacción con los partidos políticos...(y) el hiato y fractura entre partidos y sociedad que supuestamente éstos representan"[85]. Esta crisis se profundiza gracias a la ausencia de mecanismos efectivos y cultura cívica de fiscalización. De acuerdo a O'Donnell, las democracias delegativas en América Latina son un tipo persistente de democracias débilmente institucionalizadas que muestran sesgos plebiscitarios y mayoritaristas; se estructuran en torno de situaciones de alta intensidad y riesgo; confían en el rol de los líderes para mantener la unidad; consolidan fuertes grupos tecnocráticos al interior del proceso de toma de decisiones; no cuentan con fiscalización horizontal; y muestran un alto riesgo de clientelismo, patrimonialismo y corrupción[86].

La crisis de credibilidad de las instituciones gubernamentales y representativas y la ausencia de fiscalización horizontal y vertical es reforzada por la persistente corporativización[87] y autonomía funcional de las principales instituciones del estado. Tal es el caso de las fuerzas armadas latinoamericanas[88], la policía y el poder judicial. La tradición histórica de permanentes regímenes de excepción[89] refuerza estas tendencias. En sistemas hiperpresidencialistas, sin acuerdos substantivos estables, los procesos de toma de decisiones son habitualmente controlados por elites tecnoburocráticas.

En síntesis, los cambios estructurales radicales en la economía, la concentración de recursos políticos en los poderes ejecutivos, la débil legitimación social de las institutiones democráticas, la autonomía de los entes estatales y la falta de acuerdos substantivos en cómo continuar democratizando las sociedades y políticas, constituyen el síndrome de la crisis de las instituciones representativas. De la superación de todas y cada una de estas debilidades, y de la incidencia de la ciudadanía activa en ellas, dependerá el futuro de la democracia en la región.

4. Los nuevos desafíos democráticos: fiscalización[90] y poder ciudadano

Las limitaciones de los sistemas democráticos incrementan las vulnerabilidades de la ciudadanía —elemento dinámico de la democratización— frente a los nuevos poderes absolutos. Las agencias tecnoburocráticas gubernamentales controlan la coerción y las privadas influyen de manera determinante en la cultura de masas, el consumo y las opciones electorales. Todas ellas operando a través de burocracias crecientemente tecnologizadas, dirigidas por elites difícilmente responsabilizables.

Para Weber, las sociedades modernas se caracterizaban por ser gobernadas por burocracias racionalizadas, las cuales inhibían las tendencias patrimonialistas de los grupos políticos y controlaban el poder de sus funcionarios. Por estas razones, y como condición para la existencia de democracias estables, Weber desconfiaba y era reticente a aceptar la activa participación de los ciudadanos al interior de estas burocracias[91]. Sin embargo, la actual autonomía funcional de las tecnoburocracias dirigidas por una capa de diversas elites que controlan la toma de decisiones en materia de políticas públicas[92], impide ejercer el derecho ciudadano a controlar organizaciones complejas en el campo económico, político, cultural y coercitivo. De esta forma, la burocratización, más que prevenir tendencias patrimonialistas, tiende a generar nuevas oligarquías políticas. Así, el neopatrimonialismo, esto es, la combinación de elites encapsuladas que monopolizan el diseño de políticas públicas junto a la acción de tecnoburocracias que las implementan, representa uno de los mayores retos a las democracias modernas. Dado que en sociedades de masas complejas[93] la democracia representativa es inevitable[94], algunos mecanismos de democracia directa podrían prevenir las tendencias elitistas y neopatrimonialistas actualmente observadas en las democracias representativas[95].

a) Fiscalización: condición necesaria para la democratización

Existe un amplio acuerdo en todo el espectro político-ideológico en considerar la fiscalización como un mecanismo clave para proteger y dar vigencia a los derechos ciudadanos[96]. La fiscalización –"el vínculo entre la burocracia y la democracia"[97]– abre posibilidades de mayor control y participación ciudadana, proporciona transparencia a los asuntos públicos e inhibe las tendencias neopatrimonialistas. La fiscalización de las agencias y funcionarios públicos es, igualmente, fundamental para el control de la corrupción y la coerción estatal sobre los ciudadanos[98]. Lo mismo sucede en el caso de la coerción estatal organizada y la violencia social endémica o nihilista[99], culpables de megamuertes[100], las que sólo pueden ser detenidas y prevenidas a través del control social sobre los aparatos coercitivos del estado y la acción individual violenta. La fiscalización es también crítica en la contención de las tecnoburocracias privadas que influyen la cultura, el consumo y las preferencias políticas. Por estas razones, la fiscalización –y la transparencia que la permite[101]– se han constituido en un tema cardinal en los procesos democratizadores de postguerra fría. De aquí que la Segunda Cumbre Presidencial de las Américas (Santiago de Chile, 18-19 de abril, 1998) destacara como una de las tareas prioritarias en la región la libertad de expresión, como mecanismo privilegiado para darle transparencia a los procesos políticos y económicos.

De acuerdo a O'Donnell, "la representación requiere fiscalización". Esta opera verticalmente "haciendo a los funcionarios elegidos responsables ante la urna de votación", y horizontalmente, "a través de la red de poderes relativamente autónomos que pueden demandar información, e incluso penalizar respuestas impropias de un determinado funcionario"[102]. Dado que la democracia representativa y la ciudadanía también descansan en la participación[103], las organizaciones no-gubernamentales y asociaciones ciudadanas tienen un importante papel en la fiscalización de las tecnoburocracias estatales y privadas. Por ello, las democracias deben desarrollar mecanismos de participación complementarios y compatibles con sus instituciones representativas[104]. La evidencia empírica muestra cuán fundamental es para la democracia la existencia de una "sociedad organizada, con una densa red de grupos intermedios y asociaciones voluntarias independientes del estado"[105]. En este marco, un concepto ampliado de ciudadanía permitiría incluir la noción de "ciudadano activo", abriéndole "oportunidades para participar en la regulación de los sistemas de toma de decisiones en las respectivas comunidades"[106]. Dado que "el poder de tomar decisiones debe estar libre de inequidades y limitaciones impuestas por un sistema de capital privado no regulado"[107], el potenciamiento de la capacidad política de la sociedad organizada es un elemento importante en la "doble democratización" del estado y la sociedad. Así, en medio de las actuales crisis sociales, el impulso asociativo es fundamental no sólo para propósitos fiscalizadores, sino también para enfrentar los urgentes y graves problemas sociales y económicos[108].

En una democracia cosmopolita, la transparencia proporcionada por la fiscalización debe alcanzar de igual forma a las instituciones financieras internacionales (IFIs) y otras organizaciones multilaterales internacionales. Considerando que en las últimas décadas se han desarrollado protoinstituciones de gobierno mundial, tales como el Fondo Monetario Internacional (finanzas internacionales), la Organización de Comercio Mundial (comercio internacional), operaciones de paz de Naciones Unidas (policía mundial), así como otras preexistentes en el campo de la salud, justicia y educación, la fiscalización de éstas aparece como un tema emergente de primera importancia[109].

De esta forma, el potenciamiento de la capacidad ciudadana –el poder ciudadano– para fiscalizar y responsabilizar las tecnoburocracias públicas y privadas es una de las piedras angulares de la democratización de postguerra fría. Tal como lo indica Paul Hirst, el "principio asociativo puede democratizar y revigorizar las sociedades como apoyo y sano competidor de las formas dominantes de organización social: democracia representativa de masas, bienestar burocrático y las grandes corporaciones...(Este principio) es una pauta apta para organizar relaciones sociales que pueden generalizarse a través de sectores y dominios de actividad social distintos a una institución localizada o pauta de acción consuetudinaria. Los asociacionistas tienen que confiar en la multiplicación de diversos esfuerzos...desarrollados por la iniciativa ciudadana...(L)as legislaciones deben ser permisivas y graduales, no prescriptivas y perentorias"[110].

b) Poder ciudadano: condición suficiente para la democratización

Si el fiscalizar y el ser fiscalizable es la condición necesaria para la democratización, el incremento del poder ciudadano para responsabilizar instituciones y funcionarios públicos, elegidos o designados, es su condición suficiente.

La capacidad ciudadana de fiscalizar es fundamental para asegurar la instalación y funcionamiento estable de las reglas mínimas del funcionamiento democrático. Estas no siempre son plenamente restablecidas con posterioridad a quiebres autoritarios. En algunos casos en que efectivamente lo han sido, éstas enfrentan serias limitaciones para su efectiva puesta en vigencia. Un ejemplo de ello es la Constitución peruana de 1993. Esta, para abrir mayor espacio a las reformas de mercado, redujo el alcance de los derechos fundamentales constitucionalmente garantizados y eliminó o redujo el rango constitucional de algunos derechos económicos y sociales existentes en la Carta Fundamental de 1979. De la misma forma, disminuyó las prerrogativas de los gobiernos municipales al tiempo que redujo el rol fiscalizador Congreso, entre otras limitaciones[111]. Así, la concentración de poder en manos de la presidencia se incrementó substancialmente. De esta forma, la crisis de las instituciones democráticas representativas puede permanecer aun cuando se hayan puesto en vigor las reglas mínimas del funcionamiento democrático[112]. Su plena vigencia es un tema central en la actual agenda de la movilización democrática en América Latina[113].

En este contexto, una dimensión positiva de la nueva ola de democratizaciones en la región es la preocupación y puesta en práctica de medidas que proporcionen transparencia a los asuntos públicos y privados, fiscalizando a las agencias gubernamentales e introduciendo nuevas normas para el pleno respeto de los derechos civiles. Estos nuevos procedimientos, además de consolidar reglas mínimas para el juego democrático, proporcionan una base virtual para la democratización. Para que ésta sea real, debe ser usada por una ciudadanía cuya capacidad de acción política haya sido potenciada. Los casos de Argentina, Colombia, Perú y Chile nos permitirán ilustrar esta nueva y regionalmente diversa situación.

La reforma constitucional colombiana de 1991 es un ejemplo de esta nueva tendencia. Ella representa el intento más amplio en la región de enfrentar los temas de la gobernabilidad democrática desde una perspectiva de fiscalización ciudadana. Esta surge precisamente de la crisis de legitimidad del estado colombiano. En efecto, al final de la década de los ochenta, las instituciones democráticas colombianas, su tejido social y la economía se encontraban bajo fuertes tensiones y amenazas[114]. El tradicionalmente débil gobierno central era crecientemente incapaz de enfrentar problemas sociales y políticos tales como la migración rural-urbana, la delincuencia en las ciudades, la narcoviolencia terrorista, la guerrilla y corrupción. En respuesta a esta situación crítica, el Partido Liberal de gobierno del presidente Cesar Gaviria inició un ambicioso proceso de recuperación política, liberalización económica y modernización de los asuntos públicos. El gobierno del presidente Ernesto Samper ha intentado accidentadamente continuarlo. Los esfuerzos del gobierno de Gaviria permitieron la aprobación de la Constitución de 1991, carta fundamental que reafirmó los derechos individuales y colectivos al tiempo que promovió legislar sobre mecanismos aptos para integrar y proteger los grupos sociales y políticos tradicionalmente marginados de la toma de decisiones y de la justicia. El artículo 103 establece mecanismos democráticos y participativos como el voto, plebiscito, referéndum, la consulta popular, los cabildos, la iniciativa legislativa popular y la revocatoria de mandato[115]. Además, considera instituciones contraloras como la Contraloría y Procurador Generales de la Nación, el Defensor del Pueblo, la Fiscalía General, y permite al Senado y Cámara de Diputados fiscalizar instituciones y funcionarios públicos. Así mismo, tal como lo consigna el artículo 88, los ciudadanos tienen el derecho a fiscalizar a funcionarios públicos y privados en áreas tales como la ética funcionaria, los derechos del consumidor, el medio ambiente y el patrimonio nacional y la seguridad. Para la puesta en práctica de estos derechos, la Constitución permite la reforma de los códigos civil y penal de manera de poder incluir en ellos acciones de clase, tal como el recurso de tutela y cumplimiento. Estos nuevos mecanismos constitucionales se han fortalecido por el uso ciudadano de la tutela, la cual últimamente ha alcanzado los 30.000 casos anuales. Ello ha creado toda una nueva jurisprudencia de interés público y acciones de clase.

Así, las nociones de ley e interés público, tal como la entiende la tradición anglosajona —dormida en la cultura y estructura legal colombianas— ha comenzado a ser activada gracias a la tarea de grupos ciudadanos interesados en el uso de los instrumentos legales para la defensa de intereses colectivos. La materialización de esta excepcional situación legal dependerá de cómo los colombianos asuman estas nuevas posibilidades. Otros desafíos radican en la débil –aunque no menos patrimonialista– estructura estatal centralizada de Colombia, la concentración de poderes en el Ejecutivo y una abrumada sociedad civil. En consecuencia, para fortalecer estos nuevos mecanismos de fiscalización, los esfuerzos gubernamentales y no-gubernamentales se han focalizado, simultáneamente, en la adhesión del propio estado a sus normas, en campañas de información ciudadana sobre sus derechos, así como en la promoción del uso activo de los mecanismos actualmente disponibles. En síntesis, la superación de la crisis de legitimidad en Colombia pasa por el fortalecimiento de los nuevos mecanismos de fiscalización por la propia ciudadanía.

Con características menos pronunciadas, la reforma constitucional argentina de 1994 introdujo nuevos mecanismos que incrementan la capacidad política de los ciudadanos, los que eventualmente servirían para un mejor control de los poderes públicos[116]. Esta típica democracia delegativa estableció mecanismos como la iniciativa legislativa popular (artículo 39), la consulta popular (artículo 40) y el *habeas data* (artículo 43). Todos estos mecanismos están disponibles para la ciudadanía (aun cuando algunos requieren leyes reglamentarias), la que podría demandar la plena implementación y puesta en práctica de los mecanismos horizontales de fiscalización existentes en Argentina[117].

En Perú, la Constitución de 1993 fortaleció el sistema presidencial. La introducción del referéndum podría apuntar en esta dirección. Al mismo tiempo, introdujo nuevos mecanismos disponibles para la ciudadanía como la iniciativa legislativa popular, la rendición de cuentas por parte de funcionarios públicos, el *habeas data* y la acción de inconstitucionalidad. Sin embargo, todos ellos necesitan normas reguladoras para su puesta en práctica. En el contexto postelectoral peruano, con una mayoría gubernamental en un congreso con menos atribuciones fiscalizadoras, la normativa reglamentaria aludida será una línea de disputa política indudable.

Chile es el caso menos desarrollado al respecto[118]. Además del recurso de protección, la Constitución de 1980 sólo contempla mecanismos de interés público tales como el plebiscito municipal y la participación ciudadana indirecta en los Consejos Económico-Sociales[119]. Igualmente, la fiscalización horizontal se reduce a la Contraloría General de la República y al débil papel contralor de la Cámara de Diputados[120].

El incremento de la capacidad de fiscalización ciudadana bajo las nuevas condiciones estructurales creadas por la transformación radical de nuestras sociedades y la globalización, podría ayudar a redistribuir el poder (económico y político) después de un período de alta concentración y centralización del mismo, estabilizando al conjunto del sistema. Sin embargo, esto se ve dificultado por los radicales cambios estructurales, los que en un contexto de crisis económica han debilitado los movimientos sociales al transformar la tradicional constelación de intereses y alineamientos políticos asociados al modelo de industrialización substitutiva de importaciones (ISI). Así, por ejemplo, el movimiento sindical ha estado profundamente afectado por los cambios en la organización de los sectores económicos, con posterioridad a la reestructuración producida por el nuevo modelo de crecimiento dinamizado por las exportaciones. El tejido social y asociacional preexistente se ha debilitado y la capacidad representativa de los partidos políticos y la representación política se ha diversificado y fragmentado[121].

El efecto simultáneo y combinado de los efectos de la crisis de legitimidad de las instituciones representativas y las transformaciones radicales de los intereses ciudadanos a ser representados, cambia los perfiles y roles partidarios tradicionales en, a lo menos, tres formas diferentes: la *pérdida de relieve de los partidos*, en aquellos sistema políticos en que los intereses ciudadanos cambian, pero los representantes y sus instituciones no lo hacen de manera proporcional (Perú).

En este caso, la situación se ve complicada por la existencia de una máquina partidaria-gubernamental que ejerce el poder de manera absoluta; el *hiato representacional*, cuando los representantes se encapsulan en las estructuras partidarias y las relaciones intraestatales y los intereses ciudadanos cambian y, al mismo tiempo, se fragmentan[122] (Chile); y la *faccionalización partidaria*, en situaciones en las cuales dominan las rivalidades intrapartidarias y se recomponen los alineamientos interpartidarios, en un marco de cambio estructural y actitudinal de importancia a nivel ciudadano (Argentina[123]).

Una salida subóptima a estas crisis son las democracias autoritarias[124] *–democraduras–* tal como se observa hoy en día en el Perú[125]. En el caso argentino, esta transición desde unas identidades ideológicas partidarias hacia una identificación de corte más pragmático tiende a fortalecer el carácter de *lobby* de los partidos políticos al distanciarlos de las asociaciones ciudadanas. Ello incrementa la tendencia patrimonialista de los cuadros partidarios y, como resultado, se incrementa la distancia entre los partidos políticos y sus electorados[126]. En el caso chileno, las dificultades para continuar con la democratización del país, alcanzando acuerdos substantivos[127] en torno a una agenda compleja y multidimensional, se incrementan gracias a las limitaciones de las instituciones democráticas representativas[128] –agravadas por un peculiar sistema electoral–, así como por los cambios ocurridos en las organizaciones ciudadanas y en sus contrapartes gubernamentales. El Congreso chileno, tal como lo establece la Constitución de 1980, tiene prerrogativas menores que limitan la función de representación de los partidos. La modernización de éstos, paradójicamente iniciada por la dictadura militar, no ha sido suficiente como para cerrar este hiato. Desde esta perspectiva, los partidos políticos en Chile también deberían incrementar su capacidad política. La concentración del poder en manos del ejecutivo tiene como contrapartida negativa la tendencia a buscar y encontrar acuerdos políticos en instancias extraparlamentarias, lo cual refuerza el papel de las tecnoburocracias, las comisiones presidenciales y los llamados *poderes fácticos*[129]. Con características distintas, este mismo proceso de erosión de la capacidad ciudadana indirecta de fiscalización puede verse en diversos países de la región.

Esta crisis de la representación política en América Latina ha penetrado a todos los movimientos sociales y ha sido profundizada por la implementación de políticas de desregulación de la vida económica. Las fragmentaciones sociales asociadas a esta reestructuración radical, junto a la globalización, ha debilitado las identidades colectivas y los movimientos sociales, frustrando consecuencialmente la movilización social[130]. Tal fragmentación de intereses representables erosiona el espacio e interés público y aquellas identidades que se habían estructurado en torno a intereses nacionales comunes. En Argentina, y por extensión en otros países latinoamericanos, Portantiero reconoce una situación caracterizada por "la pérdida de autonomía de los actores y la decadencia del espacio público, en una situación de 'sálvese quién pueda' y en un clima moral que sólo premia el éxito individual por vía del negocio o del delito. En la ética del recluimiento defensivo, la política, el lugar de la *polis* se transforma en espectáculo...y el ágora donde el espectáculo transcurre es la pantalla de televisión, como forma de comunidad ilusoria. En el reino de la ajenidad, la política es vídeo política"[131].

En esta situación, el pleno imperio de las reglas mínimas de funcionamiento democrático y de los derechos ciudadanos tradicionales y nuevos sólo es posible a través del desarrollo de nuevas identidades capaces de iniciar acciones colectivas que expresen estas nuevas demandas sociales[132]. La apertura de espacio político para que emerjan estos nuevos movimientos sociales puede ser y de hecho es una contribución a la gobernabilidad democrática y no a su desestabilización[133].

En este proceso de fortalecimiento democrático, vía nuevas identidades sociales movilizables, los medios de comunicación de masas juegan un papel central. En momentos de crisis de las instituciones representativas y de fragmentación de los intereses políticos de los respectivos electorados, las identidades y acciones colectivas emergentes dependerán fuertemente del acceso de estos ciudadanos a los medios de comunicación. Acceso que se constituye en elemento clave para el potenciamiento de la capacidad política de los ciudadanos, del poder ciudadano[134]. De los nuevos poderes absolutos anteriormente mencionados –los medios de comunicación y el marketing político y comercial– todos ellos descansan en las nuevas tecnologías comunicacionales. Así, las regulaciones gubernamentales para permitir el acceso ciudadano a los medios, los estándares éticos y culturales del avisaje comercial y el financiamiento estatal de las campañas de los partidos políticos se constituyen en parte fundamental de una agenda democratizadora. Junto a la responsabilización y fiscalización de agencias y agentes estatales, estas regulaciones podrían lograr cierto control sobre poderes absolutos, nuevos y viejos.

Al mismo tiempo, para alcanzar mayores grados de democracia es preciso la reestructuración del sistema de representación ciudadana. Ya no es posible continuar asignándole al sistema partidario la totalidad de las funciones de representación posibles. Junto con aumentar su capacidad política, los partidos deberían coexistir con una tupida red de organizaciones sociales representativas que adquieran voz y participen en la toma de decisiones[135]. Especial atención podría ponerse al diseño institucional para el logro de estos objetivos. La creación de instituciones democráticas debería ser un proceso mucho más interactivo, el que para ser exitoso requeriría ser desarrollado desde "arriba" y "adentro", al igual que gracias a presiones desde "abajo" y "afuera". Un estado democrático fuerte debería ser capaz de ambos procesos constructivos y, al mismo tiempo que regula los nuevos poderes absolutos, ser igualmente responsabilizable y fiscalizable[136].

En síntesis, el aumento de la capacidad ciudadana –del poder ciudadano– para demandar eficazmente más democracia, dependerá de la cristalización de nuevas identidades sociales aptas para proyectarse en acciones colectivas, involucrando activamente a la ciudadanía en la fiscalización de los entes públicos y privados, contribuyendo así al desarrollo de las instituciones democráticas.

Conclusiones

Los profundos cambios estructurales a nivel regional y global están redefiniendo el perfil político, económico y social de los países latinoamericanos. Por una parte, estas transformaciones están forzando una demanda por nuevos y mayores derechos ciudadanos generándose una agenda ciudadana más amplia: el respeto de los derechos ciudadanos; su codificación; el reconocimiento de grupos emergentes que requieren ser habilitados; la expansión de la naturaleza de estos derechos, y la internacionalización de los mismos[137]. Por la otra, paradójicamente, estas transformaciones también están generando "externalidades políticas negativas". Tales son las crecientes exclusiones socioeconómicas y una mayor concentración y centralización del poder y la riqueza, amenazando la propia expansión de la ciudadanía.

Para evitar el impacto negativo de las actuales transformaciones económicas y políticas en América Latina y hacer posible la nueva agenda democrática, el poder público debe ser responsable y fiscalizable. Para ello, los sectores más vulnerables en las respectivas sociedades necesitan ser potenciados para lograr ejercer este derecho. Aun cuando existen algunos mecanismos de fiscalización ciudadana en la región, su implementación y efectividad dependerán del grado en el cual los ciudadanos organizados lo demanden. En la medida que se incremente el poder ciudadano, éstos podrán hacer responsable y fiscalizar corporaciones y agencias estatales, protegiendo y poniendo en vigor sus propios derechos, ayudando de esta forma a redistribuir el poder político.

En suma, el aumento de la capacidad ciudadana a través de la fiscalización y la responsabilización institucional es uno de los elementos claves en la estabilidad y continuidad del proceso democratizador en América Latina.

NOTAS

1 Esta deficiencia es observable en la política doméstica latinoamericana, tal como lo indica Alain Touraine, 1994a, "From the Mobilizing State to Democratic Politics", en: Colin I. Bradford, ed., **Redefining the State in Latin America** (Paris: OECD). Lo mismo sucede en las políticas exteriores de los países desarrollados. De hecho, el asesor de seguridad nacional de los EE.UU., Anthony Lake, indicaba que la estrategia de los EE.UU "también debe respetar la diversidad. La democracia y los mercados pueden venir en muchas legítimas variantes. La libertad tiene muchas facetas". Anthony Lake, "From Containment to Enlargement", Remarks of the Assistant to the President for National Security Affairs, at the Johns Hopkins University, School of Advance International Studies, Washington, D.C., September 21, 1993. De acuerdo a Jeffrey Stark, "La ausencia de un claro mapa democratizador en las políticas exteriores de las democracias desarrolladas es en gran parte un reflejo de su falta de ideas claras respecto del futuro de la democracia en casa." Un contrapunto a esto en: OECD, 1992, **Development and Democracy: Aid Policies in Latin America** (Paris: OECD). Con todo, el principal esfuerzo para el desarrollo de nuevas perspectivas democráticas debe ser hecho por actores nacionales soberanos.

2 Sobre las limitaciones teóricas de los enfoques procedimentales para el análisis de las democratizaciones, ver: Ben Ross Schneider, 1995, "Democratic Consolidations: Some Broad Comparisons and Sweeping Arguments", **Latin American Research Review** 30, 2.

3 De acuerdo a Lechner, el descentramiento e informalización de la política y el nuevo entramado entre lo público y lo privado han cambiado la naturaleza de lo político en América Latina. Norbert Lechner, "Las tranformaciones de la política", Trabajo presentado al seminario, **Faultlines of Democratic Governance**, North-South Center, University of Miami, 5-6 de mayo, 1995. En este contexto, la responsabilidad política del ciudadano aumenta de manera correspondiente.

4 Tal como Anne Phillips ha indicado, "hay dos historias sobre la democracia que circulan hoy en día, y, como muchas historias de esfuerzos políticos, ellas nos permiten escoger entre un final feliz o un futuro que aún está indeciso". Anne Phillips, 1993, **Democracy and Difference** (Pennsylvania: The Pennsylvania State University Press), 1. Sobre la predictibilidad de los resultados en sistemas democráticos, ver: Adam Przeworski, 1988, "Democracy as a Contingent Outcome of Conflicts", en: Jon Elster y Rume Slagstad, eds., **Constitutionalism and Democracy** (Cambridge: Cambridge University Press).

5 Felipe Agüero, 1994, "Democratic Governance in the Americas: Thinking About Faultlines." Discussion memo prepared for the workshop on **Faultlines of Democratic Governance**", North-South Center, University of Miami, 5-6 November.

6 Sobre las diferencias entre las perspectivas analíticas de democracia y democratización, ver: Carole Pateman, 1996, "Democracy and Democratization", **International Political Science Review**, Volume 17, Number 1, January.

7 Larry Diamond, 1990, "Beyond Authoritarianism and Totalitarianism: Strategies for Democratization", en: Brad Roberts, 1990, **The New**

Democracies. Global Changes and U.S. Policy (Cambridge: The MIT Press), 228.

8 Robert A. Dahl, 1989, **Democracy and Its Critics** (New Haven: Yale University Press), 130.

9 Philippe C. Schmitter and Terry Lynn Karl, 1993, "What Democracy Is...and Is Not", en: Larry Diamond and Marc F. Plattner, 1993, **The Global Resurgence of Democracy** (Baltimore: The Johns Hopkins University Press), 40.

10 Dahl 1989, 131 y 231.

11 J. Samuel Valenzuela, "Democratic Consolidation in Post-Transitional Settings: Notion, Process, and Facilitating Conditions", en: Scott Mainwaring, Guillermo O'Donnell and J. Samuel Valenzuela, eds., 1992, **Issues in Democratic Consolidation. The New South American Democracies in Comparative Perspective** (South Bend: University of Notre Dame Press), 60.

12 Tal como lo señala Beetham, "la historia de la democracia liberal, en conclusión, no ha llegado a su fin. La lucha por la democratización continúa y debe continuar". David Beetham, "Liberal Democracy and the Limits of Democratization", en: David Held, ed., 1993, **Prospects For Democracy. North South East West** (California: Stanford University Press), 71.

13 Norberto Bobbio, 1987, **Teoría de las formas de gobierno en la historia del pensamiento político** (México: Fondo de Cultura Económica), 13.

14 Esto es especialmente cierto en América Latina, donde tal como se ha reconocido recientemente "no es posible hablar de democracia sin considerar la construcción de ciudadanía". Georges Cauffignal, 1993, "La Question de l'État en Amérique Latine", **Cahiers des Ameriques**, N° 16, 67.

15 En febrero de 1946, Marshall afirmaba que "la tendencia moderna hacia la igualdad social es...la última fase de una evolución de la ciudadanía que ha estado en continuo progreso [por] cerca de 250 años." T.H. Marshall, 1965, **Class Citizenship and Social Development** (New York: Anchor Books), 78. La renovada vigencia de este concepto y las elaboraciones teóricas que lo tienen como elemento central en: Adam B. Seligman, 1992, *The Idea of Civil Society* (New Jersey: Princeton University Press); Ronald Beiner, ed., 1995, **Theorizing Citizenship** (New York: State University of New York Press); y Jean L. Cohen y Andrew Arato, 1995, *Civil Society and Political Theory* (Cambridge: The MIT Press).

16 Oscar Godoy, 1995, "La felicidad Aristotélica: Pasado y presente", **Estudios Públicos** (Chile), 57 (verano).

17 Marshall 1965, 105.

18 Danilo Zolo, 1993, "Democratic Citizenship in a Post-Communist Era", en: **Held** 1993, 256.

19 Un intento de apoyar empíricamente esta afirmación, en: Steven C. Poe and C. Neal Tate, 1994, "Repression of Human Rights To Personal Integrity in the 1980s: A Global Analysis", **American Political Science Review** 88, 4 (December): 866, quien afirma que "La democracia se ha visto asociada con una incidencia decreciente en la represión."

20 Hans Kelsen, 1988, **Escritos sobre la Democracia y el Socialismo** (Madrid: Editorial Debate), 211.

21 Alain Touraine, 1994b, **Qu'Este-Ce Que La Démocratie**? (Paris: Fayard), 44 y 262.

22 "Es la lucha de los sujetos, en su cultura y su libertad, contra la lógica dominante de los sistemas..[es] la forma de vida política que proporciona la mayor libertad al mayor número de personas, [es ella] la que protege y reconoce la mayor diversidad posible." Touraine, 1994b, 24-25. Sin embargo, este concepto de ciudadanía enfrenta ciertas críticas. De acuerdo con algunos autores, la diferenciación multiculturalista radical y el culto a la diversidad pueden erosionar la unidad social cuando, argumentando *ad extremum,* todas las diferentes actividades, creencias, preferencias o hábitos aspiren a ser validados a través de sanciones públicas. En estos casos, la propia noción de ciudadano y ciudadanía puede distorsionarse al sacar los derechos civiles de su contexto original —la plena participación en la sociedad— llevándolos a la legitimación pública de mundos individuales privados. Cfr. Jean Bethke Elshtain, 1995, **Democracy on Trial** (New York: BasicBooks), 54. Para otros autores, esta radicalización del desplazamiento de la ciudadanía hacia los espacios privados cuestiona incluso el concepto de nacionalidad. Cfr. Arthur M. Schlesinger, Jr., 1992, **The Disuniting of America** (New York: W.W. Norton & Company); y Christopher Lasch, 1995, **The Revolt of the Elites** (New York: W.W. Norton & Company).

23 Ernesto Laclau y Chantal Mouffe, 1985, **Hegemony and Socialist Strategy** (London: Verso), 149-193. Sobre el papel de esta "expansión" de la ciudadanía en el proyecto democrático, ver: Antonio Leal L., "La política en el fin del siglo: democracia y ciudadanía", **Programa de Estudios Prospectivos**, Papeles de Trabajo, N° 47, diciembre 1994.

24 Phillips, 1993, 79; 81.

25 Dahl, 1989, 323.

26 Jürgen Habermas, 1994, "Luchas por el reconocimiento en el estado democrático de derecho", **Estudios Internacionales** (Revista del IRIPAZ), Guatemala, enero-junio, 9.

27 Zolo 1993, 257.

28 "Un movimiento social siempre reposa sobre la liberación de un actor social", y sólo puede ser defendido por movimientos sociales. Así, "si la democracia no es más que un sistema de garantías institucionales, ¿quién la defenderá cuando ella sea amenazada? Touraine 1994b, 88; 262.

29 Norbert Lechner, 1994, "La (problemática) invocación de la sociedad civil", **Cuestión de Estado** (México), 2, 11: 18.

30 Una intento de respuesta a este fenómeno bajo la forma de "representación dinámica", en: James A. Stimson, Michael B. Mackuen y Robert S. Erikson, 1995, "Dynamic Representation", **American Political Science Review**, Volume 89, N° 3, September, 1995. Una crítica al rol de las encuestas como vínculo entre representantes y representados, en: James S. Fishkin, 1995, **The Voice of the People. Public Opinion and Democracy** (New Haven: Yale University Press).

31 Concepto también central en el pensamiento católico. Cfr. Emmanuel Mounier, 1968, **El Personalismo** (Buenos Aires: EUDEBA).

32 Marshall 1965, 78.

33 Ralf Dahrendorff, 1990, "Adam Smith Was An Optimist", en: Roberts 1990, 101. Nuestro énfasis.

34 Samuel P. Huntington, 1991, *The Third Wave* (Norman: University of Oklahoma Press). También ver, Felipe Agüero y Mariano Torcal, 1993, "Elites, Factores Estructurales y Democratización (Una Discusión de Aportes Recientes en la Literatura)", **Revista de Estudios Políticos** (Madrid),80 (abril-junio).

35 Adam Przeworski y Fernando Limongi, 1993, "Political Regimes and Economic Growth", **Journal of Economic** *Perspectives* 7, 3 (Summer), 64; y Adam Przeworski, Michael Alvarez, José Antonio Cheibub & Fernando Limongi, "What Makes Democracies Endure?, **Journal of Democracy**, Volume 7, Number 1, January 1966.

36 En el caso de la cultura cívica, variable independiente clave para explicar las democratizaciones, se ha recientemente indicado que "muchas actitudes de cultura cívica no tienen ningún impacto significativo en cambios en las democracias." Edward N. Muller and Mitchell A. Seligson, 1994, "Civic Culture and Democracy: The Question of Causal Relationships", **American Political Science Review** 88, 3, (September): 646-647.

37 "La relación entre experiencia democrática y distribución de ingresos no es robusta. La información disponible no permite un claro juicio sobre las relaciones entre años de democracia y desigualdad de ingresos." Erich Weede, 1989, "Democracy and Income Inequality Reconsidered", **American Sociological Review** 54, 867. En Chile, entre 1992-1994, de acuerdo a la encuesta CASEN la distribución del ingreso no ha mejorado sustancialmente.

38 Otros estudios indican que las variables intervinientes, tales como alfabetismo, educación, urbanización, una clase media amplia, valores democráticos, el papel de la Iglesia Católica y los factores internacionales, son elementos claves en las democratizaciones. Huntington 1991, 106-107.

39 Algunos estudios indican que "la gobernabilidad quedará asegurada en la medida en que un Gobierno pueda simultáneamente mantener la legitimidad y promover el desarrollo socioeconómico." Manuel Alcántara Sáez, 1994, "De la gobernabilidad", **América Latina** (España) 8, (Junio): 12. O, que –directa o indirectamente– el desarrollo económico "produce" democracia. Ross E. Burkhart and Michael S. Lewis-Beck, 1994, "Comparative Democracy: The Economic Development Thesis", **American Political Science Review** 88, 4 (December).

40 Frederick D. Weil, 1989, "The Sources and Structure of Legitimation in Western Democracies: A Consolidated Model Tested With Time-Series Data in Six Countries Since World War II", **American Sociological Review** 54, (October 1989): 68.

41 Seymour Martin Lipset, Kyong-Ryung Seong, John Charles Torres, 1993, "Análisis comparado de los requisitos sociales de la democracia", **Revista Internacional de Ciencias Sociales** 136, (Junio): 192.

42 Albert O. Hirschman, 1994), "The On-And-Off Connection Between Political and Economic Progress", **American Economic Review**, 82, 2 (May). También en: **Estudios Público**s (Chile) 56, (Primavera 1994). Este artículo es parte de su nuevo libro: **A Propensity to Self-Subversion**, (Cambridge: Harvard University Press, 1995).

43 James Rosenau, 1990, **Turbulence in World Politics. A Theory of Change and Continuity** (Princeton: Princeton University Press), 12-13. También ver: Xavier Arbós y Salvador Giner, 1993, **La gober-**

nabilidad. Ciudadanía y democracia en la encrucijada mundial (México: Siglo XXI).

44 James Rosenau, 1992, "The Reallocation of Authority in a Shrinking World", **Comparative Politics** (April): 263.

45 Paul Kennedy, 1993, **Preparing For the Twenty-First Century** (New York: Random House), 339-343.

46 José Félix Tezanos, 1992, "Transformaciones en la estructura de clases en la sociedad tecnológica avanzada," **El Socialismo del Futuro** 6 (España): 67-76.

47 Cfr. Laís Abramo, 1995, "Política de recursos humanos y modernización productiva", en: Rosalba Todaro y Regina Rodríguez, **El trabajo de las mujeres en el tiempo global** (Santiago: ISIS-CEM). La importancia de la habilitación legal de la mujer queda aún más clara en las apreciaciones de la Primera Ministra de Noruega, Gro Harlem Brundtland: "Las mujeres no tendrán más poder sólo porque lo deseamos, sino a través de cambios legislativos, mayor información y una reasignación de recursos". En: "The Solution to a Global Crisis", **Environment**, December 1994. Sobre la naturaleza de los derechos de la mujer, ver: Dorothy Q. Thomas, 1995, "Acting Unnaturally: In Defense of the Civil and Political Rights of Women", en: Margaret A. Schuler, ed., 1995, **From Basic Needs to Basic Rights** (Washington, D.C.: Women, Law & International Development).

48 Pierre Bourdieu, 1994, *Raisons Pratiques* (Paris: Éditions du Seuil). Un análisis empírico de esta situación en los países desarrollados, en: Elaine Buckberg y Alum Thomas, 1995, "Dispersión de los Salarios y Aumento del empleo en los Estados Unidos", **Finanzas & Desarrollo** (Junio).

49 Virginia Guzmán y Rosalba Todaro, 1995, "La discriminación laboral ingresa a la agenda pública", en: Todaro y Rodríguez, 1995.

50 Rosenau 1992, 254. También ver, Kennedy 1993, 131. De acuerdo a Jeffrey Stark,"La bifurcación de la autoridad arriba/abajo hacia grupos transnacionales y/o subnacionales lleva a resultados antidemocráticos (e.g., el 'déficit democrático' en la CE; grupos dogmáticos étnicos y religiosos siguiendo la estrategia de 'vinos viejos en botellas nuevas').

51 Este fenómeno no se limita a las economías en desarrollo. Es más generalizado y afecta al conjunto de las organizaciones gubernamentales nacionales. De acuerdo a Paul Claval, "Los estados han perdido el poder de controlar y dirigir las economías que desarrollaron desde la época del mercantilismo". En: "Communication and Political Geography in a Changing World". **International Political Science Review**, Volume 16, Number 3, July 1995), 306.

52 Martín Hopenhayn, 1995, **Ni Apocalípticos, Ni Integrados. Aventuras de la Modernidad en América Latina** (Santiago: Fondo de Cultura Económica); y José Joaquín Brunner, 1994, **Bienvenidos a la Modernidad** (Santiago: Planeta).

53 Sobre este concepto, ver: Alain Touraine, 1994a.

54 El actual ministro de cultura de Brasil caracterizaba estas democracias como "democracias de Apartheit." Cfr. Francisco C. Weffort, 1994, "Nuevas democracias. ¿Qué democracias?", **Sociedad** (Argentina), 2/1994. Al respecto, ver: Gerry Rodgers, Charles Gore y José B. Figueiredo, 1995, **Social Exclusion: Rhetoric, Reality, Responses** (Geneva: International Labour Organization).

55 Dahl 1989, 326. Desde una perspectiva diferente, las afirmaciones de Lasch ilustran esta contradicción: "Cuando habla el dinero, todos están condenados a escuchar." Lasch 1995, 22.

56 Ignacy Sachs, 1995, "Contre l'exclusion, l'ardente obligation du codéveloppement planétaire", **Le Monde Diplomatique**, Janvier: 12.

57 Tezanos 1992, 80.

58 Tensiones como las caracterizadas como "choque de civilizaciones". Samuel Huntington, 1993, "The Clash of Civilizations?", **Foreign Policy**, Summer. Un enfoque menos dramático muestra cómo las modernizaciones han despertado actitudes antioccidentales, tal como se puede observar en las pricipales revoluciones antimodernizadoras en el tercer mundo. Cfr. Barry M. Schutz and Robert O. Slater, 1990, **Revolution and Political Change in the Third World** (Boulder: Lynne Rienner Publishers): 248. Un análisis de alternativas modernizadoras al interior del islamismo en: Augusto Varas, Pamela Mewes, Isaac Caro, 1994, **Democracia y mercado en el post-socialismo. Rusia y las repúblicas del Asia Central** (Santiago: FLACSO).

59 Una propuesta para enfrentar este problema, en: Bernard Cassen, "La 'clause sociale', un moyen de mondialiser la justice", **Le Monde Diplomatique**, Fèbrier 1996.

60 Cfr. Ignacio Ramonet *et. al.*, 1996, **Les Nouveaux Maitres du Monde** (Paris: Le Monde Diplomatique).

61 John Keane, 1993, "Democracy and the Media - Without Foundations", en: Held 1993.

62 Este desencanto con las instituciones democráticas puede incluso erosionar la supuesta vocación pacifista de las democracias. Ver: Bruce Russett, 1993, **Grasping the Democratic Peace. Principles for a Post-Cold War World** (Princeton: Princeton University Press); y Spencer R. Weart, 1994, "Peace Among Democratic and Oligarchic Republics", **Journal of Peace Research** 31, 3 (August). Vocación pacifista afirmada, entre otros, por David A. Lake, 1992, "Powerful Pacifists: Democratic States and War", **American Political Science Review** 86, 1 (March).

63 De acuerdo a los comentarios de Robert Dahl en: Jorge G. Castañeda, 1994, "Three Challenges to US Democracy: Accountability, Representativeness, and Intellectual Diversity", **Working Paper** N° 3, Kellogg Institute, University of Notre Dame: 20. Una propuesta para resolver institucionalmente este hiato entre electores y elegidos, en: James S. Fishkin, 1991, **Democracy and Deliberation. New Directions for Democratic Reform** (New Haven: Yale University Press).

64 "Las nuevas tecnologías (de los medios de comunicación)...podrían convertirse eventualmente en un instrumento de dominio, de control social, de invasión de la intimidad". Carmen Innerarity, 1996, "Sociedad de la información y cultura de la posmodernidad", **El Mercurio**, 17 de marzo, E-12. Para el caso de los EE.UU. este fenómeno es descrito y analizado en: James Fallow, 1995, **Breaking the News: How the Media Undermine American Democracy** (New York: Pantheon Books).

65 Ver: Saskia Sassen, 1996, **Loosing Control? Sovereignty in and Age of Globalization** (New York: Columbia University Press).

66 Un análisis sobre los problemas de la democracia en los EE.UU., en: Castañeda 1994.

[67] Juan J. Linz, 1994, "Presidential or Parliamentary Democracy: Does It Make a Difference?", en: Juan J. Linz and Arturo Valenzuela, eds., **The Failure of Presidential Democracy** (Baltimore: The Johns Hopkins University Press).

[68] Al mismo tiempo que se observaban crisis parlamentarias en algunos países europeos y asiáticos, Sartori recomendaba una opción pragmática intermedia, indicando que el "semipresidencialismo puede mejorar al presidencialismo y, similarmente, los sistemas semiparlamentarios...son mejores que los puramente parlamentarios". Su consideración final sobre las instituciones democráticas representativas es que "la mejor forma política es aquella que mejor funciona". Giovanni Sartori, 1994, "Neither Presidentialism nor Parliamentarism", en: Juan J. Linz and Arturo Valenzuela, 1994, 110.

[69] Philipe C. Schmitter, 1995, "More Liberal, Preliberal, or Postliberal?", **Journal of Democracy** 6, 1 (January): 18.

[70] Philippe C. Schmitter, 1994, "Dangers and Dilemmas of Democracy," **Journal of Democracy** 5, 2 (April).

[71] A pesar de las obvias diferencias entre los países latinoamericanos, éstos comparten algunos problemas comunes. Ver: Manuel Antonio Garretón, 1994, "New State-Society Relations in Latin America", en: Bradford 1994, y su reciente análisis sobre la democratización latinoamericana: 1995, **Hacia una Nueva Era Política** (Santiago: Fondo de Cultura Económica). Lo mismo es cierto para otras regiones en desarrollo. Cfr. "India's Shallow Democracy," **The New York Times**, February 7, 1995; y Vesna Pusic, 1994, "Dictatorship with Democratic Legitimacy: Democracy versus Nation", **East European Politics and Societies** 8, 3 (Fall).

[72] Laurence Whitehead, 1993, "The Alternatives to 'Liberal Democracy': A Latin American Perspective", en: Held 1993, 325.

[73] Juan J. López, 1992, "Business Elites and Democracy in Latin America", **Working Paper** N° 185, Kellogg Institute, University of Notre Dame. Esto es contradicho por Gibson: "Hoy día las elites económicas apoyan a los gobiernos democráticos y son sus socios de coalición pivotales". Edward L. Gibson, 1994, "Democracy, Conservatives, and Party Politics: From Lost Decade Mobilizations to Governing Coalitions", Paper presented at the **Inter-American Dialogue Project on Democratic Governance in the Americas**, Washington, D.C. (April). También ver: Verónica Montecinos, 1993, "Economic Policy Elites and Democratic Consolidation", **Working Paper** N° 191, Kellogg Institute, University of Notre Dame.

[74] Arturo Núñez del Prado, 1990, "Las economías de viabilidad difícil", **Revista de la CEPAL** 42 (diciembre).

[75] O'Donnell, 1994.

[76] Manuel Antonio Garretón, 1995, "Redemocratization in Chile", **Journal of Democracy** 6, 1 (January).

[77] Howard J. Wiarda, 1995, "The Future of Political Reform in the Southern Cone: Can Democracy Be Sustained?", **The Washington Quarterly** 18, 3 (Summer).

[78] Terry Lynn Karl, 1994, "Central America in the Twenty-First Century: The Prospects for a Democratic Region", **Kellogg Institute** N° 5, University of Notre Dame.

[79] Guillermo O'Donnell, 1995, "Do Economists Know Best?", **Journal Of Democracy** 6, 1 (January): 16.

80 Se ha afirmado que "la noción de legitimidad es fácilmente contaminable por una tautología". Cfr. Scott Mainwaring, 1992, "Transition to Democracy and Democratic Consolidation: Theoretical and Comparative Issues", en: Scott Mainwaring, Guillermo O'Donnell and J. Samuel Valenzuela, 1992: 307. Sin embargo, la evidencia empírica de ciertos niveles de apoyo a experiencias autoritarias indica una crisis o bien en desarrollo o que ésta aún no ha terminado. Ver: "Latinobarómetro", **La Epoca**, agosto 29, 1995: 12.

81 Graciela Ducatenzeiler and Philip Oxhorn, 1994), "Democracia, autoritarismo y el problema de la gobernabilidad en América Latina", **Desarrollo Económico** 34, 133 (abril-junio): 31. Sobre la necesidad de la participación como precondición para el éxito de las políticas públicas: Bradford, 1994, "Redefining the Role of the State: Political Processes, State Capacity and the New Agenda in Latin America", en: Bradford 1994.

82 Sobre el caso argentino, ver: Isidoro Cheresky, 1995, "La declinación del compromiso político y la cuestión republicana en las nuevas democracias latinoamericanas: el caso argentino", **Agora,** 3 (invierno).

83 Donald L. Horowitz, 1992, "Comparing Democratic Systems", en: Arend Lijhart, ed., 1992, **Parliamentary Versus Presidential Government** (New York: Oxford University Press), 206.

84 Arturo Valenzuela, 1993, "Latin America: Presidentialism in Crisis", **Journal of Democracy**, 4 (October): 7, 14.

85 Catherine Conaghan, 1994, "Democracy that Matters: The Search for Authenticity, Legitimacy, and Civic Competence in the Andes", **Working Paper** N° 1, Kellogg Institute, University of Notre Dame.

86 O'Donnell 1994.

87 Luis Sanz Menéndez, ed., 1994, "Representación de Intereses y Políticas Públicas: ¿Corporatismo o Pluralismo?", **Zona Abierta** (España), 67/68.

88 Augusto Varas, ed., 1989, **Democracy Under Siege. New Military Power in Latin America** (New York: Greenwood Press); y Robert C. Johansen, 1993, "Military Policies and the State System as Impediments to Democracy", en: Held 1993. [88]Brian Loveman, 1994, **The Constitution of Tyranny** (Pittsburgh: University of Pittsburgh Press).

89 Brian Loveman, 1994, **The Constitution of Tyranny** (Pittsburgh: University of Pittsburgh Press).

90 Hemos utilizado la palabra fiscalización, incluyendo en ésta las dimensiones de responsabilización y transparencia, y su ejecución a través de medios tanto jurídicos como no-jurídicos.

91 Max Weber, 1944, **Economía y Sociedad** (México: Fondo de Cultura Económica), 739. Además de una supervisión parlamentaria burocráticamente controlada, Weber sólo consideraba posibles controles externos a las burocracias en materias económicas: "Sólo el conocimiento experto de los grupos de intereses económicos privados en el campo de los 'negocios' es superior al conocimiento experto de la burocracia." En: H.H. Gerth and C. Wright Mills, 1958, **From Max Weber** (New York: Oxford University Press), 235.

92 Dahl 1989, 345.

93 Sobre los problemas que enfrentan las democracias densamente pobladas, ver: Michael K. Le Roy, 1995, "Participation, Size, and Democracy. Bridging the Gap Between Citizens and the Swedish State", **Comparative Politics** 27, 3 (April).

94 Por estas razones, Beetham señala que el "control popular sobre la toma de decisiones colectivas en los estados modernos es insostenible, y la representación es una necesidad irreductible. Dentro de estos límites, sin embargo, existe un amplio margen para extender e igualar oportunidades de control popular." Beetham 1993, 71.

95 Ian Budge, 1993, "Direct Democracy: Setting Appropriate Terms of Debate", en: Held 1993, 154.

96 Entes multilaterales como el Banco Mundial también consideran clave esta dimensión Ver: World Bank, 1994, *Governance* - **the World Bank's Experience** (Washington, DC.). Desde una perspectiva académica: James Buchanan, 1982, "Democracia limitada o ilimitada", **Estudios Públicos** (Chile), 6 (otoño); y Beetham 1993. También es clave para implementar políticas económicas. Cfr. Stephen Haggard and Robert Kaufman, 1994, "Democratic Institutions, Economic Policy and Performance in Latin America", en: Bradford 1994. En materia de defensa de los derechos de la mujer, la acción legal de interés público es un instrumento que se abre paso a nivel mundial. Al respecto, ver: Rani Jethmalani, 1995, "Public Interest Litigation in India: Making the State Accountable", en: Schuler, 1995.

97 Michael Lipsky, 1970, **Street-Level Bureaucracy: Dilemmas of the Individual in Public Services** (New York: Russell Sage), Ch. 11. Sobre evaluación de políticas públicas, ver: Eugenio Lahera, 1993, "Políticas públicas, un enfoque integral", en: Eugenio Lahera (editor), 1993, **Cómo mejorar la gestión pública** (Santiago: Cieplan-Flacso-Foro 90).

98 De hecho, tal como lo muestra el caso italiano, el encapsulamiento en la toma de decisiones y la falta de separación entre ésta y la administración burocrática de las mismas, lleva inevitablemente hacia la corrupción. Cfr. Giovanni Salvi, 1994, "Aspectos de la corrupción en Italia", **Estudios Públicos** (Chile), 56 (primavera).

99 Hans Magnus Enzensberger, 1994, **Civil Wars. From L.A. to Bosnia** (New York: The New Press). [99]Zbigniew Brzezinski, 1993, **Out of Control. Global Turmoil on the Eve of the 21st. Century** (New York: Macmillan Publishing Company).

100 Zbigniew Brzezinski, 1993, **Out of Control. Global Turmoil on the Eve of the 21st. Century** (New York: Macmillan Publishing Company).

101 Sobre las formas de fiscalización y la necesidad de transparencia, ver: B. Dan Wood y Richard W. Waterman, 1994, **Bureaucratic Dynamics. The Role of Bureaucracy in a Democracy** (Boulder: Westview Press).

102 Guillermo O'Donnell, 1994, "Delegative Democracy", **Journal of Democracy** 5, 1 (January): 61.

103 Benjamin Barber, 1984, **Strong Democracy. Participatory Politics for a New Age** (Berkeley: University of California Press), 155.

104 Barber 1984, 262.

105 Diamond 1990, 235.

106 Held 1993, 24-25.

107 David Held, 1993, "Democracy: From City-States to a Cosmopolitan Order?," en: Held 1993, 24.

108 Sachs 1995, 12-13.

109 Sobre esta práctica de evaluación con participación de los afectados (EPPs) iniciada por el Banco Mundial en 1993, ver: Lawrence Salmen, "Escuchando al pobre", **Finanzas & Desarrollo**, diciembre 1994; y

Banco Interamericano de Desarrollo, "Elementos para la modernización del estado", Washington, D.C., julio de 1994.

110 Paul Hirst, 1993, "Associational Democracy", en: Held 1993, 131-132.

111 Comisión Andina de Juristas, 1993, **Del Golpe de Estado a la Nueva Constitución** (Lima: Comisión Andina de Juristas).

112 Sobre Europa del Este, ver: Pusic 1994. Sobre el caso peruano: Michael Shifter, 1995, "Now The Hard Part", **Hemisfile** 6, 3 (May/June).

113 Alberto Adrianzén, 1994, "Gobernabilidad, democracia y espacios locales", **Pretextos** (Peru), 6.

114 Jonathan Hartlyn, 1989, "Colombia: The Politics of Violence and Accommodation", en: Larry Diamond, Juan J. Linz and Seymour Martin Lipset, eds., **Democracy in Developing Countries. Latin America** (Boulder: Lynne Rienner Publishers). También ver: Ronald P. Archer, 1990, "The Transition to Broker Clientelism in Colombia: Political Stability and Social Unrest", **Working Paper** Nº 140, Kellogg Institute, University of Notre Dame: South Bend.

115 Hugo Frühling, 1995, "Fiscalización y control ciudadanos en un régimen político democrático: los casos de Argentina, Colombia, Chile y Perú" (Manuscrito).

116 Un análisis de este proceso en: María del Carmen Feijoó, 1994, "Una mirada sobre la Convención Nacional Constituyente", **Revista de Ciencias Sociales**, noviembre; Marcelo Fabián Sain, 1994, "El contexto político de la reforma constitucional de 1994", **Revista de Ciencias Sociales**, noviembre; y Liliana de Riz, 1995, "Reforma constitucional y consolidación democrática", **Sociedad** (abril).

117 Sobre la importancia de instituciones participativas y representativas para la democratización en Argentina, ver: Natalio R. Botana, 1995, "Las transformaciones institucionales en los años del menemismo"; y Roberto Gargarella, 1995, "El ideal de la democracia deliberativa en el análisis del sistema representativo. Algunas notas teóricas y una mirada sobre el caso de la Argentina", ambos en: **Sociedad** (abril).

118 Una severa crítica a la actual situación política chilena en: Bernard Cassen, 1995, "Au Chili, les sirènes de l'oubli et les dividendes du libéralisme", **Le Monde Diplomatique**, Février: 8-9; y Tomás Moulian, 1997, **Chile Actual. Anatomía de un Mito** (Santiago: LOM Ediciones). Tambien ver: Carlos Ruiz Schneider, 1993, **Seis Ensayos sobre Teoría de la Democracia** (Santiago: Universidad Nacional Andrés Bello).

119 Sobre actitudes hacia la participación ciudadana en Chile, ver: Manuel Antonio Garretón, 1994, "Tres aproximaciones a la problemática actual de la participación y la ciudadanía", **Temas de Participación** 1.

120 Pamela Aravena Bolívar, 1995, "Las penurias de la oposición. Fiscalizar, un acto imposible", **El Mercurio**, 15 de octubre.

121 Un análisis regional de este fenómeno en: Scott Mainwaring and Timothy R. Sculy, 1995, **Building Democratic Institutions. Party Systems in Latin America** (Stanford: Stanford University Press); César Cansino, 1995, "Party Government in Latin America: Theoretical Guidelines for an Empirical Analysis", **International Political Science Review**, Volume 16, Number 2, April; y Santiago A. Cantón, 1995, "Partidos Políticos en las Américas: Desafíos y Estrategias" (Washington: Instituto Nacional Demócrata para Asuntos Internacionales). Una opinión política autorizada para el caso chileno, ver la en-

trevista a Jaime Estévez, Presidente de la Cámara de Diputados de Chile, 1995, "Lo negativo de la transición positiva", **La Epoca**, martes 26 de diciembre.

122 Al respecto, ver: Programa de las Naciones Unidas para el Desarrollo (PNUD), 1998, **Desarrollo Humano en Chile - 1998. Las Paradojas de la Modernización** (Santiago; PNUD, marzo).

123 Marcos Novaro, 1995, "Crisis de representación, neopopulismo y consolidación democrática", **Sociedad** (abril).

124 Un análisis de las bases estructurales de estas alternativas, en: Ignacio Richani, "El divorcio entre la democracia y el capitalismo", **Análisis Político** (Colombia), Nº 26, septiembre-diciembre, 1995.

125 Romeo Grompone, "El incierto futuro de los partidos políticos", en: Julio Cotler, ed., 1995, **Perú, 1964-1994. Economía, sociedad y política** (Lima: IEP); y Danilo Quijano, "Perú: Democradura e Impunidad", **La Epoca**, 14 de septiembre, 1995. También ver entrevista de Harold Forsyth a Alain Touraine, **Caretas**, noviembre 30, 1995. Un análisis de la larga historia de la crisis de representación en el Perú y las características del actual neopopulismo, ver: Aldo Panfichi y Cynthia Sanbron, 1995, "Democracia y neopopulismo en el Perú contemporáneo", **Márgenes**, Año VII, N° 13/14, noviembre de 1995.

126 Daniel R. García Delgado, 1994, **Estado y Sociedad. La Nueva Relación a Partir del Cambio Estructural** (Buenos Aires: FLACSO/Tesis Grupo Editorial Norma).

127 Tres décadas atrás, Kalman Silvert anticipó la crisis política chilena que conllevó diecisiete años de dictadura militar, cuando señaló que a pesar del amplio consenso existente sobre temas de desarrollo nacional en el país, "las dificultades radican en su ejecución." Kalman H. Silvert, 1966, "The Prospects of Chilean Democracy", en: Robert D. Tomasek, ed., **Latin American Politics** (New York: Anchor Books), 396. Al final del siglo veinte y en plena postguerra fría, las observaciones de Silvert son válidas en muchas partes del mundo, incluyendo democracias desarrolladas como la RFA, donde estas diferencias aun previenen su plena integración social. Cfr. Robert Rohschneider, 1994, "Report From The Laboratory: The Influence of Institutions on Political Elites's Democratic Values in Germany," **American Political Science Review** 88, 4 (December).

128 Sobre este tema, ver: Antonio Cortés Terzi, "Estado, institucionalidad y gobernabilidad", **Programa de Estudios Prospectivos**, Papeles de Trabajo, Nº 46, diciembre 1994.

129 Este encapsulamiento de los decisores genera peligros de corrupción. En Chile, la comisión presidencial sobre la conducta ética de la administración pública, fue una primera respuesta gubernamental a esta renovada amenaza.

130 Carlos Guerra Rodríguez, 1994, "Crisis y construcción de identidades en Santiago de Chile," **Revista Latinoamericana de Ciencias Sociales**, 2.

131 Juan Carlos Portantiero, 1994, "Revisando el camino: las apuestas de la democracia en Sudamérica", **Sociedad** (Argentina), 2: 30.

132 Tal como lo indica Guillermo O'Donnell , 1994, "Some Reflections on Redefining the Role of the State", en: Bradford 1994.

133 Scott Mainwaring, 1994, "Democracy in Brazil and the Southern Cone: Achievements and Problems", **Working Paper** Nº. 2, Kellogg Institute, University of Notre Dame: "Una fuente importante de esta inventiva

democrática es la sociedad civil: movimientos sociales, la prensa, organizaciones no gubernamentales, grupos de interés". Sobre casos nacionales, ver: Sinesio López Jiménez, 1993, "Perú: la democratización es ancha y ajena", **Revista Peruana de Ciencias Sociales** 3, 3. Marisa Revilla, 1994, "Gobernabilidad y movimientos sociales, una relación difícil", **América Latina** (España), 8 (Junio). Sobre Brasil: João dos Reis Vellos, 1994, "Governance, the Transition to Modernity and Civil Society", en: Bradford 1994. Sobre Chile: Raúl González, 1995, "Apuntes para una democracia mejor", en: Programa de Estudios del Trabajo, 1995, **Economía y trabajo en Chile** (Santiago: PET).

134 Tal como Conaghan ha indicado, "La competencia cívica requiere que la gente esté equipada con las destrezas aptas para adquirir y procesar información política relevante...Los cambios en las prácticas periodísticas y la información pública y la libertad de prensa, son claves para la consolidación y expansión de la ciudadanía." Conaghan 1994, 30-41.

135 Una argumentación en esta dirección en: Marco Aurelio Nogueira, "Gobernabilidad democrática progresiva", **Análisis Político** (Colombia), mayo-agosto, 1995.

136 Agradezco la contribución de Jonathan Hartlyn en esta materia.

137 Agustín Squella, 1995, "¿Qué Derechos Humanos Habrá en el Próximo Milenio?", **Temas** (La Epoca), 16 de abril.

¿Son gobernables nuestras democracias?

Raúl Urzúa

1. Un consenso básico y sus dudas

Después de la crisis generalizada de la democracia en la región durante los últimos decenios, pareciera que en la mayoría de ellos la ciudadanía, las agrupaciones políticas y las fuerzas armadas prefieren la democracia a los gobiernos autoritarios. Estaríamos, por consiguiente, atravesando por una etapa de nuestra historia en la cual se acepta el consenso básico que hace posible la gobernabilidad democrática. Como se dice en un estudio sobre el tema, "las amenazas a la democratización no parecen ser las de una brusca regresión autoritaria a regímenes militares sino que yacen bajo la superficie, cuestionando su profundidad, calidad, equidad y culminación"[1].

Sin embargo, la literatura reciente sobre el tema llama la atención sobre síntomas de actitudes hacia las instituciones democráticas que plantearían dudas acerca de los alcances y la profundidad del apoyo que tendría la democracia como forma de gobierno. Algunos de esos indicadores son la apatía para inscribirse en los registros electorales, el aumento del abstencionismo electoral y la alta proporción de opiniones negativas acerca de la política y los políticos que registran las encuestas de opinión pública.

Un análisis de los cambios en la abstención electoral en diversos países de la región hecho recientemente por Hagopian[2] muestra una tendencia a que ella aumente en países tan disímiles como El Salvador, Venezuela, Colombia, México y Brasil. En Chile, las últimas elecciones de parlamentarios mostraron una no participación en ese proceso del 40 por ciento del electorado potencial, sea por no estar inscritos en los registros electorales, por no haber concurrido a votar, por votar en blanco o por anular voluntariamente el voto.

El desinterés en la política que muestra esa tendencia se manifiesta también en que el 73% de las personas encuestadas por Latinobarómetro 1995 declara tener poco o ningún interés en ella[3]. En el caso de Chile, ese desinterés aumentó del 63% al 78% entre finales del gobierno autoritario y el comienzo del gobierno del Presidente Frei Ruiz-Tagle.[4]

Por su parte, en la región un número creciente de votantes se declara independiente o no militante ni simpatizante de ningún partido político. La excepción parecía ser Chile, país en donde las encuestas de opinión pública solían mostrar un porcentaje de independientes que permanecía alrededor del 25 por ciento de los encuestados. Sin embargo, encuestas recientes[5] muestran a partir de 1995 una clara tendencia al aumento de quienes no se identifican con ningún partido.

Al mismo tiempo, la "volatilidad" electoral, es decir, el cambio de preferencias del electorado de una elección a otra, parece haber aumentado no sólo en países con sistemas débiles de partidos, como pueden ser Ecuador, Perú y en cierta medida Brasil, sino también en Colombia y Venezuela, con un sistema de partidos más fuerte. Las excepciones respecto a esa tendencia siguen siendo Chile, Costa Rica y Uruguay.[6]

Además del aumento en el porcentaje de electores que no declaran simpatía por ningún partido y de la volatilidad del electorado, hay que recordar que los partidos políticos comparten con el Congreso la poco envidiable situación de ser los peor evaluados en las encuestas de opinión pública.

Esos datos sugieren una desafección de la ciudadanía respecto de las instituciones democráticas y un desinterés por la política. Frente a ellos surgen, al menos, tres preguntas. La primera es si se trata de cambios coyunturales o de tendencias de largo plazo. La segunda es sobre las semejanzas y diferencias en cuanto a desafección por la política entre América Latina y otras regiones del mundo, siendo especialmente atingente la comparación con democracias sólidamente consolidadas. La tercera pregunta es si estamos frente a una crisis de legitimidad que pone en peligro la sobrevivencia del régimen democrático o si esos indicadores están reflejando una nueva cultura cívica que redefine la relación público-privado, estado-ciudadanía y hace exigencias también nuevas a las instituciones políticas, pero que no niega la legitimidad del régimen democrático. En las páginas que siguen se examinan algunos antecedentes relativos a esas preguntas.

2. El contexto

La discusión sobre el tema obliga a tomar en cuenta el contexto más amplio en el cual él se plantea. Una primera característica del mismo es que los procesos de transición y consolidación democrática por los que han pasado y están pasando los países de la región han coincidido o, en algunos casos, han sido precedidos por la intronización de la economía de mercado abierta al mundo como la fórmula para lograr el desarrollo, y con la adopción de políticas económicas conducentes a producir los ajustes estructurales necesarios para la implantación de la estrategia elegida. Como es bien sabido, el cambio de estrategia económica ha afectado profundamente el rol del estado en nuestras naciones y ha puesto sobre el tapete la necesidad urgente de reformarlo a fin de que pueda cumplir adecuadamente con sus nuevas funciones.[7]

Igualmente, es necesario reconocer e incluir en el análisis las consecuencias internas para cada uno de nuestros países y para la región que tienen las transformaciones profundas económicas, políticas, sociales y culturales experimentadas en el mundo entero. La mundialización de la economía de mercado y la internacionalización de las decisiones económicas, la revolución tecnológica y la consiguiente readecuación de las economías y los mercados nacionales e internacionales de trabajo, la delegación de parte del poder político de los estados nacionales a órganos supranacionales o a poderes locales, la proliferación de acuerdos o tratados comerciales de ámbito bilateral, subregional o regional, la creación de una red de comunicaciones que cubre ya gran parte del mundo, están cambiando radicalmente la sociedad y la política de prácticamente todos los países y han contribuido al surgimiento de una nueva cultura que también cruza las fronteras y afecta en mayor o menor grado a las culturas nacionales.

Por otro lado, esas tendencias y procesos han venido a aumentar las seculares desigualdades sociales de los países latinoamericanos, han creado nuevas formas de exclusión social tanto en ellos como en los económicamente más fuertes.

Sin embargo, globalización no significa uniformidad. El predominio de la economía de mercado y la ampliación del número de países que han adoptado la democracia representativa como forma de gobierno son procesos en evolución, resultantes de relaciones de poder mudables en el tiempo, con contradicciones internas y sujetos a cambios. Tampoco podemos ignorar las complejidades de la economía mundial y las diversas formas (o estilos) que adquiere el capitalismo en países como

Estados Unidos, Japón, Alemania, Francia e Italia, así como las especificidades de los estilos de desarrollo de los países del nordeste asiático y de otras regiones del mundo. Menos aun puede desconocerse que la globalización no elimina las crisis, sino que, al contrario, aumenta la probabilidad de que una crisis nacional pase a ser global.

El carácter dinámico de los procesos y las diferencias que siguen existiendo entre países obligan a rechazar la visión de una inevitabilidad histórica que impone una sola vía para el desarrollo, homogeiniza la sociedad y la cultura y entrega el poder a tecnoburocracias internacionales y nacionales. La globalización condiciona, pero no elimina las decisiones públicas y privadas, el tener que optar entre fines y medios alternativos, que buscar formas de armonizar la igualdad y la libertad, en fin, la necesidad de la política, no parecieran estar en peligro de extinción.[8]

Pero si bien la política sigue siendo necesaria, ella y los sistemas políticos se ven afectados por la combinación del proceso de globalización y sus consecuencias nacionales con otros procesos originados en la historia propia de cada país. Ellos han hecho obsoletas las formas tradicionales de relación entre el estado, la economía, la sociedad y la política (lo que Garretón llama la "matriz sociopolítica"),[9] obligando a construir una nueva matriz de relaciones. La discusión sobre la gobernabilidad de la democracia en nuestros países no puede ignorar que esa es una tarea aún no terminada.

3. Factores condicionantes de la gobernabilidad

El contexto de algunos de cuyos trazos principales acabo de resumir no sólo ayuda a interpretar los indicadores de una desafección hacia las instituciones democráticas, sino también a precisar los factores condicionantes de la gobernabilidad y a identificar las causas indirectas de su eventual debilidad.

En su forma más general, se puede decir que una democracia es gobernable cuando los gobernantes toman y ejecutan decisiones que son aceptadas por la ciudadanía sin que, aunque ellas los perjudiquen, los perjudicados pretendan cambiar el régimen político. La democracia está consolidada y es gobernable cuando actores políticos que pierden en el ejercicio del juego democrático aceptan ese resultado y siguen participando y apoyándolo. Por consiguiente, gobernabilidad implica estabilidad de las instituciones democráticas a pesar de la incertidumbre en cuanto a los resultados del juego político, es decir, de las negociaciones y los acuerdos entre los actores políticos. Para ponerlo en palabras de Lamounier, el compromiso a aceptar las reglas democráticas es "la voluntad de aceptar resultados con contenidos aún no definidos".[10]

Ese respeto por los resultados, cualquiera que sea su contenido, lleva a que la democracia sea gobernable cuando nadie concibe un régimen distinto al democrático.

En el contexto actual, la gobernabilidad de la democracia deja de ser sólo el problema de la estabilidad política de los gobiernos y ministerios. Tampoco puede limitársela a la capacidad de los gobiernos para resistir las crecientes expectativas de grupos de interés y partidos políticos y las consecuencias políticas y sociales de no poder acceder a ellas, como quisieran S. Huntington y otros.[11] Por cierto, la gobernabilidad democrática está directamente relacionada con la capacidad de las instituciones políticas y sociales para agregar y articular intereses, así como para regular y resolver los conflictos entre ellos. Sin embargo, cuando se la examina desde una perspectiva de largo plazo y en el contexto económico, político y social actual, ella pasa a ser inseparable de la capacidad de los gobiernos para conducir los procesos y actores sociales hacia el desarrollo socioeconómico, la integración social y la consolidación de las instituciones democráticas, ajustándose a los procedimientos democráticos y resolviendo de acuerdo a ellos los conflictos de intereses y valores que surjan en torno a esas metas.

La gobernabilidad de la democracia se apoya en el consenso básico de que, con sus limitaciones, ella es una forma de gobierno mejor que sus alternativas. Ese consenso existe y perdura, en primer lugar, cuando los órganos decisorios (los poderes del Estado) y los actores políticos (partidos políticos) que participan directamente en el proceso de decisiones y formulación de políticas son vistos por la ciudadanía como sus legítimos representantes. La existencia de una crisis de las instituciones de representación política llevaría inevitablemente a la falta de gobernabilidad de la democracia representativa y al reemplazo, violento o indoloro, de ésta por regímenes autoritarios o por otros en los cuales las instituciones representativas dejan de jugar el papel político central.

En segundo lugar, la gobernabilidad de la democracia requiere la existencia de canales institucionales que permitan satisfacer las demandas de participación social. Esas demandas son variables en cuanto a su contenido y su intensidad en distintas sociedades y contextos históricos, pero no están nunca ausentes y su no satisfacción por los gobiernos democráticos contribuye a quitarles legitimidad.

Finalmente, la gobernabilidad de la democracia depende en gran parte de la percepción ciudadana sobre la eficacia de las políticas públicas y la conducción política. La democracia se debilita y pierde gobernabilidad cuando la ciudadanía llega a la convicción de que ni el interés general ni sus intereses, aspiraciones y valores estarán protegidos sin cambios radicales en el sistema político y el régimen de gobierno.

Crisis de representación, crisis de participación y crisis de percepción de eficacia (o "calidad") de las políticas y la conducción política, son tres componentes de la crisis de legitimidad de las democracias que se refuerzan mutuamente y minan la gobernabilidad a largo plazo de la democracia.

3.1. Gobernabilidad y crisis de representación

En la discusión sobre el tema suele emplearse la expresión "crisis de representación" para referirse al cuestionamiento del carácter representativo tanto de las instituciones políticas como de los líderes y dirigentes de organizaciones políticas y sociales. Aunque ambos están relacionados, en el contexto de la gobernabilidad parece conveniente circunscribir inicialmente la discusión a la representación de las instituciones políticas: en primer lugar, los órganos e instituciones de representación popular, tanto nacional como regional y local, contemplados en el sistema político formal; en segundo lugar, el poder judicial y otros órganos no elegidos del estado; en tercer lugar, los partidos políticos, en cuanto agregadores de intereses ciudadanos y participantes formalmente reconocidos en el ejercicio del poder político. Así acotada, la representatividad o no de los líderes y dirigentes de confederaciones y federaciones de trabajadores y empresarios, así como de otras organizaciones de la sociedad civil tienen importancia para una discusión de la gobernabilidad en cuanto ellas, así como los militares y las iglesias, son actores políticos con mayor o menor poder. Lo mismo ocurre con las tecnoburocracias públicas y privadas. Si ellas entran en la discusión, lo hacen en cuanto pueden explicar, al menos en parte, la crisis de representación política, por aparecer reemplazando de hecho a las instituciones u órganos de representación formal.

De esa acotación se desprende que la crisis de las instituciones de representación no se identifica con la desconfianza en los representantes o los partidos individualmente considerados: el reemplazo de unos representantes o unos partidos por otros es parte del juego democrático.

La referencia a la crisis de representación está hecha, por consiguiente, a las instituciones y los órganos de representación política. La representación es un componente esencial de la democracia: si ella está en crisis, es la democracia misma la que lo está. De ahí que la pregunta por la gobernabilidad de la democracia representativa no pueda ignorar un esfuerzo por precisar la existencia y gravedad de una crisis de edad naturaleza.

3.2. Legitimidad y crisis de representación

En lo que se refiere a la representatividad de los poderes del Estado, un primer paso en esa dirección es introducir el concepto de legitimación. La literatura clásica sobre el tema distingue entre legitimidad de origen y legitimidad de ejercicio: en los regímenes democráticos los órganos de poder son legítimos cuando han sido generados por procedimientos constitucional y legalmente establecidos (legitimidad legal-racional de la autoridad política en el lenguaje de Max Weber) y cuando el ejercicio de ese poder es visto por al menos la mayoría ciudadana como respetando y favoreciendo sus intereses, aspiraciones y valores (legitimidad de ejercicio).

Ajustarse a los procedimientos legales para la generación de los órganos de poder da base a la legitimidad de origen. Sin embargo, el cuestionamiento a esos procedimientos por considerar que ellos no aseguran la representatividad ciudadana de los elegidos conduce a la separación entre legalidad y legitimidad. El cuestionamiento de los procedimientos de nominación de los candidatos a cargos de elección popular, la utilización de sistemas de elecciones que no reflejan adecuadamente las mayorías y minorías, la alta importancia asignada a instituciones no generadas democráticamente, la introducción de senadores designados (en el caso de Chile), la poca claridad del financiamiento de las elecciones y la sospecha de que el origen del mismo son actividades delictuales o producto de la corrupción, son algunas de las circunstancias que contribuyen a debilitar o a hacer perder la legitimidad de origen a las instituciones políticas en nuestros países.

En la discusión contemporánea sobre el tema se ha hecho ver que, muchas veces, el uso de ese concepto lleva a explicaciones tautológicas, en las cuales se atribuye ex post a la pérdida de legitimidad de un régimen el que éste haya entrado en crisis.[12] Otros argumentan que la estabilidad de un régimen puede apoyarse en la coerción y el temor, el interés personal o en el asentimiento pasivo por no imaginar un régimen distinto.[13] Esas objeciones pueden ser válidas al discutir la permanencia de regímenes autoritarios, pero no constituyen un argumento para abandonar el concepto. Al contrario, incorporarlo en el análisis permite determinar empíricamente las distintas fuentes de legitimidad del régimen democrático, es decir, de la aceptación normativa de las reglas del juego democrático. Más en concreto, a través de la legitimidad es posible vincular empírica y analíticamente las relaciones entre la participación política y la social, entre la percepción de eficacia gubernamental y la legitimidad de ejercicio, por último entre la participación social, percepción de eficacia gubernamental y la legitimidad.

Una expresión de esa relación entre los distintos condicionantes de la gobernabilidad democrática es la proposición de Claus Offe** de que la legitimidad de las reglas legitimadoras reposa no en sí misma sino en las consecuencias o probables resultados de su aplicación. En definitiva, será la percepción que tenga la ciudadanía de que los gobiernos democráticos contribuyen más que otras formas de gobierno al bien común, al bienestar individual y a la satisfacción de sus valores, lo que determinará la legitimidad de ese régimen político.

La legitimidad de los órganos de representación política admite grados, no es una cuestión de todo o nada. A ello hay que agregar que los ciudadanos no son homogéneos en su capacidad de afectar la gobernabilidad de la democracia, pudiendo esperarse que mientras mayor sea la correlación entre el grado de poder de los actores y grupos sociales y el grado de ilegitimidad que tienen para ellos los órganos de representación política, más inestable será el régimen político. Las preguntas pertinentes pasan a ser, entonces, cuál es el grado de legitimidad de esos órganos en la ciudadanía, cómo varía ella entre distintos grupos sociales y cuándo la legitimidad disminuye hasta llegar a producir una crisis de representación.

La respuesta empírica a esas preguntas obliga a tomar en cuenta que los distintos órganos tienen grados de legitimidad diferentes, si ellos se miden por las opiniones positivas o negativas que muestran las encuestas de opinión pública. Igualmente, no se puede ignorar que los grados de legitimidad varían por sectores sociales. Desgraciadamente, no es posible intentar en este momento contestarlas con precisión: si bien es cierto la mayor parte de las encuestas periódicas de opinión pública incluyen preguntas sobre la valoración que hacen los encuestados de los poderes del estado, los políticos y algunas políticas, los datos publicados no permiten llegar sino a aproximaciones bur-

** Offe, Claus, **Contradicciones en el Estado de Bienestar**, Edición de John Keane, México: Alianza Editorial, 1990, Capítulo 4, "Legitimidad versus Eficacia".

das acerca de las características de los encuestados que permitan explicar las discrepancias en esas valoraciones.

3.3. Indicadores de crisis de representación. Un análisis crítico

A pesar de la complejidad que tiene la determinación empírica del grado de fortaleza o debilidad de los órganos de representación y, más específicamente, de la cercanía de un sistema político a una crisis de representación que ponga en peligro el régimen democrático, hacerlo es indispensable si se quiere evitar caer en la afirmación tautológica de que un régimen democrático específico se derrumbó por una crisis de legitimidad y representación.

Algunos de los indicadores de la presencia de una crisis de representación en la región más mencionados en la literatura son la apatía electoral, el desinterés por la política y el desprestigio de los partidos políticos. La presencia de ellos es interpretada como la demostración de que los regímenes políticos democráticos estén sufriendo una crisis de representación a que pondría en peligro la gobernabilidad de los mismos: los ciudadanos no se sentirían representados por aquellos a quienes, siguiendo los procedimientos constitucionalmente establecidos, han elegido para que los representen.

Esa interpretación se apoya en el supuesto implícito de que la apatía electoral refleja desinterés por la política y que éste lleva a la indiferencia acerca del régimen democrático de gobierno. Ese supuesto puede ser cuestionado. A pesar de que las tasas de participación en las elecciones hayan disminuido en algunos países de la región, ellas continúan siendo comparativamente altas en relación a países con democracias consolidadas. En efecto, al comparar la proporción promedio de votantes en elecciones de los años 90 en la población en edad de votar en 163 países, el Institute for Democracy and Electoral Assistance encontró que de los 33 países de América Latina y el Caribe incluidos en la comparación, sólo Jamaica, Haití, Colombia y Guatemala mostraban porcentajes inferiores de participación electoral que los Estados Unidos y 20 tenían mayor participación promedio que Francia.[14]

Esa comparación hace plantearse la pregunta sobre la validez de la participación electoral como indicador de apoyo o desafección frente al régimen democrático. Si así fuera, debiéramos concluir que la democracia está más en peligro en Francia y Estados Unidos que en los países de nuestra región, conclusión que pareciera ir contra la sabiduría convencional.

CUADRO 1
PARTICIPACION ELECTORAL PROMEDIO EN LOS 90*

EUROPA OCCIDENTAL		AMERICA LATINA	
PAIS	VOTOS/PEV**	PAIS	VOTOS/PEV
MALTA	96,5	URUGUAY	96,1
ITALIA	90,2	COSTA RICA	84,6
ISLANDIA	88,3	CHILE	81,9
GRECIA	84,7	ARGENTINA	78,9
BELGICA	84,1	BRASIL	76,7
SUECIA	83,2	NICARAGUA	74,8
ANDORRA	81,3	PANAMA	70,1
DINAMARCA	81,1	SURINAME	69,5
SAN MARINO	80,3	BELICE	68,7
AUSTRIA	79,6	ECUADOR	66,3
TURQUÍA	79,4	GUYANA	63,7
ESPAÑA	79,0	HONDURAS	63,5
PORTUGAL	78,4	EL SALVADOR	59,1
CHIPRE	77,3	PERU	57,3
HOLANDA	75,2	MEXICO	56,8
NORUEGA	74,5	BOLIVIA	56,2
MONACO	73,2	VENEZUELA	49,9
ALEMANIA	72,5	PARAGUAY	45,4
REINO UNIDO	72,4	COLOMBIA	31,6
FINLANDIA	71,5	GUATEMALA	29,6
IRLANDA	70,2		
FRANCIA	60,6		
LUXEMBURGO	60,5		
LIECHTENSTEIN	54,7		
SUIZA	37,7		

* **Fuente:** IDEA, Voter Turnout From 1945 to 1997: **A Global Report on Political Participation** Pág. 18, cuadro 9; Pág. 19, cuadro 10.

** PEV: Población en edad de votar.

Aunque, por lo que se acaba de decir, es difícil establecer cuál es un buen nivel de participación, parece razonable aceptar el criterio de IDEA de que una participación de menos del 50% de la población en edad de votar muestra una separación inquietante entre el sistema electoral y su práctica. Si adoptamos ese criterio, el promedio de 17 países latinoamericanos es de 63,4%, con sólo 4 países (Venezuela, Paraguay, Colombia y Guatemala) con niveles de participación inferiores al 50%.[15] Aunque ese nivel de participación es inferior al de los países clasificados como "democracias estables", en las cuales el promedio es 72,6%,[16] está bastante por encima del nivel de alarma.

Por consiguiente, el análisis comparativo no permite afirmar que nuestra región tenga niveles de participación electoral que muestren una crisis de legitimidad del régimen democrático. El análisis de las tendencias históricas de la participación electoral confirma esta conclusión para la mayoría de nuestros países.

En primer lugar, entre la década del 40 y los noventa, casi todos los países han experimentado un crecimiento explosivo de la ciudadanía, entendiendo por ésta las personas inscritas en los registros electorales: de ser una proporción que bordeaba el 30% de la población en edad de votar, ella alcanza ahora a entre las tres cuartas partes y, en muchos casos, más del 90% de esa población.[17] Entre las excepciones a esa regla se encuentra Colombia, país en el cual si bien los inscritos aumentan en términos absolutos y relativos en relación a la población en edad de votar entre 1946 y 1990 (del 52% al 73%), hay una caída marcada de los 90% y más que caracterizaban al país en 1986.

En segundo lugar, la participación promedio tanto en las elecciones parlamentarias como en las presidenciales de los países latinoamericanos entre las décadas 1940 y 1990 aumentó en más de 30 y 25 puntos porcentuales, respectivamente, como se puede ver en el cuadro siguiente.

CUADRO 2
AMERICA LATINA: 50 AÑOS DE PARTICIPACION EN ELECCIONES PARLAMENTARIAS Y PRESIDENCIALES*

	1946-49	1950-59	1960-69	1970-79	1980-89	1990+
PARLAMENTARIAS	31,5%	40,3%	51,4%	53,2%	67,0%	62,9%
PRESIDENCIALES	34,5%	55,8%	56,1%	59,4%	63,9%	59,4%

* **Fuente:** IDEA, *op. cit.*, cálculos del autor. Participación= votantes/ población en edad de votar.

Cuando se examina la trayectoria de la participación electoral en las elecciones parlamentarias, las cifras históricas recolectadas por IDEA[18] muestran ascensos de la participación en ellas en los últimos cincuenta años en Argentina, Brasil, Chile, Costa Rica, Ecuador, Honduras, Nicaragua, Panamá y Uruguay, lo que, sin embargo, no ocurre en Colombia, Guatemala, Perú, Venezuela y, últimamente, en México.

Si nos limitamos sólo a los países incluidos en este estudio, al examinar las cifras de los últimos cincuenta años, en Argentina la participación electoral de la población en edad de votar aumentó desde el 28,3% en 1946 al 67% en 1951, para mantenerse alrededor de esa cifra hasta 1973, fecha en que vuelve a empezar un ascenso, hasta alcanzar el 89,4% en 1991. Si bien es cierto que disminuye al 78% en 1993, dos años después vuelve a subir a casi el 80%.

Por su parte, en Chile la tasa de participación aumenta continuamente desde 13,1% en 1945 a 50% en 1965 y al 63,2% en 1973, para remontarse al 81,9% en 1993. Como ya se dijo, en la última elección parlamentaria en Chile (1997), la suma de los no inscritos en edad de votar, los que no votaron y los votos nulos y en blanco, llegó a cerca del 40% de la población en edad de votar. En otras palabras, el grado de participación que ahora inquieta a los chilenos no difiere del de la última elección parlamentaria del gobierno del Presidente Allende.

En Colombia, después de una evolución zigzagueante entre 1945 y 1958, empieza un descenso desde el 65% en ese último año hasta llegar a sólo el 29,2% en 1994. Finalmente, en Perú hay un aumento constante del porcentaje de votantes entre 1956 (26,4%) y 1964 (64,8%), comenzando en ese año un descenso que deja la participación en sólo el 57,7% de los votantes potenciales en 1995.

Por último, el análisis de las elecciones presidenciales entre 1945-1997 muestra que en once países latinoamericanos la tasa de participación electoral ha ido en constante aumento, mientras que en sólo seis ha disminuido en los años recientes.[19]

A lo anterior hay que agregar que una menor participación electoral no expresa necesariamente una disminución en el interés político, o una debilidad de la democracia. Al contrario, la comparación de los resultados de las Encuestas Mundiales de Valores hechas por Inglehart señala que el interés en la política aumentó en 16 de los 21 países encuestados en 1981 y 1990.[20] Igualmente, a pesar de la disminución experimentada por la participación electoral, especialmente de los jóvenes, en Chile un estudio reciente sobre el tema encontró que tanto las encuestas como las investigaciones cualitativas muestran una disminución o un bajo interés por la política, pero también que ese desinterés va unido a una valoración positiva de la democracia.[21]

Hay, por consiguiente, argumentos que justifican ser cautelosos en cuanto al significado a largo plazo de las muestras de apatía electoral y a evitar generalizaciones. Sin embargo, esa cautela no puede llevar a la posición contraria de que ella no representa una amenaza potencial para la sobrevivencia de la democracia representativa y que ya algunos países muestran un apoyo práctico muy débil a ella. La baja experimentada por el grupo de 18-24 años en el total del padrón electoral de Chile entre 1988 (21,2%) y 1997 (7,8%) está señalando una tendencia que, de mantenerse en el tiempo y no reflejar sólo una postergación de la inscripción, afectaría seriamente a la democracia en ese país.

3.2 Gobernabilidad y crisis de participación

Un segundo requisito de la gobernabilidad de la democracia es la participación social. Si esto es así, la pregunta que cabe hacerse es por el grado de participación política, pero principalmente social y, más aún, popular que existe en nuestros países.

La literatura sobre los cambios recientes experimentados por distintas sociedades ha señalado que una característica de ellos es el reforzamiento que habría experimentado la sociedad civil. El reforzamiento de la sociedad civil, se dice, sería una característica de la postmodernidad, a la cual también se estarían incorporando nuestros países. Contrastada con los resultados de los estudios empíricos sobre el tema, esa afirmación es, en el mejor de los casos, sólo parcialmente correcta, como lo muestran los análisis sobre Argentina, Colombia y Perú incluidos en este mismo volumen.

Ella tampoco parece ser válida en el caso de Chile. Ciertamente, no lo es en lo que se refiere a las organizaciones sociales de base, de importancia indiscutida durante el gobierno militar. Más que reforzarse con la vuelta a la democracia, ellas han visto reducida o limitada su acción, cuando han logrado sobrevivir, tanto por cambios en la cultura cívica a que me referiré más adelante, como por la drástica disminución del apoyo externo que recibían a través de distintas fuentes de financiamiento y asesoría.

Por otro lado, caben aún menos dudas de que los sindicatos tienen ahora un rol bastante más débil que en el pasado, en parte por restricciones legales, pero también en parte importante por transformaciones en los mercados de trabajo y las relaciones laborales derivadas de los cambios estructurales de nuestra economía.

En tercer lugar, no parecen haberse fortalecido las solidaridades sobre base territorial. Las comunas son demasiado grandes y heterogéneas para que sirvan de base a acciones colectivas. Sin embargo, como en el pasado, conflictos de intereses o problemas colectivos logran, a veces, provocar alianzas y solidaridades sobre bases locales, las que no siempre dejan en pie vínculos más estables.

En el caso de Chile, los únicos grupos de la sociedad civil con fuerza después del retorno a la democracia son las asociaciones empresariales, algunos gremios profesionales (profesores y médicos, especialmente) y, aunque de menor significación, grupos ecologistas. La naturaleza del modelo económico ha dado a los primeros un rol protagónico que han ejercido con notable eficacia y unidad, aunque esta última se haya visto amenazada recientemente por los empresarios agrícolas inquietos por los efectos sobre la agricultura de las políticas macroeconómicas y convenios comerciales regionales. Por su parte, los segundos han mostrado que cuentan con una capacidad organizativa que les permite enfrentar con fuerza al estado en la defensa de sus intereses corporativos. En ambos casos los contactos con los partidos políticos y el apoyo eventual de éstos juegan un papel, sobre todo evitando la aprobación de textos legislativos que vayan en contra de la percepción que ellos tienen de sus intereses, pero ese papel no es determinante en sí mismo.

El debilitamiento de los actores sociales y la participación social popular se explica por factores tanto estructurales como culturales. Me referiré sólo a los primeros en este momento, dejando los segundos para una discusión más adelante en este mismo texto.

Uno de esos factores son modificaciones significativas introducidas por el modelo económico en la importancia relativa de los sectores y las actividades económicas. Ellas han hecho surgir nuevas formas de organizar el trabajo productivo que articulan de manera distinta a las del pasado las relaciones entre grandes, medianas y pequeñas empresas y tienen como efecto una mayor fragmentación de la fuerza de trabajo ocupada. A las trabas que esa fragmentación pone a la participación organizada de los trabajadores vienen a agregarse cambios en las legislaciones laborales que restringen la posibilidad de acciones colectivas por encima de esas fragmentaciones.

Otro factor estructural es que el sector informal sigue representando una proporción muy elevada del empleo. Al mismo tiempo, los cambios en las condiciones económicas han llevado al surgimiento de otras formas precarias de trabajo caracterizadas por baja productividad e ingresos, inestabilidad laboral, no percepción de asignaciones familiares y exclusión de los beneficios de la seguridad social. Antigua o nueva, la informalidad laboral no constituye una base sólida para la constitución de actores sociales.

Un tercer factor es la mayor heterogeneidad actual de la pobreza. Los pobres tienen ahora más formas de inserción laboral; se separan las trayectorias de la pobreza por ingreso y por necesidades básicas insatisfechas; surgen "nuevos pobres"; las líneas divisorias entre pobres y no pobres se debilitan, aumentando el radio de situaciones de vulnerabilidad; la pobreza se "feminiza", en el sentido de que los hogares de jefatura femenina tienen más probabilidad de ser pobres; es una pobreza urbana y cada vez más segregada dentro de las ciudades. Esa mayor heterogeneidad hace más difícil el surgimiento de organizaciones y movimientos sociales que puedan dar coherencia colectiva a las acciones y la participación de quienes comparten la característica de estar, de manera permanente u ocasional, bajo una línea de ingreso que los define como pobres, independientemente de como ellos se definen a sí mismos y en relación a quienes no comparten con ellos sino esa característica.

Los bajos niveles de organización y participación popular pueden constituir o no una crisis de participación que amenace la gobernabilidad de la democracia, dependiendo de la intensidad de la demanda por participar. Volviendo al caso de Chile, si expresar un deseo de participar en diversos tipos de organizaciones fuese una forma de aproximarse a una respuesta empírica a esa pregunta, como se ha hecho en un estudio sobre la materia,[22] esa respuesta sería que la demanda por ella es baja en Chile: los deseos más altos de participar se expresan en relación con organizaciones culturales y de beneficencia, superando levemente el tercio de los encuestados; los más bajos se refieren a las organizaciones políticas, los sindicatos y organizaciones gremiales, en ninguno de cuyos casos aquellos a quienes les gustaría participar superan el 10%, falta de interés que es común a todos los niveles socioeconómicos y grupos de edad.

Sin embargo, en aparente contradicción con esas respuestas, el mismo estudio que se acaba de citar revela niveles altos de insatisfacción en relación con la participación que tienen los encuestados en las decisiones del país, de su comuna y del vecindario, insatisfacción que aumenta a medida que se desciende en la escala social. A eso habría que agregar que la mitad de los encuestados considera que la falta de participación es un problema para la estabilidad democrática que se ha mantenido o agravado.

En otras palabras, el derecho a participar y la existencia de canales que permitan hacerlo son considerados componentes de la democracia representativa que contribuyen a darle legitimidad. La falta de correspondencia entre ese derecho y su práctica pareciera tener que ver con problemas de carácter estructural, algunos de los cuales fueron sugeridos más arriba, como con características del funcionamiento interno y el liderazgo de las organizaciones sociales, con el tipo de relaciones clientelísticas que muchas de ellas mantienen con los partidos políticos (relaciones que congregan pero que también excluyen o dividen), así como también con la ausencia de canales de participación social efectiva en los niveles locales y con prácticas burocráticas de decisiones gubernamentales a esos niveles que son antagónicas a la participación.

Un análisis de la participación social desde la perspectiva de la gobernabilidad requiere examinarla en relación con las instituciones de representación ciudadana. El descrédito de los partidos políticos y el debilitamiento de las organizaciones sociales puede llevar a reemplazar de hecho un régimen democrático por otro centrado en un Presidente que apela directamente a la masa ciudadana (la "democradura" de Fujimori a que se refiere Sinesio López en su artículo en este mismo volumen), abandonando en la práctica, aunque no en la forma, la democracia representativa. Si se examina el problema desde una perspectiva dinámica, una hipótesis que se podría sostener es que una agravación de la evaluación negativa de las instituciones propias de la democracia representativa y una eventual crisis de representación podría llevar a más motivación a participar en ellas y a una mayor demanda por participación.

3.3 Gobernabilidad y crisis de eficacia de las políticas

Como ya se indicó más arriba, al examinar la crisis de representación, el ejercicio del poder hace correr el peligro de que las instituciones políticas pierdan su legitimidad legal-racional de origen. Esto puede ocurrir sea por la percepción de la población de que la clase política antepone sus intereses particulares al bien público, sea por la ineficacia de las políticas públicas para resolver problemas sociales considerados prioritarios por la población.

La primera de esas razones se relaciona directamente con la falta de probidad administrativa y la corrupción política. Dado que el tema es tratado en otros capítulos de este mismo libro, me limitaré a recordar aquí que las denuncias de falta de probidad y corrupción y la comprobación de las mismas pueden dar inestabilidad a los gobiernos debido al "castigo del voto", pero pondrán en peligro la sobrevivencia de la democracia sólo si la mayoría del electorado percibe la corrupción y falta de probidad como generalizada a toda la clase política y la administración pública.

La causa directa a la que se atribuye más generalmente el debilitamiento, cuando no la crisis, de la representación política en América Latina y las consiguientes dificultades para mantener los conflictos sociales dentro de los márgenes de la gobernabilidad democrática, es la insatisfacción pública con el desempeño económico de los gobiernos. La abrupta caída que tuvo el apoyo a los partidos en el ejercicio del poder al producirse serios deterioros en los niveles de vida de la población durante los años ochenta en Argentina, Brasil, México y Perú, son ejemplos citados a menudo en apoyo de esa tesis.[23]

Sin embargo, como nos recuerda Augusto Varas en este volumen,[24] "los estudios del impacto de logros económicos gubernamentales sobre la democracia han llevado a conclusiones poco definitivas". Por su parte, el mismo Lipset, que fuera pionero de los estudios que llevaron a sostener que el crecimiento económico era una condición para la democracia, llega en un artículo publicado durante la presente década a la conclusión de que, aunque de importancia indudable, "el crecimiento económico no es más que un elemento de la democratización".[25]

La aparente contradicción entre las dos afirmaciones anteriores deja de ser tal cuando se considera que la satisfacción o insatisfacción pública no es tanto con los indicadores macroeconómicos, sino con el mejoramiento o no que experimenta en su calidad de vida. En el contexto latinoamericano, la eficacia de las políticas se mide en relación con su capacidad para disminuir la pobreza y la exclusión social, ampliar la igualdad de oportunidades y satisfacer problemas concretos que afectan a la población.

3.3.1. *Gobernabilidad y pobreza*

Por razones profundamente enraizadas en nuestra historia y cultura, los países latinoamericanos se han caracterizado, con las solas excepciones de Argentina, Uruguay y, durante un corto período, Chile, por haber mantenido niveles de pobreza que en varios casos llegaban a más de la mitad de la población total y que en los otros no bajaban de una cuarta parte de la misma.[26] Para el conjunto de la región, los estudios de la CEPAL sobre el tema llegaron a estimar que el 51% de la población latinoamericana vivía bajo la línea de pobreza absoluta alrededor del año 1960. Sin embargo, esa situación logró mejorar de manera significativa en la década del sesenta, haciendo que alrededor de 1970 el nivel bajara al 40% de la población total regional. Como se ha señalado por muchos estudios, es esa tendencia hacia una disminución de la pobreza y la indigencia la que se interrumpe durante las décadas de los setenta y ochenta, haciendo que aumente el número relativo de pobres e indigentes, aunque sin alcanzar los límites de 1960.

El aumento de la pobreza y la indigencia fue particularmente agudo en el caso de Chile, país en el cual durante el período 1970-1987 la pobreza urbana más que se triplica (del 12% al 37%), la rural aumenta en 20 puntos porcentuales y la indigencia urbana se cuadruplica. A partir de ese año esa tendencia comienza a revertirse, disminuyendo la pobreza del 45,1% de la población al 23,2% en 1996, mientras que la indigencia lo hacía desde el 17,4% al 5,8%.[27] Sin embargo, no puede olvidarse que en Chile, como en los otros países de la región que han logrado disminuir el número de pobres, esos progresos significaron sólo una recuperación parcial insuficiente para llegar a los niveles que se tuvo en 1970.

En relación con el tema de la gobernabilidad adquiere importancia destacar que esa incapacidad de los países de la región para recuperar los niveles de pobreza alcanzados antes de la crisis y de las políticas de ajuste no significa que no haya habido progresos en las condiciones de vida de los estratos bajo la línea de pobreza, si se toman en cuenta el mayor acceso a servicios de agua, luz, alcantarillado, teléfono y movilización colectiva, así como a caminos pavimentados, a medios de comunicación masiva y especialmente a la televisión, a la salud y la educación.[28]

Otro punto a considerar en relación con la pobreza reciente es que la línea divisoria que separa al sector formal del informal se ha hecho más tenue. Además, la disminución de la pobreza llamada estructural va acompañada de la pauperización de vastos sectores de la población. Más que líneas fijas que separan a pobres y no pobres, la situación actual pareciera ser de una gran porosidad, con una acentuada rotación o movilidad desde o hacia la pobreza de familias y hogares con niveles de ingreso cercanos a la línea de pobreza.[29]

En suma, los pobres están ahora más presentes que hace veinte años y son más los grupos sociales vulnerables a caer en la pobreza absoluta. Junto con esas tendencias regresivas se encuentran, sin embargo, otras que hacen más compleja la realidad. Si se miran conjuntamente los mejoramientos en las condiciones de vida de los pobres y la mayor probabilidad de movilidad hacia fuera de la pobreza que estarían teniendo los estratos más cercanos al umbral de la línea de pobreza, cabe preguntarse si sigue siendo válido identificar esa línea con las fronteras entre la integración y la exclusión o marginalidad social, o si es correcto considerar la marginalidad ecológica como indicadora de marginalidad social. Si la respuesta es negativa, podría pensarse que la persistencia de la pobreza y la incapacidad de la región para al menos recuperar los ya altos niveles de pobreza de 1970 habría sido compatible con la integración de una parte de los pobres a condiciones y pautas de vida que antes eran privilegio de los no pobres y a lo que, en términos ambiguos, en la literatura se llama "sociedad moderna".

Por otro lado, es claro que los pocos progresos hechos en revertir la tendencia a que la pobreza siga aumentando han sido consecuencia del crecimiento económico y de las políticas sociales y no de una distribución más igualitaria del ingreso. Esta se hizo de hecho más regresiva o, en el mejor de los casos, continúa siendo tan regresiva como en los setenta en la mayoría de los países.[30]

Como han mostrado De Gregorio y Landerretche en un estudio reciente[31] de la evolución de la distribución del ingreso en 17 países entre 1960-1990 y 36 países entre 1975-1990, la estabilidad en la distribución es la norma, siendo la excepción que se produzcan cambios de más de diez puntos porcentuales. La norma se cumple también en el caso de Chile, país que no logra alterar la desigual distribución de los ingresos monetarios a pesar de experimentar desde más de una década una continuidad de tasas de crecimiento inéditas en su historia y en donde los gobiernos democráticos posteriores al del General Pinochet han logrado reducir la indigencia desde el 17,4% en 1987 al 5,8% en 1996, según datos oficiales a partir de las Encuestas de Caracterización Socioeconómica Nacional (CASEN).[32] La distribución en 1996 no difiere no sólo de la de 1987, sino también de la de 1967:[33] en todo ese período la razón entre la participación en el ingreso del 20% más rico y el 20% más pobre ha sido de alrededor de 13 veces (ver cuadro 3).

Desde la perspectiva de la gobernabilidad, cabe hacerse la pregunta del efecto que tiene sobre la legitimidad de los gobiernos y del régimen democrático una distribución del ingreso altamente desigual y difícil de modificar. Las opiniones están divididas entre quienes piensan que ella no afecta la gobernabilidad en la medida en que altas tasas de crecimiento económico y políticas sociales adecuadas permitan un mejoramiento en las condiciones de vida de los diversos estratos, y quienes piensan que la percepción de las desigualdades es en sí misma un factor fuertemente deslegitimador de los gobiernos y, en definitiva, de la democracia.

Ninguna de las dos alternativas parece satisfactoria. La primera ignora que las dos condiciones que pone para el no cuestionamiento de la concentración del ingreso son no sólo difíciles de mantener por un período largo, sino también susceptibles de provocar el surgimiento de nuevas aspiraciones y demandas que obliguen a los gobiernos a intentar drásticas medidas redistributivas o a reprimir por la fuerza las protestas por demandas insatisfechas. Al revés, la segunda alternativa

CUADRO 3
CHILE: EVOLUCION DE LA DISTRIBUCION DEL INGRESO MONETARIO SEGUN DECILES DE INGRESO AUTONOMO, 1967-1996*
(Porcentaje)

DECIL INGRESO AUTONOMO	DISTRIBUCION DEL INGRESO MONETARIO					
	1967	1987	1990	1992	1994	1996
1	1,5	1,5	1,6	1,7	1,5	1,4
2	2,5	2,8	2,8	2,9	2,8	2,7
3	3,3	3,6	3,7	3,8	3,6	3,6
4	4,4	4,3	4,5	4,7	4,6	4,6
5	5,4	5,4	5,4	5,6	5,6	5,5
6	6,9	6,3	6,9	6,6	6,4	6,4
7	8,5	8,1	7,8	8,0	8,0	8,1
8	11,1	10,9	10,3	10,4	10,5	11,0
9	16,3	15,9	15,1	14,7	15,3	15,4
10	40,2	41,3	41,8	41,6	41,6	41,3
TOTAL	100,0	100,0	100,0	100,0	100,0	100,0
20/20		13,3	12,93	12,24	13,12	13,83

(*) Se incluye servicio doméstico y su núcleo familiar.

Fuentes:
1. Heskia, Isabel, "La Distribución del Ingreso en Chile", en CIEPLAN, Bienestar y Pobreza en Chile, Santiago, Editorial Nueva Universidad, 1974, Cuadro I.
2. MIDEPLAN, Encuestas CASEN, 1987, 1990, 1992, 1994 y 1996.

desconoce que la tolerancia a la injusticia y la desigualdad no es uniforme[34] y que sociedades con un alto grado histórico de desigualdad, como han sido casi todas las de nuestra región, tienden a ser más tolerantes que otras a una alta concentración del ingreso.

Por otro lado, al buscar una respuesta a esa pregunta es necesario tomar en cuenta que la experiencia histórica y comparativa muestra que, más que los deterioros o mejoramientos objetivos que tengan los niveles de vida de distintos estratos sociales (no sólo de los más pobres), el comportamiento político de ellos y, más específicamente, la emergencia de radicalismos políticos que los lleven a restar su apoyo al régimen democrático depende de la percepción que tengan los miembros de esos estratos de su situación actual en relación a la que tenían antes, a la que aspiran a tener y a la que perciben que tienen otros estratos.

En definitiva, parece indudable que a un mismo nivel de desarrollo una menor concentración del ingreso contribuye a hacer más gobernable la democracia. Sin embargo, la deslegitimación de ésta por la persistencia de una distribución altamente concentrada va a depender de cómo se interrelacionan en cada caso los factores sociales, culturales y políticos y el grado de sincronía que experimentan los cambios en ellos.

3.3.2. *Educación, movilidad social e igualdad de oportunidades*

En países como los nuestros, en los cuales las más diversas corrientes políticas coinciden en que la igualdad de oportunidades es la meta a conquistar, una medida de la eficacia de los gobiernos es saber cuánto se ha avanzado hacia ella. Por desgracia, esto no es fácil de hacer por las dificultades que plantea cualquier intento de dar precisión empírica a esa meta.

Con plena conciencia de las limitaciones que tiene, la igualdad de oportunidades educacionales y su relación con la movilidad social –más específicamente, con la movilidad ocupacional individual y familiar– permite una aproximación empírica aceptable para nuestros propósitos actuales.

Los estudios hechos en la región muestran que por tres décadas, entre 1950 y 1980, el principal canal de movilidad social fue el sistema educacional. El crecimiento de ese sistema y el aumento de los niveles educacionales de las nuevas generaciones hizo posible expandir los estratos medios mediante la incorporación de personas provenientes de estratos de menores ingresos en trabajos no manuales en la industria, el comercio y los servicios.[35] Los aumentos substantivos que experimentó en esas décadas el acceso a la educación pública y a ocupaciones con salarios y prestigio más altos, dieron ímpetu a un proceso de movilidad ascendente intergeneracional al permitir a las generaciones más jóvenes aprovechar de esas oportunidades. La creencia en que un mayor nivel educacional conduciría a mejores ocupaciones pasó a ser un elemento de la cultura urbana en la región y se convirtió en la expectativa normal de todos los estratos sociales. Esa creencia se mantuvo a pesar de que, como mostró Dagmar Raczynski en relación al caso chileno, "cualquiera sea el estrato de origen, lo más probable es permanecer en él. Si un individuo es móvil, lo más probable es que se mueva a estratos ocupacionales adyacentes en términos de posición socioeconómica".[36]

Aunque no tenemos información de la misma calidad para los años posteriores a 1980, la disponible muestra que los niveles educacionales continúan siendo un factor que determina el nivel de ingreso de las personas. Por ejemplo, las caídas más fuertes en ingreso durante los años ochenta afectaron a jóvenes con poca educación formal, relegados a ocupaciones de poco prestigio y bajo ingreso o, en el caso de las mujeres, a permanecer excluidas del mercado de trabajo.[37] Al contrario, niveles educacionales más altos seguían siendo un canal para acceder a más ocupaciones y de mejores ingresos.

Sin embargo, una serie de factores han contribuido al debilitamiento de la educación como camino para la movilidad social. Uno de ellos es el éxito experimentado por los países en acrecentar el número de años promedio de educación formal. Un análisis reciente de la CEPAL, utilizando la información de las encuestas nacionales de hogares, muestra que en la región los hijos tienen en promedio tres años más de estudios que sus padres (10 y 6,5 en las áreas urbanas, 6,5 y 3 en las rurales, respectivamente). No obstante, cuando se toma en cuenta la "devaluación" de la educación, definida como los años adicionales de estudio que se necesitan para obtener igual inserción ocupacional e ingreso que el de sus padres, menos de la mitad de los jóvenes urbanos de ambos sexos y sólo el 28% de los jóvenes rurales habían logrado superar la educación de sus padres en 1994.[38] El estudio regional más reciente sobre la materia encontró que en las zonas urbanas se necesitan casi doce años de escolaridad para acceder a importantes alternativas de bienestar, que se traducen en más de un 80% de probabilidad de no caer en la pobreza.[39] Igualmente, dentro de una tendencia general a un aumento en los ingresos por trabajo de la población adulta en los años noventa, quienes experimentan aumentos mayores son los que tienen niveles educacionales de 10 y más años.[40] En otras palabras, el umbral educativo que es necesario alcanzar para experimentar movilidad social se ha hecho más alto.

Estudios realizados en los ochenta han mostrado que uno de los factores que más explica el nivel educacional alcanzado por los jóvenes es el de sus padres y, más aún, el promedio de años de estudio con que cuenta el conjunto de personas de 15 y más años que residen en el hogar.[41] Sin embargo, aunque las diferencias educacionales de los hogares de origen han contribuido siempre a mantener un cierto grado de herencia educacional, ese papel parece haberse acentuado con el más alto umbral que es necesario traspasar ahora para que los años de educación establezcan una diferencia en cuanto a oportunidades de movilidad social.

A esa consecuencia, inevitable, del éxito en expandir el promedio de años de escolaridad es necesario agregar que el crecimiento más lento de las oportunidades ocupacionales respecto al de los niveles educacionales contribuyó en los años ochenta, e incluso antes, a incrementar los requisitos de acceso de muchas ocupaciones que antes no los requerían, incluyendo algunas comparativamente mal remuneradas. Este "credencialismo" ha hecho que aun cuando haber alcanzado el nivel promedio de educación es necesario para obtener trabajo y disminuir la probabilidad de permanecer o caer en la pobreza, ese nivel no garantiza por sí mismo la probabilidad de movilidad intrageneracional.

Por otro lado, en la actualidad la movilidad social ascendente y en especial la movilidad hacia cargos de responsabilidad directiva pareciera depender más de la calidad de la educación que de la sola cantidad de años de estudios.[42] La evolución del sistema educacional formal en la región durante los ochenta y hasta hoy no pareciera haber ampliado la igualdad de oportunidades educacionales. En efecto, las recomendaciones educacionales incluidas en los programas de ajuste estructural incluyeron generalmente el estímulo a la educación particular y el reemplazo de la educación pública gratuita por el pago de la misma, al menos como regla general. La adopción de estas medidas llevó a una creciente segmentación de la educación ofrecida, mediante la creación de tipos de establecimientos que ofrecen servicios de muy desigual calidad a distintos grupos sociales, dependiendo de su capital educacional y su nivel de ingreso.

La consecuencia de lo anterior ha sido un aumento de las desigualdades en logros educacionales por estrato social[43] y, derivadas de allí, mayores dificultades para la movilidad social de quienes provienen de hogares que no han podido financiar los estudios de sus hijos en escuelas y colegios de mejor calidad.

Lo anterior no significa, sin embargo, que la educación no continúe siendo el principal canal de movilidad social. Sólo señala que la carrera por el éxito profesional y el logro de posiciones de mando en el sector privado y, en menor grado, también en el público, se corre por una pista difícilmente accesible a quienes no tienen los medios económicos para adquirir las calificaciones que los que detentan el poder consideran necesarios para un buen desempeño.

En resumen, la falta de estudios que aborden directamente el tema no permite asegurar con certeza que las políticas de ajuste y el cambio de modelo económico hayan llevado a una menor movilidad social ascendente, pero los antecedentes que se acaban de mencionar sugieren fuertemente la hipótesis de que las posibilidades de ascenso social vía educación se han cerrado más para los estratos de menor posición socioeconómica.

Si esa hipótesis resulta cierta, no por ello podríamos afirmar que los individuos y las familias no experimentan subjetivamente una movilidad social. De hecho, hay evidencia empírica que muestra un alto predominio de la percepción de movilidad intergeneracional. La más detallada de ellas proviene de una encuesta realizada por FLACSO Chile en el Gran Santiago.[44] Como se puede ver en el cuadro 4, en todos los estratos sociales y grupos etarios más de la mayoría de los encuestados define su situación como mejor que la de sus padres. Hay, sin embargo, diferencias en cuanto a la importancia relativa de esa percepción que interesa destacar. En primer lugar, reflejando la mayor cobertura del sistema educativo y el aumento en promedio de años de estudios, es respecto a la educación donde la población encuestada ve sus mayores logros intergeneracionales. En segundo lugar, salvo la educación, todos los indicadores utilizados muestran que es el estrato medio bajo el que reúne los más altos porcentajes de personas que definen su situación como mejor que la de sus padres. En tercer lugar, la mayor percepción de movilidad la tienen los jóvenes, con la excepción de la variable empleo, respecto de la cual también la mayoría percibe su situación mejor que la de sus padres, pero esto ocurre más en los adultos jóvenes. Finalmente, la percepción de tener una situación mejor que la de sus padres es levemente menor en las mujeres que en los hombres, cuando se trata de comparar la situación general, pero tiende a nivelarse con los hombres en lo que se refiere a la economía, la educación y el trabajo.

Cabe advertir, sin embargo, que las grandes diferencias en puntos porcentuales entre los que se ven mejor que sus padres en cuanto a nivel educacional y los que lo ven igual o peor en relación al aspecto laboral parecieran señalar la percepción de una "inconsistencia de status" provocada por el credencialismo que se mencionó más arriba. Sería esa inconsistencia la que haría explicable que en la misma encuesta los encuestados digan que la creación de más trabajo es el problema considerado como más importante para el gobierno, más que duplicando en puntos porcentuales al que lo sigue (25% vs. 12% la drogadicción), en un país en que la desocupación fluctúa alrededor del 5%.

Si se comparan esos resultados con la información objetiva pertinente, puede llegarse la conclusión tentativa de que las condiciones materiales de vida y la situación objetiva de las personas siguen influyendo en la percepción subjetiva que tie-

CUADRO 4
MOVILIDAD SOCIAL SUBJETIVA: PERCEPCION DE LA SITUACION PROPIA EN COMPARACION CON LA DE LOS PADRES A IGUAL EDAD*
(%)

CALIDAD	TOTAL	SEXO		EDAD			NIVEL SOCIOECONOMICO			
		MUJER-	HOMBRE	18-25	26-45	46-+	BAJO	MEDIO-BAJO	MEDIO	ALTO
SITUACION GENERAL										
MEJOR	62,0	59,3	65,5	74,1	60,7	53,7	53,3	72,7	68,2	68,2
IGUAL	15,0	13,4	16,0	13,1	17,2	13,3	16,1	10,4	14,0	19,6
PEOR	21,0	25,1	16,2	10,8	19,8	30,9	28,0	15,7	15,6	09,3
NS/NR	02,0	02,2	02,2	02,0	02,4	02,2	02,6	01,2	02,2	02,8
SITUACION ECONOMICA										
MEJOR	57,0	55,1	58,5	61,3	56,2	53,8	52,0	64,7	60,9	52,3
IGUAL	21,0	18,4	23,0	24,6	21,4	16,4	19,6	19,3	20,7	29,0
PEOR	21,0	25,5	17,4	13,1	21,6	29,0	27,5	15,3	17,3	16,8
NS/NR	01,0	01,0	01,0	01,0	00,8	01,2	00,9	00,8	01,1	01,9
SITUACION EDUCACION										
MEJOR	77,0	76,6	77,4	80,5	79,4	71,0	72,5	81,5	83,2	75,7
IGUAL	14,0	14,0	13,8	12,5	11,9	17,6	14,4	12,4	10,6	20,6
PEOR	08,0	08,4	08,2	06,7	07,7	10,5	12,0	05,2	05,6	03,2
NS/NR	01,0	01,0	00,6	00,3	01,1	00,9	01,1	00,8	00,1	00,0
SITUACION LABORAL										
MEJOR	58,0	55,7	59,3	53,9	59,6	58,3	52,0	70,7	59,2	47,7
IGUAL	23,0	24,2	22,8	26,9	23,5	20,4	26,0	16,5	22,3	30,8
PEOR	17,0	18,6	14,8	14,5	15,6	20,1	20,2	11,2	15,1	16,8
NS/NR	02,0	01,6	03,0	04,7	01,3	01,2	01,7	01,6	03,4	04,7

* **Fuente:** FLACSO-CHILE, **Representaciones de la Sociedad Chilena. Opinión y actitudes**, 1995.

nen de ellas y en la forma como evalúan su situación respecto al pasado y, con toda probabilidad, su propia generación. En efecto, no sólo la percepción de los encuestados de su situación educacional y la de sus padres refleja una realidad (si bien sólo aparente, por la "devaluación educacional" que se mencionó más arriba), sino también la mayor movilidad percibida por el estrato medio bajo encuentra un cierto grado de confirmación en un estudio sobre la estratificación social chilena hacia fines del siglo XX.[45] En él, a partir de las encuestas de empleo del Instituto Nacional de Estadísticas, los autores llegan a la conclusión de que desde mediados de los ochenta hasta mediados de los noventa no sólo los empresarios no agrícolas y las capas independientes de los sectores medios sino también "las demás categorías no asalariadas de menores ingresos en el cuadro de estratificación social (el artesanado y los trabajadores independientes que integran los grupos marginales) lograron aumentos absolutos de ingreso mayores que los que obtuvieron los sectores asalariados".[46]

Más en general, los resultados anteriores muestran una autopercepción de movilidad social que se apoya más en los progresos experimentados en las condiciones de vida que en el cambio de una categoría socio ocupacional a otra. Esa percepción de movilidad redundará en un reforzamiento de la legitimidad del gobierno y de la democracia en la medida en que sea vista como resultado de las políticas gubernamentales; no producirá ese efecto si las personas consideran que estar mejor que sus padres es un logro personal. La probabilidad de una u otra reacción va a depender de la forma como la cultura cívica define la relación individuo-estado

4. Gobernabilidad de la democracia y cultura cívica

El análisis anterior ha tenido como hilo conductor la interrelación entre factores objetivos macroestructurales y la percepción subjetiva de esos factores. El supuesto en que se basa es que ambos son igualmente necesarios para comprender los comportamientos sociales y, en este caso, las consecuencias que pueden tener para la gobernabilidad las transformaciones sociales por las que atraviesan nuestros países. Acudiré a la utilización libre del concepto "cultura cívica" para intentar ligar ambos componentes del análisis. A riesgo de caer en graves imprecisiones y con el afán de evitar en esta ocasión discusiones conceptuales, me referiré en esta sección a algunos aspectos institucional-culturales y a otros de carácter más psicosocial, derivados ambos de las transformaciones a que se hizo breve alusión al comienzo de este escrito.

4.1. Aspectos institucionales de la cultura cívica emergente

Algunos autores que se preocupan del tema en relación con América Latina han concebido la evolución de la cultura cívica de la región como moviéndose entre un polo "tradicional" y otro "pluralista".[47] Entre las características del primero habrían estado las siguientes: el predominio de partidos políticos clientelísticos o vanguardistas, con el poder partidario centrado en los dirigentes de los mismos; las elites políticas habrían sido fuertes y la circulación de las mismas escasa; habría existido un alto grado de conflicto político derivado del enfrentamiento entre políticas totalizantes de cambios estructurales. Al contrario, en el segundo (el polo pluralista) los conflictos sociales y políticos pasarían a ser específicos y no llegarían a quebrar los consensos básicos; los partidos políticos habrían adoptado estructuras internas democráticas y estarían organizados para "agregar" (integrar) múltiples intereses; el estado habría sido reformado para adaptarlo a los cambios económicos y sociales y hacerlo capaz de orientar las transformaciones económicas, sociales y culturales; las elites circularían, al menos parcialmente, y habría una rotación de los partidos en el poder; las decisiones políticas se habrían tecnificado mediante un mayor uso del conocimiento científico-técnico y se habría impuesto una deontología de servicio público y responsabilidad ético-política por las decisiones.

Si se analizan los distintos componentes de la así llamada "cultura pluralista", se puede concluir que algunos de ellos están, en mayor o menor grado, presentes, mientras que otros no corresponden a la evolución reciente de nuestros sistemas políticos. Me referiré a continuación a algunos de ellos.

Entre los componentes del tipo ideal "cultura pluralista" que coinciden con la evolución de nuestra cultura cívica, está el consenso en cuanto a la democracia como la mejor forma de gobierno pero, como veremos en seguida, ese consenso es compatible con distintas concepciones de democracia.

Por otro lado, los partidos han dejado de ser ideológicos o vanguardistas, pero tampoco son, en la práctica, agregadores de intereses. El que esto ocurra está ligado con transformaciones profundas en el contexto mundial y nacional que parece difícil que cambien en el corto plazo. Compartiendo un fenómeno común a prácticamente todos los países que cuentan con estados organizados, los resultados de las elecciones tienen pocas probabilidades de introducir cambios radicales en el rumbo de la economía. Vivimos ahora no sólo una época de dominio de un único modelo económico sino también una en la cual los estados y, más concretamente, los gobiernos nacionales tienen pocas posibilidades de apartarse drásticamente de él. Es este un fenómeno global, que afecta tanto a los países plenamente industrializados como a los de desarrollo intermedio, entre los cuales se encuentran varios países latinoamericanos. Aunque estamos, todavía, muy lejos de un gobierno mundial, caben pocas dudas del debilitamiento del estado-nación, en beneficio de organizaciones multinacionales o de organismos financieros que se encargan de mantener controladas las tentaciones heterodoxas desde la perspectiva del modelo aceptado.

Frente a esa situación, la acción de los gobiernos tiende a centrarse en asegurar la implantación del modelo, ajustándolo a las circunstancias nacionales e introduciéndole modificaciones destinadas a intentar una mayor equidad en la distribución de los beneficios. Si esa acción tiene éxito o es percibida como exitosa, se producen dos efectos políticos importantes. El primero es que aumenta y se extiende la legitimidad del modelo, haciendo que las diferencias entre derecha e izquierda política pierdan perfil y, más aún, que partidos que se definen de izquierda puedan ser más partidarios de una economía de mercado que otros de centro. El segundo efecto, no independiente del primero, pero también ligado con la privatización de la economía, es que los conflictos surjan principalmente a raíz de reivindicaciones sectoriales o corporativas y no se generalicen más allá de ellas. Sin embargo, si la aplicación concreta del modelo no tiene los resultados esperados, o si crea o aumenta desigualdades económico-sociales, la alternativa no es un nuevo modelo sino una nueva versión del mismo modelo que deberá respetar y ajustarse a los parámetros globales del mismo.

La situación descrita tiene consecuencias para la discusión del carácter de la conducción y el liderazgo político. Tal vez la más importante de ellas es que la función " agregadora" de intereses particulares en torno a un proyecto político competitivo con el de otros partidos desaparece del todo o queda debilitada en extremo.

Esa pérdida de su función "agregadora de intereses" y de intermediación lleva a que los partidos políticos tiendan a concentrar su actividad en el debate político y en mejorar su posición en la distribución del poder político. En sociedades en las que la relación público-privado, estado-sociedad se ha modificado en desmedro del estado, el debate político pasa a estar concentrado en los partidos políticos y el Parlamento se convierte en la forma de ejercer una profesión –la de político–, en la cual no tiene interés la masa ciudadana. Para esto último y a falta de diferencias profundas, partidos y parlamentarios recurren a recalcar y aumentar los matices que separan a unos de otros y a tratar de construir una imagen pública que les dé una identidad propia y les permita mantener o ampliar su base electoral. Por su parte, el problema de lograr una rotación partidaria en el poder político dentro del juego democrático hace que los dirigentes de esos partidos que aspiran a cargos de representación política, y en especial quienes se perfilan como posibles candidatos a la Presidencia de la República, se vean envueltos, quiéranlo o no, en el mismo proceso de construcción de imagen, del "marketing" político y de la política espectáculo.

A lo anterior viene a agregarse la tendencia a una profesionalización de la política que tiende a concentrar el poder en una minoría profesional.[48] Los partidos habrían sufrido un proceso de institucionalización en la cual "conviven dos principales tipos de militantes: los creyentes, aquellos que se identifican y están ligados más con los fines oficiales (manifiestos y no latentes), y los arribistas, aquellos que están más vinculados con la administración de los medios materiales y de status".[49]

El desprestigio de los partidos políticos puede relacionarse con las tendencias anteriores. Sus dirigentes y sus parlamentarios son vistos como profesionales de la política dedicados a una profesión que se percibe como alejada de los intereses y problemas de la masa ciudadana e incapaces de proponer alternativas políticas. La consecuencia en algunos países ha sido el surgimiento de candidatos con discursos antipartidistas de corte neopopulista.

Si la evolución política reciente no ha ido en la dirección predicha por los constructores del tipo ideal "cultura pluralista", estos sí tienen razón en cuanto a la tecnificación de las decisiones. La participación de expertos en los procesos de decisiones políticas no es nueva en la región, pero sí lo es que los economistas tengan un predominio tan grande en el desempeño de ese rol.[50] Sin embargo, de esa participación no se deriva necesariamente que sean los técnicos y no los políticos (el Presidente y sus ministros) quienes toman las decisiones. Refiriéndose a este tema, Habermas, hace ya casi 30 años, distinguió tres formas posibles de relación entre el técnico y el político: la decisionista, en la cual el político utiliza al experto para legitimar decisiones; la tecnocrática, en la cual son los técnicos los que acotan el margen de decisiones de los políticos; finalmente, la pragmática, en la que políticos y técnicos se influyen mutuamente.[51] En nuestra región, el estudio más comprehensivo sobre el tema llega a la conclusión de que las formas que ha tomado la relación entre políticos y economistas, así como el acceso de éstos al aparato del Estado, no han sido uniformes en la región.[52]

A la tecnificación de las decisiones hay que agregar la debilidad de la participación social organizada a los niveles populares y, por consiguiente, la ausencia de instancias "articuladoras" de intereses, para seguir utilizando la distinción clásica en la ciencia política de origen norteamericano: sindicatos, gremios, asociaciones vecinales, asociaciones de consumidores, etc. La confluencia de ambas tendencias ha contribuido a aumentar la influencia de los expertos y el carácter cupular de las decisiones políticas.

La profesionalización autorreferente de los partidos políticos, el mayor poder que ha adquirido el Ejecutivo frente al Legislativo en muchos países, la tecnificación de las decisiones políticas y la debilidad de la participación organizada de la sociedad civil en las decisiones (la debilidad de la ciudadanía social) habrían producido[53] que "la localización institucional donde se forman las políticas estatales se desplace de las instituciones que la teoría democrática asigna a tales funciones".[54] Los mecanismos formales de negociación habrían sido reemplazados por negociaciones informales entre representantes de grupos estratégicos dentro de los sectores público y privado. Cuando esto ocurre, "el consenso que subyace a las principales políticas estatales ya no proviene de un proceso democrático como el antes suministrado por instituciones democráticas, sino un consenso que proviene de negociaciones informales, altamente inaccesibles, entre representantes pobremente legitimados de grupos funcionales".[55]

Del análisis anterior pareciera desprenderse que nuestras democracias estarían evolucionando hacia un sistema dominado sin contrapeso por una tecnoburocracia central, en el cual la participación de la ciudadanía se limita al ejercicio del sufragio para elegir a los miembros del Ejecutivo, Legislativo y gobiernos locales. Esa conclusión se ve en parte reforzada por algunos rasgos psicosociales de la cultura cívica emergente.

4.2. Aspectos psicosociales de la cultura cívica emergente

A las pautas institucionales emergentes en el nuevo contexto hay que agregar otras, también emergentes, de perfiles aún no muy claros y cuyo enraizamiento o desaparición en el mediano plazo es todavía una pregunta abierta.

Para decirlo brevemente, el efecto combinado de:

a) la aplicación (en el caso de Chile, por más de veinte años) de una estrategia de desarrollo que se articula en torno a la competencia en el mercado nacional e internacional, privilegia el esfuerzo individual y valora altamente el éxito económico;
b) el acceso masivo de los estratos medios y medio-bajos al consumo y
c) el desarrollo de los medios de comunicación masiva –especialmente la televisión– que permite una integración simbólica a la sociedad de consumo a quienes no logran superar las barreras económicas y sociales a la integración real,

han contribuido a valorizar el esfuerzo individual por sobre el apoyo y la acción del Estado.

A raíz de esa mayor valoración del esfuerzo individual se habría desarrollado una visión negativa de la política y una falta de interés en participar en acciones y movimientos colectivos. Se habría producido también una separación más marcada que en el pasado entre la esfera privada y la pública, así como un cierto aislamiento de la clase política respecto de la ciudadanía y del liderazgo partidista respecto de sus militantes, adherentes y simpatizantes. La esfera privada –y, especialmente los éxitos en ella, reales o percibidos– sería vista como derivada del propio esfuerzo y sin deber nada a la política o al gobierno. La esfera pública sería responsabilidad de la política y los políticos. El juicio que se hace en relación a ella pareciera resultar en parte de la medida en que sus responsables son capaces de resolver problemas definidos como importantes, pero también, y al igual que en el pasado, del prisma partidista o, al menos, de la definición como partidario u opositor del gobierno.

Si esa interpretación, derivada del análisis de las encuestas realizadas en los dos últimos años, resultase sostenible con estudios más profundos del tema, podría decirse que la cultura cívica emergente combina rasgos de despolitización y politización. Sin embargo, habría que agregar que el desinterés por la política podría no ser tal, sino reflejar más bien interés por una reorientación de ella hacia la solución de problemas que son percibidos como no solucionables sin la acción del estado. Si se acude de nuevo a las encuestas de opinión pública y como lo han recalcado tanto los medios de comunicación, esos problemas tienen que ver, principalmente, con la seguridad ciudadana, el bienestar social y la pobreza. Es decir, y si las encuestas reflejan, al menos en parte, actitudes y aspiraciones de la población, ésta se interesa en la acción política en la medida en que la ve orientada a solucionar vulnerabilidades sociales que la afectan o pueden afectar directamente. Esta interpretación permite identificar puntos de encuentro entre lo público y lo privado y, por consiguiente, entre la ciudadanía y la política.

En el mediano plazo, la consolidación y gobernabilidad de la democracia en América Latina va a depender de los valores políticos de los jóvenes. El desinterés que ellos muestran por la política, manifestado por su no inscripción en los registros electorales, la abstención electoral y el repudio explícito a la política y los partidos políticos, son considerados síntomas inquietantes de una cultura cívica emergente para la cual la democracia habrá perdido legitimidad. Esa visión negativa no corresponde a la realidad, mucho más matizada y compleja que muestran estudios recientes sobre los valores culturales y la participación política de los jóvenes.[56] El estudio de más amplia cobertura hecho en la región concluye un acucioso y matizado análisis afirmando que "sus estilos de vida, sus concepciones de la política, su percepción del futuro y del mundo, sus creencias, indican que, en los segmentos que logran mantenerse en la educación, poseen mentalidades sin cierres para las exigencias de la sociedad del futuro. Las valoraciones de sus opiniones dejan ver que mayoritariamente no guardan actitudes de rechazo a los extranjeros, que son fuertemente críticos al sistema tal y como está, pero que lo aceptan; que aspiran fuertemente a la educación, que miran el futuro no apocalípticamente, que respetan la diversidad de creencias, que valoran la institucionalidad secular del Estado, que no son autoritarios y sí permisivos, que le conceden importancia a la igualdad"[57].

Por su parte, la encuesta "deliberativa" más reciente hecha a 400 jóvenes de cuatro comunas de la Región Metropolitana de Chile[58] muestra la coexistencia de una valoración de la democracia como sistema de convivencia social y canal para los cambios en la sociedad, con el debilitamiento de la participación política por la incapacidad del sistema democrático para provocar los cambios que se esperan; el deseo de integración y participación, junto con la desconfianza en las posibilidades y capacidades reales de influencia en los destinos del país y en el funcionamiento del sistema.

Ambos estudios muestran una juventud con valores democráticos pero desencantada de la práctica democrática y sin comunicación con el mundo político, que valora la democracia no sólo en cuanto de solución a sus problemas específicos sino también y sobre todo como instrumento de cambio social.

En suma, los indicadores de desafección y desinterés por la política mencionados anteriormente no estarían señalando una crisis actual de legitimidad de las instituciones democráticas, sino una necesidad de reorientar la acción política hacia las nuevas demandas ciudadanas. Esas demandas, sin embargo, se definen y forman parte de una cultura política con rasgos aún no claramente definidos, algunos de los cuales reflejan y refuerzan una concepción de democracia representativa que privilegia la libertad, mientras que otros valoran la participación y dan prioridad a la igualdad.[59] La gobernabilidad de la democracia en el largo plazo, al igual que en el pasado, va a seguir dependiendo de que los gobiernos democráticos y las instituciones democráticas sean capaces de dar satisfacción a ambas[60].

NOTAS

1 Agüero, Felipe, M. Everingham, J. Diehl y R. Wisot, "Fault lines of Democratic Governace the Americas: A Workshop Report", noviembre 18-19, 1994, North-South Center, University of Miami.

2 Hapogian, Francis, "Democracy an Political Representation in Latin America in the 1990s: Pause, Reorganization or Decline?" a ser publicado en Felipe Agüero y J. Stark, eds., **Fault Lines of Democratic Governance in the_Americas**, Miami: North South Center, 1996.

3 Citado en Manzi, Jorge y Catalán, Carlos, **"Los Cambios en la Opinión Pública"**, en Cristian Toloza y Eugenio Lahera, **Chile en los Noventa**, Santiago de Chile: Dolmen, 1998, pp. 524-555.

4 Fuente: Encuestas Nacionales CERC de abril 1989 y diciembre 1995.

5 Barómetro CERC, diciembre 1995, Cuadro 56; Estudio ADIMARK, marzo 1996; DESUC-COPESA, noviembre 1995.

6 Mainwaring, Scott y Scully, T.R., 1995, "Introduction: Party Systems in Latin America", en **Building Democratic Institutions: Party System in Latin America**, eds. Scott Mainwaring y T.R. Scully, Stanford: Stanford University Press.

7 Este punto está tratado más ampliamente en los artículos de Luciano Tomassini y Augusto Varas en este mismo volumen.

8 Para una comparación reciente de las estrategias de desarrollo de América Latina y los países asiáticos véase Sunkel, O. y Mortimore, M., "Integración Transnacional y Desintegración Nacional en Latinoamérica y Asia: Una Re-visión", así como Ffrench-Davis, R., "Políticas Públicas y Globalización Económica", ambos en Urzúa, R., (editor), **Cambio Social y Políticas Públicas**, Santiago de Chile, Centro de Análisis de Políticas Públicas, 1997.

9 Garretón Manuel Antonio, **Hacia una Nueva Era Política, Estudio sobre las Democratizaciones**, Santiago de Chile, Fondo de Cultura Económica, 1995.

10 Lamounier, Bolivar, 1979, "Notes on the Study of Re-Democratization", Wilson Center, Washington, D.C., Latin American Program Working Paper, N° 58, citado en Przeworski, Adam, 1991, **Democracy and the Market**, Cambridge: Cambridge University Press, pág. 14.

11 Huntington, S. y otros, **The Crisis of Democracy**, New York: New York University Press, 1975

12 Mainwaring, Scott, "Transitions to Democracy and Democratic Consolidation: Theoretical and Comparative Issues", en Mainwaring, S., G. O'Donnell y J.S. Valenzuela (editores), **Issues in Democratic Consolidation. The New South American Democracies in Comparative Perspective**, Notre Dame, Indiana: University of Notre Dame Press, 1992, pp. 294-341.

13 Przeworski, Adam, **Capitalism and Democracy**, Cambridge, Mass: Cambridge University Press, 1985.

14 **IDEA, Voter Turnout from 1945 to 1997: a Global Report on Political Participation**, Strömsborg S-103 34 Stockholm, Sweden, cuadros 2, 4 y 10.

15 *Ibid.*

16 *Op. cit.*, p. 42, cuadro 36.

17 Según las cifras recolectadas por IDEA en *op. cit.*, pp. 87-100.

18 *Op. cit.*, pp. 43-86.

19 *Op. cit.*, pp. 87 y siguientes.

20 Ingelhart, R., **Modernization and Postmodernization**, Princeton, New Jersey: Princeton University Press, 1997, p. 308

21 Manzi y Catalán, *op. cit.*, pp. 546 y 547.

22 Garretón, Manuel Antonio, Marta Lagos y Roberto Méndez, **Los Chilenos y la Democracia. La Opinión Pública 1991-1994**. Informe 1994 y Síntesis del Estudio, Santiago: Ediciones Participa, sin fecha.

23 Hagopian, Frances *op. cit.*, 1996.

24 Varas, A., "La Democratización en América Latina: Una Responsabilidad Ciudadana".

25 Lipset, S.M., Kyoung-Ryung Seong y J.C.Torres, "Análisis Comparado de los Requisitos Sociales de la Democracia", **Revista Internacional de Ciencias Sociales**, Nº 136, junio 1993, pp. 175-197.

26 CEPAL, **Panorama Social de América Latina,** Edición 1994, Cuadro 22.

27 MIDEPLAN, Pobreza y Distribución del Ingreso en Chile, 1996, Resultados de la Encuesta de Caracterización Socioeconómica Nacional, Julio 1997, pág. 4, gráfico 2.

28 *Ibid.*

29 Para un análisis de este punto véase CEPAL, **Panorama Social,** edición 1993, pp. 38 y siguientes. También Minujim, Alberto y López, N., "Sobre Pobres y Vulnerables. El Caso Argentino", UNICEF, Buenos Aires, Serie Documentos de Trabajo, Nº 18.

30 Sunkel, Osvaldo, "La crisis social en América Latina. Una perspectiva neoestructuralista", en Carlos Contreras, compilador, **El Desarrollo Social: Tarea de Todos**, Santiago de Chile: Comisión Sudamericana de Paz, Seguridad y Democracia, 1994, Cuadro 5, CEPAL, **Panorama Social de América Latina, 1993**, capítulo 2; CEPAL, **Panorama Social de América Latina, 1994**, capítulo 3; para Argentina, La Serena y Tecco, *op. cit.*, pp. 15-16; para Brasil, Draibe y Arretche, *op. cit.*, pp. 3-5.

31 De Gregorio, J. y Landerretche, O., "Equidad, Distribución y Desarrollo Integrador", en Cortázar, René y Vial, Joaquín, editores **Construyendo Opciones**, Santiago: CIEPLAN-DOLMEN, 1998, pp. 151-190.

32 Ministerio de Planificación y Cooperación. División Social, **Pobreza y Distribución del Ingreso en Chile, 1996**. Resultados de la Encuesta de Caracterización Socioeconómica Nacional, Santiago, MIDEPLAN, julio 1997.

33 Heskia, I., "La Distribución del Ingreso en Chile", en CIEPLAN, **Bienestar y Pobreza en Chile**, Santiago: Ediciones Nueva Universidad, 1974, pp. 17-58.

34 Sobre este punto véase Moore Jr., Barrrington, **Injustice. The Social Bases of Obedience and Revolt**, White Plains, N.Y.: M.E. Sharpe, 1978.

35 Filgueira y Geneletti, *op. cit.*

36 Raczynski, D., "La Estratificación Ocupacional en Chile", en Raczynski *et al.*, *op. cit.*, pág. 89.

37 CEPAL, **La Juventud Latinoamericana en los Años Ochenta: Igualdad de Oportunidades en Educación y Empleo**, LC/R, 960, Santiago de Chile, 13 de mayo, 1991.

38 CEPAL, **Panorama Social de América Latina**, 1997, Santiago de Chile: Naciones Unidas, febrero 1998, capítulo IV, cuadros IV.1.1 y IV.1.2.

La devaluación intergeneracional de la educación se calculó a partir del análisis de las funciones que vinculan la inserción ocupacional y el ingreso pertinente con diferentes niveles educacionales de los ocupados en 1989 y 1994.

39 CEPAL, **Panorama Social de América Latina, 1994**, pág. 101.

40 *Ibid*, pág. 106.

41 CEPAL, **Panorama Social de América Latina, 1993**, pág. 50.

42 Para una discusión preliminar del caso chileno, CEPAL, División de Desarrollo Social, **Educación Media y Oportunidades Ocupacionales en Chile**, LC/R.1518 (Sem. 82/2, 7 de abril, 1995).

43 **CEPAL, La Juventud...**

44 FLACSO, Facultad Latinoamericana de Ciencias Sociales, Sede Chile, **Representaciones de la Sociedad Chilena: Opiniones y Actitudes**, Informe de Encuesta, Area de Educación y Cultura, 1995.

45 León, Arturo y Martínez, Javier, "La Estratificación Social Chilena hacia fines del Siglo XX", en Toloza, C. y E. Lahera, editores, **Chile en los Noventa**, Santiago de Chile: Presidencia de la República-Editorial Dolmen, 1998.

46 *Ibid.*, pág. 299.

47 Albala-Bertrand, Luis, "La Consolidación Democrática como Objetivo Cultural", en L. Albala-Bertrand (coordinador), **Cultura y Gobernabilidad Democrática**, Montevideo: UNESCO/Ediciones Imago Mundi, 1992.

48 Para un análisis de este punto, véase Ramos Jimenez, Alfredo, "Cultura Democrática y Forma Partidista de Hacer Política", **RELEA, Revista Latinoamericana de Estudios Avanzados**, N° 3, octubre 1997, pp. 45-59.

49 *Ibid.*, pág. 51.

50 **Pensamiento Iberoamericano** 30, Economistas: Técnicos en Política. Para un análisis de este punto, véase especialmente "Presentación de la Editora Invitada, Verónica Montecinos", pp. 13-32.

51 Habermas, Jürgen, **Towards a Rational Society**, Boston: Beacon Press, 1970.

52 Montecinos, *op. cit.*

53 Lechner, Norbert, Las Transformaciones de la Política, no publicado.

54 Offe, *op. cit.*, pág. 156.

55 *Ibid.*, pág. 158.

56 Véase, por ejemplo, Casanova, Ramón, **Institucionalidad de la Democracia en América Latina, Valores Culturales y Participación Política de la Juventud**, texto resumido, CENDES, Venezuela, 1996; Centro de Estudios del Desarrollo (CENDES), Informe Final Encuestas Deliberativas ¿Por qué no Participan los Jóvenes? Participación Política de los Jóvenes ¿Hacia una Nueva Cultura Política?, Santiago de Chile, 1998, no publicado.

57 Casanova, *op. cit.*, pág. 9.

58 CED, *op. cit.*

59 Garretón *et al.*, *op. cit.*, pag. 15, cuadro 2.

60 Fontaine Talavera, Arturo, "Significado del Eje Derecha-Izquierda", Centro de Estudios Públicos (CEP), Serie **Documentos de Trabajo** N° 228-Enero 1995.

II.

DEMOCRATIZACION Y CULTURA DEMOCRATICA

El concepto de corrupción

Laura Underkuffler*

I. Introducción

La corrupción de funcionarios públicos y las discusiones acerca de ella han jugado un rol crítico en las presiones por cambios sociales y políticos que enfrentan tanto los gobiernos democráticos emergentes como los establecidos hace tiempo. Al igual que la violencia familiar, la corrupción no conoce limitaciones políticas, sociales o económicas. Los problemas de corrupción o el debate sobre esos problemas han surgido en todas las sociedades en contra de individuos en roles públicos y gubernamentales[1]. A pesar de que la severidad de los problemas puede variar, los cargos de corrupción parecen ser parte endémica de las estructuras sociales humanas y de la vida política.

Es fácil deplorar la existencia de corrupción; uno sólo necesita leer el principal diario de la capital de casi cualquier país del mundo para apreciar el poder y la naturaleza generalizada de los alegatos acerca de ella. Mucho más difícil es tratar de determinar lo que entendemos por "corrupción", y por qué la deploramos como un mal social y político. Aunque las respuestas a estas preguntas puedan parecer obvias, en realidad no lo son. Este trabajo se orienta hacia una manera más profunda de entender qué es lo que condenamos y por qué lo hacemos.

II. Maneras de entender la corrupción: sus significados, dificultades e implicancias

a) Algunos comentarios preliminares

Cuando se oye hablar de problemas de corrupción política vienen a la mente acciones como fraude, soborno, extorsión,

* Doctor en Derecho, Universidad de Yale; Profesora de la Facultad de Derecho Universidad de Duke.

desfalco o malversación de fondos, evasión de impuestos, comisiones o coimas.[2] En efecto, tal como lo ha dicho Robert Klitgaard, "la mayoría de los países y de las culturas condenan en sus contratos públicos casi todas las instancias de soborno, fraude, extorsión, desfalco y casi todas las formas de comisiones o coimas"[3]. La mayor parte de los observadores consideran que estas actividades son equivocadas y socialmente dañinas.[4] En especial, el soborno parece ser condenado universalmente.[5]

La existencia generalizada de estas creencias encubre algunas dificultades subyacentes. A pesar de la facilidad con que todos podemos imaginar ejemplos de comportamiento corrupto, existen problemas profundos y complicados en torno a la elección de una definición de corrupción. En esta sección examinaremos las formas comunes de entender la corrupción que se encuentra en la literatura legal y académica, y exploraremos los temas que surgen de ellas. Algunos de estos temas son los siguientes:

- ¿Hasta qué punto el término "corrupción" es un término legal? ¿Es un término moral? ¿Debería ser uno o el otro, o ambos?
- ¿En qué medida las definiciones o puntos de vista que elijamos deben reflejar las ideas populares acerca de la corrupción?
- ¿Qué consecuencias tienen estas definiciones o puntos de vista particulares, en los otros valores que sostenemos, tales como la congruencia entre la ley y la moral, o la gobernabilidad legal de una sociedad?

b) Modelo N° 1: Corrupción como "Violación de la Ley"

Quizás la definición más accesible de corrupción pública es la que llamaremos el primer modelo, o corrupción "como violación a la ley". Según esta definición, la corrupción es la violación de un servidor público a su deber, tal como es definido por la ley.[6] Generalmente se cree que este enfoque comprende la violación de dos grupos distintos de obligaciones legales: las establecidas para el cargo particular del funcionario público,[7] y las que resultan de prohibiciones generales, tales como las que prohíben el desfalco, el soborno, las deudas, el fraude y otros.[8]

Una pregunta preliminar que surge de este modelo es si la violación del primer conjunto de obligaciones es suficiente para que sea "corrupción", o si se requiere también la violación del segundo conjunto de obligaciones. Generalmente, el simple incumplimiento en el desempeño de las obligaciones impuestas por el cargo público, o negligencia del deber, no es considerado como un comportamiento "corrupto". Si un funcionario público deja de procesar postulaciones, deja de votar, o deja de cumplir con sus obligaciones públicas, no se considera corrupción sino simple negligencia. De la misma manera, tampoco lo es la simple infidencia en el cargo. Tampoco se considera corrupto a un encargado de servicio que comete errores en el desempeño de sus tareas, simplemente en virtud de ese comportamiento. Más bien se requiere de algo que cambie la simple transgresión en un abuso de confianza en el trabajo.[9] Como dice Klitgaard, "corrupto" evoca todo un rango de imágenes de lo que es malo, designa aquello que destruye el orden. La palabra (el lenguaje) tiene un fuerte carácter moral.[10]

Dentro del modelo de corrupción en tanto es "ilegal", este elemento moral lo aporta generalmente la violación simultánea del segundo conjunto de deberes, aquellos establecidos por la ley penal. Las violaciones a las leyes penales generales contra el soborno, las coimas, los fraudes, la malversación de fondos, y otros, incluyen todos ellos un elemento adicional: la vinculación del actor público en un esquema de **ganancias particulares**, lo cual es –para las leyes penales y normas públicas– moralmente condenado. La transgresión de la responsabilidad pública más la transgresión de una ley penal (que prohíbe los esquemas moralmente reprensibles de ganancias particulares) se ajusta a esta forma de entender el concepto de corrupción.

Esta concepción de corrupción parece tener varias ventajas claras. Al requerir que se pruebe la violación de una ley criminal, este modelo asegura que la idea de corrupción sea perseguida de acuerdo a los principios del conocimiento que hay al respecto, al procedimiento justo y otras salvaguardias que son parte inherente del concepto de corrupción. El procesamiento solamente de aquellos individuos que transgreden leyes penales pareciera asegurar que sólo serán sujeto de procesamiento por cargos de corrupción las personas que se han visto envueltas en actos ampliamente considerados moralmente condenables y, además, que tales personas serán procesadas.

Pero, ¿es cierta esta conclusión?, ¿podemos de hecho utilizar las leyes penales como un substituto para nuestra comprensión operativa de lo que es y debería ser la corrupción? En la práctica, si examinamos este modelo encontramos muchas fallas. Obviamente, el uso de definiciones legales precisas en procesos penales de corrupción es muy deseable en una sociedad gobernada por normas jurídicas, pero las definiciones legales en esta área parecen ser frustrantes e –inevitablemente– imprecisas.

Daniel Lowenstein discute este punto en su conocido trabajo acerca del soborno. Generalmente la literatura legal considera el delito de soborno como una violación con límites fijos y bien claros.[11] Dentro de una definición común, el soborno es una transacción *quid pro quo* que envuelve el intercambio explícito de un beneficio específico por una acción específica (o inacción), violando los deberes prescritos del funcionario.[12] Esta definición aparentemente define con precisión un tipo de transacción corrupta.

Sin embargo, cuando se analiza esta definición, resulta al mismo tiempo demasiado estrecha o demasiado amplia. Tanto es así que parece requerir un acuerdo bilateral efectivo, que no está de acuerdo con la práctica procesal actual: un soborno puede ocurrir (en casi todas las interpretaciones) incluso si es intentado sólo por el sobornador o sólo por el receptor.[13] Además, muchas de las transacciones que son claramente corruptas no comprenden explícitamente transacciones *quid pro quo*; en este contexto las formas de entender la corrupción pueden ser bastante más sutiles.[14] En efecto, en las transacciones más sofisticadas no se mencionará para nada el "pago" por el "regalo" recibido. Por ejemplo, se mencionará simplemente como un problema y, en respuesta al beneficio obtenido, se ejercerá una influencia.[15] Como lo ha señalado la Corte Suprema de Estados Unidos, las leyes de soborno identifican "sólo los intentos más estruendosos y específicos de los ricos por influir en la acción gubernamental".[16]

En el otro extremo del espectro, la definición de soborno fundada en la idea de una transacción *quid pro quo*, de beneficio privado por una acción específica, incluirá claramente muchas transacciones que son partes aceptadas de nuestra idea de política legítima. Por ejemplo las promesas hechas por candidatos políticos con la intención –al menos en parte– de incentivar donaciones para la campaña, votos positivos, u otros favores, generalmente no son considerados como casos claros y obvios de soborno (en ninguna sociedad).[17] Sin embargo, bajo la simple manera de entender el soborno *quid pro quo*, tales intercambios debieran estar prohibidos.[18]

Una manera de distinguir las transacciones *quid pro quo* corruptas de las no corruptas es enfatizar las diferentes tareas de los funcionarios involucrados. Si, por ejemplo, la tarea del funcionario es simplemente de naturaleza administrativa, la influencia obtenida con la entrega de regalos u otros actos implica más claramente una "violación de funciones", que si ella es la elaboración de políticas. Si la tarea del funcionario es simplemente administrar o hacer respetar la ley existente, no habría un rol legítimo para la influencia ciudadana. Sin embargo, si su tarea abarca la elaboración de políticas o funciones discrecionales, el ejercicio del juicio del funcionario puede abarcar legítimamente la consideración de los intereses de los ciudadanos y la presión de éstos por sus intereses (a través de regalos, contribuciones para la campaña, intercambios sociales u otras estrategias), lo que es algo aceptable en un gobierno democrático.[19] En otras palabras, se debe distinguir entre los intentos de soborno de un recaudador de impuestos de importaciones, de los regalos a los legisladores nacionales.

Nuestra manera de entender la naturaleza de las tareas funcionarias involucradas va a afectar claramente nuestra descripción de las transacciones de influencia como corruptas o legítimas. Sin embargo, incluso esta distinción comienza a desmoronarse cuando es objeto de un escrutinio más profundo. La distinción entre administrar la justicia y crear la justicia es notoriamente difícil. Son pocos los actos relacionados con la aplicación de la ley que no contengan elementos discrecionales o de interpretación. Aunque no sea "legislativo" en sentido formal, las razones en favor de los "insumos" y las influencias ciudadanas en estas decisiones pueden ser tan fuertes como en la arena legislativa tradicional.

Además, es extremadamente difícil dar razones de por qué la influencia es legítima en un escenario y es corrupta en otro, sin una comprensión más profunda y fundamental acerca de lo que significa nuestro sistema político y de cómo debe operar en asuntos que son de por sí extremadamente complejos. Por ejemplo, si consideramos corruptos o no los intentos por influir en los legisladores dependerá de si los consideramos como simples implementadores de los deseos de los electores o como encargados a ejercer un juicio independiente en el bien público general.[20] La Corte Suprema de Estados Unidos se ha pronunciado acerca de esta interrogante en el caso de los candidatos políticos, en el sentido de que "debemos distinguir entre aquellos 'arreglos privados', inconsistentes respecto al gobierno democrático, y aquellas resoluciones de candidatos que promueven los fundamentos representativos de nuestro sistema político".[21] Estas preguntas, sin embargo, tienden a causar la desintegración de definiciones legales que, de otra manera, serían claras y precisas dentro del alcance abstracto de la teoría política. Aunque las ideas acerca de la gobernabilidad democrática y los roles de los funcionarios públicos son, sin duda, una parte fundamental de los delitos en contra del derecho público, la importación de inquietudes teóricas extrañas a las cuestiones de interpretación de las leyes penales parece socavar la propia claridad y seguridad de las definiciones legales, es decir, las razones más fuertes para confiar en ellas.

Algunos han argumentado que debe agregarse el elemento de secreto o de reserva, al distinguir entre las transacciones delictivas y las inocentes. Por ejemplo, transacciones *quid pro quo* que cumplen con los elementos legales generales de soborno lo serían si se llevan a cabo en secreto, pero no en el caso contrario.[22] Sin embargo, aunque la reserva es generalmente una característica de cualquier acto potencialmente ilegal, no es mala en sí misma. Por otro lado, una transacción inocente, realizada con reserva, por privacidad o por otras razones, no se transforma –por la sola razón de la reserva– en una acción "corrupta" o "ilegal". Al contrario, tal como lo ha dicho Lowenstein, sería anómalo sacar por conclusión que no se debiera procesar a un funcionario con el suficiente atrevimiento como para recibir abiertamente sobornos.[23]

La frustración por no capturar la esencia de la corrupción en las definiciones legales ha llevado a algunos comentaristas a agregar a ellas definiciones no legales. La "corrupción" ha sido descrita como "perversión de poder";[24] "pérfido veneno" del engaño,[25] "mal uso" del poder público para ganancias privadas;[26] "control asegurado por un abuso" –una perversión del propósito– del poder (dado por sentado),[27] y otros. De hecho, muchas disposiciones legales acerca del soborno en Estados Unidos han intentado capturar este elemento de oprobio moral o de mal sustantivo, agregando, como elemento de la ofensa, que habrían sido cometidos con "intención corrupta"[28]. Sin embargo, como lo señala Lowenstein, son pocas las leyes o las decisiones judiciales que han intentado explicar lo que debería significar "corrupto" en este contexto.[29] Aquellos que lo hacen declaran que significa un intento o propósito "equivocado"[30] –explicación que es de poca ayuda.

Los problemas inherentes a las definiciones "legales" de corrupción están bien sintetizados por Robert Brooks:

"Las definiciones detalladas de las prácticas corruptas y de soborno se encuentran, por supuesto, en cada código legal bien desarrollado, pero son escasamente tan amplias como para cubrir el concepto total, tal como se lo ve desde el punto de vista de la ciencia política o de la ética. Las sanciones de la ley positiva se aplican sólo a aquellas prácticas más flagrantes, que las experiencias anteriores han demostrado ser suficientemente perniciosas como para hacer que los sentimientos se cristalicen en prohibiciones establecidas por la ley. Incluso dentro de este círculo comparativamente limitado, la claridad y la precisión son logradas de manera imperfecta".[31]

En resumen, la corrupción como "violación a la ley" se compone de la violación de las tareas en el cargo del funcionario y en la violación de las leyes penales. Aunque este modelo parece que ataca precisamente las conductas corruptas, después de examinarlo encontramos que es demasiado estrecho y demasiado amplio al mismo tiempo. No incluye varias transacciones corruptas, que son bastante más sutiles que los burdos elementos utilizados por las definiciones establecidas. También es demasiado amplio, ya que incluye, por ejemplo, transacciones de influencias que generalmente son consideradas parte normal de la política democrática. Los intentos por superar estos problemas, agregando principios suplementarios de teoría política, reserva y otros similares, sólo parecen socavar los principios de claridad y certidumbre que son parte inherente del Código Penal, y que motivaron nuestra elección de este modelo de corrupción, en primer lugar.

La manera de entender la corrupción como "violación de la ley" tiene la ventaja de su compromiso con la precisión, claridad y conformidad con los sistemas legales y sociales gobernados por la norma legal. Sin embargo, creemos extremadamente difícil –incluso imposible, como dirán algunos– traducir nuestra manera amplia e intuitiva de entender la corrupción en normas legales que posean la precisión y la claridad esperadas de ofensas penales bien definidas. Pensamos que la corrupción no es simplemente una idea legal; es también una idea profundamente moral. Nosotros tenemos nociones profundamente morales e intuitivas acerca de qué comportamiento es corrupto y de cuál no lo es. La incapacidad de la norma legal de captar este sentido moral crea un sentimiento claro de frustración y fracaso. Aunque es obvio que las normas legales son en parte un reflejo de nuestra manera de entender la corrupción, ellas no parecen ser capaces de enunciar la esencia de ésta.

c. Modelo Dos: La corrupción como la amplia "Transgresión de las Deberes Públicos"

Otra definición de corrupción se fundamenta en la idea de transgresión de normas legales y no legales aplicables al cargo público en cuestión. Esta idea de corrupción, basada en el amplio concepto de "transgresión de la tarea pública", se encuentra comúnmente en la literatura académica. Por ejemplo, Heidenheimer cita la siguiente definición de Diccionario Inglés de Oxford, aplicable a los contextos políticos: "corrupción es la perversión o destrucción de la integridad en el cumplimiento de tareas públicas por sobornos o favores; el uso o la existencia de prácticas corruptas, especialmente en un estado, corporación pública, etc."[32]. David Bayley declara que la corrupción "es un término general que abarca el mal uso de la autoridad, como resultado de consideraciones de ganancia personal, que no es monetaria necesariamente."[33] M. McMullen cita: "la forma común de entender que un funcionario público es corrupto, es si éste acepta dinero o algo de valor por realizar algo que tiene la obligación de realizar de todas maneras, si realiza algo que tiene la orden de no realizar, o por tomar una decisión legítimamente discrecional por razones no legítimas"[34].

La característica sorprendente de estas definiciones es su intento por incluir conceptos distintivamente no legales en el concepto de corrupción. Aunque las tareas de las oficinas públicas puedan estar legalmente prescritas, la intención de estos escritores es captar normas legales y no legales en la red de proscripciones.[35] La preocupación es por las políticas públicas, las normas y los intereses más amplios, que pueden o no estar codificados en estatutos, regulaciones u otras formas de leyes positivas.[36] Bayley, por ejemplo, cita favorablemente el famoso informe del Comité Santhanam: "en su connotación más amplia, la corrupción incluye el ejercicio impropio y egoísta del poder y la influencia ligada a una oficina pública o a la posición especial que se ocupa en la vida pública".[37] Es claro que los criterios tales como "impropia" y "egoísta" no son de naturaleza legal.

Hay claras ventajas en la utilización de definiciones basadas en entendimientos más amplios de las tareas de los funcionarios públicos. Al focalizarse en el tema central al que se hace alusión –la transgresión del funcionario de su deber o de la respetabilidad pública– este modelo de corrupción parece apuntar a las nociones instintivas de corrupción que sostenemos. Cuando se manifiesta públicamente indignación por la corrupción, el fondo de esta queja no es la violación de leyes particulares (aunque ello pueda estar relacionado), sino de ideas más amplias acerca del comportamiento público, de la moralidad y de la credibilidad. Las teorías de corrupción pública como la transgresión del deber –en todas sus innumerables formas– son claramente las más congruentes e inclusivas de las maneras populares de entenderla.[38] Bajo esta perspectiva se evitan los problemas de sobreinclusión y de falta de inclusión, que abundan en la "corrupción como ilegalidad".

Las dificultades de este tipo de definiciones son, por supuesto, evidentes en su planteamiento. Si las definiciones de corrupción se fundan en normas públicas cambiantes e inciertas, ellas violan principios básicos de equidad que sostienen los sistemas sociales y legales gobernados por la norma de derecho. Bajo esta perspectiva es difícil fijar la línea entre las actividades corruptas y las que no lo son. No hay una comprensión clara de cuáles son los deberes públicos o de qué circunstancias constituyen una traición a ellos. Si un funcionario público facilita o da prioridad a la visa de un amigo, o un administrador universitario promueve la postulación de un estudiante que no tiene los requisitos académicos normales para ser aceptado en la universidad, o un empleado público le entrega a su supervisor el curriculum-vitae de su hijo, ¿ha ocurrido corrupción? Estas preguntas son especialmente difíciles de contestar en ausencia de reglas o regulaciones positivas que prohíban la conducta en cuestión.

Por supuesto, los intentos por definir conceptos importantes tienen siempre un grado de imprecisión y hasta las prescripciones legales pueden ser criticadas por falta de claridad o certeza en sus términos, como se ha visto más arriba. Pero también es peligroso querer fundar las nociones de corrupción en ideas conscientemente amplias y de naturaleza no legal. Definir la corrupción apoyándose en nociones populares acerca de qué es el deber público puede producir fenómenos políticos fuertes y llevar a cambios, tal vez necesarios, en las leyes existentes.[39] Sin embargo, esas definiciones son fundamentalmente problemáticas como bases para procesos penales.

d) Modelo Tres: La corrupción como "La Traición del Agente a los Intereses del Principal"

Un tercer modelo de corrupción, cercano al del "deber público", es el que simplemente define la corrupción como la traición del agente a los intereses del principal. Cuando hay corrupción, el "agente" es el funcionario público y el "principal" es el público o el organismo público para el cual él trabaja.

El defensor más conocido de ese enfoque es, quizás, Klitgaard. En su obra clásica **Controlando la Corrupción**, este autor define la corrupción como "la divergencia entre el interés del principal o el interés público y los del agente o funcionario público: la corrupción ocurre cuando un agente traiciona los intereses del principal en beneficio de los propios"[40].

Esta concepción de la corrupción tiene mucho en común con el modelo del "deber público". Si por "principal" se entiende el público en sentido amplio, la traición de "los intereses del principal" va a coincidir muy estrechamente con la idea de la ruptura de los deberes establecidos por el público y que se tienen con él. Sin embargo, si el "principal" al que se debe lealtad es definido de manera más estrecha, también será más estrecha la concepción que se tenga de la corrupción. Si, por ejemplo, el "principal" es definido como la agencia para la cual trabaja el funcionario público, los "intereses" involucrados pueden ser sólo intereses burocráticos o localmente particulares.[41]

El modelo "principal-agente" no determina por sí mismo la identidad del principal. Aunque se puede equiparar los "intereses" del principal con los "intereses" públicos, o lo que es correcto o moral, esto no es necesariamente así. El modelo no hace ningún supuesto acerca de cuáles son los "intereses" del principal y cuáles los del agente. Tampoco hace ningún supuesto acerca de qué conjunto de intereses es superior a otro, sobre bases morales u otras. Simplemente establece que existen los intereses de unos y otros y que ellos están en conflicto. La neutralidad de este modelo lleva, así, a eliminar la idea de mal, de insanidad, de ilegalidad, como un componente inherente de la transacción corrupta. Por ejemplo, si el agente (el funcionario) traiciona los intereses del principal (la burocracia para la cual trabaja), aunque esos intereses se caractericen por la ineficiencia o por otros valores con los cuales el agente no está de acuerdo, su acción podrá no ser moralmente reprensible, pero será corrupta.

Se podría argumentar que, al sostener que la corrupción es una "traición" a los intereses del principal, esta concepción de corrupción está haciendo un juicio moral. Ciertamente, la "traición" tiene generalmente una connotación de maldad. Sin embargo, como ha hecho notar Carl Friedrich, aun la traición en su forma más típica no es, en el fondo, sino un acto diferente del acto que los otros tienen razón de esperar.[42] La corrupción como la "traición" de los intereses del principal sólo necesita ser una acción del agente contraria a la que el principal esperaba. De hecho, el agente puede estar en lo justo (en un sentido más amplio), al no adecuarse a las expectativas del principal[43]. El punto crucial es si se define como moralmente justificada la posición del principal o la del agente que "traiciona". Esa es una pregunta que no se plantea en este modelo.

El modelo que comentamos introduce una nueva posibilidad: la idea de una corrupción "moralmente neutra" o "buena". Más adelante discutiremos si es posible ese tipo de corrupción.[44] Lo que importa destacar aquí es que es posible definir la corrupción de una manera que deje abierta la posibilidad de su existencia. Se hace así posible concebir la corrupción como algo que es inherentemente condenable desde un punto de vista moral, o simplemente como la "traición" de los intereses de uno de los contendores, la que puede o no violar normas morales más amplias.

En esta definición están también presentes los problemas de las otras definiciones. No es más fácil definir "intereses" que "deberes". Al contrario, la necesidad de claridad y certeza se alcanza menos en este modelo que en los otros. Además, en él no se refleja la fuerte y extendida creencia de que la corrupción es intrínsecamente un mal en la sociedad y el gobierno, un hecho que toda definición de ella debe reflejar.

e) Modelo Cuatro: Corrupción como rectificación de una "Falla del Mercado" o Realocación de "Arreglos Indeseables de Poder"

El modelo del agente principal en la corrupción es llamado a menudo "económico", porque no juzga en sí mismo los costos o beneficios que confiere la corrupción.[45] Por el contrario, los efectos particulares de instancias particulares de corrupción pueden ser analizados para determinar si sus "costos" son mayores que sus "beneficios" en cualquier caso particular.[46] Este punto de vista sobre la corrupción ha sido extendido por algunos hasta un punto de vista explícitamente neutro en sus valores y orientado hacia el mercado. Bajo este modelo final, los intereses públicos y privados son simplemente reclamos conflictivos mediados a través de mecanismos de mercado legales y no legales. Donde los esquemas legales fracasan al tratar de reflejar las presiones del mercado y sus realidades, las transacciones (corruptas) sirven para restablecer el equilibrio del mercado apropiado.[47] La corrupción es simplemente "una función distributiva del mercado negro".[48]

Un ejemplo clásico de este punto de vista se puede encontrar en el trabajo de Bruce Benson y de John Baden.[49] Según ellos, los gobiernos funcionan reasignando, modificando y atenuando los derechos de propiedad.[50] Los derechos de propiedad son "la suma de relaciones económicas y sociales con respecto a los escasos recursos en el cual los miembros individuales se sitúan frente a los demás".[51] Los individuos pueden reaccionar frente a los derechos asignados por el gobierno de cuatro modos. Pueden "aceptar la estructura dada de los derechos tal como es definida por el sector público y de ahí en adelante adquirir y disponer de recursos a través de transferencias voluntarias"; pueden procurar la aprobación del gobierno "en un esfuerzo por influir sobre... (la alteración) de los derechos"; pueden recurrir al robo; o pueden adquirir "una modificación de los derechos... de algún empleado corrupto del gobierno, que está dotado con el control apropiado a su discreción."[52] La última alternativa es un tipo de "gobierno clandestino", que surge "cuando la estructura institucional imposibilita a los propietarios asignarse sus recursos en un mercado competitivo.[53]

Curiosamente, este modelo va unido a la idea de la corrupción como "ilegalidad": los actos que son considerados "corruptos" en este modelo, son aquellos que no están permitidos en el sistema legal de gobierno.[54] Sin embargo, la ilegalidad de estas acciones no implica conclusiones morales o normativas. No hay nada que constituya al sistema legalmente sancionado como superior, en ningún sentido moral o normativo, a cualquier otro.[55] En realidad, bajo este modelo, se debe a lo indeseable del sistema legalmente sancionado –a su ineficiencia– que surja un sistema de modificación de los derechos (clandestino), es decir corrupto.[56]

Otros han expresado una comprensión similar de la corrupción, pero en términos de "poder" más que de "mercado". En vez de ver la corrupción como una corrección para el desequilibrio fuera de los términos del mercado, tal como lo hacen los economistas, estos autores ven la corrupción como un potencial "correctivo del poder coercitivo y de su abuso".[57] Las leyes son producto del poder; y el poder puede o no tener una legitimidad extrínseca. Tal como observa Friedrich, "el poder aparece a menudo como siendo consensual, cuando en realidad no lo es, o puede (en los Estados Unidos) ser consensual para los anglosajones, para los blancos protestantes, cuando en realidad no lo es para los inmigrantes o para los negros."[58] La corrupción, bajo estas circunstancias, puede ser simplemente una forma de eludir la estructura de poder que existe y de implementar una diferente.[59] Lo que ha sido llamado corrupción puede ser simplemente "una desintegración del sistema de credibilidad sobre el cual reposa un determinado sistema político".[60] Este punto de vista acerca de la corrupción ha sido usado para confrontar al modelo convencional de corrupción, como de "ilegalidad" moralmente reprensible. Si lo que es corrupto (y malo) es simplemente aquello que es ilegal, entonces (se sostiene) que aquellos que están en el poder harán leyes que protejan sus actividades y que acusen (como corruptas) las actividades de los demás.[61]

La característica distintiva de este modelo "de mercado" o de "ajuste de poder" es la representación de la corrupción en términos positivos. La corrupción no es mala, ni siquiera neutral moralmente, es positiva. De hecho, es uno de los muchos mecanismos que permiten restaurar el equilibrio del mercado o rectificar los arreglos de poder que ya existen (y que son arbitrarios). Más adelante discutiremos los méritos que reclama esta "corrupción benéfica".[62] Por el momento, este modelo de corrupción "del mercado" o "de ajuste de poder" prueba que nuestra suposición de que la corrupción debe ser "mala" por definición –o al menos moralmente neutra– es de hecho errónea.

Por supuesto que aquí también están presentes los problemas que identificamos como parte de otros modelos. El modelo de corrupción "de mercado" o "de poder" no sugiere ninguna respuesta al problema de la claridad y de la certeza, que generalmente plagan las definiciones de corrupción; este modelo tampoco trata de responder la acusación presentada por el público, de atropello moral en las actividades corruptas. En realidad, bajo este modelo, esa preocupación es irrelevante: la corrupción es una fuerza positiva, no siendo un hecho apropiado para ser perseguido vigorosamente como criminal.

2. Conclusión

Hemos examinado una serie de puntos de vista del concepto de corrupción: corrupción como "ilegalidad", corrupción como "quebrantamiento del deber público", el modelo de corrupción del "agente principal" y la corrupción como rectificación de la "falla del mercado" o reasignación de "estructuras de poder indeseables". A través de este examen, hemos encontrado que aunque las definiciones legales sean parcialmente congruentes con nuestras intuiciones acerca de una conducta corrupta, las definiciones legales no son de hecho la base de nuestras creencias. La corrupción es más (y algunas veces menos) que la violación de la ley; es un concepto que tiene un significado independiente social, político y moral. Cualquier punto de vista sobre la corrupción que ignore el significado extralegal es percibido visceralmente como insatisfactorio.

Sin embargo el uso de definiciones que abarquen este reto de manera más amplia, basadas moralmente, crean problemas de otro tipo. Ya sea que tratemos de suplementar definiciones legales con términos no legales, o de escoger una definición que sea en su naturaleza deliberadamente y a propósito ilegal (tal como la corrupción como "quebrantamiento del deber público"), la violación de los principios de la claridad y de la certeza que presentan estas alternativas parece ser igualmente insatisfactoria.

En breve, pensamos que la corrupción es un concepto que refleja los impulsos y principios más profundos y conflictivos de una sociedad y del gobierno. En él encontramos tanto la purga moral de los movimientos populares de los ciudadanos como la necesidad de adherirse al mandato de la ley. Si la ley es vista como el vehículo para reforzar las normas morales, la inhabilidad de la ley para prohibir lo que se cree que es corrupto fomentará actitudes de cinismo y de falta de respeto por la ley y por las instituciones legales.[63] Si, por otro lado, nos desviamos muy lejos de las nociones legales, en un intento de acomodar nociones de moral popular, otro valor básico –el del gobierno con reglas definidas y procedimientos prescritos– se verá comprometido. Como Brooks sostiene tan bien, "la ira del público por un delito de esta naturaleza, una vez que sea conocido, puede ser ciega y rigurosa".[64]

Debido a los profundos temas que evoca la corrupción, no hay una solución fácil para definir lo que ella "debería ser". En realidad, las definiciones que tratan de resolver este problema con un enfoque "moralmente neutro" (como el del modelo del agente principal) o con un enfoque que trata de replantear la corrupción de manera positiva (modelos de "mercado" y de "poder") no son finalmente más satisfactorias. Ellos nos enseñan que elegir la corrupción como "un mal" es en realidad un acto deliberado; pero ellos no nos dicen como reconciliar las creencias morales populares con la regla de la ley.

Pareciera que, en el fondo, la corrupción sería necesaria e inalterablemente contextual. La forma en que se resuelvan las consideraciones conflictivas inherentes a ella dependerá de las condiciones particulares que prevalezcan en el país involucrado. La importancia de una respuesta al atropello moral popular, o la importancia de la adhesión a ideas estrictas acerca de la regla de la ley, o la importancia del cuestionamiento de la distribución existente de derechos, o de poder, dependerá de las condiciones sociales, políticas e históricas que prevalezcan, en un momento dado, en el país que estemos considerando. Lo que debe recordarse es que cualquiera que sea la definición escogida de corrupción, ella incorporará las respuestas a estas preguntas; y estas preguntas deben ser consideradas al determinar cualquiera definición operativa de la corrupción.

III. Los méritos de la corrupción: ¿mala, buena o indiferentes?

Parecería ilógico proceder a discutir la **deseabilidad** de la corrupción, cuando, aparentemente, no podemos decidir lo que es fuera de su contexto. Discutir la deseabilidad en teoría de algo que no podemos definir en abstracto parece ser un ejercicio insensato.

Esa crítica es en cierta medida correcta. Es imposible calcular con precisión la deseabilidad o indeseabilidad de cualquier acto considerado corrupto separada de su contexto. Sin embargo, hay ciertos efectos que se reconocen como derivados de la corrupción cualquiera que sea la definición de ella que se adopte. Esos efectos se mencionan a continuación.

a. "Costos" de la corrupción

Los efectos negativos o "costos" de la corrupción han sido discutidos en muchos estudios. Los costos más comúnmente citados son:

1) *Costos económicos*

La corrupción a menudo involucra el desvío de dinero o de bienes, desde los fondos gubernamentales a manos privadas. En cuanto tal, significa una pérdida o un robo, directo o indirecto de recursos públicos.[65] Aun en aquellos casos en que no significa una pérdida o robo directo del dinero público, lleva de otras maneras a una pérdida de recursos gubernamentales. La eficiencia del Gobierno se arruina cuando los funcionarios esperan obtener sobornos por cumplir con sus deberes, o toleran las ineficiencias de otros, como parte de una red de corrupción y de obtención de sobornos.[66]

Por ejemplo, un estudio de la corrupción en las Filipinas llegó a la conclusión de que la corrupción "lleva a favorecer a productores ineficientes, a la distribución de los escasos fondos públicos de manera injusta e inequitativa, y a la filtración de fondos desde las arcas públicas a manos privadas."[67] La corrupción en el empleo debilita la implementación del sistema de promociones y de ocupación en base a méritos y destruye las capacidades de eficiencia y de productividad que debieran introducir los sistemas en base a los méritos. Como las reglas, los reglamentos y las decisiones gubernamentales se distorsionan por la corrupción, se puede llegar a "males públicos": construcción de edificios inseguros, la práctica de la medicina por parte de médicos no calificados, el ignorar las leyes que afectan al medio ambiente, etc.[68]

También se ha demostrado que la corrupción tiene efectos distributivos indeseables. Como dice Klitgaard, "la mayor parte de los estudios demuestra que en los ambientes de corrupción los ricos y privilegiados se benefician a costa de los pobres, los campesinos y los marginales."[69]

2) *Costos sociales*

Los efectos sociales de la corrupción son, quizás, menos obvios, pero no por eso son menos reales. En una sociedad asolada por la corrupción, la cohesión política y social está minada: existe una atmósfera de desconfianza, en la que cada persona coge lo que puede para sí, o para un pequeño grupo familiar, o clan, a los que les debe lealtad.[70]

Al estudiar una sociedad corrupta en Italia, los investigadores llegaron a la conclusión de que estaba gobernada por la ética "familística amoral", en la cual "nadie va a ir más allá del interés del grupo o de la comunidad, excepto si se trata de su propia ventaja".[71]

En tal sociedad, por ejemplo, se da por hecho que todo el que puede hacerlo, va a mentir respecto a los impuestos.[72]

Bajo estas condiciones, es difícil la organización y, en especial, la organización pública.[73]

Las condiciones de confianza en los demás y de voluntad de sacrificar ganancias a corto plazo, en favor de metas públicas de largo plazo, están ausentes en las sociedades que funcionan en un medio cultural de corrupción.[74]

Donde hay poca identificación con la comunidad social y política ampliada se intensifican los conflictos en torno a quiebres tales como los de la clase social o económica, lo étnico, o religioso.[75]

3) *Costos políticos y gubernamentales*[76]

Los costos económicos y sociales dan una base para predecir costos políticos y gubernamentales de la corrupción. Donde una es la política gubernamental y otra la práctica, la corrosión del respeto por el gobierno es un problema endémico. Lo fundamental de un gobierno apoyado en la ley es el principio de la aplicación pública para todos por igual de las normas y de las reglas. Si cada ciudadano –no importa cual sea su identidad– no recibe el mismo trato por el gobierno, se rompe el acuerdo fundamental que sostiene el gobierno. La esencia de la corrupción es el recorte de beneficios, o la imposición de impedimentos, de una manera contraria a las reglas que, se supone, son aplicables a todos. La violación persistente y generalizada de la ley pareja para todos lleva al cinismo y a desconfiar de que la legalidad tenga algún significado.[77]

En realidad, los efectos políticos de la corrupción son tan poderosos, que los casos particulares de corrupción pueden desembocar en conclusiones populares acerca de la frecuencia de la corrupción que distorsionen absolutamente la realidad.[78] Sin embargo, una vez que tales ideas ganan terreno, el resultado suele ser la indignación popular y la inestabilidad política.[79]

Los alegatos de corrupción pueden llegar a ser una escapatoria para otros males sociales y económicos, dejando al mismo tiempo estos problemas desatendidos.[80]

Muchos estudios han conectado la corrupción con el cambio de régimen y con el surgimiento de un gobierno totalitario.

Si los ciudadanos creen que son víctimas de un gobierno predominantemente corrupto, inestable, que da privilegios especiales a aquellos que están en el poder, la promesa de "eficiencia" y de "trato igualitario" de un régimen totalitario pueden aparecer como altamente deseables.[81]

Tal como especificó Gunnar Myrdal, "la práctica habitual del soborno y la deshonestidad tienden a pavimentar el camino para un gobierno autoritario que elimine las prácticas corruptas del gobierno anterior y cuya acción punitiva contra los culpables proporciona una base para ser aceptado, inicialmente, por el estrato educado de la población".[82]

b. "Beneficios" de la corrupción

Los teóricos que discutiremos aquí, en general no niegan que la corrupción puede tener costos. Sin embargo, ellos sostienen que esos costos son compensados o superados por los beneficios que trae consigo la corrupción:

1) *Beneficios económicos*

La teoría económica de una corrupción beneficiosa se ha hecho popular entre algunos teóricos en los últimos años. Para esta teoría, los bienes gubernamentales, sevicios, permisos, y otros, son bienes sujetos a la regla universal de la oferta y demanda. Cuando existen reglas que permiten la adjudicación de estos bienes de manera "eficiente" (de acuerdo a la voluntad y posibilidad de pagar por ello), entrará a operar un mercado legítimo. Cuando existen reglas que no permiten la adjudicación de esos bienes por estos medios, entrarán a operar los mecanismos de un "mercado negro". Los bienes se adjudicarán a aquellos que estén dispuestos a pagar más y que puedan hacerlo, pero esta transacción de mercado será "ilícita" en el sentido legal. Aunque se la llame "corrupción", de hecho introducirá eficiencia en un orden legal ineficiente.

Esta teoría económica es resumida por Klitgaard:

> "Es muy difícil evitar las fuerzas del mercado. Cuando el mercado no está acostumbrado a distribuir bienes y servicios, la corrupción avanzará lentamente a manera de substituto de mercado ilícito. Cuando hay corrupción se puede llegar a adjudicar los bienes de acuerdo a la voluntad y posibilidad de pago. A su vez este desarrollo puede ser económicamente eficiente y, tal vez, socialmente útil".[83]

Hay muchas variables en este argumento económico. El supuesto de él es que existen leyes y reglamentos que son malos –adjudican beneficios del gobierno a personas incorrectas o impiden la actividad de gente que podría actuar– y que la negligencia de estos reglamentos, o "corrupción", es por lo tanto un fenómeno social y económicamente deseable. La corrupción "engrasa las ruedas", permite a los empresarios y a otras personas productivas evitar la tramitación y otros impedimentos instituidos por las autoridades políticas que no entienden nada acerca de procedimientos eficientes o que tienen otras preocupaciones que impiden el desarrollo social y económico.[84] Para este enfoque económico, la legalidad no determina si una conducta es buena o mala. Al contrario, si queremos establecer los méritos sociales y económicos de la conducta corrupta debemos mirar más allá de la legalidad.[85]

2. *Beneficios sociales y políticos*

Se ha defendido que la corrupción puede también tener beneficios sociales y políticos. Peculados, sobornos, nepotismo y otras cosas parecidas pueden ser ocupadas para estimular la integración social y política de grupos que no forman parte de la elite que manda, y que de otra manera no tendrían ninguna influencia política.[86]

Por ejemplo, los cientistas políticos han sostenido que las máquinas políticamente corruptas de los Estados Unidos permitieron que grupos de inmigrantes recién llegados alcanzaran participación política, influencia y finalmente su inclusión en el sistema.[87]

La opinión de Nathaniel Leff es típica respecto a este punto: "en la mayor parte de los países subdesarrollados, los grupos de interés son débiles, y los partidos políticos raramente permiten la participación de elementos ajenos a las minorías en conflicto. En consecuencia, el peculado puede ser la única institución que permita que otros intereses alcancen articulación y representación en el proceso político".[88]

Algunos comentaristas han argumentado francamente que la corrupción facilita la construcción de partidos políticos, y ésta facilita la identidad política y la cohesión.[89]

La corrupción, desde este punto de vista, es una fuerza positiva para la construcción de la nación.[90]

c. Conclusión. ¿bueno, malo, o indiferente?

Los argumentos que detallan los "costos" de la corrupción suponen varias cosas. Ellos presumen que las leyes del Gobierno y las amplias normas públicas que establecen los deberes de los empleados públicos reflejan el interés público y deben ser obedecidas. Presumen que los fondos públicos, designados por ley para fines públicos, deben ser gastados con estos fines –no para el enriquecimiento privado o para otros fines que son decididos arbitrariamente por los empleados públicos. Ellos suponen que los reglamentos del gobierno, decretos, etc., implementan fines públicos valiosos y que la subversión de estos fines a través de prácticas corruptas es mala.

Esta creencia en el bien substantivo de los reglamentos públicos no es compartida por quienes sostienen los "beneficios" de la corrupción. Ellos presumen que la estructura que prevalece para adjudicar los bienes públicos y los servicios es en realidad "de no mercado" e ineficiente, poniendo obstáculos a los empresarios y a otras personas cuyas actividades impulsarían el crecimiento económico. Los reglamentos y políticas en uso son, desde este punto de vista, obstáculos a salvar por medio de transacciones corruptas, extralegales, ya que no constituyen, para ellos, "bienes" substantivos para el interés público.

El que las reglas particulares y las políticas de cualquier gobierno sean buenas o malas, dependerá, por supuesto, de la situación en sí. Si se escoge un fin específico, por ejemplo el desarrollo económico, o la justicia social, los reglamentos y las políticas en ejecución pueden o no alcanzar ese fin. La obediencia a esas reglas será deseable o no según si de hecho contribuyen o no a ese fin. No hay manera de determinar el problema del bien substantivo aparte de su contexto.

Sin embargo, otras observaciones de quienes se oponen a la corrupción quedan sin respuesta por los que la defienden. Fuera del asunto del bien substantivo de los reglamentos estatales, las políticas o las normas, está el problema de cómo se establecen esas políticas y normas. ¿Deberán establecerse por procedimientos legales y públicos o por las decisiones individuales, caprichosas y no revisables de funcionarios que actúan en transacciones corruptas? No es posible sobreestimar esta distinción y sus efectos. Las consecuencias del proceso legal y abierto de decisiones son severas, no solamente para el orden gubernamental, sino también para la confianza interpersonal necesaria para el tejido social.

Los que sostienen que la corrupción es un mal hacen una observación interesante: que aunque se defienda con fuerza lo beneficioso de la corrupción, nadie parece quererla para su propio país. Siempre es beneficiosa para otros países estudiados, nunca para el país en el cual uno vive. Discutiendo lo que llama "la justificación ideológica de la kleptocracia que han dado en los años recientes algunos caballeros académicos del Oeste", Sinnathamby Rajaratnam R. argumenta:

> "Una sociedad que es indulgente con la corrupción y el corrupto exitoso, no es, como se dice a menudo, una sofisticada sociedad liberal con una aguda comprensión de la naturaleza humana. Al contrario, ella es lo que un sociólogo ha llamado adecuadamente una "kleptocracia"... Una sociedad del corrupto, por el corrupto, para el corrupto... Una kleptocracia se conducirá a sí misma a más y más corrupción y, finalmente, al caos político y económico, quiéranlo o no los que están en el poder. En la mayoría de los países en desarrollo, unos pocos años de esta clase de prosperidad de libre botín han conducido a la anarquía económica, la inestabilidad política, y al eventual reemplazo de la democracia por autocracias civiles o militares. Todavía tengo que ver alguna evidencia convincente de que la corrupción apoyó al desarrollo económico o fortaleció la estabilidad política".[91]

La verdad es que los sistemas políticos y sociales son mucho más que un agregado de individuos atomizados que buscan su propio beneficio, cuyas actividades constituyen "mercados" y, como un resultado necesario e inevitable de esos "mercados", logran el bien público. Ciertamente, la iniciativa individual y el apoyo de la actividad productiva son importantes para la mantención y el crecimiento de una economía nacional sana. Sin embargo, lograr un tejido de valores sociales que sostenga la sociedad es mucho más complejo. Cualquiera que haya estudiado una sociedad compuesta por "familistas inmorales"[92], o que haya considerado algo tan simple como la "tragedia de las tierras comunales"[93], sabe que una sociedad y un gobierno requieren de algo más que la ética simple de una conducta autocentrada.[94] Se requiere, además, dedicación a principios básicos que gobiernen, canalicen y controlen esa conducta, hacia fines socialmente útiles. Dos principios centrales son el uso de **procesos públicos de toma de decisiones** e **igualdad de todas las personas ante la ley**. Ambos principios son infringidos por la idea central de la corrupción.

¿Es posible lograr esos ideales o son ellos sólo los sueños de idealistas sin realismo? Tal vez el mejor argumento en favor de la verdad de esos ideales es el hecho de que la corrupción sea un motivo universal de preocupación. Como ha dicho Robert Brooks, "la corrupción política supone la virtud política; supone confianza en el cumplimiento del deber, la obligación generalizada de cumplirlo y la confianza de que será cumplido".[95] La preocupación por la corrupción significa, en el fondo, que tenemos confianza en que es posible más, que la democracia y una moral pública más amplia son metas posibles y que valen la pena.

NOTAS

1 "Existe corrupción en todos los gobiernos y en los servicios públicos de todos los países." M. McMullan, Corruption in the Public Services of British Colonies and Ex-Colonies in West Africa, en Public Corruption: *Readings in* **Comparative Analysis**, pág. 317 (Arnold Hedeinheimer ed. 1978).

2 Para un listado y una discusión de aquellos actos que comúnmente son comprendidos como corruptos, ver Robert Klitgaard, **Controlling Corruption** 3-4 (1988).

3 *Id.*

4 Ver *id.*, en 4. Las conclusiones acerca tanto del daño social como de lo equivocadas han sido rebatidas por algunos comentaristas académicos. Ver lo discutido en las notas 83-91, infra.

5 John Noonan, en un estudio masivo sobre la historia de los sobornos, llega a la conclusión de que: "El soborno es universalmente vergonzoso. No existe ningún país en el mundo que no trate al soborno como acto criminal en sus códigos. Existen algunas leyes, como las que se refieren al juego, que son constantemente pasadas a llevar sin ningún sentido de culpabilidad respecto a la ofensa. Las leyes contra el soborno no están incluidas. En ningún país los sobornados hablan públicamente acerca de sus sobornos, tampoco los sobornadores anuncian los sobornos que pagan. No es sólo la ley criminal para transacciones que han ocurrido mucho antes, que no sean tomadas en cuenta,. sino que existe un temor innato de ser considerado desagradable, lo que impide tanto al sobornador como al sobornado de publicitar su intercambio."

6 Los principales defensores de este punto de vista son: James C. Scott, Comparative Political Corruption 4 (1972) (corrupción como desviación de las normas formales o legales de la conducta oficial); J.S. Nye "Corrupción y Desarrollo Político. Un análisis de costo-beneficio, en **Political Corruption: Readings in Comparative Analysis**, nota 1, en 564, 566-67 (la conducta corrupta es aquella "que se desvía de los deberes formales en un rol público, debido al interés privado (personal, de la familia cercana, del grupo o camarilla) pecuniario o de aumento de status; o que se violan las reglas en contra del ejercicio de ciertos tipos de influencia").

7 Un problema que surge a veces es si bajo este punto de vista la violación del primer conjunto de obligaciones legales es requerido en sí mismo, o si la simple violación de la ley criminal, sin incumplimiento de deberes, es suficiente. Ejemplo de esto sería el pago de un soborno a un empleado gubernamental para que realice sus labores (correctamente). Aunque sea posible imaginarse esquemas que no consideren esta situación como una violación del deber (si el soborno es tomado como simple regalo), la mayor parte de los sistemas parecen asumir que si la ley es quebrantada, el deber público del servidor público es quebrantado al mismo tiempo. Ver Klitgaard, nota supra 2, en 19-20.

8 Ver Nye, supra nota 6, en 566-67 (que enumera el soborno, el nepotismo (como abolición de reglas al seleccionar los méritos), y malversación (apropiación ilegal de recursos públicos) como ejemplos de conducta corrupta). La comprensión de este tipo de corrupción puede incluir, por ejemplo, tanto el pago por servicios lícitos (el pago del

desempeño de un deber, al cual el aplicante tiene el deber de desempeñar, e.g. extorsión o pago "por la rapidez"), o pago por servicios ilícitos (para obtener el desempeño de un deber al cual el aplicante no tiene derecho, e.g., un soborno). Ver Klitgaard, supra nota 2, en 19-21.

9 Ver Robert C. Brooks, "La Naturaleza de la Corrupción Pública", en **Political Corruption: Readings in Comparative Analysis**, supra nota 1, en 56. 59 ("La Corrupción es intencional. El no llegar a cumplir con un deber reconocido, no es algo necesariamente corrupto: puede tratarse de simple ineficiencia. El sujeto corrupto debe conocer cómo hacerlo bien, y escoger lo malo a propósito...").

10 Klitgaard, nota 2, 23 (énfasis añadido). Ver también William E. Connolly, **Los Términos del Discurso Político** 24 (1974). "Para decir que alguien ha mentido, prometido, amenazado o asesinado, o actuado violentamente, valientemente, cobardemente, rudamente o que es inocente, negligente o corrupto, es describir una variedad de actos, prácticas y disposiciones desde un punto de vista moral".

11 Daniel Lowenstein, **Political Bribery and the Intermediate Theory of Politics**, 32 University of California Los Angeles Law Review 784, 786 (1985).

12 Ver *id.* en 786-87.819. Ver también United States v. Arthur. 544 F 2d 730, 733-34 (4to. Cir. 1976).

13 Lowenstein, nota 11 en 820.

14 Ver e.g., W. Chambliss, On the Take (1978); Connolly, nota 10, en 86-130. "Ciertamente que es por esta razón que la mayor parte de los estatutos norteamericanos sobre el soborno y muchas de las decisiones judiciales que las interpretan no requieren un *quid pro quo*, en el sentido descrito anteriormente". Lowenstein, nota 11, en 787.

15 Ver Lowenstein, nota 11, en 823-24 (al discutir casos que sostienen que el "acuerdo" para un fallo condenatorio en caso de soborno no necesita ser verbalmente explícito, ni relacionado con cualquier tipo de actividad oficial).

16 Buckley v. Valeo, 424 U.S. 1,28 (1976). Tal como ha observado Walter Lippmann, "cualquiera que haya observado de cerca la oficina de un fiscal querellante, tras el rastro de un círculo político, sabe lo enorme que es la brecha entre la conducta política escandalosa y las ofensas específicamente procesables...". W. Lippmann, A Theory about Corruption, en **Political Corruption: Readings in Comparative Analysis**, nota 1, en 294-5.

Algunas cortes y estatutos en los Estados Unidos han tratado de evitar una restricción indebida *quid pro quo* por requerimientos al definir el soborno en simples términos de "intento de influenciar la conducta de un servidor público, en relación a su cargo, empleo o obligaciones". United States v. L´Hoste, 609 F 2d 796, 807 (5° Cir), cert. denegado, 449 U.S. 833 (1980). Ver también 18 U.S.C. Sec. 201 (b) (c) (1982) (el entregar cualquier cosa de valor a cualquier otra persona o entidad, con el intento de influenciarlo en su desempeño de un acto oficial...") Sin embargo, esta solución crea serios problemas de mucha envergadura. El simple "intento de influir", difícilmente parece identificarse con una conducta "corrupta". Los intentos por parte de los constituyentes, contribuyentes, solicitantes, a influenciar a los funcionarios públicos, es el "grueso" de los políticos democráticos. Ver Lowenstein, nota 11, en 826. En transacciones muy sofisticadas, el intercambio político suele ser parecido al intercambio social. "Mientras más compleja sea la red de interacción social y más complicados y diferentes sean los medios de intercambiarse beneficios tangibles, es más difícil que las acciones individuales puedan ser catalogadas de corruptas". Heidenheimer, The Context of Analysis, en **Political Corruption: Readings in Comparative Analysis**, nota 1, en 3, 18.

17 Tal como Carl Friedrich observa: "En los Estados Unidos,... es un hecho aceptado en la vida política que una de las funciones principales de los negociadores (lobbies) que actúan en cada centro de interés, es el de participar en los procesos legislativos a través del consejo y tratando de presionar... Su función al tratar de hacer expeditos los asuntos públicos, que importantes "piezas" de legislación no "mueran" en la legislatura, sino que sean adoptadas a la brevedad, es algo universalmente reconocido casi como parte del sistema..." Carl J. Friedrich, **Pathology of Politics: Violence, Betrayal, Corruption, Secrecy, and Propaganda** 151 (1972). Walter Lippmann sostiene contundentemente que, para mejor o para peor, "el intercambio de favores es un motivo elemental y esencial para el aparato de poder que actúa en el mecanismo semiprivado, al interior de los partidos políticos, los cuales, a su vez, manejan la maquinaria oficial del gobierno". Lippmann, nota 16, en 295.

18 El manejo de la distinción entre influencia "legítima" y coimas "corruptas" es muy difícil en diversas circunstancias. Por ejemplo, numerosas cortes en los Estados Unidos han sostenido que las contribuciones hechas a las campañas, pueden ser consideradas coimas en algunas circunstancias. Ver Lowenstein, nota 11, en 808-09. V.O. Key describe un caso donde un agente de la Superior Oil Company distribuyó regalos de $ 2.500 a aquellos personeros que podrían llegar a votar en un caso pendiente sobre gas natural. Más adelante, estos regalos fueron descritos como contribuciones a campañas senatoriales. V.O. Key, Jr., **Politics, Parties and Pressure Groups** 152 (159). El soborno ha sido descrito como el "núcleo negro de una serie de círculos concéntricos que representan los grados de falta de honestidad en la conducta pública". "Una serie de círculos grises rodean al núcleo del soborno, y se hacen paulatinamente más claros, a medida que se alejan del centro, hasta que llegan a fundirse en el área blanca que rodea al todo, la cual representa perfectamente lo que es la conducta honesta e inocente." Lowenstein, nota 11 en 786.

19 Cf. Heidenheimer. "The Analysis of Electoral and Legislative Corruption, en **Political Corruption: Readings in Comparative Analysis**. nota 1, en 361, 368-70; Theodor Eschenburg, German Attempts at the Legal Definition of Parliamentary Corruption, in *id.* en 404, 405, 407; y Robert S. Getz, Congressional Ethics and the Conflict of Interest Issue, in *id.* en 434 (describe las dificultades que están involucradas al establecer criterios con peso legal, acerca de los sobornos o coimas para los actores legislativos). Tal como Eschenburg lo explica: "Es muy posible que las decisiones en materias políticas, que tengan que ver con los negocios públicos, cuyas regulaciones yacen entre los deberes de los cuerpos representativos, impliquen al mismo tiempo la búsqueda de fines partidarios, que a su vez corresponden a los intereses particulares de aquellos que tienen que votar sobre estas decisiones. Respecto a los votos en asuntos políticos o en materias donde las influencias políticas están previstas o son toleradas por la ley, las promesas o expectativas no son necesariamente

contrarias a las normas de la democracia, ni tampoco son reprehensibles... Por lo demás (la corrupción) supone... que la aceptación u otorgamiento de (un) beneficio... se hace para abusar del privilegio del voto, haciendo que el voto esté determinado por influencias no objetivas, egoístas o de alguna manera impropias." Eschenburg, nota en 407.

20 Véase, por ejemplo, Eschenburg nota 19, en 407 (al aplicar una teoría de administración fiduciaria a la corrupción legislativa: un legislador actúa de manera corrupta, si él "cede a las demandas de un tercero para obtener un beneficio personal, en vez de dar su voto como un ciudadano libre siguiendo su conciencia y sobre la base del mejor conocimiento, por la búsqueda de una buena causa..."). Como explica Lowenstein:
"Si la conclusión que una acción es corrupta pasa a convertirse en la afirmación de que tales acciones a la larga tienden a producir malas políticas, en casos difíciles la conclusión debe basarse en una concepción razonablemente específica de cuáles procesos tienden a producir resultados satisfactorios, y por qué algunas presiones introducidas en el proceso tenderán a ser dañinas, mientras otras pueden ser beneficiosas o al menos aceptables. Y en la medida que el elemento normativo de la corrupción se basa en la afirmación de que los alejamientos de los procesos democráticos son intrínsecamente dañinos, debe haber una especificación razonable sobre cuáles procesos son consistentes con los procesos que deben ser protegidos. En resumen, si la idea de corrupción es de utilidad, ella debe descansar en una teoría política intermedia". *Id.*, en 805 (nota omitida). Para una discusión acerca del uso de teorías políticas (tales como "mandato", "fideicomiso" y teorías pluralistas) en el contexto de soborno y la acción de candidatos para una oficina política, ver Lowenstein, supra, en 841-43; Getz, nota 19, en 434.

21 Brown v. Hartlage, 456 U.S. 45, 56 (1982).

22 Ver Lowenstein, nota 11, en 829. Ver también Brasz, nota 5, en 43 ("La característica más esencial de la corrupción es... el ejercicio furtivo de la autoridad formal y del poder... El propósito real por el cual la autoridad y el poder son ejercidos de manera abusiva, son siempre mantenidos en secreto...No es sólo el hecho en sí, sino también su causa y efecto los que son velados".)

23 Lowenstein, nota 11, en 830. Ver V.O. Key, Jr. **Técnicas de Soborno Político, en Corrupción Política: Lecturas sobre Análisis Comparativos,** nota 1, en 46, 46 nº 1 (las contribuciones a las campañas no corruptas son quizá ...aquellas en que los partidos patrocinan abiertamente los fines que los contribuyentes a la campaña esperan alcanzar un resultado por su generosidad".)

24 Brasz, nota 5, 41 (énfasis añadido).

25 *Id.*, p.42 (énfasis añadido). Esto es "la pretensión de ser absolutamente leal a lo principal, (lo público) mientras que de hecho está intentando beneficiarse uno mismo y/o beneficiar a terceros." *Id.*

26 Joseph J. Senturia, "Corrupción Política", en IV **Encyclopedia of the Social Sciences** 448, Edwin R.A. Seligman, *et al.*, eds. 1931.

27 Key, supra nota 23 en 48.

28 Ver Lowenstein, supra nota 11, en 795-97.

29 *Id.*, en 799. Obviamente "el intento de corrupción" debe significar más que un simple intento de influenciar las acciones del empleado público, ya que esto último ocurre rutinariamente como parte aceptable dentro de lo político. Ver *id.* en 798.

30 *Id.*, en 799 & n. 49.

31 Brooks, supra nota 9, en 56.

32 Heidenheimer, supra nota 16, en 4.

33 David H. Bayley,"The Effects of Corruption in a Developing Nation", en **Political Corruption: Readings in Contemporary Analysis**, supra nota en 521, 522. Debiera notarse que Bayley, cuando trata de probar esta definición, más adelante la limita a lo siguiente: "una práctica corrupta debiera asumirse cuando se reúnen los siguientes elementos: a) una decisión que parte de criterios gubernamentales establecidos, para decisiones de la clase relevante y b) un premio monetario que beneficia ya sea al empleado público directamente o a aquellos que están relacionados con él." *Id.*, en 526. Esta definición es más estrecha, ambas en términos de las fuentes de deberes violadas y de la naturaleza de la violación involucrada.

34 McMullen, supra nota 1 en 319. Ver también Brooks, supra en 58 (corrupción es "una mala maniobra intencional o un descuido de una obligación reconocida, o un ejercicio de poder no garantizado, con el propósito de ganar algún privilegio personal más o menos directo.") (nota omitida).

35 Ver, e.g. Friedrich, nota 17, en 127 (corrupción "es un tipo de conducta que se desvía de lo legal establecido, o que se supone como tal en un contexto dado, tal como el político"); G. Benson, S. Maaranen, & A. Heslop, **Political Corruption in America** XIII (1978) (la corrupción como conducta "ilegal o antiética".

36 Ver Carl J. Friedrich, "Political Pathology", **Political Quarterly** 70, 74 (1966) (la corrupción existe cuando una persona que tiene poder es inducida, mediante dinero o otros privilegios, "a tomar decisiones o acciones que favorecen a quien quiera que pague el beneficio y que, por lo tanto, daña al público y a sus intereses"); Arnold A. Rogow & H.D. Lasswell, "La Definición de Corrupción", en **Political Corruption: Readings in Comparative Analysis**, supra nota 1 en 54 (un hecho corrupto "viola... el bien común y sus intereses por algún privilegio especial").

37 Report of the Committee on Prevention of Corruption (Nueva Delhi: Gobierno de la India, 1964) ("Santhanam Committee" report) en 5, mencionado en Bayley, nota 33, en 522. Ver además Gunnar Myrdal, Corruption as a Hindrance to Modernization in South Asia, en **Political Corruption: Readings in Comparative Analysis** nota 1, en 229.

38 Estas definiciones tan amplias, a veces son compartidas por los mismos legisladores. Por ejemplo, en una investigación efectuada a legisladores de 24 Estados, 91,9% sostenían que el aceptar una gran contribución a cambio de votar "de manera correcta" acerca de una legislación pendiente, sería actuar de manera corrupta. John G. Peters & Susan Welch, "Political Corruption in America: A Search for Definitions and a Theory", **American Political Science Review** 974, 978-82 (1978).

39 Cf. Friedrich, nota 17, en 10-15; Brooks, nota 9, en 56: y Myrdal, nota 37, en 231 (al discutir el rol de la corrupción cuando impulsa reformas institucionales).

40 Klitgaard, nota 2, en 24.

41 A menudo este es el sentido en que ese modelo es usado por Klitgaard. Ver e.g., *id.* en 24 (refiriéndose al "cambio en la misión de una organización o en su sistema administrativo, como plan de control contra la corrupción).

42 Ver Friedrich, nota 17 en 82.

43 Por ejemplo, el agente puede ser "motivado por una preocupación genuina de responsabilidad por su... país, lo que haría que su conducta fuese... más bien funcional que disfuncional." *Id.*, en 83.

44 Ver el texto en las notas 83-91, infra.

45 Ver, e.g., Klitgaard nota 2, en 22 (al describir al modelo del "agente principal", como parte de un "esquema económico", para analizar la corrupción).

46 Ver e.g. *id.* en 24-48. Debiéramos notar que Klitgaard llega a la conclusión, al hacer un balance, que los efectos dañinos de la corrupción sobrepasan con mucho a los posibles beneficios sociales. *Id.* en 36.

47 Ver Klitgaard, nota 2 en 31 (al discutir la "advertencia del economista": "los pagos de la corrupción introducen un tipo de mecanismo de mercado". Ellos destinan bienes de acuerdo a la voluntad y posibilidad de remunerar", lo que es más "eficiente" en sentido económico.)

48 Bruce L. Benson. "Una Nota sobre la Corrupción hecha por Empleados Públicos: El Mercado Negro para los Derechos de Propiedad", **Journal of Libertarian Studies** 305, 308 (Verano de 1981).

49 Bruce L. Benson & John Baden, "The Political Economy of Governmental Corruption: The Logic of Underground Government, XIV **Journal of Legal Studies** 391 (1985).

50 *Id.*, en 392.

51 *Id.* al mencionar **The Economics of Property Rights** 3 (Eirik G. Furubotn & Svetozar Pejovich eds. 1974).

52 Benson & Baden, nota 49, en 392-93.

53 *Id.* en 391, 193. Ver también Robert O. Tilman, "Black Market Bureaucracy", en **Political Corruption: Readings in Comparative Analysis**, nota 1, en 62 ("La burocracia moderna se asemeja estrechamente al modelo de la economía de libre mercado al imponer precios". "La corrupción... involucra un desplazamiento dentro del modelo de mercado de precios fijos, hacia el modelo de libre mercado. El mecanismo centralizado que asigna los precios, ideal dentro de la burocracia moderna, puede quebrarse frente a serios desequilibrios entre la oferta y la demanda".)
Aun aquellos que reniegan acerca de la corrupción, a menudo sostienen que las condiciones "antimercado" para bienes y servicios críticos pueden conducir a su florecimiento. Ver, e.g. Myrdal, nota 37, en 237 ("Donde, tan a menudo como en el Sudeste Asiático, no existe un mercado para los bienes y servicios, o sólo existe uno muy fragmentado e ineficiente, y donde la conducta económica no está basada en cálculos racionales de costos y beneficios... "las conexiones" deben tapar la brecha").

54 Ver e.g. Benson y Baden, nota 49, en 393-95.

55 Ver *id.* en 392-95.

56 *Id.*

57 Friedrich, nota 17, en 129.

58 *Id.*

59 *Id.* en 129-30.

60 *Id.* en 130. Ver también Nathaniel H. Leff, "Economic Development Through Bureaucratic Corruption", en **Political Corruption: Readings in Comparative Analysis**, nota en 510 ("La corrupción es una institución extralegal, usada por individuos o grupos para ganar influencia sobre las acciones de la burocracia. Como tal, la existencia de la corrupción en sí sola indica que esos grupos participan en el proceso

de toma de decisiones, en mayor medida que si el caso fuera de otro modo") El corruptor, y el hombre frente a él, pueden ser sólo: "hombres de dos mundos diferentes, que se adhieren en parte a dos estándares que son incompatibles". Colin Leys. What is the Problem about Corruption? en id. en 31.35.

61 Ver e.g. Larry L. Berg, Harian Hahn, & John R. Schmidhause Corruption in the American Political System 5-6 (1976); Lowenstein, nota 11, en 802.

62 Ver el texto en las notas 83-91, infra.

63 En realidad, la divergencia entre las normas morales ampliamente sostenidas y las instituciones que existen, ya sea legales o gubernamentales, pueden en sí mismas constituir un impulso poderoso para el desarrollo de mucha corrupción en esa sociedad. Ver la discusión en infra.

64 Brooks, supra nota 9 en 56.

65 Ver Bayley, supra nota 33, en 526; Mc Mullan, nota 1, en 318 ("La corrupción en el gobierno involucra la transferencia final de fondos públicos a los bolsillos de políticos o funcionarios. El hombre de negocios que tiene que pagar una coima para obtener del gobierno un contrato, cargará el importe de la coima, en último término, a los fondos públicos"). Se estima que en los países donde prevalecen manejos corruptos, el gobierno termina pagando de 20 a 100% más por bienes y servicios de lo que debiera pagar bajo condiciones no corruptas. Klitgaard, nota 2 en 39.

66 Ver Klitgaard, supra nota 2, en 37-38; Mc Mullan, supra nota 1, en 322; Myrdal, "Corruption: Its Causes and Effects" en **Political Corruption: Readings in Comparative Analysis**, supra nota 1, en 540-541. Como dice Klitgaard: "Cuando la corrupción llega a ser una posibilidad cierta, los incentivos tanto de los funcionarios como de los ciudadanos son desviados hacia actividades socialmente improductivas, aunque sean personalmente lucrativas. Los funcionarios gastan un tiempo cada vez mayor buscando maneras de asegurarse sobornos y exigir pagos, en vez de ejercer en plenitud sus deberes públicos. Los ciudadanos también gastan su energía tratando de conseguir favores ilícitos, aumentando sus ingresos, no por actividades productivas, sino mediante sobornos, deshonestidad y colusión". Klitgaard, supra, en 44. El Comité Santhanam de la India sostuvo que "los atrasos administrativos son una de las mayores causas de corrupción. Muchas veces los atrasos se llevan a cabo deliberadamente, para así obtener algún tipo de gratificación ilícita". Santhanam Committee Report, supra nota 37, en 44, mencionado por Myrdal, supra, en 541.

67 Ledivina, V. Carino y Josie H. de Leon, Final Report for the Study of Graft and Corruption, Red Tape and Inefficiency in **Government** (report para el President Center for Special Studies, Manila, 1983) en 2, citado en Klitgaard, supra nota 2, en 38).

68 Ver Klitgaard, supra nota 2, en 40-41; Mc Mullan, supra nota 1, en 317-18.

69 Klitgaard, supra nota 2, en 41.

70 Klitgaard, supra nota 2, en 37. Ver también Myrdal, supra nota 37, en 238 (las condiciones para la corrupción incluyen "una fuerte lealtad para grupos menos inclusivos: "comunidad" de familia, casta, etnia, religiosa o lingüística... o clase", que "hacia la comunidad como un todo, ya sea a nivel local o nacional".)

71 Edward C. Banfield, "The Moral Basis of a Backward Society", en **Political Corruption: Readings in Comparative Analysis**, supra nota 1, en 129.129.

72 *Id.*, en 133).

73 *Id.*, en 131. Ver también Klitgaard, supra nota 2, en 37-38; Ledivina V. Carino, Tonic or Toxin "The Effects of Graft and Corruption", en **Bureaucratic Corruption en Asia: Causes, Consequences and Controls** (Ledivina V. Carino ed. 1986) en 168, 178; Leys, supra nota 60, en 344).

74 Por ejemplo, en una sociedad familística amoral, "la esperanza de ganancia material en el corto plazo será el único motivo de preocupación por los asuntos públicos", Banfield, supra nota 71, en 129. En ella están ausentes los motivos que llevan a la gente a contribuir con su actividad en organizaciones, como son la identificación con los propósitos de la organización, la confianza en los demás miembros y una voluntad de sacrificio por los fines de la organización. *Id.*, en 131. Ver también Jeremy Boissevain," Patronage in Sicily", en **Political Corruption: Readings in Comparative Analysis**, supra nota 1, en 138, 139 (sobre comunidades fuertemente dependientes de padrinazgo en Sicilia, "la institución principal de la sociedad...es la familia nuclear"; "los derechos y obligaciones que derivan de ser miembro de ella, proporcionan al individuo su código moral básico". "Otros valores y principios organizacionales, son de importancia secundaria".

75 Ver Klitgaard, supra nota 2, en 37.

76 *Id.*, en 6-7.

77 Ver e.g. Bayley, supra nota 33, en 527 (La corrupción en el gobierno, percibida por la gente, disminuye el respeto por la autoridad constituida. Recorta la fe popular que existe acerca del gobierno para actuar de manera equitativa").

78 Ver Brasz, supra nota 5, en 248 ("aún la corrupción a menor escala, puede sugerir al público la idea de una decadencia generalizada."); Myrdal, supra nota 37, en 231-32 (al describir el "folklore de la corrupción" que exagera la frecuencia de ésta y anima a otros a ser corruptos).

79 Para estudios que asocian la corrupción con la inestabilidad política y con cambio de régimen, ver por ej. Michael Nacht: "Internal Change and Regime Stability", en **Third World Conflict and International Security** (Instituto Internacional de Estudios Estratégicos, 1981); Klitgaard. supra nota 2, en 45-46; Myrdal, supra nota 37, en 231; Mc Mullan, supra nota 1, en 318; Sinnathamby Rajaratnam, "Bureaucracy versus Kleptocracy", en **Political Corruption: Readings in Comparative Analysis**, supra nota 1, en 546-48.

80 Ver Klitgaard, supra nota 2, en 44-46.

81 Ver, por ejemplo: Rajaratnam, supra nota 79, en 548.

82 Myrdal, supra nota 37, en 229.

83 Klitgaard, supra nota 2, en 31. Ver también Left, supra nota 60, en 515 (al discutir licencias y favores obtenidos a través de transacciones corruptas, pero adjudicadas como si lo fueran "a través de licitaciones competitivas entre empresarios" dan como resultado que "la eficiencia se introduce en el sistema").

84 Ver e.g. Huntington, supra nota 84, en 492, 498 (La corrupción puede ser una forma de sobrepasar leyes o regulaciones burocráticas que entorpecen el desarrollo económico"); Leff, supra nota 60, en 514 ("puede inducir al gobierno a tener una mejor impresión de las actividades que harán crecer al desarrollo económico"; puede "procurar

el incentivo directo que es necesario para movilizar a la burocracia a una acción más enérgica a favor de los empresarios".

85 Ver e.g. Bayley, supra nota 33, en 521-32; Leff, supra nota 60, en 514-518; Nye, supra nota 6, en 567-578. En este análisis económico los efectos desmoralizadores son rechazados por considerarlos secundarios en comparación con los efectos económicos positivos. Por ejemplo, Leff escribe:
"Se ha proclamado que la inmoralidad y la corrupción egocéntrica pueden ser causa de un cinismo extendido y de desunión social, y que esto reduciría la voluntad para hacer sacrificios por el desarrollo social de la sociedad. Este argumento puede ser criticado desde varios ángulos:
Primero, una vez que la desilusión se ha engendrado en los niveles sociales más bajos, los efectos en el desarrollo pueden no ser tan importantes como se había pensado, ya que esta gente...probablemente no puede ya sacrificarse más, en ningún aspecto.
Segundo, si el cinismo causado por... la corrupción conduce a una constante búsqueda del beneficio personal en el resto de la sociedad, eso no tiene por qué ser tan malo. Muchas de las actividades generadoras de riqueza que llevan a un crecimiento económico dependen de un egoísmo atomístico como estímulo."
Id., en 517-518. Leff llama al modelo de cohesión social para el desarrollo "una fantasía de intelectuales más que una guía adecuada de cómo ocurre el desarrollo económico". (*id.*, en 518)

86 Ver, e.g. Robert E. Merton, "Algunas Funciones de la Máquina Política, en **Social Theory and Social Structure** (Robert K. Merton ed. 1957) en 72; Huntington, supra nota 84 en 493 ("La corrupción puede ser el medio para asimilar nuevos grupos en el sistema político por medios irregulares, ya que el sistema ha sido incapaz de adaptarse lo suficientemente rápido como para procurar medios legítimos y aceptables con este propósito.") Lippmann argumenta que la corrupción, "que junta a montones de personas en un complejo de favores y coerciones", puede ser "un paso decisivo hacia la vida política". Puede ser "el substituto práctico para guerras entre facciones". Lippmann, supra nota, en 296, 297, escribe lo siguiente:
"Hay lugares en el mundo hoy en día donde la corrupción es progreso. Una vez escuché al Presidente de una república latinoamericana explicar que él estaba consolidando su régimen en su país, al nombrar embajadores, con grandes permisos para gastos, del seno mismo de sus peores enemigos. La costumbre hasta entonces había sido fusilarlos".

87 Por ejemplo, Lippmann, supra nota 16, en 296-297, al discutir sobre la máquina de Tammany Hall, en la ciudad de Nueva York, V.O. Key afirma que: "el sistema de proteccionismo (en los Estados Unidos) ha servido y aún sirve como método principal para consolidar en una masa cohesionada al sector políticamente efectivo de la población." El mismo Key, supra nota 23, en 51, afirma: "Otras formas de soborno estatal, como la distribución de contratos, órdenes, depósitos bancarios, y favores en los impuestos a cambio de servicios o de apoyo político, sirven precisamente para la misma función..." *Id.* Sin embargo, Key reconoce que: "por supuesto, no se puede negar que muchas de estas relaciones suponen más fraude o ganancia personal simplemente... que un beneficio del grupo". *Id.*, en 52).

88 Leff, supra nota 60, en 512. Ver también Klitgaard, supra nota 2, en 32; Nye, supra nota 6, en 568 ("Ciertamente que en América Central (por ejemplo), la corrupción ha sido un factor importante en el mecanismo de sucesión, al integrar a los líderes del nuevo golpe de Estado en la clase alta que ya existía.")

89 Ver e.g. Bayley, supra nota 33, en 530 ("La corrupción procura una entrada no violenta en los negocios del gobierno y de la administración."; "entre los políticos la corrupción puede actuar como un solvente para asuntos sin compromiso de ideología o de intereses").

90 Ver José Veloso Abueva, "The Contribution of Nepotism, Spoils and Graft to Political Development, supra nota 1, en 534 ("el nepotismo oficial, el proteccionismo y el peculado (pueden) contribuir a ciertos aspectos del desarrollo económico, viz. unificación política y estabilidad, participación popular en asuntos públicos, el desarrollo de un sistema viable de partidos, mejores niveles de logros políticos y administrativos para la mantención de fines de desarrollo y responsabilidad burocrática.")

91 Rajaratnam, supra, nota, en 547-48.

92 Ver Banfield, supra, nota 71.

93 Ver Garret Hardin, "The Tragedy of the Commons", 162 **Science** 1243 (1968).

94 Como dice Brooks, " En realidad, las máquinas políticas corruptas se preocupan bien poco del bienestar social... Tomando en cuenta todos los factores, la máquina corrupta es el peor salvador de la sociedad que se pueda imaginar". Robert C. Brooks, "Apologies for Political Corruption", en **Political Corruption: Readings in Comparative Analysis** supra, nota 1, 506-507.

95 Brooks, supra, nota 9, en 61.

¿Qué es corrupción?

Luis Bates*

La voz corrupción se ha instalado con fuerza en el lenguaje nacional e internacional y no solamente en el ámbito académico o intelectual. Ha pasado a ser también una expresión popular que requiere un esfuerzo de precisión conceptual, de fijación de límites, porque su uso indiscriminado o incorrecto y el tratamiento público inadecuado puede llegar a ser para un país más dañino que la corrupción misma. Tal ocurre, por ejemplo, con las denuncias que no corresponden a verdadera corrupción sino al uso del vocablo como instrumento de lucha y rentabilidad política, de acción político-partidista, de destrucción del adversario o del sistema político imperante. Pues como afirma un autor, hay pocos términos más evocadores en la ciencia política que la palabra corrupción. Su mero enunciado, agrega, resquebraja todo un sistema de valores sociales y provoca una amplia gama de reacciones, casi siempre apasionadas[1]. De hecho, muchos políticos se forman, "se hacen imagen", destacan y ascienden como denunciantes de corrupción, verdadera o ficticia, y cuando las denuncias afectan a miembros de su propio partido o de la coalición política a que pertenecen ganan credibilidad. La necesidad de distinguir, de definir el término surge pues como urgente por exigencias académicas y prácticas. No obstante, los esfuerzos hechos por alcanzar un concepto de corrupción de general aceptación son de resultados limitados debido a sus múltiples caras, aspectos o componentes que lo integran. De otro modo dicho, debido a los distintos saberes o ciencias desde las cuales se puede considerar este fenómeno.

El estado actual del problema comprende a aquellos que estiman imposible formular una sola definición porque es un tema contextual dependiente de las condiciones particulares prevalentes en un país: legales, políticas, sociales, económicas y

* Abogado. Profesor de Derecho.

culturales. Otros admiten una trilogía conceptual: académica, legal y de opinión pública. Los esfuerzos por definir la voz corrupción y sus dificultades, tal como ocurre por ejemplo con las expresiones pobreza o pornografía, nos recuerdan la definición que para esta última formulara un juez norteamericano: "sé que existe, cuando la veo", con lo que enfatizó sus formas de revelación más que el concepto mismo, criterio casuístico seguido últimamente por la Convención Interamericana contra la Corrupción de la OEA.[2] Todo lo cual no significa abandonar los esfuerzos conceptualizadores pues fijar ciertos contornos o límites a este vocablo es de conveniencia o necesidad general.

Aspectos o componentes

La consideración de los diversos aspectos, caras o componentes de la corrupción y sus relaciones, sirve no sólo como justificación de los esfuerzos por alcanzar una definición universal de la misma, sino además para comprender mejor el fenómeno que nos ocupa y orientar correctamente las medidas tendientes a reducir sus negativos efectos.

Aspectos históricos

Los rankings mundiales sobre corrupción reflejan de algún modo la historia de cada país sobre este fenómeno. Una visión somera y comparada de la situación chilena nos induce a pensar que en el país como en el mundo ha habido siempre corrupción,[3] pero sin que ésta se haya enquistado permanentemente en el aparato estatal y político chileno como ha ocurrido en otras naciones. Creemos no incurrir en márgenes excesivos de error si afirmamos, como lo hicimos en la Conferencia de Presidentes de Cortes Supremas de las Américas en 1994, que en Chile existe una tradición ética de la función pública desde don Diego Portales y sus célebres decretos sobre probidad funcionaria hasta el Presidente Eduardo Frei Ruiz-Tagle y la creación de la Comisión de Etica Pública.[4]

Nuestra percepción actual, sin embargo es, expresándola en términos meteorológicos, de "nublado parcial", de "nubarrones" que nos hacen mirar el horizonte nacional con inquietud. Nuestras observaciones y experiencias empíricas, particularmente en el plano administrativo y judicial-penal si bien carentes de rigor científico, nos permiten sostener la conclusión referida.

Aspectos socioculturales

La existencia de una noción supracultural de corrupción es debatible en la literatura existente sobre el tema. El soborno parece ser la modalidad que más se acerca a una noción universal de la misma.

Los niveles de formación educacional y cívica de la comunidad, es decir, el conocimiento y ejercicio de sus derechos como tales y no como favores funcionarios; el cumplimiento de sus deberes; el conocimiento de las instituciones que aplican las normas y el acceso a ellas; el mayor o menor desarrollo de una "cultura de denuncia";[5] en fin, la actitud de rechazo de las personas a las expresiones de corrupción conforman importantes elementos socioculturales que gravitan en el fenómeno. Como lo son, asimismo, el rasgo de sociedades más o menos personalizadas, sociedades en que florecen y se desarrollan el amiguismo, el clientelismo político o el nepotismo (vínculos familiares), caldos de cultivo del tráfico ilícito de influencias y forjadores de redes informales para el reconocimiento de derechos, beneficios o privilegios. Otro componente sociocultural que influye la corrupción son los favores recíprocos que chocan a veces con las reglas formales, leyes o reglamentos, pero que al mismo tiempo permite a las clases que no poseen ni controlan los medios de producción establecer relaciones informales por sobre las redes regulares de la Administración Pública. (El efecto psicológico de reemplazar el esfuerzo propio en el logro de beneficios o reconocimiento de derechos, por la complacencia del proveedor ha sido destacado por algunos autores). Sociedades personalizadas en que los afectos privados se trasladan a lo público y en las que los contactos llámense "pituto", "enchufe", "cuña", "pistón" o "palanca" son instrumentos indispensables para desenvolverse y progresar en un mundo crecientemente competitivo. El daño que se ocasiona a la Administración Pública, por ejemplo, cuando a ella ingresa una persona sin méritos y sólo por recomendaciones políticas o de otro orden ajenas a su competencia profesional y que por lo tanto encuentra sólo en la Administración del Estado su fuente de subsistencia económica, es de extrema magnitud para el país por las dificultades legales que existen para removerla.

Otro aspecto sociocultural que influye la corrupción es el carácter más o menos transparente de la sociedad que se analiza. Existen, en efecto, sociedades más cerradas que otras en que la reserva y el secreto les son consustanciales. Los alcances de este rasgo social en la corrupción se ven claros en la conocida fórmula de Robert Klitgaard.

Monopolio - *Transparencia* + Discrecionalidad = Corrupción

Por último, la sanción social a los actos de corrupción puede desempeñar un papel inhibidor importante y parece variar según la modalidad de corrupción de que se trate: la que se asocia a la delincuencia económica de "cuello blanco", por ejemplo, parece carecer en ocasiones de reproche social particularmente cuando se trata de infracciones de orden tributario. En este campo se advierte nítidamente un mayor reproche al despilfarro del gasto público que a los mecanismos ilícitos o fraudulentos que se usan para evadir el pago de impuestos.

La dimensión ética

La corrupción es fundamentalmente un problema ético como lo ha destacado el padre Misfud en un breve pero excelente trabajo[6]. Ninguna definición de este fenómeno puede prescindir de su tono moral asociado generalmente a las ideas de perversidad o indignidad. El contexto ético-social, la moral ambiente o universo moral de una sociedad suele determinar los índices de corrupción de un país. E influyen en ese ambiente tanto la denominada corrupción chica como la grande, la pública, la municipal y la privada, la nacional y la internacional.[7] La corrupción "chica", reflejada en actos cotidianos del diario vivir, es el punto de partida que por la vía de la pendiente conduce a corrupciones mayores. Su importancia radica, por lo tanto, en la necesidad de detenerla a tiempo para evitar esta última. Como dijera un juez americano a alumnos universitarios: "siempre tendrán una primera ocasión de decir NO al desafío o tentación de realizar actos corruptos. En ese momento se están jugando su futuro".[8] Y lleva razón ese profesor de derecho porque no saber decir no oportunamente conduce a situaciones de corrupción mayor en el mediano y largo plazo. Ejemplos de "corrupción chica" pueden ser la tendencia a "sacarse" los partes de la policía por infracción a las normas del tránsito, saltarse las "colas", copiar en clase, usar licencias médicas indebidas, evadir el pago de impuestos, hurtos en tiendas, no pagar algún consumo menor en restaurantes, regalos de poca monta a funcionarios públicos,[9] etc.

Influye de una manera importante en el contexto ético-social de un país el ejemplo de las autoridades políticas, judiciales, empresariales y en general el ejemplo de las personas que tienen algún tipo de liderazgo o poder de decisión. Integran el denominado "clima de la cima", por ejemplo, el Presidente de la República, los Ministros de Estado, parlamentarios, jueces, jefes de servicios públicos, directivos de organizaciones empresariales y sociales, ejecutivos de empresas, etc., todos los cuales educan con sus ejemplos a la sociedad toda. Sus conductas, correctas o incorrectas, tienden a reproducirse y a multiplicarse en variados niveles. Si las personas referidas no respetan por ejemplo las leyes que ellos mismos dictan o tienen la obligación de aplicar, el efecto-imitación es significativo debido al carácter público de la función que desempeñan. Otro tanto ocurre en el sector privado debido a la mayor extensión que hoy ocupa en la sociedad contemporánea y por lo tanto la mayor expansión y conocimiento ciudadano de los comportamientos de sus directivos. Después de todo, la corrupción pública como la privada tienen un común denominador que opera a modo de vasos comunicantes: la deslealtad. En resumen, los liderazgos honestos o deshonestos públicos y privados influyen de modo importante los índices de corrupción y el clima de confianza imperante en un país. Los actos de corrupción nos disminuyen a todos por igual porque no somos islas; formamos parte de tierra firme que es la sociedad. Y los esfuerzos por reducirla, por lo tanto, deben incluir a todos sus componentes.

Aspectos económicos

La corrupción es también y de modo muy importante un problema de racionalidad económica. Las personas o los grupos adoptan generalmente sus decisiones con fines de propio bienestar sopesando costos y beneficios. Entre aquellos, los costos de la corrupción, se encuentran, por ejemplo, la posibilidad de ser sorprendidos y una eventual sanción legal que afecte sus bienes o su libertad, o la posible pérdida de reputación comercial, y entre los beneficios, el muy importante de ganar la competencia al margen de las normas que la regulan.

La probabilidad de la aplicación efectiva de la ley, es decir, que el mal de la pena asignada al delito (costo) sea superior a su beneficio puede llegar a ser un factor disuasivo en la determinación de la voluntad delictiva. Lo cual significa que si se quiere aumentar los costos del delito como factor inhibidor la sanción que la ley penal establece para el delito debe ser aplicada oportuna y efectivamente y, además, ser capaz de recuperar el lucro obtenido del acto corrupto. Como expresara Carrara: "La certeza de un castigo, aunque éste sea moderado, hará siempre mayor impresión que el temor de otro más terrible pero unido a la esperanza de la impunidad; porque los males, aunque mínimos, cuando son ciertos atemorizan siempre los ánimos humanos, mientras que la esperanza aleja la idea de los males mayores". (Carrara, "De los Delitos y de las Penas", p. 82)

Menores probabilidades de aplicación real de la ley penal o "esperanza de impunidad" y por consiguiente bajo costo delictivo, se producen frecuentemente en la vida judicial debido a la existencia de barreras en el proceso de su aplicación o ejecución como las siguientes:

1. Insuficiencias de la ley penal en sí misma

Suele ocurrir que la norma penal misma, el "producto" que se prepara en el Congreso Nacional, por razones de técnica legislativa u otras, es paradójicamente un obstáculo a los propósitos legislativos de proteger determinados bienes jurídico-penales asociados a la corrupción.

Así, la "Justicia del Derecho" "envasada" en la ley penal cuando ésta es deficiente puede llegar a aumentar la "esperanza de impunidad" y con ello bajar los costos del delito. Tal nos parece el caso en nuestro medio de la configuración legal del delito de lavado de dinero.

2. Otras barreras que disminuyen los costos del delito

En el supuesto de que la ley penal elaborada en el Congreso sea la adecuada, en su proceso de aplicación surgen otras barreras que a menudo o la hacen francamente inaplicable o desvían los propósitos que el legislador tuvo en vista al dictarla. Es la que se denomina "justicia de la aplicación del derecho" como diferente de la Justicia del derecho (norma).

Tales barreras, además de las ya mencionadas, son las siguientes:

2.1. *Los procedimientos* inadecuados, inaccesibles, caros o lentos privilegian la denominada "justicia del trámite" en desmedro de la "justicia sustancial" con el resultado final de injusticia particularmente para los sectores más débiles o desposeídos de la sociedad. Las reformas al proceso penal en marcha, incluida la creación del Ministerio Público, apuntan en nuestra opinión en la dirección correcta capaz de superar esta importante barrera.

2.2. *La fortaleza de las instituciones*, la calidad de su gestión y la disponibilidad de recursos materiales y humanos son a su vez factores determinantes en la recta aplicación de la ley penal. Las instituciones que integran el Sistema de Justicia, como los Tribunales y sus órganos auxiliares, la Contraloría General de la República y el Consejo de Defensa del Estado deben disponer de suficientes y modernos elementos materiales y sobre todo remuneraciones que permitan dedicación al cargo y un decente nivel de vida, de altos niveles éticos, profesionalismo y eficiencia. De lo contrario, se erigen en formidables vallas a la correcta aplicación de la ley penal y se crean fuentes de tráfico indebido de influencias y otras formas de corrupción. No hay que olvidar que, en definitiva, los procesos de aplicación de la ley penal terminan siempre en las personas, en los individuos, de modo que si éstos no cambian sus comportamientos, hábitos éticos e inercia de costumbres profesionales y laborales terminarán siempre acomodando a sus exigencias psicológicas los mejores esfuerzos de reforma.

Además del factor que influye la relación costo-beneficio ya visto referido a la probabilidad de que no se aplique la ley penal, se encuentra la competitividad económica de las sociedades modernas. En ese contexto, algunos llegan a pensar que la corrupción es beneficiosa en términos de eficiencia económica. Economías en proceso de transición o fuerte crecimiento pueden ser también proclives a la corrupción y mercados efectivamente abiertos y libres, a su turno, pueden disminuir las oportunidades de prácticas corruptas. También la corrupción puede provocar una retracción de la inversión o afectar el volumen de los negocios. El materialismo extremo y el consumismo exacerbado denunciados por líderes espirituales y políticos destacados y su secuela de intercambios ilegítimos entre el poder y la riqueza; la influencia de estilos o modos de vida importados de países capitalistas en un mundo cada vez más pequeño; la irrupción del negocio de la droga y otras formas de ganar dinero fácil y las exiguas remuneraciones del sector público, conforman un marco nuevo que alimenta las diversas modalidades en que se revela hoy la corrupción.

La percepción de que los bienes públicos son de todos y al mismo tiempo de nadie, provoca apetencias ilícitas o fraudulentas provenientes del sector privado o político como de los funcionarios encargados de custodiarlos quienes entienden la función pública como un negocio, como una oportunidad de maximizar ingresos más que un servicio público responsable o pueden provenir de una asociación entre aquellos y éstos.

Una economía de escasez de bienes y servicios y acentuadamente estatista, regulada y de discrecionalidad funcionaria puede, asimismo, comportar un factor desencadenante de más corrupción como ocurrió claramente en la experiencia chilena 1970-1973, con economías paralelas de mercado negro y mecanismos ilícitos de la delincuencia de "cuello rojo".

El aspecto económico de la corrupción constituye pues una cara insoslayable en cualquier esfuerzo por definirla.

Aspectos políticos

La corrupción se percibe como un problema político porque daña el funcionamiento del Estado y al sistema democrático de gobierno; se asocia naturalmente con el poder, con la voluntad política real que se necesita para reducirla, es decir, con la importancia de las reacciones políticas efectivas frente al fenómeno, más allá de la retórica; se asocia asimismo con el financiamiento de los partidos, de las campañas políticas y de la política en general y con la telaraña de relaciones entre política y negocios.[10]

Aspectos legales

Las leyes que regulan lo que podríamos denominar el "marco jurídico de la corrupción" pueden ser de diverso carácter y la infracción de las mismas es un elemento que contempla frecuentes definiciones. En el plano legal preventivo, nos parece indispensable revisar las normas que regulan la selección de los servidores públicos; la promoción interna y los estímulos a los buenos funcionarios existentes; la dedicación exclusiva al cargo y las incompatibilidades, entre otras. Por otra parte, se hace necesario revisar el cuerpo penal (delitos) actualmente existente pues varias de las formas que tradicionalmente reviste la corrupción son tradicionalmente delitos, y legislar con urgencia los delitos de tráfico ilícito de influencias, enriquecimiento ilícito y uso indebido de información privilegiada privada y pública. Creemos que tales reformas legales producen por lo menos un reforzamiento del poder simbólico o sistema mítico. Decimos "por lo menos" porque son conocidas las barreras que dificultan la aplicación y efectividad de le ley.

La dificultad de definir: soluciones alternativas

El carácter multifacético y la pluralidad de referentes que tiene la voz corrupción, según se ha visto, dificulta la elaboración de una definición que los incluya a todos. Por ello, como va dicho, hay autores que optan por definiciones diferentes según el campo de origen: académicas, legales y de opinión pública[11] y otros que la definen según el contexto político, social, económico y cultural imperante en cada país.

En todo caso, algunas de las definiciones conocidas sirven para perfilar sus contornos y sus relaciones.

1. Según el Diccionario de la Real Academia Española, corromper significa alterar y trastocar la forma de alguna cosa. El padre Tony Mifsud s.j. nos recuerda por su parte que la palabra proviene del latín "corrumpere", co (juntos) y rumpere (romper), con lo que enfatiza sus dos referentes básicos: la alteración y la complicidad. La alteración significa un cambio destructivo, negativo, y la complicidad significaría una alteración voluntaria, no casual, debida a un agente causante en el ejercicio de la libertad humana que es el elemento que introduce el discurso ético a este vocablo. La idea de cambio negativo es mencionada también por el padre Renato Poblete al explicar[12] que la corrupción introduce en el cuerpo un germen que va poco a poco a atacar, a descomponer, a podrir y, eventualmente, a matar el cuerpo social; se destruye el tejido social.

2. Otras definiciones, tal vez las más conocidas, se refieren a la denominada corrupción pública, esto es, la que realiza quien ostenta, por representación o designación, potestades o funciones públicas y prevaleciéndose de las mismas sirve intereses particulares de personas individuales, de organizaciones, grupos o partidos en lugar de los intereses generales a que se debe toda actuación pública. Hay una violación o postergación del interés público para favorecer el interés privado. "Uso de potestades públicas para el interés privado cuando éste difiere del interés general a que toda actuación pública se debe".

3. Un elemento que con frecuencia se incorpora al concepto de corrupción pública es el normativo, es decir, las disposiciones legales –administrativas o penales– que infringe el funcionario en contra del predominio del interés particular especialmente normas prohibitivas de un determinado comportamiento. Este es un indicador seguro en una definición de corrupción y, dado el carácter objetivo de las normas, es además un indicio importante en la determinación de la prevalencia del interés público o del privado, en

el abuso del cargo o autoridad y en la determinación de cargos criminales. En las legislaciones nacionales son derroteros claros en este sentido los estatutos que rigen los deberes y los derechos de los funcionarios públicos contenidos en el Estatuto Administrativo y en la Ley de Bases de la Administración del Estado o en leyes especiales de rango constitucional o administrativo. Definiciones referidas a las leyes infringidas: "violación de *las reglas* establecidas en contra del predominio del interés personal. Incluye el soborno, el nepotismo y la apropiación indebida.[13]
"Cuando un agente público en el ejercicio de las funciones que le *atribuye la legislación vigente* y a través de las mismas, consigue un beneficio privado"[14]

4. La contravención a principios éticos incorporada en algunas definiciones, si bien le restan certeza resulta imprescindible por las razones ya expuestas en el apartado.

5. El fin privado que en la corrupción prevalece sobre el fin público o interés general puede ser de cualquier naturaleza, pero es el monetario o económico el predominante directa o indirectamente.

NOTAS

1 Alfonso Saban Godoy, "El Marco Jurídico de la Corrupción".

2 Aprobada el 29 de marzo de 1996 en Caracas su artículo VI señala cinco actos de corrupción a los que es aplicable la Convención. Se refiere, además, al soborno transnacional, al enriquecimiento ilícito, al uso de información privilegiada del funcionario público y otras figuras penales e institucionales.

3 Así lo demuestra el ensayo sobre el Centenario del Consejo de Defensa del Estado escrito por el abogado e historiador don Gonzalo Vial Correa.

4 Creada por Decreto Supremo de 1994 y formada por representantes de un amplio espectro de la vida nacional. La Comisión emitió un informe con recomendaciones para reducir la corrupción en el país.

5 Los voceros de denuncia y sus amplificadores los medios de comunicación masiva, que transforman los actos de corrupción en escándalos públicos, pueden acarrear efectos ambivalentes: moralizantes de la sociedad o endurecimiento de la capacidad de asombro y de reacción de la misma.

6 Aproximación ética al fenómeno de la corrupción. Tony Mifsud s.j.

7 En el capítulo sobre clasificación de la corrupción se distinguen: la corrupción pública, política, privada, nacional e internacional, municipal, delictual, endémica y generalizada, administrativa, legislativa, judicial, policial, etc.

8 Juez William Hoeveler dirigiéndose a estudiantes de la Universidad de Duke, 1996.

9 El denominado "soborno de transacción" o pagos pequeños y usuales que se acostumbran se diferencia a veces de la obtención de favores, privilegios o ventajas que no corresponden.

10 La corrupción se refiere a la interacción entre poder político y riqueza y la percepción pública de que el político se sacrifica por ideales elevados ha ido cediendo lugar a la del político buscador de poder por las ventajas que éste produce y los negocios que a su sombra se pueden realizar. Y en esta línea se percibe a los funcionarios públicos como instrumentos de los políticos.

11 John Gardiner, "Defining Corruption", **Office of Social Science Research**, University of Illinois, págs. 115-119, distingue (a) la definición académica dependiente a su turno de la disciplina que emane: abogacía, economía, sociología, administración pública, auditoría, etc., (b) la definición legal asociada a la idea de prohibición legal, administrativa o penal y (c) la de opinión pública o percepción pública de corte sociológico. A esta última se asocian el fenómeno del escándalo (producido por una interacción entre medios de comunicación, sensibilidad ciudadana y grupos de poder) y los mecanismos clásicos de estudios de opinión pública. Se trata de la violación de ideas o nociones más amplias que lo legal de conducta pública, normalidad y confianza que pueden motivar sanciones políticas o cambios en las leyes pero sin que sirvan para formular cargos penales.

12 En el libro **La democracia combate la corrupción** de la Fundación Eduardo Frei, pág. 25.

13 Corruption and Political Development: a cientific Analysis. En **Political Corruption**, Transaccion Books, New Jersey, 1978.

14 Definición funcional de la Comisión Nacional de Etica Pública. Chile, 1994.

Incorruptibles y corruptos

Pablo Ruiz-Tagle Vial*

Las continuas acusaciones de corrupción constituyen uno de los problemas más graves en Latinoamérica. Estas acusaciones han llegado a afectar la posibilidad de gobernar la región en forma democrática. En la década de 1990 las acusaciones de corrupción han afectado a Presidentes, Ministros, miembros del Congreso, del Poder Judicial y del Ejército y a toda clase de funcionarios públicos. En diversos países de Latinoamérica se han formado tribunales y comisiones para luchar contra la corrupción. Quizás como nunca, en la década de los 90 se ha intentado lograr la erradicación de las prácticas corruptas. A pesar de todos estos esfuerzos subsisten problemas conceptuales importantes acerca de lo que debe entenderse por corrupción. Tampoco está claro cuáles son las prácticas que pueden ser consideradas corruptas.

Algunos autores hablan de la corrupción como una forma de conducta desviada que sólo puede afectar a los funcionarios públicos.[1] Otros han planteado que el fenómeno de la corrupción se da en forma característica en el contacto ilícito que se produce entre funcionarios y personas privadas.[2] Hay también quienes incluyen en su concepto de corrupción el que se busque obtener un beneficio económico.[3] En cambio, no han faltado quienes aseguran que puede hablarse de corrupción cuando se da un simple incumplimiento de deberes funcionarios.[4] Y entre los diversos trabajos que se han hecho sobre la corrupción tam-

* Abogado y Profesor de Derecho, Facultad de Derecho Universidad de Chile. Master y Doctor en Derecho Universidad de Yale. Se agradecen los comentarios que permitieron mejorar este trabajo de los participantes en el Seminario, especialmente el aporte de Guillermo Pickering. También se agradece la colaboración de los ayudantes en la Facultad de Derecho, especialmente de Macarena Sáez, Ana Piquer, Soledad Salman, Simón Ramírez, Martín Mois y José Manuel Simian.

bién se habla en forma más amplia de identificar la corrupción con carencias institucionales tales como la ausencia de responsabilidad funcionaria, la falta de transparencia y publicidad en el actuar de la administración pública y los excesos que caracterizan la discrecionalidad funcionaria.[5]

En este trabajo se intenta estudiar ciertas conductas que en Chile pueden ser mejor explicadas si se las entiende como prácticas de corrupción. Para realizar dicho estudio se acepta como hipótesis que la corrupción es un tipo de conducta desviada que afecta a los funcionarios públicos y que el beneficio que éstos pueden obtener no necesariamente puede definirse en términos económicos. Asimismo, en este trabajo se acepta la hipótesis de que la corrupción implica un incumplimiento de deberes funcionarios que pueden transformarse por su reiteración en carencias institucionales. Para estudiar estos problemas hemos seleccionado un caso que se presenta como modelo de conducta desviada en el ejercicio de la función pública. Este es el caso del Ministro de la Corte Suprema de Chile Hernán Cereceda, a quien se destituyó de su cargo en virtud de una acusación constitucional. Este caso se analizará a partir de los criterios que ha propuesto en su excelente trabajo Laura Underkuffler[6], que nos permiten explicar el fenómeno de la corrupción desde una perspectiva liberal y democrática.[7]

1. Las malas compañías de corruptos e incorruptibles

La corrupción es un tema recurrente en el debate político. El concepto de corrupción ha sido usado desde la antigüedad clásica griega y romana para referirse a la vida política. Por ejemplo, en las obras de Platón y en los escritos de Catón y Juvenal encontramos continuas referencias a la corrupción de las costumbres públicas y privadas.[8] El mismo Maquiavelo, gran estudioso de la antigüedad y astuto observador de su tiempo, llegó a plantear con singular talento el vínculo que existía entre la corrupción de los gobernantes y los gobernados y nos quiso explicar cómo en aquellos casos en que la corrupción alcanza principalmente a los gobernantes ésta puede combatirse por medio del cambio político. Maquiavelo también observó con singular agudeza cómo la desigualdad social puede fomentar la corrupción.[9]

Por su parte, Montesquieu, otro gran estudioso de la antigüedad, observó que originalmente entre los romanos la agricultura y la guerra eran la actividades consideradas como dignas y virtuosas, porque normalmente del comercio y las artes debían ocuparse los esclavos. A partir de esta forma de concebir la división del trabajo que caracterizó a los romanos, Montesquieu intentó explicar el fenómeno de la corrupción en Roma, la que se habría producido cuando los romanos abandonan las actividades agrícolas y guerreras y pierden su espíritu de heroísmo y virtud.[10]

Por supuesto, en este breve y arbitrario recuento histórico sobre el concepto de corrupción hay que mencionar también a Robespierre el incorruptible. El ejemplo de Robespierre parece representar la imagen más moderna de la virtud pública, que para algunos supone una renuncia a la vida privada. Al revolucionario francés se le atribuye particularmente el haberse negado a la satisfacción de sus instintos sexuales, en pos de lograr la revolución.[11] Y aunque parezca paradojal, Burke en su prejuiciada crítica de la Revolución Francesa usa el concepto de corrupción para referirse a los efectos que se suceden de adoptar el "trágico" principio de la igualdad que caracteriza el movimiento revolucionario en la nueva Francia y abandonar el principio de la autoridad de los reyes en la vida política.[12]

De este breve recorrido sobre el uso que se ha hecho del concepto de corrupción se puede concluir que, al parecer, incluso en el caso de Montesquieu, dicho uso representa un planteamiento opuesto a las ideas liberales y democráticas. Se trata de autores que desde una perspectiva igualitaria y liberal en la historia de las ideas políticas representan mala compañía. Son autores que, por ejemplo, basados en un dudoso populismo intentan presentarse como medida de lo que es ético, como es el caso del famoso rey filósofo de Platón y de Robespierre, el admirado incorruptible. Se trata también de un cierto anacronismo, como es el caso de Montesquieu al propugnar las virtudes agrícolas y guerreras como modelo de heroísmo para Roma, que todos sabemos fue la gran metrópolis de la antigüedad, o como en el caso de Burke, que desde una perspectiva conservadora quiso perpetuar el sistema de privilegios de la constitución monárquica inglesa de finales del siglo XVIII. El otro grupo de autores anticorrupción que representan una mala compañía intelectual y política hace observaciones muy certeras, pero desgraciadamente se distancia de sus congéneres, adoptando una actitud de francotirador político y social. Entre estos últimos podemos encontrar a Catón, Juvenal y por supuesto a Maquiavelo.

También en Chile hay algunos ejemplos tempranos de este espíritu intelectual y político anticorrupción. Respecto de estos ejemplos se cumple la misma premisa anterior, ya que sus cultivadores representan ideas que son contrarias al liberalismo y la democracia. Por ejemplo, tenemos en la década de 1830 a Juan Egaña quien, a pesar de su espíritu ilustrado, quiere instaurar una nueva forma utópica de moralidad pública y privada que intenta describir hasta el último detalle en su Código Moral.[13] El documento, elaborado por Juan Egaña, consistía en un conjunto de normas a partir de las cuales se suponía que debía producirse un ejemplo de moralidad pública capaz de transformar nuestras costumbres republicanas. Un código que debía servir para seleccionar ciudadanos beneméritos y que organizaba con todo detalle la así llamada fiesta de moralidad pública. En dicha fiesta, con transparencias, guirnaldas y cintas, debían reconocerse los nombres de los ciudadanos virtuosos a quienes se debía visitar en sus casas para observar cómo realizaban sus quehaceres domésticos, a fin de que todos los demás ciudadanos pudiesen imitarlos.

Pero además del Código Moral, que nunca llegó a aplicarse, encontramos en la historia de Chile intentos más influyentes y perdurables de instaurar una forma de moralidad pública. Entre ellos destaca el esfuerzo del Ministro Diego Portales, que muchos han llamado el padre de la república conservadora en Chile. Este quiso imponer una forma de gobierno que todavía en nuestros días inspira a muchos chilenos: un gobierno basado en hombres que son modelos de virtud. Portales, en una famosa carta a su socio comercial Cea, tiene una frase, un párrafo que es famoso y muy citado. Portales quiere adoptar la república o modelo republicano para Chile, pero una república que "consista en un gobierno fuerte y centralizador, cuyos hombres sean verdaderos modelos de virtud y patriotismo".[14] Debe hacerse notar que Portales habla de "modelos de virtud y patriotismo", y no de hombres virtuosos. Los hombres de Portales deben ser modelos de virtud y patriotismo, a partir de los cuales se endereza al ciudadano por el camino del orden y la virtud. Portales propone en definitiva que sólo "cuando se hayan moralizado los mortales, entonces venga el gobierno completamente liberal, libre y lleno de ideales, donde tengan parte todos los ciudadanos".[15] En definitiva, hay en el Chile del siglo XIX al menos dos intentos muy claros de moralizar la vida pública. Estos surgen de una percepción de que la vida pública ha entrado en una fase de corrupción. Los efectos de estos intentos son todavía perdurables en el tiempo.

En nuestro siglo tenemos también dos grandes momentos de predominio de una actitud política e intelectual anticorrupción. El primero de ellos lo representa el general Ibáñez, quien entra al gobierno con la escoba para barrer con todos quienes habían ocupado cargos públicos, monopolizados –según se pensaba en ese entonces– por el partido radical.[16] Y por supuesto, el otro momento anticorrupción lo encabeza el general Pinochet, que tiene como objetivo de su gobierno militar una distendida cruzada contra la corrupción política.[17] La batalla de Pinochet todavía no sabemos si fue un éxito o un fracaso. El propio gobierno de Pinochet no estuvo exento de acusaciones de corrupción. En fin, el general Pinochet pretende terminar sus días como senador vitalicio, lo que dificulta explicar en qué consiste su lucha anticorrupción.

Y aunque parezca un tema que se agota en los períodos más autoritarios de nuestra historia, después de 1990 los gobiernos democráticos chilenos no han estado exentos de cruzadas anticorrupción. De partida, el gobierno del presidente Aylwin inició una lucha contra los abusos del gobierno autoritario y con ese objeto creó la Comisión Rettig, la que, fundamentalmente, concluyó en un reproche moral a los jueces y militares por las graves violaciones a los derechos humanos. Sin embargo, el propio gobierno del presidente Aylwin terminó su mandato envuelto en una serie de acusaciones muy serias de corrupción. Entre ellos el caso RPC[18]; el caso EMPREMAR[19] y el caso CODELCO[20]. Por supuesto, estos mismos casos y algunos más recientes han llegado a afectar la actual administración del presidente Frei, que es mostrado más enérgico que sus predecesores en esta materia.[21] De hecho, la lucha anticorrupción constantemente parece volver al escenario como una forma de reorganización de nuestra vida pública que nos impide hacer planes políticos de más largo plazo. Cierto es que el presidente Frei organizó una Comisión Nacional de Ética, que, entre otras recomendaciones, concluyó analizando todo el régimen de fiscalización y que sugirió emplear mayor publicidad, adoptar un sistema de denuncias mejorado, como también la introducción de mejoras al esquema de incompatibilidades en los cargos públicos.[22] Pero, a pesar de estos esfuerzos, seguimos con una tremenda influencia de las acusaciones sobre casos de corrupción que se eternizan por años y se mantienen pendientes como en el caso ESVAL[23] o el caso Cereceda,[24] (al cual me referiré posteriormente), y que vienen a ensuciar la vida pública y dificultar o impedir la gobernabilidad y la democracia.

Hay entonces una historia de acusaciones de corrupción en nuestro país, una historia molesta e incómoda, con la cual no nos sentimos a gusto. La justificación ética y el análisis racional consiste justamente en esforzarnos por intentar entender las áreas menos gratas de nuestra vida política y social. Por eso, ahora intentaremos explicar mejor este incómodo fenómeno de la corrupción desde una perspectiva liberal y democrática. Para hacerlo nos vamos a referir a un caso específico que, a nuestro juicio, sólo puede explicarse como un caso de corrupción funcionaria, esto es, el caso de la acusación constitucional del ministro de la Corte Suprema de Chile Hernán Cereceda.

2. Los criterios de Underkuffler para estudiar la corrupción

Es en este punto donde creo ver la enorme utilidad del trabajo de Laura Underkuffler.[25] Este trabajo es útil porque por vez primera he visto la posibilidad de tipificar de una forma más o menos sofisticada casos complicados como los de la acusación constitucional contra el ministro Cereceda. Esta tipificación es la forma de restringir el uso del concepto de corrupción y hacerlo compatible con los principios liberales y democráticos. Ciertamente este caso es difícil de explicar pues implicó la destitución y remoción de un juez de la Corte Suprema, en el cual muchos vieron un simple acto de venganza personal y política. Para muchos no era posible que un juez de la Corte Suprema fuese removido por haber demorado más de 15 días en resolver un expediente que tenía más de doce tomos y varias fojas, causal que finalmente se invocó en términos técnicos y jurídicos. Pero, si seguimos el análisis que hace Underkuffler, nos damos cuenta que el caso del ministro Cereceda puede ser calificado como un caso de corrupción. En definitiva, aunque encontremos una pequeña violación como justificación de la remoción de un ministro de la Corte Suprema, podemos explicar este tipo de casos como presentando una acción típica de corrupción.

Veamos entonces en qué consiste este esquema en términos básicos. Todo el análisis que sigue se refiere fundamentalmente a casos de corrupción de funcionarios públicos. Eso no significa que no exista la corrupción privada. De hecho, sabemos que la corrupción pública no se da en el vacío, sino justamente en relación con la corrupción privada. Además, conocemos el concepto de crimen "de cuello blanco" que se vincula a la idea de corrupción privada y la difícil historia de quien lo acuñó, esto es, del profesor Edwin Sutherland.[26] De hecho, este autor publicó en el año 1949 un estudio sobre estas materias, y por las amenazas que recibió de ser demandado por injurias y calumnias por parte de las compañías a las cuales había estudiado, debió omitir sus nombres y esperar hasta el año 1983 para publicar su trabajo completo incluyendo los nombres de las corporaciones a las cuales acusó de cometer estos crímenes "de cuello blanco"[27]. Sutherland identificó diferencias entre los delitos de las grandes corporaciones y otras empresas privadas y comparó las características de estos crímenes con las conductas criminales más habituales.[28] Pero no obstante tratarse de un interesante tema, si se quiere estudiar la gobernabilidad y la democracia no podemos tratar todos los temas, ni referirnos a todas las preocupaciones.

Entonces, si volvemos al análisis de la corrupción de los funcionarios públicos y seguimos los planteamientos de Underkuffler, debemos reconocer que la corrupción puede consistir en la violación de un deber jurídico, sea específico y general.[29] Lo que ella plantea es que en una conducta corrupta debe darse la conjunción entre la violación de un deber jurídico específico y uno general. No basta con una violación particular ni tampoco con una violación general. Según Underkuffler, la corrupción generalmente se identifica con la violación conjunta de deberes específicos y generales. El ejemplo más simple de esta violación conjunta de deberes sería el que un funcionario reciba dinero para dictar injustamente una resolución favorable respecto de una persona. En este caso se viola el deber general de no recibir dinero y también se viola el deber específico de no dictar resoluciones contrarias a derecho para favorecer a personas determinadas. La violación de un deber específico, por sí solo, no se identifica con la corrupción porque en ese caso pensamos en un crimen o simple delito o en una falta y no pensamos necesariamente en algo más grave, como es la corrupción.[30] En el ejemplo anterior, la simple dictación de una resolución contraria a derecho que favorece a una persona determinada queda comprendida en la categoría de simple violación de deberes específicos.

La explicación se complica cuando planteamos que la violación de un deber jurídico general por sí sola no basta para considerar dicha conducta como corrupta. Underkuffler ilustra lo dicho en su trabajo con el siguiente ejemplo: ¿Qué pasa si damos regalos a los funcionarios para que cumplan su función correctamente? ¿Estaríamos en este ejemplo corrompiendo a ese funcionario o violando deberes generales? Parece ser que no habría violación de deberes específicos, dado que el funcionario podría ser mucho más ágil en su función. Sin embargo, como se ha dicho, en este caso habría una infracción del deber general de no entregar regalos o de no entregar sobornos a un funcionario y en el esquema de Underkuffler no deberíamos considerar esta conducta necesariamente como corrupta. Se trata de la simple violación de un deber jurídico general y si dicha violación no implica quebrantar los deberes específicos del funcionario no puede hablarse de corrupción. Tenemos entonces un primer criterio de análisis consistente en la violación de conjunta de deberes jurídicos generales y específicos. Este criterio, siguiendo a Underkuffler, en todo caso es un criterio incompleto para explicar los casos de corrupción porque como ya se ha podido advertir la definición de "deber" es muy difícil de utilizar. Asimismo, la distinción entre deberes generales y específicos no nos permite encasillarlo o tipificarlo en las múltiples formas de violación de deberes jurídicos que podemos concebir, por muy diversas que dichas formas sean explicar todos los casos de corrupción. El concepto de corrupción se resiste a ser.

Por eso, no basta con hablar de casos de violación de deber jurídico para explicar todo el fenómeno de la corrupción. Tal como propone Underkuffler en el uso de la palabra corrupción siempre hay envuelto un criterio que va más allá de lo jurídico y que dice relación con la maldad, la traición, el ocultamiento, y que hace de la simple violación de deberes jurídicos una forma incompleta de explicar el fenómeno de la corrupción.[31]

De allí que el segundo modelo de análisis que nos propone Underkuffler identifica la conducta corrupta con la violación del deber moral. Según ella hay ideas generales de justicia o ética que buscan sistematizar este deber moral y que dicen relación con diversos tipos penales. Entre ellos está por ejemplo el uso indebido de influencias que escapa, en cierta medida, a la posibilidad de ser tipificado jurídicamente. En dichos casos, cuando se incorpora el concepto de violación de deber moral, se recoge el sentimiento popular acerca de la corrupción. El grave problema contenido en esta forma de análisis de los fenómenos de corrupción es que se trata de una forma no especializada ni técnica. Jurídicamente hablando, la corrupción como simple criterio moral adolece de una tremenda arbitrariedad. En virtud de dicho criterio podemos llamar corrupto un acto que antes era inocuo y que hoy deja de serlo. Es por ello una forma poco estable de analizar el fenómeno de la corrupción.

Quizás esta inestabilidad y arbitrariedad que son propias del concepto moral de corrupción y la imposible tipificación que supone el concepto jurídico de deber explique el que algunos autores hayan desarrollado un tercer punto de vista que intenta dar cuenta del fenómeno de la corrupción a partir del análisis institucional. Es en este enfoque, particularmente Klitgaard quien desarrolla la tesis de la desviación de la conducta del agente en relación a la del principal. Según Underkuffler, Klitgaard explica la corrupción como la desviación de los intereses de un mandatario respecto de los intereses de un mandante. El mandante podría ser una institución estatal, en un caso, que ha colocado al agente para proteger ciertos intereses específicos de dicha institución. O también puede ser el pueblo, en un régimen de soberanía popular del cual derivan los mandatos de los funcionarios públicos[32]. Este esquema, entonces, recoge un criterio más flexible que el jurídico, y más cercano a lo que piensa el hombre común acerca de la corrupción. No obstante lo correcta que pueda ser esta tesis, tiene el problema de no definir cuáles son estos intereses del que otorga el mandato y tampoco designa a quién está facultado para definirlos. ¿Serán los intereses de la institución pública así definidos en su estatuto? o ¿será la institución pública la que defina la forma en que estos intereses son del pueblo y la forma en que éstos deben ser representados por el mandatario? Parece ser que si usamos criterios morales para explicar la corrupción, caemos en una indefinición, que es similar a la existente en el término "deber" que caracteriza al modelo de análisis simplemente jurídico.

Finalmente, Underkuffler nos propone una cuarta forma de analizar la corrupción que está basada en el análisis económico y que consiste en identificar la corrupción como un mecanismo de reasignación de recursos en mercados imperfectos o, alternativamente, como un modo para redistribuir el poder social en sociedades imperfectas, donde no existe participación.[33]

En esta última perspectiva de análisis, vale decir, la que enfatiza el aspecto económico distributivo y de participación para definir la corrupción, parece haber una novedad consistente en que se reconocen las posibilidades de lo que se llama "corrupción buena". Hay en esta propuesta algunos casos en que la corrupción resulta más eficiente que las asignaciones ya existentes en el sistema y que pueden en algunos casos ser más proclives a una lógica de mercado.[34]

3. El caso Cereceda: un caso de corrupción

Luego de estas cuatro explicaciones, es posible referirse al caso de la acusación del ministro Cereceda e intentar explicarla desde el punto de vista de los criterios aquí propuestos. El Ministro Hernán Cereceda Bravo fue acusado en virtud de lo dispuesto en el artículo 48 de la Constitución chilena que dispone: *"Son atribuciones de la Cámara de Diputados: Declarar si han o no lugar las acusaciones que no menos de diez ni más de veinte de sus miembros formulen en contra de las siguientes personas:. c) De los magistrados de los tribunales superiores de justicia y del Contralor General de la República, por notable abandono de sus deberes"*[35]. En virtud de esta disposición constitucional, el Ministro Cereceda fue acusado junto a otros dos ministros de la Corte Suprema y el Auditor General del Ejército.[36]

La primera causal de esta acusación constitucional estuvo relacionada con el traspaso del conocimiento del proceso por detención y desaparecimiento de don Alfonso Chanfreau desde la Ministra de la Corte de Apelaciones doña Gloria Olivares a los Tribunales Militares, demostrando en lo formal y en el fondo grave falta de imparcialidad y denegación del derecho a la justicia.[37] La segunda causal de la acusación constitucional consiste en haber permitido que el Auditor General del Ejército haya entrado al conocimiento de los recursos de casación en un proceso en el cual ya había intervenido en primera instancia como fiscal ad hoc. La última causal se refería a la demora en la dictación de la sentencia relativa a los recursos de casación en el fondo y forma deducidos[38]. En definitiva, fue la última causal, esto es, la demora en la dictación del fallo lo que fundamentó la destitución del Ministro Cereceda. El diputado Sergio Elgueta que representó a los acusadores ante el Senado explicó la acusación contra el Ministro Cereceda con las siguientes palabras: *"Para redactar dos carillas, Honorable Senado, se demoraron más de cinco meses. Un proceso que debió ser fallado en 15 días fatales y corridos, siendo su día final el 1o. de Julio de 1992, fue resuelto los días 15 y 23 de diciembre de 1992, superando los cinco meses de atraso denunciados en el libelo. Si esto es abandono de sus deberes en una causa normal, ¿cómo puede calificarse este atraso si existen reos presos? Y lo que resulta más grave es que uno de los acusados, el señor Cereceda, en la página de su respuesta, agrega a las otras excusas del fallo que este fue dictado el 15 de noviembre de 1992. ¿Ignorancia? ¿Olvido? Juzgue el Honorable Senado."*[39]

Efectivamente, Cereceda al atrasarse en la dictación de una sentencia en un caso determinado pudo ser acusado de haber violado un deber específico, definido como tal en el Código Orgánico de Tribunales. El problema en el caso Cereceda se produce en la dificultad de identificar el deber jurídico general que fue violado. Quizás la falta a la verdad en cuanto a la fecha de la sentencia que se presentó en la defensa de Cereceda implicó el haber violado el deber jurídico general de ser veraces que tienen los funcionarios públicos. Esa falta de veracidad podría constituir la violación de un deber general. En ese caso, el Ministro Cereceda por haber violado el deber específico de fallar dentro de 15 días y, conjuntamente con ello, por haber violado el deber general de decir la verdad en su defensa, habría incurrido en corrupción. Otra interpretación posible que también calza con el modelo propuesto por Underkuffler es estimar el fallo fuera de plazo como la violación de un deber jurídico y la falta a la verdad del Ministro Cereceda como la violación de un deber moral, lo que significó su destitución o remoción del cargo. Sin embargo, cualquiera que sea la interpretación usada para explicar lo resuelto por el Congreso chileno, lo más difícil en el caso Cereceda se refiere a la identificación del deber jurídico general o del deber moral que habría sido quebrantado.

Por eso, no es extraño que varios diputados y senadores hayan planteado al fundamentar su voto respecto de la acusación que este procedimiento era contrario a derecho y que se trataba de una venganza política o incluso de una venganza personal en contra del Ministro Cereceda[40].

Otros al fundamentar su voluntad de acusar al Ministro Cereceda usaron toda clase de eufemismos para referirse a la persona,[41] las actuaciones e incluso el currículum del acusado[42].

La verdad es que hasta la acusación constitucional de Cereceda no se había logrado poner en duda en Chile la idea conservadora de que los jueces de la Corte Suprema de Justicia deben ser políticamente irresponsables. Hasta la acusación constitucional de Cereceda los jueces chilenos se representaban a sí mismos como un grupo de personas que, dadas sus funciones, debían mantenerse al margen de los controles, contrapesos y balances que caracterizan a todo sistema político liberal y democrático. Por eso no es de extrañarse que en concepto de la defensa de Cereceda, las acusaciones constitucionales no podían prosperar porque para resguardar el estado de derecho los jueces debían erigirse por encima de su principal, que es el pueblo, o ejercer su labor como principales y agentes a la vez, es decir, como mandatarios o representantes de sí mismos o como mandatarios de una ficción abstracta que es la ley.

En este punto puede ser de utilidad el esquema del agente-principal para explicar la acusación constitucional por notable abandono de deberes contra un Ministro de la Corte Suprema. Por ejemplo, si nosotros aplicamos el modelo del agente y el principal para explicar el caso de la acusación constitucional, podemos entender que la desviación del Ministro Cereceda era inaceptable. Todo ello en la medida que reconozcamos que en la República de Chile el principal es el pueblo y que uno de sus agentes son los jueces de la Corte Suprema. Por eso, otra forma alternativa de explicar el caso de la acusación constitucional contra el ministro de la Corte Suprema, no sólo debe apoyarse en la definición de un deber jurídico o moral, sino que además puede basarse en un concepto de agente y principal, lo que implica aceptar el concepto de responsabilidad política de los jueces.[43] En definitiva, el Ministro Cereceda incurrió en notable abandono de deberes y en un curso de acción que el Congreso chileno estimó como corrupto porque no tuvo en cuenta al momento de ejercer sus tareas judiciales que era un agente de su principal, esto es, el pueblo de Chile. El Ministro Cereceda debía explicaciones leales y cumplidas a los diputados y senadores, tal como debe responder un mandatario ante su mandante.

Además, en el caso del Ministro Cereceda se muestra con mucha claridad cómo un procedimiento de acusación constitucional puede terminar con el tipo de corrupción que realizan los funcionarios en el ocultamiento cotidiano de sus funciones. Es muy difícil para los ciudadanos comunes detectar la conducta desviada y corrupta de un juez de la Corte Suprema que interviene en una serie de casos de características discretas y que con pequeñas artimañas y tecnicismos jurídicos va desarrollando un patrón de corrupción. El procedimiento de acusación constitucional permite revisar toda la actuación judicial desde la perspectiva de un jurado formado por los senadores y diputados, que al tener que justificar su voto frente al pueblo agregan el necesario componente de publicidad que debe ser la base de toda actuación pública. Del mismo modo, al hacer efectiva la responsabilidad de los jueces de la Corte Suprema ante los senadores y diputados se le da vida al principio de igualdad constitucional, el de que en Chile no hay personas, ni grupos, ni clases privilegiadas, ni siquiera entre los Ministros de la Corte Suprema.

De esta manera hemos podido observar cómo los criterios que nos ha sugerido Underkuffler nos sirven para explicar algunos casos difíciles y controvertidos que se han producido en Chile y que afectan nuestra gobernabilidad. Podemos tipificar esos casos como problemas de corrupción, y usar para ello criterios jurídicos, morales y también una perspectiva de análisis institucional. Esta forma de explicar nuestra realidad nos hace entenderla mejor y es compatible con nuestras convicciones liberales y democráticas, porque permite un uso racional y limitado del concepto de corrupción.

4. A modo de conclusión

La corrupción se alimenta de la falta de publicidad de las decisiones gubernamentales y la excesiva desigualdad social. Para analizar la corrupción conviene tener presente los principios de igualdad y publicidad que permiten desarrollar una concepción civilizada del derecho y de la moral. De hecho, la publicidad de las decisiones gubernamentales y la igualdad ante la ley son los dos principios que Andrés Bello quiso hacer realidad en Chile al organizar el sistema jurídico El puro derecho en combinación o no con la moral no nos permite explicar totalmente el fenómeno de lo que llamamos corrupción. Tampoco podemos reemplazar el derecho y la moral totalmente por un cálculo, simplemente económico, de costos y beneficios. Ciertamente los costos y beneficios que son consecuencia de una decisión jurídica o moral son importantes, pero son sólo un criterio de valoración entre muchos otros. Además, no toda la moral y el derecho pueden estar sujetos a dicha forma de cálculo. De ahí que convenga recordar el viejo aforismo según el cual lo pésimo nace de la corrupción de lo mejor, que en este caso son la moral y el derecho.

Cuando miramos la historia intelectual de aquellos que han insistido en la importancia de usar el concepto de corrupción para juzgar nuestra realidad, nos encontramos generalmente en mala compañía. En mala compañía porque, por un lado, los que hablan de corrupción son "catones", entre ellos el propio Catón, Robespierre y entre nosotros Juan Egaña y quizás parcialmente Diego Portales. Todos ellos hablaban de modelos de virtud y de encarnar ideales que sólo ellos creen representar. El otro grupo de malos acompañantes, son los populistas, entre los cuales está parcialmente Portales y, por supuesto, Ibáñez junto a Pinochet. Esa sería otra conclusión de nuestro trabajo: la existencia de "malas compañías" cuando se habla de corrupción. De allí la consiguiente necesidad de analizar situaciones determinadas cuidadosamente cuando se usa el concepto de corrupción.

Finalmente, podemos concluir que hay casos, como el de Hernán Cereceda –que me he limitado a mostrar en sus principales aspectos–, que se explican mejor si se usa el concepto de corrupción. Estos casos, que para algunos resultan inexplicables y a otros parecen venganzas políticas o personales, son en verdad ejemplos de corrupción de difícil tipificación jurídica[44]. Como tales, estos casos no están tampoco sujetos al puro reproche moral. La corrupción, entonces, es un fenómeno que no podemos explicar sólo con referencias jurídicas, morales o políticas. Ninguna de estas formas de análisis explica, totalmente y en forma definitiva, el fenómeno de la corrupción. La corrupción es un fenómeno interdisciplinario en el que la disciplina del derecho y la moral, los factores sociales, políticos y económicos se combinan en forma casuística.

He aquí mi diferencia con algunas de las ideas sobre la corrupción que propugnan ciertos autores. Es mi opinión que no podemos dar directrices universales para analizar los casos de corrupción. En esto discrepo con Klitgaard y los otros que formulan recetas para combatir la corrupción y que pretenden explicar todos los casos de corrupción con fórmulas y simplificaciones de dudosa ciencia política, tales como: monopolio menos transparencia igual no sé qué cosa. De lo anterior concluyo que no me parece correcta, y en esto también coincido con Underkuffler, aquella forma de análisis de la corrupción que prescinde del concepto moral y pretende basarse en criterios simplemente económicos. Por ejemplo, me parece incorrecto hablar de corrupción como una forma de reasignar recursos en mercados imperfectos o como una manera de producir la redistribución del poder en sociedades no participativas. Underkuffler observa, inteligentemente, que la mayoría de los autores que hacen estos comentarios, los hacen respecto de otros países y no respecto del propio[45].

Nadie quiere la corrupción buena para su propio país, todos la quieren para otro país, ojalá distante, indiferente, pequeño, pobre, atrasado y/o subdesarrollado. No se conocen ejemplos históricos de países donde se haya producido una reasignación más eficiente de los recursos gracias a la corrupción. Tampoco parecen existir ejemplos que permitan demostrar cómo la corrupción ha podido servir de ayuda a un modelo económico o fortalecido la estabilidad política de un país determinado. Por eso, debemos reconocer que para hablar correctamente de corrupción necesitamos algún grado de comprensión del caso al que nos referimos para entender el contexto en el cual se produce. No se puede hablar sobre una práctica de corrupción por larga distancia.

La corrupción no es solamente un fenómeno jurídico, sino también es un fenómeno que se juzga desde una perspectiva institucional y moral. La mejor explicación jurídica es aquella que entiende la corrupción como la violación conjunta de deberes jurídicos generales y deberes jurídicos más específicos. Por su parte, la perspectiva institucional que enfatiza el modelo del agente y del principal permite concentrar el análisis en algunos de esos aspectos que escapan a los criterios simplemente jurídicos o morales. Todo lo anterior se muestra en el caso de la acusación constitucional contra el Ministro Hernán Cereceda, donde el Congreso de la República de Chile al ordenar que fuese destituido, intentó corregir la manifestación de una concepción desviada e irresponsable de la función judicial.

Porque creo en la posibilidad de progreso y también en la posibilidad de regresión en los seres humanos no creo en las recetas anticorrupción que se presentan a sí mismas como teniendo validez universal. En definitiva, nuestra sensibilidad moral, jurídica y también económica cambia, y con ello, también se modifica nuestra percepción de la corrupción. Siempre pienso en un mismo ejemplo al tratar este tema: pienso en un monasterio de santos, donde una mirada fea puede llegar a equivaler a un parricidio en una familia de delincuentes.

NOTAS

1 Lon, Felix R. **Estado de derecho y corrupción** pp. 153-154 y Osterfeld, David, **Corrupción y Desarrollo** pp. 164 y 168 publicado en Contribuciones 2/92.

2 *Ibid.*, supra 2.

3 *Ibid.*, supra 2.

4 Osterfeld, David, **Corrupción y Desarrollo,** pp. 168-169, publicado en Contribuciones 2/92. El autor habla de "corrupción restrictiva que reduce las oportunidades para un intercambio social beneficioso y por lo tanto retarda el crecimiento económico y la corrupción expansiva que es económicamente beneficiosa ya que expande las posibilidades para un intercambio social productivo; la evasión de leyes y reglamentaciones económicamente nocivas se ha definido como corrupción expansiva. Se deduce pues que la corrupción expansiva es relativamente beneficiosa porque ayuda a aliviar el daño causado por los obstáculos impuestos por el gobierno a la libertad económica."

5 Shonbohm, Horst, **Estado de Derecho, Orden Jurídico y Desarrollo,** pp. 161-162, publicado en Contribuciones 2/92. Ver especialmente **Informe de la Comisión Nacional de Etica Pública**, Santiago de Chile (1994).

6 Underkuffler, L., **El Concepto de Corrupción**. Ver en este mismo volumen.

7 Desde este punto de vista el uso del concepto de corrupción debe ser restringido y limitado. Las limitaciones al uso del concepto de corrupción se desprenden de una concepción liberal. Esta supone, tal como lo ha planteado John Rawls, de un respeto a un sistema de libertades e igualdades lo más extendido posible, que es igual para todos, y aceptar que las diferencias de poder ingreso o riqueza deben justificarse porque tienden a favorecer al grupo de personas menos aventajadas. La perspectiva democrática supone controles y balances en el ejercicio del poder y también implica un compromiso con la regla de mayoría, el respeto de las minorías, la posibilidad de la alternancia en el poder y el respeto por los derechos fundamentales.

8 Platón, **La República,** Ediciones Delfín, Santiago Chile (1974), Libro VIII 546 a p. 352 dice textualmente: "Difícil es que una ciudad constituida como la vuestra llegue a alterarse, pero como todo lo que nace es sujeto a corrupción, ese sistema de gobierno no durará siempre, sino que habrá de disolverse." También en Roma Catón y Juvenal con su rigurosa crítica de las costumbres usan el concepto de corrupción para criticar el modo de vida ciudadano que ha abandonado las costumbres antiguas de origen agrícola y aquellas que están basadas en un sentido familiar.

9 Maquiavelo, N. **Obras Políticas**, Librería El Ateneo, Buenos Aires (1957). En **Discurso sobre la Primera Década de Tito Livio** en los Capítulos XVII y siguientes Maquiavelo trata sobre la corrupción y la libertad de un pueblo y dice textualmente en p. 112: "...que la corrupción y la escasa aptitud para ser libres nacen de una gran desigualdad en el pueblo, y para restablecer la igualdad se necesitan remedios extraordinarios, siendo pocos los que saben o quieren practicarlos..."

10 Montesquieu, **Considérations Sur les Causes de la Grandeur des Romans et de Leur Decadence,** Garnier-Flammarion, París (1986) Capítulo X, pp. 84, 85 y 86.

11 Se cuenta que Robespierre no tenía vida privada y que había entregado todos sus esfuerzos a la vida pública; él pretendía ser un representante de la humanidad y de la república, lo que resultaba especialmente sorprendente y admirable para sus contemporáneos. Ver Schama, S., **Citizens a Chronicle of the French Revolution,** Alfred A. Knopf, New (1989), pp. 579 y ss.

12 Burke, E. **Reflections on the Revolution in France,** A. Doubleday Anchor Book, New York (1973), p. 50, señala: "France, when she loose the reigns of regal authority, double the license, of ferocious dissoluteness in manners, and of insolent irreligious in opinions and practices; and has extended through all rank of life, as if she were communicating some privilege, on laying open some secluded benefit, all the unhappy corruptions that usually were the disease of wealth and power. This is one of the new principles of equality in France."

13 Egaña, J., **El Código Moral**, París (1836). Ver también Ruiz-Tagle, P. **Proyecto de Código Moral para la Republica de Chile**, Revista El Ferrocarril, N°. 6, marzo (1986).

14 Portales, D., Carta, Lima, marzo de 1822, en Epistolario, I, p. 176, pág. 177 citada en Bravo, B. **De Portales a Pinochet** Editorial Jurídica de Chile, p. 21 (1985).

15 *Ibid.*, supra nota 15.

16 Véase **Nueva Historia de Chile, Desde los Orígenes hasta Nuestros Días,** varios autores, Editorial Zig-Zag, 1ª. edición, p. 462 (1986).

17 Decreto Ley N°. 1 de 1973, publicado en el Diario Oficial N°. 28.653 de 18 de septiembre de 1973. El decreto establece en su primer número que una junta de gobierno asume el mando supremo de la nación con el patriótico compromiso de restaurar la chilenidad, la justicia y la institucionalidad quebrantada por efecto de la intromisión de una ideología dogmática y excluyente, inspirada en los principios foráneos del marxismo-leninismo.

18 En el caso RPC se acusó a los directivos de esta empresa estatal dedicada a la refinería de petróleo de "corrupción" porque pagó una suma muy elevada de dinero y suscribir un contrato para sacar la maleza de las cercanías de esta empresa por el peligro de incendio que ello podía significar, lo que parecía injustificado.

19 En el caso EMPREMAR se acusó a los directivos de la Empresa Marítima del Estado de girar directamente a su favor fondos de propiedad de la empresa.

20 En el caso CODELCO el operador de mercados de futuro Juan Pablo Dávila fue acusado de coludirse fraudulentamente para obtener beneficios personales a partir de las complejas operaciones de venta de metales a futuro que él realizaba.

21 Durante el gobierno del Presidente Frei los partidos de la oposición han hecho constantemente acusaciones de corrupción, muchas veces sin mayor fundamento. Sin embargo, entre los casos más notables de corrupción pueden ser considerados el que afectó al contrato para construir obras sanitarias de la empresa ESVAL y la serie de casos relacionados con la construcción de viviendas sociales que terminó con la aceptación de la renuncia del Ministro Edmundo Hermosilla, después que la prensa lo obligó a reconocer que había recibido uno

o más caballos de parte del gerente de la empresa constuctora de viviendas sociales COPEVA. En ambos casos, la reacción del Presidente ha sido clara y enérgica.

22 Informe de la Comisión Nacional de Etica Publica, República de Chile, (1994).

23 En el caso ESVAL se acusó a la planta ejecutiva y directiva de esta empresa sanitaria estatal de realizar una negociación poco ética ("corrupta") con empresas contratistas privadas en relación con un proyecto de colector sanitario que debía construirse en la región de Valparaíso en Chile.

24 El caso Cereceda se refiere a la acusación constitucional por notable abandono de sus deberes como juez del Ministro de la Corte Suprema de Chile señor Hernán Cereceda. La acusación es la única que ha sido acogida en la historia por el Congreso de la República de Chile y a raíz de ella se ordenó la destitución del señor Cereceda de su cargo judicial y como profesor de derecho procesal en la Facultad de Derecho de la Universidad de Chile.

25 *Ibid.*, supra nota 7. Ver Underkuffler, L. **El Concepto de Corrupción**. Presentado en el Seminario Internacional de Gobernabilidad Democrática: Perspectivas Regionales, del Centro de Políticas Públicas de la Universidad de Chile, julio de 1996 en este mismo volumen.

26 Sutherland, E. **White Collar Crime The Uncut Version**, Yale University Press, New Haven and London (1983).

27 *Ibid.*, supra nota 27.

28 *Ibid.*, supra nota 27, págs. 236-238. Sutherland menciona tres aspectos del raciocinio de la corporación privada corrupta que explica la conducta ilegal. Primero, la corporación selecciona delitos que envuelven un peligro mínimo de ser detectados e identificados y que son aquellos respecto de los cuales las víctimas por lo general no accionan en contra. Los crímenes de las corporaciones se asemejan a los robos "profesionales": ambos son seleccionados cuidadosamente y se refieren a un contradictor débil, pues las víctimas de estos delitos en escasas ocasiones pueden pelear contra la corporación. Segundo, la corporación selecciona crímenes difíciles de probar, con lo cual también asimila los crímenes "de cuello blanco" a un robo "profesional". Tercero, la corporación en términos racionales adopta una política de "arreglar" los juicios. Esto se asimila al ladrón profesional que cree que si tiene dinero y está en buena posición puede "arreglar" cualquier juicio en cualquier parte, para que se dicte una sentencia judicial favorable.

29 *Ibid.*, supra nota 26. Según Underkuffler, el deber específico consistiría en aquel que es particular para ese funcionario, como dictar las resoluciones que son propias de su cargo y también cumplir un determinado horario en un lugar determinado y obedecer las instrucciones de sus superiores. El deber general correspondería a la prohibición general de no cometer un crimen o delito, por ejemplo fraudes, robos, malversación de fondos públicos, etc.

30 En el Código Penal chileno se ha castigado la prevaricación de los funcionarios judiciales con el art. 223 que castiga a quienes: "a) A sabiendas fallaren contra ley expresa y vigente en causa criminal o civil; b) Por sí o por interpuesta persona admitan o convengan en admitir dádiva o regalo por hacer o dejar de hacer algún acto de su cargo, y; c) Ejerciendo las funciones de su empleo o valiéndose del

poder que éste le da, seduzcan o soliciten a mujer procesada o que litigue ante ellos." También hay disposiciones relacionadas con la prevaricación en los arts. 224, 225 y 227. Para entablar la correspondiente acción de prevaricación en contra de un funcionario judicial ha sido necesario antes iniciar una querella de capítulos de acuerdo a las reglas establecidas en el título V, Libro III del Código de Procedimiento Penal. También el Código Penal chileno ha castigado el cohecho en el artículo 249 que ha exigido para castigar tal conducta que se cumplan los siguientes requisitos: a) Que el sujeto pasivo sea un funcionario público; b) Que acepte o reciba dádiva o promesa, y c) Que esta dádiva o promesa tenga por objeto que el funcionario ejecute un acto justo o injusto de su función o de abstenerse de ejecutar un acto propio del cargo. Hay otros delitos y actividades similares penalizadas entre ellas la concusión y el soborno.

31 *Ibid.*, supra nota 26. Para Underkuffler, se deben quebrantar ambos deberes, el específico y el general. Quebrantar el deber específico no es suficiente para considerar un acto como corrupto. La violación del deber general agrega un elemento que configura la corrupción, y este elemento es la maquinación del funcionario para obtener una ganancia propia, lo cual está penado en las normas generales.

32 Klitgaard, R., **Controlando la Corrupcion,** Fundación Hans Seidel, Editorial Quipus, La Paz, Bolivia, págs. 43 a 47 Capítulo 2 (1992). Esta tesis está explicada en su integridad a partir de un ejemplo de corrupción en Filipinas.

33 *Ibid.*, supra nota 26.

34 *Ibid.*, supra nota 26. Este modelo, llamado modelo "económico" de corrupción, aparece en su forma final como un modelo de mercado en que los intereses públicos y privados son sólo demandas (conflictivas) que son intermediadas a través de sistemas legales y no-legales o corruptos. Cuando un sistema legal no puede reflejar las presiones y realidades del mercado, se usan transacciones no-legales o corruptas para restablecer el equilibrio adecuado del mercado. La corrupción en esta forma de análisis es simplemente un modo de distribución de mercado negro.

35 Artículo 48 **Constitución de la República de Chile,** Editorial Jurídica de Chile, Santiago (1989).

36 Los otros dos Ministros de la Corte Suprema fueron Lionel Béraud Poblete y Germán Valenzuela Erazo, los que fueron acusados por las mismas causales que el Ministro Cereceda. El Fiscal Fernando Torres Silva fue acusado en cuanto integrante de la Corte Suprema.

37 Esta primera causal de la acusación fue rechazada. La causal se refería específicamente a una resolución que había traspasado un caso de violación de los derechos humanos desde la justicia civil a la justicia militar. Los fundamentos de dicho fallo y el traspaso por sí mismo implicaban grave falta de imparcialidad y denegación del derecho a la justicia. La grave falta de imparcialidad provenía de las opiniones de los mismos Ministros acusados sobre los hechos investigados, que incluían la desaparición de Alfonso Chanfreau, y la controversia se centró en si dichos hechos ocurrieron durante un estado de guerra; si se desarrollaron en recintos de carácter militar y si en ellos se imputa responsabilidad a personal militar.

38 Según el N°. 5 del artículo 171 del Código de Justicia Militar, "la sentencia deberá pronunciarse dentro del término de quince días

desde la terminación de su vista". Los fallos de las quejas debieron expedirse en el mismo plazo, conforme al auto acordado de la Corte Suprema N°. ....., de 1°. de diciembre de 1972, que dispone: "Si respecto de una resolución se interponen los recursos ordinarios y el de queja, podrán verse conjuntamente por el mismo tribunal, a petición de parte o de oficio. Este plazo es fatal según lo prescribe el artículo 64 del Código de Procedimiento Civil.."

39 Ver Revista Derecho y Humanidades, Año II N°s. 3 y 4, pág. 489, Facultad de Derecho Universidad de Chile (1993). La defensa del Ministro Cereceda planteada por el abogado Fernando Saenger atribuyó el error en la mención de la fecha de la resolución a un simple error mecanográfico.

40 Por ejemplo, el diputado Carlos Bombal en la fundamentación de su voto de rechazo a la acusación dice: "Para formular una acusación, valiéndose de una práctica antigua y lamentable, como es la de los resquicios legales y más graves aún, constitucionales, los acusadores han violentado notablemente el orden constitucional que rige el país." Y en apoyo de su posición el diputado Bombal cita a Jorge Correa Sutil que en esos días en una publicación de prensa dijo: "Resulta lamentable que en una transición exitosa en tantos aspectos, como lo es la chilena, la Corte Suprema y sectores mayoritarios de la política y de la sociedad, se perciben mutuamente como una amenaza... Luego de haber trabajado con casos de violaciones a los derechos humanos, entiendo la actitud más bien testimonial que hay tras la acusación. Sin embargo, en política tiendo cada vez más a admirar los testimonios que producen efectos deseables." Ver Revista Derecho y Humanidades, Año II N°s. 3 y 4, págs. 401-403, Facultad de Derecho Universidad de Chile (1993). La posición de Jorge Correa Sutil es parecida a la del Presidente Patricio Aylwin y de su Ministro de Justicia Francisco Cumplido. La posición del diputado Carlos Bombal aparece como contradictoria con su participación en la acusación constitucional que él mismo protagonizó contra otros Ministros de la Corte Suprema, especialmente contra el Presidente de la Corte Suprema, Servando Jordán. Todos los diputados y senadores de derecha, salvo tres senadores, votaron por rechazar la acusación constitucional.

41 El diputado Jaime Campos votó por abstenerse respecto de la acusación constitucional pero expresó duras palabras respecto del Ministro Cereceda que le valieron la iniciación de un procedimiento de injurias en su contra. El procedimiento fue sobreseído por haber pronunciado dichas palabras en el hemiciclo de la Cámara de Diputados. Sus palabras fueron: "Pero digámoslo, sin embargo; atrevámonos a manifestarlo a lo menos en este recinto; es un secreto a voces y el comidillo de los abogados que transitan por los pasillos del Palacio de los Tribunales de Santiago es que, en el concepto público, uno de los ministros acusados en el presente libelo, el señor Cereceda, es el arquetipo, el paradigma del juez venal y los comportamientos que le atribuyen un desprestigio a la historia y a la tradición del Poder Judicial chileno." Ver Revista Derecho y Humanidades, Año II N°s. 3 y 4, pág. 407, Facultad de Derecho Universidad de Chile (1993).

42 El senador Hugo Ortiz de Renovación Nacional fue el primero de tres senadores de derecha que votaron favorablemente la acusación constitucional y en su fundamentación expresó lo siguiente: "En con-

secuencia y sin que mi voto constituya una adhesión a los fundamentos esgrimidos por los acusadores, debo manifestar que, por un imperativo de conciencia, respecto del señor Ministro de la Excelentísima Corte Suprema don Hernán Cereceda Bravo, voto favorable abandono de sus deberes pues estimo que no ha ejercido sus funciones en forma leal y cumplida. Y como debo, para el sólo efecto de esta votación, señalar una causal, lo hago por el capítulo 3 (demora en el fallo)." Ver Revista Derecho y Humanidades, Año II N$^{os.}$ 3 y 4, pág. 532, Facultad de Derecho Universidad de Chile (1993). En términos similares se expresó el senador Sebastián Piñera que dijo: "Finalmente, respecto del tercer capítulo, me parece excesiva una demora de casi seis meses –frente a un plazo legal de 15 días, que aunque no fatal, es indicativo–, particularmente habiendo en el proceso reos privados de libertad. Por otra parte, considero que la responsabilidad del Ministro Cereceda es de mayor gravedad que la de los demás Ministros, por dos razones fundamentales. Primero, ha dado confusas explicaciones con relación a un error de fechas, importante para el análisis de esta causa, y, segundo, le ha correspondido una responsabilidad especial en lo atinente al buen funcionamiento de la Tercera Sala, en su calidad de Presidente de ésta. Tengo presente también, la invitación que nos hizo su abogado defensor, al invocar en este hemiciclo el curriculum del Ministro, en el sentido que revisáramos sus antecedentes personales. Todo esto me lleva a concluir, en conciencia que el Ministro Cereceda ha incurrido en notable abandono de sus deberes, puesto que no ha ejercido su cargo en forma leal y cumplida que la Constitución y la ley exigen a todos los jueces de la República." Ver Revista Derecho y Humanidades, Año II N$^{os.}$ 3 y 4, págs. 540-541, Facultad de Derecho Universidad de Chile (1993).

43 Es interesante acotar cómo algunos Ministros de la Corte Suprema que sobreseyeron definitivamente y cerraron el caso por el homicidio de don Carmelo Soria y que les significó también ser acusados constitucionalmente por notable abandono de deberes en su defensa se refirieron al resultado del caso Cereceda como un caso donde se produjo el quebrantamiento de un deber jurídico formal como es el atraso en dictar sentencia como la causal de que prosperara dicha acusación. En la defensa de esta segunda acusación constitucional se buscaba distanciarse de la situación producida con el Ministro Cereceda.

44 Aunque se pretenda enmarcar estos casos en tipos tan generales y abiertos como el de notable abandono de deberes, la capacidad de explicarlos no se puede limitar a una simple cuestión jurídica.

45 *Ibid.*, supra nota 26.

III.

REPRESENTACION Y PARTICIPACION EN DEMOCRACIA

Argentina

¿Cómo estabilizar una democracia entrecortada? Una discusión entre procedimientos y valores*

Hugo Quiroga**

La preocupación por el porvenir de nuestras democracias ha ocupado insistentemente el pensamiento de la mayoría de los estudiosos de América Latina, en los últimos años. Ya en la mitad de la década del noventa se pueden observar condiciones económicas y sociales cada vez más desfavorables para la estabilidad de nuestros países. En algunos casos con porcentajes tan altos de exclusión social que hasta podría llegar a dudar de la existencia de democracia, si ésta es concebida –en la forma en que lo he hecho en otra parte[1]– como un gobierno de inclusión tanto política como social. Las grandes masas de desocupados y el ensanchamiento de los márgenes de pobreza, así como las particularidades que esta última adquiere en el contexto actual, plantean peligrosas tensiones al sistema de seguridades que se piensan inherentes a un sistema de gobierno de inclusión.

La cuestión social ha alcanzado una nueva forma a fines del siglo XX: la exclusión[2]. Así, la figura paradigmática del excluido social en los países latinoamericanos excede al hombre sin trabajo, al parado, para reflejarse en la imagen de una marginalidad más profunda. La figura del desempleado está

* Deseo agradecer los valiosos comentarios de los amigos y colegas de la U.N.R. que leyeron la primera versión de este trabajo: Osvaldo Lazzetta, Gastón Mutti, Silvana Carozi y Mónica Billoni.

** Director del Centro de Estudios Interdisciplinarios de la U.N.R., Profesor Titular de Teoría Política en la Facultad de Ciencia Política e investigador del C.I.U.N.R.

"prevista" finalmente en el esquema de protección colectiva de la mayoría de los Estados. En cambio, los excluidos (los carentes de vínculos con la sociedad, los que están imposibilitados de acceder a un trabajo) son los rechazados del sistema productivo y, por tanto, desprovistos de seguridad colectiva, los que permanecen social y culturalmente fuera de la Polis, sumidos en la peor de las miserias hasta el punto de perder aquello en que consiste la dignidad humana.

La pregunta que se había formulado en mi trabajo anterior apuntaba más bien a las condiciones sociales de la democracia: ¿podrán sobrevivir nuestras democracias sin hacerse cargo de la pobreza creciente? Nadie ignora que el fenómeno de la exclusión es una amenaza constante para la estabilidad política en países poco desarrollados, con escasa tradición liberal y con débil nivel de institucionalización.

Hoy, sin embargo, quisiera cambiar tanto el sentido de la pregunta como el ángulo de la mira: ¿es la democracia la responsable de los resultados de la acción de gobierno?, ¿es conveniente, además, asignarle tanta responsabilidad?, ¿cuál será su suerte si no logra estar a la altura de las circunstancias? Naturalmente, este cambio de mira me obliga a subscribir una concepción de democracia mínima, que se detallará más abajo. Voy a retomar en el desarrollo del trabajo viejos conceptos y antiguas preguntas para aplicarlos a la actual situación argentina, consciente de que es una elaboración parcial, preliminar y abierta, que reconoce cierta tensión no resuelta entre dos conceptos de democracia. En definitiva, ¿cómo construir un orden democrático estable y legítimo sin poner en consideración las marcas de nuestra historia? De la mano de esta pregunta voy a efectuar un breve recorrido por algunos momentos de esa historia hasta llegar a la actualidad.

Aunque la preocupación general por América Latina existe, el presente texto toma como eje el proceso de recuperación de la democracia en Argentina que se inicia el 10 de diciembre de 1983. Entre la necesidad de consolidar el régimen político democrático y las impostergables reformas sociales irán apareciendo los desafíos de nuestra sociedad. Por eso, el centro de interés será tanto el análisis de la institucionalización democrática como el desarrollo de una concepción de la democracia basada en los procedimientos. Todo esto con la idea siempre presente –como búsqueda propositiva– de la perdurabilidad de la misma.

1. La difícil institucionalización

Crear instituciones –y afianzarlas– es una tarea difícil, como lo confirman las marcas de nuestra propia historia política. Veamos rápidamente cuán ardua ella ha sido. Comencemos por preguntar: ¿cuál fue el momento fundador de la democracia argentina? Entre 1880 y 1912 hay un empuje inicial hacia la democracia, que debe ser analizado como un extenso período de gestación que culmina con la sanción de la ley Sáenz Peña, que consagra el sufragio universal, secreto y obligatorio[3]. Así, el proceso democrático inaugurado en 1912 encuentra su momento prominente en las elecciones nacionales de 1916. Un régimen que practicaba elecciones restringidas (sangrientas, fraudulentas y venales), en el marco de instituciones y procedimientos sospechados, fue paradójicamente el germen de la democracia. Precisamente, la crisis del noventa es una crisis de legitimidad que expresa la impugnación de quienes se oponen a la fachada hipócrita de un sistema institucional que amparaba el fraude, la manipulación electoral y el control de la sucesión de la autoridad pública.

En consecuencia, una concepción tan restrictiva del ejercicio del poder no podía ser menos que un obstáculo para la legitimación del orden así creado, y un impedimento, en fin, para la conformación de una legalidad institucional acorde y leal al principio de sucesión pacífica del poder establecido en la Constitución de 1853. Justamente, aquí –en este principio– reside el valor de esa Constitución, aunque, como sabemos, los avatares de su azarosa existencia se encargarán de distorsionarlo y violentarlo. Ahora bien, en el período que transcurre entre 1880 y 1912, la Constitución vigente no pudo garantizar por sí misma, con sus normas formales, la existencia de un régimen democrático, aunque el orden político existente contemplase elecciones. Por consiguiente, no cabría confundir técnicas electorales con democracia, pues ellas, en tanto método de designación de representantes, existen también en los sistemas políticos autoritarios[4]. La democracia no sólo requiere elecciones sino exige que las mismas sean libres, plurales y competitivas.

En definitiva, el déficit más remarcable de nuestra cultura radica –a pesar de ser la Argentina un país donde la Constitución acumula legitimidad ascendente entre 1862 y 1930[5]– en la inexistencia de una tradición institucional capaz de generar respeto y reconocimiento a las reglas fundamentales de procedimientos y a las instituciones por ellas establecidas. Al nacer de las entrañas de un régimen político de participación restringida, la democracia aquí no es ajena a las realidades y condiciones de su pasado inmediato, es decir, de un orden que la origina y la condiciona, pero que, a su vez, termina siendo transformado por ella. Antes que una ruptura total prevalece un proceso de continuidad y discontinuidad entre ambos regímenes constitucionales (el de participación restringida y el de participación ampliada). Hay, entonces, un complejo recorrido político-institucional que, al atravesar diversos territorios y momentos, comunica la "protodemocracia" con la democracia. En efecto, se instala en la Argentina moderna que nace en 1880 una especie de matriz política y cultural, con un fuerte rasgo conservador aunque no excluyente de otras tradiciones, en cuyo interior se desarrollan ambos procesos –el anterior y el posterior a 1912[6]–, matriz que no puede ser eludida ni negada.

Una democracia de corta duración –nuestra primera forma efectivamente democrática– se instaura entre 1912 y 1930, poniendo fin a un estilo de sufragio tutelado y a técnicas de control clientelar y amplía el nivel de participación política, mediante el ejercicio de elecciones libres, plurales y competitivas[7]. Durante dieciocho años la competencia por el poder permanece abierta, aunque no se logre establecer en ese tiempo un verdadero sistema de alternancia. El partido radical predominante, que gana las elecciones nacionales de 1916, 1922 y 1928, no se convierte, sin embargo, en un partido hegemónico. Un período muy breve, en el contorno de un universo complejo que descansa en continuidades profundas, no puede fortalecer, entonces, las instituciones democráticas ni crear un sistema de legitimidad en torno a ellas. A partir del golpe de 1930 la legitimidad democrática se constituirá en el problema permanente de la Argentina contemporánea. El período que sigue implicará un rotundo retroceso desde el punto de vista político-institucional para el orden democrático liberal naciente, cuyos efectos se trasladarán hasta el presente demostrando la realidad de la interconexión de los procesos. Pero ya, el primer tramo –el de dieciocho años– mostraba a todas luces su insuficiencia para crear entre ciudadanos y dirigentes una confianza activa en las instituciones democráticas.

Los cambios en la cultura política[8] de una sociedad no se producen, en general, tan abruptamente. Como bien señala Lechner, una cultura democrática es el resultado de un proceso histórico que requiere de un tiempo para que se desarrollen costumbres y creencias en las que pueda apoyarse la construcción institucional. Así, agrega, la legitimidad de las instituciones democráticas supone la maduración de una cultura democrática que, a su vez, supone el funcionamiento duradero de las instituciones[9]. En la reciprocidad de este juego, nuestra democracia entrecortada no fue capaz de consolidar, en el período que transcurre entre 1912 y 1983, una cultura política que la sostuviese. De ahí también los desafíos para el nuevo período que comienza en 1983.

En conclusión: pretorianismo[10], escasa competencia entre partidos y rotación del poder entre civiles y militares son los elementos que caracterizan, pues, a la vida política argentina entre 1930 y 1983. En este período se suceden regímenes militares diferentes (que emergen de seis golpes de estado) alternados con regímenes civiles nacidos de la proscripción del radicalismo primero y del peronismo después y de actos electorales fraudulentos. Una línea comunicante de pretensiones hegemónicas de distintos signos, como la que notoriamente instala el peronismo en 1946, atraviesa estas diferentes etapas. Los partidos políticos argentinos, en lugar de expresar rechazo, han compartido con los militares el protagonismo reservado solamente a las estructuras partidarias dentro de un orden democrático. Unos y otros se han proclamado fuente de autoridad y han ejercido el poder. En este universo, lo político no ha podido instalarse en su especificidad y, ante la debilidad de los partidos, las corporaciones fueron ocupando los espacios cedidos. ¿Cómo podía estructurarse en estas condiciones un sistema de partidos?[11].

2. Legitimidad democrática y legitimidad autoritaria

Desde su nacimiento hasta 1983, la democracia argentina ha ido tropezando con dificultades profundas que impidieron la legitimación de sus instituciones. La fragilidad de nuestro pasado democrático repercute en la capacidad actual del sistema político para crear mejores condiciones de estabilidad. De tal modo, la crisis de legitimidad democrática ha puesto en evidencia la poca creencia de ciudadanos y dirigentes en sus valores. Aceptar la índole de las sucesivas crisis por las que ha atravesado esa legitimidad es el paso inicial de un largo camino de superación de las imperfecciones de la democracia argentina. Lo que se ha construido, en fin, hasta el presente no es más que una democracia entrecortada que, al no haber podido resolver las persistentes tensiones entre ella y la legitimidad, ha generado en la sociedad una cultura institucional precaria, que impregna todavía el sentir y la práctica de nuestra vida colectiva. Esa cultura se asienta en la poca confianza depositada en las instituciones. Los problemas de legitimidad, como se ha visto, han traspasado la vida política argentina. Para seguir avanzando es necesario explicar ahora el uso de ese término en este trabajo.

Al respecto, una extendida corriente teórica considera que el principio básico de legitimidad proviene únicamente de la ley, y es lo que da lugar al justo título para mandar[12]. El problema es que no todo poder regido por la ley es legítimo, como se verá más adelante. Por consiguiente, es posible pensar en otra fuente básica que procede del reconocimiento, de la adhesión subjetiva a un orden político, y así lo hacen numerosos autores desde una concepción más abarcativa de la legitimidad. De una manera más general se podría añadir con Luc Fery que la aparición de la problemática moderna del contrato social vuelve inseparables las nociones de legitimidad y subjetividad. Desde entonces la subjetividad (la adhesión voluntaria) permanece como origen ideal de todo poder legítimo[13].

Cabe advertir, entonces, que no sólo no hay una comprensión universalmente aceptada del término "legitimidad", sino que el mismo resulta un concepto difícil de definir por su complejidad y multivocidad. Habermas, desde una concepción más inclusiva, define a la legitimidad como "un orden político que es merecedor de reconocimiento"[14]. En este uso terminológico alude a motivos empíricos que suscitan apoyo, al mismo tiempo que contiene una dimensión social vinculada a la conformidad, al convencimiento, al hecho social y subjetivo de la justificación del poder. Por consiguiente, la legitimidad en su dimensión social es el resultado de un proceso, se construye y reconstruye de manera cotidiana. En la actualidad, la discusión de un concepto tan dinámico se sitúa también en el terreno de la eficacia y la gobernabilidad. Los integrantes de una comunidad, dice Juan Linz, otorgan o retiran la legitimidad de día en día, por eso ella no existe de manera independiente de las acciones concretas[15].

Por otra parte, una concepción, como la aludida en primer término, que reduce legitimidad a mera legalidad presenta dificultades para explicar las tensiones que se generan entre ambos términos en el interior de un sistema político. Conviene puntualizar, entonces, que legalidad y legitimidad no son términos intercambiables. No son la misma cosa. Sin embargo, hay que admitir la permanente interacción entre ambos conceptos. Así, con el auspicio inicial que recibe el golpe de 1976, el principio de legitimidad parece impugnar al de legalidad, ambos conceptos –en ese contexto– se remiten mutuamente sin llegar a coincidir. La dictadura de 1976 no se ampara, por supuesto, en la legalidad constitucional que ha transgredido sino en la conformidad de la mayoría de los ciudadanos que toma distancia de esa legalidad para homologar la intervención y reconocer el título justificante invocado por los militares, título que no está fundado jurídicamente[16]. Sin embargo, un gobierno legítimo por la adhesión recibida en sus comienzos, aunque ilegal, fue incapaz de transformar con su actuación –tal como se lo propuso– la precaria e incierta legitimidad autoritaria en una legitimidad estable y permanente. El régimen militar, en su corta historia, conquistó y perdió reconocimiento.

De la misma manera, la experiencia posterior a los años 30 ha demostrado también que la ley, la Constitución Nacional que establece las reglas de procedimiento para la sucesión del poder, fue insuficiente para considerar a la democracia como legítima. Los comportamientos pretorianos de la sociedad a lo largo del siglo revelan la poca intensidad de las condiciones de los ciudadanos sobre la legitimidad de las instituciones democráticas. Asimismo, el desconocimiento de las tensiones entre legalidad y legitimidad impide observar con precisión las diversas culturas políticas que diferencian a la población en cuanto a sus lealtades al orden democrático.

Finalmente, interesa saber en este trabajo ¿cuál es el grado de reconocimiento que las reglas de procedimiento han generado entre dirigentes y dirigidos a lo largo de la historia argentina? Es aquí donde se pone en evidencia que dichas reglas, en tanto formales, no se legitiman *per se*, automáticamente, sino en el contexto de un sistema de justificación del poder que merezca un reconocimiento universal. Es decir, se legitiman sobre la base del acuerdo que otorga validez a esos procedimientos. La aceptación de las reglas formales, dice Offe, no depende de lo que ellas son sino de las consecuencias o probables resultados de su aplicación[17]. Así por ejemplo, el fin del pretorianismo en Argentina no dependerá tanto de las bondades del art. 36[18] de la reforma constitucional de 1994 –el cual, aunque destinado a la defensa de la Carta Magna necesita como toda regla formal ser legitimado, esto es, reconocido, luego de su sanción–, cuanto de los cambios de comportamiento en los ciudadanos y los partidos. ¿Cuál es si no la enseñanza que nos ha dejado la experiencia de transgresiones hechas a la Constitución Nacional durante tanto tiempo?

3. Los obstáculos para la estabilidad

La estabilidad de esta joven democracia no es separable de la dinámica de un doble juego de obstáculos. En primer lugar, los que se instalan en nuestra cultura política y se relacionan tanto con la debilidad en el reconocimiento de las instituciones democráticas como con la errónea identificación entre democracia y gobierno. En segundo lugar, los de índole social vinculados al desempeño económico, lo que puede llevar, además, a la falsa creencia de que las instituciones democráticas liberan automáticamente las fuerzas económicas[19] en la dirección del crecimiento. No se trata de estipular "precondiciones" rígidas para la consolidación de la democracia, sino, por el contrario, de pensar –como indica Hirschman– "las maneras por las cuales la democracia puede sobrevivir y fortalecerse ante, y a pesar de, una serie de situaciones adversas[20]".

Asimismo, de esas dificultades se desprenden dos órdenes de problemas: los relacionados con una definición de democracia y los concernientes a las calidades de un gobierno democrático. Al efectuar esa distinción es posible separar el descontento ciudadano ante un mal gobierno del normal funcionamiento del sistema democrático, es el gobierno indeseado sin destruir el sistema. En términos de Popper, se trataría de cambiar el orden democrático: la pérdida de apoyo de un gobierno no debería erosionar la legitimidad de las reglas de procedimiento.

En síntesis, la hipótesis que deseo formular es que la restaurada democracia argentina –con su historia entrecortada– no podrá estabilizarse con tantas sobrecargas de demandas y exigencias sociales, si no es dable cambiar la idea que lleva a la sociedad a identificar democracia con gobierno y con bienestar económico[21]. Además ¿cómo soslayar, en la búsqueda de un orden democrático perdurable, el peso de la historia? En este sentido, apelar a una definición mínima de democracia es recurrir a una definición operativa, sabiendo de antemano los límites que ella tiene. Salvados los problemas de cultura política –si ello fuera posible con los cambios que supuestamente acarrearía otra forma de pensar colectivamente a la democracia a partir de una definición mínima–, queda siempre pendiente la pregunta sobre la responsabilidad de la prosperidad económica y social: esa tarea les corresponde a los gobiernos elegidos por métodos democráticos que elaboran políticas públicas con mayor o menor grado de eficiencia. El realismo de esta posición se sustenta en la convicción de los riesgos que las persistentes deficiencias institucionales y los crecientes niveles de desigualdad social representan para una sociedad que anhele construir un orden de convivencia durable. De ahí la vulnerabilidad de la democracia argentina. ¿Cómo evitarle, entonces, tantos riesgos?

En las sociedades democráticas resulta, a veces, difícil distinguir entre la adhesión al gobierno y la adhesión al régimen, tanto más en los sistemas presidenciales que en los parlamentarios[22]. La ventaja de estos últimos al ubicar al parlamento como la única institución legitimada democráticamente, es la de permitir el reemplazo de un gobierno en crisis –cuya autoridad siempre deriva del parlamento– sin afectar al sistema democrático. La situación es diferente en los sistemas presidencialistas que se basan en un principio opuesto de elección directa del Poder Ejecutivo por el electorado. En los hechos, estos tipos ideales presentan variaciones considerables como es el caso argentino, que desde 1930 hasta 1983 se ha regido por un sistema político pretoriano, el cual ha aceptado la participación de los militares en el ejercicio directo del poder.

En los hechos, se ve la conveniencia de establecer la diferencia, como lo hace Linz, entre la legitimidad del sistema y la legitimidad del gobierno[23]. La primera depende del cumplimiento de sus procedimientos fundamentales, esto es, del respecto a las normas que regulan la sucesión pacífica del poder mediante elecciones democráticas. Tal legitimidad proviene del reconocimiento de la legalidad, es decir, de la aceptación de las normas democráticas de sucesión del poder. En cambio, la segunda (denominada también legitimidad de apoyo) resulta del reconocimiento de la actuación o desempeño del gobierno. En las democracias estables, la legitimidad de apoyo varía de intensidad sin que se modifique el convencimiento de la sociedad en la legitimidad de las reglas de sucesión del poder. Por el contrario, en las democracias inestables, el riesgo de confusión de ambos tipos de legitimidad está siempre presente. Huntington ha dicho con exactitud que la estabilidad de la democracia depende, también, de la capacidad de la sociedad de distinguir entre el apoyo al sistema y al apoyo al gobierno[24]. En otras palabras, el malestar con el gobierno no debe ser identificado con el mecanismo de selección de las autoridades democráticas. La historia nos ha demostrado que los militares argentinos sólo vuelven las armas contra los gobiernos constitucionales cuando comprueban la falta de fe de la sociedad tanto en la legitimidad del sistema como en la legitimidad del gobierno. El derrocamiento de Isabel Perón en 1976 constituye el mejor ejemplo.

4. Procedimiento, gobierno y valores

Nadie puede, en el mundo contemporáneo, jactarse de haber descubierto una fórmula ideal para definir la democracia, sobre todo si se conviene que se trata de una palabra polisémica, que se construye por referencia a un contexto. Sin embargo, se podría adoptar una definición mínima como lo hacen, desde distintas ópticas, Kelsen, Popper, y el mismo Bobbio, con una finalidad muy práctica: procurar que la democracia cumpla con lo que promete. Esa es la razón por la cual esta forma política sólo es delimitable formalmente y no sustancialmente[25]. De manera coincidente, Przeworski opina que "la democracia no puede ser el resultado de un compromiso sustantivo, pero sí puede ser el resultado de un compromiso institucional", ya que los acuerdos sustantivos no resultan vinculantes[26].

De acuerdo con esa corriente procedimentalista, se podría considerar a la democracia como un método, como un conjunto de reglas de procedimientos que fijan la competencia pacífica por la sucesión del poder mediante elecciones libres, plurales y competitivas. Sin dejar de advertir, no obstante, que no basta con votar, con mantener y respetar el sufragio universal. Si las elecciones no reúnen las condiciomes antes aludidas, como ocurrió durante las elecciones presidenciales de Frondizi y de Illia donde el peronismo fue proscripto, no hay democracia posible, aunque el gobierno de Illia haya respetado como nadie las libertades individuales y colectivas. La democracia presupone (además de la libre competencia entre los partidos) la inclusión política universal, un Demos amplio, abarcativo de la totalidad de los ciudadanos[27], considerados iguales y con los mismos derechos a participar –aunque en forma indirecta– en el ejercicio del poder. Por eso es que Portantiero define a la democracia como un modo de garantizar la representación política[28]. En suma, estamos en presencia de un método que establece reglas de juego y permite el ejercicio legal del poder, como estrategia más adecuada para resolver por medios no violentos los conflictos de la sociedad, principalmente los que entablan con la designación de las autoridades públicas. Una vez fijadas las reglas de procedimiento deben ellas quedar al margen de las luchas partidistas o fraccionales, para que –desde luego– sean respetadas a rajatabla.

La democracia organiza, en definitiva, un sistema de designación legal y pacífica del poder, en donde el acuerdo o el consenso de todos sobre las reglas de procedimiento le confiere legitimidad.

Con toda razón señala Aron que el primer principio de la democracia es el respeto de las reglas establecidas tanto para la designación de las autoridades públicas como para el ejercicio del poder. Agrega, además, un segundo principio, de difícil definición, denominado sentido de compromiso, no escrito ni estrictamente relacionado con la legalidad, que se refiere al reconocimiento parcial de la legitimidad de los argumentos de los otros, esto es, a la posibilidad de encontrar una solución aceptable para todos[29].

Las llamadas "paradojas de la democracia" sobre las que informan tanto Popper como Bobbio nos ubican igualmente en el centro del problema. Según Popper[30], la paradoja de la libertad consiste (siguiendo a Platón) en que un pueblo puede por su propia voluntad ceder el mando a un tirano con la subsiguiente destrucción de la democracia. Para evitar tal contradicción Popper insiste en que la democracia no se basa en el principio del gobierno de la mayoría sino más bien en un conjunto de "salvaguardias institucionales" contra la tiranía. Se trata, en su opinión, de crear y proteger instituciones políticas que vuelvan imposible el advenimiento de la tiranía. En otras palabras, si el pueblo desea la destrucción voluntaria de su propia libertad, se podría pensar que una cultura política pretoriana transita en esa dirección.

Según Bobbio[31], la primera paradoja de la democracia moderna nace porque "pedimos cada vez más democracia, en condiciones objetivas cada vez más desfavorables". En efecto, importa añadir que tantas demandas le imponen una carga demasiado pesada que, naturalmente, es improbable que alcance a soportar. La democracia no puede ofrecer respuesta a todo: a los niveles crecientes de pobreza, al desempleo estructural, a los desórdenes de la economía nacional, al impacto local de la globalización productiva. Para no correr el riesgo de su deslegitimación, es preferible que ella sea delimitada formalmente y no en base a contenidos sustanciales, que luego no podrá cumplir.

Una de las mejores definiciones de democracia formal que he tenido la oportunidad de examinar proviene de Hans Kelsen. En su concepción, la democracia se fundamenta en el valor supremo de la libertad igual, así como en el principio de la mayoría y el principio de compromiso (para la resolución de los conflictos), que evidentemente limita el alcance del anterior. Al considerarla como un procedimiento, Kelsen subraya "que la democracia no es un contenido específico del ordenamiento social", ella es, por el contrario, un método político, por medio del cual el ordenamiento social es creado y aplicado por quienes están sujetos a ese mismo ordenamiento, de forma que esté asegurada la libertad política en el sentido de autodeterminación.[32]. De manera explícita el autor subraya, en el segundo de los textos citados, que su concepto de democracia combina autonomía (los mismos ciudadanos crean el orden al cual después se someten) con liberalismo (protección de derechos vitales, como la vida, las libertades individuales y la propiedad). En consecuencia, la democracia consiste en un conjunto de procedimientos por el cual un orden social creado por determinados sujetos exige el sometimiento de estos mismos sujetos que contribuyeron a su creación. De ahí que el contenido de ese orden será determinado por las personas seleccionadas de ese procedimiento formal.

En el plano tanto teórico como práctico, planos donde igualmente se instala mi preocupación, se hace difícil hallar la adecuada articulación entre la democracia procedimental y un universo de valores más amplio que el propiciado por la Ilustración, que incluya, por ejemplo, la justicia social. Que la democracia sea formal no significa que sus procedimientos sean axiológicamente neutrales[33]. Hay, pues, valores implicados en el procedimiento. Los de la Ilustración (libertad, igualdad, tolerancia) son compatibles con la democracia procedimental. El problema surge cuando se quiere agregar otros valores con carga sustantiva. Aunque las decisiones se tomen ante procedimientos legales y legítimos (esto es, aceptados por todos) no quiere decir que sean justas. Una identificación entre procedimiento legítimo y lo justo se produce únicamente –escribe Adela Cortinas en el texto recién indicado– cuando existe en la sociedad una noción compartida de bien común, es decir, en una democracia sustancial. En otras palabras, en esta última hay valores sustanciales compartidos por la sociedad.

El nudo central, en mi opinión, para una posición que desee trascender los límites del liberalismo clásico –sin alejarse del formalismo–, sigue siendo el de postular y fundamentar un orden social justo, el de saber cómo conectar poder y justicia social en la práctica, en un universo –como el nuestro– donde no todos los "ciudadanos de derecho" pueden ser "ciudadanos de hecho". En efecto, la totalidad de los ciudadanos argentinos son titulares de derechos subjetivos, pero no todos tienen la misma posibilidad de su ejercicio. Prevalecen, en el contexto actual, condiciones sociales y culturales desfavorables que condicionan el ejercicio pleno de la ciudadanía. Aflora, pues, una tensión continua entre el reconocimiento de los iguales derechos que posee cada cual como ciudadano y las desigualdades reales que aparecen por las diferencias de riqueza, cultura y oportunidades. En resumen, la duda –que preocupa y desvela– consiste en saber si la amenaza de una sociedad dual no pesa también sobre una concepción de democracia definida a partir de las reglas de sucesión no violenta del poder.

Las reflexiones sobre la democracia conducen necesariamente al tema de la justicia social. ¿Es posible concebir la primera sin instituciones justas? Interesa saber cuál es el aporte del procedimiento democrático establecido de sociedades justas. Encontramos aquí una buena vía para continuar examinando la forma de garantizar la seguridad futura de los ciudadanos. La mediación institucional aparece, entonces, como indispensable en la espinosa tarea de acortar desigualdades y evitar discriminaciones. Precisamente, por ser la democracia un mecanismo formal, la definición del contenido concreto de lo justo les corresponde a los ocupantes circunstanciales del poder. Los que toman decisiones más justas o menos justas son los que mandan en los gobiernos de turno, con los procedimientos formales: ellos son los responsables del contenido de las políticas públicas. La democracia, en los hechos, es incapaz de garantizar el resultado justo de esas políticas y es mucho menos capaz de declararse responsable del desempeño eficaz de los gobiernos[34]. Ella no debe prometer lo que no puede cumplir. Aunque la solución de los conflictos sociales es confiada al funcionamiento del procedimiento democrático, no hay que olvidar que el mismo –como señala Camps– es protagonizado, de hecho, por "seres desiguales, interesados, apasionados y parciales".

Es oportuno afirmar, parafraseando a Lechner[35], que una cosa es "tener democracia" (en tanto régimen, agregaría), esto es, mantener y respetar las reglas de procedimiento y otra es "gobernar democráticamente", es decir, efectuar un buen o mal uso de las reglas formales en el circunstancial y concreto ejercicio del poder. Pero, además de democrático, todo gobierno que se precie de tal debería ser justo. Las políticas democráticas de los gobiernos –de aquellos que reconocen los valores básicos de una sociedad digna y bien ordenada– tienen que traducirse en distribuciones equitativas, fundadas en el principio fundamental de justicia social. No hay, en fin, calidad en las políticas democráticas si las mismas no están justificadas en tal principio. Si los gobiernos no dan cuenta de ello, los ciudadanos tendrán la ocasión de expresar su rechazo en las primeras elecciones y de proveerse de nuevos funcionarios que aseguren su futuro.

5. Los años noventa: hegemonía política, retroceso institucional e inseguridad social

Nadie mejor que Natalio Botana ha llamado la atención sobre las raíces profundas de la tradición hegemónica que, instalada en la historia argentina de los siglos XIX y XX, se inscribe en las ambiciones de los que ejercieron el poder tanto de gobiernos civiles como militares, sin que esas pretensiones, finalmente, hubieran podido configurar regímenes estables. Montado en esa oscura tradición, que además ha atravesado modelos económicos diversos, el presidente Menem –otra vez desde el peronismo– revela un estilo político hegemónico, que pone al desnudo su indiscutible voluntad de ejercer continuamente el poder y fragmentar a la oposición. La amenaza de un estilo político semejante es que impide, o cuando menos retrasa, la consolidación de reglas institucionales fuertes, reconocidas y aceptadas por todos.

El derrumbe de la dictadura militar permite a la sociedad argentina ingresar en el nuevo período democrático con un horizonte de esperanza que la moviliza tras la prosecución de dos grandes propósitos: la regeneración del sistema institucional y la reorganización de la economía. El éxito del período de transición, tanto en su faz política como económica, dependía, en gran medida, de la interacción de ambos procesos, pues –según advierte Portantiero[36]– son las expectativas públicas las que fijan las agendas y señalan las prioridades a los dirigentes políticos. En efecto, ¿qué esperaba la gente de la democracia en 1983? Sin duda, esperaba una vida en libertad, en paz, digna, con trabajo y en crecimiento. Ahora bien, analicemos brevemente el destino de los propósitos antes aludidos en el curso de los gobiernos democráticos posteriores a 1983.

En primer lugar, el gobierno de Alfonsín intentó sin éxito sortear la imprescindible institucionalización de la democracia, en un momento en que las fuerzas armadas –aún afectadas por la peor de sus crisis a causa de la derrota de Malvinas y del fracaso de la gestión militar– se resistían y se indignaban frente a los pedidos de saneamiento del poder civil. Ello le impidió encarar con más fuerza y comodidad la no menos imprescindible reestructuración económica, que debería conducir según una sólida argumentación técnica del gobierno al mejoramiento de las condiciones de vida de la población. En este último punto estaban centradas las expectativas sociales. Igualmente, el fracaso del Plan Austral y la imposible reforma del estado, clausuran las posibilidades transformadoras del gobierno radical y lo dejan prácticamente inhabilitado para continuar en el ejercicio del poder. El corolario fue la crisis de gobernabilidad y la pérdida de legitimidad del primer gobierno democrático posautoritario, que ingresa en un proceso progresivo de rigidez, del que no podrá salir, hasta llegar al descontrol provocado por situaciones hiperinflacionarias y anómicas, lo que obliga a adelantar la entrega del mando constitucional. Con todo, el legado principal de ese gobierno será el apego de los ciudadanos –y de los partidos– a las instituciones democráticas.

En segundo lugar, las transformaciones más significativas de nuestra vida colectiva se están llevando a cabo por los gobiernos del presidente Menem. Examinaremos ligeramente este período (1989-1996) bajo una doble mirada: la político-institucional y la económico-social. En relación con la primera habría que efectuar, a su vez, una doble distinción. Por un lado, para subrayar que con el frustrado golpe militar de 1990 se cierra el ciclo de sublevaciones "carapintadas" iniciado en 1987 por un sector del ejército. Así, las fuerzas residuales del viejo orden autoritario que desestabilizaban a la democracia parecen ahora someterse a las leyes del nuevo orden. Por el otro, para advertir cómo desciende el nivel de institucionalización de la democracia logrado por el gobierno de Alfonsín, cuando desde el estilo político hegemónico se realza desmedidamente la figura presidencial, se debilita a la oposición, se desdeña al parlamento, se gobierna con decretos de necesidad y urgencia y se violenta la ineluctable autonomía de la Corte Suprema de Justicia. Mientras claudican los restos del autoritarismo militar, el segundo y tercer gobierno de la democracia postautoritaria debilita con su acción las estructuras de las instituciones políticas que actúan como soporte de la organización de la vida en sociedad.

Entre los hechos notorios que van a perjudicar a ese proceso de institucionalización en un cuadro de ambiciones preocupantes de un poder sin límites que aspira por tercera vez a la reelección –lo que constituye un grave retroceso con respecto a los logros del gobierno de Alfonsín–, cabe mencionar: 1) la corrupción generalizada; 2) la crisis de la justicia; y 3) la debilidad de la oposición. La batalla por la consolidación de la democracia es de todos: convoca a los ciudadanos, a los partidos y a las virtudes públicas. En verdad, la corrupción en escalas muy elevadas, como existe hoy en la Argentina, corroborada o no en tribunales, es un factor de deslegitimación de la clase dirigente, de los funcionarios públicos y las instituciones políticas. Por otra parte, pocas veces como ahora la justicia ha dependido tanto de las conveniencias del poder, hasta el punto de que se diluye como espacio simbólico de imparcialidad. ¿Cómo se puede reconstruir un orden democrático si se priva a la sociedad de tan ineludible función? Por último, la democracia implica oposición, reclama una mayoría y una minoría de cuya competencia pacífica por el poder –que abre la posibilidad de la alternancia– saldrá fortalecida y legitimidada. Desafortunadamente, el rol de la oposición comienza a ser –en su debilidad y desconcierto– sustituido por el espacio audiovisual, acentuando la crisis de representatividad, en un tiempo aún indefinido donde la política no se comprende sin los mass-media y las encuestas.

En relación con la segunda mirada, hay que hacer hincapié en que Carlos Menem ha encarado con más éxito que su antecesor las transformaciones de la economía. En un contexto de emergencia, el gobierno nacional ha instalado en la agenda de los años 90 –oposición– un fuerte debate en torno a dos temas fundamentales para el acontecer de la sociedad argentina: la reforma del Estado y la estabilidad económica[37]. Ambos temas se vinculan íntimamente a uno de los objetivos más anhelados –y tal vez ésa fue la gran apuesta gubernamental– por los gobiernos de todos los signos políticos: el control fiscal.

Mientras se pone fin a la propiedad directa del Estado, sin que se defina una estrategia de desarrollo, el liberalismo económico amparado en la estabilidad ha provocado notables cambios, con graves consecuencias, en la estructura de la sociedad: 1) concentración económica, 2) distribución desigual, 3) crecimiento con desempleo. Aunque esta política gubernamental no ha definido un programa de largo plazo, ha alcanzado por cierto algunos logros, como el de la estabilidad, que ha evitado el escenario de caos de los álgidos momentos de la hiperinflación que originaron los "estallidos sociales", es decir, ha evitado la inmersión tan temida del país en el estado de naturaleza hobbesiano.

Entre los requisitos básicos considerados para el ordenamiento económico de la sociedad se encuentran la reducción del déficit fiscal y el equilibrio macroeconómico. La demanda de estabilidad económica, que aumenta con posterioridad al proceso hiperinflacionario, ha sido satisfecha. El éxito, por ende, de algunos indicadores económicos ha conferido legitimidad a la acción de gobierno. Con la profundización del ajuste, ¿paradójicamente?, se han ganado elecciones. Se han conquistado votos más que por la promesa del gasto público social por la efectiva garantía de la estabilidad y el equilibrio fiscal. No obstante, un profundo y extenso malestar asoma en el terreno económico-social que descubre sus causas en el desempleo de largo plazo, la marginación y el temor al mañana. Los argentinos tienen dificultad para controlar el presente y más aún para imaginar el futuro. Queda, en fin, pendiente de satisfacción una intensa demanda de seguridad social (en el sentido de protección) ante el desamparo que acarrea la crisis de las instituciones que garantizan la constitución y reconstitución de los vínculos de integración social. Mientras se mantiene asegurada la estabilidad económica, se agrava la inseguridad social por la dinámica del desempleo y por la evolución desfavorable de las condiciones de vida de la mayoría de la población.

Demasiados interrogantes quedan flotando en el futuro de la democracia argentina. Su estabilidad se halla amenazada por diversos factores: 1) de orden político-cultural (la poca confianza de los ciudadanos en las instituciones del Estado, la identificación de gobierno con democracia, la voluntad hegemónica de los partidos y dirigentes), 2) de orden económico-social (la reducción de las posibilidades económicas, la explosión de las desigualdades vergonzantes, el creciente deterioro del nivel de vida de la población). Paralelamente, dos grandes transformaciones –en la cultura política y en la economía– la sustentan: la estabilidad económica (que despierta apoyos inequívocos) y el rechazo al autoritarismo militar. Los ciudadanos argentinos se han puesto de acuerdo sobre el sistema bajo el cual desean vivir, sobre el modo de vida que han juzgado mejor; y ésta no es una definición menor. Ya casi es un lugar común afirmar que dos experiencias dramáticas de nuestra historia reciente produjeron cambios sorprendentes: el régimen militar y la hiperinflación. Al mismo tiempo que conmovían y angustiaban a los argentinos dejaban sus enseñanzas. El primero enseñó a valorar la democracia y el segundo a valorar la estabilidad.

El horizonte de expectativas abierto con la transición no pudo borrar completamente los miedos de la sociedad argentina, que todavía subsisten –tal vez con otras formas– y van tomando cuerpo en la estructura de la vida cotidiana: la desestabilización económica y social. El temor a la pérdida del orden siempre está presente[38]. De ahí la explicación de ciertos comportamientos electorales. La estabilidad de la democracia que hoy buscamos tiene como base la incertidumbre, la inseguridad social y la debilidad institucional. Ante tantos riesgos, ¿por qué subordinar su suerte al éxito o al fracaso de la actuación de los gobiernos?, ¿por qué no reclamarle, en fin, lo que únicamente es capaz de cumplir? La democracia es perfectible sólo si somos conscientes del alcance de sus respuestas.

NOTAS

1 Hugo Quiroga. "Demos y Kratos. Nuevo encuentro con el concepto de democracia", en H. Quiroga **La democracia que tenemos. Ensayos políticos sobre la Argentina actual**, Homo Sapiens Ediciones, Rosario. 1995.

2 Pierre Rosanvallon, La nouvelle question sociale. Seuil, Paris. 1995.

3 Debo expresar mi deuda intelectual con la obra de Natalio Botana, en especial con su texto **El orden conservador. La política argentina entre 1880 y 1916** (Nueva edición con un estudio preliminar). Sudamericana, Buenos Aires. 1994. Igualmente corresponde mencionar su artículo "La tradición política en la Argentina moderna", en Julio Pinto (Comp.) Ensayos sobre la crisis política argentina/2, CEAL. N° 206, Buenos Aires. 1988.

4 Ver, Dieter Nohlen. **Sistemas electorales y partidos políticos**. FCE, México, 1994.

5 Véase, Natalio R. Botana y Félix Luna. **Diálogos con la historia y la política**, Sudamericana. Buenos Aires, 1995, pp. 126-132.

6 Al respecto cabe recordar las últimas contribuciones historiográficas reunidas en algunos textos sobre diversos aspectos de los proyectos políticos anteriores y posteriores a 1912: Fernando J. Devoto y Marcela P. Ferrari (Comps). **La construcción de las democracias rioplatenses: proyectos institucionales y prácticas políticas, 1900-1930**. Editorial Biblos, Buenos Aires, 1994; desde el campo de la sociología histórica la obra de Waldo Ansaldi, Alfredo Pucciarelli y José C. Villarroel (editores). **Representaciones inconclusas. Las clases, los actores y los discursos de la memoria, 1912-1946**. Editorial Biblos, Buenos Aires. 1995, igualmente, Eduardo A. Zimmermann, **Los liberales reformistas. La cuestión social en la Argentina, 1890-1916**. Sudamericana, Buenos aires. 1995. Ana Virginia Persello, **El radicalismo en crisis (1930 - 1943)**. Editorial Fundación Ross. Rosario. 1996.

7 Un interesante estudio sobre el significado de las elecciones competitivas y no competitivas se encuentra en la obra de Guy Hermet. Alain Rouquié y Juan J. Linz. **¿Para qué sirven las elecciones?** FCE. México. 1982.

8 Se le podría definir como un "universo simbólico" de fenómenos políticos que comparten los miembros de una sociedad. La definición de cultura como "universo simbólico" pertenece a Ernest Cassirer y ha sido extraída de la cita de Hans-Georg Gadamer registrada en su libro **Elogio de la teoría**. Península, Barcelona. 1993, p. 16.

9 Norbert Lechner. "¿Responde la democracia a la búsqueda de certidumbre?" en **Zona**, N° 39/40, Madrid, abril/septiembre 1986, p. 86. Por otra parte, la importancia de la relación entre cultura política y régimen político ha sido adecuadamente advertida en el estudio de la transición argentina a la democracia de Edgardo Catterberg, "Los argentinos frente a la política". Planeta, Buenos Aires. 1989.

10 He desarrollado el tema en mi libro **El tiempo del "Proceso". Conflictos y coincidencias entre políticos y militares. 1976-1983**. Editorial Fundación Ross. Rosario. 1994.

11 En este sentido, se puede consultar la clásica obra de Giovanni Sartori **Partidos y sistemas de partidos**, Alianza Universidad. Madrid. 1987. Para el caso específico de Argentina véase el trabajo de Liliana De Riz "Los partidos políticos y el gobierno de la crisis en Argentina",

en **Los partidos y la transformación política de América Latina**. Manuel Antonio Garretón M. Editor, Grupo de Trabajo Partidos Políticos - Flacso, CEA de la UNC, Ediciones Flacso-Chile 1993.

12 Es la posición que sostiene Atemio Luis Melo en su artículo "Ilegitimidad del Proceso de Reorganización Nacional", en La Capital, Rosario. 21/3/96.

13 Luc Ferry y Alain Renaut. **Filosofía política**. Tomo III, De los derechos del hombre a la idea de república. FCE. México. 1990. pp. 55 y ss.

14 Jûrgen Habermas. **La reconstrucción de materialismo histórico**. Taurus, Madrid. 1985 (cap. 9).

15 Juan J. Linz. **La quiebra de las democracias**. Alianza Universidad, Madrid. 1987, p. 40.

16 Véase mi libro **El tiempo del "Proceso". Conflictos y coincidencias entre políticos y militares. 1976-1983**, *ob. cit.*

17 Claus Offe. "Legitimidad versus eficiencia", en C. Offe, **Contradicciones en el Estado de bienestar**. Alianza, Madrid. 1990

18 Dice el Art. 36: "Esta Constitución mantendrá su imperio aún cuando se interrumpiere su observancia por actos de fuerza contra el orden institucional y el sistema democrático. Estos actos serán insanablemente nulos.

Sus autores serán posibles de la sanción prevista en el art. 29, inhabilitados a perpetuidad para ocupar cargos públicos y excluidos de los beneficios del indulto y la conmutación de penas.

Tendrán la misma sanción quienes, como consecuencia de estos actos, usurparen funciones previstas para las autoridades de esta Constitución o las de provincias, los que responderán civil y penalmente de sus actos. Las acciones respectivas serán imprescriptibles.

Todos los ciudadanos tienen el derecho de resistencia contra quienes ejecutaren los actos de fuerza enunciados en este artículo".

19 Esta última idea la refiere Dahrendorf a las expectativas que había en los países del Este, luego de 1989, en el texto **La democracia Europea**. R. Dahrendorf, F. Furet y B. Geremek, Edición de Lucio Caracciolo, Alianza, Madrid. 1993. p. 59. El hecho mencionado nos recuerda los términos de la campaña del candidato presidencial Raúl Alfonsín cuando en 1983 luego de recitar el Preámbulo de la Constitución Nacional aseguraba que con "democracia se come, se educa, se cura..."

20 Albert Hirschman. "A democracia na America Latina: dilemas", en **Novos Estudios**, CEBRAP. Nº 15, São Paulo, Jul. 86, p. 86.

21 Los inconvenientes de identificar democracia con prosperidad económica están bien planteados en la intervención de Dahrendorf en el texto **La democracia Europea**. *Ob. cit.*, p. 116/117.

22 Véase el trabajo de Juan Linz "Democracia: presidencialismo o parlamentarismo ¿hace alguna diferencia?, en Juan J. Linz. Arend Lijphart. Aruro Valenzuela, Oscar Godoy Arcaya de. **Hacia una democracia moderna: la opción parlamentaria**, Ediciones Universidad Católica de Chile. Santiago. 1990. Una respuesta a la opción parlamentaria de Linz se encuentra en la obra de Giovanni Sartori **Ingeniería constitucional comparada**. FCE, México. 1994.

23 Juan J. Linz, **La quiebra de la democracia,** *ob. cit.* Por su parte, Samuel P. Huntington efectúa la misma distinción en su libro **La tercera ola.**

La democratización a finales del siglo XX, Paidós. Buenos Aires. 1994.

24 Samuel P. Huntington. **La tercera ola,** *ob. cit.*

25 Esta es la posición de Victoria Camps sustentada en su libro **Etica, retórica, política**. Alianza Universidad. Madrid. 1988.

26 Adam Przeworski. "La democracia como resultado contingente de los conflictos", en **Zona**, Nº 39/40, Madrid abril/sep., 1986, p. 7.

27 El principio de inclusividad ha sido muy bien tratado por Robert Dahl en su obra **La democracia y sus críticos**, Paidós. Buenos Aires. 1991.

28 De acuerdo a las conversaciones que he mantenido con Juan Carlos Portanteiro.

29 Raymond Aron, **Démocratic et totalitarisme**, Gallimard, París. 1990, pp. 85/86.

30 Karl R. Popper. **La sociedad abierta y sus enemigos**. Ediciones Orbis (traducción cedida por Paidós). Tomo I cap. 7, Buenos Aires. 1995. El pensamiento político de Popper puede ser consultado en el libro de Angeles J. Perona **Entre el liberalismo y la socialdemocracia. Popper y la "Sociedad Abierta"**. Anthropos. Barcelona. 1993.

31 Norberto Bobbio. "¿Qué alternativas a la democracia representativa?", en N. Bobbio, **¿Qué socialismo?**, Plaza Janés, Barcelona. 1986, p. 89.

32 Hans Kelsen. "Los fundamentos de la democracia", en H. Kelsen. **Escritos sobre democracia y el socialismo**, Editorial Debate, Madrid. 1988. pp. 210 y 211. En el mismo texto, para el tema en consideración, véase "La teoría política del bolchevismo. Un análisis crítico". Igualmente, su trabajo "Esencia y valor de la democracia", publicado bajo el mismo nombre por Editorial Labor, Barcelona. 1988.

33 Al respecto, Adela Cortinas. **Etica aplicada y democracia radical**, Tecnos, Madrid, 1993 (caps. 6-7).

34 Véase Victoria Camps. "Paradojas del individualismo", Drakontos-Crítica. Barcelona, 1993, pp. 83-85, a quien he tenido muy en cuenta en este como en otros capítulos de su libro. **Hablando de las miserias de la democracia**, la autora reconoce que "la democracia es el sistema de gobierno más justo, si bien no garantiza resultados justos".

35 Norbert Lechner. "Por qué la política ya no es lo que fue?, en **Leviatán**, Nº 63, Madrid, primavera 1996, p. 63.

36 El tema de las distintas fases de la transición, así como la necesidad de su interacción, ha sido bien tratado por Juan Carlos Portantiero en su trabajo "Revisando el camino: las apuestas de la democracia en Sudamérica", en **Sociedad**. Facultad de Ciencias Sociales (UBA), Nº 2, Buenos Aires, mayo de 1993.

37 He tratado este punto en mi artículo "El nuevo escenario", en H. Quiroga. La democracia que tenemos. Ensayos políticos sobre la Argentina actual, *ob. cit.*

38 Ver al respecto la interesante nota de Juan Carlos Torre "Los efectos políticos del pánico" realizada en **Clarín** 5/2/95. El tema del orden ha sido objeto continuo de reflexión de Norbert Lechner, remito a su libro **La conflictiva y nunca acabada construcción del orden deseado**, CIS-Siglo XXI, Madrid. 1986.

Poder presidencial limitado y oposición activa como requisitos de la democracia

Isidoro Cheresky*

El régimen democrático establecido en 1983 ha tenido como sustento firme el rechazo a la dictadura militar que le precedió y que culminó un ciclo de poderes dictatoriales y regímenes de dudosa legitimidad. El carácter negativo de la institución de la democracia –dominada por el "nunca más"– es común a las fundaciones de regímenes políticos. Dejaba por delante el afirmar las raíces de costumbres e instituciones democráticas.

En la actualidad es más evidente de lo que era en 1983, que entonces no se restauraba un régimen político sino que se emprendía su construcción en base a frágiles experiencias propias, la mayor de las cuales había sido la emergencia de un movimiento de derechos humanos que torció la tendencia de las fuerzas políticas y de una sociedad pasiva, a dar vuelta la página sobre lo que durante sus primeros años fue considerado una dictadura más[1]. Por lo demás, ya se extendía la ola mundial que llevaría al final de la década a que la democracia se transformara en el régimen por excelencia, o el régimen único, lo que constituía una extraordinaria presión para su establecimiento y mantención.

En los años transcurridos se ha consolidado y hasta naturalizado la vida democrática en un punto decisivo. No hay poder político que pueda pretenderse legítimo fuera de su consagración electoral y este enunciado se ha extendido al interior de las fuerzas políticas por medio de prácticas que privilegian la voluntad de la sociedad por sobre la de las propias estructu-

* Profesor Titular Teoría Política Contemporánea Universidad de Buenos Aires.

ras partidarias. Y ello se ha producido en detrimento del poder de las corporaciones, incluidas las del poder económico.

Pero la vida política tiende a trascurrir por carriles bastante alejados de los ideales democráticos originales. La disminución significativa de la participación política de los ciudadanos, el debilitamiento de los partidos políticos en provecho de los liderazgos personalizados y la relegación y sustitución de la promesa política como motivación de las preferencias políticas por la imagen mediática de los candidatos, son actualmente tendencias universales en las sociedades democráticas. Su significación incluso es materia de debate porque coexisten indicios de despolitización con otros de involucramiento más libre si no más participativo[2].

En Argentina, sobre ese fondo parece dibujarse la posibilidad de que se constituya un sistema hegemónico en condiciones tales que hagan posible su perpetuación. Esa posibilidad hegemónica se deriva de la experiencia reciente de delegación política y decisionismo que se afirmó con la emergencia económica iniciada en 1989 y se convalidó con el pacto de Olivos que manufacturó la reforma constitucional de 1994. El poder concentrado, con pocos controles y contrapesos y reacio a argumentar sus decisiones ante la opinión pública fue a lo largo de las mencionadas experiencias consentido por la mayoría de los ciudadanos e incluso considerado como una forma apropiada de gobernar en circunstancias excepcionales[3].

La reforma de la Constitución parece haber confirmado y ampliado las capacidades presidenciales y creado la posibilidad para que un líder prolongue de por vida su reinado sobre la actividad política.

De modo que la hegemonía resultante de la debilidad de contrapoderes y controles y de la inhibición de la censura electoral en razón de los imperativos de la emergencia se potencian con la perspectiva de una permanencia presidencial prolongada en el poder[4].

La propensión al liderazgo ilimitado tiene profundas raíces en la tradición política populista que fuera dominante en Argentina. Esta tradición ha afirmado una imagen de la voluntad popular como una fuerza dotada de unidad y ajena e incluso hostil a la deliberación, que así concebida se oponía a la de la ciudadanía en ejercicio de la libertad política. En verdad, la voluntad popular podía ser el sustento del poder efectivo de un jefe con vocación a encarnarla más que a representarla y por lo tanto que no reconocía ningún principio superior ni límite. Esta concepción de la voluntad popular como si ésta existiese previamente a la constitución de un orden político, la exaltación de la unidad del pueblo como si se tratase de un dato natural derivado de intereses o de una identidad y no una construcción inacabada y perecedera resultado de un proyecto político exitoso, ha posibilitado que la invocación del fundamento democrático, la voluntad del pueblo, fuese el recurso de poderes autoritarios personalistas.

Esta tradición pone en cuestión permanentemente las formas políticas: a ley, la representación política, el pluralismo institucional. La rehabilitación reciente de la doctrina según la cual la Corte Suprema tiene que adaptarse al curso político del gobierno y subordinar las interpretaciones constitucionales a ese condicionamiento que fue paralela al cambio en su composición, la presión sobre el parlamento para que se subordine a los deseos presidenciales priorizando la legimitidad del ejecutivo, la idea que la reforma de la Constitución podía ser obtenida por la voluntad de un sector político con el apoyo de una mayoría simple de los ciudadanos obtenida por via plebiscitaria y la efectivización de esa reforma por un acuerdo entre líderes políticos que fue llevado en su letra al Congreso y por vía de éste a la propia Asamblea Constituyente, son expresiones de la continuidad de principios populistas en la vida política. Por supuesto, éstos están atenuados y no puede ignorarse que los partidos políticos, a diferencia de los movimientos populistas del pasado, no pueden invocar identidades substanciales con el pueblo que no sean emergentes o convalidadas por actos electorales. Pero se ha heredado de esa tradición una propensión a alinear al pueblo tras los hechos consumados y a designar al pueblo como el soporte de las decisiones personalistas.

Es decir, que las tendencias democrático-liberales efectivamente existentes en la sociedad, algunas de raíces más lejanas y profundas y otras más recientes e incipientes, coexisten con otras que orientan la vida política en una dirección contraria.

Sin embargo, la versión contemporánea del populismo no alienta el clásico peligro de la dictadura de las mayorías contra el que prevenía Madison sino más bien el del poder del Uno. No se trata de la amenaza de una mayoría cohesionada en torno a un interés o de una masa movilizada en torno a un proyecto político, situaciones en las que se suma el poder de arriba y la presión del conformismo social, sino una muy distinta resultante de una sociedad atomizada en la que el poder de uno tal como lo preveía y lo temía A. de Tocqueville parece elevarse por sobre la muchedumbre indiferente[5].

¿Nos hallaremos entonces ante la articulación de los restos de la tradición populista con un espíritu democrático mínimo que confina los individuos al ámbito de la vida privada?

En verdad, la retracción en la participación política que ya se ha mencionado anteriormente debe ser considerada en todas sus implicaciones. En conjunto, la identidad política inmutable tiende a ser sustituida por la adhesión reflexiva y en consecuencia cambiante. De modo que no se trata de un unilineal desinterés en los asuntos públicos sino de un doble movimiento: mayor información y mayor electividad; pero también menor pasión política y menor participación. En estas condiciones, la mantención del involucramiento ciudadano, que es más pasivo que en los inicios del proceso de democratización o en los períodos de esplendor populista, depende de la animación de la vida pública y de las innovaciones que pueda generar la actividad desplegada por las instituciones y los partidos.

La disminución de la participación política a la que estamos aludiendo puede derivar por cierto en un retiro ciudadano de la política, aunque no es forzoso que ello ocurra. Aunque se llegara a ese punto no podría considerarse que hay una alteración decisiva del régimen político a menos que simultáneamente se produzcan transformaciones institucionales que anulen el pluralismo y la deliberación. Por lo demás, debe tenerse en cuenta que el sistema representativo ha revestido siempre un carácter mixto: aristocrático y democrático[6]. A diferencia de las formas democráticas de la antigüedad, con el sistema representativo el acceso al poder ha estado reservado a los mejores, puesto que la dinámica electoral propende a la selección según los criterios de excelencia existentes en cada momento histórico. Aunque se accede al poder en base a alguna clase de promesa ella no obliga a quien la formula, lo que refuerza la dimensión aristocrática de la investidura del gobernante. Pero, en cambio, los ciudadanos están en una situación de igualdad entre ellos y ejercen un poder soberano al votar, pudiendo emitir una valoración restrospectiva sobre los gobernantes salientes; pueden desbaratar al poder por medio de un voto negativo[7].

Esta dimensión, propiamente democrática, de veto al poder se ha hecho más decisiva en la medida en que ha caído la participación por otros canales. Y, sin embargo, ese último recurso democrático parece haber estado inhibido en Argentina, porque la emergencia económica posterior a las crisis hiperinflacionarias de 1989 y 1991 ha conllevado una restricción significativa a la libertad electiva. Por supuesto, puede pensarse que simplemente los electores valoraron positivamente a quienes han traído la estabilidad. Pero, en verdad, la competencia política se ha estancado en ese punto traumático y las elecciones sucesivas parecen condenadas a reiterar la alternativa entre el premio a quienes sacaron al país de la hiperinflación o el riesgo del caos. La estabilidad no se ha objetivado en adquisición colectiva pese a que los principales protagonistas de la oposición la tienen por tal, su perdurabilidad en cambio aparece asociada a la continuidad de un poder y aún de un Ministro de economía. Por supuesto, ha existido materia política (las políticas sociales, la imparcialidad del Estado, la conducta pública de los funcionarios) en torno a la cual se formulan opiniones divididas y respecto a la cual el gobierno probablemente habría sido minoritario si ella hubiese llegado a pesar significativamente en la decisión del voto. Pero en realidad la materia propiamente política ha quedado latente, no ha predominado en la decisión de voto ni ha logrado concitar la atención en las campañas electorales. Puede considerarse que el voto negativo ha sido poco operante en la medida que ha predominado la emergencia económica y en consecuencia la compulsión a congelar en ese punto la electividad. Como se verá, esto se constata en el comportamiento disociado de parte del electorado que vota la continuidad presidencial a la vez que manifiesta sus reticencias o descontento, lo que se expresa incluso electoralmente.

También debe tenerse en cuenta que para que el voto negativo se ejerza hace falta una escena política con antagonismos claros. Estos han estado crecientemente inhibidos puesto que la realidad de la crisis que habilitó la definición de una situación de emergencia con concentración de poder, tuvo como correlato la relación poco conflictiva entre un partido oficialista que reclama para sus orientaciones el estatuto de "pensamiento único" y un partido de oposición que, al menos desde el pacto de Olivos, concibió la política bajo el paradigma de la "cooperación".

Se ha evolucionado hacía un consenso que domina la vida política y la restringe. La propia emergencia económica y el borramiento de los clivajes político-ideológicos en el mundo han debilitado las identidades y los antagonismos políticos. La oposición peronismo versus antiperonismo prevaleció durante varias décadas implicando propuestas de identificación fuertes y asociadas a alternativas que incluso se excluían mutuamente. Desde 1983, los movimientos políticos se fueron transformando en partidos basados en principios de legitimidad más secularizados y reconociendo reglas comunes de competencia. Pero si, por una parte, radicalismo y peronismo han avanzado en la democratización interna, por otra, han visto diluida su identidad distintiva y el antagonismo que caracterizaba su relación.

El consenso ha superado largamente la adhesión a los principios y normas constitutivas del régimen democrático para extenderse a otros ámbitos, en particular a la política económica y más aún a justificar la política económica –en tanto dominio reservado de los expertos– como el tema decisivo de la vida pública.

La experiencia de la hiperinflación tuvo un efecto profundamente despolitizador porque a la vez que creó una conciencia sobre la necesidad de consolidar el suelo común de la convivencia secundarizó, como hemos visto, la atención sobre las dimensiones electivas. Esa prioridad de la economía es el núcleo del consenso argentino, que parece alcanzar por mención u omisión otros aspectos de la vida pública.

Este consenso blando, de límites difusos pero que van más allá de lo requerido por la lealtad al régimen político, es un obstáculo significativo a la expansión de la vida política. No es sorprendente que se acentúe la propensión a la representación personalista: que la personalidad de los líderes parezca más significativa que las propuestas que ellos formulan y que los propios líderes aparezcan más como depositarios de atributos personales que como exponentes de proyectos.

De modo que puede discernirse una tendencia al languidecimiento de la vida pública que favorece la conformación de un poder hegemónico; y esta tendencia puede acentuarse aun cuando persista la competencia política periférica, la que no tiene por objeto el control del poder sino la participación en él.

Pueden, por cierto, detectarse otras potencialidades en los desarrollos recientes. Existe un pluralismo de la opinión pública fomentado por una dinámica de los medios de comunicación, relativamente independiente de las fuerzas políticas. La escena pública ha incidido significativamente sobre las decisiones del poder.

Pero esta expresión de la opinión tiene un carácter puntual y puede ser finalmente absorbida en sucesivos reequilibrios del sistema, por lo que no sería incompatible con la prolongación de un poder hegemónico que iría introduciendo minirreformas que le aseguren la renovación de su legitimidad.

De modo que por más significativa que sea la deliberación pública ella sería políticamente inconducente sin las condiciones más permanentes que alimentan la vida política: la competencia partidaria que permitiría vislumbrar la potencialidad de un cambio en el poder, y la división de poderes, y en particular la existencia de un poder judicial suficientemente consistente como para efectivizar un límite al poder político.

Respecto a este último aspecto, probablemente la posibilidad más significativa de limitar el "hiperpresidencialismo" no provenga esencialmente de las atribuciones parlamentarias, que se hallan restringidas tanto por las disposiciones constitucionales como por la complejidad de la función gubernamental y por los requerimientos de eficacia, sino del contrapeso constituido por el poder judicial. Esto no significa que "el gobierno de la ley" pueda ser una alternativa a la voluntad política, pero la vigencia de la ley atempera la concentración del poder, alienta el rol parlamentario en la deliberación y estimula la argumentación pública de las demandas y las decisiones cuando hay derechos lesionados o derechos en pugna.

La existencia de un sistema jurídico eficaz tiene la cualidad de darle una significación distinta a la escena pública. Esta puede finalmente acallarse si cunde la sensación de impotencia cuando las denuncias y reclamos de derechos no encuentran los canales jurídicos para prosperar. El hegemonismo del poder ha tenido una de sus manifestaciones características en la ineficiencia con que la justicia ha tratado los casos de presunta corrupción de funcionarios públicos[8].

De modo que la existencia de una magistratura independiente afirma en la sociedad una autoridad en tensión, e irreductible, con el poder representativo, lo que por sí mismo limita las posibilidades de hegemonía y favorece en cambio la diversidad. Pero una magistratura independiente es posible a condición de crear un cuerpo separado de los vaivenes de la voluntad popular y que por su modo de constitución y reproducción no aparezca como su emanación.

Pero aunque ha sido dicho hasta la saciedad se puede repetir, porque viene muy al caso, que una dimensión imprescindible del pluralismo es la existencia de una oposición desafiante. La novedad de la evolución reciente es la incipiente superación del bipartidismo por la aparición de una nueva fuerza política, de centro izquierda. Esta fuerza por su carácter a la vez personalista pero portador de reclamos republicanos acarrea signos contradictorios respecto a la dirección en que pueda producirse la renovación política.

Persiste entonces la interrogación sobre la significación y la permanencia de estos cambios en el sistema de opciones políticas, y sobre si incrementan el carácter competitivo del sistema amenguando las posibilidades del poder hegemónico.

La situación de excepción favorece la prolongación del poder decisionista

La situación de excepción se reconoce por la suspensión de las leyes y normas que rigen la relación entre las instituciones y de éstas con la gente. La excepción derivada de la emergencia económica que provocó en Argentina la crisis hiperinflacionaria de 1989 consistió en la cesión de capacidades legislativas al poder Ejecutivo y en el reconocimiento de la gente a esta concentración del poder. La excepción, sin embargo, se prolongó más allá de la urgencia provocada por el desequilibrio monetario y de las reformas del Estado y de la economía que le sucedieron.

El reconocimiento de la situación de excepción se expresa en el aplanamiento que apareja en la relaciones sociales cuya vida normal aparece también suspendida: se pliegan los intereses y se acallan los conflictos sociales. El poder puede decidir con pocos condicionamientos y sin resistencias.

Esta resignación de las identidades conflictivas que son constitutivas de la sociedad se produce en provecho de una lógica de la supervivencia que refuerza el lazo común de pertenencia por sobre los principios de división. El establecer un orden aparece como el interés común que relega el posicionamiento de cada sector y de cada uno en él. Este debilitamiento de los intereses inmediatos facilita el emprendimiento de transformaciones que en situaciones ordinarias son de difícil o imposible trámite.

De este modo, la situación de excepción genera una experiencia que asocia la producción de un orden y la eficacia en la gestión, a la suspensión de la deliberación y al desplazamiento de la representación en favor de la delegación[9].

Esta delegación es compleja. La situación de excepción implica confiar en quién está en el poder o lo alcanza, haciendo de la capacidad de gobernar un valor independiente del rumbo político y aun de otros aspectos del estilo político. Pero en la situación de excepción que se creó en 1989-91 no sólo se suspende la deliberación institucional y social en favor de un poder concentrado, sino que éste emplea su capacidad de decisión para confiar en un saber. La tentación de considerar la buena política como una *techné* es permanente, pero en la situación de excepción esa propensión puede llevarse aparentemente a cabo. El técnico se puede prevaler de una neutralidad puesto que su acción estaría fundada en el saber y no en la voluntad, lo que refuerza la legitimidad de excepción. Pero, en verdad, los técnicos permanecen como auxiliares de los gobernantes depositarios de la legitimidad. Ello es así porque la política como *techné* no ha prevalecido completamente. Todavía representar deriva de la capacidad de configurar una imagen en la cual los ciudadanos se reconozcan, es algo construido y no meramente el reconocimiento automático ante la capacidad para administrar. Cada vez más están en juego las relaciones de confianza en imágenes personales, pero ellas sintetizan representaciones de la realidad más vastas que las contenidas en el reconocimiento de capacidades técnicas. Y ello sigue siendo cierto en la situación de excepción.

La experiencia de la delegación deja trazas institucionales permanentes. Las formas políticas desarrolladas en la situación de excepción tienden a devenir permanentes porque desde el punto de vista de la eficacia, que es la lógica dominante, parecen superiores.

También puede percibirse un reordenamiento de los intereses. Las transformaciones que se generan en la situación de excepción crean una base de apoyo al nuevo orden. Los sectores sociales que se reconvierten, aunque no hayan mejorado sus ingresos, son propensos a adherir a la experiencia de la que son parte. Ello ha sucedido con la ampliación de la lógica de mercado que ha creado nuevas situaciones laborales, empresarias y de consumo. En cambio, los sectores excluidos de antes o de reciente data, si el nuevo ordenamiento se revela eficaz, permanecen relegados y buscan ser incluidos en redes de protección, es decir tienden a considerar su condición social como permanente y no traducible en demanda política[10].

Pero C. Menem ha logrado durante años generar un sentimiento de confiabilidad que excede las consecuencias de las medidas adoptadas en la emergencia y que no reduce su alcance a la sumatoria de sus beneficiarios directos. Existe un amplio espectro de beneficiarios indirectos que consideran un bien simplemente el haber establecido un orden. El gobierno que piloteó la crisis ha transmitido precisamente la sensación de gobernar y satisfizo el requerimiento de autoridad que se reveló en la crisis[11].

La concentración del poder, sin embargo, desemboca en un sistema bicéfalo. Aunque el depositario de la legitimidad popular es el Presidente, la plenitud de esa legitimidad se asocia a la dupla Menem-Cavallo. Ello es así no sólo porque el Ministro de Economía cuenta con la confianza del *establishment* económico nacional e internacional, condición necesaria para la política en curso, sino porque esta figura ha sido el contrapeso y el complemento de la figura presidencial en la legitimidad popular también. Cavallo encarna un saber y cierta distancia respecto a los intereses que se derivan de él[12].

El sistema personalista tiene otros límites, puestos por cierto nivel de resistencia institucional. Aunque la concentración de poder ha sido grande y se ha incrementado a lo largo del tiempo sin que la reforma de la Constitución haya atenuado esta circunstancia, las instituciones y en particular el parlamento no pueden considerarse como completamente regimentados[13].

En cuanto a la ciudadanía, su apoyo mayoritario al poder que procura perpetuarse prolongando la legitimidad de la situación de excepción no ha estado desprovisto de ambigüedad y su posibilidad de perdurar ha dependido en buena medida de las capacidades limitadas de las oposiciones para cuestionarlo[14]. El consenso tiene un componente negativo revelador de la vulnerabilidad del mismo. Se trata de una población aliviada por la estabilidad económica, aunque las condiciones de vida sólo hayan mejorado para algunos, y sensible al argumento de la 'emergencia' o 'excepcionalidad' porque teme que cualquier cambio retrotraiga la situación al período hiperinflacionario. Pero, al mismo tiempo, tanto en los sectores más populares como en los sectores urbanos independientes que apoyaron la política económica en vigor, se vislumbra una tensión con la figura presidencial[15].

La situación de excepción no cesa necesariamente al aventarse la emergencia que inspiró su declaración. El liderazgo sobre nuevas bases que construyó el presidente Menem desde el poder aspiraba a prolongarse. La legitimidad del poder está basada en el éxito ante el desafío de la emergencia y gracias a él ha podido sobrellevar el incumplimiento de las promesas iniciales. Pero este decisionismo, siendo prisionero de la forma democrática, requiere de la manifestación de la voluntad popular para poder afirmarse. La legitimidad construida sobre estas bases tiende a enfatizar el aspecto ratificatorio de decisiones ya adoptadas en la expresión de la voluntad popular, al punto de atribuirle a ésta una función plebiscitaria.

Esa relación simple se fue reafirmando en los años sucesivos a la declaración de la excepción, suprimiéndose mediaciones y controles que "trabaran" o "retardaran" la ejecución de las decisiones políticas[16].

El obstáculo más difícil de sobrellevar para consolidar el poder hegemónico era el límite de permanencia en el poder establecido por la Constitución nacional. Y en torno a la pretensión presidencial de obtener la reforma de la cláusula inhibitoria se tensaron lógicas opuestas de legitimidad del orden político.

El argumento con el que el Ejecutivo impulsó la necesidad de la reforma iba a lo esencial, sosteniendo que si el presidente en ejercicio no podía presentarse a la reelección se hallaría proscrito. De modo que debía adecuarse la Constitución al pretendido reclamo democrático de igual comparecencia ante la voluntad popular. Aunque lo que se pretendía era la posibilidad de un segundo mandato, el principio invocado no daba base firme a ningún límite de permanencia en el poder supremo.

Reformar el artículo no reeleccionista requería previamente afrontar otra restricción puesto que la necesidad de la reforma sólo podía emprenderse legalmente con el voto afirmativo de los dos tercios de los diputados y senadores[17]. Esta disposición constitucional está impregnada del espíritu según el cual la Constitución es el objeto de un acuerdo amplio y que cualquier reforma debía ser emprendida sobre la misma base; es decir, que excluía la simple expresión de la voluntad popular mayoritaria. Sin embargo, la dinámica que llevó a la reforma de la Constitución se desplegó hasta amenazar con el recurso al voto popular, y el principal partido de oposición fue incapaz de resistir a la misma[18].

El pacto de Olivos entre Menem y Alfonsín en nombre de justicialistas y radicales, fue forzado por la amenaza de avanzar en la reforma invocando la voluntad popular en detrimento de las formas institucionales. Al firmar ese pacto el jefe del radicalismo produjo un giro completo en su posición que, hasta ese entonces, había sido de acérrima crítica al autoritarismo del gobierno[19].

Ese pacto inició un encadenamiento de actos que reforzaron el personalismo político y continuaron la invocación de la voluntad popular o su representación contra los procedimientos institucionales establecidos. El pacto fue sellado por un acuerdo de jefes, que luego llevaron su decisión a las instancias partidarias. Esto fue particularmente notorio en el caso del radicalismo que fue colocado repentinamente ante una rectificación de rumbo. Pero, aún más, el pacto se estableció sobre bases indefinidas puesto que, invocando el precedente del acuerdo entre Alfonsín y Cafiero de 1988[20], libraba en verdad la reforma a lo que elaboraran los expertos designados por los jefes. La convención partidaria debió avalar el compromiso de Alfonsín que dejaba al partido con una capacidad de maniobra muy restringida y que derivaba la sustancia del acuerdo a lo que surgiera de negociaciones pendientes[21].

De modo que las reformas no fueron discutidas ampliamente por los partidos políticos. Tampoco el Congreso discutió las reformas principales que se encaraban puesto que éste 'adoptó' literalmente el texto acordado por los expertos y lo incluyó en el articulado de la ley de necesidad de reforma. Esa ley obligaba a votar por sí o por no, sin posibilidad de tratamiento desagregado, un conjunto de artículos que incluían el que habilitaba la reelección y una serie de reformas supuestamente destinadas a atenuar el presidencialismo, asegurar la autonomía de la justicia y obtener ciertas gratificaciones para la oposición, que el radicalismo había propuesto a cambio.

Aunque la Asamblea Constituyente sí deliberó sobre los puntos no incluidos en la cláusula cerrojo, la adopción de la reforma fue una experiencia que involucró a la oposición radical en un acuerdo para transformar en meramente formales los diferentes momentos institucionales reduciendo la deliberación al mínimo.

El efecto mayor de esta experiencia parece haber sido el de debilitar la oposición, habiéndose integrado una parte del radicalismo al estilo político del partido dominante y apartándose en disidencia otro sector del mismo. Pero este último y una nueva fuerza política emergente que canalizó en parte el descontento de los sectores opositores de la ciudadanía, no alcanzaron a ser suficientes para frenar los progresos de la estrategia hegemónica[22].

La reforma de la Constitución

La reforma de la Constitución fue precipitada por el deseo presidencial de prolongar su mandato, pero esa posibilidad estaba planteada desde el momento en que, en los años 80, se había convocado al Consejo de Consolidación de la Democracia, el que había producido ciertos dictámenes que propiciaban como principal cambio la introducción de un sistema "mixto" de gobierno. Esta propuesta estaba en contradicción con las posiciones de los justicialistas favorables a la mantención del presidencialismo puro.

Puesto que el interés de C. Menem era modificar el artículo referido a la reelección, estaba dispuesto a conceder ciertos reclamos del radicalismo poniendo a salvo la intangibilidad del poder presidencial. Diferentes objetivos llevaron a ambas partes a la mesa de negociaciones, pero sólo el justicialismo obtuvo lo esencial de lo que buscaba. En cuanto al radicalismo cuya pretensión proclamada era una atenuación del presidencialismo que desconcentrara el poder y a la vez hiciera menos frágil al régimen político, no parece haber alcanzado su propósito al menos inmediatamente. Lo que sí obtuvo, en cambio, fue cierto rol institucional para la oposición a través del tercer Senador por distrito y la Presidencia de la Auditoría General de la Nación.

En cuanto a las consecuencias de la reforma para el régimen político, hay una variedad de aspectos que se presentan a la evaluación y otros que quedan pendientes pues deben ser completados por leyes parlamentarias.

Las consecuencias de la reforma para el presidencialismo vigente no parecen significativas. La figura del jefe de gabinete carece de entidad suficiente como para considerar que el carácter unipersonal del ejecutivo haya sido afectado. La introducción de los decretos de necesidad y urgencia y la delegación legislativa como capacidades del Ejecutivo abren las puertas al poder discrecional del Presidente amparado en la imprecisa justificación de "circunstancias excepcionales". El control parlamentario en esta área no está bien definido; los decretos de necesidad serán sometidos a una Comisión Bicameral en el plazo de diez días posteriores a haber sido emitidos, pero el alcance y las consecuencias de esta intervención del Congreso no están aún estipulados y se establecerán por ley.

Finalmente, la intención de asegurar la independencia del poder judicial a través de un procedimiento innovador para la designación de jueces ha desembocado en un dispositivo de tres momentos que puede favorecer la injerencia partidaria y el predominio del Ejecutivo en las designaciones, tanto más cuanto que la selección inicial presuntamente más profesional efectuada por el Consejo de la Magistratura se vería desnaturalizada al fijarse su composición por ley[23].

En lo inmediato, el conjunto de estos cambios no afectan la estrategia hegemónica presidencial, sino que más bien parecen institucionalizarla. Esta interpretación se ve reforzada por la forma que adoptó definitivamente el artículo 90 referido a la reelección presidencial: "El presidente y el vicepresidente duran en sus funciones el término de cuatro años y podrán ser reelegidos o sucederse recíprocamente por un solo período consecutivo. Si han sido reelectos o se han sucedido recíprocamente no podrán ser elegidos para ninguno de ambos cargos, sino con el intervalo de un período". En la redacción de este último párrafo, el justicialismo logró alterar el enunciado explícito del pacto de Olivos y lo estipulado en la ley de necesidad de la reforma[24].

De este modo, por una modificación subrepticia de lo pactado, una persona podrá hacerse elegir dos veces consecutivas alcanzando ocho años continuos y luego de un intervalo de cuatro años podría reanudar el ejercicio de la función presidencial y así sucesivamente. Es decir, podría controlar de por vida el poder político si lograra mantenerse en la dirección de una fuerza política hegemónica en los intervalos entre los mandatos de ejercicio de la presidencia. El conjunto de la reforma efectuada, al menos en cuanto a sus consecuencias inmediatas, parece inspirada por el espíritu que se deriva de esta cláusula.

La limitación de los mandatos es un principio generalizado en los regímenes políticos, particularmente en los presidencialistas, como modo de preservar cierta igualdad política[25]. El control prolongado del poder asegura un acceso privilegiado a recursos políticos y forma un bloque de beneficiarios e interesados en la continuidad de los gobernantes, e incluso traba la competencia política en el seno del partido dominante. En estas circunstancias, el poder tiende a encarnarse más aún en una persona y la democracia deviene en consecuencia cada vez más restringida porque la renovación en el poder ejecutivo es cada vez menos posible. El límite temporal al ejercicio del poder es una protección contra la cristalización de una desigualdad política que a su vez crea propensión a la arbitrariedad del poder. Ciertamente la igualdad política aún en plena democracia es relativa, puesto que en este ámbito existen desigualdades constitutivas como existen en el de la economía o la cultura, pero aun siendo relativa la igualdad política es esencial para la democracia.

Sin embargo, no todas las reformas efectuadas pueden ser subsumidas en un mismo juicio crítico. Y la significación de algunas de ellas debe ser apreciada en la perspectiva de los cambios que se están produciendo en las sociedades democráticas. La concentración del poder, que es el rasgo más discutible del sistema institucional tal como se perfila, no puede ser simplemente explicado por la vocación hegemonista del actual poder, aunque éste le da una inflexión particular. La ampliación de las potestades del Ejecutivo responde a una tendencia que se verifica en otras sociedades democráticas y que ha sido justificada en nuestro país[26].

El problema que plantea la reforma efectuada, considerado desde esta perspectiva, es más bien el de la indefinición en las atribuciones excepcionales del Ejecutivo y el de su control. Ello podría acarrear, al ser emitidas las leyes complementarias, un rol marginal para el Congreso favoreciendo un uso inmoderado de esas prerrogativas por parte del Ejecutivo.

Desde el punto de vista institucional, lo que parece más inquietante aún es la incerteza sobre la evolución del poder judicial. La existencia de un cuerpo independiente abocado a la custodia de la Constitución y a la aplicación de la ley es problemático en todas las sociedades democráticas, puesto que este cuerpo se integra a partir de decisiones de otros poderes. Lo que parece afirmar mejor su existencia es la primacía, en su integración y reproducción, de criterios corporativos, es decir, la autorreproducción de los jueces. Esta alternativa encierra peligros de autonomización aristocrática, pero parece la más conveniente en el caso de países poco propensos al respeto de las formas en razón de sus tradiciones.

La otra salvaguardia ante la concentración del poder es la expansión del espacio público deliberativo. El rol de los medios de comunicación ha sido decisivo en ampliar la información y en llevar la luz pública a lugares presuntamente públicos pero anteriormente protegidos por el secreto o la intimidad[27]. Algunas de las nuevas disposiciones constitucionales alientan la deliberación al obligar o incitar a los funcionarios a la producción de informes y a la realización de controles[28].

Vista en conjunto, la reforma de la Constitución evidencia también la huella de los intereses circunstanciales que estaban en juego. Muchas de las disposiciones institucionales tienen la hibridez característica de materias en las que ha habido concesiones mutuas aunque no equivalentes. El caso más característico es el del jefe del gabinete de ministros.

Pero también es visible en el peculiar sistema de *ballotage* adoptado para las elecciones presidenciales que fija un umbral del 45% de los votos válidos y en algunas circunstancias un porcentaje inferior para consagrar desde la primera vuelta un ganador[29].

Idealmente, la característica central del sistema de doble vuelta es que el elector vota dos veces, con información e intenciones diferentes cada vez. Ello supone que en la primera vuelta se fomenta la diversidad de candidaturas porque hay una disponibilidad del electorado para emitir un voto 'libre' de restricciones de cálculo. La segunda vuelta comporta un voto con conocimiento puesto que ya se han expuesto las posibilidades de cada uno de los candidatos. Esta segunda vez, interviene tanto una elección positiva como una negativa[30]. Pero tal como el procedimiento ha sido concebido en Argentina no se posibilita una plena libertad en la primera vuelta. El sistema adoptado es un híbrido difícil de descifrar pero que resulta de una tensión entre un partido hegemónico, que piensa en cómo ganar en solitario, y que en consecuencia debe crearse las mejores condiciones para lograrlo en la primera vuelta, y un partido minoritario pero con la esperanza de provocar una segunda vuelta en la que sea la expresión de una coalición implícita que pueda ganar. Lo que es difícil identificar en el sistema establecido es un principio objetivo desligado de los intereses de coyuntura[31].

Pero la Constitución no está concluida puesto que en la convención constituyente se inició un proceso de reformas que debe ser continuado con las leyes que debe sancionar el Congresos para complementar varios artículos. Esta participación parlamentaria en su elaboración le da a la Constitución un carácter al menos parcialmente flexible y crea la posibilidad de un proceso de reforma permanente[32]. Este proceso de reforma se inscribe en un espíritu diferente que el contemplado inicialmente en la Constitución no sólo porque de hecho habilita capacidad constituyente al Congreso, sino porque la mayoría requerida para esas leyes es absoluta y no de dos tercios como para la reforma ordinaria[33].

El radicalismo al dejar inconclusas las cláusulas en las que no pudo llegar a un acuerdo con el justicialismo confiaba en continuar las negociaciones en el Congreso, subestimando la posibilidad de que el oficialismo contara con mayoría propia como en verdad sucede desde la renovación de las Cámaras producida en 1995[34]. Como este pronóstico fue erróneo las leyes complementarias están ahora libradas al arbitrio de la mayoría justicialista. De modo que el giro que tome la continuación de la reforma dependerá de la evolución de eventuales planes reeleccionistas del actual mandatario o de su relación con su eventual sucesor y de la medida en que las legisladores oficialistas hagan prevalecer sus intereses de cuerpo u opiniones, o se plieguen a una estrategia hegemónica comandada desde el Ejecutivo. En todo caso, la flexibilización constitucional favorece las posibilidades de consolidación de un poder hegemónico y crea una base inestable para la vida política[35].

Se ha especulado sobre la posibilidad de que en el largo plazo las instituciones consagradas por la Constitución reformada contribuyan a la profundización de la democracia y a su estabilidad. Por supuesto, hay aspectos de la reforma que aquí no se han considerado y que revisten un progreso en ese sentido, como las convenciones internacionales de derechos humanos, el defensor del pueblo, la consulta popular y muchas otras innovaciones. Pero el futuro del régimen político está cifrado en la organización de los poderes principales, y en particular del gobierno. Aun en este ámbito hay innovaciones positivas como la autonomización de la ciudad de Buenos Aires cuyas autoridades no serán más designadas por el Presidente. Es posible que en el futuro también ciertas formas de control sobre los actos administrativos se mejoren. Pero la idea que se ha atenuado el presidencialismo y en particular que el jefe de gabinete podría ser una pieza de negociación en caso de un Presidente que no contara con mayoría propia es infundada puesto que las limitadas atribuciones de ese cargo parecen excluir la figura de una cohabitación a la francesa[36].

El futuro de la democracia estará sin duda condicionado por la experiencia de la reforma y por el contenido de la misma, pero hay otro aspecto de la vida pública, la escena de las fuerzas políticas, que pesará también y con cierta independencia de las formas constitucionales en la modelación de ese futuro.

¿Crisis del bipartidismo?

En las elecciones para convencionales constituyentes de 1994 y más nítidamente en la elecciones generales de 1995 se esbozó una fractura del bipartidismo tradicional en la política argentina. Por el momento, este pluripartidismo es aún más un dato electoral que una realidad institucional, puesto que la tercera fuerza emergente cuenta con una representación parlamentaria relativamente reducida y no tiene un control significativo de poderes locales[37].

Sin embargo, esta novedad parece provocar cambios significativos en la escena política y particularmente en el campo de la oposición política. La fuerza emergente nacida propiamente en el espacio público y conformada en torno a un liderazgo personalista, sin soporte en un movimiento social como fue el caso de las otras fuerzas políticas principales en sus orígenes, se formó y expandió con una crítica política al poder referido a su concentración, al estilo presidencial y a la corrupción[38].

Por sus orígenes se desinscribe del antagonismo clásico entre peronismo y antiperonismo, lo que le permite aspirar a un posicionamiento que busca redefinir los alineamientos electorales compitiendo en ambas direcciones. Por una parte, pretende constituir una oposición más intransigente y ajena a las prácticas cooperativas en que se había involucrado el radicalismo desde el pacto de Olivos. Pero, por otra parte, se considera apta para absorber desprendimientos de ambos partidos tradicionales.

El radicalismo, en crisis desde el pacto de Olivos, se vio aún más cuestionado al ser relegado a un tercer puesto en las elecciones nacionales de 1995. Sin embargo, permanece atravesado por el dilema entre la oposición cooperativa –que toma al pacto de Olivos como el inicio de una asociación subordinada con el poder con aspiraciones a ocupar ciertos lugares institucionales e incidir en la perspectiva de un cambio de política económica– y la oposición confrontativa.

El cambio que se insinuó en la escena política afectó también al justicialismo. Esta fuerza, favorecida por la debilidad de la oposición tradicional, ha tendido a que sus conflictos internos ocupen toda la escena política. La puja entre los dos referentes principales del gobierno, a lo que se suman las tensiones con otros precandidatos que se perfilan para las elecciones presidenciales del 99, configuran un panorama en que las eventuales rotaciones en el poder parecen estar contenidas en el oficialismo.

Pero los perdedores de estos enfrentamientos difícilmente podían concebir un futuro político fuera del justicialismo. Ahora, la emergencia de una tercera fuerza que no es el antagonista histórico y que puede pretender a una mayor continuidad con los postulados de justicia social, aunque sea más crítica del poder, parece más apta para fomentar alianzas o cooptaciones[39].

Todas las identidades políticas se hallan afectadas por la mencionada evolución de la escena política. Esta mayor interrelación existente entre ellas se debe al debilitamiento de las identidades más cerradas del pasado. Sin embargo, se podía suponer que la evolución de los tradicionales movimientos políticos (el más característico de los cuales era el peronismo, aunque el radicalismo participaba también de rasgos movimientistas) a partidos les daría una identidad más definida en torno a una referencia programática. Pero no ha sido así, los partidos son menos autocentrados, menos caracterizados por un espíritu 'interno' y más dependientes de la sociedad a la que procuran expresar. Sin embargo, como la sociedad no está estructurada en clases o corporaciones consolidadas como lo estaba en el pasado sino cada vez más atravesada por movimientos de opinión poco articulados entre sí, la determinación social es débil y en ese sentido las fuerzas políticas son más libres, están menos sujetas a un mandato de la sociedad, o al menos a categorías o grupos a los que pretendían expresar en el pasado. En este sentido los partidos son potencialmente más libres al formular sus propuestas políticas, aunque sometidos en permanencia a la puesta a prueba de su conexión con la sociedad.

Esta nueva tendencia en la representación ha modificado la naturaleza de la lucha política. En el pasado la política expresó conflictos que parecían derivados de la lucha social. El clivaje peronismo-antiperonismo tenía sin duda componentes propiamente políticos relativos a los derechos políticos y a la organización de la vida pública, pero el primero de los términos, que fue durante años el elemento activo de la polarización, se afirmaba como la expresión de los trabajadores e impregnaba fuertemente el antagonismo de una significación social.

Actualmente, la constitución de dos campos enfrentados se deriva directamente de la distinción entre quienes controlan el poder y quienes pretenden sucederles y formulan sus propuestas a partir de la crítica inmediata del poder. Ello es así porque la lucha política no sólo no expresa más realidades sociales fuertes sino que no se plantea más como alternativa entre órdenes políticos distintos; por cierto las diferencias en las concepciones de la democracia son considerables, pero remiten más a prácticas silenciosas y a la invocación de situaciones de excepción que a doctrinas contrapuestas. Los antagonismos políticos son difíciles de constituir porque existe un "consenso blando" –ya mencionado anteriormente– que traba la formulación de alternativas nítidas. Es decir, que las fuerzas políticas tienden a extender sus acuerdos, generalmente implícitos, a los grandes problemas y en especial a la política económica como si las decisiones en ellos fueran más dependientes de la justeza de criterios técnicos que de la inspiración de la voluntad política. Un consenso demasiado amplio, pero que curiosamente se revela poco consistente en lo que debería ser su terreno propio: la observancia de la ley y la preservación de las instituciones.

De modo que la oposición política propone, si logra constituirse, una alternativa de reformas. Su dilema es cómo lograr un equilibrio entre la afirmación de una diferencia que justifique la aventura política de un cambio en el poder y el reconocimiento básico del consenso poshiperinflacionario sin lo cual se colocaría fuera del umbral mínimo de participación en los valores comunes, lo que le haría perder toda credibilidad.

La posibilidad de que el justicialismo conserve un poder hegemónico durable se sitúa en este contexto. En esa posibilidad se conjugan la situación de poder legitimado por haber afrontado exitosamente la emergencia económica y la preservación de una base social heredada de un pasado más lejano.

El poder tiene a su favor el expresar un orden y, a menos que una crisis cuestione esa posición, toda oposición se halla ante el desafío de mostrar capacidades mayores de gobierno. A la vez, toda oposición será impugnada precisamente en su carácter de tal, es decir por carecer de la experiencia valedera en la gestión de los asuntos públicos. La minusvalía de la oposición se retroalimenta en la medida que se prolonga una legitimidad 'economicista'. ¿Quién mejor que quienes sacaron al país de la hiperinflación para prevenir una eventual recaída, cuya posibilidad aparece afirmada por cimbronazos recurrentes? Sin que sea posible, como lo fue en el período 1989-91, enunciar una situación de excepción, la fragilidad del equilibrio logrado puede justificar la invocación de una legitimidad economicista por largo tiempo.

Por supuesto, la gestión de excepción crea descontento y abre la posibilidad de concebir y prometer otro modo de gobernar, pero ello supone la ruptura con algunos de los enunciados del consenso blando. Pero, si ello no sucede, la oposición puede quedar reducida a ser una Casandra que anuncia y espera que una crisis de la economía le devuelva las esperanzas de un recambio en el poder.

Los recursos del poder van más allá de la credibilidad provista por el éxito en la emergencia. En una época en que –como se ha visto– los partidos políticos se hallan en crisis, el oficialismo dispone del propio dispositivo estatal que se superpone a la red partidaria. Esta materialidad del poder político se prolonga con el consenso proveniente del *establishment* económico nacional e internacional que brinda un refuerzo de legitimidad, pues afirma la idea de que los asuntos públicos tiene su alma en el mundo de los negocios y que sólo esta política económica y con estos dirigentes son viables.

De modo que en un mundo en que se está diluyendo el vínculo que pareció existir en el pasado entre relaciones socioeconómicas y vida política, el justicialismo cuenta aún con bases sociales consistentes. Las que tienen que ver con el *establishment* les dan crédito a la posibilidad de gobernar y a las amenazas catastrofistas asociadas con un cambio de gobierno. Otro polo de consistencia proviene de la identificación de los sectores populares, y de buena parte de los excluidos, con el peronismo. Esta adhesión al oficialismo ha soportado los avatares de la política económica y en verdad no parece depender enteramente de los mismos. La cautividad electoral de este sector responde a una completa ajenidad a la comunicación política y constituye otro pilar social en la prospectiva de un poder hegemónico durable.

Lo indicado ilustra la debilidad del poder político ante el poder económico y social. O dicho en otros términos la debilidad de la política ante las diferentes coagulaciones: la de los intereses económicos dominantes asociados a esta orientación económica y a estos gobernantes, la de una parte de la ciudadanía pasiva y aferrada a un orden que considera amenazado, la de sectores populares encapsulados en la sigla que en el pasado les brindara bienestar.

Pero el poder que emerge de la política, de la capacidad de criticar un orden y concebir otro, es el único recurso del que dispone la oposición. Es un recurso genuino puesto que regularmente el poder político está en juego en elecciones libres y se mantiene la posibilidad de ejercer las libertades públicas.

La posibilidad de generar adhesión ciudadana a través de su prédica es el principal resorte de construcción de poder político para la oposición, puesto que ésta carece de una capacidad significativa de poner en movimiento fuerzas sociales y su capacidad de bloqueo o presión institucional es en este momento reducida.

El dilema de la oposición es encontrar las bases para una alternativa política capaz de contrarrestar la debilidad de recursos a la que nos hemos referido. Una alternativa política para la oposición tiene un gran componente de negatividad puesto que justamente su mordiente es la crítica derivada de la experiencia que todos hacen con el ejercicio del poder existente. Esa crítica tiene que ser suficientemente radicalizada como para permitir vislumbrar su diferencia. Pero no puede llevar a una polaridad extrema que pueda confundirla con el antagonismo peronismo-antiperonismo en el que lo que estaba en juego no eran alternativas en un sistema común sino propuestas de orden político antagónicas. La evolución hacia un poder hegemónico prolongado no puede hacer olvidar el hecho de que, sin embargo, se mantienen las premisas esenciales que caracterizan una sociedad democrático-liberal. El funcionamiento de ésta no es pleno, por cierto, pero no puede considerarse que se esté ante un cambio de régimen político en tanto persista el recurso al pronunciamiento popular para instituir al poder representativo y exista un nivel razonable de libertades públicas.

El poder que se pueda organizar políticamente debe competir con la inercia de las tendencias sociales orgánicas que favorecen el *statu quo* y la repetición. El poder político al que pueden aspirar las actuales oposiciones es, como hemos visto, un poder ciudadano, distante de las identidades sociales y hasta cierto punto de los intereses. Un tal poder es difícil de constituir en condiciones de desmovilización ciudadana y de desinterés por los asuntos públicos, pero la experiencia reciente, la propia emergencia ciudadana de una nueva oposición parecen indicar que no es imposible. Un tal poder puede adquirir consistencia en las áreas de nuestra sociedad involucradas en la información y circulación políticas pero puede operar también como una locomotora que tracciona llevando en su arrastre los sectores más orgánicos del conglomerado social[40].

NOTAS

1 Hasta poco antes de la guerra de Malvinas los partidos políticos principales estuvieron embarcados en conversaciones para una transición cívico-militar e ignoraron, salvo excepciones, la denuncia de la 'desaparición de personas'.

2 Ver Manin, B. **Principes du gouvernement representatif**, Calmann-Levy, 1995.

3 Para una interpretación del menemismo formulada antes de la reforma de la Constitución ver J. Nun: **Populismo, representación y menemismo**, en Sociedad Nº 5. Octubre 1994.

4 N. Botana justifica el empleo del término hegemonía para referirse al actual poder: "La hegemonía no sólo califica la capacidad de que hace gala un gobernante o un partido para ejercer prolongadamente el poder con supremacía sobre los otros (atributo compartido con los sistemas de partido predominante), sino que también alude, en nuestro último lustro, a la confusión del gobierno con el Estado", en **Las transformaciones institucionales en los años del menemismo**, Sociedad Nº 6, abril 1996. Este último punto, referido a la pérdida de autonomía funcional de la burocracia de Estado que debilita los controles sobre las decisiones gubernamentales, no es generalmente tomado en cuenta.

5 Alexis de Tocqueville describió una nueva clase de despotismo emergente relacionado con el tipo de individualismo que se genera en las sociedades democráticas. Lo hizo en estos términos : "Creo pues, que el tipo de opresión que amenaza a los pueblos democráticos no se parecerá en nada a la que le precedió en el mundo; nuestros contemporáneos no recordarán algo ya sucedido y semejante. Yo mismo busco en vano una expresión que reproduzca y encierre exactamente la idea que me formo; las antiguas palabras de despotismo y tiranía no son adecuadas. La cosa es nueva; es preciso entonces tratar de definirla, ya que no puedo nombrarla.

Si imagino con qué nuevos rasgos podría el despotismo implantarse en el mundo, veo una inmensa multitud de hombres parecidos y sin privilegios que los distingan, incesantemente girando en busca de pequeños y vulgares placeres, con los que contentan su alma, pero sin moverse de su sitio. Cada uno de ellos, apartado de los demás, es ajeno al destino de los otros; sus hijos y su amigos acaban para él con toda la especie humana; por lo que respecta a sus conciudadanos, están a su lado y no los ve; los toca y no los siente; no existe que como él mismo y para él mismo, y si bien le queda aún familia, se puede decir al menos que ya no tiene patria.

Por encima se alza un poder inmenso y tutelar que se encarga exclusivamente de que sean felices y de velar por su suerte. Es absoluto, minucioso, regular, previsor y benigno. Se asemejaría a la autoridad paterna si, como ella, tuviese por objeto preparar a los hombres para la edad viril; pero, por el contrario, no persigue más objeto que fijarlos irrevocablemente en la infancia; ese poder quiere que los ciudadanos gocen, con tal que no piensen sino en gozar. Se esfuerza con gusto en hacerlos felices, pero en esa tarea quiere ser el único agente y el juez exclusivo, provee medios a su seguridad, atiende y resuelve sus necesidades, pone al alcance sus placeres, conduce sus asuntos principales, dirige su industria, regula sus traspasos, divide sus he-

rencias. ¿No podría librarles por entero de la molestia de pensar y el derecho de pensar y el trabajo de vivir?
De este modo cada día se hace menos útil y más raro el uso del libre albedrío; el poder circunscribe así la acción de la voluntad a un espacio cada vez menor, y arrebata a cada ciudadano su propio uso. La igualdad ha preparado a los hombres para todas estas cosas: para sufrirlas y con frecuencia hasta para mirarlas como un beneficio...
Siempre he creído que esta clase de servidumbre, reglamentada, benigna y apacible, cuyo cuadro acabo de ofrecer, podría combinarse mejor de lo que se piensa comúnmente con algunas de las formas exteriores de la libertad, y que no le sería imposible establecerse junto a la misma soberanía del pueblo", **La Democracia en América**, Alianza Editorial, 1985. Estas líneas de Tocqueville son consideradas como proféticas por haber concebido la posibilidad de un poder omnímodo originado en la soberanía del pueblo que no encuentra freno debido a la ausencia de una ciudadanía constituida. La pérdida de la libertad política sería no obra de una dictadura sino de una evolución aceptada de las costumbres. Por cierto el poder tutelar al que alude Tocqueville hace más pensar en el Estado keynesiano que en el Estado mínimo al que aspiran las políticas conservadoras; este último es más indiferente que tutelar. Pero esta salvedad no afecta la fuerza evocativa de las líneas mencionadas.

6 Manin, B., *op. cit.*

7 Sobre la importancia del voto negativo, K. Popper ha señalado: "Lo único que importa es la capacidad de los ciudadanos de destituir el gobierno sin violencia. Existen varios medios, siendo el mejor el voto: elecciones generales o el voto de censura de un parlamento elegido democráticamente. Este es el punto clave. Es la respuesta a la pregunta: ¿cómo podemos organizar el Estado con el fin de impedir al gobierno de hacer demasiado mal?", en **Sur la théorie de la démocratie**, Médiaspouvoirs N° 10, avril-juin 1988, citado por P. Rosanvallon en "La République du centre", Calmann-Levy, 1988.

8 Hay quienes consideran que la relevancia que ha adquirido el tema de la corrupción es un signo de despolitización porque se refiere a la moralidad de los funcionarios con independencia de las políticas emprendidas y afecta tanto a la derecha como a la izquierda. En la puja política, la prioridad de la honestidad de los candidatos relegaría las propuestas programáticas. En parte es así, puesto que la despartidización y el no prebendalismo de los organismos y cargos públicos deberían ser valores republicanos compartidos.
Sin embargo, también, la importancia adjudicada a este tema tiene que ver con una concepción de la lucha política que no opone la sustantividad a las formas. Que los recursos directos o indirectos que están a disposición del poder político sean tratados como un botín suele no ser el resultado de comportamientos individuales sino estar asociado a culturas de grupos que consideran al poder como colocado por sobre la ley, y el éxito en la lucha política como la fuente de un derecho sobre los bienes comunes.
La denuncia de la corrupción conlleva una concepción pluralista de las instituciones políticas, es una puja por la ampliación de la democracia en el sentido del reclamo de un ámbito estatal que por el juego de poderes y contrapoderes no puede ser apropiado por nadie.

La vigilancia y eventual crítica del estilo presidencial se sitúa en la misma línea de valores republicanos. Quien representa el poder es una figura en quien la sociedad debe poder reconocerse. La exhibición de los recursos de goce privado que ofrece el poder desvirtúa la figura presidencial presentándola en su privacidad y particularidad y generando los sentimientos que corresponden a ese tipo de aparición. En el mismo sentido, el desborde de la palabra presidencial hacia temas diversos que lo sitúan como un particular afecta su posibilidad de representar a la sociedad en su unidad.

9 Sobre este tema se puede consultar el ya clásico texto de G. O'Donnell: **¿Democracia delegativa?**, Cuadernos de Claeh, 1992.

10 V. Palermo y M. Novaro en **Política y poder en los años de Menem**, manuscrito, 1995, al referirse a los pobres en el contexto contemporáneo lo hacen en estos términos: "Pobres que en lugar de demandar por poder y la atención de intereses específicos agregados sectorialmente, hallándose al borde de la marginación, demandaban protección y seguridad".

11 Como señala Torre, "Vista desde esta perspectiva –como la superación de un impasse de raíz hobbesiana–, se comprende que la salida de la crisis hiperinflacionaria sea buscada por medio de un recentramiento de la autonomía del Estado. Esto es, por una intervención que descansa en la aplicación de poderes de excepción (como los decretos de urgencia, las medidas provisorias), en el esfuerzo por despolitizar las decisiones y los conflictos invocando la racionalidad económica, en fin, en un mandato en el cual el ejecutivo presidencial se inviste y que se nutre de esa demanda de gobierno a la que ya aludimos y que genera la propia crisis", en J. C. Torre: **América Latina, el gobierno de la democracia en tiempos difíciles**, Instituto Torcuato Di Tella, mayo 1991.

12 Este texto, revisado luego que el Ministro de Economía D. Cavallo fuera desplazado, no ha sido modificado puesto que las consecuencias de ese cambio nos parecen confirmar las afirmaciones precedentes.

13 Indicando la inadecuación que supone considerar el poder existente en términos de democracia delegativa, Palermo y Novaro afirman: "En realidad, creemos que se aproxima mucho más a los hechos un escenario caracterizado por el conflicto entre dos protagonistas, un gobierno que procuró desde el comienzo imponer una modalidad unilateral de gestión política, y configuraciones partidarias y parlamentarias que, desde la oposición o las fuerzas propias, fueron adquiriendo capacidad de limitar la efectividad de los intentos de excluirlos completamente de las decisiones". Agregando más adelante: "La imagen que puede entreverse en materia de acceso de la sociedad a las instancias de decisión gubernamental es la siguiente: de un lado, el polo fuerte, un Presidente que se atribuye la potestad de gobernar en nombre del pueblo –y ciertamente ha sido capaz de consolidar un vínculo carismático con parte importante de quienes se identifican con esta apelación. Pero que no 'escucha' demandas provenientes de ese campo, sino que, más bien, confía en su capacidad de determinar cuál es el 'verdadero interés' del mismo y en que éste, al cabo de los resultados de sus decisiones, lo reconocerá renovado en su consentimiento. Y, del otro lado, el polo débil, un Congreso en el que se agolpan las expresiones de organizaciones y gru-

pos sociales que no forman parte del reducido grupo de actores a quienes el Poder Ejecutivo 'escucha'", *op. cit.*

14 Ver al respecto mi artículo "¿Hay todavía lugar para la voluntad política?", en **Coloquio del Isen**, 27 al 19 de julio 1995.

15 En la Pcia de Buenos Aires a lo largo de la campaña electoral para las elecciones generales de 1995 se manifestó un hiato entre la intención de voto a gobernador y a Presidente, en favor de la primera. Esta diferencia que finalmente no resultó tan significativa como anunciaban ciertas encuestas (Menem 51,8%; Duhalde 56,7%) era atribuible a la imagen más peronista del candidato a gobernador de la Pcia. de Buenos Aires.

En cuanto al voto de los sectores medios urbanos, una buena ilustración es la de la Capital Federal, distrito en que resultó triunfante en 1995 el candidato de la oposición (44%); sin embargo Menem obtuvo un porcentaje elevado de votos (41%), cifra no obstante muy superior a la de los candidatos a diputados justicialistas en esta elección y a la de los candidatos justicialistas en otras elecciones. Por supuesto aquí caben dos interpretaciones. Una es que la figura presidencial tiene un arrastre muy superior a la de su propio partido porque la adhesión a su política suscita una pluralidad de convergencias. Otra es que en verdad el voto al candidato justicialista en las elecciones presidenciales es superior porque al voto positivo se suma un voto negativo de quienes expresan su temor al cambio. Es decir, que quienes resisten el estilo Menem pero apoyan su política económica lo votarían a Presidente para asegurar la continuidad de esa política, pero lo harían en boletas electorales de partidos que tienen sus propios candidatos a diputados y concejales expresando así sus recelos y rechazos. En la referida elección la lista oficialista a diputados obtuvo el 23% de los votos y las otras listas que incluían a Menem como candidato a Presidente junto a sus propios candidatos a diputados obtuvieron en conjunto el 16% de los votos.

16 Lo más significativo fue el cambio de composición de la Corte Suprema a través del aumento en el número de sus miembros. Pero también se sustituyó al Procurador General de la Nación, al Tribunal de Cuentas, a la Procuración del Tesoro, a la Inspección General de Justicia y a la Fiscalía Nacional de Investigaciones Administrativas.

17 Uno de los temas de polémica cuando el proyecto de reforma llegó al parlamento fue el de interpretar si se trataba de los dos tercios de los legisladores presentes en el recinto o de los legisladores totales.

18 De hecho, después que el justicialismo triunfara en las elecciones del 3 de octubre de 1993, el gobierno había convocado una Consulta popular, referida a la reforma de la Constitución para el 21 de noviembre.

19 El radicalismo conducido por R. Alfonsín encaró desde 1989 la oposición a C. Menem con el esquema de los años ochenta, identificando a su fuerza política como la mejor encarnación de los ideales democráticos y cuestionando al nuevo poder por su presunta propensión autoritaria. Este esquema le impidió comprender los requerimientos de orden provenientes de la sociedad y el aval con que contaba el estilo decisionista. Por cierto, era sumamente difícil para la oposición encontrar su lugar en una situación en que los actos de gobierno ordenadores concitaban un gran consenso. La oposición radical desconoció los éxitos de la política económica pareciendo así retacear su

acuerdo a lo que era percibido como un logro para todos. En lo que hace a la reforma de la Constitución su oposición a considerar siquiera una cláusula que permitiera dos mandatos presidenciales consecutivos fue terminante hasta que con el pacto de Olivos se produce un cambio completo de posición.

Todo indicaba que si el plebiscito anunciado hubiese resultado terminantemente favorable para el sí a la reforma, el radicalismo se habría desgranado, dando los votos faltantes en la Cámara de Diputados para alcanzar los dos tercios necesarios para la reforma. De modo que Alfonsín pudo justificar su viraje con el argumento implícito de la incapacidad de frenar la ofensiva gubernamental, lo que incluía la posible fractura de su partido, y con el argumento explícito de que al aceptar la posibilidad de la reelección actuaba por el bien común porque aventaba peligros mayores para el país. La contradicción inherente al argumento que para frenar un poder hegemónico se cedía ante él se procuraba superar replicando que se habían obtenido modificaciones progresistas en el régimen político a cambio de la cláusula de la reelección.

20 En realidad, el 14 de enero de 1988, R. Alfonsín y A. Cafiero emitieron un comunicado de prensa en el que se mencionan vagos objetivos para la reforma de la Constitución. Entre ellos se proponían obtener un consenso "para favorecer mecanismos que establezcan la elección directa del Poder Ejecutivo; protejan a ese órgano del desgaste de las cuestiones políticas cotidianas, desconcentrando funciones que no correspondan estrictamente a la jefatura del Estado; flexibilizando la marcha de la Administración según las situaciones políticas o electorales cambiantes; examinen el acortamiento de los mandatos; hagan más estrecha y coordinada la relación entre el Ejecutivo y el Parlamento, permitiendo acuerdos interpartidarios en su seno que faciliten la agilidad y eficiencia de la administración y su contralor por el Congreso..."

21 La resolución que aprobó la convención radical establecía en su punto primero "Instruir a los legisladores nacionales de la UCR para que voten positivamente el proyecto de ley que declara la necesidad de la reforma de la Constitución sobre la base de las tratativas ya iniciadas y los acuerdos a los que finalmente se arribe", el texto completo de esta resolución en R. Alfonsín "Democracia y consenso", Corregidor, 1996.

22 Una valoración diferente del proceso de reforma de la nueva Constitución en L. de Riz: **Reforma constitucional y consolidación democrática**, en Revista Sociedad Nº 6, abril de 1995.

23 El procedimiento constitucional establece que el Consejo de la Magistratura somete una terna al Presidente quien de ella seleccionará al nominado. Finalmente, el Senado debe dar su acuerdo.

24 En estos documentos se indicaba tan sólo "Reducción del mandato presidencial a cuatro años con reelección inmediata por un solo período, considerando al actual mandato presidencial como un primer período".

25 De los países latinoamericanos sólo Nicaragua, Paraguay, Perú y Argentina contemplan la reelección inmediata y la mitad de los restantes la prohíben en absoluto; en G. Sartori: **Comparative constitutional engineering**, New York University Press, 1994.

26 Así J. Vanossi sostiene que el sistema parlamentarista "sería el gran aliado para el mantenimiento del *statu quo*, cuando un país está necesitado de cambio y de transformación, lo cual significa fuerza de iniciativa para alcanzar la aprobación de los programas y las normas que implementan los programas", a la vez que considera a los decretos de necesidad y urgencia como un dato del derecho constitucional contemporáneo; citado por A. M. García Lema: **La reforma por dentro**, Planeta, 1994. Por su parte Palermo y Novaro sostienen que "La gestión gubernamental en contextos críticos exige a veces medidas cuya efectividad depende de una resolución repentina y no prevista por parte de los sectores afectados. Los decretos de necesidad y urgencia satisfacen este requisito, que desde luego no podría ser cubierto por un tratamiento parlamentario. En ese sentido el gobierno de Menem no innovó...", *op. cit.*

27 Este rol de los medios ha sido por otra parte abundantemente criticado por otras consecuencias negativas para la vida política, G. Sartori, *op. cit.*

28 Por ejemplo la obligación del jefe de Gabinete de Ministros de concurrir mensualmente al Congreso.

29 Cuando un candidato hubiese obtenido al menos el 40% de los votos y más de 10 puntos de distancia con su inmediato rival, será también considerado ganador y no habrá segunda vuelta.
Sobre esta técnica electoral se puede consultar R. Castiglioni: **Ballotage y sistema de partidos: ¿es el ballotage de Olivos un incentivo para las alianzas?**, en La ciudad futura Nº 40, 1994 y D. A. Sabsay: **El sistema de doble vuelta o 'ballotage'**, Abeledo-Perrot.

30 Al respecto G. Sartori, *op. cit.*: "With one shot the voter shoots very much in the dark; with two shoots he or she shoots, the second time, in full daylight".
Para D. Sabsay y J. M. Onainda el empleo de este sistema en el contexto de un régimen presidencialista produce resultados negativos. "El "ballotage" incorporado a esta mecánica no puede sino exacerbar tanto la concentración del poder en manos presidenciales como las dificultades para el logro de acuerdos interpartidarios", en **La constitución de los argentinos**, Errepar, 1994.

31 No pueden ignorarse los antecedentes del "ballotage" en Argentina, que están asociados a la esperanza de una gran coalición que derrotara al peronismo. Con ese sentido fue incorporado en la reforma constitucional de facto de 1972, pero esa finalidad se vio desbaratada en las elecciones de 1973.

32 Toda nueva mayoría estará tentada de modificar las disposiciones constitucionales que la perjudiquen. Las leyes complementarias que promulgue el Congreso podrían ser ulteriormente derogadas o reformuladas. Ver G. Bidart Campos: **Tratado elemental de derecho constitucional argentino**, Ediar, 1995.

33 Por cierto los convencionales constituyentes deciden las reformas a introducir por mayoría absoluta, pero han sido específicamente habilitados para ello por una ley del Congreso que requirió los dos tercios de cada una de las Cámaras. Los convencionales sesionan y aprueban un texto que es inmodificable hasta una nueva reforma según el procedimiento especial establecido. En cambio, las leyes complementarias que votaran los legisladores tendrán rango consti-

tucional pero podrán ser derogadas o reformadas indefinidamente por mayoría absoluta.

34 Refiriéndose a las leyes que deben completar la reforma uno de los principales negociadores del radicalismo las consideraba del modo siguiente: "La exigencia de una votación afirmativa como la indicada (la mayoría absoluta sobre la totalidad de los miembros de cada Cámara), difícilmente pueda ser cumplida por una sola fuerza política. Esto es, precisamente, el objetivo constitucional: obligar que ciertas decisiones –con permanencia temporal– sean resultantes de un consenso entre varias fuerzas políticas, de modo que ponga a los institutos incluidos en esa clase en una franja de rigidez 'intermedia' porque, con ser una exigencia muy inferior a la necesaria para reformar la Constitución, se ha previsto para la sanción y el cambio de ciertas leyes una rigidez mayor a la ordinaria", E. Paixao: **La reforma de la administración de justicia. El Consejo de la magistratura**, en Horacio D. Rosatti *et al.*, "La reforma de la Constitución", Rubinzal-Culzoni Editores, 1994.

35 Para Catalina Smulovitz la mencionada flexibilidad crea la posibilidad de reformas autoritarias, **Constitución y poder judicial en la nueva democracia argentina. La experiencia de las instituciones,** en Carlos Acuña (comp.) "La nueva matriz política argentina", Nueva Visión, 1995.

36 Es la hipótesis que evoca C. Smulovitz quien cita también a G. Molinelli. El propio R. Alfonsín en su reciente **Democracia y consenso**, Corregidor, 1996, considera esa posibilidad.

37 Aun como dato electoral existe un desfasaje entre el arrastre que tuvo su candidatura presidencial respecto al score de sus listas de diputados, diferencia que se acentúa respecto a las candidaturas locales. El radicalismo, que fue relegado al tercer puesto en la competencia presidencial, conquistó sin embargo la intendencia en 464 pueblos y ciudades y cinco gobernaciones.

La excepción la constituye la Capital Federal donde en varias elecciones consecutivas, triunfó la nueva fuerza, y la ciudad de Rosario.

38 El personalismo se resumía casi exclusivamente en la figura Chacho Alvarez como encarnación de la nueva fuerza. Esta situación fue variando pero dentro de un esquema de emergencia de personalidades que se disputaban la representación del Frepaso.

39 La expresión más característica de una estrategia de alianzas con sectores no menemistas del justicialismo involucró a J. O. Bordón, ahora alejado del Frepaso.

40 Las experiencias contemporáneas indican que ello es posible. Alfonsín al conquistar la posición de paladín de un nuevo orden democrático involucró en primer lugar a los sectores más politizados de la sociedad, pero también conquistó por un momento, como consecuencia de ello, a sectores populares más alejados de la circulación política que fueron tocados por la ola de renovación que vivía el país.

Menem, por su parte, ganó la confianza del *establishment* a partir de una posición inicial desfavorable, pero en la primera etapa estos sectores permanecieron en la expectativa. En la medida que prosperaron sus planes de estabilización y modernización conquistó su apoyo. Estos mismos sectores fueron reacios al proyecto de reelección hasta que la efectividad política de la iniciativa los llevó a adherir.

La naturaleza de la nueva democracia argentina. Revisando el modelo de democracia delegativa*

Enrique Peruzzotti**

En la actual discusión sobre los problemas de consolidación institucional, el diagnóstico de O´Donnell acerca del carácter delegativo de las presentes democracias ha logrado amplia aceptación. Las nuevas democracias latinoamericanas, se sostiene repetidamente, han exhibido un pobre récord institucionalizante. Términos como *delegativa, frágil, inestable*, etc., son frecuentemente elegidos con el fin de resaltar el carácter no institucionalizado de la mayor parte de los regímenes democráticos de la región. El objetivo del presente trabajo es cuestionar dicho diagnóstico. Considero que el argumento sobre democracia delegativa descansa en una interpretación unilateral de las dinámicas políticas que lleva a ignorar procesos de innovación cultural y política que le otorgan a esta última ola democratizante su carácter distintivo. Utilizando el modelo de democracia populista que predominó en el pasado como punto de referencia

* Versiones anteriores de este trabajo fueron presentadas en seminarios en el Latin American Luncheon Seminar, Cornell University; en el Argentine Seminar Series, ILAS, University of London; en la conferencia *"La Nueva Democracia Argentina,"* coorganizada por la Universidad de Buenos Aires y el North-South Center; y en el Latin American Centre, Oxford University. El autor quiere agradecer a los participantes de dichos seminarios por sus comentarios y sugerencias, particularmente a Felipe Agüero, Victor Bulmer-Thomas, Alan Knight, Guillermo Makin, Eduardo Posada Carbó, David Stark, Augusto Varas y Lawrence Whitehead.

** Universidad Torcuato Di Tella, Miñones 2159, (1428) Buenos Aires, Argentina. peruzzott@utdt.edu.ar Enrique Peruzzotti Ph. D in Sociology, The Graduate Faculty, New School for Social Research. Profesor, Departamento de Política y Gobierno, Universidad Torcuato Di Tella.

para la evaluación de los resultados del actual proceso de democratización, el trabajo señala las diferencias tanto culturales como institucionales que distinguen a la actual democracia de anteriores experiencias populistas. ¿Cuál es el rasgo distintivo del actual proceso democrático? La emergencia de una nueva cultura política compatible con un modelo constitucional de democracia que ha dado lugar al surgimiento de una nueva forma de politización tendiente a controlar las tendencias delegativas de la sociedad política.

I. La naturaleza de las democracias latinoamericanas emergentes: el argumento sobre la democracia delegativa

¿Cuál es el récord institucionalizante de la nueva ola democratizante en América Latina? ¿Se encuentran las democracias latinoamericanas en vías de consolidación o simplemente estamos presenciando un nuevo capítulo del movimiento pendular entre democracia y autoritarismo que ha caracterizado la vida política de gran parte de la región? En caso de que la respuesta a la primera parte de la pregunta fuera afirmativa, ¿qué tipo de democracia se está consolidando? Los problemas y desafíos que confrontan los actuales procesos de democratización han generado un vasto corpus de estudios dirigidos a desentrañar tanto la naturaleza como los prospectos de las emergentes democracias latinoamericanas. Gradualmente la "transitología" ha sido desplazada por la "consolidología" (Schmitter, 1995): el interés sobre las condiciones que llevan al quiebre institucional fue sustituido por el análisis acerca de las posibilidades de reconstrucción institucional. Dicho giro analítico ha estado acompañado por un generalizado cambio anímico: el optimismo inicial que caracterizaba a la literatura sobre transiciones democráticas ha sido reemplazado por diagnósticos prospectivos sombríos acerca de las posibilidades de consolidación democrática en la región.

El actual desaliento no es fruto, como en el pasado, del temor a una regresión autoritaria. En realidad, los analistas políticos están sorprendidos por la inusual fortaleza de las administraciones democráticas. Al menos en este aspecto, la reciente ola democratizante se diferencia de anteriores transiciones continentales. El movimiento pendular entre democracia y autoritarismo que ha caracterizado buena parte de la historia política contemporánea de América Latina pareciera haberse detenido: no se atisban nubarrones autoritarios en el horizonte político latinoamericano. La región habría alcanzado una meseta democrática. La detención del péndulo democracia-autoritarismo no ha llevado, sin embargo, a la solución del crónico déficit institucional que ha caracterizado a la vida política de buena parte del continente. Los recientes análisis sobre consolidaciones democráticas han llamado la atención sobre el pobre desempeño institucionalizante de las nuevas democracias (Alberti, 1991; O'Donnell, 1993, 1994; Schmitter, 1995; Torre, 1993, 1994; Weffort, 1993, 1992; Whitehead, 1993). La debilidad institucional continúa siendo, en opinión de la literatura sobre democratización, un rasgo patológico de la vida política latinoamericana.

Guillermo O'Donnell ha caracterizado a esta combinación peculiar de regímenes duraderos pero no institucionalizados como democracias delegativas[1]. El concepto de democracia delegativa resucita una vieja preocupación huntingtoniana acerca del bajo nivel de institucionalización política de las sociedades latinoamericanas. Huntington consideraba al subdesarrollo institucional como el principal problema del patrón de desarrollo latinoamericano (Huntington, 1968). Esto último se traducía en un proceso de modernización aquejado por recurrentes crisis de ingobernabilidad, fruto de un proceso de movilización política que no se veía correspondido por un simultáneo proceso de desarrollo institucional. En ausencia de un tejido institucional adecuado para el procesamiento y mediación de los conflictos sociales y políticos, los distintos sectores de la sociedad se enfrentaban unos a otros de manera abierta y generalmente violenta. El resultado era la emergencia de sociedades pretorianas, es decir, de sociedades complejas y diferenciadas que sin embargo no lograban estabilizarse institucionalmente[2]. En la actualidad, sin embargo, la subinstitucionalización política que O'Donnell describe no ha llevado al escenario pretoriano descrito por Huntington sino que pareciera haber dado origen a un tipo distintivo de democracia cuya integración y supervivencia depende más de las habilidades exhibidas por ciertos líderes políticos que del funcionamiento de mecanismos constitucionales (O'Donnell, 1994). El cemento que da coherencia a dicha forma de democracia, a ojos de O'Donnell, no son las instituciones sino el carisma presidencial. El escenario político de las democracias delegativas aparece dominado por figuras presidenciales que exhiben un marcado grado de indiferencia con respecto a las restricciones impuestas por el sistema de separación de poderes. En el modelo democrático descrito por O'Donnell, el poder ejecutivo gobierna libre de mecanismos horizontales de 'accountability'. La única limitación efectiva es necesariamente posfáctica: la sanción electoral.

El concepto de democracia delegativa representa un escenario político no previsto por la literatura sobre transiciones. Esta última asumía que las transiciones políticas de regímenes burocrático-autoritarios a democracias representativas iban necesariamente a desembocar o en democracias representativas o en un retorno a regímenes autocráticos. Las otras opciones consideradas, *democraduras* y *dictablandas* no representaban en sí mismas regímenes alternativos sino un interregno distintivo del período transicional (O'Donnell & Schmitter, 1986:13). Dichos híbridos no podían ser considerados democráticos, pues no reunían los requisitos asociados al concepto de poliarquía (Schmitter, 1995). Más bien, *democraduras* y *dictablandas* representan ejemplos de formas autoritarias parcialmente liberalizadas o democratizadas. Los eventos políticos desafiaron la prognosis de la literatura sobre democratización. El resultado descrito por O´Donnell —la democracia delegativa— no encaja en ninguno de los escenarios anunciados sino que representa una situación imprevista, en la cual la transición no lleva ni a la democracia representativa ni a la autocracia sino a una forma *sui generis* de democracia no consolidada[3]. En contraste con las *democraduras* o las *dictablandas* que indican variantes liberalizadas de autoritarismo, el concepto de democracia delegativa corresponde a un subtipo de poliarquía (O'Donnell, 1993:1355).

¿Cómo interpretar tan inesperado resultado? Para O'Donnell, las herramientas teóricas de la literatura sobre democratización no parecieran proveer de un instrumento adecuado para responder satisfactoriamente dicho interrogante. Desde su punto de vista, es necesario abandonar el miope interés en las dinámicas estratégicas entre elites e introducir variables históricas y estructurales en el análisis de procesos de democratización (O'Donnell, 1994:55). Su modelo de democracia delegativa correctamente señala variables de largo plazo que parecieran estar condicionando al proceso de institucionalización democrática. El modelo está construido sobre dos tipos de argumentos: el primer argumento se concentra en el tipo de cultura política que contribuye a la reproducción de dicho tipo de democracia, el segundo, en cambio, hace hincapié en el medio estructural que sirve de marco para este tipo de régimen político. Analicemos brevemente cada uno de estos argumentos.

El argumento culturalista de O'Donnell se concentra en el problemático legado cultural del populismo. A pesar de que son presentados como "nueva especie política que requiere teorización", la descripción que hace O'Donnell de las características más salientes de la cultura política de los regímenes delegativos pareciera indicar que lejos de encontrarmos ante un fenómeno novedoso, lo que estamos presenciando es la resurrección de identidades y prácticas populistas pasadas. Véase por ejemplo el siguiente párrafo de O'Donnell:

> "Las democracias delegativas se basan en la premisa de que cualquiera que gane la elección a la presidencia está autorizado a gobernar como lo crea necesario... El presidente aparece como la encarnación de la nación, como el custodio y definidor de sus intereses. Dado que dicha figura paterna está supuestamente a cargo de la nación toda, su base política sólo puede ser un movimiento... En esta perspectiva, otras instituciones, como ser las cortes y las legislaturas, aparecen como estorbos a la acción presidencial" (O'Donnell, 1995:59-60).

En realidad, no hay nada particularmente novedoso en la anterior descripción de los regímenes delegativos. Movimentismo, mayoritarianismo, nacionalismo y patriotismo representan rasgos característicos de las formas de autoentendimiento populista (Peruzzotti, 1996). Más que indicar la existencia de procesos de innovación cultural, el argumento sobre democracia delegativa subraya la supervivencia de estilos y prácticas políticas populistas en el actual período democrático. La cultura populista, lejos de haberse erosionado, pareciera gozar de muy buena salud en gran parte del continente, particularmente en aquellas sociedades donde la tradición populista ha sido históricamente fuerte, como es el caso de los tres ejemplos en los cuales O'Donnell centra su argumento: Argentina, Brasil y Perú. En sociedades en las cuales las tradiciones liberales tuvieron mayor impronta en la cultura política, el caso de Chile y Uruguay, por ejemplo, el resultado de la transición ha sido significativamente diferente, dando lugar a formas de democracia más cercanas al modelo representativo (O'Donnell, 1994:64; Torre, 1994:8-12).

Si en términos de cultura política la democracia delegativa pareciera ser un *aggiornamento* de las tradiciones populistas, ¿cuál es entonces su rasgo distintivo? Lo que en el argumento de O'Donnell distingue a esta versión de la democracia de pasados experimentos democráticos es el contexto histórico-estructural en el cual operan estos regímenes. Las democracias delegativas suelen surgir en países afectados por serias crisis económicas y políticas, es decir, en países con tendencias pretorianas. De un lado, existe una profunda crisis del estado como institución que se traduce en un déficit tanto de legitimidad como de efectividad. El estado es incapaz de imponer su autoridad sobre la sociedad dado que no es percibido por esta última como un espacio público sino como una arena a ser colonizada por intereses particulares (O'Donnell, 1993:1358). Por otro lado, existe una crisis económica de proporciones dramáticas que contribuye a exacerbar la crisis de la institución estatal (O'Donnell, 1993:1363). Recurrentes escaladas inflacionarias (e hiperinflacionarias) son seguidas de impotentes intentos por parte de las autoridades estatales por controlar la inflación y reformar la economía. Cada nuevo esfuerzo gubernamental por estabilizar la economía es desafiado por una pluralidad de poderes corporativos.

Los reiterados fracasos de los intentos gubernamentales de estabilización económica contribuyen a un perverso proceso de aprendizaje colectivo: los actores asumen que cada nuevo intento de estabilización tendrá el mismo destino que los anteriores y por lo tanto apuestan a la derrota de los esfuerzos económicos del gobierno. Las sociedades pretorianas quedan aprisionadas en un gigante juego de relaciones sociales de suma cero. La espiral pretoriana conduce al progresivo e inevitable deterioro institucional y económico. El resultado es una crisis general tanto del estado como de la sociedad: O´Donnell habla de una "evaporación de la dimensión pública del estado" y de una "pulverización de la sociedad" en una multitud de actores oportunistas. Tal escenario sólo refuerza las tendencias delegativas de dichas sociedades, socavando todo intento de reconstrucción institucional (O'Donnell, 1993:1365). Como resultado, O'Donnell sostiene,

> "...en estas condiciones se avanza muy poco, si es que se avanza, hacia la creación de instituciones representativas y responsables. Por el contrario, conectándose con profundas raíces históricas de estos países, la atomización del estado y la sociedad, la expansión de las zonas marrones y su forma particular de defender sus intereses, y la enorme urgencia y complejidad de los problemas que deben enfrentarse, alimentan la predisposición delegativa y plesbicitaria de estas democracias" (O'Donnell 1993:180).

Dichas sociedades se encuentran por lo tanto atrapadas en un colosal dilema del prisionero que no sólo perpetúa sino que lleva a una escalada del juego pretoriano que impide todo tipo de institucionalización. "El juego pretoriano tiene una dinámica poderosa", sostiene O'Donnell, por lo que debemos suponer que la democracia delegativa será parte importante del horizonte político de las sociedades latinoamericanas (O'Donnell, 1993:1367).

El modelo de O'Donnell se concentra en algunos rasgos problemáticos de las nuevas democracias, como ser las consecuencias negativas del decisionismo presidencial para el desarrollo de instituciones democráticas autónomas. El delegativismo del ejecutivo, sostiene, impide el desarrollo de las ramas judiciales y legislativas, privando al sistema democrático de un efectivo mecanismo de control horizontal del poder político (O'Donnell, 1994:61-2). El *decretismo* también empobrece el proceso de formulación de políticas públicas. Según O'Donnell, el argumento que sostiene que el aislamiento de los centros de decisión económica de presiones sociales se compensa con un aumento de la eficiencia de las políticas públicas es engañoso: un proceso de toma de decisiones más gradual y consensual no sólo puede prevenir los serios errores generalmente derivados de la discreción presidencial sino que aumenta la probabilidad de implementar con éxito dichas medidas[4]. Otro aspecto importante del argumento de O'Donnell es que pone al presente proceso de democratización en una perspectiva de largo plazo en la que afloran problemas crónicos de las sociedades latinoamericanas como ser el pretorianismo político y económico que ya fuera señalado por Huntington varias décadas atrás (O'Donnell, 1993). Por dichas razones, las observaciones de O'Donnell respecto de las democracias delegativas deben de tomarse como una refrescante ruptura respecto de la miopía demostrada por la literatura sobre transiciones con respecto a los condicionantes económicos, políticos y culturales del proceso de democratización. Sin embargo, es necesario plantearse si el argumento sobre delegativismo es el que mejor caracteriza la naturaleza de este último proceso democratizante.

El argumento que guía este trabajo es que el modelo de democracia delegativa, al centrarse unilateralmente en cierto tipos de conductas del ejecutivo, deja de lado los aspectos innovadores del presente proceso de democratización. Si bien el modelo introduce una perspectiva de largo plazo que es crucial para comprender aquellos obstáculos que históricamente han impedido la institucionalización de regímenes democráticos en la región, ignora aquellas dinámicas que pueden estar contribuyendo a la superación del pretorianismo y del autoritarismo. A través del análisis del caso argentino, el trabajo cuestiona dos premisas del argumento de O´Donnell: primero, la existencia de una cultura política neopopulista o delegativa que alimentaría el anteriormente mencionado círculo de pretorianismo y desinstitucionalización (secciones II y III); segundo, la afirmación de que las llamadas democracias delegativas operan en una situación de vacío institucional.

¿Por qué concentrarme en el caso argentino? Porque de los tres casos ejemplares de delegatividad –el Brasil de Collor de Melo, el Perú de Fujimori y la Argentina de Menem– sólo este último ha logrado mantener considerable apoyo popular dentro de un marco democrático. La caída de Melo cuestiona dos aspectos centrales del modelo de democracia delegativa: en primer lugar, la suposición de una cultura política legitimante en la sociedad civil, en segundo lugar, el que estas sociedades carezcan de mecanismos institucionales efectivos de control del poder político[5]. En cuanto a Fujimori, si bien mantiene importantes niveles de popularidad, su administración ha modificado el marco institucional en dirección a cierto tipo de *democradura*, que coloca a Perú fuera del modelo de poliarquía delegativa propuesto por O'Donnell[6]. Como argumenta Conaghan, el Fujigolpe de 1992 no sólo constituye la primera ruptura del orden constitucional peruano desde la transición a la democracia iniciada en 1985 sino también el primer caso de interrupción autoritaria de la última ola democratizante latinoamericana (Conaghan, 1995)[7].

Dado que del grupo de sociedades seleccionadas para ejemplificar el argumento sobre democracia delegativa sólo una (Argentina) se ha mantenido dentro de los presupuestos del modelo, el caso argentino aparece como el referente inevitable a la hora de analizar la hipótesis sobre delegatividad pues pareciera ser el ejemplo que mejor se ajusta, por lo menos a primera vista, al modelo desarrollado por O'Donnell. En las siguientes secciones analizaré algunos cambios significativos producidos a nivel de la cultura política y económica que parecieran indicar una ruptura con el pasado populista y pretoriano que caracterizó a buena parte de la vida pública argentina contemporánea (secciones II y III respectivamente). En la sección IV se analizan las dinámicas institucionales a fin de evaluar el récord "constitucionalizante" de la actual democracia.

II. Cultura política I: ¿Innovación cultural o resurrección de las tradiciones populistas?

Centrado exclusivamente en las prácticas y estilos de las elites políticas, el argumento sobre democracia delegativa ignora los dramáticos cambios operados en el seno de muchas de las sociedades civiles latinoamericanas, los cuales otorgan a esta transición un carácter distintivo. Este no es un problema exclusivo del argumento sobre democracia delegativa sino de la literatura sobre democratización en general. Las distintas variantes de dicha literatura han sido incapaces de reconocer procesos de cambio cultural a nivel de la sociedad civil que son cruciales a la hora de analizar procesos de institucionalización política[8]. La gran novedad política en el escenario latinoamericano no está dada por el delegativismo del ejecutivo sino por la conciencia de la sociedad civil acerca de las tendencias delegativas de la sociedad política.

La cultura política representa una variable fundamental para la comprensión de procesos de reconstrucción institucional, dado que un aspecto fundamental de toda dinámica institucionalizante es el anclamiento de los principios de validez de un régimen en una cultura política específica. Dado que refiere a aquella esfera social donde se originan las identidades colectivas, el análisis de desarrollos políticos en el seno de la sociedad civil emerge como una variable fundamental para el análisis de procesos de consolidación democrática. El papel que juegan los movimientos sociales, las asociaciones civiles y la opinión pública en la redefinición de identidades políticas es crucial a la hora de determinar las posibilidades de éxito o fracaso del actual proceso de democratización, especialmente en aquellas sociedades donde las prácticas e identidades democráticas han sido tradicionalmente débiles o se han desarrollado bajo formas de autoentendimiento fundamentalistas.

Lejos de exhibir continuidad cultural, hay indicios de la existencia de una profunda metamorfosis de la cultura política argentina. En primer lugar, hubo una descomposición considerable del eje polarizante peronismo-antiperonismo que signó por varias décadas la política argentina y que impidió la constitución de una auténtica opinión pública. En segundo lugar, surgió una nueva forma de política de derechos que ha llevado a la constitucionalización de las relaciones entre estado y sociedad civil.

1. La erosión de las tradiciones populistas creó condiciones conducentes a la emergencia de públicos políticos autónomos. En el pasado, las identidades populistas habían inhibido la formación de una *opinión pública* genuina. Los ideales democracias populistas se oponen a la formación discursiva de un público democrático desde abajo sino que descansan en un modelo aclamativo de formación de la voluntad popular[9] . En dicha forma de autoentendimiento no existe espacio institucional para la formación de una

voluntad popular por fuera del estado. El líder y el movimiento monopolizan la representación pública: aquellos que se oponen son considerados parias que no pertenecen al demos. La polarización y sobrepolitización que inevitablemente genera dichas formas de autoentendimiento dificultan la formación de públicos con importante grado de autonomía con respecto a la sociedad política, llevando a la fragmentación de la sociedad en dos campos irreconciliables. La derrota electoral del peronismo en 1983 fue el primer signo de la ruptura con las lealtades del pasado, tendencia que luego fue confirmada en ulteriores elecciones. La disolución de los electorados cautivos ha dado lugar a comportamientos electorales más fluidos e impredecibles. Dicho fenómeno representa un sano proceso de despolitización de la sociedad civil, es decir, sugiere un proceso de autonomización de la sociedad civil con respecto al sistema político. Este fenómeno no debe de ser unilateralmente interpretado como indicador de una preocupante tendencia a la despolitización y desmovilización social (Cheresky, 1996). El ocaso del tipo de politización característico del populismo es la precondición para la emergencia de formas de politización más productivas, como ser la política de derechos. Esto nos lleva al segundo punto.

2. En otros trabajos he afirmado que la política de derechos humanos actuó como catalizadora de procesos de cambio cultural que han llevado a una profunda renovación de las tradiciones políticas argentinas[10]. El ideal democrático defendido por el movimiento de derechos humanos difiere drásticamente de previas formas de autoentendimiento populista. El discurso sobre derechos reúne dos elementos que la cultura política populista había mantenido separados: democracia y constitucionalismo. El movimiento de derechos humanos inaugura una nueva forma de hacer política que desafía abiertamente al modelo de corporativismo de estado populista. La política de derechos iniciada por el movimiento de derechos humanos y que fue continuada por generación posterior de movimientos sociales, asociaciones civiles e iniciativas ciudadanas implica una redefinición de las formas corporativas y movimentistas de articulación entre estado y sociedad civil en favor de un modelo de relación de neto corte liberal. Mientras que el corporativismo populista contribuyó a la dediferenciación institucional entre estado y sociedad civil, la política de

derechos apunta a restablecer claros límites legales entre dichas esferas institucionales. También se diferencia con el movimentismo en cuanto presenta una forma autolimitada de politización que contrasta con las tendencias hegemónicas que caracterizaron a la política de anteriores movimientos democratizantes y que impidieron la consolidación de un sistema democrático de partidos.

Guiados por una radicalización del mayoritarianismo democrático que veía a la democracia como la realización irrestricta de la voluntad popular que expresaba el movimiento populista, el proceso de democratización populista no respetó los límites impuestos por las estructuras constitucionales. Limitaciones constitucionales, instituciones políticas de mediación o la mera presencia de partidos o grupos opositores eran percibidas como vallas destinadas a obstaculizar la realización de la voluntad del pueblo. Percibiéndose como privilegiados intérpretes de la voluntad popular, los movimientos populistas rehusaron encasillarse en una identidad meramente partidaria o ajustarse a una determinada normativa constitucional. La falta de autolimitación política que signó el proceso democratizante populista no sólo inhibió la consolidación de un sistema político ampliado sino que erosionó la autoridad del constitucionalismo como institución (Peruzzotti, 1997a).

El surgimiento de una política de derechos ha contribuido tanto a la "autorización" como a la "efectivización" de los derechos como instituciones y, consecuentemente, a la juridificación de las relaciones entre estado y sociedad. Un gran legado de la política de derechos humanos fue el establecimiento de una red de asociaciones permanente dedicadas al monitoreo de las autoridades estatales. Asociaciones de derechos humanos, asociaciones de ayuda legal, movimientos y organizaciones contra la violencia policial, etc. cumplen un papel fundamental en defensa de la autonomía societal.

III. Cultura politica II: Emergencia económica y manejo delegativo de la crisis

La irrupción de Menem en el escenario político argentino y su éxito electoral pone en cuestión el argumento anteriormente desarrollado acerca de la erosión de las identidades populistas. A primera vista, el fenómeno del menemismo pareciera corroborar la hipótesis de O´Donnell sobre el delegativismo democrático. Antes de llegar a conclusiones apresuradas, es necesario contextualizar al menemismo.

Dos preguntas deben orientar la reflexión acerca del delegativismo de Menem: en primer lugar, ¿cuál es la determinante del delegativismo presidencial? y, en segundo lugar, ¿cuáles han sido las razones del apoyo popular a su figura? Mi argumento es que ni las prácticas de Menem ni el apoyo popular a su figura están determinados por una forma de autoentendimiento populista. La legitimidad presidencial no está basada en una ideología movimentista, nacionalista o en una interpretación radical del mayoritarianismo democrático sino que ha estado íntimamente asociada a una aguda crisis de integración sistémica. La irrupción del liderazgo delegativo en la escena política está relacionada con la emergencia económica. El fenómeno delegativo está asociado a una demanda por gobernabilidad económica que es indicación de una demanda novedosa de autolimitación económica que complementa la cultura de autolimitación que en lo político representa la política de derechos descrita en la sección anterior.

1. El comportamiento delegativo de Menem puede ser interpretado como un intento dramático de restauración de la capacidad regulatoria de un estado desbordado por el pretorianismo económico. Menem asumió la presidencia en medio de la peor crisis hiperinflacionaria de la historia argentina. En un ambiente en el cual todos los canales de mediación de intereses han sido largamente sobrepasados por una multiplicidad de grupos socioeconómicos rebeldes, sólo una decisiva intervención del estado puede llevar al restablecimiento de niveles aceptables de gobernabilidad. Como señala Juan Carlos Torre,

   "cuando los precios de la economía aumentan a una tasa diaria del 1% es casi imposible negociar un pacto social... en una coyuntura semejante prácticamente desaparecen las bases para una acción cooperativa... Así las cosas, sólo la intervención unilateral del gobierno puede detener la escalada de precios y recrear un contexto mínimo de estabilidad..." (Torre, 1994:16-17).

   En la ausencia de filtros institucionales efectivos, el fortalecimiento de las capacidades reguladoras del estado aparece como la única salida a la crisis. Esto último requiere de la autonomización del sistema administrativo tanto del contexto societal pretoriano como de poderes y agencias estatales "colonizadas". El decisionismo ejecutivo y el tecnocraticismo administrativo (representados respectivamente por Menem y Cavallo) —al aislar al estado de la lucha pretoriana— contribuyen a la restauración de las capacidades regulatorias de la administración. A través de la centralización de la autoridad en el ejecutivo, la administración de Menem logró recomponer el poder regulatorio del estado, lo cual se tradujo en un aumento de la eficiencia de algunos sectores de la administración estatal. El aislamiento efectivo del proceso de toma de decisiones económicas evitó anteriores bloqueos en el proceso de toma de decisiones generado por la pugna entre una pluralidad de grupos de interés que desafían las políticas estatales. La existencia de un ejecutivo decisionista que se encuentra apoyado en un fuerte mandato electoral permitió desafiar exitosamente las políticas de bloqueo que en el pasado habían impedido el éxito de esfuerzos de estabilización y reforma económica.

2. Después de señalar los obstáculos que históricamente han conspirado contra la institucionalización política y económica en América Latina, O'Donnell se interroga acerca de la posibilidad de romper con la destructiva espiral pretoriana. La interrupción de la perversa dinámica pretoriana, sostiene, ocurre sólo cuando los costos del juego son percibidos por la mayoría de los actores como intolerables. Ese tipo de "ceiling consensus" tiende a darse en aquellas sociedades en las cuales la crisis ha tocado fondo (O'Donnell, 1993:1366). En otro trabajo he argumentado que la experiencia del terrorismo estatal contribuyó a un proceso de aprendizaje colectivo que puso fin al pretorianismo político (Peruzzotti, 1996). ¿Representa el apoyo electoral a las políticas de estabilización y reforma económica una señal de aprendizaje a nivel económico? Pues si es este el caso, el delegativismo actual tendría un significado mucho más ambiguo que el atribuido por O'Donnell y por gran parte de la literatura sobre consolidación democrática.
   La crisis económica alteró drásticamente tanto los términos de la agenda pública como el ambiente en el que opera el sistema político: las demandas de constitucionalización del sistema político fueron postergadas frente a la necesidad imperiosa de restablecer marcos de gobernabilidad económica[11]. En 1989 la sociedad argentina, en términos de O'Donnell, tocó fondo. El "ceiling consensus" suscitado por la figura de Menem ha estado íntimamente asociado a su capacidad de establecer condiciones de gobernabilidad y estabilidad económica. El mandato delegativo no expresa necesariamente un apoyo a un ideal democrático mayoritario o a principios autoritarios de validación política, sino

que es indicativo de un proceso de aprendizaje colectivo que no debe de ser soslayado: si bien es un paréntesis en las demandas por constitucionalización, el apoyo a las reformas representa un esfuerzo colectivo de autolimitación económica que contribuyó a recrear un mínimo de eficiencia en la gestión estatal de la economía.[12]

IV. Diferenciación institucional: el récord constitucionalizante de la democracia argentina

El argumento de este trabajo es que la presencia de actitudes delegativas en el ejecutivo nos impide ver procesos fundamentales de cambio en la cultura económica y política argentina. Sin embargo, cambios a nivel de la cultura política no garantizan de por sí el éxito del proceso de institucionalización política. Procesos de aprendizaje normativo pueden afectar las dinámicas democratizantes sólo si logran redefinir el contexto institucional. El trasvasamiento del cambio normativo al nivel institucional es probablemente el principal desafío del presente período democratizante. Es necesario, por tanto, ampliar la perspectiva más allá del análisis de la emergencia de cierta cultura política para incluir las dinámicas políticas e institucionales a fin de evaluar el récord institucionalizante del proceso de consolidación democrática. ¿Cuál es el récord constitucionalizante de la actual democracia argentina? A fin de determinar el índice de "constitucionalización" de un régimen político es necesario distinguir dos niveles de análisis que corresponden respectivamente a dos de las dimensiones de todo complejo constitucional moderno: a) la diferenciación institucional entre estado y sociedad y su estabilización legal a través del establecimiento de un sistema de derechos efectivo, y b) la diferenciación institucional del estado en el sentido de una separación de poderes (Peruzzotti, 1996, 1997a).

La anteriormente mencionada política de derechos expresa un proceso juridificante desde abajo destinado a establecer claros límites institucionales entre estado y sociedad civil (Peruzzotti, 1997a). Dicho fenómeno representó quizá la mayor novedad del período transicional y contribuyó en gran medida a la "autorización" y "efectivización" de los derechos como instituciones, que había sido seriamente dañada por las prácticas corporativas y movimentistas populistas, permitiendo la constitucionalización de las relaciones entre estado y sociedad.

La segunda dimensión del proceso de constitucionalización es probablemente más problemática, y es la que está en el centro de la critica de O'Donnell a las democracias actuales, y se refiere a la efectivización de un proceso de diferenciación institucional del poder estatal en dirección a una separación de poderes. La constitucionalización de la institución estatal en el sentido de un proceso funcional de separación de poderes es crucial para el aseguramiento de la autonomía social, dado que todo complejo de derechos efectivo depende de la existencia de una división del poder estatal en una rama ejecutiva, legislativa y judicial. ¿Ha estado el proceso de democratización acompañado por una constitucionalización del estado argentino? La hipótesis delegativa responde negativamente a dicho interrogante. Sin embargo, un análisis más detallado del récord institucionalizante del período lleva a un diagnóstico mucho más ambiguo que el sugerido por el argumento sobre democracia delegativa.

Sería injusto calificar a la administración de Alfonsín como delegativa. Tanto en su retórica como en sus prácticas políticas el gobierno de Alfonsín no concuerda con la hipótesis delegativa. En dicha administración, el poder ejecutivo realizó un esfuerzo consciente de autolimitación política, en particular, en relación al poder judicial. La estrategia de autolimitación presidencial rompió con una larga tradición de subordinación del poder judicial por parte del ejecutivo[13]. El reforzamiento de la autonomía judicial tuvo un costo político significativo para la administración de Alfonsín, y en gran parte las actitudes autónomas del poder judicial fueron responsables del fracaso de la estrategia gubernamental de derechos humanos. La autonomía judicial se tradujo en desafíos recurrentes a las resoluciones presidenciales. La lógica legal del poder judicial impidió la realización de los objetivos políticos del gobierno radical con respecto al tratamiento de las violaciones de derechos humanos cometidas por la institución militar durante el último gobierno dictatorial: castigo ejemplar y limitado. La política oficial sufrió repetidos desafíos por parte de autoridades judiciales, desde simples jueces hasta la Corte Suprema de Justicia.

La misma suerte corrieron los distintos intentos por parte del gobierno de poner punto final a los procesos penales. El veredicto de la corte federal en el juicio a las juntas, lejos de cerrar el capítulo sobre violaciones de derechos humanos, dejó canales legales abiertos para la prosecución y extensión de los procesos legales contra autoridades militares. El intento posterior por parte del ministerio del interior por limitar los enjuiciamientos generó la abierta oposición de las cortes federales. Un nuevo intento de solucionar el conflicto a través de la apelación por parte del gobierno a la corte suprema, dio nuevamente resultados negativos: la Corte respaldó la decisión de las cámaras federales. La sanción de la ley de punto final tuvo un efecto "boomerang" para el gobierno debido a una nueva actitud desafiante por parte de las autoridades judiciales, las cuales suspendieron el receso veraniego de las cortes con el objetivo de acelerar el procesamiento de centenares de casos contra autoridades militares que hubiesen prescrito debido a la sanción de la nueva ley.

La combinación de a) una política de derechos desde la sociedad civil que tiene como principal interlocutor al poder judicial, b) la transformación de las formas de autoentendimiento del poder judicial mismo, y c) una política de autolimitación del poder ejecutivo con respecto a las autoridades judiciales contribuyó a un proceso efectivo de diferenciación institucional de la esfera estatal en la dirección de una separación de poderes. El poder judicial abandonó su tradicional posición de subordinación al poder político e irrumpió en la escena pública como un poder con prestigio propio. El juicio a las juntas representa la entrada del poder judicial en el horizonte político argentino como un poder autónomo y con peso institucional propio. En este sentido, el impacto nacional e internacional del juicio contribuyó en gran medida a dicha modificación de la posición histórica del poder judicial argentino. Desde dicha fecha, el poder judicial se ha establecido como un actor institucional de peso en la política argentina, hasta el punto en que se ha llegado a hablar de una creciente judicialización del conflicto político (Smulovitz, 1994; Landi y Bombal, 1994).

La redefinición del papel institucional del poder judicial dentro del estado indica un proceso de constitucionalización de la esfera estatal que contradice abiertamente el argumento sobre las características delegativas de las actuales democracias. A pesar de que la tendencia a la autonomización del poder judicial sufrió un duro revés con la decisión del presidente Menem de ampliar el número de magistrados de la corte suprema, el poder judicial se ha mantenido como un actor central del escenario político. Sin lugar a dudas, la decisión políticamente motivada de modificar el número de magistrados con el fin de llenar a dicho cuerpo con 'yes-men' adictos al ejecutivo hirió gravemente a la autonomía judicial. Sin embargo, las demandas por justicia y la tendencia a la judicialización de los conflictos permanece como un dato establecido de la Argentina posdictatorial. A pesar del recorte autoritario de la autonomía institucional de la corte suprema, las tendencias juridificantes desde abajo anteriormente mencionadas mantienen su presencia dentro de la sociedad civil argentina.

Con relación al papel desempeñado por el poder legislativo en la nueva democracia, los resultados están nuevamente lejos de ser concluyentes. Los distintos análisis sobre las relaciones entre el poder ejecutivo y el congreso describen un cuadro mucho más complejo que el trazado por el argumento sobre la delegatividad. Diversos análisis de las dinámicas ejecutivo-legislativo muestran a un poder legislativo reticente a jugar un papel institucional de subordinación al ejecutivo. La independencia de criterio del poder legislativo con respecto al ejecutivo bajo la administración Alfonsín llevó a un drástico recorte de las ambiciones presidenciales. Alfonsín debió compartir el poder con un poder legislativo donde el peronismo controlaba al Senado. La paridad de fuerzas a nivel legislativo no desembocó, sin embargo, en parálisis legislativa: Radicales y peronistas establecieron modalidades de cooperación, como lo indica el alto número de leyes sancionadas conjuntamente por las bancadas de ambos partidos (Mustapic y Goretti, 1992). Incluso en temas conflictivos como la reforma fiscal y la sanción del presupuesto, la cooperación triunfó sobre la confrontación (Mustapic y Goretti, 1992). La existencia de una cultura de compromiso no debe de ser interpretada como una abdicación del congreso de su papel de organismo de control del poder ejecutivo. Si bien se lograron compromisos, el congreso no se abstuvo de bloquear muchas de las iniciativas presidenciales.

Con la llegada de Menem a la presidencia se establece una modalidad de gobierno por decreto que tiende a afectar profundamente el equilibrio entre poderes. En su primera presidencia (1989-93), Menem sancionó 308 decretos (Goretti, 1995). El número adquiere una dimensión mucho más impresionante si se la compara con la cantidad de decretos sancionados desde el establecimiento de la constitución de 1853: 35 (10 de los cuales fueron sancionados bajo la administración de Alfonsín). El uso repetido de los llamados decretos de necesidad y urgencia representa una clara invasión de prerrogativas legislativas por parte del ejecutivo.

El *decretismo* ha estado complementado por el uso de vetos presidenciales. Tanto en la administración alfonsinista como menemista, la cantidad de vetos presidenciales a iniciativas congresionales superan la media histórica (Mustapic y Ferretti, 1995; Mustapic, 1995). Alfonsín vetó un 8% del total de iniciativas legislativas (49 vetos) mientras que Menem vetó un 13% (Mustapic, 1995). El instrumento del veto provee al ejecutivo de un efectivo mecanismo de control al legislativo, aunque durante la administración menemista también ha sido usado como un mecanismo *sui generis* de revisión de medidas legislativas originadas en el ejecutivo (Mustapic, 1994).

El incremento dramático tanto de la legislación vía decreto como de los vetos presidenciales al legislativo representan preocupantes prácticas *de facto* que contradicen el principio constitucional de separación de poderes. Como correctamente argumenta Mustapic, dichas prácticas contribuyen a la cristalización de mecanismos institucionales no contemplados en la constitución, es decir, nos encontraríamos frente a una modalidad institucionalizante *de facto* contraria a la normatividad constitucional.

A primera vista, la revisión anterior de las prácticas del poder ejecutivo parecieran confirmar el diagnóstico de O'Donnell acerca del carácter no institucionalizado de las actuales democracias. La descripción de las tendencias presidenciales hegemónicas en detrimento del poder legislativo pareciera encajar perfectamente con la imagen de una presidencia delegativa que constantemente circunvala los mecanismos constitucionales establecidos. De hecho, gran parte de la literatura político-institucional coincide con el diagnóstico de O'Donnell (Cheresky, 1996; Corradi, 1993; Novaro, 1994; Sarlo, 1994; Torre, 1994). No hay lugar a dudas de que nos encontramos frente a una figura presidencial con tendencias decisionistas. Sin embargo, esto último no presupone automáticamente la existencia de un vacío institucional a nivel del poder legislativo o ejecutivo. La presencia de un alto número de vetos y decretos presidenciales no sólo es indicativa de las tendencias hegemónicas del ejecutivo sino, y esto es más importante a la llora de evaluar el récord institucionalizante de un régimen democrático, de un importante grado de conflicto entre el ejecutivo y el legislativo. Visto desde un ángulo diferente, las prácticas presidenciales sugieren un conflicto de poderes ocasionado por la negativa del congreso a jugar un papel de subordinación institucional al ejecutivo[14]. La presencia de conflictos es siempre un índice de diferenciación funcional (Peruzzotti, 1997b). Es la autonomía congresional lo que está forzando al ejecutivo a circunvalar los procedimientos legislativos habituales.

El hecho de que muchos de los vetos de la administración menemista fueron ejercidos contra un congreso con mayoría justicialista contradice aún más la tesis sobre la delegatividad. El conflicto no sólo refleja un enfrentamiento entre poderes sino también entre la administración y el partido de gobierno. Esto último echa por tierra la hipótesis de un posible renacimiento del movimientismo en la nueva democracia, indicando en cambio la operación de un proceso de diferenciación institucional en dos niveles distintos: de un lado, una tendencia a la separación de poderes dentro del estado, de otro lado, un proceso de diferenciación entre estado y sociedad política. Ambos tipos de conflicto habrían sido impensables durante las primeras dos presidencias de Perón, donde una bancada justicialista compuesta por lo que Weber llamaría 'yes-men' y una integración verticalista del movimiento peronista cantaba tanto a congresionales como a partidarios a un papel de meros ratificadores de las iniciativas presidenciales. La fusión entre administración y movimiento característica de las democracias populistas está claramente ausente en el menemismo[15].

En líneas generales, el balance pareciera ir en detrimento de la autonomía legislativa, aunque se pueden señalar importantes victorias del legislativo sobre el ejecutivo (Etchemendy, 1995; Novaro, 1995). En cualquier caso es importante destacar también que la delegatividad no está libre de costo para el ejecutivo. Políticas que son unilateralmente implementadas, muchas veces en abierta oposición al congreso, tienden a ser menos efectivas en cuanto a la generación de confianza que aquellas políticas que son consensuadas. Mientras que la ejecutividad presidencial puede jugar un papel crucial en la superación de las resistencias corporativas pretorianas llevando a una estabilización económica exitosa, la consolidación de las reformas requieren de la reducción de la discrecionalidad presidencial y del establecimiento de un marco institucional predecible. El éxito de las reformas estructurales requieren de la colaboración legislativa como también de la existencia de un poder judicial autónomo.

V. Evaluando las democracias postpopulistas: ¿hacia una juridificación de las dinámicas políticas?

¿Hace el diagnóstico sobre democracia delegativa justicia a las recientes transformaciones de la vida política argentina? ¿Es realmente la delegatividad el rasgo más saliente de las nuevas democracias? Una hipótesis central de este trabajo es que el argumento sobre la delegatividad de las nuevas democracias (que no es privativo de O'Donnell sino de gran parte de la literatura sobre consolidación) ignora aquellos fenómenos realmente renovadores que otorgan un carácter claramente distintivo a la presente ola democratizante. A través del análisis del caso argentino, señalé procesos culturales e institucionales que indican una importante ruptura con el modelo democrático populista que representó durante décadas la versión hegemónica de los ideales democráticos en la región. Procesos de aprendizaje normativo contribuyeron a erosionar viejas identidades, llevando al surgimiento de una nueva cultura política más afín con un modelo constitucional de democracia. Dentro de la sociedad civil y de la política se observan nuevas formas de politización autolimitada que difieren del mayoritarianismo irrestricto de los movimientos populistas. A nivel institucional, el análisis muestra importantes avances en dirección a una juridificación de las dinámicas políticas a nivel de estabilización legal de las relaciones entre estado y sociedad civil y a nivel de una diferenciación del poder estatal en el sentido de una división de poderes.

Mi intención, por cierto, no es la de negar las tendencias delegativas en parte de la sociedad política justamente señaladas por O'Donnell así como de sus efectos negativos para la consolidación institucional ni el de reemplazar un diagnóstico sombrío por uno optimista acerca de la naturaleza de la actual democracia argentina. Sin duda, las demandas juridificantes de distintos tipos de asociaciones civiles, movimientos sociales e iniciativas cívicas descritas anteriormente conviven junto a comportamientos y actitudes delegativas por parte del ejecutivo. En definitiva, la calidad institucional de la nueva democracia dependerá en gran medida de la vitalidad y habilidad de los primeros en imponer en la agenda pública sus demandas constitucionalizantes.

NOTAS

1 Aunque la presente sección se concentra en el análisis de O'Donnell, un diagnóstico similar puede ser encontrado en la mayor parte de la literatura sobre democratización. Algunos ejemplos relevantes son Alberti, 1991; Botana, 1994; Corradi, 1992; Num, 1994; Schmitter, 1995; Weffort, 1993; Whitehead, 1993.

2 He analizado el argumento de Huntington en Peruzzotti, 1997c.

3 Si bien exitosa en la instauración de un gobierno democrático, la transición no condujo a la consolidación definitiva de un régimen democrático. Es en este sentido que O'Donnell sostiene la necesidad de una 'segunda transición' desde un gobierno democráticamente elegido a una democracia consolidada (O'Donnell, 1994:56; 1992).

4 Un argumento similar, basado en un interesante estudio de procesos de reforma económica en Europa Central y del Este, es desarrollado por David Stark y Lazlo Bruszt (en publicación).

5 Un ilustrativo análisis de la caída de Collor de Melo como un conflicto entre una sociedad civil transformada y una sociedad política tradicional puede encontrarse en Avritzer, 1995.

6 O'Donnell mismo ubica al Perú post-golpe fuera de la categoría genérica de poliarquía, sea del tipo representativo como delegativo (O'Donnell, 1996:35).

7 En contraste con Argentina y Brasil, donde importantes sectores de la sociedad civil y/o política experimentaron procesos de aprendizaje colectivo (Avritzer, 1995; Costa, 1997; Peruzzotti, 1997b), la transición peruana no ha estado acompañada por profundos cambios en la cultura política sino que ha estado marcada por la continuidad de estilos y formas de autoentendimiento populista (Alberti, 1991, 1996; Lynch, 1997). En un interesante artículo Giorgio Alberti ha analizado cómo la cultura populista-movimentista ha marcado con su impronta al último proceso democratizante peruano que culminó en el régimen autoritario de Fujimori. En su perspectiva, Fujimori no es más que el último ejemplo de una cuestionable tradición política que conspira contra todo tipo de institucionalización de un régimen democrático. Alberti extiende erróneamente su conclusión del análisis peruano a toda América Latina, sin ver que algunas de estas sociedades –Argentina por ejemplo– procesos de aprendizaje colectivos frutos de dramáticas experiencias erosionaron dicha tradición y dieron luz a nuevas formas de politización (Peruzzotti, 1997b).

8 El predominio en la literatura sobre democratización de un concepto movilizacional de la sociedad civil ha imposibilitado una cabal comprensión de la potencial contribución de la sociedad civil a procesos de consolidación institucional. Degradada a formas no institucionalizadas ni institucionalizantes de acción colectiva (movilizaciones populares, levantamientos populares, etc.) la sociedad civil sólo cumple un papel relevante en un breve período de la transición como desestabilizadora de regímenes autoritarios. El concepto pierde toda relevancia en la etapa de consolidación democrática, donde todos los esfuerzos están orientados no a la desestabilización sino a la reconstrucción institucional. Ver O'Donnell & Schmitter, 1985. Una crítica del uso del concepto de sociedad civil en el campo de estudios latinoamericanos puede encontrarse en Peruzzotti, 1996.

9 Ver Peruzzotti, 1996.

10 He desarrollado estos argumentos en Peruzzotti, 1996, 1997b.

11 La emergencia económica congeló las demandas constitucionalizantes, las cuales se mantuvieron en estado latente. Las mismas reemergieron a la superficie en las elecciones a constituyentes del 10 de abril de 1994, que ofrecieron una rara ocasión de votación puramente política en las cuales la preocupación por la estabilidad económica fue relegada temporalmente. El inesperado desempeño de Frente Grande, que organizó su campaña alrededor de un discurso republicano, es un indicador de que los cambios a nivel de la cultura política estaban lejos de haberse desvanecido (Cheresky, 1994). Las demandas de control del poder político se intensificaron luego de la remoción del ministro Cavallo por parte de Menem. Este último suceso representó un reconocimiento tácito del gobierno de que la situación de emergencia económica (discurso que había logrado renovada credibilidad luego de la crisis del tequila) había sido finalmente superada. En los meses siguientes la administración de Menem fue bombardeada por denuncias de corrupción. El inesperado impacto público del asesinato del periodista gráfico José Luis Cabezas, por ejemplo, representa un claro caso de descongelamiento de las demandas juridificantes en el período postemergencia.

12 Desde esta perspectiva, la contradicción entre delegatividad y "accountability" señalada por O'Donnell se suaviza en el sentido de que la demanda social de gobernabilidad se expresa en una delegación al ejecutivo para que restablezca la capacidad de regulación del estado frente a los intentos de colonización de las políticas e instituciones estatales por parte de poderes socioeconómicos. En este sentido, la demanda apunta a la recreación del estado como poder público, es decir, a la desprivatización de un estado débil capturado por intereses particulares o "anillos burocráticos". El gran desafío de la etapa postemergencia es precisamente el de hacer a las instituciones estatales *accountable* sin que se restablezcan los "anillos burocráticos" que privatizaron en el pasado al aparato estatal. Sobre el estado colonizado, ver Da Matta 1989; O'Donnell, 1977, 1989; Peruzzotti, 1993.

13 Una visión general del poder judicial argentino puede hallarse en Oteíza 1994. Para un análisis de los obstáculos históricos a la formación de un poder judicial independiente en América Latina, ver Negretto y Ungar, 1996; Verner, 1984.

14 Un argumento similar desarrollan Molinelli, 1996, y Novaro y Palermo, 1996.

15 Para un análisis de las relaciones entre la administración de Menem y el partido peronista ver Corrales, 1995, 1996. También véase Etchemendy, 1995, donde analiza los conflictos que surgieron a raíz de los intentos de reforma laboral.

REFERENCIAS

Alberti, Giorgio. 1991. "Democracy by Default: Economic Crisis, 'Movimientismo', and Social anomie," trabajo presentado en el "XVth World Congress of the International Political Science Association, Buenos Aires, julio de 1991.

———. 1996. "Movimientismo and Democracy: An Analitycal Framework and the Peruvian Case Study," in Eli Dehiz (ed.), **Obstáculos de la Democracia en América Latina**, Ilders.

Avritzer, Leonardo. 1995. "Transition to Democracy and Political Culture: An Analisis of the Conflict Between Civil and Political Society in Post-Authoritarian Brazil" **Constellations. An International Journal of Critical and Democratic Theory**, vol. 2, # 2, pags. 242-265.

Botana, Natalio. 1995. "Las Transformaciones Institucionales Bajo el Menemismo", en Sidicaro, Ricardo y Ricardo Meyer (eds.), **Política y Sociedad en los Años del Menemismo**, Buenos Aires: Editorial del CBC/UBA.

Cheresky, Isidoro. 1996. "¿Cuál Democracia?", trabajo presentado en el seminario **Democracia en Argentina. Evolución Reciente y Perspectivas**, Instituto de Investigaciones Sociales Gino Germani, Buenos Aires, julio 11-12, 1996.

———. 1994. "Las Elecciones del 10 de Abril", Documento de Trabajo del Instituto de Investigaciones Sociales Gino Germani, Buenos Aires, Argentina.

Conaghan, Catherine, M. 1995 "Polls, Political Discourse, and the Public Sphere: The Spin on Perú´s Fuji-golpe," in Peter Smith (ed.), **Latin America in Comparative Perspective**, Boulder, Westview Press.

Corradi, Juan. 1992. "The Argentina of Carlos Saul Menem" **Current History** # 562.

Corrales, Javier. 1996. "State-Ruling Party Relations in Argentina and Venezuela, 1989-1993. Neoliberalism through Party Building," trabajo presentado en la conferencia 'Economic Reform and Civil Society in Latin America', David Rockefeller Center for Latin American Studies, Harvard University, abril 12, 1996.

———. 1995. "From Market-Correctors to Market-Creators: Statist Political Parties Shrinking the State in Argentina and Venezuela (1989-1993)". Department of Government, Harvard University.

Dahl, Robert. 1956. **Preface to Democratic Theory**, New Haven: Yale University Press.

Da Matta, Roberto. 1989. "A propósito de Microescenas y Macrodramas," **Nueva Sociedad**, # 104.

Etchemendy, Sebastián. 1995. "¿Límites al Decisionismo? El Poder Ejecutivo y la Formulación de la Legislación Laboral (1983-1994)" en Ricardo Sidicaro y Jorge Mayer (eds.), **Política y Sociedad en los Años del Menemismo**, Buenos Aires: Editorial del CBC/Universidad de Buenos Aires.

Goretti, Mateo y Ferreyra Rubio. 1995. "Gobernar la Emergencia. Uso y Abuso de los Decretos de Necesidad y Urgencia (1989-1993)". **Agora. Cuadernos de Estudios Políticos**, # 3.

Huntington, Samuel. 1968. **Political Order in Changing Societies**, New Haven: Yale University Press.

Landi, Oscar e Inés González Bombal. 1994."Los Derechos en la Cultura Política" en VV.AA. **Juicio, Castigo y Memorias. Derechos Humanos y Justicia en la Política Argentina**, Buenos Aires: Nueva Visión.

Lynch, Nicolás. 1997. "New Citizens and Old Politics in Perú," in **Constellations. An International Journal of Critical and Democratic Theory**, Vol. 4, # 1.

Molinelli, Guillermo. 1995. "Relaciones Presidente-Congreso en Argentina 1983-95", trabajo presentado en el 'II Congreso Nacional de Ciencia Política', Mendoza, Argentina, noviembre 1995.

Mustapic, Ana María y Natalia Ferreti. 1995. "El Veto Presidencial bajo los Gobiernos de Alfonsín y Menem". Buenos Aires: Universidad Torcuato Di Tella, **Working paper** # 14.

Mustapic, Ana María y Mateo Goretti. 1992. "Gobierno y Oposición en el Congreso: La Práctica de la Cohabitación Durante la Presidencia de Alfonsín". **Desarrollo Económico**, vol. 32, # 126.

Negretto, Gabriel & Mark Ungar. 1996. "Judicial Independence, Rule of Law, and Democratization in Latin America", trabajo presentado en el Seminario **Historia, Política y Sociedad**, Universidad Torcuato Di Tella, mayo de 1996, Buenos Aires, Argentina.

Novaro, Marcos. 1995. "Las Funciones Representativas del Parlamento Argentino". **Cuadernos del CLAEH** # 73-74.

Novaro, Marcos & Vicente Palermo. 1995. "La Contribución del Menemismo a la Consolidación Democrática desde una Perspectiva de Largo Plazo", trabajo presentado en el seminario **Democracia en Argentina. Evolución Reciente y Perspectivas**, Instituto Gino Germani, Buenos Aires, julio 11-12, 1996.

Nun, José. 1994. "Populismo, Representación y Menemismo" **Sociedad. Revista de Ciencias Sociales**, # 5, octubre 1994.

O'Donnell, Guillermo. 1996. "Illusions about Consolidation", **Journal of Democracy**, vol. 7, # 2.

———. 1994. "Delegative Democracy", **Journal of Democracy** vol. 5, # 1.

———. 1993. "On the State, Democratization and Some Conceptual Problems: A Latin American View with Glances at Some Postcommunist Societes", **World Development**, vol. 21 # 8, págs. 1355-1369.

———. 1993b. "Acerca del Estado, la Democratización y Algunos Problemas Conceptuales. Una Perspectiva Latinoamericana con Referencias a Países Comunistas", **Desarrollo Económico**, vol. 33, # 130, págs. 163-183.

———. 1989. "Privatización de lo Público en Brasil: Microescenas," **Nueva Sociedad**, # 104.

———. 1977. "Estado y Alianzas en la Argentina, 1956-76," **Desarrollo Económico**, # 64, vol. 16.

O'Donnell, Guillermo y Philippe Schmitter. 1986. **Transitions From Authoritarian Rule: Tentative Conclusions**, Johns Hopkins University Press.

Oteíza, Eduardo. 1994. **La Corte Suprema. Entre la Justicia sin Política y la Política sin Justicia**, La Plata: Librería Editora Platense.

Peruzzotti, Enrique. 1997a. "Civil Society and the Modern Constitutional Complex", **Constellations. An International Journal of Critical and Democratic Theory**, vol. 4, # 1.

———. 1997b. "The Legacy of the Politics of Human Rights in Postdictatorial Latin America: Social Movements and Cultural Innovation in Argentina", Universidad Torcuato Di Tella, **Working Paper** # 42.

———. 1997c. "Modernization and Juridification in Latin America. A Critical Assessment of the Latin American Developmental Path", Cornell University, Latin American Studies Program. **Working Paper Series**.

———. 1996. **Civil Society and Constitutionalism in Latin America. The Argentine Experiencie**. Ph.D. dissertation, Department of Sociology, The Graduate Faculty, New School for Social Research.

———. 1993. "The Weimarization of Argentine Politics and State Autonomy," **Thesis Eleven**, # 34.

Sarlo, Beatriz. 1994. "Argentina under Menem: The Aesthetics of Domination" in **NACLA. Report on the Americas**, vol. XXVIII, # 2.

Schmitter, Philippe. 1995. "Transitology: The Science or the Art of Democratization?" in Joseph Tulchin (ed.), **The Consolidation of Democracy in Latin America**, Boulder: L.Rienner Publishers.

Smulovitz, Catalina. 1994. "El Poder Judicial en la Nueva Democracia. El Trabajoso Parto de un Nuevo Actor", **Agora. Cuadernos de Estudios Políticos**, número 2.

Smulovitz, Catalina y Carlos Acuña. 1994. "Militares en la Transición Argentina: Del Gobierno a la Subordinación Institucional" en VV.AA. **Juicio, Castigo y Memorias. Derechos Humanos y Justicia en la Política Argentina**, Buenos Aires: Nueva Visión.

Stark, David & Laszlo Bruszt. En publicación. **Postsocialist Pathways: Transforming Politics and Property in East Central Europe**, Cambridge, Cambridge University Press.

Torre, Juan Carlos. 1994. "El Gobierno de la Democracia en Tiempos Difíciles", **Documento de Trabajo del Instituto Di Tella**, número 121, Buenos Aires, Argentina.

Verbitsky, Horacio. 1993. **Hacer la Corte**, Buenos Aires: Planeta/Espejo de la Argentina.

Verner, Joel G. 1984. "The Independence of Supreme Courts in Latin America: A Review of the Literature". **Journal of Latin American Studies**, # 16.

Weffort, Francisco. 1993. "What is a New Democracy?" **International Social Science Journal** # 136.

———. 1992. **Qual Democracia?**, São Paulo: Compania das Letras.

Whitehead, Laurence. 1993. "The Alternative to 'Liberal Democracy': A Latin American Perspective", in David Held (ed.) **Prospects for Democracy**, Cambridge: Polity Press.

Gobierno, Parlamento y Partidos en la Argentina de Menem

Marcos Novaro y Vicente Palermo*

1. Introducción

¿La experiencia menemista implica una regresión o un avance en la consolidación institucional en Argentina? A ocho años de iniciada su administración y cuando se aproxima el final de su segundo período, esta pregunta cobra creciente actualidad. Proponemos aquí descomponer este interrogante en otros dos, que nos permitan considerar el contexto histórico-político en que se han desarrollado las gestiones de Menem: primero, ¿en qué medida se degradan las instituciones a partir de 1989, al imponerse una dinámica de gobierno poco respetuosa de las reglas democráticas y un esquema de toma de decisiones verticalizado, a la vieja usanza populista?, segundo, ¿en qué medida al completar la "renovación" del peronismo y componer una fórmula política para salir de la hiperinflación desatada en las postrimerías del gobierno de Alfonsín, el menemismo ha favorecido (aun cuando ésto no se encontraba entre sus preocupaciones prioritarias) la estabilidad y eficacia del sistema institucional?

La conjunción en 1989 de la crisis del Estado y la economía con la de representación política conllevó el replanteo de la recurrente pregunta sobre la viabilidad de la democracia y su eficacia gubernativa en un contexto de debilidad institucional y precariedad económica (Calderón y Dos Santos, 1993). La "solu-

* M. Novaro es profesor adjunto en Teoría Política Contemporánea en Universidad de Buenos Aires e Investigador en el Instituto Gino Germani de la Universidad de Buenos Aires.
Vicente Palermo es Doctor en Ciencia Política en la Universidad Complutense de Madrid, e Investigador Independiente del Consejo Nacional de Investigaciones Científicas y Técnicas del Instituto Torcuatto di Tella, Buenos Aires.

ción" menemista a ese problema, guardando cierta analogía con la propuesta por el peronismo en su origen, sin duda, implicó graves alteraciones en la vida política. Contra los pronósticos más pesimistas, las instituciones siguieron funcionando durante la emergencia económico y social, la vuelta del peronismo al poder no alentó una escalada de conflictividad social y desgobierno, y Menem fue capaz de revalidar sus títulos en comicios relativamente competitivos y transparentes[1], aun al tiempo que aplicaba un profundo (y para muchos sectores costoso) programa de reformas, sin perseguir a los opositores, ni clausurar el Parlamento o los medios de comunicación independientes, ni intervenir sindicatos rebeldes (recursos que el peronismo había utilizado profusamente en los '50 y los '70). Sin embargo, el gobierno recurrió a las más variadas artimañas para desactivar toda oposición entre las cuales la extorsión que precedió al Pacto de Olivos y habilitó la reelección presidencial en 1995 fue la más audaz), y no se privó de dictar decretos de necesidad y urgencias, manipular a la Justicia (persiguiendo a jueces y fiscales que no le fueran incondicionales) e intentó relegar al Legislativo en sus funciones elementales. Utilizó hasta el hartazgo mecanismos de dudosa apoyatura constitucional, como el veto parcial de leyes aprobadas por el Parlamento, y al desmantelar el Tribunal de Cuentas de la Nación y la Fiscalía Nacional de Investigaciones Administrativas completó una situación que difícilmente pueda caracterizarse como de "gobierno republicano" y "equilibrio de poderes". Se recurrió también en repetidas ocasiones a la intervención federal de gobiernos provinciales; y lo mismo se hizo con los distritos conflictivos del partido oficial desde su conducción nacional.

Se trata aquí de discutir en qué medida la "solución" menemista a la crisis de 1989 perjudicó la vida democrática; y en qué medida, pese a sus desbordes, por sus propios méritos o por la misma evolución de los acontecimientos, se generaron nuevos recursos institucionales para consolidarla. Se discutirán los argumentos más difundidos sobre este tema, considerando tanto la gestión de las reformas estructurales, como los problemas y cambios político-institucionales y de cultura política que se han registrado durante estos años, apuntando a la vez a enmarcar la experiencia menemista en los problemas y tendencias de largo plazo de la política argentina.

2. Reformas estructurales y equilibrio de poderes

Hay dos paradigmas interpretativos polares para caracterizar las relaciones establecidas entre el Poder Ejecutivo, el Congreso y Poder Judicial a lo largo de estos años de intensas reformas estructurales. El primero (que identificamos ilustrativamente con trabajos como el de Ferreira Rubio y Goretti, 1994) describe el proceso como uno en el cual el Ejecutivo gobernó en forma plenamente discrecional, excluyendo al Parlamento de la toma de decisiones. Cuando las Cámaras no se prestaron con la docilidad esperada a su exigencia de limitarse a convalidar sus proyectos, el gobierno echó mano de recursos de excepción indubitablemente extra constitucionales –como los decretos de necesidad y urgencia y los vetos parciales– confiando en que, en última instancia, lo auxiliaría una Corte Suprema adicta.

El segundo (que identificamos con trabajos como el de Corrales, 1994) sostiene que, en realidad, las relaciones Ejecutivo-Legislativo atravesaron dos etapas bastante diferentes. Durante la primera, hasta 1991, el gobierno quiso, y pudo, dejar completamente fuera de las decisiones al Congreso. Durante la segunda, desde principios de 1991, con la llegada de Cavallo al ministerio de Economía, tiene lugar un giro sustancial. El gobierno ya no espera de las Cámaras el rol de meros espectadores: se esfuerza por obtener su apoyo, los ministros ponen a su consideración las propuestas de reforma e incluso aceptan modificaciones en ellas, aunque reservándose el Ejecutivo el derecho a vetar aquellas que consideren incompatibles con el espíritu general del programa (Corrales, 1994). Para Corrales, detrás de esta nueva pauta de interacción se encuentra el deseo del gobierno de reestablecer los deteriorados vínculos con su partido. Esta interpretación de los acontecimientos nos inspira muchas reservas[2]. Sin embargo tiene, a nuestro entender, el gran mérito de no dejarse impresionar por la copiosidad de decretos, y de inscribir el uso de los vetos parciales en una perspectiva cuya mayor complejidad[3] sugiere una explicación del problema más articulada e integral que la que proporcionan los números de decretos y vetos parciales.

En realidad, el abordaje a partir de esos récords apabullantes en el empleo de recursos de excepción, presenta una fuerte proximidad interpretativa con patrones conceptuales que dominan en la actualidad ampliamente la literatura dedicada a la evolución de los regímenes políticos democráticos en América Latina y al estudio de las gestiones de estabilización económica y reformas estructurales. A riesgo de eliminar matices de importancia, diremos que una porción nada despreciable de la literatura teórica y de análisis de casos de reforma, tiende a postular, por así decirlo, una fuerte afinidad electiva entre los escenarios de lanzamiento de reformas estructurales y procesos de concentración de autoridad en el Ejecutivo, discrecionalismo, exclusión de actores sociales y políticos de las arenas de formación de decisiones, etc. Desde luego, dentro de esta ancha corriente pueden percibirse interesantes diferencias. Están aquellos dominados por un interés más bien instrumental en la efectividad de policy making reformista (por ejemplo, Nelson, 1990; Haggard y Kaufman, 1992). Y otros marcados por una aguda percepción de la dilematicidad que plantea la tarea simultánea de crear nuevos órdenes económico-estatales y atender a los requerimientos inherentes a la configuración de una trama de relaciones institucionales democrática (por ejemplo, Torre, 1991).

Esta corriente puede distinguirse a su vez de otra, no menos amplia, que desconfía de la supuesta relación de necesidad entre discrecionalismo y reformas estructurales, y que coloca el énfasis explicativo del primero, o bien en la naturaleza neoliberal de los procesos de ajuste, o bien en otros factores que atañen a la cultura política de las sociedades, las orientaciones partidarias, las preferencias de los líderes, o a la estructura neoliberal de los procesos de ajuste, o bien en otros factores que atañen a la cultura política de las sociedades, las orientaciones partidarias, las preferencias de los líderes, o a la estructura de incentivos institucionales. Dentro de este grupo pueden encontrarse, por último, diferencias en la dirección analítica e incluso propositiva. Por ejemplo, entre quienes se preocupan en defender la viabilidad de modalidades más concertadas e inclusivas de gestionar reformas estructurales (es el caso paradigmático de Bresser Pereira y otros, 1993), y aquellos que examinan los procesos en curso a la luz de categorías que definen una tendencia regional a la cristalización de regímenes que serían democráticos en lo que hace a los procedimientos de elección y sustitución de gobernantes, pero no en lo tocante a los procesos de toma de decisiones y producción de políticas públicas[4]. Arribando por ende a conclusiones bastante pesimistas sobre las posibilidades de consolidación democrática, en la medida en que dicha consolidación exige una vigencia más plena de los rasgos que caracterizan a las poliarquías contemporáneas: procedimientos que efectivicen un accountability entre poderes y/o pactos básicos entre actores sociales que definan reglas implícitas y explícitas que los alejen de una situación en que perciban a sí mismos en "peligro entretégico" (O'Donnell, 1992; Boschi, 1994; entre otros).

Tal vez el mínimo común denominador de esas categorías analíticas sea el siguiente: los contextos de crisis son altamente propicios para gestiones gubernamentales de fuerte concentración del poder. En esos contextos, la creación de recursos de gobierno a la altura de la emergencia tiende a hacerse despejando de obstáculos los procesos de toma de decisiones, por medio de la exclusión de actores político-institucionales y sociales. Acertadamente, estos autores subrayan la presencia de factores concurrentes: allí donde gobiernan fuerzas políticas portadoras de tradiciones plebiscitarias y populistas, en el terreno fertilizado por la crisis para gestiones discrecionalistas crecerán robustamente esas modalidades de gobierno, ya que los líderes al frente del Ejecutivo se encontrarán a sus anchas y, lejos de "automoderarse", aprovecharán intensamente la oportunidad proporcionada por las circunstancias.

No sería muy difícil corroborar el poder explicativo de este enfoque a la luz de las experiencias de Alfonsín y Menem en la Argentina. El líder de la Unión Cívica y Radical se valió de los decretos de necesidad y urgencia durante su mandato: emitió diez de ellos entre diciembre de 1983 y julio de 1989 (Ferreira Rubio y Goretti, 1994) aduciendo razones vinculadas a la emergencia económica, la crisis financiera y la reforma del Estado (el más conocido es el Plan Austral). Su sucesor peronista extremó las cosas: dictó hasta la reforma constitucional de 1994, nada menos que 336 decretos de necesidad y urgencia (Ferreira Rubio y Goretti, 1996) y hasta setiembre de 1993-38 vetos parciales[5].

Una parte de estas diferencias puede ser atribuida a la mayor tolerancia social al decisionismo en que se desenvolvió la gestión menemista. Podría argumentarse que Alfonsín habría recurrido con mayor frecuencia a los recursos de excepción si su gestión hubiese transcurrido en el contexto de turbulencias semejantes a las que dieron marco inicial al gobierno de Menem, generando el consentimiento social a un estilo fuertemente ejecutivista. Con todo podría contraargumentarse sensatamente sosteniendo que esa mayor disposición social, al constituir un marco para el relacionamiento global entre el Ejecutivo y el Congreso, podría haber minado de modo duradero las resistencias de este último a la pretensión del primero de limitarlo al papel de mero convalidador de sus iniciativas. Por lo tanto, la multiplicación de vetos y decretos en la presidencia de Menem parece estar hablando de otras cosas.

También podría hacerse mas borrosa la diferencia que las cifras expresan elocuentemente comparando, en vez de la frecuencia de recursos de excepción con arreglo al total de la producción legislativa, en relación a la magnitud de las reformas concretadas por cada gestión, enormemente mayor, desde luego, en la de Menem. Este razonamiento no sería novedoso: lo formuló el propio ministro Cavallo en 1993, afirmando que "sin los decretos de necesidad y urgencia no se hubiera podido instrumentar más de un 20% de la reforma económica" (La

Nación, 31-8-1993). Esto daría cuenta, además, de uno de los factores en los que las corrientes analíticas que hemos mencionado ponen el acento: la afinidad electiva entre contextos de crisis, y/o etapas de intensas reformas estructurales, y estilo decisionista de gobierno. Daría cuenta de ello, pero sólo de ello. ¿Por qué decretos y vetos y no –nuevamente– un Poder Legislativo dócil, o su supresión lisa y llana mediante un 'golpe civil' como el de Fujimori?[6]. Reiteramos, entonces, que la abundancia de recursos de excepción como los utilizados sugiere la presencia de otros factores.

Esta presunción tiende a confirmarse si se considera que no todos los derechos de necesidad y urgencia forman parte de la agenda oficial de reformas estructurales: una sustancial mayoría lo es, pero el gobierno de Menem dictó decretos de este tipo sobre derechos humanos, civiles y políticos (cinco en total, Ferreira Rubio y Goretti, 1994), sobre transferencia de inmuebles (diecinueve), etc. Y más todavía si se para mientes es que no solamente en estos casos, sino en el de muchos decretos correspondientes a materias de reforma, resulta imposible encontrarles alguna justificación en términos congruentes a la índole de estos instrumentos; esto es, la necesidad o la urgencia delante de situaciones de extrema gravedad.

A nuestro entender, una explicación más satisfactoria de la *performance* del Ejecutivo entre 1989 y 1993 debe partir de destacar la presencia de dos ingredientes adicionales, que hacen al estilo de gestión pública del gobierno menemista: el factor peronista y el factor tecnocrático.

En cuanto al primero, sucintamente, digamos que el estilo peronista de gobierno (como "tipo ideal") concibe la relación entre medios y fines de una manera muy diferente a la tradición liberal-democrática. La condición democrática se centra para él en el voto popular, no en el respeto a las reglas y mecanismos formales de limitación del poder (división, control, responsabilidad horizontal, ejercicio del gobierno sujeto a las leyes, etc.) que constituyen el núcleo esencial de un régimen político liberal-democrático. En ese sentido las culturas políticas peronista y radical son muy diferentes y esta diferencia gravita cuando de gobernar se trata. González Bombal (1994) ha señalado que la tradición del radicalismo es de comprensión del sentido de la ley, aunque no siempre de comprensión del ejercicio del poder, aunque no de comprensión del sentido de la ley. Y, en efecto, los años de Menem nos dejan ver un gobierno poco dispuesto a detenerse ante obstáculos formales y/o legales a la hora de tomar decisiones o implementarlas.

En cuanto a lo segundo, la filosofía que subyace al estilo tecnocrático de gestión es aquella correspondiente a la "Nueva Economía Política" de raíz neoclásica y fuertemente emparentadas con algunas de las principales corrientes del *rational choice*, que, en esencia, tiende a contraponer la racionalidad política y la económica (Meier, 1991). La metáfora del "tirano honrado" por oposición a los políticos que se comportan racionalmente en arreglo a sus propios intereses y por ende procurando beneficios particularistas que distorsionan los incentivos de mercado, es la más apropiada al caso: lo que los técnicos de mentalidad tecnocrática esperan de los políticos es que –por imperio de la necesidad– les entreguen el manejo de la economía y la competencia para establecer las restricciones dentro de las que deben desenvolverse los restantes asuntos públicos. En el caso argentino, la llegada de Cavallo y su equipo a la cartera económica entronizó a partir de 1991 este estilo de gestión, que resultó –al menos en lo que se refiere a la interacción institucional– convergente con el modo peronista de gobernar. Infinidad de decisiones del ministro fueron expresamente respaldadas por declaraciones suyas contra los partidos, la "politiquería barata", y los parlamentarios que "demoran las transformaciones". Hay que recordar que el gobierno contó, en este sentido, con la presión y el aliciente de los formadores de opinión empresaria, portadores de una visión normativa fuertemente tecnocrática de la gestión de reformas y que tienden a valorar al Presidente Menem por dos razones que son caras de la misma moneda: por crear el contexto de autoridad necesario para que los técnicos lleven a cabo su tarea y por constituirse en "escudo" contra las distorsiones provenientes del mundo de la política.

La conjugación del factor peronista y el tecnocrático en el gobierno de Menem se torna nítida en ocasión de las dificultades que encuentra el Ejecutivo para imponer su voluntad al Parlamento en materia presupuestaria. En un artículo en el que el ministro Cavallo defiende la aspiración oficial de que el Congreso le delegue competencias en la materia por varios años, define con inesperada claridad la forma en que los peronistas conciben la acción de gobierno. Refutando las acusaciones formuladas por el ex-Presidente Alfonsín, que califica de inconstitucional la delegación a la que se aspira, Cavallo explica que:

"(...)nos enfrentamos a dos criterios distintos de gobierno. La eficacia de una gestión útil y oportuna a los intereses del pueblo, empleando para ello los medios previstos por la Constitución, por un lado. Y la preeminencia de las formalidades, por el otro. Aun cuando su cumplimiento impida mejorar la calidad de vida de la

población y postergue el desarrollo del interior del país" (Clarín, 14-12-1994).

En rigor, lo que el gobierno procuró, desde el principio de su gestión y sin abandonar nunca ese propósito–, fue establecer una fórmula que le permitiera concentrar plenamente el poder decisorio en sus manos. No le importaba tanto que ello tuviera lugar por un medio y otro: la clausura del Parlamento o la cooptación de algunos líderes de la oposición que garantizara una obediente mayoría parlamentaria[7] le resultaban indistintos, siempre que resolvieran el problema. La concepción peronista de Menem no le permitía entender de otro modo el ejercicio de su gobierno tras "haber heredado un país en llamas". De tal modo, apenas afloraron los primeros obstáculos –tras el breve período marcado por la promulgación de las leyes de Emergencia Económica y Reforma del Estado de O'Donnell (1992) el gobierno intentó desentenderse de toda *accountability* horizontal, ya que "la idea de obligatoriedad de rendir cuentas al Congreso o el Poder Judicial, o a otras organizaciones privadas o semiprivadas aparece como impedimento innecesario a la plena autoridad que el Presidente recibió la delegación de ejercer".

El empleo de decretos de necesidad y urgencia y vetos parciales es el resultado de esos ensayos. No expresa tanto un agravamiento de tensiones entre los dos poderes a lo largo de estos años, como el hecho de que las relaciones entre Congreso y Poder Ejecutivo habrían sido necesariamente tensas si el segundo esperaba meramente un acatamiento incondicional por parte del primero. Para decirlo de otro modo, la lógica que impulsa el crecimiento del empleo de tales recursos, hace patente una necesidad autopropulsada: el gobierno pretendió mantener para su gestión el nivel de facultades discrecionales conseguidas en un primer monto mediante las leyes de Emergencia Económica y Reforma del Estado, aun luego de que el imperativo de crisis se hubiese atenuado. Es en este punto, a nuestro entender, que la competencia técnica se prestó a una operación eminentemente política, concurriendo en auxilio de las inclinaciones presidenciales. Porque con el afianzamiento de Cavallo y su compacto equipo de técnicos en la cartera económica, la propensión a gobernar discrecionalmente se revigoriza gracias a la coartada de la racionalidad tecnocrática que anima a dicho equipo. El éxito que acompañó al ministro y a su plan suministraron al Presidente una fuente de legitimidad suplementaria para sus inclinaciones.

Llegados a este punto podríamos cerrar la cuestión dando por confirmado el paradigma interpretativo con que abrimos la discusión: el Ejecutivo logró excluir redondamente al Congreso de la toma de decisiones. Cuando obtener el acatamiento parlamentario resultó complicado, se limitó a eludirlo mediante los decretos de necesidad y urgencia. Y, en todo caso, la figura del veto parcial brindó a ambos una forma de conciliar la discrecionalidad deseada por el gobierno con la necesidad de salvar las apariencias sentida por los parlamentarios peronistas. Por ende, se confirmaría también la pertenencia en plenitud de la hipótesis sobre la modalidad delegativa (O´Donnell), o hibrída (Malloy), de la democracia argentina de los primeros años de la década de los 90. Así lo entienden, entre otros, Ducatenzeiler y Oxhorn (1994), que arriban a conclusiones muy pesimistas sobre las posibilidades de consolidación del régimen democrático, en base a la idea de que las modalidades decisionistas extremas "acentúan el vacío organizacional e institucional", características que Argentina comparte con muchos otros países de la región. Gestión exitosa de este tipo más que reeditar de populismo y caudillismo incompatibles con una perspectiva de gradual consolidación de la institucionalidad democrática[8].

3. Oposición en el partido de gobierno: ¿motor del poder parlamentario?

Antes de discutir esas conclusiones, vale la pena examinar la validez de la interpretación de los hechos en que ellas se sustentan; esto es, la efectiva vigencia de formas delegativas de democracia durante los años de Menem. A nuestro entender, conceptos como el de "democracia delegativa" no capturan todos los rasgos de la interacción establecida entre los distintos poderes.

Es conveniente detenerse en el contexto de interacción en que se emplearon los recursos de excepción. Ello nos permitirá su inscripción en un escenario político institucional más complejo que el que se desprende de la idea de un presidente-caudillo con respaldo en los votos que gobierna discrecionalmente. En verdad, se aproxima mucho más a los hechos, un escenario caracterizado por el conflicto entre dos protagonistas, un gobierno que procuró desde el comienzo imponer su modalidad unilateral de gestión, y grupos partidarios y parlamentarios que, desde la oposición y sobre todo desde las fuerzas propias, fueron adquiriendo capacidades para limitar la efectividad de los intentos de excluirlos completamente de las decisiones.

Dicha adquisición de capacidades para límitar la voluntad presidencial de gobernar sin compartir ni rendir cuentas de sus decisiones se desarrolló como un aprendizaje producto de la propia interacción institucional: frente al empleo de los decretos de necesidad y urgencia, el silencio parlamentario se constituye en un recurso de disuasión parcialmente eficaz; frente al uso veto parciales, se va descubriendo que algunas alteraciones sustantivas impuestas por los parlamentarios a iniciativas del Ejecutivo están libres de esos peligros. El silencio fue una reacción frecuente del Parlamento ante los decretos. Las Cámaras se abstuvieron de derogarlos pero, en la inmensa mayoría de los casos, rehuyeron también su convalidación[9]. Este silencio no puede ser entendido pura y simplemente como un acatamiento, un "dejar hacer" con resignación o impotencia; la negativa a confirmar la validez de los decretos a través de una ley fue, en los hechos, un procedimiento colectivo eficaz para morigerar la tendencia del Ejecutivo a avanzar sobre las facultades del Congreso. Para explicar por qué es necesario marcar una distinción. Para expresarlo de alguna manera, los decretos inmunes al silencio parlamentario son los que tienen un valor inminentemente transicional –su vigencia implica consecuencias inmediatas y relevantes para los actores involucrados en sus disposiciones. Pero cuando se trata de producir cambios en conjunto amplios de reglas, cuya efectividad depende de que sean fijadas en el largo plazo y como tales sean percibidas por los actores en juego, la no convalidación del Parlamento torna los decretos contraproducentes. La flexibilización laboral, la reforma previsional o la privatización de Yacimientos Petrolíferos Fiscales, son algunos de los procesos afectados por el descubrimiento, compartido por ambos poderes, de la eficacia del silencio parlamentario: el Ejecutivo debió aceptar la participación del Congreso en esos temas, y la incorporación de modificaciones sustanciales en sus proyectos iniciales[10]. Por razones semejantes, la efectividad de los vetos parciales resultó limitada para impulsar las reformas estructurales, y desde que los parlamentarios tomaron conciencia de ello, su poder disuasivo para subordinar al Congreso disminuyó.

Se constata, en suma, una interacción institucional más matizada, rica y diversa que la que podría sugerir un primer vistazo, "a vuelo de pájaro", atento exclusivamente a los decretos y los vetos. En ella, ciertamente la preponderancia de una voluntad de gobierno discrecional por parte del Presidente, a lo largo de su gestión, es abrumadora. La negociación, sin embargo, estuvo constantemente presente, a pesar de la pésima disposición del Ejecutivo al respecto, porque el Congreso encontró caminos para doblarle el pulso.

Importa considerar, por otro lado, el grado en que las instituciones propias del régimen político democrático han sido durante estos años el ámbito de los intercambios y transacciones entre actores políticos y sociales involucrados o afectados por las decisiones gubernamentales, o en que se recogieron las iniciativas de los actores y grupos sociales o sus reacciones frente a aquellas decisiones. En este sentido observamos un cambio significativo respecto de las pautas tradicionales de interacción entre instituciones representativas y poderes corporativos en la política argentina. Por un lado, el Congreso no ha funcionado como mero convalidador legal de decisiones adoptadas o negociadas en otros ámbitos, sino que en infinidad de casos ha tenido un protagonismo sin el cual ciertos resultados concretos de las reformas no podrían comprenderse. Aunque la negociación directa entre Ejecutivo y corporaciones sindicales o empresarias fue una práctica permanente a lo largo de estos años, casi siempre el Congreso alcanzó a incidir de modo significativo en el contenido de las políticas. En algunos casos, resulta patente el esfuerzo de los legisladores por desempeñar un papel específicamente parlamentario, no limitado a la expresión de intereses discretos, buscando reformularlos conforme a criterios de orden general o público. El papel de los legisladores peronistas en las reformas laboral y previsional, oportunidades en que fueron más allá de lo esperado por los sindicatos, constituyen un buen ejemplo de ello[11].

El Congreso, en esos casos, debió enfrentar los ataques del Ejecutivo referidos a la lentitud, falta de compromiso con el plan de reformas y al espíritu faccioso que supuestamente reinaban en su seno, en general coincidentes con la opinión del público sobre el Parlamento. Aunque, en la opinión pública los legisladores pueden estar muy desprestigiados, pero no por ello dejan de cumplir a sus ojos un rol importante para la vida democrática. El Ejecutivo tomó nota de decisiones pero conforman una importante correa de transmisión de información entre el Ejecutivo nacional, los gobiernos provinciales, las agrupaciones territoriales del partido y los sindicatos y demás organizaciones sectoriales. Permiten medir la temperatura del ánimo de los distintos grupos de opinión y facciones en que se divide el peronismo. Y frenan avances por caminos que pueden ser judiciales en el mediano o largo plazo, enviando las señales de alarma correspondiente.

Otro efecto interesante del desarrollo del rol parlamentario ha sido que los legisladores tuvieron que incorporar saberes técnicos para debatir con los funcionarios ministeriales. Sobre todo en el área de Economía, pero también en la de Defensa, Educación, entre otras, cobraron preeminencia legisladores con cierta preparación y especialización, imprescindibles para quedar bien parados cuando se discutían problemas de presupuesto y programas de reforma con ministros y técnicos del Ejecutivo. También en este aspecto pareciera que la misma dinámica de interacción institucional tiende a un equilibrio más matizado a medida que se avanza en el tiempo.

En conclusión, a la luz de las consideraciones hechas hasta aquí resulta justificado revisar las perspectivas unilaterales frecuentemente adoptadas frente al modelo político de gestión de las reformas puesto en práctica por el menemismo. Ello no implica, sin embargo, desestimar sin más algunas preocupaciones por ellas aludidas. La experiencia de estos años arroja evidencia, no tanto de la irrelevancia del Parlamento, como de lo problemático que resulta que él pueda consolidar un rol de control y colaboración en la toma de decisiones en base a una dinámica que es casi exclusivamente interna al partido de gobierno. El peronismo en el gobierno logró canalizar sus diferencias y resolver los problemas de coordinación que implica la agregación y reproducción de una mayoría con capacidad para actuar y retener la iniciativa, no sólo concentrando el poder en el Ejecutivo y sometiendo a las instituciones republicanas y representativas a su voluntad, sino también haciéndolas funcionar. Pero es lícito preguntarse si, en caso de su reemplazo en el ejercicio del poder por otro partido, de un cambio sustantivo en el liderazgo o la orientación predominante al interior del justicialismo, o tal vez de un simple incremento de sus tensiones internas, la dinámica institucional no resultaría seriamente amenazada, trasluciendo su inherente debilidad y dependencia de esta fuerza política[12].

En otras palabras, no preguntamos si las capacidades adquiridas durante estos años por los distintos actores y su aprendizaje respecto de las posibilidades de interacción disponibles en un sistema republicano, no son más bien capacidades y roles del partido de gobierno y del equipo reformista, y si han sido realmente despejados los obstáculos para que se traduzcan en "capacidad instalada" y mayor solidez de las instituciones. Las dificultades halladas para la construcción de un juego más abierto de competencia y colaboración entre los partidos a nivel parlamentario, y para la recuperación de la legitimidad del Parlamento como ámbito de control de la gestión y expresión de debates públicos más amplios, aparecen como indicios negativos en este sentido.

Para avanzar en esta discusión conviene introducir ante todo algunas nociones teóricas. Conforme a la doctrina de la separación de poderes, se espera que el Poder Ejecutivo se haga cargo de la orientación global del gobierno en nombre de un interés general y que el Legislativo represente el pluralismo político y social del país. Ahora bien, esta división del trabajo entre los poderes no funciona siempre, en el marco de un régimen presidencialista, de la misma manera; depende, por ejemplo, de si el Ejecutivo y el Congreso están controlados por el mismo partido. Simplificando las cosas podríamos decir que en cualquier situación el Congreso no puede eludir habérselas simultáneamente con dos funciones, una 'expresiva' y otra 'gubernativa'. El ejercicio de ambas a la vez supone necesariamente una tensión que tiende a resolverse de modos diferentes según Ejecutivo y Legislativo estén, o no, controlados por el mismo partido. Mientras que en el primer caso predomina la función gubernativa (i.e., de responsabilidad con el poder), en el segundo domina la expresiva (frente al poder)[13].

Regresemos ahora a la comparación entre los gobiernos de Alfonsín y Menem ya aludida páginas atrás, a la luz de estas distinciones. Hasta 1987, año en que la Unión Cívica Radical perdió las elecciones y el control del Congreso, predominó una función gubernativa –los legisladores radicales así lo experimentaron, en tanto miembros del partido de gobierno, a la hora de revisar la política de derechos humanos, para dar el ejemplo más notorio. A partir de 1987 las cosas fueron muy distintas: con la mayoría parlamentaria en manos peronistas, en el desempeño del Congreso dominaron claramente las funciones expresivas. Con el inicio del gobierno de Menem y una cuasi mayoría parlamentaria oficialista, el Congreso se relativiza: los parlamentarios peronistas asumen su condición de corresponsables de la representación del poder ante la sociedad, derivada del hecho mismo de ser miembros del partido gobernante. Por otro lado, los bloques legislativos encuentran formas de operar como caja de resonancia de reclamos de grupos, sectores y posiciones afectadas por las reformas, y de este modo forzar un trámite más negociado de las mismas. Esto a pesar de actuar ante un Presidente, del gobierno y del partido, que buscó presentarse –con indudable eficacia política– como el único representante legítimo en tanto voz del poder ante la sociedad y de la voluntad general frente a los intereses particulares.

Fue sobre todo a partir de las tensiones internas del justicialismo que el Parlamento cumplió, durante la primera presidencia de Menem, algún rol como caja de resonancia de conflictos políticos y sociales. Las resistencias de parte de los legisladores justicialistas a algunas de las reformas impulsadas desde el Ejecutivo marcaron los momentos de mayor dinamismo y autonomía de la actividad parlamentaria. Incluso; como ya hemos señalado, en esos casos el Parlamento apareció, frente a la opinión pública, como un obstáculo a los cambios, más que como un ámbito de expresión de derechos y reivindicaciones legítimas. El Parlamento no parece haberse vaciado por completo de funciones representativas, pero los conflictos que pudo protagonizar con el Ejecutivo se plantearon más bien como tensiones interburocráticas e intrapartidarias, que como choques entre dos ámbitos o lógicas de representación. En otros términos, el Parlamento frente a Menem apenas pudo reclamar una función en el concierto del poder, en nombre de su prerrogativa en la aprobación de leyes. En línea con esta situación, los legisladores justicialistas se han allanado durante este período a desempeñar un rol subordinado en un esquema que es, principalmente, gubernativo. Como consecuencia, el mismo rol institucional del Parlamento puede verse alterado, tendiendo a adaptarse a un esquema unívocamente estructurado en términos de imposición y eficacia. La ausencia durante estos años de líderes parlamentarios relevantes en el oficialismo es un claro indicio de esta situación. La dificultad en lograr que el Ejecutivo respetase acuerdos entre bancadas, que detectan Mustapic y Ferretti (1994), se encuadra en el problema más amplio de que la mayor ambición de los legisladores justicialistas aparentemente es ser reconocidos como parte de un equipo de gobierno, estando ausente la aspiración de actuar en un poder autónomo, con una lógica y función propias.

Los dos problemas a los que nos referimos un poco más arriba están en realidad íntimamente vinculados entre sí. Para que el Parlamento pueda recuperar su legitimidad ante la sociedad y convertirse en caja de resonancia y ámbito de debate de problemas sociales y políticos relevantes para la opinión pública, sería necesario que los partidos con representación legislativa agilizaran sus mecanismos de competencia y colaboración en las Cámaras. Las contadas ocasiones en que se produjeron debates de este tipo en los últimos tiempos demuestran la correlación entre ambos factores[14]. Por otro lado, la incapacidad del Parlamento para construir un espacio de poder propio, que le permita actuar no sólo como acompañante del Ejecutivo y foro de las disputas internas del partido de gobierno, sino como un control efectivo de la gestión pública y un órgano generador de leyes consistentes con políticas de largo plazo, obedece a que, hasta ahora al menos, estas líneas fueron fijadas exclusivamente por el Ejecutivo, y el Parlamento apenas si ha podido discutir sus instrumentos. Es demasiado temprano para establecer si la reciente reforma de la Constitución ha implicado un cambio significativo en esta situación. En tanto, parecen ser más promisorias las posibilidades que se abren con el desarrollo de nuevas fuerzas políticas con representación parlamentaria, que podrán dinamizar el debate en ese ámbito.

En lo que se refiere al Poder Judicial, el saldo de la gestión menemista es mucho menos matizado. Aunque también existen contratendencias en este terreno. El Ejecutivo obtuvo de la Corte Suprema, mediante una serie de procedimientos tortuosos, una garantía de última instancia de la legalidad de sus más arbitrarias decisiones. Y logró un amplio control sobre jueces y fiscales. Conviene, sin embargo, no olvidar dos cuestiones. Primero, que continuando una tendencia ya iniciada en 1983, el papel de la Justicia ha adquirido un realce inédito en la historia argentina, derivado de la creciente disposición de los actores sociales y políticos a dirimir sus diferencias en ese terreno, considerándose sujetos de derecho (sobre la "judicialización" de los conflictos, Smulovitz, 1995). Segundo, el dominio del Ejecutivo sobre las instancias jerárquicas de mayor relieve en el Poder Judicial, no ha impedido que éste observara de todas formas, en algunos niveles, comportamientos independientes en cuestiones de gran trascendencia el caso de las deudas previsionales es sin duda uno de los mejores ejemplos; también debe destacarse el comportamiento del fuero laboral–. En general, la intimidad alcanzada entre miembros. Pero, lejos de aminorar el interés ciudadano en emplear los mecanismos institucionales legalmente a su disposición, esto ha hecho crecer la demanda por una judicatura independiente.

Para completar el cuadro de los mecanismos institucionales, interesa estimar el grado en que los actores y grupos sociales, en sus diferentes modalidades de organización, disfrutan de acceso regular y predecible a los ámbitos de formación de decisiones, y no sólo capacidad de incidencia en el contenido sustancial de las mismas (Malloy, 1990). En 1989, la disgregación de la autoridad pública y la evaporación de la autonomía estatal habían alcanzado tal profundidad que reconstruir un núcleo de gobernabilidad exigía un primer, y drástico, movimiento de exclusión, o al menos distanciamiento, de actores y grupos sociales de los ámbitos de formación de decisiones. Lo cierto es que, una vez que ese núcleo de gobernabilidad se configura, tiene lugar una suerte de ordenamiento de las relaciones entre actores sociales y gobierno, a través de un proceso de interacción ya no tan marcado por agudas oscilaciones entre la difuminación de todo límite entre los mismos y el distanciamiento de un poder político que decide sin escuchar las voces provenientes de los agentes concretos. En cuanto a los empresarios, su acceso a las decisiones ha experimentado un giro sustancial entre 1976 y fines de la década de los '80, desde la traumática experiencia de una dictadura militar que se reveló mas independiente e imprevisible de lo que podría haberse pensado, y gobiernos democráticos que –gradualmente– les fueron asignando el papel de interlocutores de primer orden. Puede coincidirse con Acuña en que este cambio –en la medida en que se trata de un actor cuyo comportamiento en la escena pública había sido definitorio en la génesis de las fracturas institucionales a partir de 1955– constituye un factor de consolidación de régimen político, y en ese sentido el gobierno de Menem habría dado pasos decididos en un camino ya iniciado por el de Alfonsín. Agreguemos que las reformas impulsadas por Menem provocaron una crisis de orientaciones y de roles en las organizaciones empresarias. Enfrentándolas a la necesidad de precisar el tipo de políticas que esperan del Estado, lo que ha desatado un proceso deliberativo en algunas de ellas, y cierto inmovilismo en otras.

La cuestión de la capacidad de acceso de otros actores y grupos sociales a las decisiones de gobierno está, en el caso que nos ocupa, muy condicionada por el hecho de ser éste un gobierno del Partido Justicialista, gobierno que ha demostrado durante estos años una capacidad de control y contención más que de expresión o articulación de las demandas provenientes de los sectores populares. Con todo, y a riesgo de incurrir en imprecisiones, la imagen que puede entreverse en materia de acceso de la sociedad a las instancias de decisión gubernamental, es la siguiente: de un lado, el polo fuerte, un Presidente que se atribuye la potestad de gobernar en nombre del pueblo –y ciertamente ha sido capaz de consolidar un vínculo carismático con parte importante de quienes se identifican con esa apelación. Pero que no "escucha " demandas provenientes de ese campo, sino que, más bien, confía en su capacidad de determinar cuál es el "verdadero interés" del mismo y en que éste, al cabo de los resultados de sus decisiones, lo reconozca renovando su consentimiento. Y, del otro lado, el polo débil, integrado por el Congreso y los gobiernos providenciales, en el que se agolpan las expresiones de organizaciones y grupos sociales que no forman parte del reducido grupo de actores a quienes el Poder Ejecutivo "escucha".

4. La reforma de la Constitución

No podemos cerrar este tema sin hacer al menos una breve consideración de la reforma constitucional de 1994. En términos de su implicancia para la consolidación institucional en nuestro país, y sin pretender arribar a una conclusión definitiva, encontramos que ella ofrece por lo menos tres lecturas posibles. En primer lugar, puede ser vista como un nuevo paso adelante en el afianzamiento de la democracia *tout court*: aunque de un modo indirecto, apuntala su estabilidad al reforzar el compromiso de los actores políticos con las reglas de juego. En efecto, parece dejar aún más atrás el conflicto en torno a las reglas de juego. En efecto, parece dejar aún más atrás el conflicto en torno a las reglas de acceso al poder político que caracterizó a la Argentina contemporánea, dado que, a diferencia de la larga sucesión de reformas constitucionales frustradas, puede aparecer como "producto del consenso interpartidario y no sólo fruto de la desarticulación del poder de veto del adversario" (Smulovitz, 1995).

Una segunda lectura salta a la vista en línea con nuestra argumentación de que, más que las instituciones democráticas genéricamente consideradas, son las prácticas que protagonizaron el proceso de recreación de capacidad de gobierno desde 1989 las que se consolidan. En este caso la reforma ha consolidado el sistema presidencialista. Por un lado, porque le ha proporcionado mayor legitimidad a los instrumentos de excepción reiteradamente empleados por el Ejecutivo en esas circunstancias, al consagrar figuras como el decreto de necesidad y urgencia y el veto parcial y precisar los alcances de la delegación legislativa[15]. Por otro lado porque, como ha sido señalado por Goretti y Ferreira Rubio (1995), la reforma ha atenuado "algunas de las consecuencias o efectos negativos que el sistema presidencial trae aparejados". En otras palabras, ha aminorado los peligros que su rigidez supone para el propio régimen político, por medio de una serie de innovaciones que incrementan su potencial de adaptación a cambios de circunstancias. La figura del jefe de gabinete crea mayores incentivos para que la cooperación entre partidos eluda situaciones del bloqueo, puede desempeñar un papel de "fusible" evitando que crisis que conmuevan la gestión del Ejecutivo afecten a su vez a la presidencia y, por fin, puede constituirse en un recurso de recomposición del poder político en casi de erosión temprana de la autoridad gubernamental[16]. En suma, nos encontraríamos frente a una institución presidencial más poderosa –en tanto dotada de recursos de gobierno– y, al mismo tiempo, menos expuesta a los peligros que habitualmente se consideran inherentes al sistema presidencialista –en la medida en que algunos cambios la tornan más flexibles–. En ese sentido la reforma no ha hecho más que innovar dentro de la tradición: han reforzado el potencial de gobernabilidad sobre la base de apuntalar el sistema por el que optaron los constituyentes de 1853, en vez de apartarse del mismo.

Esta constatación nos lleva a la tercera lectura. Dado que parte de las principales innovaciones significan la consagración de instrumentos "decisionistas" (como los decretos de necesidad y urgencia) podría verse en el nuevo texto una confirmación de las hipótesis exitosas. No obstante, ningún elemento de la nueva Constitución nos autoriza *per se* a ser terminantes en esta materia. Dar por descontado que la presencia de esas figuras nos coloca ante su discrecionalismo institucionalizado supondría incurrir en el error de identificar sin más presidencialismo y democracia delegativa. Al menos por dos razones debemos prevenir contra tales apresuramientos. En primer lugar, porque si es cierto que la nueva Constitución consagra las figuras decisionistas, también lo es que las sujeta a control parlamentario mediante regulaciones explícitas que condicionan su empleo, validez y restringen su alcance temático[17]. En lo atinente a esa cuestión, la indeterminación legal en que se encontraban los instrumentos de excepción era el peor de los mundos posibles: la mayor legitimidad y sujeción a controles ahora establecida puede hacerlos, al mismo tiempo, más efectivos y menos peligrosos, al despojarlos de la ambigüedad y la ausencia de límites que facilitaba su uso en beneficio de inclinaciones delegativas de los líderes[18].

La segunda razón parece todavía más importante: siendo que las instituciones están conformadas por disposiciones normativas y por prácticas, una nueva Constitución no nos revela por completo su significado hasta que la interacción política lo define dando lugar a la realización de algunas de sus virtualidades y no otras (Smulovitz, 1995, discute esta cuestión). De ese modo, la innovación bien puede convertirse en letra muerta, puede ser absorbida por los patrones vigentes, o puede transformarse en figuras institucionales vigorosas, dependiendo del uso que los actores hagan de las mismas[19]. No sabemos si estamos en el umbral de un sistema institucional más flexible, en el que, en situaciones de crisis, los subsistemas puedan concentrar rápidamente poder decisorio para desconcentrarlo no menos rápidamente pasada la emergencia, o frente a la consagración del estilo de emergencia como forma de gobierno. Es aquí donde corresponde volver la atención a la interacción efectivamente desenvuelta entre Ejecutivos y Legislativos desde 1989. Por una parte, porque nos revela un cuadro de desempeños más matizados que el que surge de las interpretaciones dominantes, podría morigerar el pesimismo con el que, en principio, parece razonable esperar la evolución institucional futura en lo que hace no a la perdurabilidad del régimen democrático en Argentina, sino a la calidad de su democracia. Por otra, sin embargo, y como ya vimos, el hecho de que haya sido casi exclusivamente canalizando tensiones internas del peronismo que el Parlamento cumpliera algún rol de control, arroja dudas sobre la posibilidad de que ese rol se constituya en un rasgo permanente y significativo de nuestro sistema político.

5. El Partido Justicialista y las funciones partidarias

Las transformaciones realizadas por el menemismo en la vida política provocaron, o más bien aceleraron, el debilitamiento de formas tradicionales de expresión de intereses y de control del poder. Pero al mismo tiempo se han desarrollado formas nuevas. Es indudable que Menem aprovechó la fragmentación y desagregación de los actores sociales tradicionales, en particular de los sindicales, para subordinar sus demandas en la agenda pública y desconocer sus derechos adquiridos. Y para ello se basó en identificaciones individuales y personalizadas de los electores con su liderazgo, que proveen un consentimiento relativamente autónomo de satisfacciones específicas o asociados a la satisfacción de demandas no agregadas, con escasa capacidad de converger en reclamos organizados. En virtud de estas transformaciones, los partidos políticos, en particular el justicialista, han sufrido un fuerte remezón en sus identidades y bases de apoyo, enfrentando la alternativa de una progresiva pérdida de capacidades de representación e intervención en los asuntos públicos o la riesgosa redefinición de sus tradiciones y sus roles. Pero esto no significa que se hayan debilitado sin más. En cierta medida se ha consolidado. Luego de una dura etapa de desarticulación interna y deslegitimación externa, parecen mostrar en los últimos años signos de adaptación al nuevo contexto, fortaleciendo algunos de sus roles fundamentales.

En primer lugar, advirtamos que, al terminar con los conatos de golpe que se sucedieron a partir de 1987 y desactivar la amenaza militar, tras la represión a los carapintadas en diciembre de 1990 (contra la idea de Weffort, 1993, al respecto), y terminar de relegar al sindicalismo a un rol político subordinado, el gobierno de Menem creó condiciones para una más sólida competencia intra e interpartidaria. Que ya no está sujeta, como antaño, a la alternativa de moderarse para evitar la capitalización corporativa de sus enfrentamientos, con lo que se volvía irrelevante, o bien intentar canalizar dichas luchas corporativas, con lo que tendía a tornarse antagónica e inmanejable.

En este contexto más favorable, los partidos han fortalecido su rol en la competencia por el control del poder. El monopolio de la nominación de candidatos es un dato elocuente en este sentido. Los nuevos líderes surgidos en estos años, fruto de la crisis de las tradiciones partidarias, a diferencia de lo sucedido en otros países latinoamericanos (Bolivia, Colombia, entre otros, en los que se produce una "Información de la Política") en Argentina actúan principalmente en los partidos tradicionales. O bien fundaron nuevas fuerzas partidarias que tienden a hacer más equilibrado el sistema de partidos. A más del rol en la competencia por el poder, los partidos, en particular el Justicialista, han logrado ajustar sus mecanismos de canalización de demandas a los requerimientos de gobernabilidad y las restricciones de la época, sin perder capacidad expresiva. Existen otras dos funciones, asociadas a las primeras, en que se observan mejorías relativas: El control de la administración y la formación de consensos. Podrá advertirse que en estos terrenos se han formado sobre todo, en los últimos años, sus competidores: los equipos de tecnócratas en el primero, los medios de comunicación en el segundo, y los líderes personalistas en ambos. De todos modos, puede señalarse que la experiencia del gobierno de Menem muestra, al mismo tiempo, los límites que encuentran todos ellos para suplir los servicios de partido organizados y ágiles, así como la capacidad de los mismos de retener el control de resortes esenciales de poder en el Estado y establecer reglas de división del trabajo y colaboración con sus competidores.

Existen numerosos indicios del fortalecimiento institucional del PJ durante estos años, y si bien podrá blandirse como contraejemplo la crisis que atraviesa la UCR y que pareció agravarse luego del escaso 16% que obtuvo en las elecciones presidenciales de 1995, existen motivos como para no ser pesimistas respecto de su evolución futura[20]. A ello debe agregarse la conformación de una fuerza de centroizquierda, el Frente del País Solidario (FREPASO), que logró un exitoso desempeño electoral en 1994 y 1995, prácticamente sin precedentes en la historia de nuestro país.

Los diagnósticos respecto del supuesto debilitamiento de los partidos que habría colateralmente provocado el modelo menemista, suelen partir del supuesto de que con él se ha instaurado una relación espuria entre política y economía, por la cual el poder político ha devenido en un simple instrumento del poder económico[21], que se concentra en las manos de un pequeño número de empresarios. Estos habrían sido capaces de determinar, a través de presiones y de la mediación de Cavallo y otros funcionarios, el curso del gobierno de Menem. Más allá de que ha sido indudablemente muy amplia la capacidad de incidir sobre las decisiones políticas en base a la modernización de poderes económicos, por un lado, y el partido, por otro, es bastante más compleja de los que las interpretaciones antedichas suponen. Más que exponentes de dos poderes distintos ("político" y el "económico"), sólo circunstancial o instrumentalmente (como sostiene Yannuzzi, 1994) asociados, presidente y ministro deben considerarse como partes complementarias de una coalición política, que involucra al equipo de gobierno y al PJ. El llamado "equipo Cavallo" ha tenido un rol de primer orden en la consolidación del cambio de relación entre el partido y los empresarios, cambio que ha tenido más que ver la formación de consenso en el diseño e implementación de las políticas de reforma, que con la representación corporativa o lobista del *stablishment*. Ha cumplido una función esencial no sólo en la generación de confianza en este sector, sino en la construcción de un consenso social que estableció que la sociedad debía resignar reclamos particulares en favor del interés nacional en la estabilidad y el crecimiento, y ha sido esencial también en la unificación del partido de gobierno en que participan elites sociales anteriormente al margen de la alianza populista (y en general reacia a toda participación partidista, como ha señalado Halperín Donghi), en los que Edward Gibson llama la "conservatización del populismo". Gibson señala que la participación de los empresarios en las coaliciones neopopulistas se origina en la ruptura de su relación privilegiada y directa con el Estado. Que le exige a este sector ingresar a la arena política en busca de canales nuevos de representación. Este sería otro argumento a favor de la hipótesis de fortalecimiento de los partidos, en particular en nuestro caso, del PJ. Si bien los grandes grupos económicos suelen acceder directamente a las oficinas del Ejecutivo, donde negocian sus intereses particulares, y los empresarios no se han incorporado orgánicamente a los partidos, al menos no en medida comparable a lo sucedido en otros países (México, por ejemplo) la toma de decisiones sobre políticas de reforma y políticas económicas en general ha involucrado en medida creciente, como vimos, la mediación partidaria a través del Parlamento, y también de los gobiernos provinciales. De todos modos, cabe advertir que, al igual que en cuanto a las funciones parlamentarias, es aun difícil determinar si este rol partidario es ya una capacidad instalada del sistema de partidos o el resultado efimero del éxito también circunstancial de una coalición y un equipo de gobierno.

La transformación del peronismo en una expresión "neopopulista" adaptada a los nuevos tiempos ha colaborado a consolidar el sistema de partidos, en el contexto de la estabilización del régimen, en un sentido aún más notable. Ella ha permitido completar un cambio radical en el formato de la representación política, iniciado con el triunfo de Alfonsín en 1983. Nos referimos a la desimbricación de la representación gubernativa y la expresiva, de la que permite a un gobierno imponer su autoridad presentándose como vocero de un interés general, y la que expresa intereses y demandas de la sociedad para su reconocimiento (ver Novaro, 1994b). Veamos.

Entre los '40 y los '70 podían darse dos situaciones: O bien por el líder unía la representación gubernativa y la expresiva, o bien él se encontraba en la gobernativa del peronismo, que invocando la encarnación populista de la voluntad del pueblo oposición por el líder unía la representación gubernativa y la expresiva, o bien él se encontraba en la oposición, cuestionando la legitimidad del gobierno militar o radical de turno, con lo que las dos lógicas representativas contraponían, anulándose mutuamente. En ninguno de los dos casos era posible la conformación de un espacio de expresión y reconocimiento de demandas que fuera a la vez gobernable. Ese espacio se comenzó a conformar recién cuando el peronismo se desactivó como movimiento populista y no fue ya necesario que él estuviera en el poder para que éste fuera legítimo. Recién en 1983 un gobierno pudo reclamarse representante de la voluntad general, estando obligado a la vez a escuchar otras voces, de representantes de intereses, de partidos de la oposición, de sus mismos seguidores, que se hacían eco de reivindicaciones y derechos de la sociedad o de alguno de sus componentes. El fin anticipado y desalentador del gobierno de Alfonsín en 1989 puso en duda que la conciliación entre expresividad y gobernabilidad se hubiera concretado. Pero, ¿la experiencia de Carlos Menem durante estos años no ha significado acaso un nuevo avance en esta dirección?

Como dijimos un poco más atrás, no puede obviarse que la receptividad de demandas sociales y sectoriales ha sido sensiblemente menor durante la gestión menemista en relación a lo que sucedía en experiencias anteriores protagonizadas por el peronismo. Aunque esto no significa que el peronismo haya perdido su capacidad de representación social, ni que en la definición e implementación de las políticas de reforma y de las políticas públicas en general no se hayan tenido en cuenta los requisitos de integración y atención de demandas que habrían de garantizar la sostenibilidad política de la gestión de gobierno en un contexto de competencia electoral abierta.

El punto decisivo en este sentido es el reemplazo del modelo movimientista por un esquema más afín a las formas partidarias, que permite una más armónica relación entre expresividad y gobernabilidad. En el movimiento no era posible resolver a través de reglas formales de competencia interna las diferencias entre las partes y articularlas en el apoyo a políticas públicas inspiradas en un cierto "interés general", por lo que la recurrencia a la discrecionalidad del líder y a formas más o menos violentas de acción directa era inevitable. La diferenciación interna y, primero los "renovadores"[22] y después Menem, desplazaron a los sindicalistas de la conducción del PJ y de la toma de decisiones, abrió las puertas a esa posibilidad. Con el menemismo se comprueba, entonces, también contra la opinión de O'Donnell, que lo que él llama el "modelo delegativo" sustituye el movimientismo por una dinámica más propiamente partidaria. Es evidente que el menemismo no se organiza como un movimiento populista clásico, que ni siquiera es un "movimiento" en sentido estricto, y que al alterar la estructura tradicional del peronismo y sus vínculos históricos con los grupos de intereses, moderó la dinámica de conflictos tanto en lo interno como en lo externo.

Con todo, cabe replantear el interrogante: ¿para que el sistema funcione es necesario que gobierne el peronismo?, es decir, ¿puede preverse que se derrumbaría la legitimidad y estabilidad política en el hipotético caso de que el peronismo pierda consenso o pase a la oposición? O aún más crudamente, ¿el régimen funciona con el supuesto de que es muy remota la posibilidad de que el peronismo pase a la oposición? Porque de contestarle afirmativamente a estos interrogantes, se pondría en duda la solidez del régimen, y también su carácter democrático.

El peronismo, como vimos muestra una destreza inobjetable para cumplir las funciones de oficialismo y oposición, y su vitalidad, actualmente puesta fuera de toda duda, le permite ofrecerle a la sociedad una amplia gama de alternativas de recambio a su actual liderazgo: Menem puede ser sucedido por distintas opciones que nacen del mismo justicialismo y se encarnan en Duhalde. Ramón Ortega, y aún pueden surgir otros. ¿Qué decir entonces de la profundidad del cambio en el formato de la representación y la consistencia del peronismo aún democratizado con el régimen de competencia democrática? Son demasiados los interrogantes abiertos como para dar una respuesta definitiva. Mucho dependerá de lo que suceda, como ha planteado recientemente Torre (1995b), en el momento en que el justicialismo deba resolver la sucesión de Menem y, agregamos, de la forma en que reaccione en el caso de que la competencia electoral deje de beneficiarlo.

6. De la legitimidad populista a la democrática

Menem, al mismo tiempo que "peronizó la democracia", según la expresión de Torre, sustituyó al populismo tradicional[23] por una suerte de neopopulismo (Zermeño, 1989), que a diferencia de aquél, no moviliza a las masas sino que moviliza imágenes, no integra a los grupos de interés a un partido-movimiento, ni promueve la igualación social, sino incluso lo contrario, pero se las arregla para gobernar, imponer profundas políticas de reformas y al mismo tiempo incorporar a sus bases de apoyo a sectores de las elites sociales, unificándolas tras un proyecto político capaz de ganar elecciones. Precisamente en cuanto al papel de las elecciones hallamos una diferencia fundamental entre el viejo populismo y el nuevo, diferencia que posibilita la adecuación del peronismo a las reglas y marcos institucionales democráticos.

Numerosos estudios han destacado las discontinuidades entre el peronismo clásico y el menemismo, tanto en cuanto a la forma de tomar decisiones y resolver conflictos, como al modo de articularse con los actores sociales, y la naturaleza de estos actores, así como también al estilo de competencia, representación y la identidad partidaria[24]. Todos estos elementos convergen en una cuestión aún más fundamental: La del principio de legitimidad. La legitimidad tradicional del peronismo, basada en una cadena de equivalencias nacional–popular (pueblo-movimiento-líder-nación), si no antidemocrática, al menos extrademocrática, ya que supone que el acto electoral, de ser necesario, sólo lo es como constatación del vínculo trascendente entre el pueblo y el líder, se desactiva como consecuencia de la crisis del vínculo de pertenencia que proveía la identidad y de la desaparición del liderazgo natural de Perón (Halperín Donghi, 1994). Y es redefinido bajo el liderazgo de Menem incorporándosele dos nuevos elementos: la eficacia gubernamental (en estos años encarnada en la racionalización y modernización de la economía y el Estado, vigencia de un marco de estabilidad y seguridad, crecimiento, etc.), y el respaldo electoral obtenido en elecciones libres y competitivas, asentado en la confiabilidad del nuevo líder, que a diferencia de la del líder natural, debe ser renovada periódicamente. Este segundo elemento constituye el paso decisivo en la transformación democrática del populismo peronista, adecuándolo a los principios de la ciudadanía democrática[25]. Con lo que se crean, además, condiciones para el fortalecimiento de vínculos de identificación de naturaleza eminentemente representativa, tanto dentro como fuera del peronismo. Puesto que la crisis de las identidades tradicionales, los lazos de pertenencia y comportamientos rutinarios a ellos asociados, coloca en el centro de la actividad política la constante rearticulación entre electores y elegidos. Por ello, si bien Menem no satisface en forma plena la *accountability* horizontal (responsabilidad ante los otros poderes) sí se verifica en él la *accountability* vertical, la responsabilidad del gobernante ante el gobernado. La prueba es su dependencia de apoyo electoral, sin el cual no tardaría en descomponerse su poder[26].

A la afirmación de O´Donnell de que gobiernos como el de Menem son más democráticos y menos liberales que los regímenes representativos clásicos (O'Donnell, 1992), le cabría la observación de que él resulta ser más liberal en términos políticos que la tradición en que abreva, al basarse en lazos representativos entre electores (ciudadanos) y elegidos. La responsabilidad vertical presente en él se expresa también en que, contra lo que se suele creer, el menemismo funda su vínculo con las fuerzas propias y los electores en promesas. Es evidente que existe una diferencia importante con el modelo del pacto alfonsinista, pero en la política menemista están presente promesas efectivas que no pueden ignorarse: la estabilidad y el crecimiento han sido "compromisos" de un valor fundamental para la sociedad durante estos años. Desde esta perspectiva cabe decir que Menem no ha impuesto una regresión, al menos no una generalizada, en el proceso de democratización. Y tan es así que se lo puede considerar como continuación del proceso iniciado por la Renovación peronista en este sentido. Si bien ésta tenía ya sus limitaciones, suponía la real aceptación de la competencia de partidos por el respaldo electoral como fuente de legitimidad, y si bien se conservaba la tradicional misión de "salvar la Nación", su evocación no iba acompañada del llamado a la guerra santa y la eliminación de sus enemigos.

En suma, como consecuencia de la importancia sin precedentes que adquieren los lazos de representación y del cambio en el principio de legitimidad del peronismo, se remueven escollos tradicionales al desarrollo de una "política de ciudadanos" (Paramio, 1991), definitivamente asentada en las oposiciones libres de los votantes. Pero que con la transformación del peronismo en el nuevo contexto político-institucional se abra una posibilidad no significa que el menemismo sea capaz de concretar su desarrollo. Su aporte al fortalecimiento de la ciudadanía es, por lo menos, ambiguo. No sólo ha tendido a desconocer la legitimidad de los derechos adquiridos de diversos sectores y las demandas agregadas autónomas, sino que buscó disolver el propio terreno de encuentro y diálogo entre los potenciales demandantes y el poder político. Así estimula la "desciudadanización" de amplios sectores (Grüner, 1991); y asienta sus vínculos representativos en lo que Portantiero denomina una "ciudadanía de baja intensidad" (1992), totalmente pasivo. Podría considerarse como un argumento en contrario a estas definiciones el desarrollo de una incipiente "ciudadanía fiscal", pero es indudable que en este terreno se ha avanzado más con una concepción tecnocrática y administrativista, que con una vocación verdaderamente democrática que estimule la identificación del contribuyente con las responsabilidades cívicas, lo que exigiría de las autoridades brindar transparencia, rendición y control de los gastos, permitir el debate público y parlamento de las políticas presupuestarias, etc.

Como contracara de los cambios que señalamos en el funcionamiento de los partidos y el Parlamento, cabe destacar que, de 1989 a esta parte, al menos, y tal vez porque los ciudadanos no comparten aún una gran cultura cívica y el clima de emergencia afectó muy desigualmente a los distintos grupos sociales y políticos, el principal beneficiario de la crisis del sistema de regulaciones políticas tradicionales ha sido un líder que tendió a personalizar las decisiones y subordinar los menanismos institucionales. Al personalizar las opciones electorales y concentrarse la confianza en el líder, se incrementó su "poder de prerrogativa" (la capacidad de tomar decisiones en ausencia de leyes), lo que queda avalado además por la complejidad de las situaciones y los conflictos que debe enfrentar. El control que pueden ejercer los medios de comunicación y la opinión pública, sin duda muy dinámicos en estos años frente a los desbordes del poder, tiene límites insuperables. Dado que los actores sociales y políticos en que podría encarnarse esa activa opinión se han disgregado o aun no han logrado readaptarse, el líder y la coalición de gobierno han podido ignorarla cuando era crítica, activarla en su apoyo cuando era posible, o desactivarla si implicaba problemas. Aprovechando esta circunstancia, el presidente Menem impulsó una modalidad de acción que debilita la función agregativa del poder en favor de una lógica demostrativa: Se instaura una "política del éxito" y los "resultados concretos", en la cual la autoridad se legitima por su capacidad de producir efectos, que a la vez crean la necesidad de nuevas intervenciones, garantizándose así su permanencia. Esta situación conlleva la amenaza (que periódicamente parece más cercana) de que las modalidades ejecutivistas puestas en práctica en la emergencia se hagan permanentes y aun se profundicen, afectando de modo radical las mediaciones institucionales. Agreguemos que el más fuerte candidato a suceder a Menem por el peronismo, Eduardo Duhalde, encarna bastante fielmente estos peligros.

El modelo ejecutivista así impuesto brinda rápidas respuestas en situaciones de emergencia, pero genera a su vez nuevos problemas de gobernabilidad. Las vulnerabilidades de las reformas instrumentadas durante estos años hablan a las claras en este sentido. Para estos problemas la única solución imaginada por el gobierno fue profundizar más aún la concentración de poder en vez de ponerle límites (como evidencian los esfuerzos en este sentido realizados a fines de 1994 y 1995, en pleno tequilazo). Es probable que esta secuencia se repita y profundice, generando ciclos de inestabilidad recurrente y alterando el funcionamiento institucional hasta chocar contra obstáculos insuperables. Este círculo vicioso parece similar al que opera en situaciones de "dilema del prisionero": Las circunstancias determinan que los actores prefieran, por temor a caer en el peor de los mundos, salidas cuyo resultado está lejos de ser razonable u óptimo, agravando en el mediano plazo los problemas que se quiere resolver. La situación generada a fines de 1993 en torno a la reforma de la Constitución y la reelección del Presidente es un buen ejemplo: Menem planteó su permanencia en el cargo como garantía de estabilidad, amenazando a sus interlocutores con el caos por un lado y con la alteración de las reglas de juego por otro, en caso de que no se permitiera su reelección en 1995. Y obtuvo lo que buscaba.

La escasa afición del menemismo al respeto de las reglas de juego se expresa incluso en la lucha electoral. Lo que permite dudar también de la disposición a reconocerla como principio de legitimidad. A las denuncias fundadas sobre manipulaciones fraudulentas en el municipio de Avellaneda y la provincia de Santiago del Estero, en 1991, se sumaron en 1995 los escándalos de Santa Fe (distrito en el que sectores enfrentados del peronismo disputaron durante 35 días después de los comicios la validez de unas elecciones plagadas de irregularidades), Misiones y Entre Ríos (donde la UCR denunció la quema de urnas), la manipulación de los padrones y la distribución irregular de documentos de votación. De agravarse estas irregularidades podría producirse una crisis de legitimidad del gobierno, que difícilmente podrá recurrir entonces, con éxito, a los desactivados principios de la legitimidad populista. El resultado sería imprevisible.

Tras estos problemas, lo que parece insinuarse es que el gobierno, o al menos algunos de sus componentes, siguen siendo fieles íntimamente a una concepción muy propia del peronismo, según la cual las instrucciones deben subordinarse a la voluntad política pues son sus instrumentos, no sus marcos de restricción. Las instituciones bien pueden tolerar esa "insinceridad" de los gobernantes, pero la situación puede tornarse explosiva en el momento en que éstos no encuentren ya un punto de equilibrio entre compromisos institucionales y convicciones que les garantice su permanencia en el poder. Si descartamos la hipótesis de una "regresión exitosa" al populismo tradicional, encontramos otros escenarios posibles, no todos alentadores. Bien puede suceder que Menem y sus hipotéticos sucesores continúen encarnando la "democracia posible", pero el sentido de este término en cuanto a transparencia en la competencia política, respeto de las regla de juego y pluralismo institucional se degrade aun más. Se constatará que el desarrollo de la "política de ciudadanos", algunas de cuyas condiciones el neopopulismo menemista involuntariamente ha provisto, es bloqueado por su lógica de poder. También puede que el intento de oficialismo antes que de las instituciones: Esa sería la situación más favorable para un aprovechamiento de las condiciones que actualmente existen para el desarrollo de formas políticas democráticas.

7. La estabilidad como problema político y de legitimidad

Estamos habituados a escuchar que Menem logró la estabilidad y que su éxito electoral se deriva en buena medida de ello. Con esto se alude al hecho de que Menem, asociado a un equipo de economistas, logró contener la inflación aplicando reformas estructurales. Sin embargo esta no es la única dimensión de la estabilidad lograda durante estos años. Aunque no debe subestimarse la importancia de los logros económicos, sobre todo cuando ellos ocupan un lugar tan relevante en la agenda pública, tampoco cabe obviar que la estrategia menemista ha proporcionado consciente o inconscientemente ciertas condiciones para la estabilidad política, y que ello se vincula con la tendencia (cargada de tensiones, como vimos) a cerrar una brecha que tradicionalmente la había impedido, la que separaba la legitimidad liberal-democrática de la invocada por el peronismo.

Esta tendencia se había ya insinuado en los últimos años de Alfonsín, gracias a que ganaba espacio en el peronismo el discurso renovador, para el que la estabilidad democrática defendida por aquel presidente no era su patrimonio exclusivo, ni el radicalismo era la única "fuerza moral de la democracia", porque entre quienes se le oponían también había sinceros demócratas. Es la impresión general que Menem interrumpió ese proceso y, a caballo de la hiperinflación, reemplazó la preocupación por la estabilidad política por la cuestión de la estabilidad económica. Esta interpretación se asienta en la extendida idea de que nos enfrentamos a una crisis general de la política, y que en virtud de los lineamientos neoliberales imperantes en su gobierno, ella fue sustituida por la gestión tecnocrática basada en los poderes económicos. Sin negar de plano estas ideas, nos propusimos en este trabajo mostrar que es posible ver las cosas desde otra perspectiva.

Esta otra perspectiva exige una atención mas detenida de las tendencias de largo plazo. Puesto que se vuelve necesario considerar los recientes cambios a la luz de los problemas que dieron origen a la inestabilidad, retrotrayéndonos hasta la crisis de la legitimidad liberal en la década de los '30 de este siglo y el surgimiento del peronismo. En pocas palabras, es posible sostener que Menem, al hacer del peronismo, que siempre había sido un "partido de los de abajo", un nuevo "partido del orden" (que es hasta este momento, al mismo tiempo, el "partido de cambio"), clausurando la lógica del antagonismo que aquél había instalado, termina con un largo desencuentro de la política argentina: El que separó aguas entre liberalismo y populismo.

Este descuento es, en realidad, previo al mismo peronismo. Ya al radicalismo yrigoyenista se había ido configurando como una alternativa a la hegemonía liberal, alternativa que habría de redefinirse desde otra matriz política e ideológica cuando el régimen liberal entró definitivamente en crisis, a partir de 1930[27]. Fue entonces que, tanto desde el bando restaurador como desde el personalismo, se interpretó que el proyecto yrigoyenismo no propuso una nueva idea hegemónica. Bastó, sin embargo, para restarle apoyo popular a los intentos de recomponer la hegemonía liberal en decadencia.

Con el peronismo sucedió que esta tensión irresuelta entre un liberalismo en crisis y una tradición popular que no puede concretar un nuevo proyecto hegemónico, se iría agudizando. En el peronismo convivían distintas ideas de cómo debía recomponerse la legitimidad, y el fracaso inicial de las convicciones más íntimas de la conducción, al que siguió una pertinaz coyunturalismo e indefinición estratégica, impidió que se desarrollara una solución, cualquiera esta fuera. Por un lado el revisionismo y los nacionalistas pugnaron por profundizar la alternatividad corporativista. Si bien Perón no dejó de alimentar esta corriente, sus expectativas pasaron rápidamente por otro lado desde que la derrota del Eje se vio como inevitable. Perón y buena parte de sus colaboradores más cercanos se inclinaban, hacia el comienzo de su primer gobierno, por una variante de la ideología socialcristiana adaptada a las necesidades del momento. Aunque los requerimientos de la coyuntura determinaron que el general recurriera a una salida mucho más cercana al laborismo, y posteriormente al nacionalismo revolucionario, de lo que hubiera deseado, si bien tampoco permitió que esto cristalizara en un proyecto definido y definitivo.

Lo que de todos modos no se resolvía era el problema de la democracia. El peronismo invocó con razón una legitimidad democrática que se había perdido a lo largo de la década de los '30, pero la planteó en contra de sus antagonistas, a quienes identificó como responsables de ese extravió: La oligarquía terrateniente, sus socios conservadores, los radicales conciliadores, etc. Por su lado, quienes se oponían a Perón se reivindicaban como la verdadera oposición democrática a los gobiernos que desde el '30 en adelante habían intentado establecer un régimen autoritario en el país y consideraban al peronismo como la continuación por otros medios del militarismo filofascista. En realidad ambos bandos, en cierta medida, se equivocaban: en la Unión democrática militaban sectores medios y progresistas que poco tenían que ver con los "enemigos del pueblo", mientras que en el peronismo se encolumnaron quienes pretendían el reconocimiento de un protagonismo muy superior al que había tenido tradicionalmente a los sectores obreros y las clases subalternas. El conflicto se planteó entonces en esa forma tan paradójica que hemos conocido durante décadas: Entre unos que reinvidicaban las instituciones liberal-democráticas contra la demagogia autoritaria, contra otros que reivindicaban una democracia sustancial de base popular, frente a la democracia formal de los "liberales" y la oligarquía. Unos consideraban los mecanismos institucionales como instrumentos del enemigo, los otros la voluntad popular, comprobante incapaz de gobernar, una amenaza a las libertades. La vocación antiliberal del peronismo, que demostró poder sobrevivir al abandono de las ilusiones fascistas de los primeros años, tenía por lo tanto un origen tan consistente con la identidad del movimiento como con sus dificultades para consolidar un orden político estable. Mientras tanto, el liberalismo sobrevivió en los sectores medios y superiores de la sociedad como la defensa contra la oposición de las masas. Y la democracia feneció en esta polarización.

La reconciliación del populismo y el liberalismo es, entonces, el paso decisivo hacia la recomposición de una cultura política democrática en el país. Cuando el peronismo abandona su afán de cortar lazos con la tradición liberal, recién entonces se hace posible pensar un gobierno del pueblo que no sea, no sólo antagónico al resto de la sociedad, sino irresponsable respecto de las instituciones. Desde 1930 en Argentina habían existido gobiernos populares y gobiernos que contaron con el apoyo de los grupos dominantes, pero nunca se habían conciliado ambos elementos en una misma gestión, al menos no durante lapsos de tiempo medianamente prolongados. Desde 1989, y más precisamente desde 1991, Menem dio pasos significativos en dirección a superar esta disociación. Se ha reflexionado muy frecuentemente respecto de la relación entre menemismo y liberalismo económico, a partir de las argumentaciones a las que el Presidente recurrió para justificar sus políticas de reforma, del contenido de las mismas y de los aliados conservadores y empresarios que se han ganado al aplicarlas; pero no es menos relevante, y en cambio ha pasado sí más desapercibida, la redefinición, aún con ambigüedades, que Menem realizó, continuando una tarea emprendida por la Renovación, de los principios del peronismo en su relación con el liberalismo político: La opción por una organización partidaria, la conversión de enemigos en adversarios, la canalización institucional de los conflictos internos y externos, la adopción de la competencia electoral como principio de legitimidad, se cuentan entre los aspectos más interesantes en este sentido. Determinar la consistencia y perdurabilidad de la reconciliación de los principios antes enfrentados en el nuevo "partido del orden" es, también indudablemente, el más preocupante de los problemas de la actualidad.

Lo es, en parte, porque las ambigüedades presentes en este proceso de redefinición son dignas, ya que dan cuenta de una tensión aún no resuelta, en realidad, entre dos formas alternativas de 'cerrar la brecha' entre liberalismo y populismo. El origen de esta tensión debe rastrearse, en primer lugar, en la historia del liberalismo vernáculo, en el cual siempre convivieron mal dos principios de legitimación tendencialmente opuestos: la soberanía de la ley, el concepto de república y de gobierno limitado, por un lado, y la eficacia en el ejercicio del gobierno (de remoto origen patricio y muy limitada afinidad republicana), por otro. En el contexto de ampliación de la participación política abierto en la década del 20 la incomodidad de esta coexistencia se agravó, el liberalismo relativizó o abandono sus inquietudes democráticas, dando paso al predominio del principio de eficacia. Por otra parte, cuando el ejercicio populista del gobierno "confirmó" la constitutiva incapacidad de las masas y sus líderes para esos menesteres, así como su tendencia a atropellar los principios republicanos, los liberales encontraron una "justificación" óptima de la dictadura (provisional) en nombre del imperativo de cerrar el paso a la tiranía (popular). En segunda lugar, dicha tensión debe rastrearse en la historia del propio peronismo, en el que el principio de legitimación basado en la voluntad popular coexiste, de modo más confortable, con la noción (que indiscutiblemente carecía de la menor apoyatura empírica hasta 1989), de que los peronistas están naturalmente llamados a gobernar, por ser los únicos que saben y pueden hacerlo ("a este país lo gobiernan los peronistas o no lo gobierna nadie"), principio de evidente resonancia o afinidad con el de la eficacia. La sutura, por ende, entre liberalismo y populismo podría consumarse en torno a dicho principio. Cuando Cavallo, por ejemplo, en el artículo ya citado, opone dos criterios distintos de gobierno, la eficacia de una gestión útil y la preeminencia de las formalidades, la articulación populismo-liberalismo parece concretarse dividiendo aguas entre los que saben gobernar y los restantes. En otros términos, cuando las cosas se complican, muchos liberales y peronistas tienden a entenderse muy bien hablando un lenguaje común que es ajeno al gobierno limitado, la esencia del liberalismo político.

8. Perspectivas

La evolución del menemismo en el futuro dependerá de varios factores: En primer lugar de la crisis. Ella ha sido hasta hoy el principal argumento para justificar los poderes de excepción y la continuidad del gobierno. Pero al mismo tiempo, de prolongarse, generará tarde o temprano el hastío de la sociedad, y la sensación de fracaso de las políticas de reforma. El dilema al que se enfrenta el gobierno es que o bien reemplaza la crisis por otro "motivo justificatorio" de su poder excepcional y de las necesidades de su poder excepcional y de la necesidad de su presencia para garantizar la estabilidad y el éxito de las reformas, o bien modifica su estilo de gobierno en dirección a un mayor control institucional, mayores espacios de concertación, y por supuesto, modifica su agenda. Desde 1993 que la presencia del partido en la toma de decisiones se viene incrementando, puesto que Menem debió aceptar los fuertes condicionamientos que le imponían otros líderes partidarios, principalmente Duhalde, y también miembros del equipo de gobierno. Sin embargo, esto no se refleja en mayor apertura a la deliberación pública en torno a las decisiones de gobierno, ni un juego más abierto a la competencia interpartidaria. Más bien es indicio de que dentro del partido oficial se busca un equilibrio entre gobierno y oposición, lo que como se pudo constatar en experiencias pasadas, encierra una fuerte amenaza de desintitucionalización. A más de esto, frente a los problemas que enfrenta el programa económico, el Ejecutivo no ha atinado más que a reclamar del Parlamento nuevos poderes de excepción, reiterando modalidades decisionistas del pasado.

El segundo problema que se enfrenta en un futuro próximo es el desajuste temporal entre los cambios institucionales, económicos y sociales que se han ido produciendo, y los efectos de los mismo en los comportamientos y la cultura política. Esto nos interesa especialmente en un sentido, que es el relativo retraso de la sociedad para incorporar criterios de cultura política más acordes a los principios modernizadores establecidos en la economía y las instituciones políticas. La democracia, en su dimensión institucional, es un hecho incorporado, pero la sociedad prioriza aún la decisión sobre la deliberación, la eficacia sobre el respeto de derechos, el éxito sobre la probidad moral. Aun cuando las reformas posibilitan un funcionamiento más transparente de la gestión pública, la dinámica política, y no sólo del poder político, sino también de la sociedad, no van necesariamente en esa dirección. El gobierno de Menem no alteró, al menos en forma permanente y explícita, el funcionamiento institucional, como sí sucedió en otros países latinoamericanos que enfrentaron programas de reformas similares (el caso más elocuente es Perú), pero sin embargo, el funcionamiento de las instituciones políticas y sociales que deberían actuar como controles del poder gubernamental, los partidos, el Parlamento, la Justicia, han dado muestras de escaso dinamismo y falta de iniciativa, sin que esto despierte la necesaria preocupación en la opinión pública (habría que distinguir de esto el papel de los medios de comunicación). Las perspectivas de crisis podrían favorecer entonces la propensión del Ejecutivo a aferrarse a la fórmula de gobierno discrecional, es un contexto en el que, empero, ese núcleo de autoridad esté condenado a deteriorarse, sin "dar tiempo" a que un plurarismo en gestación (que hasta el momento no ha estado acompañado de un aporte parlamentario de creación de recursos de gobierno) sea capaz de consolidar una fórmula de gobernabilidad alternativa.

El tercer elemento, íntimamente vinculado a lo anterior, es la posibilidad de que se constituya una nueva oposición política, tan renovada como el menemismo lo es respetado del peronismo histórico, pero de un signo progresista y decididamente democrático. De otro modo, el peronismo, convertido en motor del cambio y único partido de gobierno en la Argentina, probablemente consolide su tendencia a comportarse como un sistema político en sí mismo, oficialismo y oposición a la vez. Luego de las elecciones de 1995, y a la luz de los conflictos que tienen lugar en su interior, este es un peligro muy presente.

Esto se relaciona directamente con otra cuestión, que es la perdurabilidad de los cambios que produjo el menemismo en el peronismo. La regresión al populismo tanto como el deterioro de las capacidades de gobierno podrían provenir de las tensiones originadas en los siempre difíciles problemas de procesamiento de conflictos de poder interno que presenta el peronismo. Estos problemas, que se han mantenido en relativa latencia durante el ciclo 1989-1995, podrían agravarse al calor de dos nuevos factores: El primero, que el peronismo, tras triunfar en mayo de 1995, se ve sin el aliciente de una contienda electoral que le obligue a cerrar filas. El segundo, que se encontrará rápidamente de cara a la necesidad de resolver la sucesión en el liderazgo. Como se sabe, la sucesión de liderazgos prominentes es siempre complicada. Algo de esto se ha comprobado en la disputa entre Cavallo y Menem en torno a las denuncias de mafias incrustadas en el equipo de gobierno, en la salida del gobierno del primero, y en la anticipación de la carrera por la candidatura para 1999 por parte de Duhalde. Dado que, como explica Gerchunoff (1995), el programa económico se sostiene, a partir del "efecto tequila", principalmente en las expectativas que ha sabido generar el equipo de gobierno, una intensificación en los conflictos internos puede deteriorar rápidamente el funcionamiento institucional y las capacidades de gobierno, y la agudización de la crisis que resultaría podría dar lugar tanto a la descomposición del poder de Menem como al surgimiento de tendencias reactivas incontrolables en las fuerzas propias. El Ejecutivo parece dispuesto a hacer uso de recursos potencialmente peligrosos para evitar un hipotético vaciamiento anticipado de poder: Mantener vivas las señales de precariedad del equilibrio macroeconómico y de la estabilidad política, aún a riego de dañar la confianza de las operadoras; y agitar el fantasma de una nueva reforma para habilitar la segunda reelección de Menem. Está por verse en qué medida esto último constituye un intento por prolongar en el tiempo su rol de primer elector (a imagen y semejanza del Presidente mexicano) o un verdadero intento de autoperpetuación. Lo que dependerá seguramente, entre otros factores, de la actitud que adopte de aquí en más el peronismo y la sociedad en su conjunto respecto de Menem.

Parece oportuno en este sentido, retomando una expresión del senador Antonio Cafiero, preguntarnos: ¿el menemismo es una "moda oportunista, perecedera, frágil", que no es ni justicialismo ni peronismo, y que afortunadamente no tardaría en diluirse? Al menos el desenlace de la reforma constitucional y la reelección sirvieron para desmentir por el momento la afirmación. Pero la duda aún permanece. Aunque en rigor el problema no es tanto si el liderazgo de Menem se descompone en el corto plazo o no, sino lo que sucederá en el peronismo en ese caso, y si se diluyen con él los avances en términos de consolidación partidaria y adaptación progresiva a las reglas democráticas registrados durante estos años. Sin pretender responder estos interrogantes aquí, digamos, por un lado, que las transformaciones producidas en el seno del peronismo, a menos que medie un colapso de proporciones, difícilmente pueden revertirse (la opción entre Eduardo Duhalde y Ramón Ortega no parece desmentir esta afirmación). Por otro, es evidente que el menemismo encuentra en buena medida su razón de ser en la perdurabilidad de un proceso de transición, y que la consolidación de las reformas, que aún no se han producido, pueden muy bien terminar con la situación que permite justificarlo frente a sus fuerzas propias tanto como frente a la sociedad. El reemplazo sin sobresaltos de Cavallo por Roque Fernández al frente de la cartera económica, en este sentido, ha provisto un valioso argumento a quienes sostienen que el equipo de gobierno es sustituible tanto por otro nacido del peronismo como por el de otros partidos. El problema es más bien que, en caso de que los conflictos por la sucesión se tornen muy violentos, y pongan en peligro las reformas, pueda cobrar fuerza el intento de perpetuar en el poder al Presidente.

NOTAS

1 El oficialismo se impuso al radicalismo, el principal partido de oposición, en las elecciones parlamentarias de 1991 y 1993, consolidando la mayoría en ambas cámaras del Congreso Nacional y el control de las principales gobernaciones. En 1995 Menem obtuvo su reelección con cerca del 50% de los votos.

2 El Ejecutivo no ajustó su comportamiento ulterior a los anunciados de concordia, que el ministro Cavallo expresaba en declaraciones del siguiente tenor: "aunque sancionar leyes es más difícil que redactar decretos de necesidad y urgencia, la normatividad lograda a través de esas leyes produce una estabilidad jurídica superior, porque crea la conciencia de soluciones mucho más sólidas y perdurables, generando condiciones propicias para incluir la inversión y consecuentemente el crecimiento económico" (La Nación, 2-10-91). Apenas un mes después el gobierno dio a conocer el decreto de necesidad y urgencia 2284/91, de 'desregulación económica', con el que afectó un enorme número de leyes en vigencia.

3 Corrales estima que la fórmula "usted modifica, yo veto" es más funcional que la fórmula "usted mira, yo decreto" para dar cuenta de los intereses clientelísticos de la dirigencia partidaria, ya que la segunda irrelevancia de los legisladores, mientras que la primera les permite presentarse a sí mismos, después de todo, como protagonistas en los conflictos y, en todo caso, obtener una "derrota decorosa".

4 Entre ellos, Malloy (1990) (regímenes democráticos híbridos) y O'Donnell (1992) (democracias delegativas). En la determinación de los factores que explicarían la emergencia de estas formas de democracia, pueden encontrarse, a su vez, diferencias. Ambos consideran la arraigada tradición cesarista de la cultura política de las sociedades latinoamericanas. Pero O'Donnell acentúa el valor explicativo de este factor, mientras Malloy percibe el ejecutivismo como una respuesta que crea capacidad de gobierno a partir de los recursos institucionales preexistentes.

5 De los datos proporcionados por Mustapic y Ferreti se desprende que el porcentaje de vetos parciales, en relación al total de la producción legislativa correspondiente a ambas gestiones, es mucho mayor en el caso de Menem: 1,8% sobre un total de 645 leyes aprobadas por el Congreso entre 1983, contra 1989, contra 6,8 sobre un total de 557 entre 1989 y 1993.

6 La evocación peruana no resulta, después de todo, descabellada si se recuerda que en las febriles semanas que siguieron al estallido de la segunda hiperinflación (principios de 1990), el Ejecutivo llegó a concebir la clausura del Congreso.

7 Esta segunda opción que intentó al invitar al ex-candidato presidencial por la UCR Eduardo Angeloz a incorporarse al gabinete nacional en condición de *primus inter pares*, también en los primeros meses de 1990.

8 También Haggard y Kaufman (1994) consideran la gestión de Menem como ilustración emblemática del concepto de democracia delegativa.

9 Ferreira Rubio y Goretti en el trabajo ya citado de 1994 computan la respuesta del Congreso frente a los decretos de necesidad y urgencia: silencio, 90%, ratificación, 9% y derogación 1%.

10 Sobre el papel del Congreso en las reformas laboral y previsional, ver Palermo (1995). Sobre la primera, también Etchemendy (1994). Es importante subrayar que en estas materias, la obstrucción en el Congreso de las iniciativas del Ejecutivo suscitó en este último una mayor disposición negociadora. En diciembre de 1993 se abrió un período de dos años de reformas laborales negociadas entre el gobierno, los sindicatos y las organizaciones empresarias, convalidadas legislativamente (Etchemendy y Palermo, 1996).

11 La manifiesta resistencia que, a lo largo de estos años, opusieron diputados y senadores peronistas en materia laboral y previsional podría interpretarse como una respuesta directa a la presión corporativa o pública. Pero ni en 1991 ni en 1993 tenían, los legisladores peronistas, motivos fundados para temer una severa sanción en las urnas originadas en el malestar del sector pasivo o los trabajadores sindicalizados. Sus móviles eran de otra índole. Por un lado (en el camino sugerido por Corrales, 1994), una comprensible irritación frente a un Ejecutivo mal dispuesto a otorgarles siquiera un reconocimiento simbólico. Por otro, una preocupación por los efectos quizás irreversibles que las reformas –tal como las concebía el gobierno– podían general, y por los costos electorales a futuro a ellos aparejados. Bajo el impulso de los esfuerzos del ministro de Economía para neutralizar –sin apartarse de la convertibilidad– los efectos de la pérdida de competividad que el retraso cambiario infligia a los productores de bienes transables internacionalmente, el gobierno podía estar empujado al peronismo a dar un salto al vacío que los legisladores no deseaban experimentar. Creyeron conveniente hacerle saber al Presidente que no estaban dispuestos a acompañarlo a dar ese salto, lo que, de paso, reunía el valioso efecto de recuperación de algún grado de autonomía frente al Poder Ejecutivo.

12 Ha sido destacada por Torre la propensión del peronismo a comportarse como un sistema político en sí mismo. Más adelante volvemos sobre esa idea. Aquí solamente observamos que esa propensión conlleva el riesgo de una crisis institucional en caso de que las tensiones al interior del propio peronismo alcancen cierto nivel crítico. En esa situación es más probable que el actual "equilibrio" dé paso, no a un desempeño legislativo de control y colaboración afirmado en una autonomía parlamentaria plena, sino a un bloqueo opositor del tipo registrado en Venezuela con Carlos Andrés Pérez a partir de 1989.

13 La literatura reciente sobre política de reformas estructurales se hace cargo de esta cuestión clásica de un modo algo esquemático: destaca la efectividad, en el marco de un régimen presidencialista, de gobierno que cuentan con mayorías parlamentarias propias. Con todo, hay excepciones importantes: tal es el caso del ejemplo ya mencionado, la gestión de Carlos Andrés Pérez, que estuvo por la obstrucción y el bloqueo provenientes de su propio partido en el Congreso.

14 En el caso de la discusión durante 1994 en el Senado de los ascensos de los capitanes de la marina de guerra Pernías y Rolón, acusados de haber participado en la represión ilegal en los '70, que alcanzó una gran repercusión pública y fue el punto de partida de los "arrepentimientos" públicos de otros militares, y de las "autocríticas" de los jefes de las tres armas difundidas en 1995, tuvo un rol fundamental el acuerdo previo de los partidos de hacer públicos los debates sobre pliegos de ascensos. La discusión de la Ley de Procreación Respon-

sable, a fines de ese año, que alcanzó también importante repercusión, se originó en el acuerdo entre legisladores de las bancadas del FREPASO (centroizquierda), la UCR y el peronismo en torno a un proyecto compartido. Más recientemente se han dado situaciones similares en torno a las investigaciones parlamentarias de casos de corrupción y organizaciones mafiosas.

15 Volviendo al debate ya mencionado entre Alfonsín y Cavallo, por ejemplo, el ministro está en lo cierto al defender la constitucionalidad de las delegaciones que requiere, por lo menos conforme **a la letra** de la nueva Carta Magna, que en su artículo 76 estípula que "se prohíbe la delegación legislativa en el Poder Ejecutivo, salvo en materiales determinadas de administración o de emergencia pública, con plazo fijado para su ejercicio y dentro de las bases de las delegación que el Congreso establezca

16 Cabe destacar que estos aspectos potencialmente positivos son consecuencia de las negociaciones que el gobierno se vio obligado a realizar con la oposición y no estaban incluidos en sus planes iniciales.

17 En lo que se refiere a la emisión por parte del Ejecutivo de disposiciones de carácter legislativo (artículo 99, inciso 3), se las autoriza únicamente "cuando circunstancias excepcionales hicieran imposible seguir los trámites ordinarios previstos por esta Constitución para la sanción de las leyes, y no se trate de normas que regulen materia penal, tributaria, electoral o el régimen de partidos políticos". En ese marco, los decretos de necesidad y urgencia serán sometidos, dentro de los plazos perentorios, a consideración de una Comisión Bicameral Permanente que elevará su despacho a los plenarios de ambas Cámaras.

18 Esta también es una consecuencia no deseada por el gobierno; en la medida en que abrió un proceso de reforma constitucional (motivado básicamente en hacer posible la reelección del presidente Menem), mal podía impedir que aquellos instrumentos profusamente utilizados pero que hasta entonces permanecían en una suerte de **limbo** extra-constitucional, fueran objeto de tratamiento por los constituyentes.

19 De hecho, una parte importante de las innovaciones constitucionales están sujetas a regulación ulterior, a través de legislación ordinaria, lo que supondrá el primer paso en la determinación de sus alcances.

20 A fines de 1995 se renovó su conducción y se aventó el fantasma de su descomposición como partido nacional, perspectiva que había cundido cuando se generalizaron las luchas internas, tras firmarse el Pacto de Olivos entre Menem y Alfonsín y mientras se multiplicaban las fugas de dirigentes hacia el FREPASO.

21 Entre quienes sostienen esa tesis se cuenta Portantiero (1995). Para él "la verdad del menemismo" reside en la economía, y es velada por "el mantenimiento de las formas exteriores del estilo populista y el peso emotivo de una tradición". Al mismo tiempo se afirma que ese "atavismo peronista" provee la viabilidad política que necesitan a los planes económicos diseñados por Cavallo.

22 La "Renovación Peronista" fue la corriente que desplazó a los dirigentes más tradicionales de la conducción del justicialismo en 1986 y que institucionalizó el partido, democratizando la vida interna

23 Que tuvo vigencia mientras existió crecimiento sostenido, integración social e igualación, aquí igual que en otros países de Latino-

américa (Weffort, 1993), y que entró en crisis junto con el modelo de desarrollo y de Estado que había ayudado a gestar y, con cierto retraso, con las identidades a él asociadas.

24 Discutimos esos trabajos y varios de esos temas en Palermo y Novaro (1996). Ver, en particular, los capítulos 5 y 7.

25 En este sentido existe un paralelo elocuente con el cambio experimentado por el PRI mexicano durante la presidencia de Salinas de Gortari (ver Merino, 1994).

26 En el caso de Collor de Melo es elocuente las fragilidades a las que están sometidos los liderazgos neopopulistas; lo mismo puede decirse de los gobernadores peronistas que en los últimos años sufrieron el embate de las urnas: su suerte puede ser ejemplificadora de la situación a la que se enfrentaría Menem en caso de perder la estima de los electores.

27 Respecto de la crisis del liberalismo argentino y su relación con el nacionalismo a principios de siglo es sumamente interesante el ensayo de Halperín Donghi, "Liberalismo mexicano. Dos destinos divergentes"(1987), pues permite pensar el carácter peculiar del populismo en nuestro país.

BIBLIOGRAFIA

Acuña Carlos (1990), **Intereses empresarios, dictadura en la Argentina actual** (O, sobre porqué la burguesía abandona estrategias autoritarias y opta por la estabilidad democrática); Cedes, Buenos Aires.

Calderón, Fernando y Mario Dos Santos (1993), "Representación y gestión política en la crisis. Diferentes apuntes", en **¿Qué queda de la representación política?**, Nueva Sociedad, Buenos Aires.

Canitrot, Adolfo y Sigal, Silvia (1994), "Economic Reform, Democracy, and the Crisis of the State in Argentina", en Nelson, Joan M. (Comp.): **A Precarious Balance. Democracy and Economic Reform in Latin America,** Vol. I.

Corrales, Javier (1994), "Statist Political Parties Shrinking the State: The Argentina and Venezuela Cases (1989-1993)", mimeo, Buenos Aires.

Cheresky, Isidora (1990), "Argentina. Un paso en la consolidación democrática: elecciones presidenciales son alternancia política" en **Revista Mexicana de Sociología**, octubre-diciembre, año LII, núm.4.

De Riz, L. (1993), "Los partidos políticos y el gobierno de las crisis en Argentina", en **Sociedad**, N° 2, mayo, Buenos Aires.

Etchemendy, Sebastián (1994), "¿Límites al decisionismo? El Poder Ejecutivo y la formulación de la legislación laboral (1983-1994)", mimeo, Buenos Aires.

Ferreira Rubio, Delia y Matteo Goretti (1996), "Cuando el Presidente gobierna solo. Menem y los decretos de necesidad y urgencia hasta la reforma constitucional (julio 1989-agosto 1994)", en **Desarrollo Económico**, núm. 141, vol. 36, abril-junio, Buenos Aires.

García Canclini, Nestor (1995), **Consumidores y ciudadanos**. Conflictos multiculturales de la globalización, Grijalbo, México.

Gerchunoff, Pablo (1995), "Del imperialismo macroeconómico a una política económica", en **¿En el 2000 también? Razones y sin razones del triunfo menemista,** Unidos, Buenos Aires.

Gerchunoff, Pablo y Machinea, José Luis (1994), "Un ensayo sobre la política económica después de la estabilización", mimeo, Buenos Aires.

Giani, Juan José (1995), "El triunfo menemista y lo que viene", en **¿En el 2000 también? Razones y sin razones del triunfo menemista**, Unidos, Buenos Aires.

Gibson, Edward (1995), "Conservative Party Politics in Latin America: Patterns of Electoral Mobilization in the 1980s and 1990s", ponencia presentada al Seminario sobre desarrollo Institucional y crisis de la representación política" ISEN, julio, Buenos Aires.

González Bombal, Inés (1993), "El 'misterio' de la fórmula política en la matriz estadocéntrica"; mimeo, Cedes, Buenos Aires.

Goretti, Matteo y Ferreira Rubio, Delia (1994), "Gobierno por decreto en Argentina (1989-1993)"; Centro de Estudios para Políticas Públicas Aplicadas, Buenos Aires, mimeo.

Grüner, Eduardo (1991), "Las fronteras del (des)orden. Apuntes sobre el estado de la sociedad civil bajo el menemato", en **El menemato**, *op cit.*

Haggard, Stephan, y Kaufman, Robert R. (1992), "Economic crisis and executive authority: dilemmas of governability and institucional consolidation in new Latin American democracies"; mimeo.

Haggard Stephan y Kaufman, Robert R. (1994), "The Challenges of Consolidation"; en **Journal of Democracy**, Vol. 5, núm. 4, octubre.

Halperín Donghi, Tulio (1987), **El espejo de la historia, problemas argentinos y perspectivas latinoamericanas**, Sudamericana, Buenos Aires.

Halperín, Donghi, Tulio (1994), **La larga agonía de la Argentina peronista**; Ariel, Buenos Aires.

Malloy, James M. (1993), "Política económica e o problema da governabilidade democrática nos Andes Centrais"; en Sola Lourdes (comp.): **Estado, mercado e democracia. Políticas y economía comparadas**; Paz E. Terra, Río de Janeiro.

Merino, Mauricio (1994), "¿El conflicto como condición de la democracia? Límites y expectativas de la transición democrática en México", en **Política y Gobierno**, Vol. 1, México, Ene.-Jun.

Mora y Araujo, Manuel (1995), "De Perón a Menem. Una historia del peronismo", En **Peronismo y menemismo,** El cielo por asalto, Buenos Aires.

Mustapic, Ana María y Ferretti, Natalia (1994), "El veto presidencial", Instituto Torcuato Di Tella, Buenos Aires, mimeo.

Navarro, Mario F. (1995), "Democracia y reformas estructurales: explicaciones de la tolerancia popular al ajuste económico", en **Desarrollo Económico**, vol. 35, N° 139, oct.-dic., Buenos Aires.

Novaro, Marcos (1994a), **Pilotos de tormentas. Crisis de representación y personalización de la política en Argentina** (1989-1993); Ediciones Buena Letra, Buenos Aires.

Novaro, Marcos (1994 b), "Menemismo y populismo. Viejo y nuevo populismo"; Jornadas de Ciencias Políticas, Universidad de Buenos Aires.

O'Donnell, Guillermo (1992), ¿Democracia delegativa?; en **Cuadernos del CLAEH**, núm. 61, Montevideo.

O´Donnell, Guillermo (1995), ¿Democracia y exclusión", reportaje aparecido en **Agora**, N° 2, Buenos Aires.

Palermo, Vicente (1991), "Democracia y populismo en tiempos difíciles"; **en Revistas de Estudios Políticos**, Centro de Estudios Constitucionales, N° 74, Madrid.

Palermo, Vicente (1992), "El menemismo, ¿perdurará?"; en: Iturrieta, Aníbal (comp.): **El pensamiento argentino contemporáneo**; Grupo Editor Latinoamericano, Buenos Aires.

Palermo, Vicente y Torre, Juan Carlos (1992), "A la sombra de la hiperinflación. La política de reformas estructurales en Argentina", mimeo, CEPAL, Santiago de Chile.

Palermo, Vicente y Novaro, Marcos (1996), **Política y Poder en el Gobierno de Menem**, Norma, Buenos Aires.

Paramio, Ludolfo (1992), "El final de un ciclo y la crisis de unos actores"; mimeo, Madrid.

Paramio, Ludolfo (1993), "Consolidación democrática, desafección política y neoliberalismo"; en **Cuadernos del CLAEH**, núm. 68, Montevideo.

Portantiero, Juan Carlos (1995), "Menemismo y peronismo: continuidad y ruptura", en Peronismo y menemismo, El cielo por asalto, Buenos Aires.

Smolovitz, Catalina (1995), "El Poder Judicial en la nueva democracia argentina. El trabajoso parto de un actor", en **Agora. Cuaderno de Estudios Políticos**, núm. 2, Buenos Aires.

Torre, Juan Carlos (1990), "El gobierno de la emergencia en la transición democrática: de Alfonsín a Menem"; Instituto T. Di Tella, Buenos Aires, mimeo.

Torre, Juan Carlos (1991a), "En torno de los condicionantes políticos e institucionales de los programas de reforma económica", Buenos Aires, mimeo.

Torre, Juan Carlos (1991b), "Argentina. II ritorno del peronismo"; en G. Urbani e F. Ricciu (comps.): **Dalle armi alle urne. Economía, Societá e Política nell' América Latina degli Anni Novanta;** Bologna, II Mulino.

Torre, Juan Carlos (1991c), "América Latina. El gobierno de la democracia en tiempos difíciles"; en **Revista de Estudios Políticos**, N° 74, octubre-diciembre, Madrid.

Torre, Juan Carlos (1995), "El peronismo como solución y como problema", mimeo, Buenos Aires.

Weffort, Francisco (1993), "Nuevas democracias, ¿qué democracias?, en **Sociedad**, N° 2, mayo, Buenos Aires.

Yannuzzi, María A. (1994), "Populismo y modernización capitalista en la Argentina", en **Estudios Sociales**, Año 4, N° 7, 2° Semestre, Rosario.

Zermeño, Sergio (1989), "El regreso del líder: crisis, neoliberalismo y desorden", en **Revista Mexicana de Sociología**, N° 51/4, México.

Colombia

La gobernabilidad en Colombia

Marco Palacios*

ASPECTOS HISTORICOS

La vuelta de la ciudadanía: Entre el liberalismo y la democracia

Característica de la historia mundial de los últimos dos siglos ha sido la expansión de los derechos del hombre y del ciudadano: 1°, cada vez más Estados nacionales los adoptan y se ven compelidos a ponerlos en práctica; 2°, se reconocen nuevos sujetos de estos derechos (verbigracia, las mujeres, las minorías étnicas o religiosas, o los trabajadores inmigrantes en algunos países); y 3°, se amplía el campo de derechos inherentes al individuo y al ser ciudadano y, por tanto, se habla de derechos de primera, de segunda, de tercera y hasta de cuarta generación.[1]

En ninguno de los tres casos estamos frente a un fenómeno incremental o de naturaleza progresiva. Al contrario, la expansión de los derechos humanos por la geografía del globo ha ocurrido por oleadas, y muestra un movimiento de flujos y reflujos. Las marejadas se produjeron con la independencia de los Estados Unidos y la Revolución Francesa: con las revoluciones europeas de 1848; con la Comuna de París (1870-1871), con las movilizaciones sociales que acompañaron en Europa y los Estados Unidos las dos posguerras. En los últimos 20 años, cerca de 40 países han experimentado la transición de autoritarismos de diverso signo a democracias, de signo diverso.

* Abogado. Universidad Libre de Colombia. Doctor en Historia, Universidad de Oxford; Profesor-Investigador del Colegio de México.

En este siglo, los reflujos de los años veinte y treinta, estuvieron marcados por el auge de los fascismos en Europa y Japón. En la segunda posguerra, se cubrieron bajo el amplio paraguas del anticomunismo. Los reflujos latinoamericanos abarcarían desde las llamadas dictaduras tradicionales, típicas del Caribe, Centroamérica o Venezuela, hasta el autoritarismo militar que, en respuesta a la Revolución Cubana, y a las exigencias de la Guerra Fría, ofrece una amplia gama de casos nacionales.

Desde su plasmación en la polis griega, la ciudadanía (que allí excluía a los esclavos, a las mujeres, a los extranjeros) quiere decir participar en el acto colectivo de gobernar y ser gobernado; participar en la formación de leyes que luego deben ser acatadas. Esta condición permanente de poseer derechos y cumplir deberes, demanda de cada ciudadano una actitud positiva, un activismo cívico que llamamos responsabilidad. Sin embargo, este principio de distribución del poder entre los ciudadanos, que Constant llamó la "libertad de los antiguos" (muy apreciada por Rousseau) aparecía en contradicción con la "libertad de los modernos" fundamentada en la limitación del poder frente a la libertad del individuo.

En 1793 Antonio Nariño, en un acto temerario y abiertamente subversivo, publicó en su imprenta "Patriótica" de Santa Fe, 100 ejemplares de la Declaración de los Derechos del Hombre y del Ciudadano. En su hábil defensa, pareció acoger por igual la libertad de los antiguos y la de los modernos, es decir, democracia y liberalismo. Pero no fue esta ambigüedad lo que exasperó a sus acusadores sino el discurso de su defensa en que trataba de demostrar que el documento de la Convención Francesa no podía ser tachado de subversivo, puesto que sus principios "universales" venían siendo divulgados por los funcionarios, publicistas y prensa españoles. El argüía que los derechos contenidos en la Declaración eran básicamente de derechos naturales reconocidos por lo menos desde Santo Tomás por toda la humanidad civilizada.[2]

El evidente conflicto entre liberalismo y democracia se iría desarrollando con vehemencia, y forma una matriz del conflicto ideológico moderno. En 1945 vuelve a plantearse en torno a la búsqueda de soluciones a los problemas de la reconstrucción europea. Floreció una literatura que, a la luz de las experiencias fascistas y soviéticas, y del profundo cambio social en las sociedades industriales, regresó al clásico tema de las relaciones entre la libertad de los modernos y la libertad de los antiguos. La expansión de los derechos ciudadanos y de las condiciones de ciudadanía, implicaba el fortalecimiento, ahora llamado "social o del bienestar".

Surgía, con gran fuerza, una nueva ortodoxia democrática fundada en la idea de "la posesión de derechos" de los ciudadanos y no en la limitación del Estado. La ciudadanía requería la igualdad de oportunidades en la sociedad de mercado, y la igualdad ante la ley. Esto podría asegurarse en cuanto los individuos poseyesen, efectiva y no retóricamente, los mismos derechos. Estos derechos, vistos como el medio de realizar el potencial individual se referían a la educación pública, a la salud, al seguro, al empleo, al régimen de pensiones. Desposeído de ellos, el individuo no podría ser ciudadano, ni sentirse tal, ni experimentar los beneficios psicológicos de participar.

En la década de 1980, ante la evidente crisis fiscal de los Estados industriales, llegó a su clímax el ataque a esta ortodoxia. Se retomaron principios del liberalismo clásico, en particular el rechazo al poder absoluto del rey, y se cambió de blanco: los "derechos sociales" y el "poderoso Estado de Bienestar". Para la revolución conservadora, los derechos sociales eran: a) inconsistentes con las demandas de libertad individual, puesto que el Estado no puede obligar a los individuos a educarse, cuidar su salud, etc.; b) económicamente ineficientes; y c) trazaban "el camino a la servidumbre" (Hayek); promovían la pasividad entre los pobres sin cambiar sus posibilidades de mejorar, y creaban una cultura de la dependencia, un providencialismo de nuevo tipo.

El impacto de esta vuelta al liberalismo y el colapso soviético marcan esta época de perplejidades. Sin embargo, la revolución conservadora no ha tenido la fuerza intelectual ni política para generar una ortodoxia dominante. Pero sí ha logrado importantes avances, algunos de los cuales son más bien necesarios retrocesos del "Estado de Bienestar".

Asistimos, pues, al redescubrimiento de la ciudadanía, alimentado por un conjunto de acontecimientos y tendencias. Entre éstos se cuentan, de un lado, el rediseño político de la antigua Unión Soviética, de Europa oriental y de la antigua Yugoslavia; del otro, la crisis fiscal del Estado de Bienestar en Estados Unidos y Europa occidental. En estos contextos, surgen nuevos conflictos de lealtades e identidades basadas en la religión, la etnia, la nación, y en nuevas demandas colectivas para que los gobiernos sean más transparentes y los dirigentes rindan cuentas.

La Nueva Derecha y la Nueva Izquierda, los viejos liberales y los viejos socialdemócratas, los comunistas reformados, los ecologistas y los feministas, todos buscan redefinir la ciudadanía en términos éticos y constitucionales. En América Latina, el ocaso de las dictaduras militares y el advenimiento de las democracias representativas, en el Cono Sur, o el desgaste del peculiar autoritarismo mexicano, llevan implícita una noción de "transición hacia la democracia", término poco específico que empezó a aplicarse al análisis de las transiciones políticas de España, Grecia y Portugal, y ahora se emplea para estudiar los casos nacionales de los países bálticos, de Europa oriental y de los Balcanes.

Los partidos colombianos: agentes camaleónicos

Existe un amplio consenso sobre esta característica peculiar de la historia colombiana: por más de un siglo (1840-1960), argumentos partidistas, liberales y conservadores guiaron los propósitos, actitudes, motivaciones e instituciones y hábitos políticos de los colombianos. El debate sobre qué fuerzas sociales han "representado" estos dos partidos históricos colombianos no está del todo cerrado. Según períodos y según regiones, apreciamos cuadros diversos por su tonalidad y por sus contrastes. Pero hay acuerdo sobre su composición policlasista.

Los dos partidos son herederos de la gran vertiente del liberalismo tal como se elaboró en la Nueva Granada entre la Ilustración y la Independencia, y han servido de vehículos, ora acelerados, ora frenados, a este proceso de expansión de la ciudadanía. Si la ciudadanía restringida es una característica central del liberalismo, su ampliación está asociada a la democracia. Aquí tenemos entonces variaciones interesantes de un liberalismo original (como el que todavía mantenían Miguel Samper y Aquileo Parra durante la guerra de los Mil Días) y un liberalismo de tendencias democráticas (como el de Murillo Toro, en las décadas de 1860 y 1870); y distintas variedades de conservantismo, desde el antiliberal de Sergio Arboleda en 1851 hasta el católico-liberal de Miguel Antonio Caro en el último tercio del siglo XIX, pasando por el pragmático de Mariano Ospina Rodríguez en las décadas de 1840 y 1850.

Una de las premisas de la gobernabilidad democrática en América Latina descansa en la hipótesis de un conflicto latente y no resuelto entre premodernidad y modernidad. Sin embargo, estas dos nociones por fuerza no son excluyentes entre sí y podría dibujarse una especie de circuito de interacciones recíprocas. Esto parece más evidente en cuanto no empleamos el vocablo "tradición política" como sinónimo de premodernidad.

La tradición política se reproduce y modifica bajo ciertas condiciones o parámetros, independientemente de la coherencia de los argumentos. Unos, dependen de los diseños constitucionales y legales y debe prestárseles atención porque allí están codificadas las reglas del juego que afectan las expectativas y conductas de los jugadores. Sabemos, por ejemplo, la importancia capital de dos cambios recientes de las reglas del fútbol en las estrategias defensivas y ofensivas de los equipos: la del juego fuera de lugar y la de los tres puntos por partido ganado y uno por empate.

En el plano constitucional, los diseños producen efectos parecidos, pero más duraderos en la cultura jurídica y en los valores políticos; además inciden especialmente en la eficiencia, siempre relativa del Estado, considerado como una máquina que debe producir resultados más o menos predecibles.

Otros parámetros obedecen a una determinada condición económica y social, como por ejemplo, la dinámica demográfica, los índices de urbanización, la proporción de la población alfabetizada y de la que lee por hábito, el acervo y las tendencias de la formación de capital humano, la dotación y explotación de recursos naturales en función de la ventaja comparativa internacional; la relación población/área cultivable, los costos de transporte.

Por tradición política entendemos aquí al conjunto de argumentos partidarios sobre el "bien común", que se trasmite de padres a hijos. En este sentido la tradición es una de las formas que asume la mediación, históricamente tensa y dramática, entre el Estado y los ciudadanos. El argumento partidario es diferente del pensamiento o de las ideas en el sentido que adoptarían dentro de un sistema filosófico.

El argumento partidario es una idea que puede aplicarse políticamente y, por tanto, que exige la acción colectiva de un partido. Esta idea está ubicada en el campo cognitivo del intelectual. Pero aquí no hablamos de cualquier intelectual que está buscando demostrar la validez de tal o cual idea por sí misma, sino de quien ocupa o busca ocupar posiciones de influencia y autoridad política, y adhiere a un partido, o toma partido.

Así las cosas, el análisis debe dirigirse al discurso, es decir, hacia la forma como los partidos organizan, integran y estructuran los argumentos que les proponen sus intelectuales, al valor jerárquico que dan a unos principios sobre otros. Argumentos que pasan por el filtro pragmático del político, es decir, del hombre de partido.

En este sentido, parece pertinente el análisis de Michael Freeden, quien considera que las ideologías de los partidos pueden visualizarse como un plano de círculos concéntricos: un núcleo central de argumentos, una banda adyacente y una banda periférica.[3] En el núcleo central se definen las diferencias entre un partido y su rival. Un concepto nuclear puede ser compartido por varios partidos, como la soberanía popular y el gobierno representativo.

Las bandas adyacente y periférica expresan problemas relacionados con los conceptos centrales, o pueden jugar el papel de recibir conceptos que se desplazan del núcleo, o enviar hacia éste conceptos hasta ahora periféricos.

Por ejemplo, en períodos de polarización el liberalismo colombiano, que ya para mediados del siglo XIX sufría las tensiones entre el liberalismo clásico (inspirado en Montesquieu, Adam Smith y Bentham) y la presión democrática de los artesanos, insistió en una vuelta radical. Radicalizó cuestiones como la libertad religiosa o el federalismo y, de este modo, difirió asuntos centrales como la ampliación de los derechos electorales o la efectiva igualdad de todos ante la ley.

Los conservadores, que también se mueven dentro de los parámetros generales del liberalismo clásico, deciden inclinarse de manera oportunista hacia la Iglesia y reafirman aspectos de la solidaridad intrínseca al organismo social, colocando en el centro argumental la estabilidad y la defensa de la autoridad tradicional emanada de una sociedad orgánica y jerárquica, que, más que instituciones liberales, requieren el fortalecimiento de una élite moral y esclarecida. Sin embargo, y de modo pragmático, apoyaron el principio del sufragio universal. Con ello no renunciaban a la idea de que el individuo estaba inmerso en órdenes jerárquicos, sino que se aproximaban al principio más tangible de poder ganar las elecciones.

El mismo concepto o argumento puede ocupar diferentes posiciones, en el centro o en la periferia, según el partido y según la coyuntura. En Colombia, conforme a la gran tradición de la Revolución Francesa, los campos del "orden" (la derecha) y de la "libertad" (la izquierda) han definido las grandes configuraciones, las mitologías y la tradición.

A este respecto de una gran línea divisoria en la cultura política, citemos un solo ejemplo: las entradas y salidas de Dios de las constituciones colombianas. Ubicadas en esa zona ambigua de los "preámbulos", las menciones u olvidos de la divinidad han sido objeto de los más formidables. conflictos de base racionalista entre las elites intelectuales y políticas. Aquellos preámbulos constitucionales, que invocan a Dios como fuente de poder y autoridad, destilados por los dos partidos colombianos en lenguajes simbólicos, abstractos y lógicos[4], constituyen una de sus fuentes históricas de identidad.

Sin embargo, el valor más inmediato y tangible del "Dios de los colombianos", pese a las evoluciones rituales, y a todos los usos y abusos de que ha sido objeto explícito desde la década de 1840, nunca ha podido ser desplazado de la mentalidad colombiana por la majestad ideológica de ninguna constitución[5]. Actualmente, y a la luz de corrientes católicas como las Comunidades Eclesiales de Base, Dios no está del lado del poder constituido; no puede ser descrito como "Señor" o como "Juez supremo", sino como el "Dios" que "sufre" y que "suda" con los humildes, víctimas de la justicia del César.

En las subculturas populares, Dios, bien como "señor" o bien como "pobre", tiene más valor interiorizado que, digamos, la justicia del Estado, cuyo centro real y simbólico fue, por demás, arrasado en noviembre de 1985, escenario de una de las más despiadadas carnicerías en la historia de la formación del moderno Estado colombiano.

Liberalismo por omisión

Recordemos sumariamente el planteamiento weberiano de la formación estatal que presupone un doble proceso: a) de la misma manera que la gran empresa capitalista expropia al pequeño productor, el Estado moderno expropia todos los centros autónomos de poder dentro de su territorio, y controla todos los medios de organización política; b) el Estado moderno debe ser exitoso en su reclamo del monopolio legítimo de la violencia dentro de su territorio.

No todos los Estados modernos surgen con estos atributos. El ejemplo más claro son los Estados Unidos. Como dijo Tocqueville, los Estados Unidos "nacieron modernos" y el diseño constitucional que le dieron los padres fundadores se ajustaba maravillosamente al modelo del liberalismo clásico.

Colombia nació tradicional y más "Austria" que "borbónica". Presenta, si se quiere, un caso sui generis de modernización "Austria" Este peculiar fenómeno da pie al liberalismo por omisión. Nos remite a unos orígenes en que la fragilidad de la autoridad política que quiere centralizarse y no puede porque están en marcha procesos incubados autónomamente desde abajo, por el cambio demográfico, el mestizaje, la urbanización y la apertura de las fronteras mineras y agrarias. Verdaderas fuerzas centrípetas, que al incrementarse, no dejan espacio para un Estado que las contrarreste.

El liberalismo por omisión domina en tanto que las condiciones socioeconómicas y socioculturales del país han impedido la emergencia plena de una autoridad estatal eficaz y obedecida. En tanto, se hace manifiesta la brecha entre el desempeño de aquellas funciones que por definición son monopolio del Estado (como la dispensa de la "violencia legítima": la recaudación tributaria o la administración de justicia) y la realidad de la fiscalidad débil, el contrabando generalizado, la idoneidad de las justicias privadas para resolver conflictos de la sociedad civil, y la ausencia de las instituciones estatales en la multifacética colonización de las vastas fronteras agrarias.

A diferencia del liberalismo inglés, que también lo inspiró desde sus orígenes, nuestro liberalismo por omisión no tiene por qué argumentar a favor de la limitación del Estado. Históricamente nunca se formó un Estado con la capacidad potencial de aplastar al individuo. El Estado colombiano es tan débil que ni siquiera puede garantizar la seguridad individual, fundamento de la Libertad.

Aparece el espejismo: se anuncia la constitución de una sociedad civil conforme a los ideales políticos y morales del liberalismo, a la que corresponde un Estado liberal, el Estado colombiano (con sus diferentes nombres sucesivos). He aquí el ardid que contribuye, por ejemplo, a diferir, por peligrosa, la ampliación efectiva de la ciudadanía.

Claro está que, como en otros Estados nacionales en fase constructiva, el liberalismo colombiano también elabora un discurso jurídico, un discurso económico legitimadores de la movilidad social. Este proceso alcanza sus perfiles más nítidos durante la llamada revolución del medio siglo.

¿Democracia liberal?

La revolución de medio siglo diecinueve revaloriza el movimiento de Cabildos de la "Patria Boba" (liberalismo puro), y devalúa el significado democrático y acaso populista de la guerra continental de los "libertadores." La sustancia económica fue el establecimiento del dogma librecambista entre las elites sociales y políticas.

Si bien la cuestión del contenido social de la República nunca estuvo ausente del conflicto político e ideológico, la revolución liberal la puso en el centro.

Las revoluciones europeas de 1848 entregaron a los dirigentes políticos, liberales y conservadores, algo más que un lenguaje. Los colocaron frente a un horizonte civilizatorio; les concedieron la noción de que las luchas neogranadinas hacían parte de un plan de modernidad universal. No fue mera coincidencia que en la década de 1850 se agitasen, con inusitado vigor, las banderas liberales en las jóvenes repúblicas de la Nueva Granada, México, o el Brasil imperial. La movilización política reafirmó su condición plebeya y secular. La cultura fue vista como campo de lucha contra el monopolio eclesiástico. Además, alcanzaron el apogeo las "sociedades democráticas de artesanos". Lo que hoy llamaríamos el debate entre tradición y modernidad, mostró un contenido clasista.[6] La Revolución Francesa (más en su versión girondina que jacobina) fue, de nuevo, un polo de argumentación partidaria.

En la capital de la República, y en un ambiente de euforia revolucionaria (que también compartían muchos conservadores), fueron exaltadas las libertades individuales y entre éstas, la igualdad política de la mujer y su derecho a educarse (que no pudo ejecutarse por la pobreza fiscal). También se exaltaron los valores positivos de la juventud. En consecuencia, la "mayoría de edad" se redujo de 25 a 21 años. En esta tónica se abolió la pena de muerte, los jesuitas fueron expulsados, se decretó la absoluta libertad de expresión escrita, y desaparecieron el ejército profesional y los rangos permanentes dentro de éste. Finalmente, se suprimieron los títulos nobiliarios y hasta el de "doctor" y fueron reemplazados por el de "ciudadano", más honroso y más adecuado a la moral republicana.

El golpe de Melo (abril de 1854) cierra este período. El mito civilista, el sentimiento antimilitarista, el miedo a los artesanos y la defensa de la estabilidad social, cimentaron la coalición legitimista, liberal-conservadora, que derrotó con las armas al general Melo, medio año después de su cuartelazo, apoyado por las sociedades de artesanos de todo el país. El carácter clasista de esta guerra se prolongaría en la cruel represión que sufrieron los artesanos derrotados.

La historia socioeconómica del período nos ayuda a comprender los límites de esta revolución: el individualismo agrario (proyectado en el individualismo artesanal) no parecía idóneo para transformarse en liberalismo político.[7]

Dominio oligárquico y participación popular electoral estaban limitados por factores como, por ejemplo: 1°, el localismo de la organización agraria y artesanal coloniales; 2°, la limitada movilidad social urbana circunscrita a las capas educadas y a las familias ligadas a la vida pública; 3°, el patrón diversificado de los activos y la inversión, que, junto con las tendencias endogámicas de las elites y la endeble base material y social de ciudades aldeanas, donde "todo el mundo conocía a todo el mundo", acentuaban el policlasismo de los partidos.

El librecambio y el federalismo (de modo ancilar, la abolición de la esclavitud y de los resguardos) anunciaron una era de movilidad social, pero angostaron sus canales, arrojando efectos opuestos a los esperados. Es decir, barnizaron la jerarquía clasista de origen colonial y fortalecieron la sociedad diferencial. La válvula de escape fue, claramente, la colonización de baldíos. En un doble sentido: como posibilidad de movilidad y liberación social, y como fenómeno de expansión de la actividad económica. Desde la Colonia, la frontera agraria ha sido ámbito de refugio, resistencia y rebelión. Además de la conflictiva formación de sociedades cafeteras o ganaderas, en las fronteras agrarias también se han construido espacios de una cultura cimarrona –para usar la expresión de Francisco Zuluaga en sus estudios del Patía en los siglos XVIII y XIX[8]– la duradera cultura del contrabando (los esmeralderos y narcos provienen de esas tradiciones), o la actual cultura guerrillera que ya lleva medio siglo.

La revolución de 1848-54 que, en nombre de la libertad e igualdad individuales, pretendió arrasar el orden estamental y los principios de la sociedad diferente, funcionó, sin embargo, expandiendo el clientelismo. En cuanto las "sociedades democráticas de artesanos" fueron clientelas potenciales para los dos partidos, ganaron plasticidad, dinamismo y vigor, y expresaron posiciones de subversión social.

Sin embargo, integradas a la lógica de las movilizaciones electorales, disolvieron el clasismo. Una lógica que aprendieron a manipular los conservadores, arrastrando amplios sectores del clero. Al expandirse el electorado, la Iglesia se convirtió en vector definitorio de la contienda política, como lo comprueba la victoria conservadora en la única elección presidencial directa y por sufragio universal masculino del siglo XIX colombiano (1857). Los liberales reencontraron entonces el trasegado camino del voto censitario, establecido en las primeras constituciones de 1811.

Desde la década de 1840, el librecambismo había cesado de incordiar sectores de las elites sociales. De este modo, los argumentos partidarios perdieron sustancia económica. Quedaron sin referencia a los "intereses" que demandan tal o cual medida legislativa. Lo anecdótico del asunto puede reducirse a esto: el "proteccionismo" sería fiscalismo y, acaso, algo más. Durante la Regeneración (1885-1900), fue un instrumento táctico para comprar a los artesanos urbanos lo que éstos podían ofrecer en el incierto mercado político: votos y paz social. No había, económicamente hablando, industria nacional que proteger.

Bipartidismo caciquil

El librecambismo jurídico y económico podían unificar las clases dominantes, autodesignadas personeras del pueblo; pero ¿cómo unificar y dar identidad a la Nación, es decir, a un país pobre, de baja densidad de población, campesino, formado por un abigarrado mosaico de comunidades aisladas por las distancias y las tradiciones?

El clientelismo bipartidista resultó ser el método más expedito para integrar la Nación. Considerada la endeblez de la administración pública, en los municipios y comarcas no podían prevalecer "los intereses del bien común" expresados con la voz elocuente de ciudadanos responsables conforme a los ideales Ilustrados y liberales. La política era allí una transacción, de los propietarios y notables, ausentes o presentes, y las capas populares, pueblerinas y campesinas, mediatizada por gamonales. La política nacional era el referente: la autoridad era legítima según el partido en el gobierno. Disuelta la Gran Colombia, en los municipios y las veredas de la República de la Nueva Granada tomó vida propia una cultura política que transcurría por entre fidelidades clánicas y patriotismos municipales, formados, en muchos casos, en el siglo XVIII, antes de las "facciones" y los "partidos" del período germinal de 1808-1830.

Bajo el signo centralista moderado de las Constituciones de 1832 y 1843, emprende vuelo el civilismo del patriciado republicano. Vuelo corto y a ras. Tres guerras civiles (la de 1839-41, la de 1854 y la de 1859-61) testimonian el protagonismo que aún conservan los militares de la Colombia bolivariana. Pero a pesar de la revuelta y el desorden, ni estos jefes, ni el Ejército conseguirían emerger como actores independientes. Esto se pondría presente cuando los "supremos" (1839-41) debieron alinearse conforme a las pautas trazadas por los "civiles".

La consolidación de un sistema bipartidista, irreversible en la guerra de los supremos, amplió el horizonte de estas fidelidades. Común al gran mosaico municipal neogranadino fue, entonces, la consolidación de un patrón binario de adversarios mutuamente excluyentes; de este modo, la identidad política llevaba con gran facilidad a la violencia. Una violencia que organizaba la sociedad local, y la articulaba con la "Nación", dando legitimidad al "régimen representativo" estipulado en los textos constitucionales.

El caciquismo es el puente estratégico tendido entre el país de la representación legal y el país de la desigualdad real en el acceso a la ley. Es, como se ha dicho, en la afortunada fórmula de Nunes Leal, el medio de representación política moderna en sociedades rurales tradicionales. Sin embargo, en este asunto, como en el del caudillismo, es fácil saltar al cliché, pese a la claridad de las observaciones bien conocidas de los historiadores Malcolm Deas, Jorge Orlando Melo y Fernán González, entre otros.

Es verdad de perogrullo que en el hiperpolitizado país colombiano, el caciquismo operaba sobre una doble identidad: partidista, es decir, liberal o conservadora, y municipal de patria chica. Funcionaba en un circuito de lealtades, imaginarios y lenguajes, y no sólo como base en una calculada distribución del menguado, poder y la influencia en sociedades agrarias que operaban formalmente bajo instituciones liberales y representativas. En cuanto la política pertenece al reino de las pasiones, el gamonal debe morir por su bandera. Si no está dispuesto a ello, entonces no puede ser gamonal.

La república se estableció siguiendo la pauta colonial de procesar los asuntos del Estado, a través de roscas y redes de intermediación familiares y personales. No de otra manera se entienden las transacciones de la república posbolivariana que permitieron realizar la centralización política, y conservar niveles adecuados de fiscalidad. Lo novedoso era la fluidez y conflictividad regulada en una nación recién inventada, afectada en su liderazgo político por los remanentes militares de las guerras de Independencia, y que se veía abocada a desarmar y apaciguar las plebes.[9]

Una consecuencia del civilismo del patriciado republicano, no siempre compartido por los sectores populares, fue el anticaudillismo, o sea el bloqueo del carisma como fuente de poder y de gobernabilidad. En el accidentado suelo neogranadino, país de patriciados ensoberbecidos, y de mestizos levantiscos y difíciles de embaucar, no había futuro para unificadores de a caballo como Santa Anna, Rosas o Pérez; ni para déspotas ilustrados como el Doctor Francia. La debilidad política de los caudillos se puso de manifiesto con José María Obando, derrotado por el civilista y opositor José Ignacio de Márquez en la disputada elección de 1837 y, años después, reo en juicio político en el Congreso por negligencia en el golpe de Melo, del que resultó destituido (1855). La 'vida paralela" de Tomás Cipriano de Mosquera, muestra lo esencial de esta trayectoria. Depuesto por los radicales (1867) en cuanto anunció una dictadura militar, fue enjuiciado y condenado por el Congreso.

Para vertebrar y mantener el liderazgo, los caudillos forjados en la Colombia de Bolívar tuvieron que aceptar contrapesos y trabajar con oficio, humildad y tenacidad las bases municipales. Debieron comportarse como políticos civilistas. Pero todo esto fue posible porque las redes oligárquicas urbanas y provinciales les ofrecieron pactos de coalición; prefirieron cooptarlos que enfrentarlos. Redes, por demás, abiertas "al talento". Lo mismo ocurriría a los "hombres fuertes" como Núñez, Caro o Reyes. Este es el civilismo caciquil que enmarca, paradójicamente, la tradición de las guerras civiles.

Un segundo aire de liberalismo político

Los 41 años transcurridos entre la toma militar de la capital por las fuerzas rebeldes al mando del general Mosquera, y apoyadas por los liberales (1861), y la rendición de Benjamín Herrera en nombre del Partido Liberal a bordo del barco de guerra norteamericano Wisconsin (1902) fueron, después de los movimientos de Independencia, los más dramáticos en la política colombiana del siglo XIX.

La guerra civil de 1859-61 abrió el llamado período liberal-federal caracterizado por tres fases: el dominio inicial del mosquerismo, con su centro caucano (1861-67). El ascenso y caída del Olimpo Radical, con sus baluartes en el oriente colombiano (1867-78), y el ascenso y disolución de los independientes, que puede verse como una coalición fundamentalmente caucano-antioqueño-costeña (1878-85). Las armas definieron las transiciones entre una y otra fase: los radicales dominaron después del golpe de Estado contra Mosquera (mayo de 1867) en cuanto éste cerró el Congreso y amenazó con establecer una dictadura militar, y empezaron a declinar en la campaña electoral de 1875-76, preámbulo de la guerra de 1876-77 que allanó el camino a los liberales independientes, quienes, en sociedad impía con los conservadores, expedirían la Constitución de 1886 una vez aplastados los radicales en la guerra civil de 1885-86, origen de La Regeneración (1886-98).

Después de la revolución de medio siglo sopla, y fuerte, un segundo aire liberal: los tiempos de la Constitución de Rionegro, expedida en 1865. Tiempos de pugna entre el Estado y la Iglesia, de impetuosa politización y movilización, de máximas garantías individuales y Estado mínimo. Los ciudadanos podían comerciar libremente todo tipo de armas y expresar sus opiniones escritas sin limitación y sin responsabilidad algunas. El gobierno central, tendría, según esto, un papel pasivo: presenciar y eventualmente responder las descoordinadas iniciativas de los Nueve Estados Soberanos que formaban la Federación. Sin funciones económicas aparentes, el Estado nacional vio reducida su base fiscal que, sin embargo, era más amplia que la de todos los estados juntos. Simultáneamente se redujo el gasto militar a cargo del gobierno central.

Pero, ¿qué de la base electoral? Paradójicamente los radicales refinan un sistema basado en la familia, la clientela y "el partido", adecuándolos a la división político-administrativa napoleónica y al voto censitario. Veamos sumariamente esta evolución que deja mal parados a nuestros revolucionarios.

Bajo la Constitución de 1863, cada Estado Soberano creaba y modificaba su propia legislación electoral y fijaba autónomamente las fechas de elecciones. Las votaciones para Presidente, cuyo mandato era de dos años y comenzaba el primero de abril, se efectuaban con notables diferencias: Bolívar en mayo, Magdalena, Santander y Tolima en julio, Cundinamarca, Boyacá y Panamá en agosto y Antioquia y Cauca en noviembre, generándose una espiral de politiquería y fraude que forzó uno de los pocos cambios conseguidos bajo la inflexible Constitución de Rionegro: en 1876 se estableció una fecha uniforme para la elección del Presidente de la República.

Los estados del oriente (Santander, Boyacá y Cundinamarca), corazón del radicalismo, restringían el voto masculino a quienes supieran leer y escribir; el del Tolima, en manos conservadoras, fijó un requisito patrimonial; los demás, incluso la conservadora Antioquia, reconocieron el sufragio universal masculino, señalando una edad mínima o el estatus de casado.

Desde 1811 las Constituciones habían adoptado un sistema de elecciones indirectas para los cargos más elevados como los de Presidente o Senador, sistema brevemente interrumpido por la Constitución de 1853 que estableció el sufragio universal masculino. La Constitución de 1886 unificaría los sistemas electorales, reforzaría el carácter indirecto de las elecciones, establecería requisitos personales y patrimoniales más selectivos tanto para los electores como para los candidatos y extendería el período presidencial y el de los senadores a seis años.

En la reforma constitucional de 1910 se encontró el término medio: período de cuatro años y elección directa, aunque restringida, del Presidente de la República; los senadores seguirían eligiéndose por las Asambleas Departamentales hasta 1945.

Helen Delpar ha señalado algunos aspectos significativos del liberalismo radical, como la estrategia endogámica de sus dirigentes, grupo mayoritariamente compuesto por ejemplares de la movilidad social abierta por la revolución de medio siglo. Terminan formando la nueva clase que se mira complaciente en el espejo de los patricios constitucionales de 1810. Los enemigos de la civilidad, encarnación de la decadencia, son, al decir de

Miguel Samper, las corporaciones (eclesiásticas, militares y artesanales), el caudillismo y la empleomanía.

La falla de los radicales se originaba, en buena medida, en la contradicción entre su manifiesta ideología democrática y su adhesión social al viejo orden jerárquico colonial. Más decisiva resultaría, quizás, la contradicción entre el ideal de una ciudadanía pasiva, privada y privatista, y la práctica desordenada y tumultuosa de la movilización política, por la vía electoral o por la vía armada[10]. Más allá de los incidentes de estas movilizaciones, el pacto federal de los radicales aparecía, simultáneamente, como una expresión de la extensión democrática y como una frágil alianza nacional de patriciados locales autonomistas.

La derrota armada de los radicales condujo en 1885 a La Regeneración que ya había anunciado Núñez en 1878 y practicado durante su primera administración (1880-82). El proyecto contenía suficientes elementos como para producir alianzas sobre líneas diferentes a las "tradicionales".

La Regeneración también se legitimó con una nueva Constitución que, naturalmente, haría gobernable el país. Su principal ideólogo, Miguel Antonio Caro, acuñó el vocablo "practicabilidad' sinónimo de la actual "gobernabilidad". Reflexionando, como Rafael Núñez, sobre los efectos de la "rígida" Constitución de 1863, Caro concluía que era "impracticable" y, como Bolívar puso el acento en los poderes extraordinarios del "estado de excepción". La practicabilidad era la "posibilidad (de gobernar) y antítesis de impotencia o desconcierto". Una vez declarado por el Presidente el estado de excepción, los enemigos de la constitución deberían perder sus derechos básicos. Esto, porque

> *"No hay nada tan radicalmente maléfico y perturbador del orden social, como aquella forma de legislación política que pone al gobernante en la dura necesidad de violarla para cumplir con sus más elementales deberes"*[11]

En el proceso de manufactura constitucional tomó cuerpo un grupo bipartidista formado por los independientes y los conservadores llamados nacionalistas. Estos grupos contribuyeron en algunas regiones a debilitar el sectarismo. Se ha formulado la hipótesis de que una de estas regiones habría sido la Costa Atlántica, donde un conservatismo de origen liberal nuñista, consiguió bloquear la pugnacidad sectaria y neutralizar la violencia electoral exacerbadas en otras regiones a medida que avanzaba el siglo XX[12].

Pero no todo era temperancia. Al régimen se integró un clero que, a diferencia del ilustrado, exhibió un antiliberalismo doctriniano, contumaz y sectario en su autoritarismo político. Fue tal su influencia que, en la perspectiva del avance de los derechos políticos, La Regeneración puede considerarse como una época de reflujo. Sin embargo, en la perspectiva de la formación nacional, la carta del 86 fue un movimiento de flujo.

Estas contradicciones del régimen regenerador eran tan evidentes como las del anterior. De un lado, predicaba la vuelta a la tradición, al principio de autoridad que se habría perdido al abandonar las raíces culturales (coloniales) del pueblo colombiano. Colombia requería un Estado que respondiese con un grado mínimo de coherencia, una sociedad católica, hispanizada no sólo a lo castizo de la lengua, sino en los valores y modos de vida. Sociedad que habría fraguado en 300 años de Colonia y estaba a punto d echarse a perder ante el embate liberal.

Al mismo tiempo, este nacionalismo ontológico adhirió al internacionalismo capitalista, fomentó la economía exportadora-importadora, atrajo inversiones extranjeras, privatizó las tierras públicas con el mismo ímpetu de sus antecesores, y con ello continuó acentuando la desintegración social que combatía: la del orden precapitalista.

En este segundo proceso emergen elementos de un catolicismo moderno y modernizante que, al igual que el positivismo de Núñez, encuentra obsoleto el individualismo a ultranza del discurso liberal del medio siglo. La Regeneración anuncia una síntesis argumentativa alrededor de la reconstrucción del orden tradicional. El análisis de "la cuestión social", a la luz de las enseñanzas corporativistas de León XIII, brinda el puente entre estas dos visiones, una de origen católico (Caro) y otra de origen liberal (Núñez), que aceptan la modernidad capitalista y cierto tipo de democracia ciudadana, a condición de colocar al individuo bajo el firmamento azul de las solidaridades "naturales", no de las instituciones "artificiales" maquinadas por liberales y socialistas"[13].

El experimento regenerador dividió el Partido Liberal, y de aquella división saldría triunfante el ala más joven y radical. Se lanzó a la guerra en 1899, en lo que sería la última de las guerras civiles "de caballeros", como llamó Charles Bergquist la primera fase de La Guerra de los Mil Días, un hito en la política colombiana. Pero en la segunda fase, la de las guerrillas, tomó forma definitiva una tradición de liberalismo popular que persistiría hasta la época de las guerrillas del período de La Violencia. Tradición que intentan recoger las guerrillas izquierdistas después de 1964.

Durante los Mil Días se produjo el golpe de Estado del Vicepresidente Marroquín que puso fin a La Regeneración. Aparte de la separación de Panamá, de esta guerra resultaron tres décadas de paz conservadora y de moderación de conflicto religioso.

Patricios civilistas, masas movilizadas

De 1903 a 1949 las clases gobernantes aleccionadas con la violencia, la hiperinflación, el presidencialismo de irresponsabilidad política y poderes extraordinarios, quisieron evitarlos afianzando compromisos ideológicos, regionales y sociales que, a la postre, no sobrevivieron la tensión permanente entre la tradición sectaria de un lado y, del otro, una modernización cuyos paradigmas económicos, sociales y culturales se tomaron más de los Estados Unidos que de Europa.

La capitulación de Herrera en 1902 abrió una nueva época en las relaciones de los dos partidos. Entre 1904 y 1922 los liberales tuvieron acceso al gobierno y al poder judicial en todos los niveles y una cuota en los cuerpos legislativos. La reforma constitucional de 1910 recogió las demandas que el ala histórica desarrolló en las campañas de 1891 y 1897 y las de la Convención liberal de este último año. El experimento republicano de 1910-1914 difícilmente cabe dentro de los moldes de la llamada "república conservadora" A raíz de la elección presidencial de 1922 la polarización partidista llevó a los liberales a rechazar cualquier participación en los gobiernos conservadores de 1922 a 1930. Sin embargo, el arribo de Olaya a la presidencia de la república en 1930, abrió lo que en un comienzo pareció la segunda edición del republicanismo, esto es, de un gobierno de coalición bipartidista.

Empero, de 1931 a 1949 se desarrolló una situación fluida, de cambios bruscos, entre patrones de oposición total y cogobierno que desembocaría en La Violencia. Ninguna de las dos "repúblicas", la conservadora (1914-30) o la liberal (1930-46) alcanzaron coherencia y unidad interna. Las fechas de ruptura, 1930 y 1946, muestran la fuerza política de quienes tenían mayor interés en el compromiso bipartidista que en el conflicto y por eso los regímenes de Olaya (1930-34) y Ospina Pérez (1946-50) ofrecen un punto esencial de comparación a partir del cual puede entenderse mejor por qué las transiciones de los dos terminaron de una manera tan diferente.

El historiador Herbert Braun denomina "convivialistas" al grupo de civilistas y antimilitaristas de los dos partidos que emerge en la primera década del siglo XX y se consolida en la siguiente[14]. Son los defensores de las instituciones, ajenos a los caudillismos que, según ellos, habrían asolado la república en el siglo XIX. Amaban la vida pública, que consideraban como una esfera social superior, comparada con las pequeñeces morales de la vida privada; la vida pública era servicio y reino de la pedagogía cívica. Aunque Braun no lo dice explícitamente, nos deja en las puertas de la moralidad de este grupo. Está inspirado en el civismo antiguo, oligárquico, que tanto atrajo a los hombres neoclásicos de La Independencia. Sólo ellos, los "convivialistas" eran los genuinos portadores de aquella "virtud cívica" capaz de regenerar de veras la República de Colombia, en una dirección liberal.

La marcha azarosa y desigual del capitalismo colombiano, dependiente de una expansiva y vigorosa economía cafetera, pero desvertebrado y montado en el proyecto de modernización financiera y de infraestructuras, y en valores de privilegio y clientela de la sociedad agraria, producía agudas tensiones en los hombres de "la convivencia" y el nuevo Establecimiento, más mundanal y poblado de banqueros, petroleros, bananeros. Su afinidad era la búsqueda de la estabilidad, pero no siempre era suficiente para mantener la armonía.

Sus lazos se anudarían por el lado de los enemigos comunes: párrocos ultramontanos, intelectuales y agitadores socialistas, veteranos de las guerras civiles, arribistas políticos y sindicalistas demagógicos, todos apasionados y lenguaraces. Personajes que pescaban en el río revuelto de la transición social, favorecidos por la ampliación de los electorados. Es decir pescando en el parteaguas que empezaba a dividir con claridad un país rural de un país urbano, distinción en gran medida suavizada por la naturaleza peculiar de la producción y comercialización del café. La urbanización, empero, se traduciría en ganancias electorales para el Partido Liberal.

La paz conservadora consolidó un sistema electoral de tipo presidencialista (elección directa del Presidente a partir de 1914 mediante voto censitario que, en la práctica, era voto universal masculino) y de gradual aproximación al sistema de representación proporcional para los cuerpos colegiados.

Las instituciones de un capitalismo en plena expansión eran demasiado débiles y las movilizaciones electorales, demasiado conflictivas. Tal fue la experiencia de los años 1918-1948. Con distintos acentos y matices, los liberales López Pumarejo, por dentro del Establecimiento oligárquico, y Gaitán, desde afuera, movilizaron electorados, postulando nuevos contenidos sociales y culturales de participación ciudadana y una modernización institucional del capitalismo. Común a los dos fue su adhesión a la poderosa ala civilista del partido, especialmente en la decisiva década de 1920. En este sentido, López y Gaitán fueron "convivialistas" de hueso colorado. Pero en otro sentido retaban la moralidad cívica oligárquica de aquéllos. Desde esa perspectiva eran populistas. Por su experiencia, López, uno de los dirigentes más lúcidos y refinados de la gran burguesía comercial bogotana, sabía que los mercados (de bienes o de capitales) no funcionan automáticamente, ni se autorregulan en tiempos de crisis. Gaitán, primogénito de una familia bogotana de clase media baja, discípulo de Enrico Ferri en Roma, uno de los más brillantes criminalistas y abogados penalistas del país, acumulaba lecturas y vivencias personales y profesionales que le matizaban el credo del optimismo liberal decimonónico, para el cual la sociedad es un todo armónico siempre que se deje actuar libremente la voluntad de los individuos que la componen.

En el proceso de movilización de electorados urbanos surgió un nuevo discurso liberal. Al desplegarse la crítica positivista de la moral social dominante (Gaitán) y la crítica intervencionista de la economía política dominante (López) apareció un nuevo liberalismo distintivamente democrático, que llevó al núcleo un argumento más apremiante, pero también más coherente, acerca de la necesidad de constitucionalizar derechos civiles como la propiedad (su "función social") y el trabajo y nuevos derechos "socialistas" como los sindicales y educativos. Expansión que, si bien provenía de arriba, sólo podía tener éxito dentro de los canales de movilización que hoy llamaríamos la "construcción de la ciudadanía" mediante la participación.

Esto representaba un reto para la Iglesia, y para el Partido Conservador. En ese campo de lucha, y aceptando el reto, ascendió el carismático Laureano Gómez. Si bien podía concordar con aspectos de la doble crítica emprendida por estos dos dirigentes liberales, y estaba dispuesto a movilizar pueblo, Gómez era un reaccionario irreductible, como sus rivales, los Leopardos. Para ellos el mal había comenzado con Lutero y la Reforma y había seguido con la Ilustración y culminado en las variantes más perniciosas del liberalismo, como el bolchevismo.

Furias aparte, Gómez suponía que el conflicto de la sociedad moderna no era inherente a ésta sino al binomio liberalismo-democracia, con su ilusoria y desestabilizadora petición de que los dirigentes estén obligados a buscar consensos ciudadanos. Pero Gómez no era un falangista, aunque, en la lucha por el liderazgo debió acercarse a posiciones de ese tipo, particularmente en la década de 1940. En consecuencia, Gómez llevó al núcleo del argumento conservador la consigna regeneradora de la moral pública restaurada, de la Colombia católica y jerárquica, en orden y progreso.

El ejercicio del poder, bajo un ethos convivialista, moderaría por parejo a los liberales y a los conservadores. López decretó la pausa en 1937 para gobernar un país que la reforma constitucional de 1936 hacía "ingobernable". La bandera reformista fue entonces recogida por Gaitán quien, sin embargo, caería asesinado en 1948. Los gobiernos de Ospina (1946-50) y de Gómez-Urdaneta (1950-53), fueron aún más pragmáticos. Trataron de fortalecer el modelo intervencionista de "industrialización por sustitución de importaciones", con tanto o más bríos que los liberales (y en la coyuntura excepcional de bonanza de divisas y equilibrios fiscales), y de crear redes conservadoras de clientelismo sindical urbano. Pero ambos aspectos se procesaron dictatorialmente, con poco doctrinarismo, y fueron coetáneos con La Violencia"[15]

Por otra parte, dado el atraso relativo del país en el modelo de industrialización sustitutiva, la preeminencia del liberalismo económico y la politización bipartidista de lo social, Daniel Pécaut sostiene que se bloqueó en Colombia la salida populista latinoamericana y, con ella, el corporatismo sindicalista[16]

Este bloqueo agudizó la conflictividad. Braun ha señalado cómo Gaitán, en particular, promovió el argumento de que el pueblo no sólo era depositario de la soberanía, sino que cada uno de los individuos que lo conformaban tenía más virtudes genéricas que las oligarquías: abnegación, ética de trabajo, capacidad de privación, lealtad. Si carecía de virtudes políticas y sociales específicas, ello se debía a que los dirigentes no le habían inculcado tolerancia con la opinión ajena, capacidad de evaluar el desempeño de los gobernantes, disposición a participar en el debate público.[17]

El miedo al pueblo urbano, es decir, a que cada uno de sus individuos se adiestrara en las artes de la ciudadanía, que una de las causas más perversas de nuestra tragedia nacional que pagaron con sangre los campesinos –que contuvo la marcha liberal y democrática– y que conocemos como La Violencia.

Secuelas del fracaso democrático-liberal

La caída de los liberales, anticipada en la renuncia de López en 1945, convulsionó la política al punto que fue imposible transitar pacíficamente la alternancia de gobierno. Malograda la Unión Nacional que iniciara Alberto Lleras en 1945 y prosiguiera Ospina al año siguiente, la convivencia naufragó en el oleaje de una incontenible movilización electoral y social, auspiciada durante la república liberal. El Bogotazo popular desencadenado el 9 de abril de 1948 a raíz del asesinato de Gaitán, arreció La Violencia. La búsqueda y redefinición de un nuevo orden tomó entonces una década, el régimen del estado de sitio, 1949-1958.

En 1949 se derrumbaron la normalidad constitucional y legal; la moralidad oligárquica de los convivialistas; y la moralidad democrática del gaitanismo.

De este derrumbe sacaron provecho las nuevas agremiaciones económicas, las maquinarias políticas municipales y las "fuerzas vivas" del regionalismo. Unas y otras seguían disputándose el control del Estado en todos los niveles. Ante la desmovilización, la "política" quedó circunscrita a los políticos profesionales que toleraba el régimen; a los abogados empresariales, empleados públicos, periodistas autocensurados. La represión de las libertades y derechos individuales y colectivos, y la despolización, acentuaron la importancia de las redes personales.

Los argumentos partidarios fueron quedando orillados, y públicos pasivos catalogaron las virtudes y defectos de los dirigentes según el cliché del momento. Estas tendencias no eran nuevas, pero la recomposición del orden después de El Bogotazo dejó a los jefes como las instituciones políticas más sólidas. En torno a sus personas y apellidos aparecían y desaparecían ismos de muchos círculos, con un núcleo intergeneracional de leales. Convergencias pasajeras de diversos intereses clientelistas y burocráticos se identificaban por estilos, talantes y vocabularios, cada vez más filtrados por los medios de comunicación. Los jefes nacionales eran, en primer lugar, los ex presidentes y, en segundo lugar, los políticos capaces de proyectar una imagen de presidenciables: los "jefes naturales", había dicho Gaitán. Terminaban generalmente con un pie en las maquinarias y otro en los grupos de alto prestigio social como la prensa establecida o los gremios económicos.

Ninguno de los dos partidos pretendió o intentó construir una base fija en los gremios empresariales, el sindicalismo, la Iglesia o las Fuerzas Armadas. Pero jugaban con las jerarquías de estas instituciones. Los jefes nacionales, directamente o por terceros, se mantenían mutuamente informados de sus posiciones tácticas, de sus concesiones y demandas. Salvo períodos muy breves este diálogo se mantuvo.

El último período de la historia política colombiana comienza con el Frente Nacional, FN, que intentó realizar una síntesis de la República Liberal y el período de La Violencia. El

FN fomentó una pedagogía del compromiso entre dos partidos cada vez más parecidos. Pero no consiguió crear una cultura política democrática y desaprovechó la oportunidad de emprender reformas sociales básicas. Desarrolló una visión intolerante frente a los demás grupos y relegó a un segundo plano los elementos sociales desencadenantes del conflicto político. En cuanto tuvo que responder a éstos, abusó del estado de sitio.

En estas décadas adquirieron velocidad las modernizaciones: en el plano demográfico y en la urbanización; en el despegue de una agricultura capital-intensiva, altamente subsidiada y concentradora; en el ascenso y rápido agotamiento de la costosa industrialización sustitutiva. Estas modernizaciones ampliaron las brechas entre grupos sociales, entre regiones y entre campo y ciudad. Crearon nuevas oportunidades para las emergentes clases medias que vieron en el ámbito privado e individual de la movilidad social morigeradas sus pasiones políticas. Se amplió y concentró la riqueza y aparecieron nuevos tipos de pobres cuya clasificación tardaría en llegar, pues las ciencias sociales estaban bastante rezagadas.

El Estado, funcionalmente integrado a los intereses de las clases dominantes, creció a la par de la economía y amplió sus funciones y responsabilidades, particularmente con una reforma constitucional en 1968 y en la nueva Constitución de 1991. Pero sus acciones quedaron circunscritas a visiones tecnocráticas, practicadas por arribistas de nuevo tipo, que redujeron la función económica del Estado al manejo de ciertas variables macroeconómicas.

En parte, esto se debió al fracaso de la oposición, pero también a la exitosa cooptación de las clases medias y a la fragmentación geográfica, ocupacional e ideológica de las clases populares. Más aún, a su desencanto y alejamiento de las urnas, lo cual favoreció el clientelismo. Por otro lado, se reintrodujo la violencia política bajo la forma de organizaciones guerrilleras marxistas y nacionalistas surgidas de imaginario de la Revolución Cubana y, en general, de lo que parecía el levantamiento violento y general de una nueva humanidad, la de "los condenados de la tierra".

El FN se justificó en función de la paz, el bienestar y la democracia. Dieciséis años de congeladora constitucional servirían para extirpar el sectarismo partidista, reconciliar a los colombianos, llevar el Estado a las comarcas y poblaciones azotadas por La Violencia. Pero también había una propuesta de modernización que, entre otros aspectos, incluía la expropiación del sistema educativo y de la vivienda popular urbana, la ampliación de la cobertura de la legislación laboral, de la seguridad social y de los derechos sindicales.

Una meta prioritaria de la acción estatal sería la reconstrucción del poder judicial. Era imperativo restablecer el imperio de la ley, y dar credibilidad y confianza a los jueces. Sin embargo, esta prioridad desapareció ante la ausencia de una opinión independiente y también como resultado directo del bloqueo de la participación popular. El "interés público" fue quedando reducido a la eficiencia de las metas de modernización económica. La "legitimidad" quedó circunscrita al ritual electoral y a la clientelización, en medio de altas tasas de abstención.

A medida que avanzaba la década de 1970, la pobreza, la desigualdad social, la guerrilla y el narcotráfico, plantearon con mayor agudeza problemas de legitimidad y gobernabilidad. A fines de los años 80 era evidente el divorcio entre un sistema político arcaico, la terapia requerida por la multiplicidad de violencias y la acelerada modernización cultural, social y económica que venía experimentando el país desde la época de la Primera Guerra Mundial y que se aceleró hacia 1945.

Cinismo, espectáculo y antipolítica

Bajo esta óptica se fabricó en 1990 un golpe de opinión (recordemos el célebre memorando Cepeda-Gaviria sobre cómo violar la Constitución sin que nadie se enterase): "la séptima papeleta" que justificaría la Constituyente y la Constitución de 1991.

Aprobada la nueva Carta, el gobierno nacional planteó las prioridades bajo un signo de liberalismo reaganómico y con un estilo de 'hombre fuerte" a lo Thatcher, Salinas, Menem, Yeltsin. Esta revolución conservadora no es específica de Colombia, ni en forma ni en contenido. Reintrodujo sí al menos retóricamente, el fundamentalismo decimonónico del mercado; el Estado de Bienestar aparecía como una corrupta aberración. El mercado pasó a considerarse como una dimensión privilegiada de la libertad, y como base de toda gobernabilidad "de la sociedad libre".

Se revigorizó el principio formulado por los fisiócratas y desarrollado por los economistas clásicos: que el sistema económico funciona conforme a "leyes naturales" que los gobernantes deben conocer pero no interferir, y que, al buscar cada quien su máximo beneficio en el mercado, se produce el bienestar colectivo.

El gobierno de Gaviria (1990-94), fijó las grandes metas de su gestión en función de esta revolución coonservadora. Esto se expresó formalmente en "la apertura", es decir, en los ajustes de política fiscal y presupuestaria y de política monetaria, cambiaria y de comercio internacional requeridos por la globalización. Una de sus implicaciones fue debilitar la poca legitimidad que se había creado en torno al llamado Estado Liberal de Bienestar que expresa una nueva fase de expansión de los derechos ciudadanos. En la práctica, esta revolución gavirista, con su moralidad política de la codicia como valor fundamental, no fue otra cosa que dar vía a una de las anomalías más protuberantes del funcionamiento real del mercado en Colombia: la preeminencia económica y ética del dinero fácil. Esta nueva moralidad, combinada con la apabullante presencia del narcotráfico, no haría más que desvertebrar y desprestigiar más un liderazgo de por sí extremadamente frágil y desprestigiado. Y a la par reventaría el frágil Estado colombiano.

Baste repasar la parábola: de los liberales del siglo XIX que, en todas sus variedades, luchaban contra los conservadores, también en todas sus variedades, y que, en el camino, terminaron construyendo las bases del Estado nacional. Pero desde comienzos del siglo XX tenemos: los convivialistas oligárquicos, de allí pasamos al reto democrático del lopismo con su "pausa" al relevo gaitanista, a El Bogotazo y La Violencia, al moralismo conservador reaccionario, desarrollista y dictatorial, a la dictadura militar-populista de Rojas, al pragmatismo del Frente Nacional, a la vuelta al clientelismo, al surgimiento de guerrilla, narcotráfico y ahora al "revolcón". Por abajo, procesos positivos: más educación y salud, mejor vivienda, más electrificación, más valores igualitarios modernos. Procesos negativos: más concentración de la riqueza en unidades altamente ineficientes como el latifundio ganadero, más desigualdad social, más violencias, más enajenación política y social.

El "revolcón" ocurría cuando la excepcionalidad colombiana en América Latina no descansaba tanto en tasas positivas de crecimiento del PIB en la "década perdida" de 1980, como en la difusión de la violencia en la sociedad civil, en el rápido deterioro de las normas de convivencia social y en el colapso del poder judicial. Todo ello, expresado en altísimos índices de delitos violentos contra la vida e integridad personal y de impunidad generalizada para sus autores. Pese a esto, las profundas infiltraciones del liberalismo económico en la mentalidad colectiva de los colombianos brindan claves para descifrar el tópico contemporáneo (emergió hacia 1950) de que "la economía anda bien pero el país anda mal". Aquí se expresa una noción del mercado autorregulador y autorregulado. La economía "anda bien" porque, correcta o incorrectamente, se asume que el gobierno interfiere poco; o que la "política", la "politiquería", la "clase política" están marginadas del manejo de la política económica. Lo ingobernable no es la economía, sino "el país", es decir, el mundo ciudadano, plagado acaso de intermediarios y *free raiders*.

Vulcanizar el yo: el efímero triunfo de la libertad de los posmodernos

De la Constitución de 1991 parece más significativo el proceso que el resultado. El proceso: a) la iniciativa responde a presiones ideológicas de la "opinión" que definen una profunda crisis nacional que pondría el orden institucional colombiano al borde del precipicio; b) procedimientos constitucionales y legales dudosos para realizar una reforma constitucional; c) elevadísima abstención electoral (el 74% de los votantes) para elegir la Constituyente que emprendería la reforma; d) preeminencia de fuerzas volátiles (M-19 y Movimiento de Salvación Nacional) y de coaliciones oportunistas (Gaviria-Navarro) en la accidentada fabricación del consenso constitucional; e) preeminencia de la política-espectáculo, con su fragmentación y fugacidad; f) aceptación acrítica y apresurada de actual espíritu mundial de la antipolítica"[18].

Una de las tantas consecuencias de este posmodernismo podría ser el desplazamiento del locus del conflicto derivado del dualismo y atraso de las estructuras sociales y económicas hacia el campo de la intersubjetividad y de la moralidad de la vida pública. El énfasis se pone en aquellos aspectos clásico destacados por Kant, que tienen que ver con la afirmación de las variedades del individuo, según género, edad, personalidad, fantasías. Intuyo que un análisis sociolingüístico de los miles de juicios de tutela que se entablaron y resolvieron en los últimos años, hallaría, además de una acusada afición colombiana al litigio judicial de cualquier controversia, nuevos imaginarios ciudadanos.[19]

Más que la requerida profundización del concepto de ciudadanía, como estatus legal y como deber moral del hombre en sociedad, los juicios de tutela quizás nos señalen la prelación que se da al yo que antepone su reconstruida identidad en el seno de una sociedad conflictiva y dividida, no por intereses económicos o por ideologías, sino en la cotidianeidad de la familia, el aula, el lugar de trabajo (incluidos asuntos como las relaciones de homosexuales y heterosexuales en las Fuerzas Armadas) o la moralidad de un programa de televisión.

¿Es un avance? Sí, en cuanto reivindica la subjetividad de los actores sociales en la creación de culturas y consensos alrededor de la tolerancia. No, en cuanto desplaza el asunto central de la integración social de los colombianos, históricamente débil y más debilitada aún por las políticas y propagandas políticas de experimentos como "la apertura".

En términos del liberalismo clásico, es patente la renuncia (puramente oportunista) de reconocer la fragmentación de la sociedad civil, es decir, su incivilidad. La renuncia a reconocer los atributos hobbesianos de la sociedad colombiana, en guerra de todos contra todos. De ese reconocimiento podrían surgir ideas sobre cómo elaborar un pacto de seguridad por libertad. Entonces quizás, sí prodría hacerse un nuevo pacto constitucional del cual emerja, dolorosamente, el individuo civil, sujeto efectivo de sus derechos y de sus responsabilidades, partícipe de una sociedad pacificada y potencialmente democrática.

Por otra parte, las secuelas de la tragedia colombiana conocida como La Violencia no han terminado. El país de 1996 es, económica, sociológica y políticamente, muy dferente al de 1945. Pero sobre todo, es muy diferente por su demografía, por los efectos de la secularización y porque se han desatado los nudos que constreñían la emergencia de una cultura popular urbana que, en la matriz de los medios de comunicación de masas, está "colonizando" el resto del país.[20]

Este prolongado desequilibrio estructural del Estado se acentuó durante el FN y parece agravarse por la preeminencia técnica e institucional acordada a las relaciones Estado-economía, la postergación en que van quedando las relaciones eminentemente políticas del Estado y la ciudadanía, y el abandono gradual del Estado en su función reguladora del poder del mercado en la sociedad[21]. Baste proponer, como hipótesis, la preeminencia acordada a las relaciones del Estado y el capitalismo corporativo, comandado por Fedecafé y estos 10 conglomerados, en orden descendente del valor de sus activos: el Sindicato Antioqueño, los Grupos Santo Domingo, Ardila Lülle, Luis Carlos Sarmiento Angulo, Carvajal, Sanford, Corona, Chaid Name Hermanos, Minsky y Gilinsky[22].

¿Cómo puede operar la ciudadanía en la economía informal, con el avance del latifundismo, con la educación interpuesta como barrera social? Sabemos, por ejemplo, que cada vez más trabajadores y trabajadoras son orillados al microcapitalismo salvajemente competitivo (el rebusque); es decir, ingresan a la economía informal a un sistema que está en los márgenes de la tributación y de la legislación laboral, del Estado y del mundo ciudadano. Que la educación es cada vez más una fuente de segregación social, regional y étnica. Que los gigantescos subsidios estatales dispensados a la ganadería ineficiente apuntalan el latifundismo que sigue siendo tan anticiudadano como siempre, concita la resistencia campesina atrae la violencia guerrillera y contraataca con el terrorismo paramilitar y el discurso fascistoide. Un latifundismo sobrerrepresentado electoralmente conforme a la división político-administrativa consagrada en 1991.

En el nuevo orden constitucional, y conforme a los preceptos de la ortodoxia económica dominante, los derechos asociados a la emisión y circulación monetarias confirmaron su autonomía e independencia dentro del "Estado social de derecho" del artículo primero de la Constitución que, por ejemplo, consagra como fundamental el derecho al trabajo. Pero ningún gobierno sería capaz de erigir una institución que combatiese el desempleo con la misma solvencia que, por ejemplo, el Banco de la República combate la inflación.

¿Que efectos produce esta anomalía constitucional? Según Dahrendorf, "estipular el derecho al trabajo en vez de intentar abolir el desempleo no ayuda a nadie y sólo sirve para diluir la noción del derecho como parte del estatus de ser miembro de una comunidad"[23]. Observamos la misma impotencia estatal en el campo de un derecho civil básico, sin el cual no pueden existir los demás: el derecho a la vida. Lo mismo ocurre con algunos derechos políticos, como la participación a la que la nueva Constitución le dedica un capítulo completo. Cuando en la crisis de la "narcocampaña" liberal se mencionó la consulta popular, surgió un concierto de voces republicanas para hacerla sinónimo de "populismo".

De este modo, los preceptos sociales, civiles y políticos de los textos constitucionales y legales se convierten en fuente de alienación política y de frustración social. Ante la paulatina erosión del liderazgo político y ante la falta de auténticas y socialmente prestigiosas instancias representativas, cunde la apatía. Miles y miles de colombianos no ven por qué deban sentirse responsables de su contrato de ciudadanos.

NOTAS

1 Debemos a Thomas H. Marshall uno de los textos clásicos sobre el tema de la ciudadanía: Citizenship and Social Class, London, 1950. Según este texto, la ciudadanía aparece integrada por los derechos civiles (a la vida, a la libertad, a la propiedad, a la igualdad ante la ley); los derechos políticos (libertad de expresión, de asociación, de reunión, libre ejercicio de votar y ser votado dentro de los marcos de la democracia representativa); y los derechos sociales (al trabajo, a la educación, de la salud, de la vivienda digna, de las pensiones de desempleo, vejez, invalidez y muerte). Según Marshall, estos tres tipos de derechos se desarrollaron en una secuencia precisa: de los derechos civiles, establecidos en el siglo XVIII, se pasó a los políticos, en el siglo XIX y de allí a los derechos sociales (el Estado de Bienestar) en el siglo XX. Esta secuencia británica, parece poco pertinente en la experiencia histórica de nuestras naciones latinoamericanas. Esto es más evidente si pensamos en las fuentes antiguas de legitimidad inglesa: la Gran Rebelión (1640-60) y la Revolución Gloriosa (1688).

2 J. M. Vergara y Vergara, **Vida y escritos, del General Antonio Nariño**, 2ª. ed., Bogotá, 1946, págs. 7-64.

3 M. Freeden, Liberalism Divided: **A Study in British Political Thought 1914-1939**, Oxford, 1986, págs. 4-6.

4 C. Geertz, **The Interpretation of Cultures**, New York, 1973.

5 Sobre este tema, véase D. Nicholls, Deity and Domination. **Images of God and the State in the Nineteenth and Twentieth Centuries**, London, 1989.

6 Véanse, por ejemplo, J. R. Grusin, "The Revolution of 1848 in Colombia", Ph.D. Dissertation, The University of Arizona, 1978; M. Aguilera Peña y R. Vega Cantor, **Ideal democrático y revuelta popular**, Bogotá, 1991; M. Pacheco, La Fiesta Liberal en Cali, Cali, 1992; F. Gutiérrez Sanín, **Curso y discurso del movimiento plebeyo, 1849/54**, Bogotá, 1995 y Stoller, "Liberalism and Conflict", ibídem.

7 Véase, M. Palacios, "El café", en **Entre la legitimidad y la violencia**, 1875-1994, Bogotá, 1993, págs. 23-74.

8 F. Zuluaga Ramírez, **Guerrilla y Sociedad en el Patía**. Cali, 1993.

9 A este respecto véase el breve análisis de las actitudes del patriciado caucano de J. L. Helguera y R. Davis, **Archivo Epistolar del General Mosquera**, 2 vols., Tomo I, Bogotá, 1972.

10 Sobre la simbiosis de elecciones y guerra civil, véase por ejemplo, E. Posada Carbó, "Elections and Civil Wars in Nineteenth-Century Colombia: The 1875 Presidential Campaign" in **Journal of Latin American Studies**, vol. 26 Nº 3, 1994, pp. 621-50.

11 M. A. Caro, **Estudios Constitucionales y Jurídicos Primera Serie**. Compilación, introducción y notas por Carlos Valderrama Andrade, Bogotá, 1986, p. 134.

12 Debo esta observación al historiador Eduardo Posada Carbó.

13 Véase, M. Palacios, *op. cit.*, págs. 43-60 y 104-114.

14 H. Braun, Mataron a Gaitán. **Vida pública y violencia urbana en Colombia** Bogotá, 1987.

15 Palacios, Entre la legitimidad..., *op. cit.*, págs. 190-238.

[16] Véase D. Pécaut, **Orden y violencia**; Colombia, 1930-1954, México y Bogotá, 1987, 2 vols.

[17] Braun, **Maraton a Gaitán...**, *op. cit.*, p. 80.

[18] Véase G. Mulgan, **Politics in an Antipolitical Age**, Cambridge, Eng., 1994.

[19] De paso, con más de siglo y medio de diferencia, de Tocqueville a Hobsbawm se han hecho comentarios similares sobre los Estados Unidos.

[20] Palacios, **Entre la legitimidad ...**, *op. cit.*, págs. 321 et sec.

[21] Véase, C. Colclough and J. Manor (Eds.) **States or Markets? Neo-Liberalism and the Development Policy Debate**, Oxford, 1991.

[22] The World Bank, "Colombia Private Sector Assesment", Draft Confidential Report N° 13113-Co, August 5 1994, Washington, DC.

[23] Véase, Ralph Dahrendorf, **El Moderno Conflicto Social**, Madrid, 1991.

Dilemas y paradojas de la transición participativa: El caso colombiano (1991-1996)*

Francisco Gutiérrez Sanín**

El concepto de transición tiene un claro contenido normativo (O'Donell, Schmitter, Whitehead, 1986; Sadie, 1992; Machoin, 1992). Se trata de pasar de un estado inferior, como la dictadura militar o el socialismo realmente existente, a otro superior, que en algunos contextos se califica simplemente de "normal" (Adamski, 1992). El enfoque típicamente implica concentrarse en los recursos políticos, económicos y culturales de los que dispone la sociedad para sortear con éxito el camino hacia el objetivo. Pero otro aspecto va recibiendo cada vez más atención, a medida que las dificultades de las "transiciones realmente existentes" se van haciendo más complejas y evidentes: ¿quiénes van a movilizar esos recursos? En otros términos, enfrentamos una tragedia pirandelliana. Los publicistas de la transición –políticos, asesores, formadores de opinión, organismos internacionales– diseñan las narrativas del futuro deseable, y un esbozo general de las etapas de la "historia natural del cambio", como la llama irónicamente Dobry (1992). Pero cada una de esas narrativas está en busca de un autor. No tenemos claro quiénes podrían estar racionalmente interesados en llevar las dinámicas democratizadoras hasta sus últimas consecuencias, potenciando al máximo los recursos a disposición, mientras defienden al mismo tiempo sus propios intereses. Si la demo-

* El texto se apoya en material empírico de la investigación "Gobernabilidad Urbana, Cultura Política y Democracia Participativa", financiada por el Observatorio de Cultura Urbana-Alcaldía de Bogotá.

** Antropólogo y politólogo del Instituto de Estudios Políticos y Reacciones Internacionales de la Universidad Nacional de Colombia.

cratización carece de protagonistas y comienza a depender de abdicaciones generosas, pasamos del terreno de las historias posibles al de la fábula.

Colombia es un caso extremo de tragedia pirandelliana, que debe ser leído desde las peculiaridades de su propio proceso. No ha sufrido largas dictaduras militares; los recientes cambios no se caracterizan por el intento de inventar la democracia y popularizar instituciones y prácticas precarios o inexistentes, como sí es el caso en muchos países de América Latina y Europa Centro-Oriental (Przeworski, 1988). Sus fallas, que son en efecto geológicas (Monge, 1996), están relacionadas con insatisfacciones crecientes con respecto del cuadro institucional y el sistema de partidos y, más en general, con los resultados asociados a ellos. Como lo han afirmado muchos políticos, teóricos y formadores de opinión, el esfuerzo –o por lo menos la retórica sobre el esfuerzo– está orientado a pasar de una "democracia apenas representativa" a otra "participativa". Pero los niveles de participación no han aumentado. ¿Por qué, pues, han faltado de manera tan palpable los autores sociales de la transición colombiana? Para pensar respuestas razonables a esta pregunta, hay que tener en cuenta tanto el estadio superior imaginado por los arquitectos de la reforma como la situación actual.

La Carta fundamental de 1991 cerró un largo ciclo de reformas participacionistas y descentralistas y, al elevar al nivel de precepto constitucional la democracia participativa (DP) abrió un capítulo de esperanzas y propuestas de cambio[1]. Si la vieja democracia había marginado a las regiones sometiéndolas a relaciones asimétricas con respecto del aparato administrativo del Estado, y había trivializado la política convirtiéndola en una afirmación electoral esporádica mediada por la corrupción y el clientelismo, el escenario postconstitucional implicaría una recuperación radical del espacio de lo público para el ciudadano.

Esta preocupación por el rediseño y la reaprobación de lo público no significa que hubiera expectativas homogéneas entre los arquitectos de las reformas, pero si amplios espacios de intersección. La Constitución logró abrirse paso gracias a una alianza entre políticos de los partidos tradicionales, nuevos movimientos e intelectuales con vocación orgánica. Unos y otros coincidían en aspectos centrales como quién sería el principal blanco de ataque (el clientelismo) y los resultados deseables (como la paz), aunque sus visiones de futuro diferían tendencialmente acerca de quiénes habrían de ser los protagonistas del nuevo país: los partidos políticos reinstitucionalizados y los ciudadanos en el primer caso (Gaviria, 1991), los movimientos sociales y los sectores populares en el segundo (Fals, 1990a).

En contraste, la situación actual puede caracterizarse brevemente como sigue. Por un lado, efectivamente el parcial desmantelamiento de las relaciones centralistas, la creación de ámbitos locales en los que el ciudadano está más cerca de la toma de decisiones y un nuevo ethos de denuncia a la corrupción y al clientelismo –ethos asociado a todo lo que significó la Constitución como movimiento– han transformado profundamente la política colombiana, aunque quizás con un tiempo insatisfactorio para los reformistas más impacientes. Por otro lado, muchas de las transformaciones han tenido un papel más bien marginal en un proceso político copado por poderosas tendencias negativas. Por ejemplo, aquellos que con más entusiasmo que cabeza fría vieron en la Constitución un pacto de paz –de hecho, a través de la participación y de la apertura de espacios políticos– no han encontrado confirmación a sus esperanzas. Tampoco han aumentado significativamente los niveles de participación, ni en las elecciones "convencionales", ni en relación con los nuevos instrumentos diseñados o heredados por la Carta Fundamental (Juntas Administradoras Locales - JAL; consulta popular, plebiscito) ni en el ámbito de la acción colectiva (volveremos sobre esto más adelante). Peor aún, existe la sensación, posiblemente creada desde ámbitos proclives a la contra – reforma pero apoyada en dificultades reales, de que algunos de los cambios crearon inestabilidad y ruido, sin reportar ningún beneficio a cambio. En síntesis, la DP ha sufrido en Colombia su propia transición: de la esperanza a la perplejidad.

En este texto quiero sugerir dos hipótesis sobre las paradojas, los dilemas y los costos de la transición colombiana[2]. Estas hipótesis son "internas"; es decir, buscan explicar los dilemas fenómenos en sus propios términos. Parto del supuesto de que si eso se logra, otras variables (cuya importancia es obvia y su visibilidad enorme, desde la globalización hasta el impacto del narcotráfico en la vida pública colombiana) pueden integrarse al aparato explicativo, sea a través de mecanismos de retroalimentación, sea con argumentos del tipo a fortiori. Creo que adoptando una "perspectiva internalista" pueden eventualmente hallarse pistas simples y potentes, limitadas pero susceptibles de utilizarse en contextos más dúctiles. La primera hipótesis es que la Constitución del 91 nace, parcialmente, como resultado de dinámicas vinculadas a la desagregación de lo público, a los bloqueos en las posibilidades de representación y a la degradación de la vida asociativa. Seguramente proponiéndose lo contrario, la transición se apropió de tales dinámicas; de hecho, es en parte su heredera. La segunda es que muchas de las herramientas desarrolladas en el período son necesarias y progresistas, pero a la vez refuerzan las distorsiones que se proponían solucionar. Otra manera de decirlo es que las distorsiones a las que enfrenta nuestra transición son "pegajosas", como las arenas movedizas: los intentos de salir de ellas pueden empeorar la situación[3].

A través de la discusión de ambas hipótesis, intento explicar la principal paradoja de la transición participacionista en Colombia: la relación proporcional entre su institucionalización y su pérdida de sustancia. La argumentación implica introducir necesariamente una perspectiva temporal como punto de referencia, que aquí estará delimitada por dos cortes que resulten naturales, pues constituyen sendos puntos de inflexión en nuestra institucionalidad democrática: el Frente Nacional (1958) y la Constitución de 1991, con sus respectivas secuelas. En la primera parte –hipótesis–, analizando las relaciones mutuas entre descentralización y clientelismo y el contexto en el que se inscriben. Es claro que el proceso reformista está asociado a la construcción de un nuevo repertorio intelectual, que produce consensos, legitima, justifica y a la vez traza caminos para el futuro. Pero la retórica del cambio está ligada a los procesos materiales de cambio y a las estrategias de los actores sociales, y esa retroalimentación arroja resultados imprevistos, a veces francamente antiintuitivos. Si hace un lustro el diagnóstico casi unánime entre los arquitectos de las reformas es que el principal factor de degradación de la vida pública era el clientelismo, quizás en realidad lo que estaban combatiendo y lo que más les desagradaba eran los síntomas de la degradación del clientelismo mismo. En la segunda parte –hipótesis–, relaciono la participación con otras formas de acción colectiva. Se abrigaba la esperanza de que al abrir los espacios de participación, a) desestabilizadoras; b) se potenciarían nuevas formas de acción colectiva, como los movimientos sociales (Fals, 1990b); o c) habría una apropiación ciudadana de tales espacios, que redundaría en un fortalecimiento notable de la legitimidad democrática del sistema político. Con base en un análisis de los ciclos de participación en el país, intento explicar porqué aquellas expectativas no se han hecho realidad. Las conclusiones, por último, sintetizan las principales expectativas y dificultades de nuestra transición.

Política, clientelismo y participación

El debate sobre las relaciones no siempre amistosas entre descentralización y democracia nace en Colombia con la vida republicana. Mientras que una vertiente de pensadores recalcaba la necesidad de acercar la decisión al ciudadano y liberarlo de las trabas del gobierno centralista, otros –entre quienes destaca por el vigor de su razonamiento Antonio Nariño (s.f.)– correlacionaban descentralización con disolución del Estado de Derecho, predominio de la discrecionalidad del gamonal y lo que hoy se denomina genéricamente en las ciencias sociales colombianas como "ausencia del Estado". Si la polémica construye a partir de ahí una larga tradición, desde la experiencia del Frente Nacional y sobre todo en la década del 80 se fue consolidando una visión que bebía de las dos fuentes que se habían enfrentado en el siglo XIX. El nuevo acuerdo intelectual sobre la descentralización, en el que se apoyaron sustancialmente los constituyentes, edificó a partir de la noción clave del clientelismo. Aunque el clientelismo tenía un papel protagónico en los espacios donde la modernidad, el Estado y la ciudadanía eran precarios (Díaz 1986), conectaba a través de largas redes de intermediación con la (y el) capital y, finalmente, con las elites políticas que tenían su asiento en el Congreso y en la jefatura de los partidos (Miranda, 1977). Estas elites se caracterizaban por ser un grupo cerrado, con tradiciones y destrezas más o menos identificables (lecturas humanísticas, amplios conocimientos de derecho, gramática, oratoria, modales europeos) y una clara noción de métrica: eran distantes, en los sentidos social, material y cultural.

Como se ve, la nueva visión lograba integrar la antipatía al centralismo y las preocupaciones del Nariño por la suerte que pudiera correr la democracia en manos de pequeños mandarines de provincia, en una sola vértice crítica. En lugar de ser dos opciones opuestas, con costos y beneficios claramente perfilados, centralismo y gamonalismo pasaban ahora a ser parte de un solo problema, cuyas consecuencias repercutían sobre todo el sistema político: desinstitucionalización de los partidos, apatía y cinismo electorales, cerramiento, inequidad, corrupción. En particular, la dinámica clientelista esterilizaba e imposibilitaba la participación. Lo hacía por al menos cuatro razones. Primero, y antes que nada, por definición el manejo de clientelas implica obtener beneficios por funciones de intermediación, que en un escenario participativo pierden todo sentido. Segundo, las redes clientelistas estaban enquistadas en el aparato burocrático del Estado, y la opacidad y las barreras de entrada muy altas o imposibles de remontar constituían un requisito para obligar a los ciudadanos a acudir a los patrones clientelares. El ciudadano que llega a una oficina y es atendido pronta y eficientemente, que entiende los trámites, que confía en las reglas del juego, que puede reclamar, no tiene por qué pagar a un intermediario para obtener lo que desea. Tercero, el clientelismo asfixiaba la vida política local, al ámbito natural de acercamiento de la toma de decisiones al ciudadano. Cuarto, la estructura del clientelismo era absolutamente vertical. El gradiente de asimetría entre los escalones inferiores y superiores del aparato constituía de por sí una enajenación de la calidad de ciudadano. No tiene nada de raro, pues, que casi todas las fuerzas políticas hijas de la Constitución (incluidas las más moderadas) hayan tomado a los "politiqueros" o simplemente a los "políticos" –en tanto sinónimo de caciques– como el blanco principal de su ataque.

Es imposible dejar de atribuir poca o mucha razón a cada uno de los postulados de la visión fundacional del 91, pero a la vez hay que admitir que el escenario público en los cinco años que van corridos del diseño participacionista han dejado en evidencia que el asunto era mucho más complejo de lo que se creía. Es verdad que en las elecciones municipales las fuerzas no bipartidistas han obtenido repetidos éxitos, y que hay una correlación positiva entre disolución del bipartidismo y reformas a favor de la descentralización y la participación. De hecho, como resultado de la serie de cambios que culminó con la constitución, Colombia parece estar dejando de ser un país bipartidista (Gutiérrez, 1996).

Pero, por otro lado, hay múltiples tendencias en sentido contrario. Las nuevas instancias participativas han disfrutado de niveles de abstención por lo menos iguales, cuando no abruptamente superiores, a los que muestran las elecciones convencionales. Casos como el de Aguachica[4] no pueden dejar de llamar la atención: la primera consulta popular del país, con un enunciado que invitaba abiertamente a la unanimidad y respaldo fervorosamente por los medios de comunicación y el gobierno, no logró el mínimo de participación como para tener validez. Más allá de estas generalidades, si escarbamos en la evolución de las preferencias electorales el panorama no se parece a un paulatino y tranquilo reemplazo de la "vieja" por la "nueva" política. De hecho, en una plaza de la importancia de Bogotá el triunfo espectacular de los nuevos sobre los partidos tradicionales en los comicios para alcalde advino en paralelo con la reconquista liberal y conservadora de prácticamente la totalidad de las Juntas Administradoras Locales (Gutiérrez, 1995). Por lo demás, presenciamos permanentes reacomodos, acuerdos y alianzas entre fracciones de los partidos tradicionales y las fuerzas alternativas, y de cada una de ellas con uno o varios actores armados. A medida que las fuerzas hijas de la Constitución van perdiendo el halo de la épica construcción de un nuevo país y asumen tareas políticas rutinarias y cotidianas, su diferencia con los tradicionales, que sufren a su vez una transformación profunda, se va haciendo borrosa y su capacidad de convocatoria de nuevas capas de ciudadanos limitada. En síntesis, la invitación participativa no ha tenido los efectos movilizadores que se le atribuían, y cuando los ha tenido su sentido y direccionalidad no han sido los esperados. Las causas son muchas y trataremos algunas a lo largo de este texto, pero apuntan a la necesidad de reformular el diagnóstico sobre el clientelismo y su relación con la DP.

No solamente porque, las relaciones clientelistas hayan actuado como una aproximación de la representación canónica, cuando esta, por limitaciones de contexto (déficit de modernidad), resultaba imposible (Hagopian, 1996). Sino sobre todo porque la nueva visión buscaba aprehender la estática del fenómeno, mientras que este siempre fue una realidad extremadamente fluida. La única dinámica que la nueva visión veía en el clientelismo era su capacidad de expansión cancerosa; en realidad, el fenómeno no sólo tuvo una importante evolución interior, sino que también perturbó al conjunto del sistema político. De hecho, la nueva visión y la Constituyente pueden haber sido en parte el resultado final de la dinámica clientelista; su canto de cisne, pero no por haberle asestado un golpe final, sino por haber llevado a último término su impulso natural.

Es hora de que relajemos los supuestos más fuertes y menos verosímiles de la nueva visión. Primero, la noción del clientelismo como síntoma de premodernidad, aunque capta algunas aristas del programa, no nos ofrece un panorama adecuado de todos sus meandros (ver la excelente crítica de Agnew, 1994, al uso y abuso de la dualidad moderno-atrasado). Es del mayor interés constatar aquí que uno de los escenarios más importantes del enquistamiento clientelista fueron los institutos descentralizados y las instancias de planificación, que a partir de 1968, se habían concebido como las herramientas claves para la modernización del Estado y la integración a las funciones de gobierno de las clases medias con educación superior. Si el desarrollo de la planeación en gran escala como función central del Estado inauguró en el país la noción de una técnica limpia, honrada y eficiente, en contraposición con una política mezquina y provinciana, el tiempo se encargaría de demostrar que podían coexistir pacíficamente e incluso necesitarse la una a la otra. Segundo, el agradiente de asimetría entre los diversos nodos de las redes clientelistas no era tan pronunciado como se suponía. Curiosamente, el clásico de nuestra literatura sobre el clientelismo (Leal, Ladrón de Guevara, 1984), trata también sobre la capacidad de los líderes locales para arrebatarle la clientela a los mandamases regionales y capitalinos, pero este ángulo del análisis ha pasado más bien desapercibido. El asunto puede plantearse como sigue. El Frente Nacional desinstitucionalizó a los partidos tradicionales y excluyó a otras fuerzas. Esto lo convirtió en un sistema endogámico, y trasladó el peso de la competencia política al interior de los partidos mismos. La pelea por el primer, segundo o tercer renglón en las listas electorales fue adquiriendo el rango de motivo de división, en la medida en que no había competidores externos, ideologías aglutinadoras ni estructuras partidistas consolidadas. El fraccionalismo típico de nuestras redes clientelistas, que se traducía como señalamos en un sistema endogámico electoral en niveles muy bajos (en buena parte, por supuesto, debido a las propias prácticas clientelistas) ayudaron a formar un mercado en el que la oferta de votos tiene sustanciales ventajas sobre la demanda. Un mercado semejante establece de manera estructural un sesgo a favor de los escalones inferiores del aparato clientelista, porque les da la posibilidad de negociar mejores acuerdos con diversos empresarios clientelistas. Por consiguiente, pueden compensar de manera parcial las asimetrías que obran en su contra con un margen de maniobra cada vez mayor. Paulatinamente, los líderes regionales y departamentales fueron desplazando a los jefes-abogados de Bogotá, para sufrir a su vez descalabros o entrar en alianzas forzadas con pequeños pero emprendedores empresarios políticos de vereda o de barrio, que a principios de la década de los 60 sólo podían aspirar al papel de comparsas.

De cara a las viejas elites y a buena parte tanto de la opinión pública como de los intelectuales, semejante insurgencia de la periferia del sistema político se traduce en tensiones insolubles entre representabilidad y presentabilidad de las viejas destrezas como el derecho y la oratoria, las nuevas como la economía y la ingeniería institucional y las nociones tradicionales de majestad y decoro acabaron siendo sistemáticamente suplantadas por malas astucias y estridencias provincianas. A medida que se fue consolidando el proceso, **representación** (la capacidad de obtener votos y ganar escaños en las elecciones) y **presentación** (tener destrezas con alto status, aparecer como honesto y confiable para los sectores más educados y con mayor resonancia entre los formadores de opinión) llegaron a ser propietarios casi excluyentes[5]. Lo que se ganaba en un terreno debía perderse en el otro[6]. Ser presentable implicaba criticar abiertamente las malas mañas de los políticos, y por consiguiente enajenarse los votos vitales del aparato. Ser representable significaba encabezar el aparato por tanto, ponerse en evidencia, primero ante los medios, después ante los expertos y finalmente ante la opinión. A medida que la representación se va haciendo más sospechosa y estrecha en su base social, se produce un extrañamiento más y más violento entre política, por un lado, y medios, sociotécnica y opinión, por otro[7]; el autismo de la política y su capacidad de producir resultados previsibles se pagan en moneda fuerte (aislamiento y desprestigio). La política asediada se convierte en uno de los síntomas más visibles del desquiciamiento de lo público. Pero el correlato –menos espectacular pero igualmente importante– es el desgajamiento y autismo de la presentabilidad, que se resuelve en renuncias parciales a las reglas de juego democráticas.

Este proceso, cuyo período de incubación cuenta ya sus buenas tres décadas, transformó profundamente las instituciones políticas y su relación con el resto del país. Para ilustrarlo empíricamente sugiero el siguiente ejercicio. Dividamos los departamentos del país en cuatro categorías de acuerdo a su aporte al PIB nacional[8] y veamos como ha evolucionado su presencia en cada cadencia). Después comparémosla con la curva correlativa de su Producto Interno Bruto y su población como fracciones del total nacional. Los resultados son del máximo interés. Durante el Frente Nacional y después, el peso de los departamentos ricos en el PIB aumentó casi sin pausa aunque moderadamente, hasta llegar a los niveles actuales (más del 50% del PIB nacional, ver Cuadro 3[9]). El de las dos categorías intermedias cayó, sobre todo por la pérdida de importancia relativa y desagregación de la economía cafetera, mientras que las unidades territoriales más pobres se mantuvieron. Pero en términos de representación los departamentos ricos aumentaron con altibajos, para tener una brusca caída en 1994. Los departamentos más pobres, en cambio, fueron ganando espacios durante todo el período, culminando con una subida importante que los coloca al mismo nivel de los departamentos más ricos (con apenas un representante menos, ver Cuadros 4 y 5). Las dos categorías intermediarias pierden terreno, y desde 1991 se parece reforzar la tendencia. Ahora bien: los departamentos más pobres han estado sistemáticamente sobrerrepresentados en relación con su aporte al PIB nacional; los departamentos más ricos subrepresentados y las categorías intermedias adecuadamente representadas (Cuadro 2). La sobrerrepresentación de la periferia se ha hecho mucho más pronunciada en las últimas dos cadencias.

En cuanto a la población, una vez más los departamentos ricos están subrepresentados (con un punto de inflexión hacia abajo en 1991), mientras los pobres están sobrerrepresentados;

las categorías intermedias se mantienen, aunque con una clara tendencia a la baja (Cuadro 1). Semejantes distorsiones influyen también sobre el sistema de partidos. El partido Liberal ha sacado la tajada del león, mientras que el Conservador –que, en cambio, tenía importantes fortines en el eje cafetero– no ha sabido ampliar su base social en la periferia. Esto, a su vez, produce un poderoso efecto de retroalimentación: al aumentar el poder relativo de un solo partido, el liberal, a costa de los demás, hace aún más endogámica la competencia política, lo que a su vez produce más fraccionalismo, y una vez más estamos al comienzo del ciclo, sólo que en un escalón superior.

Aunque se necesita mayor investigación empírica, esto sugiere que se ha ido abriendo un importante hiato –de presentación y representación– entre las elites políticas y las demás, que todavía tienen su espacio natural en los centros económicos y demográficos del país. La implosión de la política estaría vinculada con el contraste entre los modos en que se maceran las diversas nociones de presentabilidad accesibles a las elites y los formadores de opinión (nociones relacionadas con la vida urbana, la exposición sistemática a la educación superior, la profesionalización y los medios), por un lado, y la importancia decisiva que para la representación va adquiriendo la periferia. Esto de paso explicaría los indicios de que son sobre todo las elites económicas y sociales del centro quienes han tendido a alejarse de los partidos (Gutiérrez, 1995).

El aislamiento y la vulnerabilidad crecientes de las elites han obligado a reacomodos cada vez más significativos en relación con los escalones inferiores de las redes clientelistas. Por ejemplo, al perder la posibilidad de ofrecer partidas especiales a sus clientes (los llamados "auxilios"), los congresistas y concejales tienen que hacer ofertas más mediadas e indirectas, que a menudo el líder local puede obtener a través de otros canales. Si los caciques efectivamente se "apoderaron" de uno de los grandes mecanismos de participación (las Juntas de Vecinos, Juntas de Acción Comunal-JAC), instrumentalizándolas y utilizándolas como reservorio electoral y social, de manera relativamente temprana se producen importantes signos de cambio: a) formación de fuertes coaliciones clientelistas con miembros de múltiples partidos y fracciones (incluyendo la izquierda), que colaboran para mantener su posición de poder local y usan a "sus" políticos para hacerse a recursos individuales o colectivos; b) percepción de rendimientos decrecientes de las estructuras clientelistas, lo que aumenta el valor de cada voto; c) infidelidad extendida, de abajo-arriba y de arriba-abajo; los líderes locales escogen con cuál político interactuarán y viceversa; en un

CUADRO 1
PROPORCION DEL PIB POR CATEGORIA DE DEPARTAMENTO

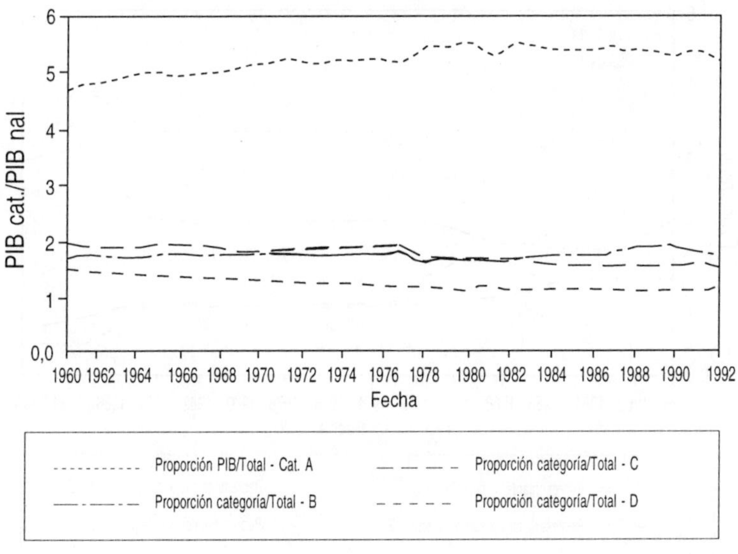

CUADRO 2
NUMERO DE REPRESENTANTES POR CATEGORIA DE DEPARTAMENTO

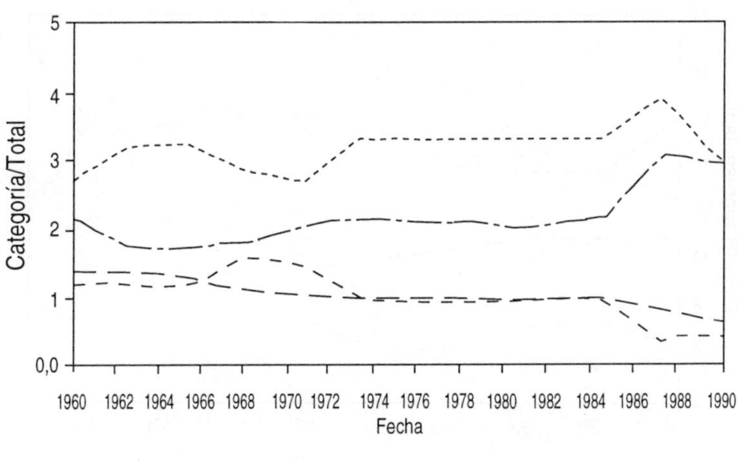

CUADRO 3
PROPORCION DE REPRESENTANTES POR CATEGORIA DE DEPARTAMENTO

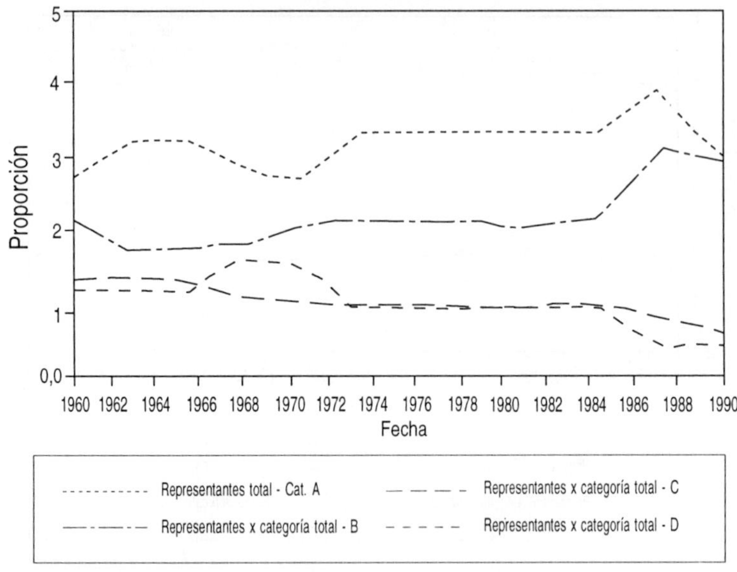

CUADRO 4
GRADO DE REPRESENTACION EN RELACION CON EL PIB POR CATEGORIA DE DEPARTAMENTO

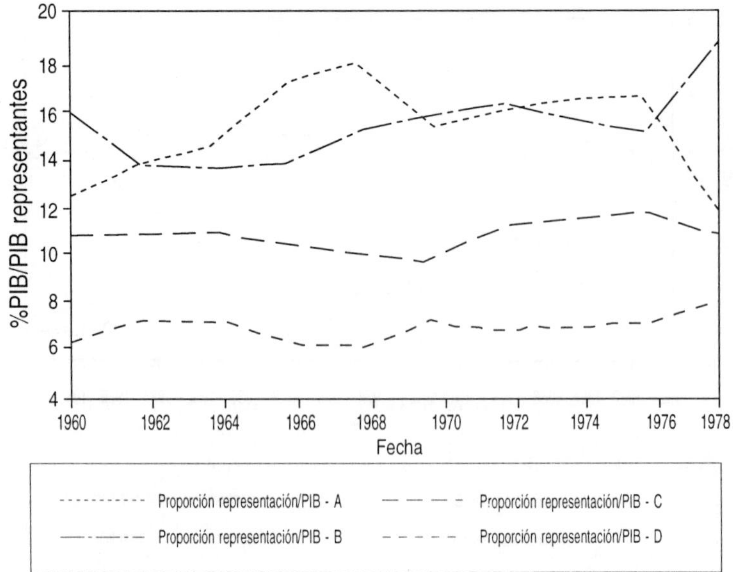

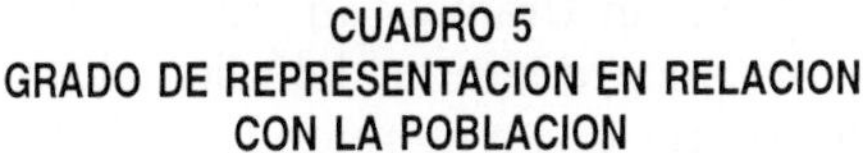

CUADRO 5
GRADO DE REPRESENTACION EN RELACION CON LA POBLACION

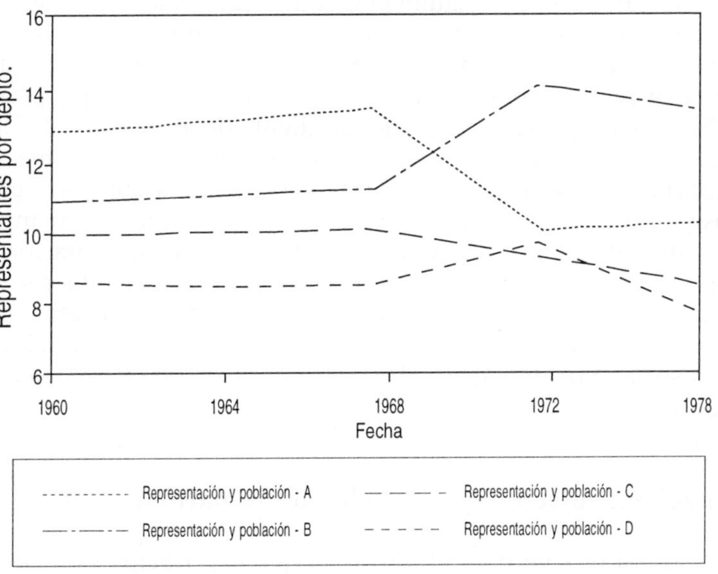

mercado cada vez más abierto: d) en algunos casos, los líderes locales se apoyan en actores armados para hacer exigencias al político "externo". En suma, los líderes locales han aprovechado sustancial y conscientemente su nueva posición de poder: maximizan sus ganancias en las negociaciones con el proveedor de recursos, evitan las solidaridades explícitas tanto con él como con su partido cambiando el mensaje de pertenencia por el de utilidad, e incluso lo reemplazan a través de "golpes de Estado" cuidadosamente planeados. Después del "golpe de Estado", estos líderes locales se adueñan de la red clientelista, y con frecuencia acceden a una curul en el Congreso o en los cuerpos colegiados municipales y departamentales, llevando allá sus prácticas, tradiciones y modos de operar. Todo ello implica un nuevo sacrificio de presentabilidad en aras de una representación más directa (aunque no por eso menos deformada).

Si aceptamos la definición clásica de Lucy Mair (1967) sobre clientelismo como un sistema de lealtades asimétricas, no podemos dejar de ver que la dinámica interna del clientelismo lo había llevado a un estado estructural de desagregación. Las asimetrías del clientelismo clásico se ven compensadas por el fraccionalismo, la desideologización y la existencia de un mercado que favorece la oferta, no la demanda de votos (baja participación, posibilidad de negociación con múltiples fracciones);

las lealtades se debilitan dramáticamente. El resultado es algo parecido, pero un poco distinto, del clientelismo: intercambio generalizado de favores que a menudo toma la forma de chantaje, con asimetrías pero también con inestabilidades muy fuertes.

Las disposiciones constitucionales actuaron más bien como un catalizador de todo este proceso. La desagregación del clientelismo ha tenido un real impacto democrático, que podemos evaluar en la variación del gradiente de asimetría entre los escalones inferiores y superiores del sistema político, la mayor capacidad de las localidades y las regiones para obtener recursos y un aumento de la competencia política. Al mismo tiempo, ha aumentado, no solucionado, el hiato entre presentación y representación. Al mismo tiempo, ha dejado casi intactas las patologías de la política, sin ofrecer estímulos significativos ni para la institucionalización de los partidos ni para la movilización social. Sus impactos sobre la acción colectiva tampoco han sido rectilíneos.

La acción colectiva y los ciclos de la participación

Es ya una verdad adquirida el que la participación ciudadana muestra comportamientos cíclicos (Zimmerman, 1992). El clisé periodístico de "estrenar democracia" y de las explosiones de entusiasmo que se van enfriando hasta dar paso a una relativa indiferencia de transiciones como la española refleja la noción de que, hasta cierto punto, los beneficios derivados de la participación se agotan con el uso. Claramente, no todos los ciclos son idénticos. Esto sugiere que sería extremadamente interesante la comparación de la naturaleza de los ciclos de participación en distintos países latinoamericanos: cómo se comportan, cuánto duran, en qué nivel final tienden a estabilizarse. El valor de semejante comparación podría ser triple. En primer lugar, la participación está tan asociada a otras formas de capital social democrático (Putnam, 1992), que constituye uno de los mejores indicadores. En segundo lugar, el diseño de la participación en la mayoría de nuestros países se vincula de manera más o menos directa a procesos de difusión de innovaciones sociales en todo el subcontinente. Las juntas de vecinos (Alianza para el Progreso) y la descentralización (reforma global del Estado) son dos ejemplos fehacientes. Lo que hay que destacar es que la recepción de cada una de estas oleadas ha sido diferente de acuerdo con el contexto nacional. Ello permite analizar la participación desde la óptica de los modelos de difusión y apropiación de las innovaciones (Marchetti, 1980; Filippini, 1993). En tercer lugar, se pueden correlacionar los ciclos con los resultados democráticos globales, y esto a su vez permitiría quizás encontrar nuevas interacciones y tensiones entre participación y democracia.

Sugeriría que hay tres modelos "ideales" básicos que reflejan los ciclos participacionistas durante las transiciones. En el modelo A, que es el normativamente superior y por el que entre nieblas propugnaban los arquitectos de nuestra transición, las utilidades marginales de la participación van disminuyendo, hasta llegar a 0; la participación se mantiene en un nivel deseable[10]. En el B, las utilidades van disminuyendo hasta llegar a su mínimo, el resultado es también un equilibrio estable, pero a un nivel bajo. El Estado no tiene que generar continuas ofertas de participación (con la correlativa inversión en términos de legitimidad, expectativas y recursos materiales y organizativos), sino permitir la existencia de los desincentivos adecuados. Un ejemplo de B podría ser la evolución de la afiliación sindical en un proceso de pérdida de sustancia del corporativismo a favor del mercado (como el descrito en Hagopian, 1996). En C, hay una inversión significativa para aumentar la oferta de instrumentos de participación y simultáneamente disminuye el período de uso intensivo (entusiasmo) y la utilidad percibida por sus usuarios y protagonistas se acerca rápidamente a cero. Cada ciclo produce menos entusiasmo y se agota con mayor rapidez. El modelo se puede explicar como una reacción racional, y no como una anomalía. Por ejemplo, puede suceder –como efectivamente es el caso colombiano– que los instrumentos de participación ofrecidos no permiten solucionar los problemas o articular los intereses que son vitales para el grupo que se supone sería el protagonista de la participación. Apenas sale el instrumento al mercado, genera expectativas y un cierto potencial de respuesta, pero a medida que va generalizándose la percepción de que se trata de un mecanismo "bloqueado", tal potencial se agota rápidamente. Las expectativas frustradas tienen un efecto acumulativo que consiste básicamente en que cada ciclo comienza desde un nivel más bajo (es decir, el entusiasmo inicial cada vez es menor). En el modelo C, en síntesis, las innovaciones son más y más frecuentes con ritmos de obsolescencia más y más intensos; los ciclos están montados sobre un capital participativo decreciente.

Veamos, pues, si en efecto el modelo C da cuenta, así sea como aproximación, del proceso colombiano; y en caso de que así sea, por qué se llegó a ese resultado. En el período comprendido entre las últimas dos grandes transiciones en nuestra democracia –Frente Nacional y Constitución de 1991– hubo tres oleadas de participación; la creación de las Juntas de Acción Comunal o de vecinos, a partir de las políticas de la Alianza para el Progreso; la Asociación Nacional de Usuarios Campesinos (ANUC), concebida como una manera de introducir la economía de mercado al campo (la ANUC se convertiría después en un importante movimiento social); y las modalidades que se desarrollaron a lo largo de la década de los 80 en estrecha relación con tendencias descentralizadoras.

En la primera y más duradera oleada[11], la de las juntas de vecinos, la institucionalización de la participación en Colombia se diseñó sobre tres ejes. El primero, de carácter preventivo: evitar o limitar la ampliación de la base social de guerrillas comunistas y, simultáneamente, neutralizar la protesta social. En realidad, uno y otro componente se veían como un todo, porque se suponía que la protesta estaba vinculada "vocacionalmente" con la guerrilla. Segundo, establecer una transacción entre unidades sociales pequeñas, cohesionadas y sin mayor poder de negociación ("la comunidad") y el Estado. La comunidad aportaría recursos básicos como trabajo voluntario (manual y organizativo) y especie. El Estado apoyaría financieramente la realización de obras. La cooperación Estado-comunidad equivaldría a "progreso" hacia abajo y deficiencia hacia arriba. Tercero, y en relación con lo anterior, se buscaría la legitimación del Estado lo que, en tiempos del Frente Nacional, era casi sinónimo de expansión de la base social del bipartidismo.

El esfuerzo tuvo un éxito parcial desde la perspectiva de sus creadores, pero generó múltiples consecuencias indeseadas o deseadas sólo parcialmente. La transacción comunidad-partidos-Estado era un caldo de cultivo del clientelismo, y éste adquirió, como vimos, una dinámica propia que estorbaba los objetivos últimos del diseño participativo. Aunque las JAC todavía cuentan con un aparato nada despreciable (44.000 juntas en todo el país), es claro que su instrumentalización por parte del clientelismo las aisló y les impidió legitimar efectivamente el Estado. La función profiláctica también se complicó con el tiempo. Mientras la línea de división entre los incluidos y los excluidos del sistema político se mantuvo de manera relativamente clara, las JAC fungieron como un dique de contención efectivo. Pero desde la segunda mitad de la década de los 70, con la ampliación del repertorio de acciones y aliados de la guerrilla, la fatiga de material de las estructuras clientelistas, la irrupción del narcotráfico como actor significativo, la instituciona-lización de ejércitos particulares de justicia privada, las JAC y otras formas de participación se encontraron navegando en un mar de confusión armada; haciendo parte de la turbulencia, y no actuando como un dique.

NOTAS

1 Para discusiones amplias del significado más bien inaprehensible de DP, remito a Rubinstein, 1994; Cárdenas, 1987; Velásquez, 1992; Fals, 1991. Aquí partimos de la sencilla constatación de que el proyecto de la DP en Colombia ha estado asociado de descentralización y acercamiento formal de las decisiones al ciudadano.

2 Me refiero a los costos de la transición en el siguiente sentido: las dificultades del período dimanan de tres fuentes. Primero, los problemas causados por las reformas constitucionales. Segundo, los problemas causados por las inconsecuencias y resistencias con respecto de tales reformas. Tercero, los costos necesarios que habría de pagar por las reformas, aún si estas estuvieran perfectamente diseñadas y se hubieran llevado a cabo sistemáticamente.

3 Naturalmente, esto no valida el argumento de que la mejor opción es quedarse quieto y hundirse lentamente.

4 El alcalde de Aguachica, una población asolada por la violencia guerrillera y paramilitar, lanzó una consulta para saber si los habitantes del municipio estaban de acuerdo con la violencia o con la paz.

5 Es posible que en las experiencias recientes de otros países latinoamericanos estemos contemplando fenómenos similares. En realidad, hablamos de una variación sobre un tema ya conocido y "globalizado": el acorralamiento de la política a medida que el Estado nacional se va viendo sobrepasado por arriba y por abajo (De Sousa Santos. 1995; Lechner, 1996).

6 Desgraciadamente, no hay aún un estudio serio sobre el llerismo y el galanismo, como fracciones del Partido Liberal que en un momento llegaron a monopolizar las preferencias electorales de las clases medias profesionales (al menos aquellas no comprometidas con la izquierda). Es sintomático que el llerismo y el galanismo hayan sido perdedores electorales sistemáticos, incluso cuando los sondeos de opinión los señalaban como favoritos.

7 La forma en que las minorías del Congreso se autocalifican es muy ilustrativa: "Los decentes", "Salvación Nacional". Estas fracciones pierdan reiteradamente todas las elecciones (tanto en las urnas como dentro del Congreso).

8 Para detalles metodológicos, ver Anexo A. La presencia regional en la Cámara de Representantes responde a proporciones fijas, que sin embargo han tenido continuos reajustes en el período analizado. Tales reajustes no corresponden al principio de "un ciudadano, un voto", sino a la capacidad de cabildeo de líderes regionales ante los partidos y a la racionalidad de éstos. Las presiones regionales pueden producir nuevas unidades administrativas (departamentos) o ampliar la representación de alguna de las ya existentes a costa de otros o resultar en un aumento del número total de representantes.

9 Los cuadros 1 al 5 se basan en datos de Departamento Administrativo Nacional de Estadística (1995) y Archivos del Congreso.

10 Un instante de reflexión convencerá al lector de que si las utilidades marginales no decrecen se produce un exceso participativo no asimilable por las instituciones democráticas; si la situación dura demasiado, resulta insostenible. Queda todavía en pie la cuestión de si las utilidades marginales de la participación se disminuyen aumentan-

do los costos o reduciendo los beneficios a partir de cierto punto de inflexión. Sugiero que sólo el segundo procedimiento es típico y consistentemente democrático.

11 Omitimos el análisis de la experiencia de la ANUC, que rebasa las posibilidades de este texto. La ANUC como movimiento social duró relativamente poco y no dejó ningún mecanismo institucionalizado de participación que la sobreviviera o que debiera ser tenido en cuenta para el estudio de la DP post-1991.

La crisis de los partidos y los partidos en la crisis

Eduardo Pizarro Leongómez*

Introducción

En todas partes del mundo parece existir no sólo un malestar generalizado contra *"la política"* concebida como el ámbito privilegiado de regulación y conducción de los procesos sociales, sino, y de manera simultánea, contra *"los políticos"* (entendiendo por este término, tanto al personal que ocupa altos cargos en la dirección estatal, como a las cúpulas partidistas y a los miembros de los cuerpos de representación política). No es difícil encontrar en países tan distantes como Japón, Italia y Venezuela titulares de prensa y artículos haciendo referencia al malestar existente. Comentarios contra la corrupción, el descrédito de los parlamentos, la crisis de los partidos, la ingobernabilidad de los sistemas democráticos, la ineficacia o impotencia del Estado, la ausencia de líderes y la ilegitimidad de los liderazgos existentes, la crisis de representación o de participación, son una constante aquí y allá en todo el mundo.

Jorge Domínguez, en una investigación reciente, comprobó con asombro cómo, con la sola excepción de las organizaciones comunistas del antiguo campo socialista, los partidos de gobierno de América Latina sufrieron un castigo sin precedentes en el mundo en tan sólo una década. "Los partidos en el poder fueron derrotados, por lo menos una vez, en elecciones en los siguientes países (de sur a norte): Argentina, Uruguay, Brasil, Bolivia, Perú, Ecuador, Venezuela, Guyana, Barbados, Trinidad-Tobago, Jamaica, Panamá, Costa Rica, Nicaragua, El Salvador,

* Profesor del Instituto de Estudios Políticos y Relaciones Internacionales de la Universidad Nacional de Colombia.

Honduras y Guatemala" (Domínguez, 1995). Sin pretender buscar explicar las razones de esta derrota casi generalizada de todos los partidos de gobierno en el área, dos preguntas nos parecen necesarias para orientar las reflexiones de este breve ensayo: ¿se trata solamente de una indignación generalizada contra los políticos profesionales por su manera particularista y corrupta de conducir los asuntos públicos? O se trata de algo de mayor calado, ¿de una inconformidad generalizada de la opinión pública frente a las formas actuales de hacer política?

Más grave aún: ¿estamos asistiendo a la desaparición de la política como ámbito privilegiado de definición de metas colectivas y de la noción de bien común? ¿Será que la política ya no es el esqueleto de la vida social? ¿Será el mercado? O será, desde ciertas perspectivas posmodernas, ¿qué debemos renunciar a todo principio articulador de la vida colectiva y resignarnos a la relatividad absoluta de los proyectos individuales? O por último, ¿estaremos transitando, como sugiere Norbert Lechner, por una época de transición hacia una redefinición de la política? Para este autor, más que una crisis propiamente dicha estaríamos presenciando una transformación del quehacer político como resultado de la pérdida creciente de centralidad de la que ésta gozó en el pasado.

En los últimos años, desde una diversidad de perspectivas, se vienen proponiendo nuevas fuentes para esta redefinición de "la política", lo cual constituye una evidencia de la importancia que ha adquirido este tema a nivel global. De manera simplemente enumerativa y sin pretender ninguna exhaustividad, es muy importante el debate que se ha desarrollado ante todo en el mundo anglosajón entre las corrientes liberales de origen neokantiano (desde la publicación de la obra de John Rawls, **Una Teoría de la Justicia**, 1971) y las corrientes comunitarias (uno de cuyos principales pioneros es Alasdair MacIntyre); igualmente se deben destacar las críticas y alternativas a la democracia representativa desarrolladas desde ángulos neomarxistas (Habermas y Offe) o desde posturas liberales radicales (C.B. Macpherson); la reelectura de los esquemas fundados en la dinámica amigo-enemigo de Karl Schmitt o el replanteamiento de la política democrática tras el advenimiento de una sociedad sin centro esbozada por Niklas Luhmann; y por último, los postulados de Ernesto Laclau y Chantal Mouffe sobre la necesidad de impulsar una democracia radical fundada en una repolitización de la vida cotidiana. En América Latina, igualmente, ha adquirido gran importancia este debate como lo evidencia un reciente seminario realizado en Cartagena y promovido por el PNUD (1996), cuyas conclusiones fueron recogidas en un libro titulado muy expresivamente **¿El Fin de la Política o su Verdadero Comienzo?**

En Colombia se presentan actualmente dos actitudes extremas frente a esta crisis simultánea de "la política" y de "los políticos": por una parte, una actitud abiertamente "antipolítica", es decir una negación y por tanto un rechazo frontal de la política, percibida como el ámbito privilegiado de la corrupción y de las promesas incumplidas; por otra parte, una actitud de repensar el papel de la política, la naturaleza y finalidad propias de esta actividad y las posibilidades reales que hoy por hoy la política puede ofrecer y cumplir. Esta postura, que es la nuestra, pasa por el reconocimiento expreso de la existencia de una dimensión política irreductible en la vida social.

El análisis del "imaginario democrático" que se gestó en torno a la Constitución de 1991 y las posteriores expectativas frustradas, nos permitirán observar cómo se ha ido reforzando desde entonces este profundo desencanto con la política que todos observamos en el país hoy más que nunca.

El imaginario democrático en 1991: expectativas y frustraciones

En efecto, ya en 1991 contrastaban de manera nítida dos estados de ánimo en el país: por una parte, en círculos que a la postre resultaron minoritarios, se vivía un clima de euforia con respecto a las potencialidades de la Asamblea Constituyente para la renovación de la vida nacional. Por otra parte, en sectores ampliamente mayoritarios, era perceptible una actitud de escepticismo con respecto a esta experiencia reformista. De hecho, las tasas de abstención en las elecciones que designaron a los miembros de la Constituyente fueron abrumadoras y, en las elecciones posteriores en 1991 y 1994, la baja participación electoral, en los noventa, contra todos los pronósticos que preveían una relegitimación de las instituciones democráticas, las tasas han caído a niveles sin antecedentes al menos desde 1958.

¿Cuáles eran las expectativas en torno a la reforma constitucional de 1991? En primer término, superar los "enclaves autoritarios" heredados del Frente Nacional y del posterior sistema de convivencia burocrática bipartidista, es decir la llamada "apertura democrática"; en segundo término, gestar escenarios de participación más amplia que la sola democracia representativa, tales como modalidades de democracia directa y participativa; en tercer término hacer de la nueva Constitución "un pacto de paz" e incorporar al movimiento insurgente a la vida democrática; en cuarto término, promover una honda renovación de la actividad política, una superación de sus principales vicios e insuficiencias; finalmente, garantizar que el nuevo modelo de desarrollo económico no implicara altos costos sociales, para lo cual se amplió el marco de los derechos garantizado por las normas constitucionales, con los llamado "derechos de tercera generación". En pocas palabras, la nueva Constitución fue definida como una "brújula para el siglo XXI", como una herramienta insustituible para una salida democrática a la grave crisis nacional.

En su conocido texto sobre las transiciones democráticas, Guillermo O'Donnell y Philippe Schmitter (1986: 3) afirmaban que éstas consisten en la transición de regímenes autoritarios hacia un "destino incierto". Este destino incierto bien puede consistir en una consolidación democrática (España, Portugal y Grecia), en una regresión autoritaria (Perú), en una crisis del cuerpo político y una generalización de la violencia (Yugoslavia) o, finalmente, en la rotación de gobiernos sucesivos, elegidos democráticamente, pero que fracasan en el establecimiento de soluciones permanentes para lograr una cierta institucionalidad política. A mi modo de ver, éste último es el caso colombiano que vive una precaria consolidación democrática acompañada de bajos niveles de institucionalización.

Sin duda, en el caso de Colombia se trataba de una transición muy compleja, ya que reunía en una misma coyuntura varios procesos simultáneos. Además de la llamada en la literatura actual la "doble transición", es decir la convergencia de un proceso democratizador y una transformación en el modelo de desarrollo económico común a más de treinta países en el mundo (Huntington, 1994), se añadía un proceso de paz en curso tendiente a la incorporación de los grupos guerrilleros al proceso político. Es decir, Colombia debía a su vez responder a los desafíos que se vivían en el Cono Sur, Brasil o México y los que afrontaban naciones como El Salvador, Guatemala y Nicaragua en Centroamérica.

Marcelo Cavarozzi (1991), quien ha venido estudiando desde una perspectiva comparada los procesos de transición democrática en Brasil, Chile, Argentina, México y Uruguay, ha considerado que el desenlace del proceso de democratización en estos países aún permanece abierto. Según este autor, la incertidumbre con respecto a las posibilidades de la consolidación democrática está relacionada con las posibilidades de resolver los principales obstáculos que aún subsisten: de un lado, cómo superar los desafíos de los sectores autoritarios interesados en una liberalización limitada o en una apertura controlada, y en el mantenimiento de prácticas autoritarias; de otro lado, cómo desmontar las prerrogativas militares y recuperar la conducción civil del orden público; y finalmente, cómo evitar un resurgimiento del poder oligárquico regional y de sus redes clientelistas, que debilitan la representatividad y la capacidad de expresión de las instituciones democráticas.

En el caso de Colombia, el acento con respecto a los "obstáculos" para la transición se colocaron en cuatro eje centrales: el desarrollo legal de la nueva Constitución de 1991, la superación del orden público turbado y la superación del colapso de la justicia, mitigar el impacto social del nuevo modelo de desarrollo económico y, por último, rediseñar las relaciones castrenses (Pizarro,1992). La gran paradoja fue que, con pocas excepciones, los analistas dimos por hecho que la política no iba a constituir uno de los desafíos, ya que la nueva Constitución habría de producir un impacto renovador en este plano, gracias a la disolución del Congreso en 1991 y la renovación inmediata de la vieja clase política, a la ampliación de los canales de participación ciudadana, a la superación del bipartidismo estrecho con la emergencia de nuevos actores políticos, etc.

A pesar de estas esperanzas, las viejas formas de ejercicio de la política se han negado a morir y, por el contrario, han tercamente sobrevivido constituyendo un pesado lastre en el presente. De otro lado, los nuevos actores políticos no han llenado las expectativas que se tejieron a su alrededor. En mi exposición quisiera colocar, pues, el acento en esta dimensión de lo político y estudiar su impacto en el hondo desencanto actual.

Fragmentación y atomización partidistas "por abajo"

Desde una perspectiva comparativa, en América Latina se puede constatar la transformación de los antiguos partidos burocráticos de masas en partidos profesionales electorales, como los denomina César Teach. Según Teach (1993), los rasgos distintivos de esta clase de partidos son los siguientes: se trata de agrupaciones caracterizadas por el predominio de quienes ocupan los cargos públicos electivos en detrimento del aparato partidista; están provistos de una base social día a día, mientras crece una influencia abrumadora de los grupos empresariales, gracias a su capacidad de financiamiento de las costosísimas campañas electorales actuales; finalmente, el pragmatismo se abre paso en detrimento de cualquier fundamentación programática, lo cual produce un fuerte impacto desintegrador sobre las tradicionales formas de organización política.

Aun cuando en Colombia, más que partidos burocráticos de masas (tales como el APRA o Acción Democrática), existían modelos de partidos electorales hondamente fragmentados, similares a los que existen en los Estados Unidos, el deterioro que los afecta no es, de ninguna manera, ajeno al proceso descrito por Teach. Los partidos liberal y conservador viven además un complejo proceso de atomización partidista. En buena medida, el fraccionamiento característico en el pasado de los partidos liberal y conservador en torno a caracterizados jefes políticos (¿cómo olvidar, por ejemplo, la separación entre el laureanismo y el ospinismo que, bajo diversos ropajes, polarizó al Partido Conservador durante buena parte de este siglo?[1]) ha dado paso a un fraccionamiento aún más profundo y desvertebrado, acompañado de una atomización extrema. De manera simplemente ilustrativa, este aspecto del deterioro que sufre la vida partidista colombiana, podría ejemplarizarse mediante una serie de impactantes cuadros, los cuales muestran que este proceso de fractura interna no afecta sólo a los partidos mayoritarios, sino, incluso, a los partidos y movimientos políticos de más reciente creación. Aún cuando sólo estudiaremos el fenómeno a nivel del Senado de la República, una situación similar afecta al conjunto de los órganos de representación política: desde la Cámara de Representantes, Asambleas Departamentales, Concejos Municipales hasta la Juntas Administradoras Locales (JAL).

CUADRO Nº 1
NUMERO DE LISTAS INSCRITAS
(1974-1994)

AÑO	SENADO	CAMARA
1974	176	253
1978	210	308
1982	225	343
1986	202	330
1990	213	351
1991	143	486
1994	251	628

Como se puede observar en el Cuadro Nº 1, el número de listas ha aumentado de manera significativa para la Cámara de Representantes (casi en un 300%), aun cuando en menor medida para el Senado. Sin embargo, dos hechos se deben destacar: por una parte, ha disminuido el número de curules a proveer a partir de 1991 para ambas cámaras y, en segundo término, ha aumentado la abstención electoral hasta niveles sin precedentes.

Lo cual hace que un mayor número de listas, apoyadas por un menor número de electores se disputen un número de cargos más reducido. Esta dispersión de las listas, cuyo origen se encuentra en la creciente incapacidad organizativa de los partidos y al deterioro de los liderazgos internos, se facilita gracias a la laxa normatividad existente en las leyes electorales, las cuales le permiten a cualquier partido reconocido legalmente la expedición de un número indefinido de avales para la conformación de listas o para lanzar candidatos, por ejemplo, para alcaldías o gobernaciones.

CUADRO Nº 2
CURULES ASIGNADAS AL SENADO POR CUOCIENTE Y RESIDUO
(1991 y 1994)

AÑO	CURULES POR CUOCIENTE	CURULES POR RESIDUO	TOTAL ELEGIDOS
1991	41	59	100
1994	13	87	100

Como se puede observar en el Cuadro Nº 2, el número de senadores elegidos por cuociente entre 1991 y 1994 pasó de 41 a 13 senadores, lo cual significa que, hoy por hoy, de hecho cada lista designa sólo a su cabeza de lista. Como habíamos mostrado con anterioridad (Pizarro, 1995), en la práctica esto evidencia una transformación perversa de nuestro sistema electoral fundado en la representación proporcional por listas, en beneficio de un adulterado sistema mayoritario uninominal propio de los sistemas anglosajones. A diferencia de éstos, como se trata de pequeñas circunscripciones electorales en las cuales existe una relación fluida y constante entre los electores y el único candidato electo, si no de amplias circunscripciones de orden departamental o nacional, se debilita el control y la responsabilidad partidista. Cada lista termina siendo un proyecto electoral aislado, cuyo éxito dependerá de los recursos (financieros, organizaciones y políticos) de que disponga cada líder de una lista y no del apoyo partidista, cuya única función es expedir avales a diestra y siniestra.

En los Cuadros Nos. 3 y 4 se evidencia, aún con mayor fuerza, el grado de atomización partidista. En 1991 las dos listas mayoritarias (Vera Grave y Andrés Pastrana) obtuvieron más de cuatrocientos mil votos y 9 y 8 senadores, respectivamente, mientras que un total de nueve listas designaron a 34 de 100 senadores. Tan sólo tres años más tarde, la lista más importante del país (Fuad Char) sólo contabilizaba un poco más de ochenta mil votos y únicamente tres listas lograban elegir entre todas 6 senadores. Si uno de los objetivos de la circunscripción nacional creada en 1991 para la designación del Senado era la de promover liderazgos nacionales y no tan sólo regionales, en la práctica este objetivo no se ha alcanzado. Es más, incluso, se podría afirmar que se han debilitado los liderazgos regionales en medio de este clima de deterioro de los partidos, sin que se presente una real renovación y consolidación de nuevos liderazgos político-partidistas de orden nacional. Todos los aspirantes actuales a la presidencia de la República, tanto quienes adoptan por razones tácticas una actitud antipartido (Andrés Pastrana, Noemí Sanín, Juan Manuel Santos), como quienes profesan de manera expresa una doctrina antipartido (Antanas Mockus, Bernardo Hoyos), se presentan a nombre de "movimientos suprapartidistas.

CUADRO Nº 3
NUMERO DE LISTAS QUE OBTUVIERON MAS DE UNA CURUL PARA EL SENADO (1991)

CABEZA DE LISTA	VOTACION OBTENIDA	CURULES CUOCIENTE	VOTOS RESIDUO	CURULES RESIDUO	TOTAL ELEGIDOS
Vera Grave	459.467	8	35.115	1	9
Andrés Pastrana	436.562	8	17.210	0	8
Enrique Gómez	234.358	4	24.682	1	5
Alberto Montoya	103.609	1	51.190	1	2
Luis F. Londoño	96.061	1	43.642	1	2
Jaime Henríquez	93.158	1	40.739	1	2
Fuad Char	84.365	1	31.973	1	2
César Julio Turbay	80.365	1	27.946	1	2
Tito Rueda	76.245	1	25.826	1	2
TOTALES		26		8	34

CUADRO Nº 4
NUMERO DE LISTAS QUE OBTUVIERON MAS DE UNA CURUL PARA EL SENADO (1994)

CABEZA DE LISTA	VOTACION OBTENIDA	CURULES CUOCIENTE	VOTOS RESIDUO	CURULES RESIDUO	TOTAL ELEGIDOS
Fuad Char Abdala	84.322	1	32.619	1	2
Fabio Valencia Cossio	79.553	1	27.850	1	2
Carlos Espinosa	74.172	1	22.469	1	2
TOTALES		3		3	6

La expectativa con respecto a la emergencia de nuevos partidos o movimientos políticos que sirvieran para canalizar más allá del bipartidismo a los sectores que no se sentían reflejados en los partidos tradicionales, tampoco se ha materializado hasta el momento. Es más, si se compara la situación de 1991 (Cuadro N° 5) con la que se presentó tres años más tarde (Cuadro N° 6), se evidencia un grave retroceso. Si en 1991 se presentaron un total de 9 partidos o movimientos de índole política, étnica o religiosa al margen del bipartidismo, con un total de 11 listas y 16 candidatos electos para el Senado, en 1994 fue la debacle. En número de partidos y movimientos había aumentado a doce, el número de listas se había más que duplicado y los senadores electos se había reducido a 9. La AD M-19, por ejemplo, perdió la totalidad de sus nueve curules en el Senado. En todo caso, al menos hasta el momento, se trata más de movimientos testimoniales y particularistas, que de verdaderos partidos o movimientos de orden nacional.

Como veremos más adelante, la fragmentación y atomización extremas de todos los partidos y movimientos políticos sin excepción, es una de las principales fuentes para la penetración de los "dineros calientes" en las campañas electorales. Estas dejaron de ser una actividad partidista relativamente organizada, a través de una o más fracciones, para convertirse en una "empresa particular": cada político debe diseñar su propia campaña, conseguir los recursos necesarios, promover su imagen y montar su equipo asesor.

CUADRO Nº 5
MINORIAS ETNICAS, RELIGIOSAS Y POLITICAS AL SENADO
(1991)

PARTIDO POLITICO	VOTACION	Nº DE LISTAS	ELEGIDOS
Alianza Democrática M-19	454.467	1	9
Unión Patriótica	69.339	2	1
Unión Cristiana	67.882	2	1
Unitario Metapolítico	31.090	1	1
Autoridades Indígenas	30.312	1	1
Organización Nacional Indígena	30.020	1	
Nacional Cristiano	27.296	1	1
Alianza Social Indígena	26.493	1	1
Partido Socialista de los Trabajadores	4.467	1	1
TOTALES	741.366	11	16

CUADRO Nº 6
MINORIAS ETNICAS, RELIGIOSAS Y POLITICAS AL SENADO
(1994)

PARTIDO POLITICO	VOTACION	Nº DE LISTAS	ELEGIDOS
Alianza Democrática M-19	140.819	12	
Unión Cristiana	58.857	1	1
Compromiso Cívico Cristiano	52.748	1	1
Laicos por Colombia	51.177	1	1
Partido Comunista	51.032	1	1
Alianza Nacional Popular	49.732	1	1
Cívico Independiente	31.455	1	1
Autoridades Indígenas	28.366	2	1
Unitario Metapolítico	27.082	1	1
Partido Nacional Cristiano	21.325	1	
Renovación Democrática	19.640	1	
Alianza Social Indígena	14.245	1	1
TOTALES	546.478	24	9

Si en el pasado los partidos tradicionales colombianos se podían definir como una confederación de caciques departamentales unificados en torno a distintos jefes de orden nacional, es decir que tras cada uno de los dos partidos históricos existían de hecho dos o tres fracciones organizadas, hoy la situación es muy distinta. Si bien, para ciertos efectos, los partidos logran armonizar sus intereses y fuerzas, por ejemplo, en 1994 lograron designar a un solo candidato (Samper, Pastrana), en la práctica éstos han terminado siendo una simple sumatoria de miembros individuales, sin organicidad ni disciplina, lo cual se traduce por ejemplo en la pésima gestión parlamentaria que soporta hoy el país. Esta enfermedad no es patrimonio exclusivo de las viejas colectividades: el mismo mal aqueja a los nuevos partidos y movimientos que emergieron en torno a la Constitución de 1991.

Atomización partidista y gestión gubernamental

En abierto contraste con la fragmentación partidista "por abajo" a todos los niveles, desde las JAL hasta el Senado, los partidos se unificaron a través de distintos mecanismos (consulta popular liberal, convención conservadora o aclamación plebiscitaria en la AD M-19) en torno a un solo candidato para las elecciones presidenciales. De esta manera, el presidente electo en 1994, Ernesto Samper, tuvo durante la campaña electoral el apoyo de la aplastante mayoría de su partido que, salvo para este proceso, no funciona como tal. En tales circunstancias ¿cómo funciona (o no funciona) el sistema político?

De acuerdo con Sartori, en la obra ya mencionada, entre la variada gama de relaciones que se pueden entretejer entre el sistema de partidos y las ramas ejecutiva y legislativa en los sistemas presidencialista, se encuentran dos situaciones básicas: de un lado, un "poder dividido", debido a que el partido que controla el gobierno central no es el mismo que tiene las mayorías parlamentarias, como ocurriera en Colombia bajo la administración Ospina entre 1946 y 1949 o, más recientemente, en el período presidencial de Belisario Betancur. En este caso, es muy probable que se presente un intento de obstrucción de la gestión gubernamental por parte del o de los partidos que controlan el parlamento, dando origen a conflictos constantes que pueden conducir a una seria parálisis institucional.

De otro lado, se puede producir un "poder con mayorías coincidentes", es decir, que el mismo partido o una coalición de partidos tenga el control de ambas ramas del poder público. En este segundo caso, se pueden presentar dos situaciones distintas: en un primer escenario, tenemos partidos cohesionados, disciplinados, que permiten la conformación tanto de mayorías como de minorías sólidas, dando lugar en general a gobiernos con una buena capacidad de gobierno. Este es el caso actualmente de Chile y Uruguay. En un segundo escenario, tenemos por el contrario un sistema de partidos débiles y altamente fraccionados; en tal contexto, la existencia de mayorías coincidentes es simple y llanamente insustancial, dado que las mayorías parlamentarias sólo lo son en el papel, dado que no pueden actuar como partido de gobierno, así como tampoco las minorías pueden actuar como oposición, como ha pasado en Colombia durante los últimos tres gobiernos mayoritariamente liberales. En este caso, lo más probable es que debamos enfrentar situaciones de estancamiento e ineficacia, salvo que el presidente decida "gobernar" sin el Congreso.

El sistema político colombiano, debido a la grave fragmentación partidista que lo viene aquejando en los últimos años, ha oscilado entre dos tipos de gobierno: aquellos gobiernos que han buscado superar esta situación legislando por decreto, mediante facultades extraordinarias o gracias a la declaratoria de estados de sitio, y aquellos gobiernos que se han visto afectados por una seria parálisis institucional. No es de extrañar que en los sistemas presidencialistas, ante circunstancias de esta índole, se derive hacia una situación paradójica: ante la incapacidad de conformar partidos fuertes de gobierno, el propio régimen estimule la atomización partidista, mediante prebendas individualizadas a los parlamentarios, como una forma perversa para lograr mayorías parlamentarias *ad hoc*.

En efecto, el funcionamiento del régimen político en tales condiciones requiere, en cuanto hace al sistema de partidos, tres condiciones básicas: una total falta de principios ideológicos en el seno de los partidos, que éstos sean débiles e indisciplinados y, finalmente, una orientación de la política partidista centrada en asuntos locales. En este contexto, ¿cómo logra el presidente conformar mayorías para sacar adelante los proyectos de ley que requiere? Es decir, ¿cómo obtiene mayorías así sean circunstanciales? ¿Qué se negocia entre el presidente y los congresistas? Como lo muestra la experiencia internacional (Brasil o Estados Unidos, por ejemplo), en un contexto de grave atomización partidista, la clase política tiende a articularse en torno a intereses y no a principios políticos unificadores. Se generaliza una tendencia hacia un particularismo creciente, que lleva a que la prioridad número uno de un parlamentario sea mantener y fortalecer su feudo electoral, sobre cualquier otra consideración de índole ideológica o programática.

El gobierno, enfrentado a esta realidad, forma coyunturales mayorías *ad hoc* mediante la institucionalización de una política de componendas entre el poder ejecutivo y los parlamentarios. Es decir, el ejecutivo logra mayorías circunstanciales a través de una negociación de favores para los feudos electorales de cada uno de los parlamentarios comprometidos en el trámite de la ley en cuestión (*horse trading*). Por otra parte, para un funcionamiento mínimo del Congreso en un contexto de atomización partidista, se requiere cruzar de manera permanente la línea partidista y negociar en el andén opuesto, o sea, escoger a los partidos de oposición o a fracciones de éstos, para conformar con algunos parlamentarios del partido o la coalición partidos del gobierno, las circunstanciales mayorías[2]. En pocas palabras, como veremos más adelante, es la institucionalización de la política al menudeo, es decir, que ya no se negocia con los directorios políticos (que en el pasado jugaban un rol similar al líder de las mayorías en los sistemas parlamentarios), sino con los parlamentarios de manera individual.

Uno de los efectos más graves de este precario sistema de conformación de mayorías parlamentarias, es la pésima calidad de las leyes que se tramitan. Dado que éstas son el resultado de una prolongada negociación no con aparatos partidistas sino con parlamentarios individuales, toda norma termina siendo una enredada "colcha de retazos". Las consecuencias son múltiples, aun cuando nos interesa mencionar dos en particular: en primer término, la preocupante inseguridad jurídica que esta normatividad empobrecida genera (por ejemplo, para los inversionistas extranjeros) y, en segundo término, la explosión de leyes que se requiere para estar constantemente corrigiendo los constantes desafueros legales: ¿cuántas reformas penales y procedimentales ha tenido el país en los últimos diez años?[3].

Los "partidos de alquiler"

En Colombia nos estamos acercando día a día a la grave situación de atomización partidista que se vive actualmente, por ejemplo, en el Brasil. En este país, los políticos se relacionan con los aparatos partidista como "partidos de alquiler", es decir, que los políticos con frecuencia cambian de partido, votan en contra de lo que éste dispone y rechazan cualquier modalidad de disciplina partidista argumentando que la libertad para representar a sus electores no debe ser en ningún caso objeto de limitaciones. De esta manera, los partidos terminan siendo entes muy volátiles, por lo cual el gobierno queda enfrentado a un parlamento fuertemente atomizado y, por tanto, difícilmente gobernable.

Si en el pasado admitíamos que los partidos colombianos eran algo más que simples maquinarias electorales (partidos electorales), y jugaban bien o mal un papel significativo en el juego parlamentario (partidos parlamentarios), hoy debemos reconocer que esta segunda opción es de manera creciente inadecuada. La diferencia estriba en que mientras que el sistema de partidos es el de orden parlamentario, el gobierno negocia el desarrollo de la función legislativa con las cúspides partidistas, mientras que si se trata sólo de partidos electorales debe negociar con los parlamentarios uno por uno. En este caso, los partidos sólo constituyen un refugio provisional que les permite a los políticos obtener un respaldo para participar en las jornadas electorales, pero, una vez que éstos logran obtener su curul, son totalmente independientes para desarrollar la política que les convenga. Sin duda, en Colombia debido a los avales indiscriminados e indefinidos que conceden los partidos, como veíamos anteriormente, hemos entrado en la lógica de este sistema perverso.

La consecuencia más perceptible de esta derivación hacia partidos de alquiler es que las mayorías parlamentarias ya no son el resultado de un sólido partido de gobierno o, al menos, de la formación de una coalición política, sino de simples acuerdos circunstanciales. Según Sartori, una coalición implica un entendimiento duradero que abarca un conjunto coherente de temas, mientras que los acuerdos sólo se refieren a temas particulares y son el resultado de pactos circunstanciales que se tejen día tras día. O sea, se produce una alianza entre una clase política débil, fracturada, localista y un presidente que, para gobernar medianamente, les otorga a los políticos privilegios individuales o sectoriales, a cambio de que renuncien a ejercer un verdadero poder.

Actualmente, de acuerdo con el testimonio de algunos parlamentarios entrevistados, para la conformación de estas mayorías ocasionales se utilizan, por ejemplo, los llamados Fondos de Cofinanciación, es decir, la dinámica del gasto público puesto al servicio de la compra de lealtades políticas. Mediante este recurso, iniciado bajo la administración de César Gaviria, el poder ejecutivo destina recursos para los municipios o las regiones de los parlamentarios que requiere para el trámite o la aprobación de una ley.

Otra consecuencia de esta derivación de los partidos hacia simples maquinarias electorales, es la crisis de los liderazgos políticos. No sólo hace de los directorios o de las jefaturas de los partidos simples convidados de piedra, sin mayor autoridad, sino que la política real comienza a transcurrir al margen de los aparatos partidistas. En efecto, uno de los rasgos más pronunciados de la actual coyuntura nacional es la "politización" creciente de actores que empiezan a desbordar sus funciones tradicionales. La política (concebida como la instancia privilegiada para la tramitación de los conflictos y demandas entre la sociedad y el Estado) pierde día a día su papel central y otros actores comienzan a jugar un rol decisorio en este plano: los gremios, la Iglesia Católica, el aparato de justicia (en particular, la Fiscalía General de la Nación) e, incluso, fracciones militares. Colombia se ve en este contexto gravemente amenazada de pronunciamientos de orden corporativista, en donde elites de índole gremial, religiosa o, incluso, burocrática, se lanzan al escenario político con intención de incidir sobre el desarrollo de la crisis.

Uno de los factores que más contribuyó a la crisis de liderazgo en el seno de los partidos fue la norma de la no reelección presidencial aprobada en la Asamblea Constituyente de 1991. Hasta 1991, el "club de los ex presidentes", cuyo poder se fundaba en la posibilidad de la reelección, constituía uno de los ejes centrales en la organización de los partidos. En momentos de dificultades o de parálisis, en los cuales se requería tomar decisiones importantes con un mínimo de legitimidad, siempre se recurría a un López, a un Turbay o a un Betancur para dirimir los conflictos internos. Si bien, este sistema había bloqueado "una renovación lenta pero continua de la clase dirigente", como exigía Gaetano Mosca (1992) para evitar tendencias aristocratizantes e inmovilistas en los procesos políticos, había al menos mantenido un mínimo de orden partidista. Su abrupta interrupción desató una fiebre de nuevos liderazgos que, ante el vacío de poder que se ha producido en los partidos y en un contexto de crisis de la política y de los políticos, arremeten contra sus organizaciones partidistas de origen y buscan articular en torno suyo dispares coaliciones de índole suprapartidista.

¿Hacia una representación fragmentaria de intereses locales?

Detrás de la nueva forma de relación entre el poder ejecutivo y el poder legislativo se esconde no sólo el fraccionamiento y la desideologización de los partidos sino, como hemos visto anteriormente, las formas de representación que asumen los partidos en este contexto de atomización extrema. Constantemente se ha hablado en Colombia de una grave crisis de representación de los partidos tradicionales, así éstos continúen año tras año obteniendo las mayorías electorales. ¿Cómo explicar este hecho? En esencia, podríamos argumentar que además de la permanencia, así sea decreciente, de las identidades partidistas como argumenta Rodrigo Losada (1996), se añade una fragmentada y localista capacidad de representación de intereses por parte de los políticos en sus distintas órbitas de influencia política, como sostiene a su turno Fernán González (1996).

Es, sin duda, un hecho inobjetable que existe por doquier, a la derecha y a la izquierda, una crisis de proyectos societales. Pero, esto no impide que de una manera fraccionada se presenta una sumatoria de representaciones múltiples, dispersas, localistas, que se cobijan bajo un mismo partido, el cual constituye un símbolo tras el cual se cobijan miembros dispares de la clase política. Las viejas adscripciones partidista y las nuevas adscripciones utilitaristas se cobijan bajo un mismo paraguas partidista. Los partidos dejan de ser instrumentos de representación de intereses colectivos para devenir simples canales para la agregación fragmentada de intereses locales, en el marco de esquemas neoclientelistas (Francisco Leal, 1991). Por otra parte, el tradicional divorcio que ha existido en el país entre la dimensión de lo político y la dimensión de lo social, el cual ha constituido el eje interpretativo en la obra de Daniel Pécaut (1987), sin duda se ahonda con la representación fragmentada y localista.

En un contexto de crisis de representación de intereses colectivos, no puede extrañar que, por ejemplo, sectores gremiales o sindicales busquen expresar sus intereses sin la mediación de los partidos. Una expresión clara de este fenómeno son las solicitudes constantes de diversos sectores de conformar circunscripciones especiales no sólo para las minorías étnicas sino para el conjunto de los intereses organizados. En tal contexto, no sobra preguntarnos, ¿si estas presiones hacia la configuración de una democracia de tipo corporativista y fundada en circunscripciones especiales, no son la evidencia más palpable de la crisis que vive nuestro sistema democrático?

Atomización partidista y corrupción política

Cuando en 1983 William Schneider y Seymour Martin Lipset publicaron su informe titulado "La brecha de confianza", detectaron en los Estados Unidos un desencanto con respecto a la política sin antecedentes en el pasado. Según Sartori, en este clima de desencanto contribuyen varias cosas: en primer término, el negativismo antidemocrático que cobija tanto a nostálgicos de la vieja izquierda como de la derecha autoritaria, la videopolítica y la sustitución del *homo sapiens* por el *homo videns*, el creciente pragmatismo desideologizado de los partidos y, finalmente, la grave corrupción que aqueja a la política democrática.

Esta última ha alcanzado niveles sin precedentes. La corrupción política ha llegado a un punto en que corrompe y corroe a la propia política democrática. La corrupción de los políticos termina contaminando a la política como un quehacer esencial de la vida social. En efecto, para amplios sectores de la opinión pública los corruptos no son los políticos como individuos, sino la política misma. Para estos segmentos sociales desencantados, la corrupción es un componente más de la política, hace parte de su esencia íntima. La corrupción política se puede definir, en términos de Ives Mény (1996: 157) "como un intercambio clandestino de dos 'mercados': por una parte, el 'mercado político y/o administrativo' y, por la otra, el 'mercado económico y social.' Este intercambio es oculto porque viola las normas públicas, legales y éticas, y también porque sacrifica el interés general en áreas de intereses privados (ya sean individuales, corporativos, partidistas, etc)".

¿Qué factores han coadyuvado a la grave corrupción política que afecta hoy en día a la vida política nacional? Al lado de factores que son comunes a todos los sistemas democráticos actuales en el mundo (una grave pérdida de la ética del servicio público, un excesivo aumento de los costos de la actividad política y un manejo de enormes recursos sin ningún control por parte de los partidos), existen en el caso de Colombia factores más específicos.

En primer término, la declinación de la fidelidad partidista y, por tanto, el aumento de los costos para movilizar a un electorado cada vez más volátil y autónomo. Si en el pasado los partidos históricos contaban con un núcleo duro de fieles, cuya adhesión partidista era inamovible, hoy obtener un voto es cada vez más difícil a medida que crece la abstención electoral. Ante esta situación, que constituyó uno de los efectos no deseados del Frente Nacional, los partidos contaban, sin embargo, con tres recursos para la movilización política: los auxilios parlamentarios, la simultaneidad de los comicios electorales que facilitaba el "arrastre" de votantes de arriba hacia abajo y de abajo hacia arriba, y la existencia de feudos electorales consolidados. Las reformas de 1991 debilitaron estos recursos al eliminar los auxilios, separar el calendario electoral y crear la circunscripción nacional para el Senado (Pizarro, 1995). En segundo término, a esta declinación de la fidelidad partidista se ha añadido la fragmentación extrema de los partidos; en efecto no es lo mismo, por ejemplo, financiar y promover una lista para el Senado por partido, como hizo la AD M-19 en 1991, que impulsar 12, como hizo tres años más tarde. Este solo hecho ha multiplicado el costo de la política a niveles insospechados. En tercer término, el sistema de avales indiscriminados y la "privatización" de las campañas electorales quiebra cualquier posibilidad de control y sanción frente a los excesos o los delitos: ya no existe una tesorería central de partido, sino 12, ó 140 ó 350, de acuerdo con el número de avales concedidos: incluso en el caso de las candidaturas presidenciales en las últimas elecciones, en las cuales los tres principales partidos lograron unificarse en torno a un solo candidato, el manejo financiero no se realizó a través de las tesorerías de los partidos sino mediante fundaciones *ad hoc*. En tal contexto, dineros de dudosa procedencia o recursos exorbitantes de poderosos grupos financieros pueden penetrar sin diques de contención en el conjunto del mundo político. En uno u otro caso, afectando de manera irreversible la autonomía de los políticos electos, al condicionar su actividad legislativa o ejecutiva a los intereses particulares de grupos privados legales e ilegales, haciendo zozobrar el interés público en beneficio de los intereses privados.

El aumento ya escandaloso de los costos de la política en las elecciones para cuerpos colegiados, adquiere niveles aún más desmesurados en las elecciones presidenciales. La separación del calendario electoral y la doble vuelta presidencial han alargado de tal manera la duración de las campañas electorales que, más allá de los aspectos positivos de ambas reformas, han coadyuvado a este colapso financiero de los partidos y a su creciente dependencia de financiamientos irregulares.

Colombia atraviesa una crisis de orden político que tiene como origen inmediato este financiamiento irregular de las campañas electorales a todos los niveles. La explosiva y ambivalente mezcla de permisibidad y rechazo hacia el narcotráfico que ha vivido el país en las últimas dos décadas, encontró en las evidencias de la presencia de dineros del Cartel de Cali en la campaña liberal, un catalizador para exigir un cambio de rumbo radical con respecto a las formas de la actividad política. Como se observa en el Gráfico N° 1, tanto el Congreso como los partidos políticos tienen en la actualidad no sólo el más bajo nivel de confianza en la opinión pública, sino que este precario sustento se deterioró aún más entre 1994 y 1995. Lo grave en esta ocasión es que la figura presidencial, que en el pasado en alguna medida había sido preservada, pasó a ser seriamente cuestionada.

¿Hacia una "crisis de gobernabilidad"?

En la crisis que ha afectado al país se ha puesto, pues, en cuestión la credibilidad y el prestigio tanto de la figura presidencial como de su gobierno. Tratándose, como es nuestro caso, de un régimen presidencialista, el hecho de que sea el presidente mismo quien se encuentre en el ojo del huracán, le añade una dimensión de gravedad inusitada a la crisis. Distinto sería si nos encontráramos en un régimen parlamentario, donde el gobierno puede ser reemplazado sin grandes traumatismos institucionales. En nuestro caso, la eventual renuncia o caída de un presidente indudablemente tiene un impacto inmediato sobre el funcionamiento de las demás instituciones estatales y sobre el conjunto de la sociedad. ¿Cómo no recordar, en este contexto, momentos similares vividos durante este siglo, como la renuncia de Alfonso López Pumarejo en 1945 o el intento de veto del Congreso contra Mariano Ospina Pérez y el cierre inmediato de este cuerpo colegial a fines de 1949?

Según Sartori, tanto el presidencialismo y el parlamentarismo son mecanismos impulsados por un motor central: el presidente en el primer caso y el Parlamento en el segundo. ¿Qué ocurre cuando falla ese motor en los sistemas presidencialistas? Existen dos posibilidades: si el daño no es muy grave, puede generarse una parálisis de la gestión gubernamental (crisis de gobierno) o, si la falla es muy grave, se puede generar una crisis del propio sistema político (crisis de régimen). Esta es una diferencia fundamental entre ambos modelos políticos: mientras que en los sistemas parlamentarios las crisis graves poseen correctivos para canalizarlos como crisis de gobierno, las mismas crisis en los sistemas presidencialistas desembocan en crisis de régimen, tales como las constantes intervenciones militares que han aquejado al continente. Este ha sido el riesgo que ha vivido Colombia durante los últimos años. En efecto, ante la ausencia de mecanismos institucionales eficaces para superar la crisis de gobierno, hemos bordeado de manera constante el filo de la estabilidad institucional: una expresión han sido las voces llamando a salidas no institucionales para acelerar el cambio de gobierno, mediante un "paro patronal" o a través de un golpe militar.

En este punto es necesario aclarar un equívoco muy común entre los analistas: éstos han confundido los mecanismos constitucionales para reemplazar al presidente en caso de muerte, enfermedad o renuncia, con los mecanismos político-institucionales propiamente dichos. En el sistema parlamentario, además de las normas constitucionales para sustituir al primer ministro, existe una herramienta de orden político y es la pérdida de las mayorías en el Parlamento y el voto de censura. En cambio, en los sistemas presidencialistas el primer mandatario es elegido para un período fijo y salvo por razones de índole penal, el período es inamovible; en este caso, si se presenta una crisis de gobierno y el presidente decide no renunciar de manera voluntaria y no es obligado a dimitir por razones de orden penal, sólo queda una vía para sustituirlo: romper el marco institucional del país.

GRAFICO Nº 1
CONFIANZA EN LAS INSTITUCIONES

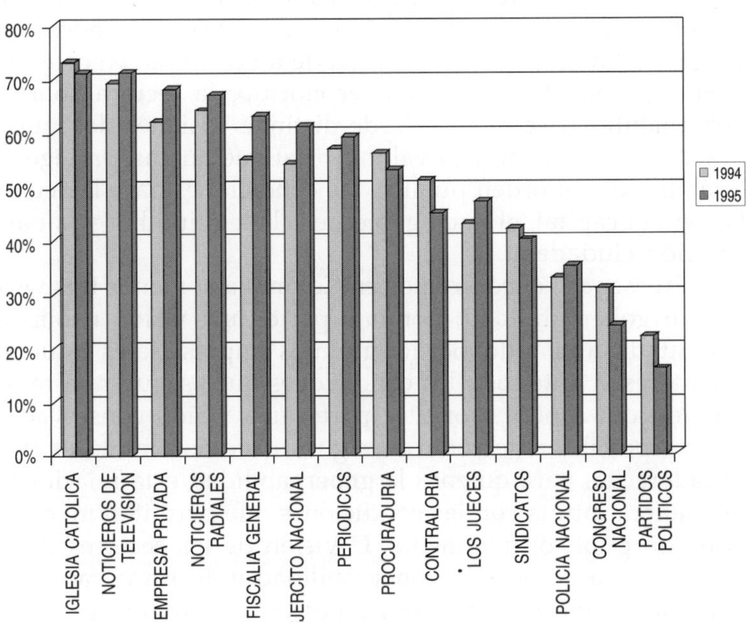

¿La actual crisis gubernamental se puede convertir en un futuro próximo en una crisis de gobernabilidad? En Colombia, como ocurre por doquier en el mundo, existen múltiples interpretaciones de esta noción en concordancia con los intereses en juego. Dada la amplia polisemia de este término, Angel Flisfisch (1989) lo ha calificado como un *catch all word*, una "palabra-coge-lo-todo". En la segunda posguerra el término estuvo asociado, ante todo, a la estabilidad económica o a la calidad de la gestión gubernamental. Más tarde, en el conocido informe presentado por Crozier, Huntington y Watanaki (1975) a la Comisión Trilateral, en torno a lo que éstos percibían como una creciente ingobernabilidad democrática, el término se utilizó en relación con la capacidad del sistema político para procesar o no las crecientes demandas ciudadanas. Fue bajo este ropaje que el término ingresó a la ciencia política: la "ingobernabilidad" de los sistemas democráticos requería una pronta despolitización y fragmentación de la sociedad civil para limitar sus demandas excesivas sobre el Estado. En América Latina el término se utilizó, inicialmente, desde una perspectiva muy conservadora como sinónimo de estabilidad y más tarde ha estado asociado con los problemas que aquejan a nuestros sistemas democráticos (René Mayorga), la legitimidad de los sistemas electorales (H. Trinidade) o a las modalidades del desarrollo económico (Angel Flisfisch).

Ante esta confusión, muchos autores han puesto de relieve los graves sesgos ideológicos que contiene la noción de gobernabilidad. Dado que se trata de un concepto en construcción y sin estatus científico reconocido, la lectura sobre la gobernabilidad se realiza desde distintas visiones del mundo que difieren en cuanto al valor central que buscan proteger: la estabilidad y el orden público, las condiciones para la acumulación del capital, el buen gobierno o la legitimidad y la participación ciudadana.

En esencia, encontramos en Colombia al menos tres visiones de gobernabilidad: por una parte, una visión neoliberal sustentada, ante todo, por los gremios empresariales a quienes les interesan ante todo las condiciones que aseguren la reproducción del capital; por otra parte, una visión conservadora que se percibe ante todo en algunos medios militares y de ultraderecha, para quienes la gobernabilidad está relacionada de manera íntima con las condiciones que permiten mantener el orden público; finalmente, la visión de los sectores democráticos para quienes la gobernabilidad indica una capacidad gubernamental de tomar decisiones virtuosas y por consenso, ligadas con la profundización democrática, la "competitividad auténtica", el mercado mundial y la integración social (Calderón, 1995).

Las tres visiones concibieron, entonces, estrategias diversas para superar la actual crisis gubernamental. En primer término, dado que el valor supremo para los sectores empresariales es el clima para la reproducción del capital, ante los riesgos de que la permanencia del actual gobierno afectara a la economía, consideraban que era legítimo quebrar la institucionalidad del país mediante un paro patronal para deponer al gobierno. Para quienes ponen el acento en el orden público, el *impasse* actual se podía solucionar mediante un "golpe militar quirúrgico", tal como ocurriera en Chile en 1973. Finalmente, para los sectores democráticos que colocan el acento en las instituciones democráticas como eje de un gobierno virtuoso, la única salida concebible era el respeto irrestricto al orden institucional.

Si bien, al menos hasta el momento, la solución a la crisis ha tomado la vía institucional, no deja de ser preocupante el ahondamiento del escepticismo ciudadano hacia la política –como el núcleo natural de la corrupción y de las promesas incumplidas–, y la politización extrema de sectores que, como los gremios, la Iglesia o el aparato de justicia, habían mantenido un perfil bajo y marginal en el plano específicamente político. Sin duda, la crisis de los partidos, que hemos analizado a lo largo de este ensayo, ha contribuido de manera clara al desarrollo de ambos hechos.

Los partidos en la crisis

Los partidos se encuentran en el origen de la actual crisis por acción u omisión. Pero ¿qué papel han cumplido en su solución? ¿Han constituido un factor preponderante o un factor marginal? ¿Han sido sustituidos por otros actores? ¿Cuáles? ¿Cómo? ¿Con qué consecuencias?

Sin duda, el financiamiento irregular de las campañas electorales ha sido el detonante inmediato de la crisis de gobierno que ha soportado el país en los dos últimos años. Sin embargo, la propia crisis de los partidos les impidió jugar un papel central en su manejo. Ni el partido liberal, aquejado de falta de cohesión interna y con una dirección de papel, ni el partido conservador, fracturado entre "opositores" y "lentejos", fueron un factor preponderante en el manejo de la crisis. Esta se jugó en otros escenarios y con otros actores. Los principales interlocutores fueron el propio gobierno, la prensa, el aparato de justicia (en particular la Fiscalía y las Cortes Constitucional y Suprema de Justicia), los gremios y, finalmente, Washington.

Este vacío partidista fue una de las razones fundamentales que más contribuyeron a la prolongación de la actual crisis. El enorme fraccionamiento de los partidos le impidió al presidente Samper hacer valer las mayorías liberales para imponer de manera rápida una solución política a la crisis. Pero, al mismo tiempo, la ausencia de una oposición conservadora unificada le dio un amplio margen de maniobra.

Ante el vacío de los partidos y el grave desprestigio de la clase política, se abren paso dos tipos actores que buscan sustituir simple y llanamente a los partidos o, al menos, explorar canales para representación directa de sus intereses sin la mediación de los partidos; se trata, por una parte, de actores tales como los dirigentes gremiales quienes buscan definir las vías y las modalidades de solución de la crisis, de tal forma que no afecten sus intereses; por otra parte, emergen "dirigentes antipolíticos", con discursos de índole mesiánico-populista, y con llamados a sustituir no sólo a los viejos políticos sino a las instituciones en las cuales éstos actúan, fundamentalmente los partidos y los cuerpos de representación política. Como dice Ludolfo Paramio (1995: 17), en circunstancias de crisis se puede generar una "pérdida de confianza en la política, y sobre todo en la política democrática, y conduce a muchos ciudadanos a poner sus esperanzas en dirigentes apolíticos, aunque la figura sea necesariamente paradójica. Cuando los médicos fallan, se recurre al curandero". En uno y otro caso, es preocupante el acento "rupturista" que ha predominado en el país en los últimos años, lo cual puede generar un clima de polarización entre partidarios y adversarios de la continuidad del gobierno, haciendo derivar la crisis hacia una situación de abierta ingobernabilidad institucional.

NOTAS

1 Este fraccionamiento constante de los partidos, tanto en Colombia como en Uruguay, lleva a Sartori a calificar el sistema de partidos que ha dominado históricamente en ambas naciones como un "bipartidismo de fachada" (*op. cit.*, pág. 193).

2 Actualmente en los Estados Unidos, dadas las mayorías republicanas en el Senado y en un contexto muy fraccionado del sistema de partidos, el presidente Clinton se ve obligado a conformar constantemente mayorías circunstanciales ley tras ley, conformadas tanto por parlamentarios republicanos como demócratas.

3 En los últimos años, el Nobel de Economía ha sido concedido a autores como North o Coase, quienes han insistido en la íntima relación existente entre el derecho y progreso. Estos autores han demostrado que existe una clara correlación entre seguridad jurídica, cumplimiento de la ley y funcionamiento de los tribunales de la justicia, y la estabilidad y el desarrollo económicos.

BIBLIOGRAFIA

Calderón, Fernando (1995), "Gobernabilidad y consolidación democrática: sugerencias para la discusión", en **Revista de la Cepal**, N° 7, Santiago de Chile.

Cavarozzi, Marcelo (1991), "Más allá de las transiciones a la democracia en América Latina", en **Revista de Estudios Políticos**, N° 74, Madrid.

Domínguez, Jorge (1995), **Los Desafíos de los Partidos Políticos en América Latina y el Caribe**, PNUD y FESCOL, Cartagena.

Flisfisch, Angel (1989), "Gobernabilidad y consolidación democrática: sugerencias para la discusión", en **Revista Mexicana de Sociología**, N° 3, Año LI, México.

Huntigton, Samuel (1994), **La Tercera Ola. La Democratización a Finales del Siglo XX**, Barcelona, Ediciones Paidós.

Leal, Francisco y Dávila, Andrés (1992), **Clientelismo. El Sistema Político y su Expresión Regional**, Bogotá, Tercer Mundo Editores/IEPRI.

Losada, Rodrigo (1996), **¿Sentimientos Partidistas, sin Partidos Políticos? Colombia en los Noventa**, ponencia presentada en las Jornadas "Ciudadanía y Partidos Políticos en Iberoamérica", Cartagena.

Mény, Ives, "Política, corrupción y democracia", en **Política y Gobierno**, México.

Mosca, Gaetano (1992), **La Clase Política**, México, Fondo de Cultura Económica.

Paramio, Ludolfo (1995), "Malestar político y avance de la derecha", en **Leviatán. Revista de Hechos e Ideas**, N° 60, Madrid.

Pécaut, Daniel (1987), **Orden y Violencia. Colombia 1930-1954**, Bogotá, CEREC/Siglo Veintiuno Editores

Pizarro, Eduardo (1996), "Fundamentos y propuestas para una reforma política en Colombia", en Varios Autores. **La Oposición Política en Colombia**, Bogotá, IEPRI/ FESCOL.

———. (1992), "Colombia: ¿hacia una salida democrática a la crisis nacional?, en **Análisis Político**, N° 17, Bogotá.

Sartori, Giovanni (1994), **Ingeniería Constitucional Comparada. Una Investigación de Estructuras, Incentivos y Resultados**, México, Fondo de Cultura Económica.

Teach, César (1993), "En torno al *catch all party* latinoamericano", en Manuel Antonio Garretón (ed.), **Los Partidos y la Transformación Política de América Latina**, Santiago, Ediciones FLACSO-Chile.

Justicia y democracia en Colombia: ¿En entredicho?

Juan Gabriel Gómez Albarello*

La reflexión sobre la administración de justicia ha tenido desde hace rato un lugar claro en el pensamiento político y económico, así como en la sociología del Estado. A este respecto, basta recordar los nombres de David Hume, Adam Smith o Max Weber. Los dos primeros hicieron de la existencia de un aparato de justicia que resolviese los conflictos entre los ciudadanos la condición necesaria para una convivencia pacífica, ordenada, segura y, desde luego, previsible[1]. Weber, por su parte, hizo de la existencia de tribunales estatales racionalmente organizados una condición necesaria para el desarrollo del capitalismo[2]. No obstante, sólo hasta ahora ha comenzado a estudiarse la importancia histórica de una judicatura independiente en la constitución de la moderna ciudadanía[3]. La discusión sobre gobernabilidad y sobre la protección y desarrollo de la ciudadanía democrática en América Latina, por su parte, ha dado lugar a una nueva y atenta mirada sobre la importancia de la administración de justicia dentro del conjunto del sistema político[4].

Los procesos de transición a la democracia en la región han estado indudablemente ligados a un examen crítico del papel

* Abogado, Profesor adscrito del Instituto de Estudios Políticos y Relaciones Internacionales (IEPRI) de la Universidad Nacional. Algunas reflexiones presentadas en este escrito elaboradas junto con Iván Orozco Abad en el marco de la investigación "Marco constitucional de la política criminal", que actualmente se realiza en el IEPRI. A Iván le debo el haberme introducido en varios de los problemas del nuevo constitucionalismo. En la preparación de este trabajo, recibí valiosos aportes de otros investigadores y amigos, así como de los participantes al seminario en el cual presenté este documento. Quisiera mencionar especialmente a Gonzalo Sánchez, a Francisco Gutiérrez y a Juan Pablo Zuloaga, quienes en diversos momentos difíciles, me dieron un fuerte estímulo para continuar adelante, así como a William Ramírez por la amable bienvenida que le ha dado a estas ideas.

jugado por los jueces durante las dictaduras. Operada dicha transición, el foco de los actuales estudios se ha dirigido hacia una segunda transición política en la cual es clave la firmación de la dimensión republicana de la democracia, esto es, la constitución de un tejido institucional fuerte que asegure la protección de los derechos de los ciudadanos y el control recíproco de los diferentes órganos estatales[5]. En este contexto, la pregunta por la administración de justicia se ha colocado en primer plano.

En Colombia, si bien el proceso de cambio institucional desatado con la convocatoria a una Asamblea Nacional Constituyente en 1991 corresponde, al menos en el plano normativo, no al paso no de un régimen autoritario a otro democrático sino al de una democracia limitada a otra más abierta y profunda, comparte con los anteriores la misma pregunta. De allí que uno de los temas más importantes de ese cambio institucional haya sido la revisión y reforma de las instituciones judiciales. Dicha reforma tuvo por objeto, entre varios propósitos, (i) fortalecer la capacidad de la justicia penal para controlar la criminalidad política (guerrillas), la criminalidad organizada (especialmente, el narcotráfico) y la criminalidad común; (ii) proveer al aparato de justicia de los instrumentos necesarios para asegurar su eficiencia; (iii) institucionalizar procedimientos ágiles de acceso a la justicia y nuevas formas de resolución de conflictos; (iv) así como introducir modificaciones a la forma de control judicial de constitucionalidad[6]. El análisis de estos cambios remite, pues la pregunta acerca de la relación existente entre la democracia, la ciudadanía y la administración de justicia. Cumplido un lustro de nueva constitución es necesario y oportuno realizar un balance de la situación de la judicatura y de su relación con la democracia.

Hay dos ejes respecto de los cuales resulta urgente realizar dicho examen: el primero es el relativo a la capacidad de la administración de justicia para contener la criminalidad organizada que directamente amenaza o socava la institucionalidad democrática y para controlar la criminalidad ordinaria que afecta profundamente las condiciones de convivencia de los ciudadanos; el segundo eje está referido a la problemática relación que ha asumido el sistema judicial con el conjunto del sistema político, relación que ha tomado la forma, acusada por varios protagonistas de la vida pública, entre otros por el propio Presidente de la República Ernesto Samper, de judicialización de la política y politización de la justicia. En este trabajo, me concentraré en este último aspecto. Los supuestos institucionales que han dado lugar al intenso protagonismo político de la justicia son, de un lado, su independencia y, del otro, la consagración en el ordenamiento jurídico de nuevas formas de acceso a la justicia que han dado lugar a también nuevas concepciones sobre lo jurídico y sobre el papel de los jueces. En tanto tales aspectos están estrechamente vinculados, dedicaré a ellos la primera parte de mi expresión.

La independencia de la judicatura en Colombia: Aspectos críticos

El puesto de la judicatura dentro del sistema político está determinado, en primer lugar, por el tipo de arreglos institucionales relativos a su conformación. a su relación con los demás poderes, así como a las definiciones respecto del alcance de su tarea. Para la teoría democrática de estirpe liberal, la independencia de la judicatura vale como corolario de la idea del gobierno representativo y limitado por la ley. La fundación de la democracia constitucional norteamericana, por citar sólo un ejemplo clásico, estuvo presidida por la voluntad de asegurar la independencia de las Cortes dado que sólo así quedarían asegurados los derechos de los individuos y limitada la voluntad del legislador[7]. Herederos de este legado, los regímenes democráticos latinoamericanos han consagrados en sus constituciones el principio formal de independencia del poder judicial. No obstante, la realidad ha estado aquí muy lejos del enunciado. Una constante de la vida política latinoamericana ha sido justamente la debilidad del aparato de justicia frente al gobierno[8].

Colombia, sin embargo, constituye una relativa excepción a esta regla histórica. Desde mediados de este siglo, las altas cortes se vieron libertadas de la injerencia de los partidos políticos y del gobierno gracias a una de las reformas introducidas con el Frente Nacional. En efecto, en 1957, bajo la égida de una junta militar provisional encargada de traspasar el poder a los civiles, mediante un plebiscito se validó como reforma constitucional el pacto político suscrito por los dos partidos tradicionales –el liberal y el conservador–, con el cual se le puso fin a la dictadura del general Rojas Pinilla y se retornó a la tradición de gobiernos popularmente elegidos. Con este acuerdo se estableció la paridad en el Congreso, el gobierno y la administración entre los dos partidos tradicionales. También se introdujo la regla según la cual la composición de la Corte Suprema de Justicia y del Consejo de Estado también sería partidaria, sus miembros permanecerían en sus cargos hasta la edad de retiro forzoso y serían elegidos por la respectiva corporación mediante el mecanismo conocido como cooptación. Hasta entonces, los magistrados de la Corte y el Consejo de Estado eran elegidos por el Congreso, de ternas presentadas por el Presidente, para períodos de cinco y cuatro años respectivamente. La reforma al procedimiento de integración de las latas cortes fue obra de los militares que formaban parte de la junta provisional. Según ellos, esta reforma era necesaria para asegurar la independencia de la Corte respecto de "una clase política que por intereses de partido había conducido al país a una violencia de barbarie"[9]. "Según algunos, de esa manera los jefes de la junta querían también evitar que una vez instaurado el gobierno civil, una Corte Suprema, influida por los partidos pues (era) nombrada por el Congreso, pudiera llevarlos a juicio por su anterior apoyo a la dictadura de Rojas. En efecto, según la Constitución que sería refrendada por el plebiscito, correspondía a la Corte juzgar a los comandantes generales (art. 151 ord 2). El mecanismo de la cooptación disminuiría considerablemente tales riesgos, pues los primeros magistrados serían nombrados por la propia junta. Los partidos no fueron receptivos a esa propuesta (...) pero la junta condicionó la realización del plebiscito a la realización de esa reforma"[10]. Treinta años después, en 1987, una Corte Suprema independiente declararía insconstitucional el decreto de estado de sitio mediante el cual el gobierno le atribuyera nuevamente a los militares del juzgamiento de civiles acusados de pertubar el orden público. Accidente, ironía o astucia de la razón, por obra de los militares, el arreglo institucional frente nacionalista hizo políticamente independiente a las altas cortes de justicia colombianas. La mayor expresión de esa forma, dos reformas constitucionales aprobadas por el Congreso: en 1977, por introducir un nuevo procedimiento de reforma a la Constitución; en 1981, por desconocer los derechos de las minorías durante el trámite de la reforma[11].

Sin embargo, esta independencia corrió de la mano con un serio déficit de autonomía del poder judicial en su conjunto, así como con un precario nivel de independencia de los jueces inferiores y una fuerte intromisión de los militares en la administración de justicia, particularmente, en lo relativo al juzgamiento de las violaciones a los derechos humanos. En efecto, el poder judicial no contaba con la capacidad para determinar los recursos necesarios para el desarrollo de su gestión, ni mucho menos para manejarlos. Históricamente, el gasto público asignado al poder judicial osciló entre el 4 y 5%[12]. Además la administración de los recursos estaba a cuenta del gobierno. De otro lado, el procedimiento de selección de los magistrados de tribunales y de los demás jueces dio lugar a la afirmación de un patrón clientelista de intercambio de favores, que distorsionó profundamente la provisión de justicia. Bajo el imperio de la Constitución derogada los magistrados y jueces eran designados mediante el siguiente procedimiento: la Corte Suprema de Justicia y el Consejo de Estado designaban a los magistrados de los tribunales superiores de circuito y de los tribunales de lo contencioso administrativo[13], respectivamente. Los tribunales de circuito, por su parte, designaban a los demás jueces. Si bien no había lugar directo para las maniobras de los partidos, no por ello contaba la sociedad colombiana con jueces independientes.

Como en otros regímenes civiles latinoamericanos, en Colombia los militares han disfrutado de la prerrogativa de juzgarse a si mismos. Por mandato de la Constitución, a la justicia penal militar se le atribuyó el conocimiento de los delitos cometidos por los miembros de las fuerzas armadas "en servicio activo o en relación con el mismo servicio". Esta norma proviene de la Constitución de 1886 y su sentido original, de acuerdo con la opinión de uno de los más autorizados comentaristas de la época, José María Samper, quién participara en su elaboración, era el de sustraer al conocimiento de los jueces ordinarios los delitos militares y los delitos cometidos en campañas militares[14]. Sin embargo, desde 1983 se arraigó definitivamente el criterio según el cual la expresión comprendía todos los delitos cometidos por los militares, incluidas las violaciones a los derechos humanos. Ese año, el entonces procurador general de la Nación, Carlos Jiménez Gómez, acusó a varios miembros del ejército de participar en la constitución del grupo paramilitar "Muerte a Secuestradores" (MAS). Con la acusación, se desató un conflicto de competencia entre los jueces ordinarios y los jueces militares. El Tribunal Disciplinario, a la sazón la autoridad encargada de resolverlo, le atribuyó el conocimiento del asunto a las cortes marciales[15]. De esta forma, se enquistó en el marco institucional una fuerte injerencia de los militares en la administración de justicia, en perjuicio de la garantía de los derechos de los ciudadanos.

La situación de la judicatura en Colombia no era, pues, satisfactoria. De allí que en la Asamblea Nacional Constituyente se hiciese una profunda revisión y reforma en este campo. No obstante, la dirección seguida no fue, de ningún modo, unívoca. Las posiciones de los delegatarios oscilaron entre dos extremos: de un lado, un riguroso garantismo que se traducía en la voluntad de fortalecer la independencia y autonomía judicial; y, de otro, un persistente interés en limitar la injerencia de la justicia en las decisiones del Congreso y del Gobierno –subordinando a las altas cortes, así como a las nuevas instituciones que se crearían con el cambio constitucional, como la Fiscalía General de la Nación–, y en mantener las prerrogativas judiciales de los militares.

El significado de los diversos cambios introducidos por la nueva Constitución de 1991 en materia de administración de justicia es ambiguo. Quisiera destacar tres aspectos críticos relativos a su independencia: en primer lugar, el relativo a la creación de nuevos órganos como la Corte Constitucional y la Fiscalía General de la Nación; en segundo lugar, el referido a la autonomía de los jueces ordinarios; y, finalmente, el relativo a la integración y competencia de la justicia penal militar.

Entre el azar y el cálculo: el carácter independiente de la Corte Constitucional y la Fiscalía General de la Nación.

Para muchos delegatorios, la mejor manera de recortar la independencia de las latas cortes y su injerencia en la vida política era mediante la creación de la Corte Constitucional. La propuesta, formulada sin éxito en el pasado, respondía a la idea de contar con un sistema de control constitucional dependiente de las mayorías parlamentarias. Con ella se quería poner fin al "gobierno de los jueces"[16]. De allí que se acordase finalmente que el Senado ha de designar sus miembros entre los candidatos que le presente el Presidente de la República, la Corte Suprema de Justicia y el Consejo de Estado (art. 239 Constitución Política). Además, sería de ocho años, sin posibilidad de reelección, suprimiendo así el carácter cuasi-vitalicio que ostentaban anteriormente. Finalmente, se dispuso de un procedimiento transitorio de elección de la primera Corte Constitucional que le otorgó al Presidente la facultad de designar dos de siete de sus integrantes.

En todas estas medidas se creyó encontrar un seguro contra el activismo judicial en el terreno constitucional. Sin embargo, tres factores anularon la intención de los reformadores. En primer lugar, debe mencionarse el peso de la tradición de independencia de las altas cortes derivado de los arreglos institucionales del Frente Nacional. Estos dejaron una profunda impronta en la vida nacional, aún a pesar de la modificación del procedimiento de selección de los magistrados de las cortes realizada por la Asamblea Constituyente en 1991. El peso histórico de la tradición se ha traducido en una autorrepresentación de los magistrados como funcionarios independientes, que se expresa en un fuerte sentido de autoridad y de celo respecto de cualquier intromisión del gobierno o de los partidos en sus decisiones. En segundo lugar, la decisión del Senado de revocar en 1992 los nombramientos de los magistrados de la sala disciplinaria del Consejo Superior de la Judicatura –otra de las nuevas instituciones creadas por la Asamblea Constituyente– y de la Corte Constitucional realizados conforme al procedimiento transitorio, terminó por favorecer la independencia de estos últimos. La designación de los primeros en Agosto de 1992 se realizó con arreglo al más claro criterio clientelista de reparto de cuotas burocráticas. Como observara Francisco Leal, "el escándalo que se produjo por el desafuero de estos nombramientos sirvió al menos para congelar el mecanismo a fines de año, cuando el Congreso (sic) designó los nuevos magistrados de la Corte Constitucional"[17]. En efecto, cuatro de los antiguos magistrados fueron ratificados en sus cargos y entre los nuevos había académicos sin ninguna trayectoria política[18]. Sin embargo, la próxima elección, a realizarse en el año 2000 si la Constitución no se reforma antes, no parece augurar buenos resultados considerando el profundo resentimiento de la clase política hacia la Corte Constitucional. En tercer lugar, la adopción de los modelos doctrinarios de control constitucional que se han ajustado mejor al carácter de la nueva Constitución y a la protección de los derechos fundamentales, como lo destacaré más adelante, terminaron por convertir a la Corte Constitucional en un activo y poderoso organismo político de control.

Entre las nuevas instituciones creadas por la nueva Constitución merece destacarse la Fiscalía General de la Nación. Con ella se ha querido fortalecer la capacidad de investigación y juzgamiento en el área penal, mediante la institucionalización de una estructura procedimental acusatoria de estirpe norteamericana. En la Asamblea Constituyente el gobierno propuso que el Fiscal General fuese de libre nombramiento y remoción del Presidente. En este tema hubo una fuerte reacción de parte de la mayoría de los delegatarios. Para asegurar la independencia de la Fiscalía, dispusieron que ésta pertenece a la rama judicial del poder público y le atribuyeron a la Corte Suprema de Justicia la función de elegir al Fiscal General, de terna elaborada por el Presidente de la República. Es indudable que si hubiese triunfado la propuesta gubernamental en la Asamblea y se hubiera establecido un procedimiento de elección similar al del Attorney General en los Estados Unidos, el Fiscal General no habría contado con la independencia suficiente para investigar la infiltración de dineros del narcotráfico en la campaña electoral del hoy Presidente Samper.

El carácter judicial de la nueva institución no ha dejado de ser, sin embargo, problemático puesto que sirvió para autorizar a la Fiscalía para adoptar varias medidas entre las que se incluyen la posibilidad de restringir la libertad de los acusados, en orden a asegurar su comparecencia en el proceso, medida que en otros países como Estados Unidos o Italia está reservada para los jueces. En tanto la Fiscalía tiene una estructura jerárquica y vertical, necesaria para asegurar la coordinación investigativa y persecutoria requerida contra la criminalidad, especialmente la organizada, los fiscales, sujetos a la autoridad del Fiscal General, no son realmente funcionarios independientes e imparciales[19]. En posesión de semejante poder, se han cometido graves abusos que han puesto en entredicho las garantías judiciales de los sindicados[20].

La (in)dependencia de los jueces ordinarios

En el proceso de selección de los jueces ordinarios se registraron también importantes cambios. Para el común de los ciudadanos, estos pueden ser más importantes dado que aquellos, mucho más que las altas cortes, son los que están más cerca de los conflictos ordinarios en los cuales se hayan envueltos. Los constituyentes de 1991 se propusieron modificar la situación de precaria autonomía de los jueces ordinarios institucionalizando una verdadera carrera judicial. Hoy el nombramiento de jueces debe hacerse por concurso de méritos. Al Consejo Superior de la Judicatura le corresponde elaborar las listas de candidatos para el cargo de magistrado de tribunal (art. 256 CP). La elección la ha de realizar la Corte Suprema de Justicia o el Consejo de Estado según el caso. A los Consejos Seccionales de la Judicatura, por su parte, le corresponde la elaboración de la lista de candidatos para el cargo de juez. La elección corre a cuenta del respectivo tribunal. Sin embargo, la implementación de los concursos ha sido todavía limitada y ha estado fuertemente controvertida. En efecto, en una encuesta realizada recientemente por encargo del Ministerio de Justicia y del Derecho, el 61% de los jueces entrevistados admitió haber accedido al cargo "por recomendación", mientras que sólo el 21% de ellos lo hizo "por concurso"[21]. Actualmente el Consejo Superior de la Judicatura no cuenta con una cifra consolidada de nombramientos de jueces por concurso, dado que en muchos casos los candidatos han impugnado la decisión. Este hecho, ligado a otros factores tales como la extracción social y académica de los jueces[22], sigue oscureciendo el status de los funcionarios judiciales en la sociedad colombiana. El respeto que se les profesa es limitado, lo cual tiene un impacto negativo en la autoridad de los juicios. Una manifestación clara de ello es el limitado alcance de la resolución de los conflictos judiciales mediante la conciliación, como lo mostraré más adelante. Del mismo modo, debe decirse que en tanto los jueces no sean vinculados mediante procedimientos transparentes, hay aquí un factor estructural favorable a la corrupción judicial. Este aspecto, aunque crucial, todavía no ha sido estudiado adecuadamente en Colombia.

La (In)justicia militar

Si en la jurisdicción ordinaria se advierte un serio déficit de independencia, éste asume un carácter aberrante en la jurisdicción castrense. La Asamblea Constituyente mantuvo inalterada la regla de la Constitución derogada que le atribuye el conocimiento de los delitos cometidos por miembros de las fuerzas armadas a tribunales castrenses. Por ello, hoy por hoy las violaciones a los derechos humanos cometidas por los miembros de la fuerza pública permanecen en la más completa impunidad. La gravedad de la situación ha sido señalada tanto por organismos estatales de control como la Procuraduría General de la Nación[23], como por organismos intergubernamentales de derechos humanos como la Comisión Interamericana de Derechos Humanos y por los Relatores Especiales sobre Ejecuciones Extrajudiciales y sobre Torturas de la Comisión de Derechos humanos de Naciones Unidas[24].

En 1995 se produjo una decisión sin precedentes. La Corte Constitucional declaró inexequible el artículo del Código de Justicia Penal Militar que permitía a los militares en servicio activo integrar los consejos verbales de guerra. El argumento de la Corte consistió en indicar que tales funcionarios no reúnen las condiciones de independencia e imparcialidad para impartir justicia, tal como lo ordena la Constitución[25]. Al día siguiente, en un acto inusual, el entonces Ministro de Defensa, Fernando Botero, le pidió a la Corte que reconsiderara su decisión. Luego, un numeroso grupo de congresistas reaccionó contra la decisión presentando un proyecto de acto legislativo que le devolviese a los militares en servicio activo la competencia que les quitó la Corte[26]. Con la anuencia del gobierno de Samper, la reforma fue finalmente aprobada después de cumplir el trámite ordinario de discusión en dos legislaturas[27].

Así las cosas, el balance sobre el grado de independencia de la justicia resulta difícil si bien los colombianos contamos con una Corte Constitucional fuertemente comprometida con la defensa de la situación global del sistema judicial. La falta de una adecuada protección de los derechos de los ciudadanos y de una correcta resolución de los conflictos cotidianos en los cuales se hallan involucrados difícilmente alimentará o fortalecerá su sentimiento de vinculación a la comunidad política. A un tiempo hay en la sociedad colombiana confianza y desconfianza hacia la justicia, la cual pone la pregunta por la constitución de una ciudadanía democrática en una auténtica zona gris.

El acceso a la justicia

La sociedad colombiana enfrenta con dramatismo el hecho de que la oferta de justicia no ha sido monopolizada con éxito por el Estado. En las zonas rurales y en casi la mitad de los municipios del país, las guerrillas, los paramilitares y, de manera ilegal, las fuerzas armadas, administran justicia a su modo. En los barrios marginados de grandes ciudades como Bogotá y Medellín, grupos de milicias y bandas armadas hacen lo propio. Así, en virtud de la prolongación del conflicto armado y de la difusión de la violencia como medio de resolución de conflictos ordinarios, se ha configurado un verdadero oligopolio en lo que se refiere a la provisión de uno de los bienes públicos más preciados de la convivencia democrática[28]. La precariedad y el grado desigual de la oferta estatal en este campo también explica el fenómeno de convivencia de forma estatales, para y contraestatales de administración de justicia. En este acápite, me limitaré a considerar el efecto de los cambios institucionales realizados desde 1991. Su lectura resulta difícil puesto que hay aquí tanto serias limitaciones como transformaciones muy profundas que tienen que ver con un nuevo grado de injerencia de los jueces en las decisiones de la administración pública y con el cambio del puesto del individuo en el escenario público. En suma, se trata de un mosaico dominado también por los tonos grises. A continuación, examinaré tres aspectos: la oferta de justicia formal, en primer lugar, luego, la introducción de nuevos mecanismos de resolución de conflictos o la provisión de lo que se conoce como justicia informal; y, finalmente, la introducción de nuevos mecanismos de protección de los derechos.

El panorama de la justicia formal

La resolución judicial de conflictos en Colombia presenta graves problemas. La mayoría de la población no cuenta con los recursos apropiados para la representación judicial de sus intereses. Se trata de un problema viejo. Un estudio realizado en 1979 demostró que, en la justicia penal, la mayoría de las actuaciones judiciales a favor de las personas de escasos recursos económicos las hace el juez oficiosamente (55.8% de los casos) o por petición directa del sindicado (12.3%)[29]. Ello debería haber dado lugar a la institucionalización de un sistema de defensoría pública de los acusados. La medida, sin embargo, no se adoptó sino hasta 1991 cuando se le atribuyó esta tarea a una de las nuevas instituciones creadas por la Asamblea Nacional Constituyente: la Defensoría del pueblo (art. 282 número 4 C.P.). Su implementación ha enfrentado limitaciones presupuestales que siguen limitando el acceso a la justicia. La crítica debe hacerse, empero, más severa. En tanto la asesoría legal de los funcionarios estatales sólo se realiza respecto de los sometidos a juicio penal, una parte gruesa de los ciudadanos de escasos recursos involucrados en conflictos civiles, comerciales, etc., sigue sin adecuada representación judicial[30].

Todos los que logran superar este escollo se enfrentan a un obstáculo no menos arduo e insoportable: la dilación judicial. El alto número de causas elevada ante los jueces ha dado lugar a graves problemas de congestión. Se trata de un problema también viejo y ampliamente acusado[31] que, a pesar de las diversas reformas implementadas en el sistema judicial no ha sido superado. En efecto, en diciembre de 1993, el volumen total de procesos a cargo de la justicia penal era de 1.939.717; en la justicia civil esa cifra ascendía a 1.762.431; en la justicia laboral, en la cual el mayor número de asuntos es resuelto mediante conciliaciones extrajudiciales, el volumen acumulado era de 127.925 procesos; y, en la jurisdicción contencioso administrativa era de 40.522[32]. El alto número de asuntos pendientes da lugar a que la resolución judicial se obtenga después de largos períodos o a que, finalmente, no haya tal resolución porque el asunto se archiva. Vale la pena destacar con respecto a los procesos penales que sólo un bajo porcentaje fue calificado con resolución acusatoria (entre el 15 y el 20 por ciento). De este total, un porcentaje muy bajo concluyó con sentencias condenatorias[33].

La oferta de mecanismos informales de resolución de conflictos

La sobrecarga del aparato de justicia no corresponde únicamente a los déficits administrativos y de recursos que lo caracterizan en Colombia, como parece sugerirse algunas veces[34]. Tiene que ver, en primer lugar, con la hipertrofia de lo jurídico común a todas las sociedades contemporáneas. Sobre este tema, hace ya dos décadas, Dominique Charvet anotó que "se puede observar un superdesarrollo de lo jurídico aplicado a las relaciones sociales, lo que ha provocado –por razones externas a la institución [judicial: J.G.G.A.]– un crecimiento considerable de la demanda respecto a él- Pero esta sobrecarga que habría podido ser reabsorbida –y está en vías de serlo– por nuevos sistemas de tratamiento, no ha sido tomada en cuenta, al menos en principio. Es decir, que los procedimientos elaborados en una época en que la solución judicial de los conflictos por vía judicial era relativamente excepcional, pero debía ser ejemplar, han seguido aplicándose mientras que una masa de situaciones se sometían a la justicia[35]. En segundo lugar, otro factor que contribuye a la sobrecarga del aparato judicial es el precario papel que ocupa la negociación en la cultura cívica colombiana. Entre los colombianos, parece ser dominante el enfoque según el cual los acuerdos y transacciones son juegos de suma cero. La intransigencia de las partes con respeto a la distribución de los beneficios y las cargas derivadas de los compromisos establecidos da como resultado acuerdos subóptimos. Su cumplimiento, además, es continuamente controvertido en los estrados judiciales. Hay, en buena medida, una cultura del pleito[36]. El alto número de litigios corresponde, en buena parte, a la regla no escrita y durante mucho tiempo validada por la conducta de las partes de que es mejor un juicio largo e incierto que un buen y rápido arreglo. En tercer lugar, en materia penal, el alto número de delitos que se cometen, particularmente contra la vida, en un país con altos índices de violencia es otro de los factores que explica la sobrecarga del aparato de justicia en Colombia. Ante una situación análoga, cualquier otro aparato de justicia en el mundo, por muy eficiente que fuera, ya habría colapsado.

Por todas estas razones, de manera análoga a lo realizado en otros países, en Colombia se han introducido nuevos mecanismos de resolución de los conflictos. Uno de los más importantes ha sido la conciliación, mecanismo en el cual concentraré aquí mi atención. En 1991 se promulgó la ley 23 con el objeto de descongestionar los despachos judiciales. Dicha ley consagró la posibilidad de recurrir a la conciliación judicial o prejudicial en lo civil y en lo administrativo como forma de lograr una resolución más rápida de los diferentes conflictos. Con base en decretos dictados al amparo de sitio, convertidos en ley permanente y luego con la promulgación del nuevo Código de Procedimiento Penal en 1991, se consagró una figura análoga en la justicia penal. En la jurisdicción laboral, la conciliación ha sido instituida desde hacía muchos años antes. Los resultados de la implementación de esta figura no son halagadores. Un reciente estudio sobre los mecanismos alternativos de resolución de conflictos ha demostrado que el promedio de casos resueltos mediante la conciliación en las diversas jurisdicciones oscila entre el 3,7% y el 20%[37]. En los Estados Unidos, al menos durante los años setenta y ochenta, la proporción ha sido exactamente la inversa. Sólo un número limitado de asuntos da lugar a la iniciación formal de un juicio. Según Edwin Shallert, "de los 85.420 casos civiles que se registraron en los Estados Unidos en 1975, sólo el 9% se resolvió por juicio"[38]. Una observación similar fue realizada tiempo después por Jaime Giraldo Angel en un estudio sobre el sistema judicial norteamericano. En efecto, según

Giraldo, "en materia civil como mecanismo de descongestión casi siempre se realizan audiencias preliminares (pre-trial), en las que el juez busca un acuerdo entre las partes". La existencia de éste y otros mecanismos ha hecho posible que "sólo entre el 5% y el 10% de los casos que se presentan a la consideración de los jueces lleguen a juicio, pues el resto se resuelve a través de ellos"[39].

La explicación a este fenómeno debe encontrarse en la falta de prestigio y reconocimiento de los jueces colombianos, en su precaria independencia. Nuestros jueces no son juristas experimentados a los que se les profesa gran respeto, como en los Estados Unidos, sino funcionarios burocráticos menospreciados. Esto los inhibe para intervenir como mediadores. La actitud de los jueces y magistrados es reforzada por la de las partes, inclinadas a cuestionar toda intervención del juez que implique una limitación de sus pretensiones. El éxito alcanzado por los "jueces de paz" en el Perú, quienes resuelven el 51% de los conflictos sometidos al conocimiento de la administración de justicia[40], experiencia que serviría como otro punto de contraste, guarda, con respecto al caso colombiano, otro tipo de diferencia que es preciso retener. El contexto de una fuerte integración comunitaria entre los miembros de los diversos estratos de la sociedad peruana facilita el reconocimiento de los "jueces de paz" como autoridad encargada del trámite y mediación de los litigios. Ello no ocurre en Colombia donde la desagregación y fragmentación social son características de la sociedad. Desde luego, es posible que los todavía escasos resultados de la conciliación puedan contribuir a reforzar la autoridad y el reconocimiento social de los jueces. Pero esto es, todavía, incierto.

Los nuevos mecanismos de protección de los derechos

Si bien el panorama no parece ser muy alentador respecto de la oferta de justicia estatal en lo relativo a la provisión de mecanismos de resolución judicial de conflictos, al considerar los nuevos mecanismos de protección de los derechos es preciso decir que se está operando una revolución silenciosa. La consagración constitucional de la acción de tutela, más conocida en el derecho comparado como resultado de amparo, ha servido para fortalecer la justicia y le ha dado un nuevo lugar dentro del conjunto del sistema político. La acción de tutela consiste en la posibilidad que tiene toda persona de reclamar la protección de sus derechos fundamentales ante un juez cuando éstos resulten vulnerables o amenazados por la acción u omisión de cualquier autoridad pública o por particulares en los siguientes casos:

cuando presten un servicio público, o su conducta afecte grave o directamente un interés colectivo o el solicitante se halle en una situación de indefensión o subordinación. La acción procede cuando el afectado no disponga de otro medio de defensa judicial, salvo que sea interpuesto como mecanismo transitorio y con el fin de evitar un perjuicio irremediable. Dicho reclamo ha de ser tramitado mediante un procedimiento preferente y sumario que no podrá durar más de diez días. La protección demandada consiste en un mandato del juez respecto de quien se solicita la tutela para que actúe o se abstenga de hacerlo. El fallo judicial es de inmediato cumplimiento. Puede ser impugnado ante la respectiva instancia judicial superior y, en todo caso, debe ser enviado a la Corte Constitucional la cual podrá revisarlo (art. 86 C.P.).

La más clara manifestación de la importancia de la nueva institución se ve reflejada en el alto número de acciones de tutela interpuestas por los ciudadanos. A junio 30 de 1996, el número de tutelas sometidas a la revisión de la Corte Constitucional era de 102.130[41]. Dos razones pueden explicar estas situación: en primer lugar, a diferencia de lo que acontecía en el pasado, los individuos cuentan con un mecanismo directo de protección de sus derechos básicos, esto es, tal protección no está subordinada a su desarrollo legal. Por esta vía, los jueces ordinarios ejercen un control concreto de constitucionalidad y pueden inaplicar incluso las reglas establecidas por el legislador que vulneren los derechos fundamentales. En segundo lugar, el carácter preferente y sumario del procedimiento ha dado lugar a una gran celeridad en la resolución de los asuntos sometidos a consideración de la administración de justicia por los ciudadanos, lo cual contrasta notoriamente del carácter positivo de la institución es la opinión de un grupo representativo de usuarios del nuevo mecanismo, recogida mediante una encuesta realizada en 1995: el 83% de los encuestados considera que la acción de tutela ha servido para proteger a las personas contra las arbitrariedades de las autoridades y para hacer justicia social; y el 77% cree que el nuevo mecanismo sirve para solucionar la ineficiencia de la justicia[42]. Un examen cualitativo de las decisiones de tutela revisadas por la Corte Constitucional puede servir para demostrar el impacto que han tenido en la constitución y desarrollo de la ciudadanía democrática[43]. El foco de este examen está dirigido hacia dos aspectos: la garantía ofrecida a los ciudadanos para movilizarse colectivamente, por un lado, y a la democratización y límite a la arbitrariedad en espacios que escapan a toda forma de control social o institucional, por el otro.

En varias decisiones la Corte Constitucional ha indicado que los patrones no pueden establecer aumentos de salario mediante pactos colectivos que beneficien exclusivamente a los trabajadores no sindicalizados, así como tampoco pueden excluir a los sindicalizados de la programación de trabajo en horas extras[44]. En un país en el cual la acción colectiva sindical ha estado seriamente afectada por la instrumentalización de que de ella han hecho los partidos de izquierda, pero también por las maniobras de los patronos, al grado de que cuenta con una tasa de sindicalización muy baja –escasamente del 8% de la fuerza laboral[45]–, este pronunciamiento judicial reviste una gran importancia. Así, el derecho a la sindicalización ha encontrado en la Corte Constitucional un punto de apoyo fundamental. En otra decisión en la cual se concedió la tutela a los trabajadores de un hospital municipal, la Corte dispuso que la omisión del alcalde de convocar a la comunidad para que participara en la integración de la junta provisional de dicho hospital vulneró los derechos a la igualdad, a la salud y a la participación de los peticionarios. En dicha oportunidad el alto tribunal estableció que la participación comunitaria es fundamental para la efectividad de los derechos económicos, sociales y culturales, ya que éstos responden a la satisfacción de las necesidades básicas de sus miembros, que son quienes las conocen y las sufren[46]. La relevancia de este pronunciamiento tiene que ver con la protección a la representación de los trabajadores en la toma de decisiones relativas a la provisión del servicio de salud.

En esta dirección, la acción de tutela ha servido para democratizar la vida cotidiana de los ciudadanos y limitar la arbitrariedad. Mediante la acción de tutela se ha venido configurando una suerte de carta de ciudadanía, como democracia pero también como Estado de Derecho, que se hace valer en diversos espacios sociales como la fábrica, la provisión de servicios públicos o de seguridad social, el sistema financiero, la escuela, la familia e, incluso, las cárceles. La Corte ha protegido el derecho de los trabajadores a ser reintegrados a sus cargos por haber sido despedidos injustamente, cuando tal situación ha sido reconocida por una sentencia de un tribunal laboral[47]; el derecho de los trabajadores despedidos o retirados voluntariamente a obtener en un plazo razonable el reconocimiento de sus prestaciones sociales[48]; el derecho de las personas que han cumplido con sus obligaciones comerciales a ser borrados de los bancos de datos de las instituciones financieras[49]; el derecho de los estudiantes a no ser sancionados sin la observancia del debido proceso[50]; el derecho de las mujeres a no sufrir maltrato de sus cónyuges o compañeros permanentes[51], así como el de los niños a no sufrir maltrato de sus padres[52]; el derecho de los reclusos a no ser privados de la visita conyugal, a contar con asistencia médica y, en el caso de los no condenados, a que se les garantice el derecho de participar en las elecciones[53]. La lista podría hacerse, desde luego, más larga. Aquí no he mencionado la gran cantidad de decisiones relativas a la protección de grupos sociales vulnerables tales como los ancianos, los disminuidos físicos y sensoriales o los enfermos. Pero, en todo caso sirve para destacar lo dicho anteriormente: la tutela ha servido para irrigar la vida social con la idea de que en todos los ámbitos el respeto a la dignidad del individuo impone reconocer y respetar su inviolabilidad y su autonomía. Con la tutela hay en curso un importante cambio social y cultural que apenas empezamos a percibir.

La tutela también ha tenido un profundo impacto sobre la administración pública. A través de este mecanismo se ha protegido el derecho de las personas a solicitar información a las autoridades o a recibir respuesta a sus peticiones. En efecto, un alto número de las acciones interpuestas tiene que ver justamente con la resolución del derecho de petición invocado ante diversas autoridades estatales[54]. Su interposición reiterada ante entidades encargadas de la provisión de seguridad social las ha obligado a realizar de manera más eficiente su gestión. Por efecto de la tutela, la Caja Nacional de Previsión Social, que en el pasado sólo tramitaba y reconocía en promedio 3.000 peticiones relativas al reconocimiento de pensiones, reconoce en la actualidad 10.000 de ellas[55]. No obstante, el campo en el cual aparece como más problemático el uso de este mecanismo de protección de los derechos es en el relativo a la adopción de ciertas acciones por parte de la administración pública. Mediante la acción de tutela se ha ordenado la finalización de una obra de alcantarillado inconclusa[56], se ha congelado la provisión de nuevas licencias de construcción urbana hasta tanto el municipio no resuelva el problema de saturación del alcantarillado[57]; se ha ordenado el traslado del botadero de basuras de un municipio puesto que ello afectaba el derecho a la vida y a la salud de vecinos del lugar[58], así como en otro se dispuso la construcción de un nuevo acueducto que provea agua apta para el consumo humano[59]. El carácter problemático de tales decisiones se deriva del hecho de que en tanto judicialmente se impone la provisión de recursos financieros para la ejecución de una determinada obra, hay aquí una auténtica intervención judicial en una esfera de competencia reservada a otras ramas del poder público. El impulso inicial de esta intervención estaba dado en la desconfianza de la Corte respecto de los órganos de representación política y la administración pública para proteger y garantizar adecuadamente los derechos sociales de los ciudadanos. Sin embargo, las reacciones a la injerencia de la justicia han dado lugar a la adopción de criterios restrictivos por parte de la Corte a la hora de definir el mandato correspondiente a la protección de tales derechos, en particular, cuando tal mandato pudiese dar lugar a la modificación de partidas presupuestales aprobadas por órganos democráticamente elegidos. Así, se ha tratado de establecer un balance entre la efectividad de los derechos constitucionales y la estabilidad institucional[60]. No obstante, la tensión persiste.

Con base en lo anterior, permítaseme formular varias conclusiones tentativas. En primer lugar, la acción de tutela ha sido una de las vías que, aunque limitada con respecto a este propósito, ha servido para canalizar la demanda de justicia social de muchos ciudadanos. Dicha demanda no sólo es la expresión de la insatisfacción acumulada en una sociedad profundamente desigual como la colombiana. También da cuenta del reclamo por formas de justicia material, reclamo que, durante mucho tiempo, ha sido desconocido por los ordenamientos jurídicos modernos organizados en torno a criterios de validez y legitimidad racional formal[61]. En segundo lugar, los desarrollos en este campo han dado lugar a un marcado contraste en lo que respecta a la percepción del funcionamiento de la administración de justicia. Hoy por hoy hay una verdadera esquizofrenia jurídica: el aparato estatal de justicia es muy débil e ineficiente para superar la crítica situación de impunidad, pero al mismo tiempo singularmente poderoso y ágil para proteger los derechos de los ciudadanos cuando éstos recurren a aquél mediante la acción de tutela.

Finalmente, debe decirse que la acción de tutela ha transformado el lugar de los individuos en la esfera política y ha sido uno de los elementos que ha contribuido a la transformación misma de lo político. La teoría política ha despreciado largamente el papel del ciudadano en la democracia. Ya en Weber aparece la idea según la cual la democracia no es más que el procedimiento más efectivo de selección de los líderes políticos. El papel del individuo está reducido a ello. Así, pues no habría que llamarse a engaños con respecto a lo ilusoria que resulta la idea de que la democracia consista en la institucionalización del papel político de los ciudadanos[62]. Si bien este "modelo elitista pluralista de equilibrio" de democracia ha sido fuertemente recusado[63], todavía sigue habiendo un gran escepticismo con respecto al papel del individuo en el proceso de toma de decisiones políticas[64]. Lo que nos muestra la acción de tutela es que, si bien el individuo sigue teniendo un escaso papel en la política que competencia entre diversas fuerzas políticas, con la mediación de los jueces, ha adquirido un gran poder para influir en las decisiones que afectan sus intereses. Para algunos, esto es objetable puesto que desplaza la necesaria búsqueda de cooperación con otros. La tutela sería así testimonio del fracaso y obstáculo de la acción colectiva[65]. No obstante, desde una perspectiva más optimista y enfatizando otro aspecto, puede considerarse una relación positiva entre los efectos de la tutela y la vida democrática: en tanto la movilización colectiva de los ciudadanos en la democracia precisa de la garantía previa de derechos civiles básicos como la libertad de asociación[66], su protección mediante la tutela sienta la premisa institucional básica para el logro de otros derechos de contenido económico y social[67]. Hay aquí, en todo caso, un difícil interrogante abierto.

El otro tema que quisiera destacar aquí es el relativo a la transformación misma de lo político operada con esta creciente intervención judicial fundada en la protección de los derechos. Tal y como lo ha destacado Luhmann, en las sociedades contemporáneas se ha dado una profunda diferenciación y complejización interna. Dicha diferenciación y complejización no está referida únicamente a la autonomización de diversos ámbitos de acción como la economía y la política: también ha devenido en una propiedad de tales ambitos[68]. La injerencia del poder judicial en las decisiones políticas ha intensificado la complejidad del sistema político y, sin lugar a dudas, ha contribuido a su descentramiento. Este proceso puede ser interpretado bajo la forma de judicialización de la política. A continuación, quisiera considerar este tema analizando el papel de la Corte Constitucional en el control de las decisiones del Congreso y del Gobierno.

La judicialización de la política y la politización de la justicia: El papel político del control constitucional

Preguntarse por la judicialización de la política y por la politización de la justicia es indagar acerca del papel del poder judicial en el control de las decisiones políticas y en el control de los encargados de tomar esas decisiones, así como considerar el efecto que tal ejercicio tiene sobre los funcionarios judiciales. La crisis política desatada por la presencia de dineros del narcotráfico en la política colombiana y la consiguiente iniciación de investigaciones por parte de la Fiscalía General de la Nación y la Corte Suprema de Justicia ha sido, innegablemente, el suceso histórico que ha puesto a los colombianos en estas cavilaciones. Pero no menos cierto es que con el papel jugado hasta el momento por la Corte Constitucional, esa pregunta ha adquirido una enorme relevancia. El dinamismo de las instituciones, como casi siempre sucede, ha desbordado la intención original de sus creadores. En 1991 en Colombia nadie imaginaba al Fiscal General acusando al Presidente o a la Corte Constitucional anulando la decisión del gobierno de declarar el estado de conmoción interior. La irritación de Samper con respecto al papel de la judicatura, expresada sin pudor en el discurso que pronunció el 13 de junio de 1996, un día después de ser absuelto por la Cámara de Representantes de la acusación de recibir dineros del Cartel de Cali, es un buen testimonio de la ansiedad de una clase política que ya no controla el proceso político y ya no soporta la intervención de jueces y fiscales. La transformación de la relación entre la justicia y el conjunto del sistema político operada con la nueva Constitución requiere pues un examen atento de estas cuestiones. En este trabajo, me limitaré a analizar las transformaciones aludidas operadas en materia de control constitucional.

La Corte Constitucional y el cambio de la relación entre el derecho y la política

El puesto y la función de los órganos de control constitucional en las democracias tienen que ver con la elección histórica entre diversos modelos de justicia política constitucional. Esa elección se lleva a cabo en el nivel constituyente, esto es, en la definición misma del alcance de la Constitución y de su defensa, realizada por sus autores políticos. Esa elección es ampliada o restringida posteriormente por parte del órgano de control constitucional. Históricamente, esos modelos se han definido, en primer lugar, en función de la relación establecida entre el órgano de control el Congreso y el Gobierno. A este respecto, vale decir que es larga la querella entre quienes consideran mejor para la democracia la existencia de un órgano de control constitucional de origen no democrático y los que aseguran que la democracia es el mejor límite para sí misma. En buena medida, el modelo norteamericano y el modelo francés –por lo menos hasta la IV República–, respectivamente, han representado las dos primeras posturas ideales típicas sobre el asunto. Con diversos ajustes e innovaciones nacionales, el primer modelo se ha impuesto en casi todo el mundo. A los órganos de control constitucional se les ha confiado la tarea de impedir que los gobiernos democráticos se deshagan de los lazos del derecho. Aunque algunas veces ablanden esas ataduras, no deja de ser problemático que funcionarios de origen no democrático tengan el poder de invalidar decisiones democráticamente adoptadas. Aunque algunos lo juzguen peor que la enfermedad, hasta ahora no parece haberse encontrado otro remedio mejor contra decisiones democráticas que socavan la democracia. En Colombia, con diversos intervalos y arreglos, desde 1811, en los albores de la República, hasta ahora, la guarda de la integridad de la Constitución se le ha confiado a un tribunal independiente. La irritación que sus decisiones provocan en tanto límite los poderes constituidos, se ha visto agravada por la reacción contra el activismo judicial desatado por la nueva Corte Constitucional.

La restricción o el activismo de las cortes depende de otro modo de justicia política constitucional que se haya adoptado políticamente y/o elaborado jurisprudencialmente en cada país. Tales modelos de justicia corresponden a equilibrios diferenciados entre los tres ejes normativos en los cuales descansa la legitimidad de los Estados democráticos contemporáneos: la democracia, el Estado de Derecho y el Estado Social. En todos, es básica, por supuesto, la dimensión liberal de Estado de Derecho como limitación del poder. Pero ésta es funcionalizada diversamente dependiendo del grado de compromiso consigo misma o con los otros ejes rectores.

Desde una perspectiva conceptual, puede decirse que el primer modelo de justicia política constitucional a considerar es el democrático, del cual John H. Ely es su más caracterizado representante. Ely sostiene que la tarea del órgano de control constitucional es la de proteger los procedimientos democráticos de la distorsión, asegurando la plena vigencia de los derechos políticos. La tarea de hacer efectivos los principios de justicia materiales le corresponde al legislador y no a la Corte. Esta debe garantizar no resultados democráticos sino procedimientos democráticos. Es mediante la protección de los derechos políticos, según Ely, que los ciudadanos pueden asegurar la efectividad de sus derechos civiles[69]. A esta perspectiva se le ha objetado el desconocer la diferencia de acceso a recursos en la sociedad para movilizar la voluntad política de los legisladores, diferencia que tiene un impacto negativo en la vigencia de derechos que, por su naturaleza, no deben estar abandonados al ámbito democrático de cambiantes mayorías.

Es este sentido reacciona el modelo cuyo eje rector es el propio Estado de Derecho, modelo al que Ronald Dworkin le ha dado carta de naturaleza. Heredero legítimo del ideario liberal constitucional, Dworkin considera que los derechos de los individuos deben ser entendidos como "pretensiones de triunfo sobre alguna justificación básica que normalmente es decisiva", formulada por el Congreso o el Gobierno. La institución de los derechos se basa en la convicción de que restringirlos en favor de cualquier objetivo es una injusticia grave en tanto significa "tratar a un hombre como algo menos que un hombre, o como menos digno de consideración que otros hombres" y, por lo tanto"vale la pena pagar el costo adicional de política social o eficiencia que sea necesario". La dimensión vigorizada del Estado de Derecho, como límite del poder del Estado y garantía de los derechos, contribuye, según Dworkin, a la preservación de la democracia. En este sentido, ha indicado que "La institución de los derechos (...) representa la promesa que la mayoría hace a las minorías de que la igualdad y la dignidad de éstas serán respetadas. Cuanto más violentas sean las divisiones entre los grupos, más sincero debe ser ese gesto para que las instituciones funcionen"[70]. El modelo dworkiniano de derechos se ajusta, pues, al paradigma liberal que los concibe como poderes resistencia del individuo, como límites frente a la injerencia del Estado.

El tercer modelo de justicia política constitucional está edificado sobre el Estado social como principio fundamental. En él, los derechos remiten, no sólo a poderes resistencia, sino también, y sobre todo, a contenidos materiales de justicia que implican no una visión negativa, limitada sino positiva del accionar del Estado. En tanto exigencias de justicia positivamente consagradas, el carácter vinculante de los derechos se extiende del ámbito liberal de la relación individuo-Estado al social de las relaciones entre los particulares. El constitucionalismo europeo de posguerra, especialmente el alemán, le ha dado vida política a este modelo[71]. En las constituciones italiana de 1948, alemana de 1949 y española de 1978 se incorporaron una serie de principios y un catálogo de derechos fundamentales. En manos de los respectivos tribunales constitucionales, tales principios y derechos alcanzaron una fuerza normativa que irradia todo el sistema jurídico. Se dejó así de lado la idea de que ellos eran apenas fórmulas programáticas en manos del legislador. Desde esta perspectiva, la Constitución es comprendida, ya no meramente como un catálogo de reglas, sino como un cuerpo normativo que incorpora un orden objetivo de valores cuya concreción y realización es tarea de todos los órganos del Estado. La referencia a un orden objetivo de justicia da lugar a un derecho éticamente enriquecido, que recupera la tensión entre legitimidad y legalidad abolida por el positivismo jurídico. Las consecuencias políticas derivadas de la puesta en marcha de este nuevo modelo son muy profundas. En tanto los nuevos tribunales constitucionales han reafirmado la vinculación entre el derecho y la moral, han recuperado por esta vía una fuerte vinculación entre el derecho y la política[72]. En esta nueva postura política y hermenéutica, han encontrado la palanca para un activismo judicial sin precedentes.

Este último modelo de justicia político ha sido el adoptado por la Corte Constitucional colombiana. De un lado, por mandato de la propia Constitución, los derechos fundamentales son directamente aplicables y deben ser protegidos por todas las autoridades. De otro, desde sus principios y fines contenidos en la Constitución fuerza normativa[73]. Semejante toma de posición tiene dos dimensiones: una correspondiente a la teoría del derecho y a la concepción de la Constitución, de sus principios de justicia, particularmente, los de justicia material. Una y otra se implican mutuamente. El presupuesto material de la nueva visión del derecho es la voluntad de hacer efectivos el Estado de Derecho, la democracia y el Estado social. La posibilidad de realización de estos valores depende de ejercicios de compatibilización permanentes, sólo posibles dentro de un nuevo modelo de interpretación y aplicación del derecho que los incorpora en el ordenamiento bajo la categoría de principios y los ajusta mediante el sopesamiento y la ponderación.

Se trata de un giro sustancial dentro del panorama constitucional colombiano en tanto remite a varias transformaciones. No solamente se trata de un cambio en la relación entre el derecho ordinario, éste cada vez más encausado por el primero. La transformación toca la espina dorsal de proceso de aplicación del derecho en tanto el modelo exegético tradicional de subsunción de los casos dentro de las reglas, es ahora superado por otro que, orientado a compatibilizar la realización de valores diversos con igual jerarquía constitucional, convierte al máximo tribunal constitucional en una instancia de concretización creativa de la Constitución. Con dicha transformación se ha operado también un profundo cambio respecto del papel de la Corte Constitucional frente al legislador. En el nuevo ordenamiento constitucional se ha producido una nivelación entre el Congreso y la Corte: si bien tiene primacía en el tiempo en la definición del derecho, la segunda ha adquirido primacía en la jerarquía orgánica estatal como guardián último de los valores, principios y reglas constitucionales. La hechura jurídica de las políticas públicas ha dejado así de ser discrecionalidad pura y dura, política prima facie, en las manos exclusivas del legislador –sea éste el ordenario o el excepción– o de la administración, para verse cada vez más penetrada y condicionada por las decisiones de la Corte Constitucional.

La Corte Constitucional como nuevo poder real dentro del sistema político

Gracias a su propia jurisprudencia, la Corte Constitucional colombiana ha hecho depender de sí misma, en un alto grado, el contenido y alcance de las decisiones del Congreso, del Gobierno y del propio poder judicial. Hoy la Corte no se limita a pronunciar fallos en los cuales declara la constitucionalidad o inconstitucionalidad de una determinada disposición legal. Además de negarle al legislador el carácter de intérprete auténtico de la Constitución[74], la Corte se ha declarado dueña de la posibilidad de establecer los efectos de tales fallos y, aún más, ha establecido que las consideraciones realizadas en la parte motival de sus sentencias, en ciertas condiciones, tienen efecto obligatorio para las autoridades.

En efecto, el alto tribunal constitucional, celoso de su independencia, ha reclamado para sí la facultad de definir los efectos de sus propias decisiones. Para la Corte, la Constitución no se refirió a los efectos de las sentencias de inconstitucionalidad y se limitó a declarar que ellos harían tránsito a cosa juzgada. Por tal razón, los efectos de cada sentencia pueden ser definidos autónomamente por la Corte. De manera lapidaria, resolvió el asunto al decir que "(...) entre la Constitución, cuando ésta interpreta a aquella, no puede interponerse ni una hoja de papel"[75]. Un buen ejemplo de tal tipo de decisiones son las sentencias integrativas. Se trata de fallos en los cuales el alto tribunal constitucional declara la exequibilidad de una disposición legal acusada, expulsando del ordenamiento las interpretaciones y aplicaciones de esa disposición que no resultan compatibles con la Constitución[76]. Este tipo de fallos corresponde a una postura metodológica que nutre la expansión competencial de la Corte. En este contexto, la definición del alcance de la ley ha dejado de ser un patrimonio exclusivo del legislador y ha pasado a las manos de los jueces constitucionales. Este cambio es aún más profundo si se toma en cuenta que la Corte ha señalado que son obligatorios y, en esas condiciones, deben ser observados por las autoridades, "los fundamentos contenidos en las sentencias de la Corte Constitucional que guarden relación directa con la parte resolutiva, así como los que la Corporación indique (...)"[77]. De esta forma, la definición e implementación de políticas públicas mediante la producción legislativa de derecho es ahora completada o redefinida por la Corte. Desde luego, y en justicia, es preciso decir que estos ejercicios de activismo jurisprudencial sirven para que la Corte, en aras de evitar efectos adversos para el conjunto del sistema político, proteja a un tiempo la voluntad política del Congreso y la supremacía de la Constitución, salvando bajo ciertas condiciones el derecho legislado. Pero este efecto moderador no modifica el hecho de que por esta vía se ha convertido en una nueva hacedora de las políticas públicas.

El cambio de posición de la Corte Constitucional dentro de la jerarquía estatal de poderes públicos no ha afectado únicamente al Congreso como legislador ordinario: también lo ha hecho con respecto al ejecutivo como legislador de excepción.

No se trata tan sólo del control sobre las medidas de emergencia: actualmente está sujeta a control judicial la decisión de declarar los estados de excepción. Desde una postura legalista edificada sobre la radical separación entre política y derecho, tal decisión compete exclusivamente al gobierno pues sólo en él está radicada la discrecionalidad sobre el juicio acerca de la necesidad de recurrir a los poderes de excepción para contener la conmoción interior causada por la perturbación del orden público. Esta posición había sido la observada tradicionalmente por la Corte Suprema de Justicia bajo el imperio de la Constitución derogada. La Corte Constitucional abandonó sustancialmente esta perspectiva al establecer primero que ella puede juzgar el presupuesto objetivo de la declaratoria de emergencia económica[78] y, luego, al extender el mismo razonamiento al examen del carácter grave e inminente de la amenaza contra la estabilidad institucional, la seguridad del Estado o la convivencia ciudadana que da lugar a la declaratoria del estado de conmoción interior. Con base en la nueva doctrina, la Corte ha declarado la inconstitucionalidad de dos de las ocho declaratorias de estado de excepción realizadas por el gobierno[79]. Si, en los términos de Carl Schmitt, soberano es quién tiene el poder de decidir sobre el estado de excepción[80], no hay duda con respecto a la profunda magnitud operada con la nueva jurisprudencia de la Corte: ahora es ella soberana.

El conjunto de la judicatura se ha visto afectada por la expansión del poder de la Corte. En tanto ha constitucionalizado su propia jurisprudencia –esto es, en la medida en que por virtud de la jurisprudencia constitucional hoy la Constitución es lo que la Corte dice que es–, hoy todos los jueces y magistrados están obligados a seguir la doctrina de la Corte Constitucional[81].

Todos estos cambios apuntan a convertir a la Corte Constitucional en el nuevo poder real del sistema político colombiano. Recuérdese que, en el siglo pasado, Benjamín Constant consideró necesario agregar a la conocida tridivisión del poder político un cuarto poder dedicado a la tarea de limitar al ejecutivo, al legislativo y al judicial. Como buen liberal, moderado en una época de transacción entre diversas fuerzas, propuso que este poder estuviese en cabeza del monarca[82]. En el conflictivo y desesperado escenario del régimen semiparlamentario de Weimar, Carl Schmitt encomendó al Presidente de la República una tarea similar, al elevarlo a la categoría de guardián de la Constitución[83]. En uno y otro caso, la limitación constitucional de los poderes del Estado era atribuida por estos autores a un órgano político y no jurídico, en tanto se asumía el supuesto, correcto, de que dicha tarea es sustancialmente política. Schmitt, especialmente, puso de presente que el órgano de control debería ser responsable políticamente. La difícil posición que ocupa la Corte Constitucional en el sistema político colombiano deriva justamente de ello: la Corte es una institución que, si bien no es responsable políticamente, toma decisiones políticas que limitan y encuadran la acción de los demás poderes públicos y define el alcance y la protección dada a los derechos de los ciudadanos. Se trata de un ejercicio problemático, como quisiera destacar a continuación.

Tópica y política en la Corte Constitucional

El nuevo ordenamiento constitucional, fundado sobre una base pluralista, está atravesado por el reconocimiento y la coexistencia de valores y principios distintos que reclaman ser respetados. Esa coexistencia "exige que cada uno de tales valores y principios se asuman con carácter absoluto con el metavalor que se expresa en el doble imperativo del pluralismo de los valores (en lo tocante al aspecto sustancial) y la lealtad en su enfrentamiento (en lo referente al aspecto procedimental)"[84]. El último modelo de aplicación del derecho compatible con la necesidad de resolver el choque entre principios diferentes con igual jerarquía constitucional es, como lo reconociera la Corte, el modelo ponderativo[85]. El sopesamiento y armonización de valores en pugna ha demostrado ser una tarea auténticamente política. Los equilibrios jurisprudenciales realizados por el alto tribunal constitucional reflejan las opciones políticas de los magistrados, tanto como sus diversas concepciones acerca de lo jurídico. Hay en la Corte activistas metodológicos, nutridos de la idea de una fuerte conexión entre derecho y moral, frente a juristas positivistas apertrechados en una aplicación de la Constitución resistente a los ejercicios ponderativos de los primeros. Unos y otros se dividen a su vez en liberales y conservadores, en lo que respecta a la protección de los derechos individuales frente a la defensa del orden y la moralidad pública.

La decisión mediante la cual se declaró la constitucionalidad de la penalización del aborto, por un lado, y la que declaró la inconstitucionalidad de la penalización del porte de dosis personal de droga para el consumo, por el otro[86], reflejan elocuentemente no sólo la diversidad de posiciones políticas dentro de la Corte, sino también el hecho frecuente de mayorías cambiantes y decisiones divididas. Ello es, en buena medida, resultado de la intransitividad de las preferencias políticas de los magistrados. Tal intransitividad puede quedar ilustrada con los siguientes ejemplos. En primer lugar, frente a una legislación particularmente severa y autoritaria, como la que penalizaba el pago de rescate de personas secuestradas, el magistrado Arango, no vaciló en hacer prevalecer la protección de los derechos individuales. Pero su talante militarista salió a relucir en el salvamento de voto relativo a la decisión que declaró la inconstitucionalidad de la norma que autorizaba a militares en servicio activo para conformar los tribunales castrenses[87]. En segundo lugar, los magistrados Arango y Barrera, quienes dieron su voto favorable a la sentencia liberal de despenalización del porte de dosis personal de droga, votaron a favor de una forma conservadora que dispone que la costumbre es fuente de derecho, cuando no sea "contraria a la moral cristiana", a pesar de que con ello se desconoce el principio constitucional de respeto a la diversidad étnica y cultural establecido en favor de los pueblos indígenas[88].

Una revisión cuidadosa de los argumentos empleados por los magistrados, colocados diversamente en la posición de votar favorablemente o salvar su voto, en los distintos casos considerados aquí, demuestra que ellos echan mano de principios constitucionales con igual jerarquía y construyen equilibrios y sopesamientos diferenciados, en función de sus preferencias políticas. Este modo de interpretar y aplicar el derecho no sólo recuerda sino que revitaliza el modo tópico practicado en el derecho romano clásico[89]. El estilo tópico se caracteriza por la libertad del intérprete para encontrar la solución al problema: primero se busca dicha solución y, luego, las normas en las cuales ella se fundamenta. Se trata, pues, de un juego hermenéutico opuesto a la exégesis y a la axiomática formalista dominante en el pensamiento jurídico de raíz europea continental desde el siglo diecinueve[90]. De esta forma, se ha hecho incierto el resultado de las decisiones de la Corte y, así, los ganadores y perdedores de las batallas constitucionales. En consideración a lo anterior, hoy puede decirse el de la política pura, dominada por los partidos y desarrollada en los escenarios tradicionales del Congreso y el Gobierno, tanto como en escenarios nuevos como los medios de comunicación; y, el de la revisión constitucional en el cual, si bien la argumentación jurídica es el medio dominante, es fluidificada por las consideraciones políticas de los jueces constitucionales[91]. El efecto de ello ha sido que el puesto de la Constitución como 'centro' de ordenación, como catálogo jurídico de carácter rígido, ha sido tomado por la política constitucional[92]. El control constitucional se ha convertido en otro momento de la política.

Sin embargo, ello ha tenido el efecto de dar lugar a una denunciada disolución tópica de la fuerza normativa de la Constitución[93]: los ejercicios jurisprudenciales de la Corte alargan o recortan la vigencia de ciertos principios según prevalezcan en ella posiciones conservadoras o liberales. No es cierto que el activismo de la Corte tenga un sentido democrático unívoco. En muchos casos, ese activismo ha respondido a la necesidad de la Corte de preservarse a sí misma, haciendo concesiones a la preservación de la estabilidad institucional por encima de la protección de los derechos, llegando incluso a allanar el terreno constitucional a la más pura y desnuda razón de Estado, materializada en las decisiones sobre los estados de excepción. A fin de cuentas, la Corte sabe que está en una partida en la cual, si bien cuenta con comodines y cartas de triunfo para definir el juego, se enfrenta a jugadores amenazantes, poseedores de recursos con los cuales pueden anular la letra de la Constitución.[94]

En justicia, debe decirse que los ejercicios jurisprudenciales tópicos realizados por la Corte son inevitables. Los autores de la Constitución, tanto como todos sus lectores, bien saben que ella es un amasijo de tensiones, que está atravesada por la afirmación de valores diversos, muchas veces en competencia. La politización de la Corte también ha sido inevitable, dada la naturaleza misma de su tarea. Lo más problemático, a mi juicio, es que este activismo se realiza en un contexto nada favorable, como mostraré a continuación.

El complicado escenario del activismo de la Corte

El examen de la jurisprudencia de la Corte Constitucional, realizado desde cualquier ángulo, es siempre, de por sí, revelador del hecho de que se ha operado un auténtico descentramiento del proceso de decisión política dentro de la vida institucional colombiana. El carácter problemático del activismo de la Corte resalta al considerar el delicado contexto en el que se produce. Muchas de sus decisiones, han servido al objetivo de protección de los derechos y a la democratización de la vida pública y social. En buena medida, la Corte ha llenado parcialmente el deficitario desarrollo de la nueva Constitución y ha contenido las contrarreformas que se han cobijado bajo el manto de la ley o de los decretos de excepción. Pero hoy por hoy va quedando claro que el país no le puede seguir apostando a una "democratización desde arriba"[95], a desarrollos progresistas de la Constitución realizados por la Corte Constitucional, menos aún cuando tales desarrollos alimentan, simultáneamente, una grave disociación con respecto a la función del derecho en la sociedad.

Esa disociación es una de las particularidades de la cultura política colombiana. Esta ha estado profundamente impregnada por un significado polivalente del derecho. A un tiempo, se confía en él excesivamente como instrumento capaz de transformar la realidad; pero se le profesa una gran desconfianza en tanto es percibido como un recurso estratégico, por lo tanto no neutral, para imponerse sobre el oponente. El desconocimiento del valor del derecho, de la ley como procedimiento y regulación sustancial impuesta sobre todas las partes en pugna, es común tanto a los debates parlamentarios como al trámite judicial de las grandes y pequeñas causas. Este significado polivalente del derecho es, desde luego, un rasgo compartido, en diferente grado, por todas las sociedades latinoamericanas, tan afectadas por el atavismo colonial de "se acata, pero no se cumple" o "la ley es para los de ruana", tan inundadas de blue sky laws, apresadas en una cultura política de las apariencias[96]. Sin embargo, este rasgo es mucho más acusado en la vida política colombiana. El número de constituciones promulgadas durante el siglo pasado en Colombia –diez en total, sin contar las constituciones provinciales–, supera el promedio de constituciones promulgadas en el resto de países latinoamericanos. Colombia también compite por el nada honroso título de ser el país en el cual se han realizado más reformas constitucionales durante el siglo veinte –sesenta y siete, sin contar la nueva Constitución de 1991–[97]. La política colombiana está repleta de referencias al inciso, al parágrafo, al numeral, al artículo. En suma, está llena de lo que coloquialmente se denomina como leguleyadas. Este legalismo tiene el efecto, sin embargo, de relevar constante y contradictoriamente las decisiones de las cortes y los tribunales: hasta antes de ser formuladas, a éstas se les considera como la partida final del juego. Una vez son pronunciadas, si ellas se apartan de la pauta ético-política del Gobierno o de los partidos tradicionales, se las impugna como atentatorias del orden público y social. Esta situación contrasta con contextos en los cuales hay una fuerte confianza en los procedimientos democráticos, tales como en Suecia, donde la garantía de los derechos es más política que judicial[98].

Este carácter problemático del derecho y, por lo tanto, de un activismo judicial como el practicado por la Corte Constitucional, tiene que ver con la débil integración social existente en Colombia. Un gran número de trabajos, particularmente los dedicados a analizar la violencia, coincide en destacar el profundo grado de fragmentación de la sociedad colombiana[99]. Los discursos demoliberales acerca del derecho y la justicia, así como sobre el papel de los jueces, adquieren un significado profundamente distinto en la pragmática de la fragmentada vida social y política colombiana. A diferencia de las sociedades plurales en las cuales la diversidad social y cultural se asienta en una fuerte afirmación de la tolerancia respecto de las diferentes formas de vida, en las sociedades no integradas, como la colombiana, esa diversidad da lugar a que el denominador social común se reduzca a valores vagos, ambiguos, fundamentalmente desvirtuados. Este tipo de sociedades carece, al decir del criminólogo Denis Szabo, de principios unificadores, de códigos comunes que hagan posibles el diálogo y la negociación de transacciones parciales. En ellas, la legitimidad del poder central se impugna y "la función de las leyes y sanciones se presenta como instrumentos de opresión al servicio de una minoría[100]. Una parte del drama de la justicia colombiana tiene que ver con el hecho de que tanto el activismo judicial como la restricción política de las cortes son interpretadas con arreglo a múltiples sentidos que no logran ser articulados en un discurso hegemónico. Así, ni la defensa de los derechos de los ciudadanos, ni la preservación del orden público logran estabilizar las diversas expectativas en competencia.

La otra parte del drama corresponde al hecho de que, si bien las altas cortes han gozado de una gran independencia, ella se ha afirmado en un contexto de debilidad general del aparato de justicia y de la democracia como procedimiento de formación de la voluntad política. En efecto, el aparato de justicia ha sido estructuralmente débil para resolver los conflictos sometidos a su conocimiento, para contener las diversas manifestaciones de la criminalidad y garantizar adecuadamente los derechos de todos los ciudadanos. Los altos índices de asuntos no resueltos y de impunidad, presentados anteriormente alimentan sustituciones compensatorias de la justicia. Como lo destacara lúcidamente Iván Orozco, el déficit de la administración de justicia contribuye al florecimiento de moralismos fundamentalistas que desesperadamente se lanzan a la conquista del voto de condena de la opinión pública.[101]. La misma observación vale para las decisiones adoptadas por los órganos de representación política, en las cuales grupos importantes de la sociedad no reconocen una garantía para sus intereses. El imperialismo moral tiene el efecto de poner tanto a los procedimientos judiciales como a los procedimientos democráticos en entredicho. En Colombia se ha constituido un círculo vicioso: la debilidad de la justicia y de la democracia contribuye a la desinstitucionalización de la vida política y social.

NOTAS

1 Según Hume, "el hombre, nacido en el seno de una familia, ha de mantener la vida social por necesidad, inclinación natural y hábito. Esa misma criatura, a medida que progresa, se ve impelida a establecer la sociedad política, a fin de administrar justicia, sin la cual no puede haber paz, seguridad ni relaciones mutuas. Debemos, pues, considerar que toda la vasta máquina de nuestro gobierno no tiene en última instancia otro propósito que administrar justicia (...)". Cfr. Hume, David (1987). **Ensayos Políticos**. Madrid, Tecnos. p. 26. Adam Smith, por su parte, adoptó una perspectiva similar al considerar las obligaciones del soberano respecto de sus súbditos. Este puso en segundo lugar, después de mencionar el deber de proteger a la sociedad contra la violencia y la invasión de otras sociedades independientes, la obligación del soberano de "proteger, hasta donde sea posible, a cada uno de los miembros de la sociedad, de la injusticia y de la opresión que puedan recibir de otros miembros de la misma, es decir, la obligación de establecer una exacta administración de la justicia". Cfr. Smith, Adam (1958). **Investigación sobre la Naturaleza y Causa de la Riqueza de las Naciones**. México, Fondo de Cultura Económica.

2 Cfr. Weber, Max (1977). **Economía y Sociedad**. Tomo II. México, Fondo de Cultura Económica, pp. 1062 ss.

3 Somers, Margaret (1993). "Citizenship and the place of the public sphere: law, community and political culture", en **American Sociological Review** N° 58, Vol. 5, pp. 587-620.

4 Cepeda Ulloa, Fernando (1994). "La Justicia y el Congreso Instituciones Claves para la Gobernabilidad" en **Política Colombiana** N° 1, Vol. 1, pp. 21-39: Früling E. Hugo (1995). "Judicial reform and democratization in Latin America". Mimeo.

5 O'Donnell, Guillermo (1992). Delegative democracy. Working paper.

6 Giraldo Angel, Jaime (1993). "La reforma constitucional de la justicia" en Gugas, John (compilador). ¿La Constitución de 1991 un pacto político viable? Departamento de Ciencia Política-Universidad de los Andes, Bogotá. Del mismo autor, véase (1994), "Informe sobre Colombia", en Correa Sutil, Jorge (editor). **Situación y Políticas Judiciales en América Latina**. Escuela de Derecho Universidad Diego Portales. Santiago de Chile.

7 Hamilton, Alexander. Madison, James; Jay, John (1948). **The Federalist or, the new Constitution.** London-New York, Everyman's Library. N° LXXVIII, pp. 394 ss.

8 Früling F., Hugo Art. cit., p. 8.

9 Charria, Alfonso (1988). Plebiscito, referéndum o dictadura. Bogotá, Impresores Iberoamericana, p. 10

10 Uprimmy, Rodrigo (1996) "Jueces, Narcos y Políticos: La Judicilización de la Crisis Política Colombiana". Mimeo.

11 Valencia Villa, Hernando (1987). **Cartas de Batalla. Una Crítica del Constitucionalismo Colombiano**. Bogotá, Instituto de Estudios Políticos y Relaciones Internacionales de la Universidad Nacional-CEREC, pp. 47 ss.

12 Ministerio de Justicia y del Derecho (1995). **Justicia para la gente. Una visión alternativa**. Santa Fe de Bogotá, Ministerio de Justicia y del Derecho, pp. 44 ss.

13 Con algunas excepciones, hay un tribunal superior por cada departamento. En cada uno de ellos hay también un solo tribunal contencioso administrativo. En la jurisdicción administrativa, estos constituyen la primera instancia, razón por la cual no hay otros jueces de inferior jerarquía.

14 Samper, José María (1982). **Derecho público interno**. Bogotá, Temis, pp. 568-569.

15 El fue primero militar según el "Tribunal Disciplinario", citado en Jiménez Gómez, Carlos (1987). **Los Documentos del Procurador**. Tomo IV. Bogotá, Retina, pp. 7 ss.

16 Se hizo así eco a las iniciativas de recortar el poder de la Corte Suprema de Justicia, formuladas con gran insistencia desde mediados de los ochenta. En 1984, por ejemplo, después de que la Corte anulara la emergencia económica dictada por el gobierno del Presidente Betancourt, el ministro de gobierno, Jaime Castro, presentó al Congreso la propuesta de creación de una Corte Constitucional. Argumentó que la Corte Suprema no reflejaba "ni siquiera medianamente la voluntad política de la nación". Cfr. Hinostrosa, Fernando (1984). **Aspectos del control constitucional en Colombia; Bogotá.** Universidad Externado de Colombia, pp. 113-121.

17 Leal Buitrago, Francisco (1993). "Política de gobierno", en Restrepo Moreno, Luis Alberto. **Sintesis '93. Anuario Social Político y Económico de Colombia**. Santa Fe de Bogotá, Tercer Mundo Editores Instituto de Estudios Políticos y Relaciones Internacionales de la Universidad Nacional, pp. 62-63.

18 Uno de ellos, Vladimiro Naranjo Meza, obtuvo un amplio respaldo, aún a pesar del veto público declarado por el entonces senador Alberto Santofimio. Comunicación personal de Vladimiro Naranjo, mayo de 1993.

19 Uprimmy Yepes, Rodrigo (1993). **¿Fiscal General o General Fiscal? Nuevo Procedimiento Penal y Derechos Humanos en Colombia**. Mimeo.

20 Gómez Albarello, Juan Gabriel (1994). **Los Agujeros Negros de la Nueva Constitución**. Mimeo; Comisión Andina de Juristas Seccional Colombiana (1995). Violación a las garantías procesales en la jurisdicción de orden público, hoy denominada Justicia Regional. Mimeo.

21 Ministerio de Justicia y del Derecho (1995). **El perfil de los jueces**. Santa Fe de Bogotá, Ministerio de Justicia y del Derecho, p. 48.

22 En su gran mayoría, los jueces se han formado en universidades privadas de mediano o bajo prestigio y han sido designados en sus cargos antes de los treinta años. Sobre este punto, véase la encuesta anteriormente citada, pp. 51 y 106.

23 Procuraduría General de la Nación (1994). III Informe sobre Derechos Humanos Colombia 1993-94. Santa Fe de Bogotá, Procuraduría General de la Nación.

24 En su segundo informe sobre la situación de Derechos Humanos en Colombia la Comisión Interamericana señaló sobre este tema lo siguiente "Preocupa a la Comisión que en la nueva Constitución se haya mantenido el fuero militar extensivo para los miembros de la policía de Colombia. Los riesgos que implica la existencia de ese fuero de juzgamiento pueden superarse con una adecuada reglamentación normativa que controle cualquier exceso en su utilización.

Por ello se recomienda excluir de manera explícita en la reglamentación los actos de tortura, ejecución extrajudicial y desaparición forzada de personas y establecer que su juzgamiento corresponde a la justicia ordinaria. Ello puede contribuir a superar en parte la impunidad que hasta ahora ha generado el fuero militar en Colombia" (Comisión Interamericana de Derechos Humanos (1994). Segundo Informe sobre la situación de Derechos Humanos en Colombia. Santa Fe de Bogotá, Comisión Andina de Juristas Seccional Colombiana, p. 386). Los relatores Especiales de Naciones Unidas señalaron por su parte que "Los que se inclinan en favor de la jurisdicción militar respecto de las violaciones de los derechos humanos cometidas por miembros de las fuerzas de seguridad han basado su argumento en la interpretación de los actos cometidos "en relación con" el servicio militar, con arreglo al artículo 221 de la Constitución. Los Relatores Especiales desean expresar su preocupación por el hecho de que la Constitución, entre cuyos principios se incluye el respeto de la dignidad humana y de los derechos humanos se interprete de modo tal que se siga tolerando una impunidad prácticamente total" (Naciones Unidas Consejo Económico y Social. E/CN,4/1995/111, 16 de enero de 1995, párrafo 108).

25 Corte Constitucional. Sentencia C/41/95.

26 Gómez Albarello, Juan Gabriel (1995). "Fueros y Desafueros. Justicia y Contrarreforma en Colombia", en **Análisis Político** N° 25, 1995, pp. 75-76.

27 Gómez Albarello, Juan Gabriel (1996). "Derechos Humanos y Derechos Humanitarios: de la Esperanza a la Desilusión", en Restrepo Moreno, Luis Alberto. **Sintesis'96. Anuario Social, Político y Económico de Colombia.** Santa Fe de Bogotá, Tercer Mundo Editores - Instituto de Estudios Políticos y Relaciones Internacionales de la Universidad Nacional, p. 80.

28 Sobre este último punto, véase Gutiérrez, Francisco (1995). **Justicia ciudadana y el oligopolio de las armas**. Proyecto de investigación. Bogotá, IEPRI Universidad Nacional.

29 Instituto Ser de Investigación (1983). Justicia Penal. Bogotá, Contraloría General de la Nación.

30 Esta crítica ha sido formulada en contextos distintos al colombiano, como el europeo. Cfr. Santos, Boaventura de Sousa (1991). "Introducción a la Sociología de la Administración de Justicia", en Santos, Boaventura de Sousa. **Estado, Derecho y Luchas Sociales**. Bogotá, ILSA, p. 159.

31 Giraldo A., Jaime; Reyes A., Alfonso; Acevedo B., Jorge (1987). Reforma de la justicia en Colombia. Bogotá, Instituto Ser de Investigación, pp. 61 ss.

32 Giraldo Angel, Jaime (1994). "La Justicia Dos Años Después de la Reforma Constitucional", en **Coyuntura Social** N° 11, 1994, pp. 36 ss.

33 De acuerdo a un estudio publicado en 1994, "en el campo penal sólo 20 de cada 100 delitos se denuncian y de esos 14 prescriben. De los 6 restantes, sólo 3 terminan en sentencia. Por lo tanto, la probabilidad de que un delincuente no reciba sentencia es del 97%". Cfr. Montenegro, Armando. Justicia y desarrollo. Santa Fé de Bogotá, Departamento Nacional de Planeación.

34 Representativa de esta opinión es el estudio de Giraldo et al. **Reforma de la Justicia en Colombia** citado anteriormente. Véase también,

Echavarría Olózaga, Hernán (1979). **Aspectos Administrativos de la Reforma Judicial.** Bogotá, sin editorial.

35 Charvet, Dominique (1977). "Crisis de la Justicia, Crisis de la Ley, Crisis del Estado", en Poulantzas, Nicos (compilador). La Crisis del Estado. Barcelona, Fontanella, p. 301.

36 Esta cultura del pleito ha terminado por incidir negativamente en el desarrollo de los nuevos mecanismos de informalización de la administración de justicia, generando así un circulo vicioso: hay congestión judicial porque la negociación privada no es fructífera, se acude a los estrados judiciales. Sobre este tema, véase Albarello, Juan Gabriel (1995). "Justicia Informal. Reflexiones sobre la Conciliación en la Jurisdicción Contenciosa Administrativa", en **Pensamiento Jurídico** Nº 4, 1995.

37 Giraldo Angel, Jaime (1995). "Mecanismos Alternativos para la Solución de Conflictos", en **Coyuntura Social** Nº 12, 1995, pp. 77-78.

38 Shallert, Edwin (1980). "Settlement of Civil Legitation in Federal Court: the Judge's Role", Cambridge, Mass., inédito: citado por Raiffa Howard (1982). **El Arte y la Ciencia de la Negociación**. México, Fondo de Cultura Económica, p. 221.

39 Giraldo Angel, Jaime (1986). "La Administración de Justicia en los Estados Unidos de Norteamérica" en Cepeda Ulloa, Fernando. **La Modernización de la Justicia en Colombia**. Bogotá, Universidad de los Andes, Facultad de Derecho, p. 147.

40 Giraldo Angel, Jaime (1995). "Mecanismos Alternativos para la Solución de Conflictos", art. cit., p. 81.

41 El Tiempo, 1 de julio de 1996, p. 3A.

42 Centro de Investigaciones Sociojurídicas de la Universidad de los Andes (CIJUS) (1996). **Incidencia Social de la Acción de Tutela**. Santa Fe de Bogotá, Ministerio de Justicia y del Derecho, p. 113.

43 Para la elaboración de este análisis me serví del extraordinario trabajo de síntesis de la jurisprudencia constitucional sobre tutela realizado por Rodolfo Arango. Véase, Arango, Rodolfo (1995). "Desarrollo de los Derechos y Deberes Fundamentales: ¿Quiénes son sus Beneficiarios?", en Corte Constitucional (1995). **La Corte Constitucional y la Guardia de los Derechos y Deberes Fundamentales**. Mimeo.

44 Corte Constitucional, Sentencias T- 230/94; T-326/94; T-079/95; T-143/95.

45 Gómez Buendía, Hernando (1989). **La Mayoría Silenciosa. Cómo se hace la Política Laboral en Colombia.** Bogotá, Instituto de Estudios Liberales.

46 Corte Constitucional, Sentencia T-383/93.

47 Corte Constitucional, Sentencias T-329/94; T-067/95.

48 Corte Constitucional, Sentencia T-260/94.

49 Corte Constitucional, Sentencia T-022/93.

50 Corte Constitucional, Sentencias T-015/95; T-114/95.

51 Corte Constitucional, Sentencias T-382/94; T-487/94; T-552/94.

52 Corte Constitucional, Sentencia T-128/94.

53 Corte Constitucional, Sentencias T-222/93; T-273/93; T-338/93; T-473/93; T-324/94.

54 Centro de Investigaciones Sociojurídicas de la Universidad de los Andes (CIJUS) (1996). Incidencia social de la acción de tutela. *Op. cit.*, p. 45.

55 *Ibidem*, p. 132.

56 Corte Constitucional, Sentencia T-406/92.
57 Corte Constitucional, Sentencia T-365/93.
58 Corte Constitucional, Sentencia T-062/95.
59 Corte Constitucional, Sentencia T-092/95.
60 García Villegas, Mauricio (1996). Justicia Constitucional y Crisis Política. Mimeo. pp. 9 ss.
61 Vale la pena anotar que con el examen de este reclamo, Weber concluyó su estudio sociológico sobre el derecho moderno. Cfr. Weber, Max (1977). Economía y sociedad. Tomo I. Op. cit., pp. 658 ss.
62 Para la exégesis del pensamiento de Weber sobre este punto, veáse Slagstad, Rune (1993). "Liberal Constitutionalism and its Critics: Carl Schmitt and Max Weber", en Elster, Jon; Slagstad, Rune (editores). Constitutionalism and democracy. *Op. cit.*, pp. 126 ss.
63 Macpherson, C.B. (1991). **La Democracia Liberal y su Epoca**. Madrid, Alianza Editorial.
64 Luhmann, Niklas (1994). "El Futuro de la Democracia" en Luhmann, Niklas. Teoría Política en el Estado de Bienestar. Madrid, Alianza Editorial, p. 161. Una opinión similar prevalece en el horizonte de la teoría de los juegos. En efecto, se ha indicado que, en la mayor parte, el ciudadano "es y se considera a sí mismo como carente de poder estratégico como individuo". Cfr. Shubik, Martin (1992). **Teoría de Juegos en las Ciencias Sociales. Conceptos y Soluciones**. México, Fondo de Cultura Económica, p. 37.
65 Intervención de Eduardo Pizarro en el seminario semanal del Instituto de Estudios Políticos y Relaciones Internacionales de la Universidad Nacional, 1995.
66 Para Thomas H. Marshall, la protección de los derechos individuales corresponde al primer momento de afirmación de la ciudadanía. El respeto de los derechos individuales es la condición mínima necesaria para que los Estados modernos se reconozcan como Estados democráticos (Cfr. Marshall, Thomas H. (1965). Cinzenship and Social Class. New York, Anchor Books). La primera dimensión histórica de la democracia como orden político ha sido la garantía de las libertades individuales frente a la autoridad estatal. La realización de los derechos económicos, sociales y culturales presupone esa primera dimensión, tal como lo ha puesto de relieve desde una perspectiva histórica el citado estudio de Marshall o desde una perspectiva filosófico normativa John Rawls en su Teoría de la Justicia (Cfr. Rawls, John (1979). **Teoría de la Justicia**. México, Fondo de Cultura Económica).
67 Comunicación personal de Francisco Gutiérrez, 1995.
68 Luhmann, Niklas. (1995). Teoría Política en el Estado de Bienestar. *Op. cit.*, pp. 61 ss.
69 Ely, John H. (1981). **Democracy and Distrust**. Cambridge, Mass, Harvard University Press.
70 Dworkin, Ronald (1984). **Los Derechos en Serio**. Barcelona, Ariel.
71 Representativa de este modelo es la obra del jurista alemán Robert Alexy. Véase, entre otros trabajos los siguientes: Alexy, Robert (1994)". Sistema jurídico y razón práctica", en Alexy; Robert. **El concepto y la validez del derecho**. Barcelona, Editorial Gedisa. pp. 159 ss; y, Zagrebelsky, Gustavo (1995). **El derecho dúctil. Ley, derechos, justicia**. Madrid, Editorial Trotta.

72 Sobre este tema, véase Nino, Carlos. Santiago. **Derecho, moral y política. Una revisión general de la Teoría del derecho**. Barcelona, Editorial Ariel.

73 Sobre este punto, véanse entre otras, las siguientes decisiones: Corte Constitucional; Sentencias C-479/92; y Sentencia C-587/92.

74 Corte Constitucional, Sentencia C-531/93.

75 Corte Constitucional, Sentencia C-113/93. Este mismo criterio fue reafirmado frente a los intentos del Congreso, madurados durante la aprobación de la ley Estatutaria de la Administración de Justicia, de limitar esta potestad de la Corte Constitucional. Véase Sentencia C-037/96.

76 Actualmente hay una jurisprudencia consolidada acogiendo las sentencias integrativas o fallos modulados en diversos campos como el penal o el civil. Véase, entre otras, las siguientes decisiones; Corte Constitucional, Sentencia C-146/94; y, Sentencia C-109/95.

77 Corte Constitucional, Sentencia C-131/93. Dos buenos ejemplos de decisiones semejantes son, de un lado, la relativa a las características de la detención preventiva regulada por el inciso segundo del artículo 28 de la Constitución y, del otro, la referida a la interpretación y aplicación del delito de enriquecimiento ilícito. En el primer caso, la Corte precisó diez condiciones con respecto a la admisibilidad de la detención preventiva gubernativa. Esas condiciones se derivan, en opinión del alto tribunal constitucional, "de la naturaleza excepcional de ese tipo de aprehensiones y del régimen constitucional de la policia en un Estado social de derecho". De esta forma, el poder discrecional de la policía para realizar detenciones preventivas sin orden judicial ha quedado sujeta no sólo a reglas legislativamente fijadas sino también jurisprudencialmente impuestas. En el segundo, precisó que la condena judicial por enriquecimiento ilícito sólo procedía previa declaración judicial de las actividades ilícitas con las cuales hubiese sido obtenido tal enriquecimiento. Cfr. Corte Constitucional, Sentencia C-024/4; y Sentencia C-127/93.

78 Corte Constitucional, Sentencias C-004/92.

79 Corte Constitucional, Sentencias C-300/94; y, C-466/95.

80 Schmitt, Carl (1922). Politische Theologie. Berlín, citado en Slagstad, Rune (1993). "Liberal constitutionalism and its critics; Carl Schmitt and Max Weber". Art. cit., p. 116.

81 Al considerar la aplicación directa de un precepto constitucional a un caso particular, la Corte ha considerado razonable agregar una cualificación adicional "consistente en que el sentido de dichas normas, su alcance y pertinencia, hayan sido fijados por quien haga las veces de intérprete autorizado de la Constitución. Que, de ese modo, la aplicación de las normas superiores esté tamizada por la elaboración doctrinaria que de ellas haya hecho su intérprete supremo (Art. 241)", que es la Corte Constitucional. Cfr. Corte Constitucional, Sentencias C-083/95.

82 Constant, Benjamín (1823). **Curso de Política Constitucional**. Tomo I. Burdeos, Imprenta de Lawalle Jóven, pp. 60ss.

83 Schmitt, Carl (1983). **La Defensa de la Constitución**. Madrid, Editorial Tecnos.

84 Zagrebelsky, Gustavo (1995). El derecho dúctil. Ley, derechos, justicia. *Op. cit.*, p. 14.

85 En una de sus primeras decisiones, dijo la Corte, "En cualquier caso, las conclusiones contrarias que puedan aparecer de la aplicación de uno u otro principio, deben seguir el criterio que exige la nueva Carta Constitucional, en virtud de la cual, el conflicto dialéctico que se pueda presentar entre dos bienes o derechos constitucionalmente protegidos, debe resolverse respetando el contenido esencial de cada uno de ellos. Pero cuando ello no fuere posible se debe dar primacía a aquel bien o derecho protegido, que mejor encarne los valores y principios que conformen el Estado social y democrático de derecho". Cfr. Corte Constitucional, Sentencia C-606/92.

86 Corte Constitucional, Sentencia C-133/94; y Sentencia C-221/94.

87 Corte Constitucional, Sentencia C-542/93; y C-141/95.

88 Corte Constitucional, Sentencia C-221/94; y Sentencia C- 224/94.

89 El Presidente de la Corte Constitucional, Carlos Gaviria, en una entrevista concedida a un diario capitalino, puso de presente que la tópica es el procedimiento hermenéutico dominante en la Corte. Cfr. **El Tiempo**, 2 de julio de 1996, p. 8A.

90 Sobre este tema, véase Viehweg, Theodore (1964). **Tópica y Jurisprudencia**. Madrid, Editorial Taurus.

91 Esta noción de juegos que se constituyen doblemente, ha sido tomada de un trabajo del sociólogo del derecho Alberto Febbrajo. Cfr. Febbrajo, Alberto (1988). "The Rules of Games in the Welfare State", en Teubner, Gunther. **Dilemmas of Law in the Welfare State**. Walter de Gruyter, New York-Berlin, p. 144.

92 Zagrebelsky, Gustavo (1995). "El Derecho Dúctil, Justicia". *Op. cit.*, p. 13.

93 Una de las críticas más severas contra el nuevo constitucionalismo ha sido llevada a cabo por Ernest-Wolfgang Böckenforde, quien hasta hace un mes fuera magistrado del Tribunal Constitucional Federal alemán. Según este autor, la jurisprudencia de sopesamiento ha conducido a una disolución tópica del sentido normativo de la Constitución. Dependiendo del problema, se ajustan soluciones particulares para cada caso. En tanto el sopesamiento sea el único límite reconocido a las construcciones del Tribunal a la hora de interpretar y aplicar los principios y reglas constitucionales, hay allí un límite muy pobre que pone en peligro las garantías constitucionales de los derechos. La seguridad jurídica se desvanece entre construcciones jurisprudenciales fundadas en equilibrios ad hoc de principios. El sopesamiento, señala Böckenforde, es más que interpretación de la Constitución: es concretización creativa en manos del juez constitucional. De esta forma, se producen case-law, leyes particulares para cada caso. Según Böckenforde, la nueva jurisprudencia constitucionalista alimenta un regreso a un estado anterior a la separación de poderes. Convertido el Tribunal Constitucional en un aeropagoconstitucional, se produce un triunfo del Estado de Derecho y una derrota de la legitimación democrática. Cfr. Böckenforde, Ernest-Wolfgang (1976). "Die Methoden der Verfassungsinterpetation - Bestandsaufnahme und Kritik", en NJW, pp. 2089-2099. Del mismo autor, (1976), **Staat, Gesellsschaft, Freshest**, Francfort del Meno. Debo esta indicación a Iván Orozco Abad. Robert Alexy ha elaborado una pormenorizada respuesta a los argumentos de Böckenforde. Véase, Alexy, Robert (1993). **Teoría de los Derechos Fundamentales**. Madrid, Centro de Estudios Constitucionales, pp. 524 ss.

94 Recuérdese la velada amenaza pronunciada por el Presidente Samper contra la Corte en momentos en los cuales ésta debía decidir sobre la segunda declaratoria de conmoción interior realizada por el Gobierno. De haber sido consecuente con su propia doctrina, no habría podido admitir, como finalmente lo hizo, el recurso a los poderes de excepción justificado por el Gobierno por el asesinato de Alvaro Gómez. Si bien este hecho era grave, no constituía una amenaza "grave e inminente" contra la estabilidad institucional. Sin embargo, antes de la sentencia, en febrero de 1996, en medio de las declaraciones del ex ministro Botero responsabilizando a Samper por la recepción de dineros del Cartel de Cali y ante la inminente descertificación de los Estados Unidos en materia de lucha contra el narcotráfico, el Presidente machacantemente insistió en la necesidad de contar con medidas que fortalecieran la de su capacidad de gobernar, que le devolvieran la "gobernabilidad" al país.

95 Retomo aquí la pregunta planteada por Eduardo Pizarro en su artículo "Elecciones, Partidos y Nuevo Marco Institucional". ¿En qué estamos?", en **Análisis Político** N° 22, 1994.

96 Lambert, Jacques (1963). Amerique Latine. **Structures Sociales et Institutions Politiques**. Paris, PUF; Rouquié, Alain (1990). **Extremo Occidente. Introducción a América latina.** Buenos Aires. Emecé.

97 Un observador foráneo ha destacado, con respecto al Frente Nacional como pacto de garantías mutuas entre los dos partidos tradicionales, el hecho de que éste tomara la forma de reforma constitucional. En efecto, "puede uno preguntarse si un acuerdo constitucional tan formal y rígido era necesario. En la mayoría de los casos consociacionalistas, los mecanismos no están consagrados en la Constitución sino en pactos y acuerdos entre los partidos" Cfr. Hartlyn, Jonathan (1993). La Política del Régimen de Coalición. La experiencia del Frente Nacional en Colombia. Santa Fe de Bogotá, Tercer Mundo Editores-Ediciones Uniandes-CEI, p. 97.

98 Board, Joseph B. (1991). "Judicial Activism in Sweden", en Holland, Keneth M. (editor). Judicial Activism in Comparative Perspective. New York, St. Martin's Press. Esta observación coincide con la formulada por Jon Elster con respecto al hecho de que "si las leyes son promulgadas por asambleas elegidas correctamente y aplicadas mediante procedimientos participativos correctos, la necesidad de límites constitucionales parecería menos urgente". Cfr. Elster,Jon (1993). "Introduction", en Elster, Jon; Slagstad, Rune (editores). **Constitucionalism and democracy**. New York, Cambridge University Press. p. 8.

99 Entre otros, véanse Pécaut, Daniel (1987). Orden y Violencia: Colombia 1930-1954. 2 Tomos. Bogotá, Siglo XXI Editores; del mismo autor (1989). Crónica de dos Décadas de Política Colombiana 1968-1988. Bogotá, Siglo XXI Editores; Sánchez Gómez, Gonzalo (1991). **Guerra y Política en la Sociedad Colombiana**. Santa Fe de Bogotá, El Ancora Editores.

100 Szabo, Denis (1985). "Tipos de Sociedades, Criminalidad y Política en Materia Criminal", en Szabo, Denis. **Criminología y Política en Materia Criminal**. México, Siglo XXI Editores. pp. 171 ss.

101 Orozco, Iván (1996). "Política y Justicia en la Coyuntura Actual Colombiana", en Guzmán, Alvaro (editor). **Justicia y Sistema Político en Colombia. Bogotá**, FESCOL-Instituto de Estudios Políticos y Relaciones Internacionales de la Universidad Nacional (en prensa).

Perú

Mediaciones políticas, democracia e interés público en el Perú de los 90

Sinesio López Jiménez

Algunos analistas peruanos y extranjeros han sugerido la imagen del Perú como un país-laboratorio en donde muchos fenómenos sociales y políticos adquieren una visibilidad inusitada que favorece su análisis exhaustivo. La visibilidad de algunos fenómenos políticos ha llegado en el caso peruano a situaciones-límite tales que puede ser provechoso compararlos con sus similares que suceden en otros países de América Latina. Al parecer, dicha visibilidad tiene que ver con la amplitud e intensidad de las contradicciones que dinamizan la vida social y política peruana y que emergen a la superficie de la sociedad en períodos de aguda crisis. En efecto, en el Perú coexisten una estructura económica relativamente moderna con otra muy tradicional; una estratificación social basada en las clases sociales con otra, aunque subordinada, basada en el status, en la cuna y el apellido; una forma política relativamente moderna, asentada en relaciones de autoridad ciudadana, con otra de carácter patrimonialista, asentada en relaciones de clientela; una cultura criolla y acriollada vinculada al cosmopolitismo y otra chola y cholificada con estrechas vinculaciones con las culturas indígenas; una débil cultura liberal con una fuerte cultura comunitarista y estatista. En resumen, en el Perú coexisten en la misma actualidad diversos y contrapuestos tiempos históricos y conviven en el mismo espacio sociocultural elementos sociales y políticos heterogéneos y contradictorios que, en situaciones de crisis aguda, rompen la relativa unidad de la sociedad y aparecen disgregados en la superficie de la misma. De eso proviene su visibilidad.

La crisis de los partidos, las dificultades de la democracia y la devaluación del interés público –los tres temas que este artículo intenta relacionar– han alcanzado niveles inusitados si se los compara con otros países de América Latina.

En efecto, la profunda crisis de los partidos políticos peruanos los ha incapacitado para cumplir sus funciones de agregar intereses, construir identidades y erigirse en canales de expresión y de representación política. Los partidos son actualmente irrelevantes en el escenario político nacional. La década de los 80 marca su crisis profunda y la de los 90, su colapso. Los partidos no lograron mantener su reconocimiento legal después de 1995 porque ninguno de ellos alcanzó, en el nivel presidencial, el porcentaje mínimo requerido para tal fin en las elecciones generales de ese año: el 5% de los votos[1]. La peculiar y profunda crisis de los partidos políticos peruanos tiene que ver, por un lado, con la acción corrosiva y combinada de la crisis económica y de la violencia política que, ante la incapacidad de enfrentarla y darle una salida positiva, los debilitó y neutralizó y, por otro, con un conjunto de factores sociales, culturales y políticos que destruyeron los diversos nexos que los vinculaban con los ciudadanos, la opinión pública, las organizaciones de la sociedad civil y los diferentes grupos y clases sociales.

La crisis de los partidos políticos en el Perú ha dado lugar al fenómeno conocido como fujimorismo, nuestra contribución vernácula a la cultura y a la teoría política universal, del mismo modo como Francia contribuyó con el bonapartismo en el siglo XIX. El fujimorismo es uno de los productos no tradicionales que hemos exportado con mucho éxito a otros países tanto desarrollados como periféricos. Gracias a ese éxito, Perot fue llamado el Fujimori norteamericano, Yelsin, el Fujimori ruso y Fujimori mismo tiene mucho prestigio en la opinión pública de algunos países latinoamericanos. ¿Qué es el fujimorismo? El término se ha transformado en una categoría política que tiene un doble significado. En un primer sentido, el fujimorismo aparece como una forma de representación política plebiscitaria en situaciones de crisis partidaria que desguarnece a la sociedad y la deja disponible para que los líderes independientes audaces –sin filiación ideológica ni organización política– puedan apoderarse de ella. En un segundo sentido, el fujimorismo alude a un tipo autoritario y tecnocrático de régimen político que surge cuando los líderes independientes apelan a los poderes fácticos –fuerzas armadas, organismos empresariales, tecnócratas vinculados a organismos internacionales– para organizar su gobierno y suplir, de ese modo, la carencia de equipos gubernamentales y de organizaciones políticas de apoyo.

El Perú es también uno de los pocos países de América Latina en donde la consolidación democrática, abierta en los 80, fracasó. En la década de los 80, la violencia política y la respuesta represiva del Estado produjeron la coexistencia de una democracia restringida a algunas zonas del territorio, principalmente de la costa, con la dictadura que se impuso en las zonas de emergencia y que cubrió la mitad del territorio y de la población. Contribuyeron al débil desarrollo de la democracia el predominio no competitivo del Apra entre 1930 y 1960, el pluripartidismo exacerbado de los años 60 y el sistema polarizado y confrontacionista de partidos de la década de los 80. Desde el autogolpe del 5 de abril de 1992, el Perú ha experimentado una sucesión veloz de "regímenes políticos" que, pese a algunas formalidades democráticas, pertenecen a la familia autoritaria del género no-democrático. El Presidente y los poderes fácticos constituyen una sólida coalición dominante que concentra y controla a todos los poderes del Estado desde el Poder Ejecutivo y busca perpetuarse en el gobierno utilizando los poderes legislativo y judicial para cubrir sus actos ilegítimos de una falsa legitimidad. Pese a la concentración de poderes en el Ejecutivo y a la amenaza permanente de los derechos ciudadanos, Fujimori permite la existencia formal de una débil oposición política y mantiene una relación plebiscitaria y a la vez clientelista con la población, especialmente con los sectores más pobres del país, y de confrontación con los sectores que tienen un mayor desarrollo de la ciudadanía, dando lugar a un régimen autoritario semiabierto.

Los intereses públicos no escapan tampoco a la lógica de los cambios y de las redefiniciones. El espesor y la amplitud de lo público se han visto drásticamente reducidos, sus formas de constitución y de manejo han cambiado, los intereses públicos generales se han opacado y disgregado en pequeños intereses públicos fragmentados, algunos viejos canales institucionales de expresión de lo público –el Estado y los partidos políticos– se han debilitado y han emergido y consolidado nuevas formas de canalización, tales como los medios de comunicación social.

La hipótesis general de este trabajo es que la crisis y el colapso de los partidos han dado lugar a formas de representación política plebiscitaria, esto es, a una relación directa entre los políticos y los ciudadanos sin mediaciones institucionales, han posibilitado la emergencia de nuevas mediaciones políticas que rechazan generalmente las formas institucionales –los independientes, los poderes fácticos y los medios de comunicación social– y que, una vez en el gobierno, impulsan los cambios en las normas y reglas de juego político propios de la democracia de partidos para instalar un régimen político autoritario –la democradura plebiscitaria– que devalúa los intereses públicos generales y articula los intereses públicos dispersos y fragmentados desde el vértice del sistema político, ocupado por la figura del Presidente Fujimori.

I. La crisis de la representación partidaria y las nuevas mediaciones

La crisis actual de los partidos políticos es un fenómeno más o menos universal. Los diversos estudios por países o por grupos de países así lo revelan (Garretón, 1992; Jaguaribe, 1992; Vellinga, 1993; Meyer y Reina, 1989). Pero en muy pocos países han llegado al colapso y a la extinción legal como en el Perú. En este sentido, la crisis de los partidos políticos peruanos es el caso extremo que es útil examinar porque, como ha sido dicho, ello puede ser el espejo en el que se miren los partidos de otros países. Carecemos aún de un trabajo sistemático que explique la profunda crisis de la representación partidaria en el Perú. Existen, sin embargo, análisis diversos y dispersos que tocan aspectos de esa crisis, pero faltan aún los trabajos específicos para estar en condiciones de organizar un argumento más o menos completo de la misma[2].

La crisis de los partidos puede ser analizada desde dos perspectivas: Desde una perspectiva general que alude a las crisis y a los cambios de una determinada forma de representación (plebiscitaria, partidaria, personalizada) a otra[3] y desde una perspectiva específica que tiene que ver con la ruptura de los múltiples nexos que vinculan a los partidos con los ciudadanos, los actores sociales, los grupos y las clases sociales. Desde una perspectiva general, la crisis y el colapso de los partidos como actores de la representación en una sociedad de masas no puede ser cabalmente comprendida analizando uno u otro aspecto de la *representación partidaria o incluso la representación partidaria en su conjunto,* sino que es necesario analizar las formas de relación que se procesan entre ella, el Estado y la sociedad. La hipótesis más plausible en este nivel de generalidad es que la crisis y el colapso de los partidos políticos en el Perú no se explican sólo por fallas *en los elementos componentes de la representación partidaria* dentro de un determinado contexto socio-político sino también y principalmente *por la crisis de la forma partidaria de representación* que se expresa en el desacoplamiento de los partidos con respecto a la sociedad y al Estado que comenzaron a cambiar desde comienzos de los 80, que aceleraron dichos cambios en los 90 y que exigían una resignificación de los elementos anteriores de representación partidaria. La sociedad y el Estado cambiaron mientras que los partidos seguían operando con los mismos esquemas de representación[4].

Desde una perspectiva específica, es necesario definir en qué consiste la crisis de representación partidaria y cuáles son los factores que la han producido. Hay, sin duda diversas maneras de definir la crisis de los partidos. Algunos analistas la definen como la incapacidad de agregar intereses y canalizar demandas, otros como una crisis de identidad, otros como incapacidad e ineficacia en la solución de los problemas que enfrentan. En estos casos la crisis se explica por el hecho de que los partidos no pueden cumplir a cabalidad sus funciones. Otra manera de definir la crisis es como un proceso complejo de rupturas múltiples. En este caso, la crisis de representación partidaria consiste en la ruptura de un conjunto de nexos de naturaleza política (organizativos, estrategias), cultural (identidades, conocimientos y evaluaciones de la realidad política y social, confianza), ideológica (claves interpretativas), psicológica (expectativas y afectividades) que vinculan a los partidos con los ciudadanos, la sociedad civil, los grupos y las clases sociales. La ventaja de esta definición de la crisis es que no coloca a ésta sólo en el interior del partido y de sus funciones sino que la ubica en las interacciones múltiples de los partidos con los ciudadanos, la sociedad civil y las clases sociales[5]. Otra ventaja de esta definición es que las interacciones múltiples de partidos y ciudadanos y clases sociales, permiten plantear la crisis como un producto complejo de factores diversos que operan en los distintos planos en que se establecen los nexos entre ellos.

¿Qué factores y condiciones produjeron la ruptura de estos diversos nexos? Los analistas han respondido de diverso modo a esta pregunta. La mayoría subraya la acción disolvente de la crisis económica y de la violencia política en la década de los 80. Los partidos se habrían mostrado incapaces de responder a estos dos desafíos, por un lado, y habrían terminado siendo paralizados y devorados por ellos, por otro. Otros analistas han señalado algunas características internas de los partidos –débil organización, ideologías inadecuadas y desfasadas, carácter antidemocrático de sus organizaciones, ausencia de liderazgos vigorosos– como factores explicativos de su crisis. Las características comunes de estas explicaciones son dos: Por un lado, ellas se concentran en la organización partidaria sea desde dentro o sea desde fuera y, por otro, ellas buscan explicar el *porqué*, pero eluden el *cómo*. No cabe duda que algunos de estos factores señalados pueden explicar parcialmente la crisis de los partidos pero ellos tienen un límite: se presentan como algo externo o interno de la estructura de los partidos. En otras palabras, esos factores se concentran principalmente en la organización partidaria cuando de lo que se trata es de colocarse en las interacciones y en los nexos que vinculan a los partidos con la sociedad. Esta perspectiva requiere buscar los factores en los diversos planos en los que operan los nexos de los partidos con la sociedad. Colocados en esta perspectiva, los factores principales parecen ser los siguientes: el nivel de institucionalización de la esfera pública, el grado de densidad de la sociedad civil, el nivel de implantación de las tradiciones cívicas, el nivel organizativo de los partidos, el nivel de inclusión y de exclusión, el nivel de modernización y el nivel de democratización de las diversas regiones del país.

a. El nivel de institucionalización de la esfera pública

En el Perú no se ha institucionalizado significativamente la esfera pública, pese a la contribución de algunas instituciones democráticas del Estado y del sistema de partidos. Las frecuentes dictaduras y los también frecuentes regímenes autoritarios bloquearon permanentemente la institucionalización de la esfera pública. Por su parte, los partidos tampoco han contribuido decisivamente por dos razones. En primer lugar, los nuestros son más partidos de creyentes y de clientes que de ciudadanos y esos rasgos no favorecen la institucionalización de la esfera pública. En segundo lugar, la existencia larga de un partido hegemónico y poco competitivo como el Apra entre 1930 y 1956, la emergencia de un pluripartidismo exacerbado que impedía los acuerdos y las coaliciones en la década de los 60 y el establecimiento de un pluralismo polarizado sin un centro que tuviera una alta capacidad integradora en la década de los 80 constituyeron una valla a la institucionalización de la esfera pública. Sólo los pocos regímenes democráticos y el desarrollo de algunos partidos democráticos o tendencias democráticas dentro de los partidos han contribuido al desarrollo institucional de la esfera pública.

La reducción del nivel institucionalizado de la esfera pública y, como contrapartida, el ensanchamiento de los niveles no institucionalizados o poco institucionalizados, debido a la crisis económica, a la violencia política y a la incapacidad del Estado y de los partidos para resolverlos, han sido algunos factores importantes en la crisis de los partidos y en la ruptura de éstos con los ciudadanos.

El nivel institucionalizado de la esfera pública está ocupado por los ciudadanos que gozan plenamente de los derechos civiles, políticos y sociales y que asumen diversas responsabilidades cívicas. Una alta proporción de la esfera pública es no institucionalizada y está ocupada por masas excluidas o débilmente incluidas. Por ello, un buen indicador de la institucionalización de la esfera pública es el nivel de desarrollo de la ciudadanía. Un tercio de los peruanos, que vive en el 68% de los 1800 distritos del país y que se encuentran ubicados en las zonas más pobres y atrasadas de la sierra y de la selva peruanas, son ciudadanos de tercera clase; alrededor del 25% de los peruanos son ciudadanos de segunda clase y un poco más del 40% que viven en 132 (7.8%) distritos son ciudadanos de primera clase (López, 1997).

En las zonas en donde predominan los ciudadanos de segunda y de tercera clase la crisis de representación de los partidos es mayor. En donde predominan los líderes independientes, esos ciudadanos establecen una relación directa con el Presidente de la República que los articula desde el vértice del poder.

b. El grado de densidad de la sociedad civil

La sociedad civil en el Perú emerge a partir de los años 60 al calor del desarrollo del mercado interno y del establecimiento de los regímenes democráticos después de la dictadura de Odría y de la crisis definitiva del orden oligárquico. Ella se desarrolla ampliamente gracias a la presencia vigorosa de los movimientos populares a mediados de la década de los 70 y con la transición democrática que se produce entre 1978-1980 y declina con la crisis económica y la violencia política a partir de la mitad de la década de los 80. Más que mesocrática como en otros países de América Latina, en el Perú la sociedad civil asumió un carácter popular debido a la densidad y vigor de los movimientos sociales populares entre 1976 y 1985.

Uno de los rasgos de la sociedad civil en el Perú es que ella emerge, en gran medida, gracias a la acción directa de los partidos o, en todo caso, a la sombra de éstos. Fueron especialmente el Apra entre 1930 y 1960 y la izquierda marxista después de los 60 los partidos que organizaron los sindicatos y los gremios populares en la ciudad y en el campo e influyeron también en las organizaciones profesionales e intelectuales de las clases medias en donde tuvieron también cierta presencia los partidos mesocráticos nacidos a mediados de los 50: Acción Popular, la Democracia Cristiana y el Social-Progresismo. Otro rasgo de la sociedad civil peruana, vinculado al anterior, es que ella no logró alcanzar una articulación autónoma. Las articulaciones parciales que se produjeron en las organizaciones privadas de la sociedad civil –centralización de las organizaciones de trabajadores, coordinación de las organizaciones profesionales, unidad de las organizaciones empresariales– fueron por lo general impulsadas por los partidos políticos.

La relación entre la sociedad civil y los partidos fue, pues, muy estrecha. En una primera etapa, la sociedad civil recibió el impulso de los partidos; en una segunda etapa, los partidos se revitalizaron con la dinámica de la sociedad civil y en una tercera etapa tanto los partidos como la sociedad civil entraron en crisis debido a la acción destructiva de la crisis económica y la violencia política. Debido a la estrecha relación mantenida, las crisis a las que ambos se vieron sometidos se realimentaron mutuamente agravando sus efectos tanto en los partidos como en la sociedad civil.

Con las reformas estructurales neoliberales de 1990, la sociedad civil debilitada adquiere una importante autonomía frente al Estado y a los partidos en crisis. Esta se mantiene y agrava debido a que los partidos no han logrado establecer una nueva relación con la sociedad civil relativamente autónoma.

c. Las tradiciones cívicas

Los partidos políticos modernos que se desarrollaron después de 1930 no alcanzaron la misma influencia en todas las regiones del país y algunos de ellos sólo llegaron a ser partidos regionales[6]. Algunos partidos, el Apra, Acción Popular y la Izquierda Unida, tuvieron un alcance nacional, pero su epicentro se ubicó en los llamados bastiones partidarios. Cada uno tenía los suyos: el Apra se asentaba en el llamado sólido norte, Acción Popular en el oriente y la Izquierda Unida en el Cuzco. En esos bastiones los partidos absorbieron a los viejos poderes locales o se transformaron en nuevos poderes locales, una vez desaparecidos los antiguos. Pese al retroceso sufrido debido a la crisis, incluso en esos bastiones, los partidos mantienen su vigencia mediante algunos de sus líderes que, además, son caudillos locales. En las zonas en donde los partidos relativamente modernos no tuvieron una alta influencia, la crisis de los partidos es más acentuada. En ellos predominan los líderes "independientes".

Los bastiones partidarios y en general las zonas en donde los partidos tuvieron una amplia influencia han sido las regiones con mayores tradiciones cívicas. En ellas la participación política de la ciudadanía ha sido con frecuencia más alta y tuvo un nivel de institucionalización relativamente alto. En dichos bastiones los partidos políticos alcanzaron un alto nivel de organización y tuvieron una significativa influencia política y social. La influencia que los partidos mantienen en dichos bastiones se expresa sólo en las elecciones municipales, no así en las generales. En éstas, los partidos no logran trasladar sus influencias locales al escenario nacional en donde los líderes independientes siguen siendo los principales protagonistas desde 1990 en adelante.

d. El nivel de organización de los partidos

No todos los partidos tienen el mismo nivel de organización. Algunos tienen estructuras organizativas sólidas y otros, más bien laxas. El nivel de organización depende en general del grado de apertura ideológica y del nivel de intensidad afectiva de los partidos. Los partidos que tienen las ideologías cerradas y una mayor intensidad afectiva tienden a forjar organizaciones más sólidas y los que tienen ideologías más abiertas y una menor intensidad afectiva forman organizaciones laxas y también más abiertas. Los partidos de izquierda marxista en el Perú pertenecen al primer caso y Acción Popular, al segundo caso. El caso del Apra es peculiar pues combinó los rasgos anteriores con un liderazgo carismático, combinación que culminó en un organizado partido de masas.

La crisis ha afectado a todos los partidos, pero ella ha sido más implacable con los partidos menos organizados. Los partidos más organizados, en cambio, han resistido más la embestida de la crisis. El impacto diferenciado de la crisis puede percibirse en los resultados de las elecciones generales entre 1985 y 1995. Los candidatos de Acción Popular obtuvieron alrededor del 5% en 1985 y alrededor del 3% en 1995, mientras el del Apra obtuvo alrededor del 20% en 1990 y un poco menos del 5% en 1995. El fracaso de Belaúnde significó una derrota catastrófica para el candidato de su partido en las elecciones de 1985. El fracaso de Alan, en cambio, produjo la derrota del candidato del Apra en 1990, pero ella no fue ni tan catastrófica como el fracaso alanista ni como la derrota populista de 1985. En la izquierda marxista, los únicos partidos que sobreviven, aunque con muy poca relevancia política, son los partidos más organizados: el Partido Comunista Peruano y el Partido Comunista del Perú (Patria Roja). Pese a la disminución radical de su peso político, el Apra sigue siendo el partido político más importante de la oposición. Aunque sin mucho éxito, el Apra disputa a las organizaciones independientes dirigidas por Pérez de Cuéllar y Alberto Andrade (Unión del Pueblo Peruano y Somos Perú respectivamente) el liderazgo de la oposición al Presidente Fujimori.

e. Los niveles de inclusión y de exclusión

El impacto de la crisis en los partidos es diferente según los niveles de inclusión y de exclusión de las circunscripciones en donde operan. La crisis de representación partidaria es menor en los grupos sociales incluidos y es mayor en los grupos sociales excluidos. En un estudio sobre los candidatos a las elecciones municipales de 1993 en Lima y sus distritos se encontró que "fue en los distritos populares donde se presentaron mayor número de listas. En los distritos más pobres de Lima Metropolitana se presentaron un total de 329 listas, lo que en promedio, significa veintisiete listas por distrito" (Adrianzén, 1994:16). Este promedio de los distritos populares fue mucho más alto que el de todos los distritos de Lima (19) y, desde luego, que el de los distritos de clase alta cuyo promedio fue de 10: "En Miraflores se presentaron sólo cuatro listas; en San Isidro, cinco" (Adrianzén, 1994: 16). En los distritos pobres en donde se ha producido una mayor disgregación social, ésta va acompañada de una mayor disgregación política o de una mayor crisis de representación. Pese a ello, los más pobres siguen viendo en la política un canal efectivo de inclusión. Algo parecido sucede con la demanda de Estado. En una encuesta realizada en mayo de 1997, eran los sectores más pobres los que demandaban más Estado, pese a que percibían una gran distancia entre ellos y las instituciones estatales realmente existentes (López, 1998).

La relación entre la crisis de representación partidaria y los niveles de inclusión y de exclusión puede ser igualmente analizada en el nivel nacional. En el conflicto que se desarrolla entre los municipios del país y el poder central cuyo vértice lo ocupa el Presidente Fujimori aparece claramente la tensión entre las demandas descentralistas y las demandas de inclusión. Las demandas descentralistas son canalizadas y defendidas con mayor consecuencia por los municipios, las elites departamentales y los partidos, esto es, por los sectores sociales incluidos, mientras las demandas de inclusión son canalizadas por los municipios provinciales y distritales, esto es, por los sectores sociales que sufren mayores niveles de exclusión. En un conflicto con el poder central, los municipios provinciales y distritales pueden ir hasta el límite en el que no se ponga en peligro su demanda de inclusión y su relación con el gobierno central, especialmente con el Presidente de la República.

f. El nivel de modernización

Los partidos políticos que emergieron en el escenario nacional después de 1930 se implantaron principalmente en las zonas más modernas del país. El Apra nació y se desarrolló al calor de las luchas obreras que se llevaron a cabo en los enclaves y plantaciones de las economías de exportación (Klaren, 1970) y se consolidó posteriormente implantando su organización en las zonas más modernas del país (North, 1970). El Partido Comunista se construyó en las zonas mineras y en algunas zonas tradicionales en donde existían ciertos grupos intelectuales (Cuzco), el Partido Socialista, en la zona petrolera de Talara desde donde irradió su influencia a todo el departamento de Piura. Acción Popular, la Democracia Cristiana y el Social Progresismo nacieron y se consolidaron al calor del proceso de urbanización y de industrialización de los años 50 y los 60. La influencia de estos partidos en las zonas tradicionales fue débil y poco consistente. En las zonas atrasadas y dominadas por el gamonalismo surgieron más bien caudillos tradicionales que establecían compromisos basados en el clientelismo con los partidos urbanos y modernos.

Los cambios en el proceso de modernización han modificado el peso de las regiones en donde ésta se ha desarrollado. La modernización basada en las exportaciones agromineras y petroleras dieron mucho peso al norte, a sus elites económicas y a sus actores sociales y políticos; la modernización urbano industrial desplazó la importancia a Lima Metropolitana y al sur, especialmente a Arequipa y a los departamentos de la costa.

La crisis de representación partidaria ha sido general en todas las zonas del país, pero ha sido mayor en las zonas menos modernas y en las zonas más tradicionales. Las zonas de más alto nivel de modernización siguen siendo el centro de operaciones de lo que queda de los partidos en crisis.

g. El nivel de democratización

En una comparación interna de los procesos de modernización y de democratización, se encontró un alto nivel de asociación entre ambos procesos utilizando como niveles de análisis los departamentos. Generalmente los procesos de democratización se han desarrollado en los departamentos más modernos del país (López, 1997).

Para cuantificar el grado de democratización se tomaron los siguientes indicadores: el nivel de participación política electoral, el grado de violencia política (medido a través de la relación entre el número de actos de violencia por cada cien mil habitantes), la relación entre los civiles y los militares en cada departamento (cuantificado por el porcentaje de población de cada departamento que vivió en estado de emergencia en la década de los 80) y el gasto social per capita del Estado. Teniendo en cuenta estos indicadores, aparece claro que los departamentos y zonas en donde se ha desarrollado la democracia constituyen el escenario natural de los partidos.

Como en el caso de la modernización, los partidos políticos han emergido y se han consolidado en aquellos departamentos y zonas de mayor nivel de democratización. Su influencia ha sido menor en los departamentos de menor nivel de democratización. La crisis de representación partidaria fue mayor asimismo en los departamentos y zonas de menor nivel de democratización que, por lo general, fueron los escenarios de guerra en la década de 1980. En esta década, la costa, con excepción de Lima, fue una región en donde la democracia tuvo una relativa vigencia, mientras la Sierra, especialmente la sierra central y sur, y algunas zonas de la selva fueron infestadas por la violencia política.

h. Las nuevas mediaciones

En el caso peruano es necesario diferenciar la crisis de los partidos de su colapso. La crisis partidaria imperó entre 1980 y 1990 como producto de la acción de los factores arriba señalados que disolvieron los nexos entre los partidos, la opinión pública, la sociedad civil y los grupos y clases sociales y como resultado de la contradicción entre las presiones distributivas y democratizadoras internas y las presiones externas de los organismos financieros internacionales por el pago de la deuda y el cambio de modelo de desarrollo, en el contexto de democracia política y de estancamiento económico. El colapso de los partidos se produjo entre 1990 y 1995 debido, por un lado, a la ofensiva de los independientes y de los poderes fácticos que buscaban tener las manos libres para aplicar las reformas estructurales y la política de pacificación prescindiendo de los controles democráticos institucionales y, por otro, a la ciega defensa del viejo orden con sus instituciones ineficaces y corruptas por parte de los partidos en crisis en un contexto de la aplicación exitosa de una política de estabilización y de reformas estructurales.

Luego de la crisis y del colapso de los partidos, dos fueron las formas principales a las que apelaron los peruanos para hacerse representar en la escena pública: los medios de comunicación y los políticos "independientes". Ellos intentaron cumplir las principales funciones de la representación: canalizar las demandas y su voz, agregar intereses y dotar de identidad a los participantes en la vida pública. ¿Han cumplido los medios y los independientes con eficacia esas viejas funciones?

Al parecer la función que mejor han cumplido los independientes y los medios, sobre todo estos últimos, es la canalización de las demandas y la expresión de su voz. Las encuestas muestran la gran confianza que los ciudadanos tienen en la eficacia de los medios, especialmente la TV, para canalizar sus demandas y la experiencia nos muestra la especial predisposición de los gobernantes para atenderlas. Los gobernantes, y los hombres públicos en general, prefieren cultivar una buena relación con los medios puesto que éstos son una especie de vitrina en la que ellos pueden lucir su imagen. Eso explica su eficacia en la canalización de demandas. Esa eficacia se ha potenciado en el Perú, no sólo debido al colapso de los partidos, sino debido a las nuevas características de su estructura social: El Perú es ya una sociedad de la comunicación.

Los independientes han dotado mal que bien de una identidad política precaria –más por negación que por afirmación– a los ciudadanos en la escena pública. La precariedad se explica porque los independientes carecen de proyecto que les permita dotar de una identidad política definida a sus seguidores. Y tampoco cuentan con la *intelligentsia* que lo elabore. La carencia de proyecto tiene, además, hondas repercusiones políticas. Por un lado, los hace presa fácil de otros proyectos –los modelos económicos y políticos extranjeros, por ejemplo– y, por otro, no les proporciona una herramienta de negociación con los poderes y los organismos internacionales.

Pero quizá el problema más grave de los independientes es su predisposición estructural a depender de los poderes fácticos salvo que estén seriamente dispuestos a fundar un partido renovado. Como los independientes no son todopoderosos para gobernar solos, la carencia de equipos de gobierno y de una fuerza organizada de respaldo los induce a formar coaliciones con los poderes fácticos (las FF.AA., los grupos empresariales y los tecnócratas vinculados a los organismos internacionales) y a instaurar gobiernos cívico-militares.

Como señala Novaro, los partidos han perdido actualmente gravitación frente a otras formas de mediación y producción de imágenes, como los medios masivos, especialmente la TV. La política actual se decide en una escena de los medios donde actúan nuevos actores. Los medios tienden a reemplazar al antiguo sistema de partidos en el control del acceso a la agenda pública y la función de mediación va quedando en manos de técnicos y líderes independientes de las estructuras partidarias.

Las formas actuales de representación combinan elementos tradicionales –el populismo por ejemplo– y formas renovadas de representación que eran propias de la primera mitad del siglo XIX: la representación plebiscitaria. Hay ciertas relaciones de continuidad del caudillismo actual con los caudillos tradicionales cuyos estilos son relativamente semejantes.

En las nuevas mediaciones, las identidades se construyen por escenificación –en forma distinta a las identidades partidarias definidas por la ideología– dando lugar a una veloz circulación de las elites y a una acentuada volatilidad electoral.

II. De la femocracia de partidos a la femocradura de los independientes

Como hemos señalado, el fujimorismo no es sólo una forma de representación política sino también un tipo de régimen político autoritario. El fujimorismo es, en efecto, una forma de organizar y ejercer el poder mediante un conjunto de normas y reglas de juego que ponen en cuestión algunos derechos civiles y políticos de los ciudadanos. El fujimorismo tiene su origen en el fracaso de la consolidación democrática de los 80 y su culminación en la conformación de la democradura plebiscitaria.

a. El fracaso de la consolidación democrática y la emergencia del autoritarismo

En el Perú, la ruta hacia la democradura plebiscitaria comienza con el fracaso de la consolidación democrática de los 80.[7] ¿Por qué fracasó la consolidación democrática peruana de los 80? Además del contexto de apremio en que se vio sometido todo el proceso de consolidación en el Perú y en América Latina (López, 1995), tres tipos de problemas son los que explican, al parecer, el fracaso de la consolidación democrática peruana de 1980 (López, 1994b): la herencia autoritaria, la crisis de las instituciones estatales y de los partidos políticos y los problemas estructurales.

Llamo contexto de apremio de la consolidación democrática peruana y latinoamericana a las presiones internas de democratización y de distribución, por un lado, y a las presiones externas por el pago de la deuda externa y por el cambio del modelo populista de desarrollo, por otro (Paramio, 1991; Cavarozzi, 1992, 1993) realizadas en un contexto de democracia política y de estancamiento económico. Estas presiones contradictorias produjeron, en el caso peruano, pendulaciones en las políticas económicas de los 80. Para atender las exigencias de los organismos internacionales, Belaúnde desarrolló en 1980 un tibio liberalismo y aplicó políticas ortodoxas que produjeron una fuerte recesión de la economía y un acelerado proceso de deslegitimación del gobierno a partir de 1983. Para atender las exigencias democratizadoras y distribucionistas de la población, Alan García limitó en 1985 el pago de la deuda externa al 10% de las exportaciones y reactivó la industria a través del gasto público expansivo y de la aplicación de políticas heterodoxas que generaron una inflación desbocada y la deslegitimación acelerada de su gobierno y de su partido (Cotler, 1994).

Un primer tipo de problemas proviene de la herencia autoritaria de los gobiernos de los generales Velasco y Morales

Bermúdez y tiene que ver principalmente con el rol pretoriano que las FF.AA. se autoasignaron en el manejo del orden interno durante los estados de excepción. Paralelamente al debate de la Constitución de 1979, las FF.AA se dieron en estricta reserva sus propios códigos militares. Esas normas militares, lejos de reducir la participación de las FF.AA. en la política, la legalizaban, especialmente durante los estados de excepción. La norma constitucional (artículo 231), que abría las puertas de la política a las FF.AA. y que permitía el despliegue de los códigos militares en los estados de excepción, fue una especie de Caballo de Troya en manos de los militares y fue también el pretexto legal para que el poder civil abdicara de sus funciones políticas en favor del poder militar en las zonas declaradas en estado de emergencia. Eso es precisamente lo que pasó a partir de diciembre de 1982, año en el que Belaúnde permitió el ingreso de las FF.AA. para que combatieran a las fuerzas subversivas. Las FF.AA. una vez que ingresaron al combate, desplegaron un conjunto de normas militares que el poder civil y la ciudadanía hasta entonces desconocían porque formaban parte de los secretos militares. Ese ingreso, pese a sus evidentes fracasos durante la década de los 80, les dio una preeminencia política y un control creciente del territorio nacional. Ello no obstante, el poder civil hizo algunos esfuerzos tendientes a limitar el poder militar. El más significativo es quizá el que se refiere a la creación del Ministerio de Defensa en 1986 con la finalidad de racionalizar la organización de las diversas ramas militares y de crear una estructura que permita nombrar a un civil en la dirección del nuevo ministerio, lo que, sin embargo, nunca sucedió. Otros esfuerzos en la misma dirección fueron el descabezamiento del Comando Conjunto por la violación de los derechos humanos en 1986 y la nominación por el Presidente de la República de los cargos de la cúpula militar.

Un segundo tipo de problemas tiene que ver con la crisis de las instituciones estatales y el fracaso de los partidos políticos. La violencia política y la crisis fiscal produjeron la parálisis de las instituciones estatales y su hundimiento posterior y mostraron, de ese modo, la fragilidad del Estado peruano. Asimismo el fracaso de un partido de centro (el Apra) para integrar el pluralismo polarizado entre la derecha (Acción Popular y el Partido Popular Cristiano) y la izquierda (Izquierda Unida) que había surgido en la década del 80, contribuyó a debilitar el régimen democrático. Los partidos polarizados y confrontados se mostraron ineficaces para imaginar políticas innovadoras que permitieran sortear el señalado contexto de apremio y enfrentar los graves problemas estructurales así como desarrollar políticas de concertación entre los diversos actores sociales y políticos, especialmente con los poderes fácticos. Esa incapacidad para concertar explica, en gran medida, la ineficacia en el control de la inflación y de la violencia política. La falta de salidas imaginativas y de efectividad explica, a su vez, el hundimiento de los actores representativos y la emergencia –hasta llegar al control del poder político– de los actores reales o poderes fácticos (López, 1992).

Un tercer tipo de dificultades proviene de los problemas estructurales que han constituido las principales causas del fracaso de la consolidación democrática. La crisis económica –que no se reducía a las dificultades crecientes que presentaban los principales indicadores económicos sino que abarcaba también el agotamiento de la industria sustitutiva de importaciones como modelo de desarrollo– fue uno de los problemas centrales que hizo difícil la consolidación democrática. De esos indicadores, fue la inflación, sin embargo, la que tuvo la mayor capacidad destructiva de los gobiernos y de los regímenes democráticos (López, 1991). Al mismo nivel del factor anterior, se ubica la violencia terrorista que no sólo ha tenido altos costos en vidas humanas y en destrucción de bienes materiales y de las instituciones democráticas sino que también ha generado una enorme zozobra e inseguridad en el país así como una demanda social de orden a como dé lugar.

A estos graves problemas que destruyeron la popularidad y la legitimidad de los presidentes, de las instituciones estatales, de los partidos políticos y de los gobiernos democráticos, hay que añadir la militarización de la política, el desmoronamiento del Estado, el debilidamiento de la sociedad civil, la informalización de las clases populares, el incremento de la polarización social y el ensanchamiento de la extrema pobreza. Brasil, India, Filipinas y el Perú fueron los países que tuvieron más problemas "contextuales" en la consolidación democrática de los 80. Huntington ha señalado ocho tipos de problemas contextuales que enfrentaron las consolidaciones democráticas en los años 70 y los 80: Insurrecciones de gran envergadura, conflictos étnicos o sociales, extrema pobreza, desigualdades socioeconómicas importantes, inflación crónica, deuda externa importante, terrorismo sin insurrección, excesiva participación del Estado en la economía (Huntington, 1992) Salvo los conflictos étnicos o raciales y el terrorismo sin insurrección porque tuvo algo peor –el terrorismo con insurrección–, el Perú fue abrumado por casi todos los problemas contextuales restantes. Todo ello explica, en gran medida, el fracaso de su consolidación democrática y la emergencia de un régimen autoritario.

La lógica a través de la cual operó el fracaso de la consolidación democrática fue más o menos el siguiente: Los gobiernos y los partidos que los sustentan carecen de efectividad en la solución de los grandes problemas que han sido ya señalados y ello los hace perder apoyo y legitimidad. La lógica de esa pérdida es diferente según el tipo de gobierno. Los gobiernos demoliberales tienden a legitimarse por el origen y los procedimientos democráticos mientras los populistas apelan, además, al desempeño y a la efectividad, rasgos éstos que comparten con los gobiernos autoritarios. Mientras Belaúnde –que fue un gobernante liberal en su segundo gobierno– se apoyó más en el origen y en los procedimientos democráticos que en el desempeño, razón por la cual perdió primero el respaldo de las apremiadas clases populares manteniendo el de algunos sectores de las clases medias hasta el final, Alan García –un gobernante populista– trató de apoyar su legitimidad más en el desempeño que en su origen y procedimientos democráticos, pero, como fracasó estrepitosamente en sus tres últimos años, perdió primero el apoyo de las clases altas y medias quedándose al final sólo con el de algunos sectores más pobres de la ciudad y el campo.

Como lo indican las encuestas de entonces, el caos económico y político así como la falta de efectividad y la pérdida de legitimidad de los gobiernos, las instituciones y los partidos impulsaron a la mayoría de los peruanos a demandar orden económico y seguridad política fuera de los gobiernos y los partidos para encontrarlos, por un lado, en líderes independientes y, por otro, en los poderes fácticos –empresarios, tecnócratas y Fuerzas Armadas– que poco a poco fueron desplazando a los partidos políticos y ocupando su lugar en el gobierno (López, 1994) al que contribuyeron a darle un carácter autoritario.

b. Las nuevas mediaciones y el autoritarismo

Las nuevas mediaciones –los políticos independientes y los medios de comunicación– tienen una alta propensión al establecimiento de regímenes no-democráticos de carácter autoritario que combinan formalmente algunas reglas de juego de la democracia y otras típicas de un gobierno autoritario. Los políticos independientes tienen un conjunto de características que los predisponen al establecimiento de regímenes autoritarios.

a) Los independientes no son herederos de una tradición cívica y, en esa medida, no poseen una clara conciencia de la diferencia entre los asuntos públicos y los asuntos privados ni de las lógicas diferentes con las que ambos se manejan. Ellos son más propensos a manejar los asuntos públicos como si fueran privados. En el caso del gobierno Fujimorista esta confusión se produce en todos los planos del gobierno, pero es especialmente notoria en el tratamiento de la deuda externa y en el manejo de los fondos públicos que provienen de las privatizaciones. Nadie o muy pocos saben en qué bancos se encuentran esos fondos, qué intereses ganan, cómo y en qué se los usa.

b) Los independientes tampoco poseen una experiencia en el manejo institucionalizado de los asuntos públicos ni han sido educados para eso. Más aún: ellos lo rechazan aduciendo que ese manejo traba la rapidez y la eficacia en la toma de decisiones.

c) Los nuevos líderes independientes buscan poner a su servicio a operadores y funcionarios técnicos igualmente dispuestos a abandonar el funcionamiento orgánico, el juego institucional y las lealtades de partido, introduciendo formas de funcionamiento empresarial en la gestión pública. A Fujimori le gusta subrayar que él, más que Presidente, es el gerente del Perú.

d) Los independientes rechazan la nominación de políticos y prefieren aparecer como técnicos. Ese recurso les permite tomar distancia de un conjunto de procedimientos propios de la política: la negociación, la comunicación, el respeto a las reglas de juego y a las minorías. La negociación les parece "politiquería"; la comunicación, una pérdida de tiempo; las reglas de juego, trabas para la eficacia y las minorías, un obstáculo para el buen gobierno. En muchas ocasiones Fujimori ha dicho que su regla de oro es: Primero hacer y luego informar.

e) Los nuevos líderes independientes introducen cambios en los procesos de toma de decisiones y de gestión pública: Se establece una relación directa con los ciudadanos sin mediaciones organizativas aunque apelando con frecuencia a los medios. Hay un control personal y centralizado de la toma de decisiones, modificando el sistema tradicional de agregar intereses y reconocer demandas de los grupos en conflicto.

f) Los nuevos líderes establecen mecanismos de decisión centralizados en el Ejecutivo, principalmente en el Presidente de la República, con clientelas disgregadas, con concentración de los recursos a distribuir, como el Ministerio de la Presidencia por ejemplo, y con limitación de funciones estatales a cumplir en remplazo de vastas redes de clientelas distribuidas a lo largo de las múltiples organizaciones del Estado que caracterizaron al populismo tradicional.

g) Finalmente los líderes independientes tienen la propensión, como ya se ha señalado, a formar coaliciones con los poderes fácticos. Carentes de un programa propio, de un equipo de gobierno y de un partido que los apoye, los líderes independientes, una vez en el gobierno, se ven obligados a asumir los programas de los organismos internacionales sin tener capacidad de negociar con ellos porque no tienen un programa alternativo, recurren a los técnicos vinculados a los organismos internacionales para integrarlos como equipo de gobierno e incorporan como socios gubernamentales a las Fuerzas Armadas, especialmente a sus servicios de inteligencia, para garantizar su estabilidad.

h) Como sector empresarial, los medios forman parte de los poderes fácticos y constituyen los nexos entre los líderes independientes y los ciudadanos. Su papel es canalizar la representación personalizada de los nuevos líderes y mantener viva la confianza de la opinión pública en ellos. Su comportamiento político se ve con frecuencia tensionado por el interés de mantener estrechos vínculos con el gobierno, como todos los empresarios, y la necesidad de cultivar buenas relaciones con la opinión pública y los ciudadanos a los que formalmente se deben. Esa tensión puede ser administrada con relativa facilidad cuando los líderes independientes tienen una alta aceptación ciudadana y es difícil administrarla cuando dicha aceptación disminuye drásticamente. En esta situación surgen las amenazas del gobierno y la autocensura de los medios y, en algunos casos, la oposición.

c. El discurso fujimorista contra la democracia

Desde los inicios mismos de su gobierno y en especial luego del autogolpe del 5 de abril, Fujimori comenzó a construir un discurso contra la democracia representativa de los partidos y fue definiendo los elementos básicos de la democradura plebiscitaria.

a) Contra los partidos. En un primer momento de la etapa democrática de su gobierno (julio de 1990-5 de abril de 1992) Fujimori actuaba con mucha desconfianza hacia los partidos. Los necesitaba para contar con una mayoría en el Parlamento y con algunos cuadros de gobierno, pero al mismo tiempo buscaba mantenerlos alejados como instituciones. En todo caso, se interesaba en comprometer a algunos dirigentes de los partidos como personas pero sin comprometerse ni comprometer a los partidos como organizaciones. En un segundo momento de esa primera etapa, Fujimori pasa a atacar frontalmente a los partidos, calificándolos de partidocracia, esto es, de camarillas alejadas de sus bases, manipuladoras de las mismas, ineficaces y corruptas. El desprestigio y el fracaso de los partidos políticos hicieron que los ataques de Fujimori tuvieran una alta aceptación ciudadana. Con esos ataques Fujimori preparaba el cambio de régimen democrático por la democradura propuesta en noviembre de 1991 mediante una treintena de decretos legislativos sobre pacificación y buscaba establecer una relación directa con los ciudadanos y, como él mismo lo señalaba, con las bases de los partidos. Los partidos reforzaban, a su turno, su propio desprestigio defendiendo instituciones estatales ineficaces y corruptas.

b) Contra el Parlamento. Durante la etapa democrática de su gobierno Fujimori la emprendió también contra el Parlamento al que acusaba de ser una institución costosa para el país, de ser un centro en donde se realizaban negociaciones inútiles a espaldas de la población, de ser una institución ineficaz y de obstaculizar su labor gubernativa. Pese a la insistente demanda de concertación de los presidentes de ambas Cámaras Legislativas, Fujimori se negó siempre a concertar con ellos para buscar salidas conjuntas a los diversos problemas que enfrentaba su gobierno. Los ataques al Parlamento preparaban igualmente la propuesta de cambio de régimen político en noviembre de 1991 y cuestionaban el carácter representativo de la democracia para afirmar una democradura plebiscitaria. Fujimori sostenía que la representativa era una falsa democracia y que la verdadera democracia era directa, sin intermediarios. Pese a los ataques del Presidente Fujimori, el Parlamento seguía comportándose como una institución alejada de los intereses y aspiraciones de la mayoría de la población.

c) Contraposición de la eficacia a la democracia. Fujimori acusaba a la democracia representativa de ser ineficaz, de preferir los debates interminables a la acción y de enredarse en negociaciones interminables y secretas que iban en contra de los intereses de las mayorías nacionales. Su gobierno, en cambio, buscaba la eficacia, prefería la acción a las polémicas estériles, estaba constituido, no por políticos, sino por técnicos y actuaba técnicamente sin negociar ni consultar con nadie. De ese modo Fujimori buscaba cambiar las formas democráticas de legitimación –los valores y procedimientos democráticos– para reemplazarlos por los resultados que son más bien propios de los gobiernos autoritarios.

d. Las reglas de juego de la democradura

La instalación de Fujimori en el gobierno en 1990 trajo consigo la proliferación de diversos regímenes políticos que se sucedían unos a otros con inusitada fluidez. En el lapso de 6 años, el Perú ha experimentado dos intentos frustrados y cuatro cambios efectivos de régimen político. En los inicios del gobierno, se instaló el régimen que O'Donnell ha descrito como democracia delegativa; en noviembre de 1991 se frustró el intento de instalar una democradura cambiando las reglas de juego democrático[8] sin apelar al golpe de Estado; el 5 de abril de 1992 en que se produjo el autogolpe se frustró el establecimiento de una dictadura gracias a la presión internacional; en los primeros meses del autogolpe se estableció una dictablanda; con la elección del Congreso Constituyente Democrático se abrió paso una democradura y finalmente con la reelección de Fujimori en 1995 nuevamente se instaló una democradura de carácter plebiscitario.

¿Cuáles son las características de estos regímenes políticos? Prescindiendo de la democracia delegativa cuyos rasgos han sido ampliamente descritos por Guillermo O'Donnell,[9] todos esos regímenes pertenecen al género no-democrático pues comparten los principales rasgos que, según Juan Linz, definen tales regímenes.[10] Dejando de lado el intento frustrado de implantar una dictadura con el autogolpe del 5 de abril de 1992, los restantes, incluida la dictablanda que se organizó luego del autogolpe, pertenecen a la familia de los regímenes autoritarios pues presentan algunas peculiaridades que los inscriben en la familia autoritaria. Finalmente si se excluye la dictablanda (que fue un régimen no buscado por los golpistas sino más bien impuesto por las presiones internacionales) cuyas reglas de juego no fueron definidas con precisión y cuya duración fue relativamente efímera, los regímenes restantes constituyen una democradura cuyos rasgos principales son los siguientes:

En primer lugar, la democradura es un régimen de pluralismo limitado con tendencia al protagonismo único que surgió de la crisis de los partidos y se mantiene gracias a su colapso. Este le permite reducir la competencia política y a la vez mantener las formalidades de una inofensiva oposición democrática.

En segundo lugar, la democradura fujimorista se apoya en la desconfianza de la población hacia los partidos y estimula su despolitización, por un lado, y la participación plebiscitaria por otro. En noviembre de 1991 Fujimori buscó establecer la movilización de la población contra el terrorismo, pero esa medida tenía un sentido más militar que político. Los mecanismos plebiscitarios que establece la Constitución de 1993 tienen el claro propósito de cuestionar la democracia representativa.

En tercer lugar, la democradura fujimorista es pragmática y desconfía de toda ideología. Eso no impide, sin embargo, que algunos de sus socios –los tecnócratas neoliberales– sean fuertemente ideologizados. Pero Fujimori mismo y sus socios militares son muy pragmáticos. Lo que les interesa es durar y si eso exige desarrollar algunas políticas de carácter populista que pueden poner en riesgo incluso el modelo neoliberal, no dudará en aplicarlas.

En cuarto lugar, la democradura presenta un rostro civil (gobierno y Congreso) pero el cuerpo que lo sustenta y que también decide es militar con una fuerte presencia de los servicios de inteligencia. La democradura es un gobierno civil-militar, pero que no asume la forma de lo que América Latina se ha llamado la "Bordaberrización" puesto que Fujimori no es un mero fantoche de los militares sino que es un socio que también decide. Como régimen civil se apoya formalmente en algunas reglas de juego democrático (elecciones generales pero nada limpias ni competitivas y tolerancia de una oposición formal) y acepta formalmente los controles institucionales democráticos pero que realmente les arrebata toda función fiscalizadora (el Tribunal de Garantías Constitucionales, la Contraloría General de la República, el Consejo Nacional de la Magistratura, la Fiscalía de la Nación, el Poder Judicial y el mismo Parlamento). Como régimen militar viola los derechos humanos, desnaturaliza a las instituciones e introduce la emboscada y las sorpresas como normas de gobierno. Fujimori comparte el poder, pero no está dispuesto a compartir la pantalla de la TV: El quiere aparecer ante la ciudadanía y la opinión pública como el líder indiscutible y como el gobernante que monopoliza las decisiones políticas.

En quinto lugar, la democradura no es transparente en sus decisiones, ni se asienta en normas estables ni acepta la rendición institucional de cuentas (accountability). La democradura es un régimen de inseguridad jurídica puesto que cambia con frecuencia las reglas de juego según el interés del gobierno y de sus aliados.

e. La Democradura como transacción entre la coalición fujimorista y las presiones internacionales

¿Qué explica los sucesivos cambios de régimen político? Hay dos factores explicativos de estos cambios. Por un lado, la voluntad de Fujimori y de sus aliados –los poderes fácticos– de cambiar las normas y las reglas de juego básicas que definen la democracia –la competencia y la oposición y el tipo de participación política[11]– y de establecer otras que son propias de un régimen autoritario y, por otro, la presión internacional de los gobiernos democráticos del mundo, especialmente de Estados Unidos, que han asumido la defensa de la democracia y de los derechos humanos ante la debilidad de los partidos de oposición. La fluidez de esos cambios así como el carácter híbrido de los regímenes fujimoristas, que combina elementos de carácter democrático con otros de carácter dictatorial o autoritario, tienen que ver con la tensión entre los gobiernos democráticos del mundo con el gobierno fujimorista así como con la negociación de éste con el gobierno norteamericano y con algunos organismos internacionales como la OEA.

Lo que neutraliza las presiones de los gobiernos y organismos internacionales y torna ambiguas sus posiciones es la simultaneidad de los cambios del régimen político con los cambios *en* el sistema político y *en* el sistema social mismo, algunos de los cuales son apoyados e impulsados por ellos mismos. Tal es el caso del modelo neoliberal de desarrollo y de las políticas económicas y sociales en cuyo establecimiento y funcionamiento están de acuerdo el gobierno fujimorista, algunos gobiernos democráticos de los países desarrollados y los organismos internacionales.

En efecto, el establecimiento de un régimen de carácter autoritario –la ofensiva contra los partidos en general y de la oposición en particular para limitar y desnaturalizar la competencia política, la persecución selectiva de opositores, la realización de elecciones generales y municipales poco limpias y nada competitivas, el establecimiento de mecanismos plebiscitarios en desmedro de los representativos, la preponderancia de militares y civiles (los poderes fácticos) que nunca han sido elegidos para desempeñar importantes cargos públicos y para intervenir en las decisiones políticas relevantes, la autocensura de algunos medios por temor al poder y la amenaza del gobierno a los medios opositores, la violación abierta de los derechos humanos y de algunas libertades democráticas (expresión, privacidad) –han ido acompañadas de cambios en la comunidad política– hay menos y más dispersos grupos políticamente activos, las ideologías dominantes son el neoliberalismo y el pragmatismo, pero la cultura política sigue siendo estatista y comunitarista, el debilitamiento extremo del sindicalismo, el predominio de los actores sociales de sobrevivencia, la emergencia de nuevos movimientos sociales y de movimientos políticos independientes– y de cambios en las estructuras de autoridad: la concentración y la centralización[12] de las decisiones en el Poder Ejecutivo, la pérdida de autonomía del Parlamento y del Poder Judicial, el cogobierno con la cúpula de las FF.AA., la desnaturalización de las instituciones democráticas de control (la destitución de tres miembros del Tribunal de Garantías Constitucionales y la disminución de las funciones del Consejo Nacional de la Magistratura y de la Fiscalía de la Nación) y la utilización de los aparatos encargados de las funciones extractivas contra los opositores del gobierno.

Los cambios *del* régimen político y *en* el sistema político han sido acompañados, además, por cambios *en* el sistema social, especialmente en el modelo de acumulación y de regulación mediante la aplicación de tres importantes reformas estructurales: el establecimiento de una economía de las ventajas comparativas mediante su apertura al mercado exterior, la desregulación de los mercados y la privatización de las empresas públicas, esto es, la implantación del llamado modelo neoliberal.

Es justamente esta implantación, impulsada por los Estados Unidos y por los organismos internacionales, la herramienta que utiliza el gobierno fujimorista para neutralizar las presiones de los mismos en su exigencia de respeto a la democracia. Esta estratagema del gobierno fujimorista llegó a su límite con el autogolpe del 5 de abril. En esa ocasión Fujimori y sus aliados, especialmente los militares, establecieron en los hechos una especie de canje entre el establecimiento de un modelo económico neoliberal y la implantación de un régimen autoritario puesto que una dictadura era intolerable para las democracias del mundo.

En resumen, los cambios en las normas y reglas de juego de la democracia y los cambios en la comunidad política y en las estructuras de autoridad han significado un cambio, no *del* sistema político, sino *en* el sistema político y la coincidencia de estos cambios con algunos cambios *en* el sistema social, particularmente en el modelo de desarrollo, han terminado neutralizando parcialmente las exigencias democráticas de los países desarrollados y de los organismos internacionales.

III. Los intereses públicos: Privatización y articulación al vértice presidencial

En la década de los 90 el Perú ha ingresado a un ciclo de predominio de los intereses privados sobre los intereses públicos. Ese tránsito de un ciclo público a otro privado tiene que ver, como lo ha sugerido Hirschman, con la existencia de un conjunto de factores que generan una cierta decepción de los ciudadanos con el espacio público: La corrupción, la virtud pública rebajada, los atractivos de la esfera privada (Hirschman, 1986), además de la ineficacia de las instituciones públicas y el fracaso de los partidos políticos.

El neoliberalismo económico, la crisis de las instituciones estatales, el colapso de los partidos y el autoritarismo político han reducido el espacio público. Hay temas y grupos sociales que quedan fuera de la definición de lo público. La economía, salvo la política macroeconómica, es un asunto exclusivamente privado. Las privatizaciones de las empresas públicas tienden a reforzar esta idea, si acaso existiera alguna duda al respecto. Pero incluso la política macroeconómica se maneja como si fuera un asunto privado y con criterios técnicos privados. En general, los asuntos públicos del Estado se manejan como si fueran asuntos privados no sólo en el sentido de que los gobernantes siguen siendo neopatrimonialistas (Cotler, 1995), sino también en el sentido que operan como funcionarios privados: son ejecutivistas y gerenciales.

Se busca asimismo remitir el contenido de los derechos sociales al mundo de los intereses privados, excluyéndolos de la agenda pública. Ese es el sentido de los intentos de privatizar la salud y la educación y de excluir la vivienda del conjunto de los derechos sociales, tal como lo estableció la Constitución de 1993. Se busca, de ese modo, recortar la ciudadanía democrática relativamente integral para configurar una ciudadanía liberal en un país donde el elemento dinamizador del desarrollo de la ciudadanía ha sido y es la ciudadanía social.

Los ciudadanos han ofrecido, sin embargo, algunas resistencias frente a estos intentos de reducción de lo público. Hay varias expresiones de estas resistencias: el rechazo de la estatización de PetroPerú por una mayoría significativa de encuestados, la masiva desaprobación de la privatización de las empresas públicas y el casi empate entre el SI y el NO en el referéndum convocado para aprobar la Constitución de 1993. Mas allá de la voluntad del gobierno de Fujimori y más bien debido a la incapacidad del Estado, una de sus funciones clásicas –la seguridad de los ciudadanos– ha ingresado parcialmente a la esfera privada. En Lima, tienen una mayor seguridad los ciudadanos que pueden comprar una reja o pagar a un huachimán o los que se organizan en comités de defensa. La seguridad –un asunto clásicamente estatal– se consigue también en el mercado y en lo público social (López, 1996).

El espacio público que se ha ensanchado es el de la interacción discursiva, pero no precisamente en el Estado donde más bien reina el secreto y la existencia de una caja negra, sino en la sociedad civil. Este crecimiento del discurso público obedece al desarrollo de los medios de comunicación social que, sin embargo, están con frecuencia al servicio del poder con la intención de bloquear la capacidad deliberativa de los ciudadanos. Existe la evidente voluntad de Fujimori de monopolizar la construcción de la agenda pública con la ayuda de los medios que, por lo demás, forman parte de los poderes fácticos, aliados estrechos del gobierno de Fujimori. Los medios se convierten en caja de resonancia de los puntos de vista del Presidente frente a los cuales los ciudadanos son casi obligados a reaccionar. Un papel similar juegan o han jugado la mayoría de las encuestadoras que transforman en agenda pública las opiniones del Presidente. Ello no obstante, la ciudadanía ha logrado algunas veces escapar a la lógica de "este modelo de cascada" para afirmar más bien un "modelo de resurgimiento", expresando libremente sus propios puntos de vista diferentes y hasta contrapuestos al gobierno.

Frente al debilitamiento de algunos espacios públicos de deliberación –el parlamento, los partidos– los mismos ciudadanos se vuelven deliberantes. Esta capacidad de deliberación ciudadana se ha mostrado eficaz en algunos procesos electorales en donde la ciudadanía derrotó a los medios de comunicación social y a sus candidatos a la presidencia de la República. Las encuestas muestran igualmente las opiniones muchas veces sofisticadas de una ciudadanía muy informada que discierne sobre diversos temas complejos y que discrimina en un conjunto de temas, problemas y propuestas aquellos que apoya al gobierno de aquellos de los cuales toma distancia. El apoyo mayoritario a Fujimori no le impide tomar distancia de algunas medidas económicas y algunas reformas estructurales (Stokes, 1995) o de algunas medidas políticas que atentan contra los derechos ciudadanos (Conaghan, 1995).

Debido a la crisis de los partidos y a la desinstitucionalización de la esfera pública, en el Perú no existen ya públicos fuertes que unan la deliberación con la decisión colectiva. La mayor parte de los públicos que existen en el país son débiles pues sólo tienen capacidad limitada para deliberar sin tener la fuerza suficiente como decidir colectivamente (Fraser, 1995).

El interés público no sólo se ha reducido y privatizado sino que se ha fragmentado. Hoy existen muchos públicos con intereses públicos diversos y dispersos, los mismos que sólo son articulados desde el vértice del poder. Los múltiples atuendos que viste Fujimori cuando visita las provincias constituyen una clara muestra de la dispersión de los públicos y la articulación de éstos y sus identidades en la persona del Presidente. Muchos de estos públicos dispersos pueden ser localmente deliberantes y democráticos, lo que no impide que se articulen a un vértice autoritario de poder a nivel nacional.

Diversos trabajos han subrayado el papel de los medios en una época de crisis de los partidos. Su presencia avasalladora abre un gran brecha entre dos grandes procesos: "El de la representación institucional de los ciudadanos en el Estado a través de los partidos por vía del voto y el otro proceso distinto de representación de la política: el simbólico y escénico frente a la población. Frente a este último, los partidos cada vez más ceden terreno. No tienen capacidad de construir el acontecimiento y la escena política y son sustituidos crecientemente por parte de los medios de comunicación sociales. O, en todo caso, en parte por los medios y en parte por las experiencias directas y puntuales que hace la gente con la política en su vida cotidiana. Los partidos quedan con la representación institucional y tienden a perder la representación simbólica de la política". (Landi, 1995: 291). En el caso peruano, los partidos vivieron estas experiencias por etapas: Primero perdieron la representación simbólica y luego, la institucional.

Esta brecha tiende a ahondarse porque ahora no estamos en una sociedad con medios de comunicación sino en una sociedad de la comunicación con una enorme revolución tecnológica que ha dejado atrás la función comunicadora de los partidos. Los cambios en la industria cultural comprimen el tiempo y el espacio e impactan en la opinión pública y en la mentalidad colectiva.

Según Oscar Landi, los medios tienen un timing de la crisis que los partidos no pueden seguirla con la misma velocidad: "Cuando yo estoy en una situación de hiperinflación, voy a prender la televisión para guiarme en mi acción diaria, no voy a ir a un local del partido. La vieja ecuación democrática –partidos imprenta-educación cívica escolar– no funciona más por una serie de motivos que van desde el desarrollo industrial tecnológico hasta las nuevas formas de expresión cultural" (Landi, 1995: 293).

La sobrepresencia de los medios genera cambios en el lenguaje político. La comunicación escrita o la foto es reemplazada por la imagen móvil de la TV. No son imágenes de letras sino imágenes de cuerpos en movimiento: Es el cuerpo móvil de la política. La gente ya no cree en las palabras, sino en las imágenes de cuerpos en movimiento. La gente coloca la veracidad y la confiabilidad en el gesto y conducta del candidato: "Hoy hay paradigmas más indiciales de relación cultural con la política que el viejo paradigma ilustrado de la palabra esclarecida que abría conciencia y despertaba voluntades. Por eso la política de hoy se mueve con paquetes de lenguajes mucho más complejos que antes "(Landi, 1995: 296).

Finalmente, los medios han contribuido a jubilar a las viejas formas de acción política de los partidos – la militancia, la célula, el local partidario, el mitin, la plaza pública– y han dado lugar al mundo de las imágenes y al del lenguaje audiovisual (Roncagliolo, 1994).

En resumen, la vida pública en los tiempos de Fujimori (Conaghan, 1995) discurre principalmente a través de tres espacios: la cúspide del poder, los medios de comunicación de masas y la masa de los ciudadanos deliberantes. Fujimori en la práctica llena el reducido espacio público del Estado: monopoliza el gasto social y la relación con las clases populares, ocupa una gran parte del espacio de los medios de comunicación social y despliega una campaña electoral permanente e interminable. Con notorias excepciones, las instituciones estatales mantienen un perfil bajo para no opacar la figura del Presidente. El poder de los medios de comunicación social es enorme y no tiene contrapesos políticos: Los partidos y las organizaciones partidarias en general han desaparecido prácticamente de la escena pública. Y finalmente, los ciudadanos están más informados que antes y, ante la ausencia de espacios institucionales de deliberación, ellos mismos se han vuelto más deliberantes y utilizan los espacios informales: las colas, los mercados y las reuniones de los barrios.

IV. Algunas conclusiones

1. La crisis y el colapso de los partidos peruanos han significado el tránsito de la representación partidaria a la representación plebiscitaria y han dado lugar a la emergencia de nuevos actores de la representación que no valoran o valoran poco las formas institucionales: los líderes independientes, los medios de comunicación de masas y los poderes fácticos. La crisis y el colapso de los partidos han consistido en la ruptura de sus múltiples nexos políticos, sociales, culturales, institucionales y afectivos con los ciudadanos, con las organizaciones de la sociedad civil, con los grupos y las clases sociales. Los factores más importantes que han incidido en la ruptura de esos múltiples nexos son la desinstitucionalización de la esfera pública, la fragmentación de la sociedad civil, el debilitamiento de las tradiciones cívicas, la desestructuración organizativa de los partidos, el incremento de los niveles de exclusión, la crisis y cambio en el proceso de modernización debido al agotamiento de la industrialización sustitutiva de importaciones y de las políticas populistas y el retroceso en el proceso de democratización debido a la violencia política de los 80 y de comienzos de los 90. Los diversos niveles de intensidad que presentan estos factores en las diversas circunscripciones del país determinan también grados diferentes de crisis de los partidos.

2. El contexto en que se desarrolló la crisis de los partidos y el tránsito de la representación partidaria a la representación plebiscitaria fue el fracaso de la consolidación democrática en la que los gobiernos y los partidos no pudieron resolver los problemas de la herencia autoritaria velasquista que erigía a los militares en pretores del orden interno en situaciones de emergencia, ni pudieron consolidar las instituciones estatales sino que indujeron más bien una aguda desinstitucionalización con su incapacidad para enfrentar y derrotar al terrorismo y para resolver la contradicción estructural entre las presiones internas por mayor distribución y democracia y las presiones internacionales por el pago de la deuda y el cambio del modelo de desarrollo, ni lograron tampoco que el pluralismo polarizado de los partidos del 80 desarrollara un poderoso centro político que neutralizara a las fuerzas centrífugas.
3. Los líderes independientes, especialmente el fujimorismo, han construido un discurso políticamente exitoso que critica a los partidos como cúpulas ineficaces, corruptas y alejadas de sus bases y de la población, al Parlamento por ser una institución costosa, especializada en debates estériles y en negociaciones ocultas e ineficaces y a la democracia representativa por ser falsa e incapaz de establecer una relación útil con los ciudadanos. El discurso de los líderes independientes contrapone la decisión individual rápida, eficaz y gerencial a las discusiones colectivas interminables y estériles, la acción a la deliberación, el pragmatismo a las ideologías, la relación directa a la representativa y la eficacia a la democracia. Una vez en el gobierno, los líderes independientes son propensos a establecer coaliciones gubernamentales con los poderes fácticos para suplir su carencia de programas, de equipos de gobierno y de bases de apoyo político y para manejar con ellos los asuntos públicos como si fueran asuntos privados.
4. Fujimori, el prototipo de los líderes independientes, encarnó esas críticas a la democracia y a las instituciones representativas y construyó una coalición gubernamental con los técnicos vinculados a los organismos internacionales, con los grandes empresarios y con las Fuerzas Armadas, especialmente con sus servicios de inteligencia. Desde el primer momento en que accedió al gobierno buscó cambiar las normas y la reglas de la democracia para instalar una democradura plebiscitaria. Al fracasar en ese intento, dio el autogolpe del 5 de abril de 1992 y, ante la presión internacional para impedir una dictadura y para retornar a la democracia, organizó una dictablanda que respetaba algu-

nos derechos civiles fundamentales y luego una democradura que realizó algunos procesos electorales en los que él y sus partidarios participaban como candidatos para volver a la democracia. El resultado final ha sido el establecimiento de una democradura plebiscitaria como producto de las tensiones y negociaciones entre la coalición fujimorista gobernante y algunos gobiernos democráticos del mundo desarrollado. Estos han sido parcialmente neutralizados en sus exigencias de respeto a la democracia y a los derechos humanos por los cambios en el sistema político y en el sistema social, especialmente por la instauración del modelo neoliberal.

5. La democradura es un régimen político que pertenece al género no-democrático y a la familia autoritaria de ese género. Sus características principales son las siguientes: gobierno civil-militar que combina algunos rasgos formales de la democracia plebiscitaria con rasgos autoritarios y que rechaza todo control democrático institucional y toda rendición de cuentas, pluralismo limitado con tendencia al protagonismo único que se niega a aceptar las reglas de juego de la competitividad política y que mantiene las formalidades de una inofensiva oposición democrática, estímulos a la despolitización de la población y a la despartidarización para establecer con ella una relación plebiscitaria, pragmatismo y desconfianza en las ideologías y, finalmente, disponibilidad abierta a cambiar las reglas de juego de acuerdo a los intereses y necesidades de la coalición gobernante.
6. El colapso de los partidos, la emergencia de los nuevos líderes independientes, la democradura plebiscitaria y la crisis de las instituciones estatales han desvalorizado los intereses públicos, los han fragmentado y dispersado y han reducido el espacio público y su nivel de institucionalización. El espacio público que se ha ensanchado es el de la interacción discursiva de los ciudadanos en la sociedad civil y su capacidad de evaluar el desempeño de las autoridades, el régimen político y las instituciones, gracias a su relativamente alto nivel de información y a los medios de comunicación social. Pese a ello, Fujimori pretende monopolizar la construcción de la agenda pública con la ayuda de los medios y articular a los intereses públicos dispersos desde el vértice del poder presidencial.

NOTAS

1 El partido Acción Popular del ex-presidente Belaúnde, informado de la inminente ley electoral que exigía 500 mil electores para ser reconocido como partido, se inscribió repentinamente con 100 mil firmas que exigía la ley electoral de entonces. Posteriormente, el Apra, con dificultades para cumplir el nuevo requisito, hizo valer el 6% que había obtenido en el nivel parlamentario en las elecciones generales de 1995.

2 Una mirada completa y compleja de esa crisis requiere no sólo mirar al fenómeno de la representación partidaria sino también al fenómeno de la representación como tal en todos sus aspectos- las dimensiones de la representación, sus principios, sus funciones, los actores de representación, las herramientas, las estrategias– con la finalidad de diagnosticar cuál es el alcance y cuál la profundidad de la crisis. La complejidad de la crisis requiere también analizar la sociedad y sus cambios en la medida que ella es el objeto de la representación –lo representado– y el Estado en la medida en que éste constituye el espacio público privilegiado en donde se procesa la representación.

3 Muchas veces se identifica la crisis y el colapso de los partidos con la crisis y el colapso de la representación. La mayoría de los trabajos cometen involuntariamente este error. En realidad, los partidos constituyen sólo una forma de representación de la sociedad moderna en una época determinada (fines del siglo XIX y XX) y en una sociedad determinada: la sociedad de masas (Manin, 1992; Dahl, 1989; Sartori, 1992). Antes de esa época existieron otras formas de representación y es probable que en el futuro existan otras formas nuevas.

4 La sociedad peruana experimentó profundos cambios –en la década de los 80 por acción de la crisis económica y de la violencia política y en la década de los 90 debido a las políticas de estabilización y a las reformas estructurales– que afectaron la representación partidaria. En la década de los 80 los cambios sociales más importantes son la pauperización de las clases medias, la descampesinación sin proletarización, la desproletarización y la informalización de las clases populares. Junto a estos procesos sociales, el cambio económico más importante de esa década fue el agotamiento de la industria sustitutiva de importaciones como modelo de desarrollo. Los cambios socioeconómicos más significativos de la década de los 90 son la instalación de una economía de mercado asentada en las ventajas comparativas, la autonomización de la sociedad civil con respecto a los partidos y al Estado, expansión de una sociedad de individuos junto con procesos de fragmentación y de incremento de la pobreza. Sin duda, estos cambios afectaron la capacidad representativa de los partidos en algunos casos por falta de reflejos políticos para imaginar nuevas formas de representación (Grompone, 1995) y en otras por la dificultad que mostraban algunos sectores sociales para ser representados (Touraine). ¿Es posible representar a los informales muy pobres y en general a los sectores en extrema pobreza? Los medios, además, han cambiado profundamente las formas de comunicación social y política entre los gobernantes y los gobernados y entre los electores mismos y han transformado los estilos políticos, los escenarios, asumiendo de hecho algunas funciones de los partidos que obedecían a otras lógicas comunicativas basadas principal-

mente en "la galaxia Guttemberg" y que los hacían más reacios a adecuarse a esos profundos cambios basados principalmente en la "galaxia bit" (Roncagliolo, 1994; Biondi, Hernández y Lombardi, 1995). Existe asimismo otro problema que no es de los partidos sino de ciertos grupos sociales que, debido a procesos de fragmentación y descomposición política y social, no pueden ser representados por aquellos.

En la década de los 80 los cambios más significativos en el Estado que afectaron la representación partidaria fueron el agotamiento de la capacidad del Estado para continuar sosteniendo al capitalismo asistido –la industrialización sustitutiva de importaciones– y para seguir siendo una vasta plataforma de políticas clientelistas, la crisis fiscal, la parálisis de las instituciones estatales y, por ende, su incapacidad para desempeñar las funciones más elementales en un contexto de grandes incertidumbres e inseguridades producidas por la crisis económica y la violencia terrorista. En la década de los 90, las reformas estructurales –la apertura de la economía al mercado internacional liberándola de los controles estatales, la desregulación de los mercados de trabajo, bienes y servicios y de capitales y las privatizaciones han dado origen a otro Estado que ya no tiene la centralidad anterior, han reducido su tamaño, han eliminado sus funciones de acumulación y han puesto en cuestión las funciones sociales de legitimación: atención a la educación, la salud, la vivienda y otras.

Otro cambio importante que afecta el sistema de representación es la globalización en la medida que ella produce dislocaciones en una serie de elementos que definen la democracia, el Estado-nación y la economía, estableciendo la ley internacional, los internacionalizaciones de las decisiones políticas, un embrionario gobierno mundial, la globalización de la cultura y una economía mundial. La intervención abierta de los organismos internacionales pone en crisis el Estado-nación y la soberanía, afectando decisivamente la toma de decisiones, rompiendo los marcos autónomos que exige la democracia para que pueda existir y funcionar la accountability (Held, 1995). Pero al mismo tiempo esos mismos organismos sientan las bases de lo que Held ha llamado la ciudadanía cosmopolita al transformar los derechos humanos, reconocidos en 1948 pero garantizados internamente por cada Estado soberano, en derechos ciudadanos que están garantizados en forma supraestatal más allá de los linderos de los estados particulares. El caso peruano post-autogolpe del 5 de abril de 1992 es aleccionador al respecto: sin la presión de la OEA y de los países democráticos del mundo, especialmente de los más desarrollados, el gobierno de Fujimori apoyado en las FF.AA. y en otros poderes fácticos no habría sumido la forma de una dictablanda ni habría retornado rápidamente al camino democrático.

5 Los analistas peruanos han prestado atención a tres aspectos de la crisis de los partidos: las formas de representación, las funciones de representación y las herramientas de representación partidaria.

Desde la perspectiva de las formas de representación, la mayoría de los analistas pone énfasis en la crisis de la representación sociológica más que en la crisis de representación política, señalando como salida la representación delegativa, pese a que algunos estudios no consideran la delegación como una dimensión de la representación

(O'Donnell, 1995). Algunos análisis subrayan la crisis de identidad organizada en torno a intereses mientras otros enfatizan más bien la existencia de una fractura étnica entre los partidos y un sector importante del país. Algunos grupos étnico-sociales no habrían logrado organizar su propia representación política y, ante esa carencia, se habrían limitado a hacer alianzas precarias con otros grupos sociales y políticos (Franco, 1993).

La crisis de representación política alude, por un lado, a la incapacidad de los partidos para agregar demandas y canalizarlas hacia el Estado, y, por otro, al poco o nulo interés de los representantes políticos para rendir cuentas a sus electores y a las dificultades que éstos tienen para controlarlos, sea debido a las estructuras antidemocráticas de las organizaciones partidarias (Adrianzén, 1992), sea debido al tipo de sistemas electorales que los políticos imponen en función de sus propios intereses sin tener en cuenta la posibilidad de control de los representantes por parte de los electores. La crisis ha debilitado sobre todo los controles institucionales del poder Ejecutivo por parte de los otros poderes del Estado. Libres de toda ideología cerrada, los líderes independientes se muestran dispuestos parcialmente a agregar intereses, no del conjunto social, sino de los poderes fácticos y a procesarlos en el Estado sin atenerse a morosos procedimientos institucionales. Algunos analistas sostienen que con la crisis de representación de los partidos ya no hay agregación de intereses ni identificación de los ciudadanos y que la personalización de la política, consecuencia de la crisis representativa, borra todo rastro de representación: esta sería la sustancia de la democracia delegativa (O¨Donnell, 1995). Pero la constitución de identidades es parte fundamental de los procesos representativos, sobre todo en los períodos de crisis, dada la disgregación de las anteriores identidades e intereses, por lo que es necesario reemplazarlos o resignificarlos. Pero los ciudadanos encuentran que la participación, el cumplimiento de compromisos o la fidelidad a sus intereses no se evaporan sino que se transforma en delegación (Novaro, 1995), la cual es también una forma de representación (Sartori, 1992).

Independientemente del énfasis en alguna de las formas de representación, casi todos los trabajos sobre este tema reconocen la incapacidad de los partidos para cumplir las funciones de representación partidaria que en esas condiciones son desempeñadas por otros intermediarios: los líderes independientes, los grupos de interés, los medios de comunicación de masas, etc. Se señala que los partidos han perdido sus capacidades de construir identidades políticas, de agregar intereses, de canalizar y procesar demandas y de comunicar y ser portavoz de sus representados, esto es, que ya no pueden cumplir las funciones clásicas que les competen (Sartori, 1980). La crisis de los partidos no implica la extinción de sus funciones sino su resignificación así como el reemplazo de sus operadores por otros.

Casi todos los trabajos sobre la crisis de los partidos peruanos reconocen un agotamiento de las herramientas con las que opera la representación partidaria: las ideologías, los programas, la organización (con su estructura y funcionamiento), las estrategias de representación y los liderazgos partidarios. Las explicaciones más frecuentes en este rubro son el patrimonialismo y el prebendismo (Cotler,

1988) la crisis de las ideologías, el carácter antidemocrático de los partidos(Adrianzén, 1992; 1993, Cotler, 1994).

6 Tal es el caso del Partido Socialista Peruano fundado por Hildebrando Castro Pozo y Luciano Castillo, el cual se desarrolló casi exclusivamente en el departamento de Piura en donde fue hegemónico en la ciudad y en el campo y en donde tuvo una larga vigencia.

7 Es necesario diferenciar el fracaso de las consolidaciones democráticas del quiebre de las democracias consolidades (Linz, 1987). Sus factores y procesos son diferentes. Los golpes de Perú y Haití constituyen fracasos de las consolidaciones democráticas iniciadas en 1980 y en 1991 respectivamente. El golpe frustrado de Venezuela contra el gobierno anterior es, en cambio, el intento de quiebre de una democracia más o menos consolidada, luego de un largo período de consolidación iniciado en 1958.

8 Mediante los llamados Decretos de Pacificación el gobierno pretendió pasar de un régimen democrático a una especie de democradura que concentraba el poder en el Ejecutivo, sometía los otros poderes del Estado, otorgaba la primacía a los Comandos Político-militares subordinanando a los gobiernos regionales y estableciendo un sistema de movilización de la población (Vidal, 1993).

9 Ver Guillermo O´Donnell.1994. Delegative Democracy, en: **Journal of Democracy**., January 1994, Volume 5, Number 1.

10 Para construir una tipología de los regímenes no-democráticos Linz utiliza los tres siguientes criterios: el grado de pluralismo político que va del monismo al pluralismo, el grado de participación real de la población que va de la movilización a la despolitización y el grado de ideologización que va de las simples actitudes mentales a la centralidad de las ideologías. Ver Linz.J.J. Totalitarian and Autoritarian Regimes, en: Grinstein, F.I. y Polsby (eds). 1975. **Handbook of Political Science**, Vol III. Macropolitical Theory, Reading (Mas.), Adison-Weley.

11 Ver Dahl, Robert. 1989. **La Poliarquía, Oposición y Participación.** Tecnos. Madrid.

12 La concentración alude a las funciones específicas y autónomas de los poderes del Estado mientras la centralización alude a la distribución espacial del poder. Esta diferencia es sugerida por Alberto Adrianzén, pero ella tiene dos tradiciones teóricas: Locke y Tocqueville.

BIBLIOGRAFIA

Adrianzén, Alberto (1992), "Democracia y Partidos en el Perú", **Pretextos** N° 3-4, Desco. Lima

———. (1993), "Partidos políticos y orden social en el Perú", en Adrianzén y otros, **Democracia etnicidad y violencia política en los países andinos**.

Apoyo, S.A. (1990-1995), "Informe de opinión". **Apoyo S.A.**, Lima. (Informes mensuales).

———. (1994), "Actitudes hacia Temas vinculados al Fortalecimiento de la Femocracia en el Perú. Una Encuesta Nacional de Opinión Pública", Lima, agosto de 1994. mimeo.

Biondi, Juan, Hernández, Max y Lombardi, Guido (1995), "Cambios Culturales e Imágenes de la Política" (mesa redonda), en **Cuestión de Estado**, N° 12-13, 1995, Separata de Cuestión de Estado, Lima.

Bobbio, Norberto (1987), **Estado, Gobierno, Sociedad. Contribución a una Teoría General de la Política**, Plaza & Janés Editores, Barcelona.

Cavarozzi, Marcelo (1992), "El Sentido de la Democracia en la América Latina Contemporánea", en Garretón, Manuel Antonio (edit.), **Los Partidos y la Transformación Política de América Latina. Grupo de Trabajo Partidos Políticos-CLACSO**, Ediciones FLACSO-Chile, Santiago.

———. (1993), "La izquierda en América del Sur: La política como única Opción", en Vellinga, Menno.

———. (1993), **Democracia y Política en América Latina**, Siglo XXI, México.

Collier, David (1985), **El Nuevo Autoritarismo en América Latina**, México, FCE.

Conaghan, Catherine (1995), **Public Life in the Time of Alberto Fujimori**, Lasa 1995, Washington.

Cotler, Julio (1988), "Los Partidos Políticos en la Democracia Peruana", en Pasara, Luis y Parodi, Jorge. **Democracia, Sociedad y Gobierno en el Perú**.

———. (1994), "Crisis Política, outsiders y democraduras: El Fujimorismo, en Cotler", julio, 1994, **Política y Sociedad en el Perú. Cambios y Continuidades**. IEP. mimeo. Lima.

Dahl, Robert (1989), **La Poliarquía, Participación y Oposición**, Tecnos, Madrid.

Deutsch, Karl W. (1969), **Los Nervios del Gobierno. Modelos de Comunicación y Control Políticos**, Editorial Paidós, Buenos Aires.

Franco, Carlos (1993), "Pensar en Otra Democracia", en **Cuestión de Estado**, N° 3, mayo-junio 1993, IDS. Lima.

Fraser, Nancy (1995), "Repensar el Ambito Público: Una Contribución a la Crítica de la Democracia realmente existente", en Grompone, Romeo, **Instituciones Políticas y Sociedad**, IEP. Lima.

Grompone, Romeo (1993), **El Velero en el Viento**, IEP, Lima.

Grompone, R. y Mejía, Carlos (1995), **Nuevos Tiempos, Nueva Política. El Fin de un Ciclo Partidario**, IEP, Lima.

Held, David (1991), "Democracy, the Nation-State and the Global System", en Held, David.

———. (1991), **Political Theory Today**, Oxford,. Polity Press.

———. (1987), **Modelos de Democracia**, Alianza Editorial, Madrid.

———. (1995), **Democracy and Global Order. From the Modern State to Cosmopolitan Governance. Polity Press**, Cambridge.

Hirschman, Albert O. (1986), **Interés Privado y Acción Pública**, FCE., México.

Huntington, Samuel (1972), **El Orden Político en las Sociedades en Cambio**, Paidos, Buenos Aires.

———. (1994), **La Tercera Ola. La Democratización a Finales del Siglo XX**, Paidós, Buenos Aires, México, Barcelona.

Jaguaribe, Helio (1992), **La Sociedad, el Estado y los Partidos en la Actualidad Brasileña**, FCE, México, 2 tomos.

Klaren, Peter (1970), **Formación de las Haciendas Azucareras y Orígenes del Apra**, IEP, Lima.

Kurth, James K. (1985), "Cambio Industrial y Cambio Político: Una Perspectiva Europea", en Collier, David.

———. (1985), **El Nuevo Autoritarismo en América Latina**, México, FCE.

Landi, Oscar (1995), "Outsiders, Nuevos Caudillos y Media Politics", en Grompone, Romeo. **Instituciones Políticas y Sociedad**, IEP, Lima.

Lechner, Norbert (1986), **La Conflictiva y Nunca Acabada Construcción del Orden Deseado**, CIS, Siglo XXI de España Editores, S.A.

Linz, Juan (1987), **La Quiebra de las Democracias**, Alianza editorial, Madrid.

Lipset, Seymour Martin (1963), **El Hombre Político**, Editorial Universitaria, Buenos Aires.

López, Sinesio (1990), "Belmont, El Hijo del Desconcierto Nacional", en **Temas de Actualidad** N.2, IDS, Lima.

———. (1991) **El Dios Mortal. Estado, Sociedad y Política en el Perú del Siglo XX**, IDS, Lima.

———. (1993), "Perú: Golpe, Democradura y Democracia", en **Cuestión de Estado** 4-5, septiembre y octubre, 1993, IDS, Lima.

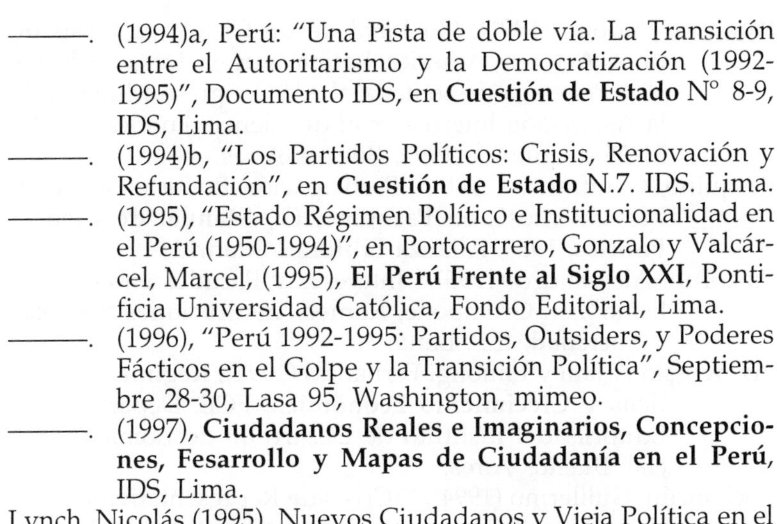

———. (1994)a, Perú: "Una Pista de doble vía. La Transición entre el Autoritarismo y la Democratización (1992-1995)", Documento IDS, en **Cuestión de Estado** N° 8-9, IDS, Lima.

———. (1994)b, "Los Partidos Políticos: Crisis, Renovación y Refundación", en **Cuestión de Estado** N.7. IDS. Lima.

———. (1995), "Estado Régimen Político e Institucionalidad en el Perú (1950-1994)", en Portocarrero, Gonzalo y Valcárcel, Marcel, (1995), **El Perú Frente al Siglo XXI**, Pontificia Universidad Católica, Fondo Editorial, Lima.

———. (1996), "Perú 1992-1995: Partidos, Outsiders, y Poderes Fácticos en el Golpe y la Transición Política", Septiembre 28-30, Lasa 95, Washington, mimeo.

———. (1997), **Ciudadanos Reales e Imaginarios, Concepciones, Fesarrollo y Mapas de Ciudadanía en el Perú**, IDS, Lima.

Lynch, Nicolás (1995), Nuevos Ciudadanos y Vieja Política en el Perú, en **Socialismo y Participación 70**, Junio, 1995, CEDEP, Lima.

———. (1996), **Del Fracaso de los Partidos al Reino de los Independientes**, Lima, Grade, Inédito.

Macpherson, C. B. (1981), **La Democracia Liberal y su Epoca**. Alianza Editorial, Madrid

Manin, Bernard (1992), "Metamorfosis de la representación", en Dos Santos, Mario R. (coord.) **¿Qué Queda de la Representación Política?**, CLACSO- Argentina Editorial Nueva Sociedad.

Marshall, T.H. (1976), **Class, Citizenship and Social Development.** Greenwood Press. London.

Meyer, Lorenzo y Reina, José Luis (1989), "Los Sistemas Políticos en América Latina", Siglo XXI Editores, Universidad de las Naciones Unidas, México.

Moore, Barrington Jr. (1973), **Los Orígenes Sociales de la Dictadura y de la Democracia. El Señor y el Campesino en la Formación del Mundo Moderno.**

Morlino, Leonardo (1988), "Las Democracias", en Pasquino, Gianfranco, (1988), **Manual de Ciencia Política**, Alianza Editorial, Madrid.

North, Lisa (1970), "Orígenes y Crecimiento del Partido Aprista y el Cambio Socioeconómico en el Perú", en **Desarrollo Económico**, julio-septiembre, 1970, vol. 10, 38.

Novaro, Marcos (1995), "Crisis de Representación, Neopopulismo y Consolidación democrática", en Grompone, Romeo, **Instituciones Políticas y Sociedad**, IEP, Lima.

O'Donnell Guillermo (1995), "¿Democracia delegativa?", en Grompone, Romeo, **Instituciones Políticas y Sociedad**, IEP, Lima.

Paramio, Ludolfo (1991), "El Final de un Ciclo y la Crisis de unos Actores: América Latina ante la Década de los 90", Ponencia presentada al XV Congreso Mundial de la Asociación Internacional de Ciencia Política (IPSA), 21-25 de julio de 1991, Buenos Aires.

Pasquino, Gianfranco (1988), "Participación Política, Grupos y Movimientos", en Pasquino, G., **Manual de Ciencia Política**, 1988, Alianza Editorial, Madrid.

Pizzorno, Alessandro (1995), "Intereses y Partidos en el Pluralismo", en Grompone, Romeo. **Instituciones Políticas y Sociedad**, IEP, Lima.

Przeworski Adam y Limongi Fernando (1994), **Regímenes Políticos y Crecimiento Económico**, FCE, Departamento Editorial del Instituto de Desarrollo Económico y Social, Buenos Aires.

Rochabrún, Guillermo (1994), "¿Crisis de Representatividad? ¿O Crisis de Intermediación?", en **Cuestión de Estado**, N° 7, IDS, Lima.

Roncagliolo, Rafael (1993), **"Crisis de Participación y Sociedad Televiciada"**, en Cuestión de Estado, N° 4-5, IDS, septiembre-octubre, 1993. Lima.

———. (1994), "La política en la Galaxia Bit", en **Cuestión de Estado**, N° 10, IDS. Lima.

Sartori, Giovanni (1980), "Partidos y Sistema de partidos. Marco para un Análisis", Volumen 1, Alianza Editorial, Madrid.

———. (1988), **Teoría de la Democracia**, Alianza Editorial. Madrid.

———. (1992), **Elementos de Teoría Política**, Alianza Universidad, Textos, Madrid.

———. (1993), **La Democracia después del Comunismo**, Alianza Editorial, Madrid.

Schmitter Philippe C. y Lynn Terry (1995), "¿Qué es Democracia y qué no es Democracia?", en Grompone, Romeo, **Instituciones Políticas y Sociedad**, IEP, Lima.

Souza Santos, Boaventura (1995), **Towar and New Common Sense. Law, Science and Politics in the Paradigmatic Transition**, Routledge, New York, London.

Stokes, Susan (1995), **Economic Reform and Public Opinion in Peru, 1990-1995**, Lasa, 1995, Washington.

Torres, Alfredo (1993), "Los Cambios en la Opinión Pública", en Alvarez R., **El Poder en el Perú**.

Vellinga, Menno (coordinador) (1993), **Democracia y Política en América Latina**, Siglo XXI editores.

Fujimori, neopopulismo y comunicación política

Romeo Grompone*

Fujimori ha pretendido establecer un nuevo orden económico, social y cultural y un nuevo estilo de comunicación política. Por un lado, ha procurado que los ciudadanos siguieran las reglas e internalizaran los valores de una economía de mercado, al mismo tiempo que se decía atender también a criterios de redistribución. El éxito de esta prédica llega a su punto de apogeo en las elecciones de 1995, y empieza a tener dificultades cuando se pasa del consenso negativo que inspiran las políticas de ajuste –lo que se tiene que evitar del pasado– a un consenso positivo que requiere dialogar y contemplar a diversos intereses y prioridades, cuando se trata de promover reformas estructurales de largo plazo.

Por otro lado, Fujimori parece establecer una relación con los ciudadanos en que combina su vínculo personal, especialmente con los sectores populares y, su imagen en los medios de conductor seguro de los destinos del país. El vínculo personal se sustenta en políticas sociales focalizadas en las que interviene personalmente inaugurando obras y prestando ayuda en la comunidad, modo de actuar en el que algunos autores han encontrado rasgos de un estilo populista. Los medios daban cuenta de su accionar y encontraban a un líder que parecía tener el don de la ubicuidad estableciendo sin dificultades los términos de la agenda política, ante el desconcierto de sus adversarios. Este período ha durado entre 1992 y 1996. En el año 1997 se asiste a un nuevo escenario en que el Presidente cuenta todavía con un sustantivo apoyo pero en la sociedad están cambiando los criterios de orden y previsibilidad, se tiene una idea de los límites acerca de lo que le está permitido hacer al gobierno, los medios

* Sociólogo uruguayo, investigador principal del Instituto de Estudios Peruanos, Profesor de las Maestrías de Ciencia Política y Sociología, Universidad Católica del Perú.

están obligados a cambiar y surgen líderes que asumen nuevos estilos de hacer política, ante la decadencia de los partidos.

Sin embargo Fujimori utilizando el aparato del Estado dispone de amplios márgenes de libertad para recobrar protagonismo. Estos procesos son los que queremos describir en el presente artículo.

1. La imagen de un nuevo orden y la cultura política deseada

En las elecciones presidenciales de 1995 podía Fujimori proyectar la imagen de fundador de una nueva república, promotor de una economía de mercado que convertía al Perú en un agresivo país competitivo que ingresaba a la modernidad y ofrecer además su intervención personal como garantía que los inevitables cambios a producirse no iban a afectar a los más pobres. Fujimori quiso presentarse a la vez como gerente y protector combinando la gestión sustentada en los grandes lineamientos con la atención a los pequeños problemas, pasando con soltura de un escenario a otro, los foros internacionales con las visitas a centros poblados y zonas rurales que se debatían en la extrema pobreza. El arte de comunicar debía de ser capaz de proyectar, al mismo tiempo, la idea de una lucha sin cuartel en estos dos frentes, ambos cubiertos sin fisuras.

En teoría, la lógica de la asignación impersonal de recursos por una implacable racionalidad instrumental de mercado y los criterios que se quisieron presentar como redistributivos antes que de simple compensación ya que decía atender a postergaciones seculares, tienden a desengancharse unos del otro. El arte de Fujimori ha sido conciliar estas tendencias encontradas combinando para ello un certero manejo de la situación política para lo cual requería como presupuesto el manejo centralizado del poder y el uso controlado de la información limitando el acceso a ella sólo en coyunturas que considera favorables.

La cultura política en tiempos de neoliberalismo requiere que las relaciones jurídicas jerárquicas e informales plasmada en prestaciones difusas –campo de prebendas y clientelas– sean sustituidas por la lógica del contrato entendido en términos de derecho privado invadiendo y desplazando la dimensión estrictamente política. El logro de este objetivo supone acuerdos múltiples y de corto plazo, que le quiten peso a las expectativas en relación al Estado, sin deslegitimar al gobierno. La idea de un único criterio inexorable para ordenar economía y sociedad y la tecnoburocratización de las decisiones tiende, como señala García Canclini, a que las personas se les convoque en tanto consumidores privados de bienes y como espectadores en los medios masivos antes que encarando sus situaciones a partir de las reglas de la democracia o la participación colectiva en espacios públicos. Estos bienes y mensajes llegan a nuestra vida privada y los usamos como nos parece. La cultura política del neoliberalismo exige del Estado seguridades mínimas (jurídicas, monetarias, policiales) y hasta allí quiere que se limite su intervención (Njaim, 1996; García, Canclini, 1996a; Novaro, 1997).

El fomento de las búsquedas individuales deberían desacreditar los proyectos colectivos y debilitar hasta que desaparezcan lazos de pertenencia y lealtades políticas y sociales estables, tendiendo un manto de crítica a las políticas de asistencia, estimulando la competencia, cuestionando la solidaridad como idea poco realista o incluso distorsionadora, tributo indebido a un orden pasado que fracasó. La generalización de un mismo tipo de preocupaciones en el conjunto de la sociedad civil llevaría a construir una opinión pública nacional relativamente uniforme, donde, desplazadas definitivamente las pugnas ideológicas, dejen también de tener peso las brechas sociales en términos de clase, etnia, género y procedencia regional en tanto campo para elaborar juicios diversos sobre la situación existente.

Esta mentalidad no se ha impuesto, aun cuando se encuentren atisbos de cambios en actitudes y comportamientos que apuntan en esta dirección. Los neoliberales ortodoxos a ultranza reclaman porque se imponga esta lógica de una vez por todas. Fujimori navegando entre presiones políticas donde soplan vientos en distinta dirección tiene que persuadir que marcha imperturbable en la imposición de una economía de mercado pero, al mismo tiempo, comprende que su gestión se encuentra sujeta a una evaluación difusa y sostenida acerca del cumplimiento de sus demandas entre los sectores de menores ingresos. Para la resolución de problemas de gobernabilidad y control social debe neutralizar a sectores que pueden ser antagonistas potenciales, sopesando el efecto de sus decisiones, medida por medida ante quienes todavía son sus aliados. Fujimori se encuentra compelido a realizar una campaña permanente no sólo pensando en su futura reelección, sino en la mantención de apoyos consistentes a su gestión que hagan poco realista otra alternativa. El perfilamiento de otra candidatura, la de Alberto Andrade y un cuadro relativamente abierto para el surgimiento de otros competidores quiebra este proyecto y lo obliga a dinamizar una política de vinculación activa con los grupos más pobres de las ciudades y el campo, de la capital y de las provincias para formar clientelas estables.

En suma, se ha producido el desenganche temido entre los cambios que se buscaban para afianzar una cultura política adecuada desde una perspectiva neoliberal y las expectativas de atención a los grupos más pobres. Un grupo le puede atribuir falta de adhesión al compromiso de establecimiento de un nuevo orden, otra insuficiencia en las políticas sociales. Lo que parecía definitivamente soldado son partes que tienden a funcionar por separado, impulsado por fuerzas que no tienen como encontrarse.

Las expectativas que se quieren alcanzar, sobre la base de una orientación neoliberal, radica en hacer verosímil para los ciudadanos que las perspectivas de progreso y bienestar dependen exclusivamente de los esfuerzos del mercado. En una primera etapa requiere la personalización del poder como eje articulador. La profundización de las reformas en esta dirección exige, en cambio, la separación de la economía y la política lo que supone introducción de criterios de eficacia no expuestos a los avatares de un liderazgo. Fujimori puede encontrarse desde esta aproximación en la situación paradójica de ser promotor y freno de un proceso de cambios al evitar, por una presencia que ahora puede percibírsela como invasora, la consolidación institucional de los mismos. Y sin embargo, el Presidente tiene que seguir dando señales a los grupos más pobres y menos organizados de la sociedad. Los mensajes tienden así a volverse más confusos, se pierden las seguridades de qué decir, ante quiénes y cuáles personas van a pedir cuentas por lo expresado, se pugna en el discurso por disociar lo social de lo económico mientras la atención de los sectores más desfavorecidos que podrían apoyar el proyecto procuran con creciente claridad que ambos planos confluyan ¿cómo plantear una agenda? ¿cuáles son los grados de flexibilidad tolerables? ¿es posible dirigirse a distintos públicos con ofertas que puedan compatibilizarse entre sí? ¿quiénes expresarán primero su malestar, los neoliberales a ultranza o los grupos asistidos, los primeros con mensajes explícitos, los segundos con un distanciamiento respecto al gobierno más o menos acelerado?

2. Los escenarios después del ajuste

Asociado con este proceso que alude a valores, prioridades y expectativas se asocia, sin que tenga una relación lineal de causa y efecto el pasaje de la primera a la segunda etapa de reformas emprendidas en el Perú como en otros gobiernos de América Latina.

En una política de emergencia se recurre a los servicios de un grupo de técnicos aislados de la sociedad, aparentemente imbuidos de una racionalidad instrumental orientada a la eficacia siguiendo los lineamientos por los que presionan los organismos internacionales de crédito. El proceso estabiliza la economía, promueve en una primera etapa tasas considerables de crecimiento y un posterior estancamiento. Una segunda etapa requeriría políticas de negociación que genere certidumbres y restablezca las relaciones entre Estado y sociedad para emprender una activa reforma institucional, mucho más compleja que la sola realización de una política de privatizaciones (Tanaka, 1996).

Se trata, en suma, de aplicar un proyecto que como señala Naim es difícil de decidir y fácil de ejecutar en una primera etapa porque los drásticos cortes presupuestales, las reformas impositivas, la liberalización del comercio y de la inversión extranjera y la desregulación del sector privado son decisiones tomadas por el Ejecutivo en acuerdo con los organismos internacionales de crédito y la gestión queda a cargo de una elite tecnocrática deliberadamente aislada (Naim, 1994).

La mayoría de la población acepta un "consenso de terminación" de un modelo centrado en el Estado y sustentado en las mediaciones políticas tradicionales cuando lo vinculan a un contexto de hiperinflación y de violencia política. Sin embargo, no supone como se pensaba en algunas interpretaciones el pasaje definitivo a una ideología neoliberal asumida por el conjunto de la población, dispuesta a afrontar por consiguiente todas sus consecuencias. Como señalan Palermo y Torre, la aceptación de un cambio de rumbo no está motivada por la confianza en un futuro más próspero sino ante la urgencia de huir de un presente insoportable. La reforma económica no es vista como un pasaje obligado de una transición exitosa en que se avizora un fin deseado a mediano plazo sino simplemente se la estima como el acceso a una situación algo mejor cuando no aparece otra alternativa que se puede considerar con realismo viable (Palermo y Torre citado por Navarro, 1995).

La segunda generación de reformas exige para mantener el precario equilibrio económico preocuparse por impulsar una reforma institucional del Estado como garantía de funcionamiento del propio mercado y evitar una situación social que puede ser explosiva pasada la primera etapa del ajuste estructural. Las metas se orientan al mejoramiento de las condiciones sociales, el incremento de la competitividad internacional y el mantenimiento de la estabilidad económica y supone reformas en el mercado, el trabajo, el servicio social, la educación, el poder judicial y mejoras en la capacidad de captación de impuestos. Estas medidas exigen una institucionalización del poder del Estado ya que la estabilidad de las normas se opone al predominio de las decisiones excluyentes e inconsultas del Presidente y del manejo presuntamente aséptico por parte de las elites tecnocráticas. En esta etapa comienza a hacerse sentir las reivindicaciones y demandas de las instituciones de la sociedad civil, a pesar que su debilidad anterior fue una de las condiciones requeridas para el inicio de las reformas. Se empieza a sentir la llamada fatiga del ajuste (Cotler, 1996).

Como señala Nelson los costos iniciales de la estabilización pueden considerarse temporarios o se espera que al menos los ciudadanos lo asuman como tales. La etapa posterior de reformas no sólo tienden a ser más complejas desde del punto de vista administrativo sino que además se abre a un rango más amplio de opciones técnicas lo que incentiva a un debate más intenso y obliga o debiera obligar a buscar un estilo más consultivo (Nelson, 1994).

El consenso negativo –lo que se tiene que superar y lo inevitable por hacer– debiera sustituirse por un consenso positivo que tiene que ver con las opciones disponibles para el mediano y largo plazo, situación que crea espacios para controversias y las dudas razonables sobre quienes serán los ganadores y perdedores. No puede avizorarse con claridad el tipo de sociedad que se quiere o se perciben los rasgos amenazantes que ya ella parece presentar.

Los grupos empresariales que apoyaron en conjunto la primera etapa comienzan a expresar sus disidencias. El sector financiero y de seguros y los sectores mineros y pesqueros prestan su apoyo al gobierno (se retorna en los hechos a un modelo primario exportador) mientras que empresarios vinculados al mercado nacional o la exportación expresan sus discrepancias respecto a las altas tasas de interés, el empobrecimiento de la población que reduce las posibilidades de hacer negocios rentables y las prácticas de "dumping" promovidas por compañías extranjeras. Los sindicatos si bien disminuidas sus fuerzas hacen sentir sus protestas ante la flexibilización del mercado de trabajo, los bajos salarios y el desempleo. Las clases medias vinculadas al empleo público y privado que permanecieron en silencio cuando asistieron a las primeras medidas que les reducía sus ingresos y con frecuencia las despojaba de su cargo comienzan a expresar su resistencia o impugnación al orden impuesto, manifestaciones en ocasiones desesperadas porque ya se perdieron las bases desde las cuales pensar o imaginar puntos de retorno.

A otro nivel, se produce un enfrentamiento entre la política centralista del gobierno y las aspiraciones de las autoridades municipales por manejar sus propios presupuestos, unida a la reivindicación de que se las provea de recursos suficientes para cumplir su gestión y que se atiendan demandas largamente reclamadas por regiones o provincias. Surge la oportunidad para movimientos cívicos locales o regionales con una convocatoria social extendida y plural. Mientras el presente régimen trata de afirmarse para el largo plazo –aprobando por ejemplo en el congreso la ley inconstitucional que permite una segunda reelección– llega el momento para que la oposición pueda desarrollar alternativas explícitas, con mayor claridad e invocaciones mejor comprendidas por la ciudadanía. Los temas de la lucha contra la inflación y la derrota del terrorismo son una carta de crédito cuya vigencia no puede prolongarse por tiempo indefinido. Los reconocimientos pasados tienen mayores dificultades para enlazarse con proyectos futuros.

El Presidente tiene que seguir insistiendo en las políticas sociales focalizadas para mantener adhesiones o renovar vínculos perdidos y desde esta plataforma transitar espacios de comunicación que vayan desde la relación interpersonal a los medios masivos. Tendrá que manejar palabras oportunas, mantenerse en silencio para desprenderse de hechos que no le conviene encarar directamente, saber emplear los gestos que ratifiquen apoyos o que tomen por sorpresa a sus adversarios. Para entender este proceso tendrá que evaluarse el impacto de las medidas dirigidas a los grupos de menores ingresos, el tipo de vínculos creados a partir de ellas que algunos interpretan como neopopulismo y el estilo de articulación con los medios masivos.

A Fujimori todavía le espera un largo camino en el que debe estar sensible a identificar cambios y continuidades entre lo logrado y lo que puede esperar; entre lo librado a la intuición y lo premeditado con un razonamiento preciso; la oscilación de lo imprevisto y lo impuesto por las técnicas del mercadeo; los llamados a la aventura de las transformaciones y la apelación a los reflejos conservadores de los ciudadanos, en fin, todo lo que compone su estilo de intervención política y de la transmisión de ideas o de símbolos.

Habrá que comenzar entonces por los lineamientos de su política social, primero describiéndola someramente, después identificando los propósitos que lo guiaban y los logros y los bloqueos encontrados.

3. Políticas sociales y populismo

En los últimos años ha aumentado significativamente el gasto social del gobierno y los porcentajes de pobreza y de pobreza extrema se han reducido en términos relativos aunque ella aumenta en números absolutos y los índices de calidad de vida siguen siendo de los más bajos de la región. Este incremento del gasto no ha llegado a los sectores de educación y salud y al Fondo de Compensación Municipal y se ha concentrado en el Ministerio de la Presidencia que junto con el Ministerio de Economía y Finanzas concentran el 52% del presupuesto nacional. En las tareas de la educación y de salud existen división de trabajo o superposición de competencias. El sector salud es responsable de ejecutar el 50,5% del gasto, el de educación el 41,2%, el resto corre por cuenta principalmente del Ministerio de la Presidencia. Un conjunto de entidades que dependen del Ejecutivo concentran también recursos que en teoría debieran ser asignados a los municipios, considerando las responsabilidades que se le asignan (Pedraglio y Adrianzén 1997).

Estos Fondos de Inversión Social, como está ocurriendo en la mayoría de la región concebidos inicialmente como de temporalidad definida están pasando a ser los instrumentos principales de políticas sociales de mediano plazo. Salvo excepciones como la del FONCODES en cuyas obras de construcción e infraestructura se contratan a trabajadores a plazo definido de la zona, estos fondos no tienen mayor incidencia en los niveles de empleo. La fundamentación técnica surge de la elaboración de mapas de pobreza que permiten focalizar el gasto al mismo tiempo que su tendencia a desperdigarse en una multiplicidad de pequeños proyectos le otorga una considerable visibilidad social. Los criterios ejecutivistas con los que se decide hace que la intervención de la sociedad civil, a la que a menudo se invoca, resulta limitada en el tiempo e inexistente en la toma de decisiones lo que produce la transformación de los ciudadanos en sujetos "privados" frente a la escuela, el hospital y otras formas de protección social (Ballón, 1997).

Sin embargo, puede entenderse que esta atención presunta a los grupos más pobres y la ubicuidad del Presidente inaugurando obras en lugares apartados, motiva adhesiones que surgen de un contacto directo o al menos la imagen de una cercanía entre Fujimori y el poblador y campesino secularmente marginado, postergado, no tomado en cuenta.

Alguien por fin se acuerda de ellos aunque el diálogo parece discurrir a la vez en dos planos, el del necesitado al que se le presta asistencia, el olvidado al que se conoce o se reconoce. El primer tipo de relación –la del necesitado– se ordena o en la ayuda precisa al que es débil por su multiplicidad de carencias; en el segundo caso –el reconocimiento– involucra una dimensión más personal e integradora ¿Dónde termina la evaluación pragmática de estos sectores populares y entra en juego la autoestima y la construcción de identidades? ¿Hasta qué punto se confunden o se disciernen ambos niveles?

En la resolución de este dilema se juega para Fujimori la adhesión circunstancial que puede concitar o los compromisos más estables. El primer escenario –la simple asistencia– es de extrema volatilidad, en el segundo –el reconocimiento– se trata de avances con pasos seguros para consolidar la idea de permanencia en el poder. Pareciera que el Presidente se inclina a pensar en la precariedad del apoyo con el que cuenta –la adhesión va a durar tanto como la ayuda o la expectativa de la ayuda– unida a la percepción realista que la utilización del aparato y los recursos del gobierno lo convierte en el interlocutor que puede ser el dueño exclusivo de la escena. El largo plazo no es pensado desde una alianza ya establecida con los sectores populares sino de la superposición de coyunturas, momentos de intervención puntual que van adquiriendo continuidad por su acumulación sucesiva.

Quizás esta estrategia se complemente con una reactivación pronunciada del gasto social en 1998 y 1999 tal como lo hiciera en la coyuntura preelectoral de 1994 y 1995. Sin embargo, los requisitos y la coherencia del modelo impide que se produzca un cambio de orientación sustantiva. El Presidente tiene que estar obligado desde ya a una movilización permanente proyectando la idea que quisiera estar en todas partes a la vez y que hace lo que está a su alcance para llegar con su mensaje y su ayuda a la población más necesitada. Las imágenes de los informativos transmiten esta idea fuerza haciendo que confluyan la comunicación personal con la reproducción mediática que extiende esta idea de un comportamiento preocupado y alerta. Se busca que el receptor desplace la idea de la desatención gubernamental por un sentimiento de espera de quién ha de venir a recoger demandas y prestar ayuda.

¿Puede pensarse, como lo hacen algunos autores, que estamos asistiendo al resurgimiento de un estilo populista dentro de una orientación neoliberal? En el caso de Fujimori parece existir como en el caso de los populismos el sueño de transparencia de una democracia directa que se plasma a través del idealizado encuentro cara a cara entre el líder y el pueblo. La relación se establece desde un discurso desde el poder recurriendo a un preconizado antielitismo cuyo blanco es con exclusividad los políticos tradicionales. Indica una ruptura y una redención ante el viejo orden y una nueva etapa que modifica todos los parámetros de la historia del país.

Según Weyland las políticas de ajuste neoliberal no eliminan en una etapa más avanzada medidas distribucionistas y apelaciones con capacidad de convocatoria dentro de los sectores populares. Neoliberales y neopopulistas aspiran a dirigirse a una población desorganizada que toma distancia respecto a los grupos institucionales de la clase política. Se amplía la acción del Estado desde el vértice del poder para efectuar profundas reformas económicas y sociales fortaleciendo el liderazgo personal. El neoliberalismo coincidiría con el neopopulismo en los criterios de distribución de costos y beneficios que van a afectar a los grupos con niveles relativamente altos de institucionalización como son los trabajadores urbanos y las clases medias y se dirigen al sector informal y a los pobres rurales. El ataque a los gremios, las organizaciones políticas y a determinados sectores de la industria calificándolos de mercantilistas fortalece la autonomía del poder Ejecutivo. Los informales serían los beneficiados de la flexibilidad del mercado de trabajo que adoptan las políticas neoliberales (Weyland, 1997).

Estas visibles coincidencias entre neoliberalismo y neopopulismo no impiden que existan tensiones en esta relación. Los incentivos otorgados a las empresas competitivas en el mercado internacional no siguen la lógica económica del neopopulismo y la consolidación de las reglas universalistas del mercado resulta contraria a los criterios particularistas en la asignación de beneficios y sanciones.

En los hechos, las definiciones del propio populismo en estas concepciones la reducen a una relación sin intermediarios entre gobernante y sectores populares. No existe aquí como en el populismo histórico latinoamericano una combinación entre manipulación de masas con una activa movilización de éstas en términos de conquista de derechos y reconocimiento de espacios políticos. El seguimiento a Fujimori parece corresponder, a nuestro criterio, a lo que Tucker caracteriza como carisma de situación. No son los componentes mesiánicos de la personalidad del líder, presentes en el carisma puro sino una situación de inestabilidad, la que predispone a la gente a percibir como extraordinariamente calificado y a seguir con lealtad a un jefe que ofrece una salida a una situación de "stress".

Por otra parte, como señala Schedler el amenazante *Otro* en gobiernos como el de Fujimori no son los grupos de poder económico como en el caso del populismo sino las elites políticas. En lo que este autor llama "establishment" antipolítico ellas son las acusadas de irracionalidad cognitiva-instrumental ya que se les atribuye no sólo falta de conocimientos sino de sentido común; de irracionalidad normativa porque se alude a una supuesta tendencia a la corrupción, la injusticia y el enriquecimiento y una irracionalidad expresiva consecuencia de su insinceridad, cinismo y teatralidad (Schedler, 1996).

El Estado desarrollista o el Estado nacional-popular intentaban aproximarse o al menos remedar al Estado de Bienestar a través de la difusión de valores como el progreso, la igualdad y la integración. (Calderón, 1997; Vilas, 1997). En algunos casos estos valores y aspiraciones eran recogidos desde una fórmula populista, en otros casos las relaciones de dependencia aparecían contrarrestadas con una aspiración de los sectores populares, parcialmente lograda, a integrarse en el juego político en donde asomaban dimensiones ciudadanas. La movilización social ampliaba las bases de legitimidad del Estado y su agenda. No bastaban las prestaciones focalizadas a grupos que requerían asistencia. El proceso de fondo era la aparición de las clases populares en el desarrollo urbano industrial y la necesidad que algunos dirigentes tenían de incorporarlas al juego político.

El populismo se basaba, es cierto, en relaciones asimétricas pero no por ello los actores participantes dejaban de integrarse en un pacto social en que gobernantes y clases medias y populares especialmente las urbanas, se prestaban legitimidades recíprocas que situaba a unos y otros en mejores posiciones y en una situación de convergencia en la pugna del poder en la sociedad y en la política. El cliente populista era un público fuerte que estaba en condiciones de reclamar y pedir cuentas de lo cumplido ante una relación de patronazgo expuesta a exigencias severas de dar cuenta de lo prometido. En el escenario actual la marginación de las nuevas clientelas las reduce a solicitudes ocasionales, expectativas de corto alcance, reconocimiento de cualquier asistencia, limitaciones autoimpuestas o más bien impuestas por las circunstancias, en suma, estamos ante un público débil por sus escasos niveles de estructuración unida a la comprobación de lo poco que se puede avanzar para mejorar su situación.

En el populismo establecido por un pacto existen mecanismos de manipulación de los sectores populares pero exige además un reconocimiento de niveles de intervención de estos sectores tolerado, o más bien, obligados a tolerarlo por parte de los grupos hegemónicos. La regulación del proceso de acumulación con algunos criterios distributivos es una tarea que tiene que emprenderse para anticipar y dejar de lado probables tensiones sociales.

García Canclini asocia al populismo con una representación teatral que traduce o mejor dicho continúa en un plano simbólico lo que hemos expresado en términos políticos y sociales. El pueblo, algo más que clientes, quizás menos que ciudadanos de pleno derecho, no es el destinatario pasivo de las acciones comunicacionales sino que interviene y se hace reconocer en manifestaciones y desfiles de protesta o afirmación (García Canclini, 1990). Llegando un poco más lejos que lo que este autor expresa, los actores cobran fuerzas viéndose a sí mismos y obligando a los demás a que los observen. La crisis económica y la invasión de la lógica publicitaria en la que importa más que el contenido del mensaje la "estilización del producto" debilitan esta estrategia, la hacen poco verosímil.

Sin embargo, no parece que llegue el turno para el neopopulismo años después. Ocurre, más bien, que la vida cotidiana de los grupos más pobres está atravesada por la influencia de redes políticas que evocan una tradición populista unida a la presencia de descarnadas reglas del mercado. La indiferencia ante la discriminación ciudadana alienta la fragmentación de los imaginarios colectivos (Novaro, 1997) y resulta simplista considerar la visión de lo social entre los más pobres constituida unidimensionalmente a partir de las relaciones de clientes ante un jefe.

La imposición de un orden de mercado no produce un cambio radical de expectativas entre los más pobres y las políticas de fondos sociales focalizados, al margen de la calidad técnica de algunos proyectos, no puede responder a necesidades que cubran a más del tercio de la población que las requiere de manera impostergable. Al mismo tiempo, las desigualdades generadas por el proceso de acumulación avanza con mayor velocidad que las medidas compensatorias.

El mercado no genera ni sustenta dos ideas requeridas para una coordinación política: la representación y la conducción, que asegure ideas sino de bien común de proyectos o un enfoque normativo que oriente a los actores. Se crea un vacío en el imaginario social que tiende a soluciones individualistas y al repliegue en lo privado, que por lo general en los grupos más desfavorecidos no produce expectativas de cambio (Lechner citado por Calderón, 1997).

Quizás con la excepción de pequeños productores de procedencia popular no puede difundirse la idea de la igualdad de oportunidades cuando se hace más evidente la jerarquización de lo social. Existe una distancia creciente entre, por un lado, el malestar social y la misma complejidad de los problemas que quieren resolverse con las políticas sociales y por otro la visión restringida e instrumental del crecimiento económico (Calderón, 1997).

El proceso diluye el espacio para la impugnación. Se crea más bien un descontento difuso respecto a la política y los políticos que deja un espacio libre de críticas que sean focalizadas particularmente en quienes ejercen el poder. Un orden percibido como lejano puede ser también un orden no cuestionado.

Fujimori consigue así en el período de mayor cuestionamiento a su gestión –junio a agosto de 1997– un apoyo superior al 30% de la opinión pública. En esta situación coexistía muy probablemente la aprobación convencida de algunos con el acostumbramiento a las reglas de juego existentes por parte de otros.

4. La personalización del poder

El gobierno de Fujimori no ha conseguido establecer lineamientos estables de una política neopopulista y probablemente no sea éste el objetivo propuesto. Sin embargo, se llega al extremo de una constante de la política peruana que es la personalización. Para ello combina la comunicación personal con la comunicación por los medios. Esta tendencia tuvo su apogeo en el período de 1992 a 1996.

En los inicios esta creciente personalización en torno a Fujimori no es una expresión generalizada de la crisis de representación sino manifestación de una de ellas, la decadencia de la democracia de partidos. En este rasgo de la situación incide el papel de los medios de comunicación que, como señala Manin para otros contextos, transmiten cualidades directas y sensibles de los candidatos que no dependen de la mediación y la intervención de los militantes (Manin, 1992). Los postulantes exacerban este personalismo por las dificultares o los inconvenientes de fijar un programa cuyas medidas resulten acaso imprevisibles o rechazadas, si no se aplican en el momento preciso. Por esta razón, al margen si un régimen tiene características democráticas o autoritarias, aumentan los poderes de prerrogativa de los gobiernos y los representantes ya que la complejidad de las decisiones traban la probabilidad que ellas pueden deducirse de una regla de acción ya enunciada con anterioridad. En el caso dc Fujimori se combina la decisión inconsulta con la confianza que espera obtener de los ciudadanos.

En este contexto la oposición se encuentra en una situación de incertidumbre. En una sociedad civil debilitada y sin referentes integradores no sólo en lo político sino en lo económico, lo social y lo cultural, resulta una tarea compleja identificar los principios de escisión más eficaces y favorables para obtener apoyo, obligando a una suerte de prueba de ensayo y de error sustentada frecuentemente en encuestas de opinión. En esta situación, Fujimori parece haber sacado ventaja frente a sus adversarios políticos.

En las opciones, la política se personaliza y las imágenes cobran importancia. Los discursos y el modo de pronunciarlos y de hacer determinados énfasis permite dar una idea vaga de lo que se propone el candidato, que basta para quienes por razones culturales no tienen una información suficiente o aún para reducir los costos de información de quienes en teoría tienen los conocimientos disponibles para hacer una evaluación más precisa. Esta presentación esquemática es ambigua en sus contenidos prestándose a diversas interpretaciones, circunstancia que favorece la independencia de los gobernantes respecto a las razones por las que inicialmente fue elegido. La idea de mandato y de fiscalización se difuminan.

La personalización esta asociada también a la condensación de imágenes de los medios de comunicación y es una última etapa de un proceso más amplio de "sustitución de contenidos argumentales y de fondo de las acciones políticas por sus representaciones simbólicas". Los actos y situaciones son reducidas con frecuencia a la persona que los protagoniza (Dader, 1992a).

Este escenario de personalizaciones acumula imágenes positivas y negativas de los protagonistas políticos y la comunicación se presenta como una suerte de relato dramático que sustituye la instancia de deliberación y se trastoca en un juego de competencia en la que cada actor en escena pugna por el logro de una idealización positiva y por trasladar la carga negativa a sus antagonistas.

La personalización permite además un desvío en la atención pública. Fujimori inmerso en una campaña política permanente tiene inevitablemente que tomar en ocasiones medidas antipopulares. Aquí se puede jugar con una dinámica de presencias y ausencias de la dimensión personal. Ella sacará partido de las medidas que cuenten con una extendida aceptación. En cambio tratará de esquivar la personalización en decisiones cuestionadas "Todo lo popular lo asumen los líderes, lo impopular es producto de un sistema abstracto y anónimo" (Del Rey Morató, 1996). La estrategia es hacer sentir con todo su peso la idea del sacrificio de lo inevitable unido a la promesa que se tratará de evitar parte de los perjuicios mediante una intervención sensible y providencial.

5. Medios y política

La estrategia de Fujimori para ganar el apoyo de la población combina visitas personales a barrios marginales y poblados rurales con la presencia en los medios de comunicación. Estas actividades van juntas ya que en el momento en que se está concurriendo a la comunidad el Presidente en la alocución y los gestos toma en cuenta sus efectos mediáticos.

Corresponde aquí hacer una breve digresión en que tomaremos en cuenta las interpretaciones del efecto de los medios en las campañas políticas, hechos que Fujimori toma en cuenta. El recuento acotado de esta discusión creo que no nos distancia de la coyuntura sino nos provee de elementos indispensables para entenderla. Después podremos volver con mayor seguridad al discurrir cotidiano de la política comunicacional del gobierno y de la oposición, sus continuidades y sus momentos de ruptura, la casi omnipotencia presidencial durante un período que se extiende de 1992 y 1996 y las fisuras quizás no definitivas que comienzan a notarse.

Verón señala que la televisión es el sitio por excelencia para la producción de acontecimientos y el lugar privilegiado del vínculo entre el ciudadano y la ciudad y entre los representantes y el representado (Verón, 1992). Wolton considera que la democracia masiva en los tiempos presentes requiere de los medios que no suprimen la política sino que la hacen posible. Ellos, según el autor, producen un circuito de comunicación indispensable para el funcionamiento de la democracia masiva, en el sentido descendente del poder político a través de los medios y en el sentido ascendente de la opinión pública a los políticos recurriendo a los sondeos. Esta comunicación política permitiría identificar los problemas que surgen, favorecería la integración de los debates y facilitaría la exclusión de aquellos temas que han dejado de ser objeto de conflicto (Wolton, 1992).

Fujimori no parece situarse en esta lógica de relativa equiparación de gobernante y ciudadanos resultado de la dinámica de los medios de comunicación. La concentración del poder define una agenda, ella ordena o al menos orienta los temas. Las eventuales presiones desde abajo quedan por fuera de la lógica del sondeo y, hasta cierto momento de la historia reciente, de la atención de los medios. La visión optimista de la función de equilibrio de los medios resulta, en ocasiones el reconocimiento del statu quo impuesto desde la cúspide al impulsar una situación de conservación de lo existente que disimula la desigualdad de las fuerzas en juego.

Otros autores, en cambio, llegan a conclusiones pesimistas sobre la relación entre democracia y medios de comunicación. Zolo remite el problema a un momento anterior pero asociado con el desenlace presente, como lo es el peso de las elites políticas. En una democracia electoral la incompetencia o falta de conocimiento de los ciudadanos puede ser absorbida por el sistema sin disfunciones graves porque la tarea confiada a ellos no es el problema crucial de decidir sobre los criterios de conducción política sino "decidir sobre quien debería decidir". Se transfiere a los gobernantes lo que en parte parecía también responsabilidad de los electores. Las elecciones aparecen como ritual para la legitimación procesal del poder –un ritual de protección y de integración social– que no tiene sino una relación marginal con el contenido futuro de las acciones del gobierno. Ya Schumpeter al mismo tiempo que reconocía el valor de la libertad de información se mostraba escéptico sobre su eficacia para propender a la libertad y a la capacidad de los votantes para orientarse (Zolo, 1994). En este caso, a diferencia de Wolton, se reconoce la asimetría entre gobernantes y gobernados y la capacidad de influencia de los primeros lo que no supone reconocer la omnipotencia de los medios de comunicación oficialistas para fijar orientaciones pero sí acepta con realismo los límites para contrarrestar sus tendencias en un régimen en que se restringe el pluralismo, como es el caso de Fujimori. El titular del Ejecutivo es el único que dispone de la libertad para desarrollar un amplio margen de tareas de convencimiento y de manipulación.

El modelo de manipulación de mercados sustituye al modelo dialógico. En el modelo dialógico el espacio de comunicación es homogéneo porque el contenido es compartido por todos y continuo ya que no hay instancias privilegiadas y momentos críticos para interrumpir o propiciar el encuentro de los interlocutores. La mercadotecnia en cambio parte del reconocimiento de la segmentación social como criterio para instalarse en un "mundo político plural y competitivo" y no toma como referencia valores sustantivos como es del interés general. Se ubica en sociedades donde se han fragmentado intereses y proyectos y no es posible pensar en un principio de unidad (Achace, 1992). El recurso de Fujimori a los sondeos de opinión y los "focus group" indica en este último caso el recurso del diálogo armado desde fuera de los participantes para extraer conclusiones a través de una deliberación técnicamente controlada. La racionalidad instrumental necesita el remedo de una racionalidad comunicativa para extraer informaciones que jueguen en el cálculo político.

Zolo en la obra citada señala que en la situación presente los medios de comunicación no son solamente agencias de socialización política sino de distribución de conocimientos destacando la naturaleza asimétrica, selectiva y no interactiva de la comunicación. Esta convicción surge de la comprobación de la distancia entre los emisores que son grupos profesionales cohesionados, formalmente organizados como empresas capitalistas con estructuras burocráticas, y por otro lado los receptores sin comunicación ni cohesión social. En casos extremos, para este autor, los medios imponen autorreferencialmente su propia realidad como la única abierta a la recepción de los mensajes, logrando que una imagen selectiva y distorsionada se trate de presentar como la realidad.

La interpretación de Zolo probablemente subestime la importancia de las comunicaciones interpersonales. Más allá de esta objeción, los medios tienden a una personalización de la realidad que colude en parte con el ideal democrático de la inimportancia intrínseca sino por la autoridad de quien es su protagonista.

Todo ocurre como si la "visualización" de un problema para facilitar su comprensión requiriera hablar obligatoriamente de personas concretas ante la aridez y la falta de atención de los temas tratados de manera técnica o ideológica. La personalización incide en la evaluación de las posiciones ya que las ideas han sido sustituidas por nociones acerca de las cualidades de un líder al cual se le puede otorgar confianza al margen de propuestas programáticas. Incluso las posiciones políticas que pueden ser vistas como propias del radicalismo o del conservadurismo parecen expresarse en gestos y actitudes antes que por los argumentos de los discursos.

Por estas razones Fujimori se ubica en el centro político de modo relativamente independiente de sus políticas específicas de ajuste estructural y las reformas neoliberales que está desarrollando.

6. La ubicuidad de Fujimori y la fijación de la agenda

La personalización favorecida por los medios propicia el juego de acercamiento y distancia en la que se sustentan las identificaciones. Como se ha discutido ampliamente en las ciencias sociales Fujimori en los momentos de su irrupción política coloca su discurso, quizás sin una cuidadosa evaluación previa en el centro mismo de las divisiones étnicas y sociales que separaba a pobres y ricos, costa y sierra, criollos de piel clara y cholos e indios, clases medias y sectores populares (Degregori, 1991).

Algunos rasgos de este estilo permanecen años después. El Presidente es el que desafía los rituales de la tribuna política alejado de la retórica y los abrazos de circunstancias con sus seguidores y clientes. Mantiene las pautas de un comportamiento antielitista y sale a dar vueltas por las localidades que visita con una bicicleta, un burro o un tractor, se baña en una laguna o en un río, juega a tirarle agua a la gente y les dice que es uno más entre ellos usando "sus sombreros, ponchos, cusmas, tocados de plumas y hasta banderas" (Oliart, 1996). Procura dar la impresión que su visita no responde únicamente al motivo de inauguración de una obra. Interpela a la población sobre la calidad de los servicios prestados presentando a la vez la imagen de un ejecutor y de un garante y si retorna nuevamente a una localidad, es asumiendo que ha cumplido con la promesa ofrecida, fortaleciendo una relación de confianza. En los últimos años intenta proyectar además no sólo una imagen gerencial y ejecutiva, sino la del estadista que enlaza cada proyecto u obra realizada con la idea de un nuevo país. Los medios se encargaban de multiplicar el efecto de estas apariciones en la percepción de los ciudadanos convirtiéndose en una rutina de los noticieros que buscaban confirmar día a día un vínculo de delegación y consentimiento. En algunos casos, como ha ocurrido en otros contextos políticos daba la idea de una intervención solipsista que recurría a los medios de acuerdo a parámetros definidos con precisión acerca de qué se tenía que conversar despojando a los periodistas de cualquier otra alternativa.

Para los sectores populares, Fujimori fue por un largo período, el interlocutor reconocido, el político a quien estos grupos decodifican bien. Este logro es atribuible a la comprensión del Presidente que debía ubicarse en los contextos donde lo interpretaban mejor como los barrios populares y pueblos jóvenes de Lima o las comunidades, los pueblos y las ciudades de provincia. Allí transmite dos mensajes convincentes "yo estoy donde quieras que esté" y "soy un Presidente como tú" que resulta una manera de aludir también a su sensibilidad respecto a las preocupaciones de la población con la que dialoga. En cambio no acostumbra visitar a los distritos de clase media porque sabe que no puede alcanzar los mismos niveles de comunicación.

Fujimori encuentra estas perspectivas de interlocución favorecidas porque lo que decían los políticos opositores aparecía con frecuencia fuera de contexto en relación a los temas que le interesa escuchar al público destinatario. Los mensajes de estos líderes con frecuencia no eran atendidos al no difundir lo que les importa a los receptores o no transmitirlo de manera adecuada. Fujimori despliega con naturalidad sus gestos y actitudes. Utiliza palabras sencillas construyendo frases conocidas y con ritmo pausado. Sus momentos de silencio no se asocian a las dificultades de la trabajosa elaboración de un concepto sino discurren con el propósito de escucharse y dejarse escuchar aparentando la estructura de un diálogo. Este estilo de comunicación contrasta con la oratoria ininterrumpida y las expresiones altisonantes de algunos políticos que colocan inadvertidamente una distancia insalvable entre quien pronuncia el mensaje y aquellos que lo escuchan.

Fujimori pasa por donde pasa la opinión pública. Es un tipo de aproximación que parece no requerir del Presidente una cuidadosa elaboración previa y se vincula probablemente con su procedencia social, clase media baja, de la cual extrae algunas claves para manejarse eficazmente con los sectores de menores ingresos. Es un líder autoritario, comportamiento que era reclamado por parte de la sociedad en el momento en que el país salía de una situación caracterizada por la hiperinflación y la violencia política y se imponía el dilema entre caos y orden. Probablemente la vigencia de este estilo coincida con otras estructuras igualmente autoritarias como las de la familia y la educación. Esta coincidencia no significa necesariamente que en el Perú exista intrínsecamente una cultura de la intolerancia, sino mas bien que en coyunturas álgidas la gente se apropia selectivamente de experiencias pasadas que le ayudan a encarar los momentos presentes.

Desde el punto de vista del mercadeo político puede afirmarse que Fujimori es consistente con los valores que preconiza. Esta consistencia radica en tener el producto, los puntos de venta, la distribución, la comunicación y la publicación en la misma línea y en el nivel que se haya definido. La oposición no alcanzó durante varios años los mismos grados de consistencia debido parcialmente a su heterogeneidad. Sin embargo, influía especialmente el hecho que el lenguaje se encontraba en un nivel, la publicidad en otro –no importa si ella estaba bien formulada en sí misma cuando no resultaba coherente con los otros aspectos mencionados– y las propuestas no se definían con claridad o podían interpretarse como resultado de una opción de queja que se agota en sí misma. Todo ello sugería una situación de incoherencia. La inconsistencia produce "ruido" en la percepción del ciudadano o del consumidor y la deficiencia en la elaboración del mensaje hace irrelevante que el político se encuentre en la fecha, el medio y el día apropiado.

Fujimori se ubica en una posición más cómoda que la de sus opositores. Su mensaje llega nítido y la simpleza del mismo facilita la atención de las personas a las que está destinada su prédica. El riesgo de la monotonía lo compensa con la combinación de elementos permanentes de sus discursos acompañado por el despliegue incesante de nuevas iniciativas. La oposición, en cambio, tiene que dar explicaciones que sean fáciles de retener y que se exprese en términos que consigan hacerse escuchar, logro que sólo parcialmente está alcanzando en el último período, arrojando el lastre de errores anteriores.

El Presidente ha tenido por un lapso prolongado un protagonismo casi exclusivo al no existir otras personalidades y movimientos capaces de plantearle una competencia que afectara su posición. Quizás este tipo de protagonismo tenga el inconveniente de un posible desgaste pero el Presidente parecía manejar sus tiempos sin mayores tropiezos. Fujimori salvo la situación que se plantea desde abril a octubre de 1996 era el actor político capaz de canalizar o fijar la agenda de los medios. Aunque en algunos casos no lograra persuadir a la gente sobre sus opciones conseguía en cambio establecer los temas políticos sobre los cuales los interlocutores y ciudadanos tienen que pensar. La reflexión se organizaba en torno a ello mientras otros objetos conseguían ser sustraídos de la atención pública.

Sólo así puede explicarse que el rechazo a determinadas medidas del gobierno en instancias claves no afecten la popularidad del Presidente. Cuando en 1994 se despliega la política de privatizaciones el 47% se manifiesta a favor de ellas y sólo el 34% en el sector de menores ingresos (Carrión, 1997). La aprobación a Fujimori en el mismo período es del 61%.

La ley que amnistiaba a militares involucrados en crímenes contra la población civil promulgada en junio de 1995 provocó un 86% de rechazo en la población de acuerdo a diversas encuestas de opinión pública (Connagham, 1997). El respaldo a Fujimori llegaba sin embargo por la misma fecha al 76% de los encuestados. No es que hubiera una distorsión inexplicable entre juicios y apoyos, sino que el gobierno conseguía fijar los puntos de atención convirtiendo lo que parecía ser un debate nacional en una controversia limitada a elites oficialistas y opositoras en la que el resto de la sociedad no se encontraba comprometida.

Como señala Zolo la fijación mediática de la agenda no sólo comunica a los receptores los contenidos de la información elegida, sino procura imponer también la estructura mental a través de las cuales operan las selecciones y distorsiones. En el largo plazo pueden llegar a definirse los rasgos de la atención pública y los asuntos que no pueden cruzar el umbral de la comunicación multimediática.

Los asuntos sobre los cuales puede orientarse una efectiva canalización son los temas "temáticos" (issues) y los temas acontecimiento (events). El eje temático agrupa y organiza un conjunto de cuestiones en un problema de fondo plasmado por lo general en contenidos abstractos. Los temas acontecimiento se refieren a hechos concretos e individualizados (Dader, 1992b). La habilidad del político que utiliza los medios radica en la capacidad de combinar temas y acontecimientos y Fujimori parece hacerlo con particular soltura. Así alude por ejemplo a estrategias antiterroristas y contra el narcotráfico, crecimiento económico, inserción internacional, y estos temas son complementados con informaciones sobre detenciones, operativos de incautación de drogas y captura de delincuentes, estadísticas sobre el comportamiento de la economía, publicitados convenios con la banca internacional o con países, que pretenden dar cuenta de los niveles de reconocimiento obtenidos por el gobierno.

Este repertorio supone el control de la operación canalizadora por parte de quién emite el mensaje. En primer lugar *existe un filtro entre conocimiento y secreto* en asuntos que sin exposición a los medios no pueden ser identificados por la opinión pública. Los gobiernos reservan información que en teoría no tienen rango de secreto de Estado. El margen de ocultamiento es mayor en casos de concentración de competencias en el Ejecutivo y debilidad de los mecanismos de control de los otros poderes del Estado y de las instituciones representativas de la sociedad civil como ocurre en el Perú. La agenda se delimita también *estableciendo una jerarquía de prioridades* que trata de incidir en el grado de importancia que la audiencia le va a conceder a determinados asuntos. En el período anterior Fujimori insistía en la crítica a los partidos y el combate contra el terrorismo y la inflación. Los puntos prioritarios se están trasladando al desarrollo económico y la inserción y el reconocimiento por la comunidad financiera internacional. La canalización de la opinión pública se organiza también *dando realce a un ángulo o un aspecto particular de un tema genérico,* procurando destacar ciertos aspectos y relegar otros. Así, por ejemplo, una reforma de la legislación del trabajo que afecta la estabilidad laboral es tratada por la mayoría de los medios de comunicación poniendo en relieve la compensación que por despido arbitrario le asiste al trabajador o las oportunidades ocupacionales que le otorgan a los jóvenes. La información sesgada es un mecanismo de control mediático por parte de quienes ejercen el poder.

Quizás más allá de intenciones deliberadas, por superposición de estilos, existen coincidencias significativas entre las modalidades de actuación de los medios y las formas de intervención presidencial. Ambos parecen sentirse cómodos con lo que Ford llama "sinedocquización", (Ford, 1995) ir de la parte al todo, del pequeño suceso y la obra menor a partir de la cual se intenta establecer conexiones con el conjunto de la realidad y explicar los cambios en la sociedad aunque las relaciones sean débiles y el tránsito de uno a otro espacio no justificado. Por otra parte y dentro de la misma operación, trasladada al plano de la política, surgen formas de mediación que procuran reducir a términos simples la complejidad de lo social, apostar a una eficacia simbólica y marcar distancia o enfrentar al marco institucional. Como señala Sarlo la escena institucional es lenta y sus formas (precisamente las formas que hacen posible a las instituciones) complicadas hasta la opacidad que engendra la desesperanza (Sarlo citado por García Canclini, 1996a). Los medios y en este caso Fujimori ofrecen la idea de la contigüidad y la atención sin dilaciones.

La radio y la televisión fijan el concepto que todos pueden expresarse y ser comprendidos en un lenguaje de sentido común que atraviesa la complejidad y le quita peso y relevancia, reivindicando la supuesta veracidad de una percepción directa frente a las interpretaciones del saber letrado. A la larga cumple una función de mimesis al producir una complicidad con las estructuras sociales y económicas existentes y repetir los lugares comunes de la cultura política (García Canclini, 1996b). El testimonio de las necesidades de un campesino o poblador, o de un barrio o un caserío rural quiere proyectar una idea de lo que los ciudadanos precisan, significa que plantearlo a la persona adecuada es resolverlo ya que la intervención personal y providencial del Presidente provoca un cambio de comportamiento en las instituciones destinadas a atender el problema. Ocurre como si estas instituciones no tuvieran otra iniciativa que la impuesta desde el vértice del poder.

Los efectos de canalización de la agenda son evaluados por el gobierno siguiendo técnicas cualitativas y encuestas de opinión, tratando de definir también en el proceso hacia donde se van orientando los deseos y preferencias de la población. Ello le permite al Presidente seguir con un discurso estructurado y sencillo que convoque al imaginario de sus interlocutores de modo que estos consigan asociarlo con determinados aspectos de lo que vaya ocurriendo en la vida política o en la comunidad. En este sentido las obras o ayudas que realiza el Presidente, una bomba de agua por ejemplo, el tractor o la escuela –aunque se trate de proyectos inconexos o no tengan la infraestructura adecuada pare sacarle partido– operan como referencias para pensar el futuro con optimismo después de haber pasado el país por una situación de incertidumbre y de inestabilidad. Fujimori encuentra por lo general las palabras adecuadas para presentar lo realizado como símbolos de un proyecto de modernidad

El autoritarismo de Fujimori lo hace renuente a delegar funciones y cuando las concede es con la finalidad que lo provean de informaciones en torno a hechos puntuales y precisos. En este sentido se desempeña como el gerente general de una empresa moderna que controla las líneas estratégicas de acuerdo a criterios donde están claramente definidas la publicidad, el precio y los puestos de venta. Estos rasgos permiten lo que en la jerga del mercadeo político se denomina un posicionamiento que propicia un fácil reconocimiento y una rápida identificación con sus propuestas, las que no exige explicaciones elaboradas. Esta situación contrasta con las dificultades que sigue encontrando la oposición política.

Los medios se encargaron de convertir el liderazgo providencial de un caudillo surgido en una situación de emergencia en el conductor inspirado y sereno que guía el país. Como es sabido la información en situaciones de baja participación y distanciamiento de la política respecto a las preocupaciones de los ciudadanos, facilita la manipulación de los medios. Un número creciente de personas confía en el contenido informativo de la televisión para orientar un comportamiento político sin que esta conducta del receptor se vincule a la idea de un compromiso. En el proceso "declina la necesidad percibida primero y luego la capacidad para realizar operaciones complejas de tal información así como la estimación de la complejidad de la política misma" (Del Rey Morató, 1996).

Este evidente control político indirecto que ejerce el Presidente sobre la mayoría de los canales –deudas tributarias, concesión de líneas y avisos del Estado– no es la única explicación de la abrumadora presencia del Presidente en la pantalla entre 1992 y 1996. Su cargo, sus visitas y sus declaraciones lo convertían en el actor político de los días. Los medios se acomodaban al rating.

Fujimori se encontraba favorecido por lo que Noelle-Neumann caracteriza como "un clima de opinión" que alude a un conjunto de informaciones, ideas y preconceptos que permanecen estables hasta que la introducción de algún elemento desencadenante logre modificar este estado de cosas (Monzón, 1992).

Las informaciones de los medios serían cribadas por la presencia de líderes de opinión vinculados a instituciones del trabajo y a grupos primarios cuyos lazos se sustentan en una estructura informal y relaciones directas y afectivas.

El colapso de las estructuras tradicionales de mediación ha conseguido que la sociedad se haya vuelto más deliberativa en una dinámica de pequeños grupos (López 1996). En las relaciones cara a cara de los procesos laborales en pequeños establecimientos parecen obrar como ejes articuladores la presencia de liderazgos sociales que obrando como modelos de conducta en el ámbito donde desarrollaban su actividad, interpretando situaciones, definiendo intereses, elaborando discursos sobre identidades y opciones, influyen en el comportamiento de su grupo de pertenencia tanto en la esfera pública como la privada, entre ellas, la dimensión específicamente política (Grompone 1996). Sin dejar de reconocer la importancia de estas relaciones, parecen obrar en el Perú algunas condiciones que contrarrestan este efecto y le otorga en ocasiones primacía a los medios. Entre ellas la facilidad con que los mensajes llegan directamente a los receptores y la importancia de un contexto cultural y normativo que transmiten estos mismos medios y que traspasan los niveles a los que pueden llegar las redes interpersonales.

En su estrategia de mercadeo Fujimori parte de la idea que la gente toma como referencia la televisión y las oportunidades de contacto directo con el Presidente. El supuesto es que los ciudadanos no dialogan entre ellos de política o lo hacen superficialmente y que la prensa que desarrolla estos temas con detenimiento ha decaído en sus niveles de venta. En contraste ha aumentado el tiraje de la llamada prensa popular dedicada a temas exclusivamente policiales, del espectáculo y deportivos. Algunas radios a nivel nacional organizan polémicas sobre temas sociales y políticos controvertidos. Los periódicos y revistas más tradicionales han quedado para una elite intelectual y profesional y algunos sectores de las clases medias. Como señala Bell, la imprenta permite al receptor desarrollar un ritmo personal en la recepción del mensaje y pone en relieve los órdenes cognoscitivos y simbólicos y el pensamiento conceptual. La televisión en cambio impone su ritmo y su tiempo al espectador e invita a la dramatización (Bell citado por Del Rey Morató, 1996). Fujimori se acomoda a este último medio utilizando un lenguaje predominantemente descriptivo, convirtiéndose en el comunicador por excelencia.

En buena medida la polémica en los años venideros se centrará en los términos de evaluación sobre la canalización de la agenda propuesta por el gobierno y la capacidad de la oposición de darle prioridad a otros temas que la ciudadanía considera de obligada e impostergable consideración.

7. Los cambios recientes: Orden, previsibilidad y límites

En 1997 comienza a perder asidero la idea que Fujimori encontraba sin dificultades la ubicación exacta en la escena pública y en los medios. Una labor que acumulaba créditos políticos pasa ahora por bruscos ascensos en los niveles de aprobación como el ocurrido cuando el rescate de los rehenes en la casa de la embajada de Japón y rápidos descensos en coyunturas críticas, por ejemplo durante las amenazas, algunas concretadas, contra la libertad de expresión y la destitución de tres miembros del Tribunal Constitucional. Estas oscilaciones parecen haberse detenido en un punto de rechazo mayoritario a su gestión.

Fujimori ha sido obligado a cambiar. En lugar de la intervención constante desde una pequeña plaza o una comunidad de provincias en la que la ayuda social se acompañaba con el pronunciamiento sobre temas políticos nacionales, el Presidente tiene que pasar por largos períodos de silencio y dar mensajes esporádicos. No puede imponer el ritmo con el que dominaba la escena política y tampoco controla la totalidad de la agenda.

Otras personas logran concitar atención y ser escuchadas. La presencia personal y el vínculo directo con los ciudadanos más pobres, o la ilusión de este vínculo, que se encargaban de difundir los medios no otorga ya garantías de suscitar adhesiones estables y entre la mayoría de quienes lo siguen las opiniones a su favor parecen estar expuestas también al escrutinio y la revisión. Surgen otros liderazgos que demuestran paulatinamente presencia a nivel nacional o respuestas alternativas a nivel de las sociedades locales. Los medios están expuestos a conflictos de poder entre empresarios, de empresarios con el gobierno y el devenir de los acontecimientos los obliga a ser permeables a una realidad más compleja que la que pretende ofrecer el gobierno si quieren mantener márgenes de credibilidad. Los niveles de audiencia no corresponden a una planificación organizada desde el poder teniendo como uno de sus sustentos el descrédito de otros actores como había sido la situación entre 1992 a 1996.

Diversas razones explican estos cambios en la situación que incidirá en la comunicación política. La primera alude al criterio de previsibilidad, lo que esperan los ciudadanos y la conformidad de los actos del gobierno con estas expectativas. En el golpe de abril de 1992 se buscaba orden, en la lucha contra la violencia terrorista para obtener un triunfo militar, en el plano económico para salir de la situación de hiperinflación. La mayoría de los ciudadanos estaban dispuestos a afrontar los costos necesarios. Los éxitos en el combate contra el terrorismo, con el hito de setiembre de 1992 con la captura de Abimael Guzmán y la estabilidad económica, otorgaban márgenes de certidumbre de que se había emprendido el camino adecuado. Los proyectos personales se fusionaban con proyectos colectivos; en cierta manera, los primeros eran absorbidos por los segundos.

Visto en perspectiva, las medidas asistencialistas tomadas en este período significaban para la opinión pública y en especial para los sectores de menores ingresos la comprobación de los primeros efectos beneficiosos de un nuevo orden y sólo correspondía esperar. Como se señaló, no existió en este período un pacto político consustantivo al imaginario populista pero sí una confianza que el gobierno iba a llegar con paso seguro a la mayoría de los ciudadanos. La flexibilidad laboral, los ingresos precarios, el desempleo, los despidos, el desplazamiento de una ocupación a otra tanto en los sectores medios como en las populares, genera, como en otros procesos de ajuste estructural una vez pasada su primera etapa, una demanda de empleo. El período de gracia dado al gobierno llega a su fin y las medidas asistencialistas ya no bastan. La población comienza a examinar los alcances y los límites de la experiencia vivida. Fujimori consigue mantener apoyo en algunos grupos de extrema pobreza que no son capaces, por sus mismas carencias de articular necesidades con demandas, por más difusas que ellas sean pero este conformismo no se extiende al conjunto de los sectores populares.

En la comunicación política Fujimori debe caer entonces en largos períodos de silencio, interrumpido con el anuncio de medidas de apoyo a favor de los más pobres y de sectores medios. Sus visitas a provincias obligan a que sus asesores hagan cálculos más cuidadosos y no transmiten como antes la idea que el Presidente está en todas partes a la vez. Tiene que saberse y con detalle lo que puede ocurrir en el lugar al que se llega, planificar las manifestaciones de adhesión seleccionando y movilizando a la población convocada y evitar todo riesgo de expresiones de rechazo. Ya no sólo es prisionero de una popularidad que lo obligaba a una actividad permanente sino de las oposiciones que concita su gestión.

Fujimori en este proceso no puede asociar fácilmente el criterio de orden –en contraste con el caos inminente que presuntamente provocaría su ausencia– con el apoyo a su gestión. La seguridad personal y la seguridad económica estarían vinculándose cada vez más en la población a una demanda todavía difusa de instituciones. La existencia de normas y pautas de comportamiento que sean exigibles para todos, la idea de un horizonte de tiempo en donde ellas mantengan vigencia sin cambios, se opone a los arreglos particularistas de una gestión gubernamental en donde comienzan a advertirse privilegiados: los inversores extranjeros de las privatizaciones, algunos grupos económicos nacionales, la cúpula de las Fuerzas Armadas. Escapar de las formalidades legales significaba para la mayoría de los ciudadanos en el período de 1992 a 1996 actuar con la firmeza y la audacia necesarias para destrabar una situación intolerable. Una parte sustantiva de la opinión pública consideraba ciertos estilos de práctica y convivencia democrática como obstáculos deliberados puestos en el camino o al menos detalles farragosos que entorpecían una gestión. Ahora, las transgresiones son vistas como ventajas para el gobierno y limitaciones del margen de actuación que puede afectar o afectan a un número creciente de ciudadanos. Si bien es aventurado señalar que este cambio de orientaciones puede plasmarse en un reclamo democrático articulado, le quita al Presidente el margen de discrecionalidad con el que contaba para llegar a la población.

Fujimori enfrenta en su estilo de comunicación difíciles disyuntivas: no puede presentarse como el gobernante libre de compromisos y dispuesto a hacer lo que mejor le parece, con la seguridad que sus palabras sintonizan con la voluntad de los receptores de su mensaje, no está en condiciones de introducir cambios con nuevos ofrecimientos sobre los cuales se les va a pedir cuentas. Se encuentra en una situación de relativo aislamiento curiosamente no tanto por las promesas incumplidas sino por lo que no ofreció, sabiendo que no las podía resolver como es el tema del empleo. El Presidente no ha perdido su protagonismo aunque ha reducido su influencia. No dispone de opciones sencillas para recuperarla.

Las propias percepciones de las fronteras entre los grupos sociales se vuelven porosas. Pasado el período del ajuste, el conjunto de asalariados que comienzan a examinar su situación y advierten que los sacrificios presentes no se asocian a una mejora sustantiva en el futuro. Tanto empleados y obreros tienen la sensación que están sometidos a trayectorias aleatorias que no dependen de su esfuerzo ocupacional sino de cambios de política en el sector público o de restricciones en firmas privadas que escapan de su control. Se ponen en juego diferencias no sólo entre distintos estratos o clases sociales sino al interior de quienes desempeñan una misma ocupación, separando a quienes todavía pueden mantener sus rutinas laborales y aquellos que han sido obligados a un desplazamiento, en la que en contadas ocasiones han recuperado una ocupación que permita alentar las mismas expectativas que la anterior. En la década de los 80 se fueron diluyendo las expectativas centradas en la educación por la segmentación del sistema educativo y las limitadas perspectivas de progreso que otorgaba el acceso a una profesión. Ahora se ha quebrado la idea de trayectorias ocupacionales ordenadas que tenga un relativo horizonte de continuidad generacional. En las clases medias significa que un grupo considerable pierde un estilo de vida sustentado en niveles más o menos estables de ingreso y de consumo, mientras que otros que han conseguido mantenerlos, encuentran en una condición de incertidumbre. En los pequeños productores, especialmente los urbanos de procedencia migrante pasada las primeras etapas del traslado del campo a la ciudad, parece haberse consolidado un proceso de diferenciación interna en la que un sector minoritario ha entrado en un proceso de avance sostenido mientras que la mayoría se inserta en economías de sobrevivencia.

Una vez superada una situación de emergencia la población tiene que evaluar sacrificios y resultados. Quienes sienten que han perdido posiciones, los llamados "nuevos pobres" están ganados por un sentimiento de desconcierto, ansiedad y agresividad. En estas circunstancias puede pensarse que lo que primero se tradujo en malestar con la política en general que llevó a apoyar a un líder que la desacreditaba con vehemencia se focaliza ahora, por lo menos en parte, en malestar respecto a la gestión de este gobierno. Los sectores populares, como se ha mencionado, pueden percibir los límites de una relación de clientela cuando las exigencias van por salidas de largo plazo ordenadas alrededor del tema del empleo y no en la ayuda ocasional. Otra vez juega la idea del orden y el desorden y la estabilidad asociada a la idea de buscar un cambio de la situación presente. En estas circunstancias aun para quienes apoyan el gobierno la política sigue siendo personalizada pero ya no se presta al juego de las identificaciones que signaron los primeros años de la década del 90. Fujimori no es más el "chino" o el "chinito" sino el Presidente, alguien situado en el ejercicio del poder al que se percibe distante de las preocupaciones cotidianas de la mayoría.

El cambio de los términos en que se concibe la idea de ley y orden se acompaña con una sensación de límite, en la que las preocupaciones personales pueden vincularse o cobrar expresión simbólica en las transgresiones institucionales. Esta sensación de límite refiere en primer término a la falta de transparencia de las decisiones que tiene que ver con lo reducido del entorno presidencial: la cúpula de las Fuerzas Armadas, el asesor del Servicio de Inteligencia Vladimiro Montesinos y grupos de poder económico nacionales y extranjeros. La presencia de estos poderes fácticos podía no tener visibilidad en la primera etapa o hasta justificarse por las condiciones que atravesaba el país. En todo caso se mantenían en un segundo plano ante un Presidente que supuestamente tomaba decisiones inevitables y técnicamente bien fundamentadas y donde la lucha contra la subversión justificaba la expansión de la "razón de Estado" en temas que en un régimen democrático debían ser expuestos al debate público.

La representación se había convertido durante años en mera delegación pero quizás los que explicaron el proceso en estos términos, y el propio gobernante, no entendieron que esta misma delegación estaba expuesta a plazos difíciles de predecir pero no por ello menos vigentes. Si no se lo entendía así podía llegarse a un punto final donde trastabillaba la confianza incondicionada en la figura presidencial. La invocación a la razón técnica instrumental y a la razón de Estado pierde sus potencialidades de persuasión. Por otra parte ya no puede usarse la técnica de la derivación a los errores del pasado o a la influencia todavía vigente de la clase política tradicional. La ocupación de toda la escena por parte de Fujimori y el reducido grupo de personas con los que dialoga lo situaron por un período prolongado en el centro de todos los logros pero ahora quizás lo coloca ante el vacío por no tener en quienes descargar errores porque los ministros, el congreso y la oposición no cuentan.

El éxito de la estrategia presidencial se convierte en una desventaja en una nueva coyuntura. El apoyo en los mandos militares comienza a ser más visible, o quizás advertido ese apoyo desde tiempo atrás juzgado ahora en términos más cuestionadores. Las invocaciones constantes sobre sus indispensables servicios traduce para sectores crecientes de la población en lugar de la extensión de merecidos reconocimientos, debilidad del Presidente. El carácter reservado e imprevisto de algunas medidas ya no se considera un acto de ingenio y audacia propios de su imponderable iniciativa personal sino atribuibles al carácter reservado y restringido de las decisiones. Se cayeron algunos de los puentes y accesos simbólicos al gobierno. Aun entre quienes apoyan a Fujimori existe la sensación que se está al margen.

Esta noción de límites se acentúa cuando se percibe que la falta de apego a normas constitucionales va unida al abuso personal. La destitución de tres miembros del Tribunal Constitucional, Manuel Aguirre Roca, Guillermo Rey Terry y Delia Revoredo concita un generalizado rechazo en la población. Grupos de sectores medios como colegios profesionales y estudiantes universitarios se movilizaron. No es el tema de este trabajo establecer el alcance de estas expresiones sociales. Basta anotar que introducen un nuevo estilo político de movimientos que aparecen durante fases limitadas, con reivindicaciones precisas, que no necesariamente buscan en una primera etapa su estructuración pero que salen a manifestar su disidencia en calles y plazas.

Esta vez los medios no crean la escena, están obligados a dar cuenta de actos que ocurren fuera de los eventos mediáticos. Las encuestas indican un estado de la opinión pública que estaba de acuerdo con el clima de protestas. Al margen del grado de conocimiento de las atribuciones del Tribunal Constitucional que tenían la mayoría de los ciudadanos existía la percepción generalizada que sus competencias tenían que ver con la fiscalización de los actos del Presidente y del congreso. La idea de control va directamente asociada a esta noción de límite que parece ir ganando espacio en la ciudadanía. A ello se agrega la imagen que proyectaban los magistrados depuestos. No podían vinculárseles ni a la clase política tradicional ni a los personeros del gobierno. Aparecían como gente respetable relativamente desprendida de las adscripciones sociales que generalmente se traducía explícita o implícitamente en cierta imagen de respetabilidad. Esta dimensión se percibe desde la idea del cumplimiento de deber, de hacer lo que le corresponda, que el ciudadano puede valorar positivamente al margen de la relación de distancia o cercanía que sienta respecto a las personas injustamente juzgadas.

Esta noción de límite llega finalmente a los propios medios. Un tema generalmente descuidado en los estudios de comunicación es la incidencia de las disputas de intereses y las presiones de distintos grupos económicos. Sigue siendo un punto que se presta a diversas conjeturas las razones por las que Baruch Ivcher, principal accionista de canal 2 decide que este medio pase de un apoyo entusiasta al gobierno a una oposición frontal. Sin embargo, la idea del abuso surge de la ausencia de fundamentación para despojarlo de ciudadanía argumentando supuestas irregularidades en la concesión de su carta, decisión tomada trece años antes. El pronunciamiento de las Fuerzas Armadas contra Ivcher al inicio de este proceso sin aportar argumentos sustantivos se asocia otra vez a la extensión desmesurada de lo que las cúpulas militares y Fujimori consideran secreto de Estado.

Al margen de las razones que motivaron el distanciamiento entre Ivcher por un lado y el Presidente y su entorno por el otro, por primera vez el poder de un medio tensa al extremo la capacidad de resistencia del gobierno. Una ex agente del Servicio de Inteligencia, Leonor La Rosa denuncia el crimen de una colega y las torturas a las que ella misma ha sido sometida y probablemente con estas acusaciones salva su vida. Los ingresos del asesor del Servicio de Inteligencia, Vladimiro Montesinos cuyas fuentes no han sido justificadas expuestas otra vez en el programa periodístico "Contrapunto" atacan nuevamente lo central de las alianzas y presumiblemente de las ataduras de Fujimori. La interceptación generalizada de los teléfonos y la consiguiente intrusión en la privacidad de opositores y de miembros de las Fuerzas Armadas aunque a la mayoría de los ciudadanos no les afecte directamente, encuentra correspondencias en la inseguridad en que se encuentran en el plano económico. Las amenazas en distintos niveles terminan por conjugarse.

En el período que se extiende de mayo a diciembre de 1997 por primera vez desde el golpe de Estado de 1992 determinadas medidas que afectan la institucionalidad democrática y la libertad de expresión tienen efectos en los niveles de aprobación del Presidente. En una encuesta de Apoyo de mayo de 1997 el 65% de los entrevistados rechazaba la destitución de los miembros del Tribunal Constitucional y, en julio del mismo año, el 87% manifestaba su disconformidad con el retiro de la nacionalidad de Baruch Ivcher; el 74% consideraba que esta medida debía entenderse como una amenaza a la libertad de prensa. En marzo la aprobación a la gestión del Presidente es del 52%, en abril del 48%, en mayo del 47% y en junio desciende bruscamente al 34%, nivel que se mantiene con algunas oscilaciones hasta diciembre de 1997.

No existe en nuestras sociedades como ocurrió en Europa por lo menos hasta las recientes privatizaciones en algunos países, la idea de los medios como servicio público. Estos medios como se ha visto pueden producir acontecimientos, espectacularizar la política, debilitar lo que ella tiene de espacio deliberativo, convertir lo irrelevante en trascendente y quitarle virtualidad a un suceso importante por no incorporarlo o presentarlo con imágenes intencionadamente inocuas. Sin embargo, en algunas ocasiones más que otras, deben atender demandas de la sociedad entre ellos prestar orientaciones en momentos de incertidumbre y asumir funciones de otras instituciones: controlar como los partidos, fiscalizar como los parlamentos, juzgar como los jueces (Priess 1997).

Con frecuencia la intervención del periodista se basa en el establecimiento de una asimetría con el político entrevistado. El primero invoca las encuestas para dar cuenta de los desajustes o errores de la persona a la que interpela. Quien ha sido electo es cuestionado en su representación porque quien interroga apela al recurso de invocar al "tribunal" de la opinión pública. Esta situación de la que por lo general el medio saca ventaja ocasionalmente le restringe el margen de maniobra. El episodio del Canal 2 y el descenso de la popularidad de Fujimori le quita protagonismo al Presidente porque su aparición reiterada no se traduce en créditos políticos y si no es adecuadamente presentado transmite lo ya visto y conocido hasta el cansancio. Ahora tiene que hacer pronunciamientos más esporádicos y novedosos, presentarse en grandes eventos, generar noticias con mayor imaginación que en los años anteriores. Mientras tanto, los medios no tienen otra alternativa que abrirse a otras corrientes de opinión, presentar denuncias que afecten en alguna medida al gobierno, exponer manifestaciones de protesta, cuidadosamente editadas pero no al nivel de neutralizar totalmente su efecto. La televisión debe aceptar un pluralismo limitado para no perder credibilidad. La afirmación de una postura proclive al oficialismo exige paradójicamente una distancia calculada respecto al gobierno, porque de no procederse así, van a crecer en audiencia los espacios opositores.

Mientras tanto, Fujimori tiene que desplazarse de la escena de los medios evitando una reiterada presencia que produzca desgaste y por la necesidad de no hacer pronunciamientos directos en decisiones de gobierno cuya impopularidad conoce. Otros hablaron por él como en el caso de la destitución de los miembros del Tribunal Constitucional, las interceptaciones telefónicas, el asesinato y la tortura de la que fueron víctimas las que fueron integrantes del Servicio de Inteligencia Nacional, y los ingresos de Vladimiro Montesinos. Quienes opinaban pretendían ser voceros oficiosos y no representantes del Presidente que quería sortear con el menor costo coyunturas en las que tenía que tomar decisiones sabiendo de antemano que ellas iban a tener consecuencias políticas desfavorables.

Sin embargo los argumentos expresados por congresistas y ministros repercutían en contra de Fujimori, lo situaban en el centro mismo de las expresiones extendidas de rechazo pese a sus intentos de salir por el costado. En todo caso podía seguir siendo el portador de "buenas noticias" anunciando proyectos del Ministerio de la Presidencia y sus entidades dependientes para atender situaciones de extrema pobreza, dando cuenta de la intervención atenta y efectiva para contrarrestar la devastación que pueden causar desastres naturales, informando de planes de vivienda para las clases medias y de previsiones para mejorar ingresos de los jubilados. Como se comenta con un poco de exageración en una columna del periódico oficialista "Expreso", "a veces da la impresión que Fujimori quisiera parecerse lo menos posible a su reforma", Jaime de Althaus "Perdiendo el alma", *Expreso*, 12 de diciembre de 1997. En una nueva etapa los logros de un programa de estabilización no pueden ponerse en primer plano cuando la opinión pública comienza a reclamar un cambio.

8. Nuevos rostros en la política

En el proceso de estos últimos años comienzan a definirse liderazgos opositores al gobierno como el de Alberto Andrade que parece haber aprendido de los medios y del propio Fujimori. Andrade sitúa con naturalidad su mensaje dentro de las clases medias limeñas proyectando la preocupación por poner orden en la ciudad, por realizar obras, reubicaciones de vendedores, remodelaciones de plazas, rescate del centro de Lima, atención por la seguridad ciudadana, tareas que pretenden aparecer como el inicio de un nuevo tiempo para Lima. La astucia y la rapidez de reflejos del citadino se acompaña con la idea de una empecinada voluntad de trabajo, ampliando el campo de sus potenciales seguidores. Desde esta plataforma puede proyectarse a nivel nacional como alternativa de un cambio razonable, desdramatizado, del actual gobierno.

Frente al estilo de campaña electoral permanente de Fujimori, que caracterizó su actuación en el período de 1992 a 1996, Andrade tiene un adecuado sentido del tiempo político que le dicta cuando aparecer o dejar que transcurran los acontecimientos sin su presencia o sus opiniones. Dialoga con los alcaldes pero se retira a tiempo si las críticas de algunos de ellos al gobierno pueden ir más lejos que el discurso que le interesa utilizar. Establece un liderazgo personalizado pero no rechaza la alianza con otros políticos que se presentan como independientes comprendiendo que ha llegado a su fin un estilo confrontacional con el que el Presidente sacó en su momento ventajas políticas y del cual no puede y probablemente no quiere desprenderse aunque ahora puede jugar en su contra. Andrade no está obligado a tomar la iniciativa una vez fijada una imagen y situado favorablemente en las encuestas. Fujimori en cambio se encuentra compelido a actuar para despejar el camino a su reelección desacreditando eventuales contendores. Así, recorta atribuciones de los gobiernos provinciales para que ellos no se conviertan en recursos políticos, como la Ley de Habilitaciones Urbanas que regula las competencias sobre el uso del suelo y la expedición de títulos de propiedad, instrumento desde el que puede pensarse en asegurar lealtades clientelísticas.

Los medios muestran a un alcalde que toma con mesura las agresiones de la que es objeto, que mide los niveles de enfrentamiento que más le convienen en cada ocasión y que va desplegando una línea opositora siguiendo de cerca las encuestas de opinión pública y la presentación de los medios, lo que sugiere que recibe para ello asesoramiento profesional. La evaluación de la tarea de la alcaldía por parte de la población puede darle una inesperada ventaja, impensable en años anteriores. En efecto, las limitaciones que encuentra en su labor, Andrade puede explicarlas por las restricciones impuestas por el gobierno. En cambio, los logros alcanzados atribuirlos a su capacidad de gestión a pesar de todos los obstáculos que se le han interpuesto. Las responsabilidades como alcalde de Lima le permiten pasar por alto temas que pueden dividir el apoyo con el que por ahora cuenta. Así, evita hablar deliberadamente de economía lo que por ahora puede pensarse más como una carta a jugar que resultado de su indefinición o su falta de claridad, aunque haya un poco de las dos cosas. Tiene libertad de movimientos para el futuro en la que podrá criticar al Presidente por la realización de una política inflexible que no se detiene en considerar costos sociales o señalar que el gobierno está incurriendo en excesos demagógicos y populistas o desplazarse de una a otra línea de cuestionamientos de acuerdo a las coyunturas. Tiene tiempo para actuar y comprende que no es el momento de arriesgarse.

Las políticas de ajuste hicieron desaparecer algunos actores sociales al mismo tiempo que han propiciado el surgimiento de otros que comienzan a reconocerse. Los movimientos locales han permitido el surgimiento de líderes capaces de promover paros cívicos en su zona de influencia como lo ocurrido en Chiclayo, Trujillo o Cerro de Pasco o movilizaciones exitosas procurando hacer llegar sus demandas al gobierno central como lo ha hecho el alcalde de Huancavelica, Federico Salas. En cierta medida el escenario de los acontecimientos se ha trasladado de Lima a las provincias, y si bien sigue predominando la influencia de los medios se abre un espacio para las protestas callejeras. Es improbable que en la situación actual las expresiones locales tomen alcance regional y nacional lo que sin embargo no le quita importancia al hecho del surgimiento de nuevos liderazgos esparcidos por el territorio del país que pueden contar con adhesiones estables de los ciudadanos.

La política tiene nuevos rostros, y el gobierno o figuras ya destacadas de oposición como Andrade, tienen que tomarlos en cuenta. Las alianzas pueden sustituir la cooptación en la medida que se fortalezcan los espacios locales, y la consecuencia probable es que progresivamente los nuevos alineamientos tengan estructuras flexibles pero no tan provisionales como en el período en que Fujimori parecía haber impuesto un estilo plebiscitario de relación con la sociedad. Pueden surgir nuevas personalidades y movimientos que consigan fijar una imagen exitosa en los medios pero esta imagen no basta sin un despliegue de actividades por todo el país. En suma, la comunicación personal y la comunicación mediática redefinirán sus puntos de convergencia.

9. Observaciones finales

El gobierno afirma su alianza con la cúpula militar confiando contar con el apoyo de los organismos internacionales de crédito y de grupos económicos nacionales y extranjeros. Las políticas sociales focalizadas utilizadas para captar voluntades tienen que ser sostenidas en el tiempo y cuidadosamente calculadas en su ejecución ya que no parecen generar adhesiones estables. Estas requieren de una renovación continua de vínculos que exige una atención permanente. Las opciones de Fujimori están atravesadas por múltiples tensiones, entre la continuación de su política económica y las crecientes demandas redistributivas, especialmente en el tema del empleo; entre la centralización de su gestión y la importancia que están tomando las reivindicaciones locales; entre la necesidad de intervenir con insistencia en los medios y el riesgo de saturar si persiste en un estilo que antes le diera considerables beneficios políticos.

Las tareas de prevención y luego el intento de afrontar directamente, con su intervención personal el Fenómeno del Niño le ha permitido sin embargo al titular del Ejecutivo situarse nuevamente en un escenario privilegiado para su estilo de actuación. Otra vez puede dar la imagen de estar en todas partes a la vez cavando zanjas, ayudando en la construcción de un puente, o manejando un tractor. Este proceso quiere demostrar también a sus adversarios los riesgos del aislamiento político porque a los alcaldes opositores se les margina del cumplimento de tareas en una situación de emergencia. Tomar en este plano opciones diferentes a las del gobierno supone una condena a la inacción. En momentos decisivos el referente que parece contar casi con exclusividad es el del Ejecutivo. La estrategia emprendida a partir del Niño procura consolidar el apoyo a Fujimori por dos razones: la eficacia de su tarea y al mismo tiempo la inutilidad o la irrelevancia de cualquier oposición. Por el lado del reconocimiento a la tarea del gobierno o por la incapacidad de plasmar otras alternativas, se amplía el espacio de la reelección presidencial.

Por otra parte se toman nuevas medidas que erosionan el Estado de Derecho, decisiones que por ser difíciles de entender en sus alcances no provocan una oposición ciudadana como en su oportunidad surgiera cuando la destitución de los miembros del Tribunal Constitucional. El gobierno provoca la renuncia del Consejo Nacional de la Magistratura al restringirle atribuciones en el nombramiento, evaluación y fiscalización de magistrados lo que conduce pocos días después a una nueva renuncia, esta vez de los miembros de la Academia de la Magistratura. Por presiones de un Poder Judicial controlado directamente por el gobierno piden asilo a Costa Rica el empresario Jaime Mur y luego su esposa Delia Revoredo, decana del Colegio de Abogados de Lima. Los costos políticos por esta medida son menores y daría la impresión que lo principal de la tarea de desmantelamiento de las instituciones no controladas por el Presidente ha sido cumplida.

Los medios de comunicación le prestan poca atención a la política. Los públicos tienden a segmentarse, en un extremo los que acceden a la televisión por cable y en el otro los consumidores de la llamada prensa popular. En los programas de la televisión nacional se desata una competencia entre canales cuyo centro son los "talk-shows" y noticias de la "farándula". Basta señalar que el proceso instaura una agenda de temas en debate en que la conflictividad de las relaciones sociales es asumida desde la exposición de situaciones sin salida en los vínculos personales que son vistos desde los extremos de la violencia y de la marginación. Se presentan como si ésta fuera la única manera en que los sectores populares pudieran ganar espacios para expresarse y reconocerse. Al sustituir el debate por una confrontación exacerbada que se justifica y se agota en el mismo momento de su exhibición, la vida privada ingresa a lo público como patología social por lo que en lugar de ampliar el espacio de la política le hace perder asidero. Por otro lado los personajes públicos son seleccionados del reducido elenco de las estrellas de las telenovelas y otros artistas conocidos a los que se alude en uno y otro programa en referencias circulares. Tienden a ocupar todo el espacio en donde se generan mecanismos de identificación y distancia predominando sobre los demás referentes culturales, sociales y políticos que les permitiría a la gente formular opciones con flexibilidad y pluralismo. En parte esta situación se explica por la decadencia de las instituciones, desde las familiares a las políticas. En parte en este contexto de cuestionamiento general de las mediaciones se introduce una direccionalidad a la idea de participación en la vida pública.

No se trata, por supuesto, de una orientación propuesta por el gobierno pero contribuye a sus propósitos ya que redefine los puntos que tienen relevancia para el público y deja a los políticos fuera de lugar ya que sus relatos no se vinculan a este ambiente de espectacularización, de promoción de lo insólito o de la revelación de secretos que parece que fuera lo que finalmente contara como acontecimientos para organizar un debate.

Por otra parte, en los periódicos de mayor tiraje de la prensa popular se ataca a los periodistas de oposición y se apoya explícitamente la acción del gobierno, esta vez si respondiendo a una intencionalidad del Ejecutivo y sus asesores de mantener el apoyo de los grupos de menores ingresos.

Finalmente, la extensión de la violencia social en el país comienza a ser una de las preocupaciones más sentidas de los ciudadanos. Un adecuado abordaje del problema requeriría atender dos dimensiones, la explicación de sus razones y las estrategias de represión. El eje se ha inclinado al tratamiento de esta último tema. Otra vez se presenta con extremo dramatismo el dilema de orden y caos y la necesidad de afirmar una autoridad con un amplio margen de acción libre de restricciones, escenario en el que Fujimori se mueve con particular soltura.

El autoritarismo político puede avanzar no sólo desmantelando instituciones sino generalizando el control social al superponer la lógica del gobierno con la lógica policial y procurando diluir los límites que separan a los transgresores de los disidentes.

BIBLIOGRAFIA

Achace, Gilles. "El marketing político", en Jean-Marc Ferry y otros, **El Nuevo Espacio Público**. Barcelona, Ed. Gedisa, 1992.

Ballón, Eduardo. "Fondos de Compensación Social: Perspectiva Comparativa en América Latina" (ms.), 1997.

Calderón, Fernando y Alicia Szmukler "La Pobreza y las Nuevas Condiciones de Desigualdad Social". **Nueva Sociedad** 149. Caracas, 1997.

Carrión, Julio. "La Opinión Pública bajo el Primer Gobierno de Fujimori ¿De identidades a intereses?, en Fernando Tuesta (ed.), **Los Enigmas del Poder. Fujimori 1990-1996**. Lima Fundación Ebert, 1997.

Connagham, Catherine. "Vida Pública en los tiempos de Alberto Fujimori", en Fernando Tuesta (ed.), **Los Enigmas del Poder. Fujimori 1990-1996**. Lima: Fundación Ebert, 1997.

Cotler, Julio. "Desborde Popular, Informalidad y los Independientes" (ms.). Lima: IEP, 1996.

Dader, José Luis. "La Personalización de la Política", en Alejandro Muñoz y otros, **Opinión Pública y Comunicación Política**. Madrid: EUDEMA, 1992a.

———. "La Canalización o Fijación de la 'Agenda' por los Medios". En Alejandro Muñoz y otros, **Opinión Pública y Comunicación Política**. Madrid EUDEMA, 1992b.

Del Rey Morató, Javier. **Democracia y Posmodernidad. Teoría General de la Información y Comunicación Política**. Madrid Universidad Complutense, 1996.

Degregori, Carlos Iván. "El Aprendiz de Brujo y el Curandero Chino: Etnicidad, Modernidad y Ciudadanía", en Carlos Iván Degregori y Romeo Grompone, **Demonios y Redentores en el Nuevo Perú**. Lima. IEP, 1991.

Ford, Aníbal. "Los Medios, entre las Coartadas del 'New Order'", en **Los Medios, Nuevas Plazas para la Democracia**. Lima: Calandria, 1995.

García Canclini, Néstor. **Culturas Híbridas. Estrategias para Entrar y Salir de la Modernidad**. México: Grijalbo, 1990.

———. **Consumidores y Ciudadanos. Conflictos Multiculturales de la Globalización**. México: Grijalbo, 1996a.

———. "Ciudades y Ciudadanos Imaginados por los Medios". **Perfiles Latinoamericanos 9**. México: FLACSO, 1996b.

Grompone, Romeo. "Representación Política, Partidos y Escenarios Futuros". **Socialismo y Participación 73**. Lima: CEDEP, 1996.

López, Sinesio. "Mediaciones Políticas, Democracia e Interés Público en el Perú de los 90". Ponencia presentada al Seminario Problemas en la Gobernabilidad Democrática: El Caso Peruano. Lima: IEP, 1996.

Manin, Bernard. "Metamorfosis de la Representación". En Mario Dos Santos (comp.), **¿De Qué Representación Hablamos?** Caracas Nueva Sociedad, 1992.

Monzón, Cándido. "La Espiral del Silencio y la Hipótesis del Distanciamiento Social". En Muñoz y otros, **Opinión Pública y Comunicación Política**. Madrid EUDEMA, 1992.

Naim, Moisés. "Latin America: The Second Stage Of Reform **Journal of Democracy** Vol. 5, N° 4. Johns Hopkins University Press, 1994.

Navarro, Mario. "Democracia y reformas estructurales: explicaciones de la tolerancia popular al ajuste económico". **Desarrollo Económico** 139. Buenos Aires, 1995.

Nelson, Joan. **Intricate links: Democratization and Market reforms in Latin America and Eastern Europe**. New Brunswick (USA) Transaction Publishers, 1994.

Njaim, Humberto. "Clientelismo, mercado y liderazgo partidista en América Latina". **Nueva Sociedad** 145. Caracas, 1996.

Novaro, Marcos. "El liberalismo político y la cultura política popular". **Nueva Sociedad** 159. Caracas, 1997.

Oliart, Patricia. "Fujimori's Popular Appeal". **NACLA Report on The Americas**. Vol. XXX, N° 1, July-August, 1996.

Pedraglio, Santiago y Alberto Adrianzén. "Municipios y Programas Sociales". Lima: Grupo Propuesta, 1997.

Priess, Frank. "La comunicación frente a la expansión de los mercados-La comunicación pública una perspectiva alemana". **Diálogos de la Comunicación** 49. Lima, 1997.

Schedler, Andreas. "Antipolitical-establishment parties". **Party Politics** Vol. 2, N° 3, 1996.

Tanaka, Martín. "Descubriendo la Lógica de la Reforma". **Cuestión de Estado** 19. Lima: IDS, 1996.

Verón, Eliseo. "Interfases sobre la Democracia Audiovisual Avanzada" en Ferry y otros, **El Nuevo Espacio Público**. Barcelona: Ed. Gedisa, 1992.

Vilas, Carlos. "De Ambulancias, Bomberos y Policías". **Desarrollo Económico** 144. Buenos Aires, 1997.

Wolton, Dominique. "La Comunicación Política: Construcción de un Modelo". en Ferry y otros, **El Nuevo Espacio Público**. Barcelona Ed. Gedisa, 1992.

Weyland, Kurt. "Neopopulismo y Neoliberalismo en América Latina: Afinidades Inesperadas". **Pretextos** 10. Lima: DESCO, 1997.

Zolo, Danilo. **Democracia y complejidad. Un Enfoque Realista**. Buenos Aires: Nueva Visión, 1994.

Conclusiones

"Gobernabilidad democrática: Perspectivas regionales"

Manuel Antonio Garretón M.*

Presentación

Lo que a continuación se presenta es una relatoría que sintetiza y ordena temáticamente los contenidos discutidos en el "Seminario Internacional sobre Gobernabilidad Democrática: Perspectivas Regionales", realizado en Santiago los días 25 y 26 de julio, como parte de un proyecto del mismo nombre que contaba con el auspicio de la Fundación Ford y el North South Center. Se trataba en esta reunión de discutir las proyecciones teóricas y políticas de las conclusiones logradas durante las cuatro reuniones del Proyecto, con el objetivo de identificar una agenda con los temas que emergieron de las diferentes ponencias y discusiones.

Para efectos de contextualización, conviene recordar que el origen de este seminario se encuentra en uno realizado en el Centro Norte-Sur, en la Universidad de Miami, en el año 1994, donde se constituyó un pequeño grupo para discutir ideas que convocaran a una gran conferencia regional e interdisciplinaria, para tratar los problemas de la democracia en América Latina a más de una década ya del inicio del paso de las dictaduras militares a regímenes democráticos en la región. El objetivo era discutir una agenda de la conferencia para enfrentar los problemas que existían en el análisis de la democratización.

Luego, en el marco del Proyecto Fundación Ford/North-South Center, se realizaron cuatro reuniones: en Lima, Bogotá,

* Profesor Titular Universidad de Chile Licenciado en Sociología en Universidad Católica de Chile. Doctor en Sociología L'Ecole des Hautes Estudies, París, Francia.

Buenos Aires y Santiago. En la última de ellas, además de la discusión sobre el caso chileno, se realizó un análisis comparativo a partir de las síntesis de los talleres o seminarios de los otros casos presentadas por los relatores de cada uno y en torno a las denominadas "fallas estructurales o geológicas" de las nuevas democracias en América Latina. Las conclusiones de dicho análisis son las que a continuación presentamos, organizadas en torno de temas o problemas y no de las exposiciones de los participantes.

El marco de la discusión

El debate se inició con la presentación de los antecedentes de este Proyecto tal como fueron planteados en la reunión de Miami y con la presentación de los temas principales tratados en las reuniones de casos nacionales.

Las cuestiones básicas de la discusión fueron:

a) la parálisis eventual a que se habría llegado en el análisis de las transiciones o democratizaciones por el exceso de unidireccionalidad y por la discrepancia en los diagnósticos sobre la realidad y los resultados de estos procesos, en términos de sus éxitos o de los problemas pendientes y/o agravados;
b) la necesidad de un mayor desarrollo conceptual y de investigación empírica para enfrentar los nuevos problemas de las democracias de la región que provienen tanto de los efectos contradictorios de la globalización, como de la desarticulación y recomposición de los mecanismos y formas de participación;
c) la incorporación de nuevas dimensiones en el debate de la democratización como son las cuestiones de género y etnicidad, que introducen la tensión entre igualdad y diversidad en la conceptualización democrática, y las instituciones jurídicas no tanto referidas al clásico tema de las Constituciones como a la cuestión de la Justicia;
d) la discusión de temáticas que refieren más a transformaciones de la política propiamente tal que al estado de avance de los procesos democratizadores como son la controversial noción de informalización de la política, que paradojalmente fue siempre una característica de la política latinoamericana, y que hoy algunos parecen descubrirla como un signo postransición, y la necesidad de una fundamentación ética

de la democracia para no reducir ésta a un simple sistema procesal (procedural);

e) la valorización de los estudios de casos nacionales para enfatizar algún aspecto especial no siempre considerado en los análisis generales comparativos: así, el caso de Perú destaca la cuestión de la crisis de representación; el de Colombia la temática de las instituciones judiciales; el de Argentina, la combinación de formas populistas y personalistas en el marco de una democracia formal; el de Chile, la fuerte presencia de los denominados enclaves autoritarios y la cuestión de la representación vs participación;

f) la extensión del análisis comparativo de los tipos de democracia emergentes a la dimensión temporal en cada caso nacional para discernir efectivamente lo nuevo de la actual situación en cada uno de ellos.

Las dimensiones teóricas y metodológicas

La discusión giró alrededor de una serie de temas específicos a los que nos referiremos más adelante, pero dos dimensiones paralelas atravesaron a casi la mayoría de ellos: la teórica, que enfatizó la necesidad de rigurosidad conceptual, y la metodológica, que enfatizó la necesidad de una mayor información empírica especialmente a través de investigaciones comparativas.

En el plano de las cuestiones **conceptuales y teóricas**, las principales preocupaciones surgieron en torno a:

a) la tensión entre la adaptación de conceptos ya probados a la realidad democrática emergente, lo que eliminaría la perspectiva crítica de tal realidad, y la construcción de nuevos conceptos que pueden parecer metáforas ilustrativas (como los de "fallas geológicas", "disjuncted democracies", "informalización de la política", "cesarismo tocquevilliano", "neoschumpeterización de la democracia") que apuntarían a fenómenos nuevos, pero, que al no tener fundamento teórico sólido, tendería a imputar novedad a rasgos permanentes y clásicos;

b) la tensión entre las dimensiones normativas y descriptivas de los conceptos y teorías;

c) la necesidad de construir conceptos o instrumentos teóricos o analíticos que más allá del régimen político permitan comparar tanto países entre sí como situaciones del presente respecto del pasado.

En el plano de las **cuestiones metodológicas**, los principales problemas y temas planteados fueron:

a) la ausencia de los enfoques propiamente económicos y culturales para enfrentar tanto los análisis de casos como las temáticas transversales a las que nos referimos más adelante;
b) la necesidad de enfatizar la dimensión histórica tanto en la investigación comparativa entre países y entre regiones, como respecto de períodos históricos en un mismo país;
c) la debilidad de la evidencia y análisis empíricos en cuestiones como la pérdida de centralidad de la política, los nuevos espacios de debate y acción públicos, los niveles y formas de participación y representación, la relación entre opinión pública y acción colectiva, las instituciones parlamentarias, judiciales y de poder local, la relación entre institucionalidad y conflicto social.

Las principales temáticas

1. Concepto de Democracia

La discusión estuvo atravesada por las tensiones entre:

a) un concepto de democracia reducido a la dimensión de régimen político y uno que enfatiza las relaciones sociales, los niveles de participación, la dimensión cultural y el papel de los medios de comunicación;
b) la definición ético-normativa de la democracia versus una definición descriptiva;
c) el concepto democrático que enfatiza la soberanía o voluntad popular como principio constitutivo versus el que enfatiza la dimensión liberal-democrática y que reprocha al primero el haber sido el soporte ideológico de populismos y autoritarismos.

2. Consolidación democrática

El problema planteado aquí es si el concepto de consolidación da cuenta de la actual problemática de la democracia latinoamericana. Por un lado, muestra que las regresiones autoritarias son poco probables, pero no logra distinguir entre problemas que provienen del autoritarismo o su superación y problemas nuevos que apuntan a tipos de democracias emergentes. A su vez, este concepto de tipos de democracias emergentes podría ser utilizado ideológicamente para validar o legitimar el carácter incompleto, o las desviaciones democráticas, de las democracias consolidadas. Respecto de las fallas que muestran las democracias consolidadas, las llamadas "fault lines", hay que distinguir entre las fallas de base o fundamentos, es decir, las estructurales, y las grietas que provienen por dificultades de enfrentar nuevos desafíos. Por último, es necesario desarrollar categorías distintas que están confundidas con el concepto de consolidación, como son las de profundización, calidad y relevancia de la democracia. En efecto, un régimen democrático determinado puede estar consolidado, pero enfrentar problemas básicos en el ámbito de estas categorías, que pueden generar nuevas crisis y derrumbes.

3. Crisis de la política

Más allá de los avatares de las transiciones y consolidaciones democráticas, hay ciertos problemas que afectan hoy a la política misma, tanto en su ámbito de acción como en su contenido.

Por un lado, se produce una disociación entre "lo" político y "la" política, pasando nuevos temas al primer ámbito de los que la actividad tradicional política no da cuenta. El contenido de la política, entonces, cambia, pero también el grado en que ésta afecta la vida social, perdiendo centralidad o exclusividad. Dicho de otra manera, la política hoy ya no procesa algunos problemas que antes pasaban obligatoriamente por ella y, también, procesa otros nuevos problemas que nunca pasaron por ella.

Por otro lado, muchos de los temas tradicionales y nuevos de la política son asumidos por poderes fácticos. En este sentido, pueden formularse dos observaciones:

a) existen hoy poderes fácticos "de hecho", aunque sea una redundancia, y "de derecho", que son los poderes públicos, como el Poder Judicial en algunos países o el llamado "hiperpresidencialismo" en otros;

b) hay que examinar más detenidamente en qué medida los ciudadanos pueden transformar estos poderes fácticos en instrumentos de mediación.

Junto a ello, el fenómeno de globalización afecta la fragmentación y representación de actores cuya referencia ya no se encuentra en el ámbito puramente territorial del Estado-Nación, lo que como contraparte abre espacios de fortalecimiento de una sociedad civil globalizada (ejemplos de todas las últimas Cumbres mundiales).

En este contexto es que se produce para algunos la "informalización de la política", término equívoco porque supondría una política formalizada que nunca existió en América Latina y porque no da cuenta que por primera vez existen en estos países en su conjunto regímenes democráticos formales, independientemente de lo anotado respecto de su integridad y calidad. Más bien parece importante referirse a nuevas formas de informalización, como son la corrupción y la fusión de los límites entre lo público y lo privado. Este punto tanto en lo que se refiere a privatización de lo político como de politización de lo privado, si bien aumenta la expansión del principio de ciudadanía hacia ámbitos distintos a los tradicionales, aumenta al mismo tiempo la vulnerabilidad de los ciudadanos al no existir instituciones que los protejan en estos nuevos ámbitos en que se funden privado y público.

El resultado de todo lo anterior pareciera ser una pérdida del sentido de la política, cuya función simbólica, movilizadora e integrativa era indiscutible tanto en la época nacional popular, como, en condiciones de opresión y represión, en el período dictatorial.

Ello implica, por un lado, el distanciamiento de la ciudadanía de la política (no se le ve su sentido) y, por otro, el reforzamiento de la cupularidad tecnocrática, donde las elites políticas ven restringidas sus opciones, tanto por efecto de la globalización como de transformaciones internas. Se afecta, así, la calidad de la democracia y se profundiza el distanciamiento ciudadano, al perder su capacidad de control y fiscalización, potenciándose los poderes fácticos, los particularismos y el poder mass-mediático.

La necesidad de mantener el espacio de iniciativa de la vida política depende hoy mucho más de las instituciones y organizaciones políticas que de la ciudadanía.

4. Ciudadanía, participación, representación y descentralización

El debate aquí giró, en primer lugar, a la necesidad de distinguir entre participación y representación, por un lado, y entre las dimensiones sociales y políticas de ambos conceptos, por otro. Ello obliga a diferenciar los conceptos y los diagnósticos para analizar la cuestión de la participación y la representación actuales en comparación con las formas existentes en los populismos. La consecuencia de esta discusión es haber dejado en claro la falta de investigaciones empíricas sobre niveles de participación y nuevos mecanismos de representación.

En segundo lugar, se reconocieron diversas transformaciones, cuyos efectos contradictorios no han sido totalmente analizados. En este sentido, se hizo ver la necesidad de investigaciones comparativas sobre los temas de la accountability y la capacidad deliberante y controladora de la ciudadanía. Entre estas cuestiones nuevas están:

a) el problema de representación de las identidades adscriptivas (género, edad, etnia, nacionalidad, etc), en la arena política, donde los partidos, en general, representaron intereses posicionales, ideas o proyectos;
b) el debilitamiento de los espacios de debate público, entre ellos, el Parlamento y su reemplazo por espacios unidireccionales como son los medios de comunicación;
c) la separación creciente entre organización social y acción colectiva, la que deja de identificarse con la primera, y entre participación y movilización;
d) la importancia de la participación a nivel local y a través de los medios de comunicación, deficientemente estudiadas y analizadas sin vínculo de sustitución o complemento con la partipación política;
e) la diferenciación entre tipos de participación (ciudadana, identitaria, electoral, militancia, social, movilización, organización, acción colectiva) que en el pasado tendieron a darse en forma fusionada;
f) la conformación de una opinión pública, cuya claridad y hasta radicalidad (derechos humanos) no se expresa en expresiones de participación o movilización. Esta configuración de la opinión pública como un cuasi actor social, lleva al riesgo de reemplazar el debate de ideas y proyectos por las encuestas de opinión pública;

En tercer lugar, en relación a los temas de ciudadanía, las principales cuestiones levantadas tienen que ver con la expansión de su horizonte valorativo y de la autopercepción ciudadana a nuevos campos de la vida social (la ciudadanía extendida al espacio global, supra nacional o local y a esferas de poder como las comunicaciones, el medio ambiente, el género, las pertenencias étnicas), en los que se expresa una cultura cívica menos politizada que en otros períodos. Pero esta expansión normativa del horizonte de la ciudadanía se enfrenta a la ausencia de instituciones para hacerla efectiva.

En cuarto lugar, se relacionó los temas ciudadanía, participación y representación al fenómeno de descentralización, donde el juicio general fue la ausencia de un conocimiento claro sobre el tema y el reconocimiento de una distanciación creciente entre dos dimensiones importantes a considerar y distinguir que son, por un lado, el fenóneno efectivo de descentralización de la vida política o desestatalización y su socialización y localización o regionalización, y el proceso institucional de descentralización del Estado.

5. Instituciones

El juicio generalizado es que no existe un buen tratamiento empírico de esta dimensión.

En términos sustantivos, se reconoce un debilitamiento y crisis de las instituciones de debate y representación públicos, especialmente partidos y parlamento.

Respecto de los primeros, los partidos tradicionales no logran expresar los nuevos fraccionamientos y temáticas de la sociedad y los partidos nuevos, muchos de los cuales provienen tanto de las luchas antidictatoriales como de las guerrilleras, no logran afianzarse más allá de un ámbito reducido de representación.

Respecto de los parlamentos, éstos aparecen disminuidos tanto en su función fiscalizadora como normativa frente a un Ejecutivo muy fuerte y a un Judicial que crecientemente asume funciones normativas respecto de las cuestiones de constitucionalidad. Pero el debilitamiento del Parlamento y los partidos es especialmente significativo en el ámbito del debate y deliberación públicos frente a los medios de comunicación.

Por su parte, la creciente importancia, con efectos positivos y negativos, de la instancia judicial debe ser reconocida por las ciencias sociales, que la han dejado normalmente de lado. La cuestión es más compleja que la simple institución del Poder judicial y se refiere a todo el problema de la juridicidad, institucionalidad y normativización de la vida social, en creciente descomposición. Los fenómenos de corrupción, la mayor capacidad jurídico-formal para la violación de derechos humanos y la conversión del Poder Judicial en un poder de facto, la creciente inseguridad de la vida urbana y las formas de violencia doméstica y sexista, la fragmentación del aparato de Estado, son expresiones de estos nuevos problemas. Instituciones integrativas tradicionales como la Iglesia, tensionadas hoy entre un progresismo socioeconómico y un conservantismo cultural, deben ser incorporadas al estudiar este fenómeno.

Finalmente, en el campo institucional no debe abandonarse el estudio de las Fuerzas Armadas, cuyos problemas de identidad en el nuevo escenario pueden llevar a distorsionar las discusiones en torno a las nuevas políticas de defensa nacional, cada vez menos militares, y a fortalecer corporativismos anacrónicos.

